永昌堡志

温州市龙湾区永昌堡文化研究会　编

方志出版社
Publishing House of Local Records

图书在版编目（CIP）数据

永昌堡志 / 温州市龙湾区永昌堡文化研究会编.—
北京 : 方志出版社, 2022.9
ISBN 978-7-5144-5237-2

Ⅰ. ①永… Ⅱ. ①温… Ⅲ. ①龙湾区—地方志 Ⅳ.
① K295.54

中国版本图书馆CIP数据核字(2022)第168706号

责任编辑： 刘方圆
责任校对： 刘玉霞
责任印制： 梅中英
出 版 者： 方志出版社
地　　址： 北京市朝阳区潘家园东里 9 号（国家方志馆 4 层）
邮　　编： 100021
网　　址： http: //www.zgfzcb.cn
发　　行： 方志出版社图书营销中心（010）67110500
印　　刷： 温州市北大方印务有限公司
开　　本： 889 毫米 ×1194 毫米　　1/16
印　　张： 37
字　　数： 839 千字
版　　次： 2022 年 9 月第 1 版
印　　次： 2022 年 9 月第 1 次印刷
定　　价： 260.00 元

《永昌堡志》编纂委员会

顾　　问　王则信　王则光　张　侃　王　璋　张卫中

主　　任　王身康

副 主 任（排名不分先后）

王忠良　王一平　王振成　王勤福　王剑锋

王会飞　王会钦　王　伟

委　　员（排名不分先后）

王忠芳　王　迪　王国华　王会恩　王竹巧

王福元　王金麟　王会昌　王棣芬　胡文斌

王靖听　王靖岳　王丽生　王仁邦　王靖斋

王学照　王靖来　王成银　王国良　王　昕

王培标　王学森　王达业　王会进　王会岳

王仁勇　王棣俊　王春生　王祥松　王庆法

王旭标　王忠义　王福明　王汉仁　王中刚

王靖选　王建龙　王金虎　王国恩　王靖其

王珠润　王学钊　竺胜忠　王中秋　王宝同

王明杰　王　凡

《永昌堡志》编辑部

主　　编　王一平　王振成

副 主 编　王勤福　王靖岳　王剑锋　王靖来

编　　委　王会岳　王成银　王会恩　王会进

执　　笔　王一平　王振成　王靖岳　王勤福　王剑锋

摄　　影　王会进

凡　例

一、本志坚持以马克思列宁主义、毛泽东思想、邓小平理论、“三个代表”重要思想、科学发展观、习近平新时代中国特色社会主义思想为指导，坚持辩证唯物主义和历史唯物主义的立场、观点和方法，秉持资料性和学术性相结合，材料收集以正史、谱牒、方志为主，相关论著为辅，兼收并蓄以求全面，符合事实。

二、本志体例采取章、节、目结构，横排门类、纵述史实。

三、记述时间，上溯事件发端，下限迄于2020年。

四、收录范围，以永昌堡境域为主，适当延展到英桥王氏主要聚居地城北、城南、衙前等村。同时，对聚居温州各地的英桥王氏后裔亦作适当收录。

五、入志人物收录政治、经济、军事、医疗、教育、文艺等各界知名人物。已故人物采取传略形式，健在人物采取简历形式。人物传略以朝代和世系先后为序，以生年先后为序，失记者以大约在世时间先后为次序。

六、采用现代汉语语体文，力求平实，标点符号、数字书写按国家标准，用现代语体文；个别古人姓名仍沿用繁体字或异体字。

七、古地名均在文末加注沿革，原文有按语或出注者，按注前加“原”字。

八、历朝年号后加注公元纪年，其他按作者原文则不括注。

九、入志数据以统计部门提供为主，除引文外，1949年10月1日后用法定计量单位。

十、各类资料经考证核实后载入，一般不注明出处。

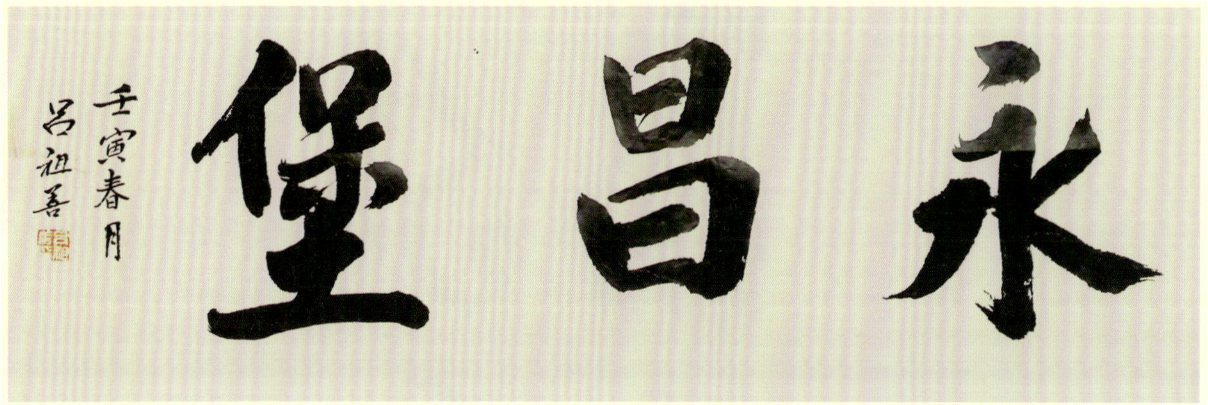

·浙江省原省长吕祖善题词（2022年）

2022年3月31日，中共第十七届中央委员，第十二届全国人大常委、财政经济委员会原副主任，浙江省委原副书记、省长吕祖善于杭州寓所为《永昌堡志》出版题词

（应王则光之邀题词，原迹收藏于永昌博物馆）

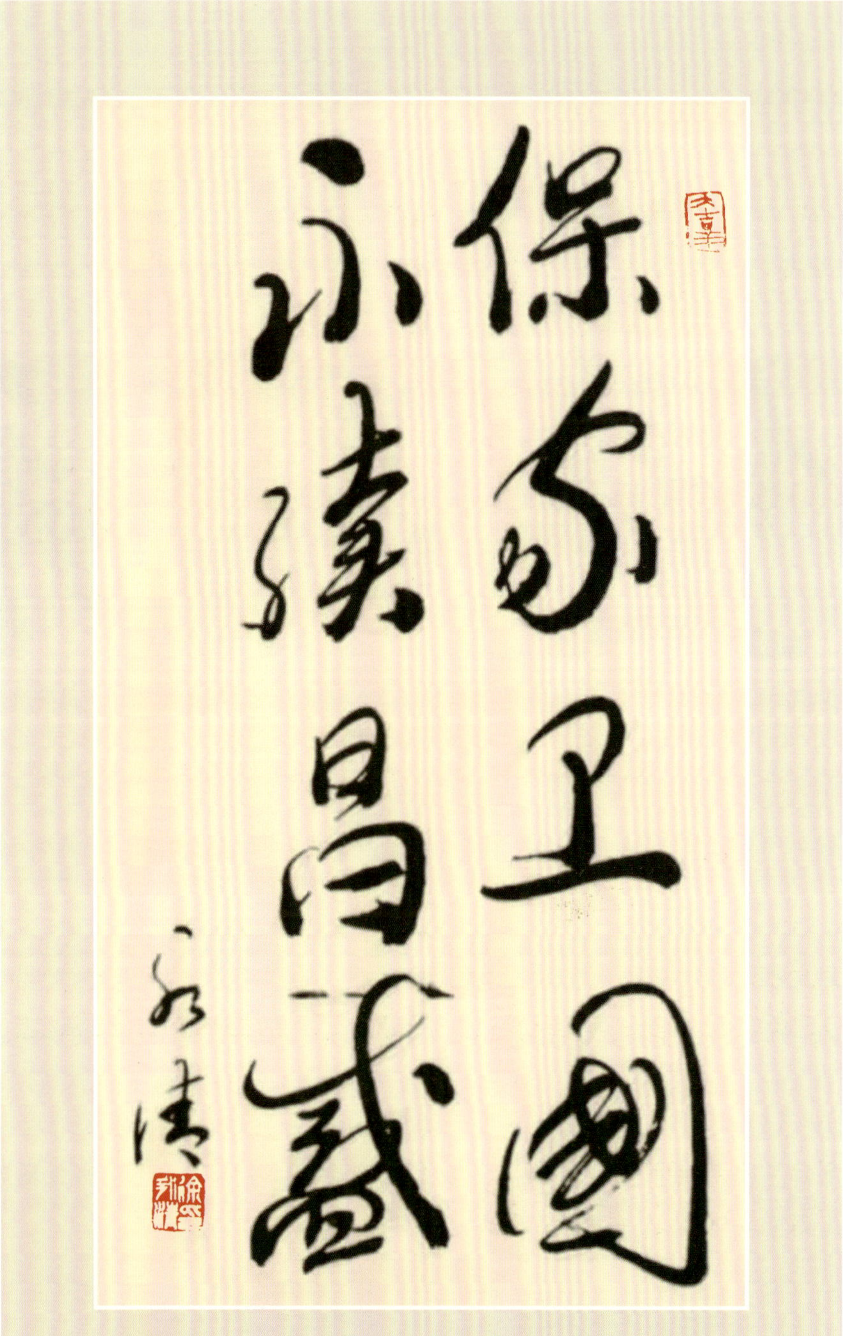

·徐永清上将题词（2021年）

2021年11月14日，中共第十五届中央委员，第十届全国人大常委、环境与资源保护委员会原副主任，武警部队原政治委员、上将徐永清于杭州寓所为《永昌堡志》出版题词

（应王则光之邀题词，原迹收藏于永昌博物馆）

·浙江省温州市原市长钱兴中题词（2003年）

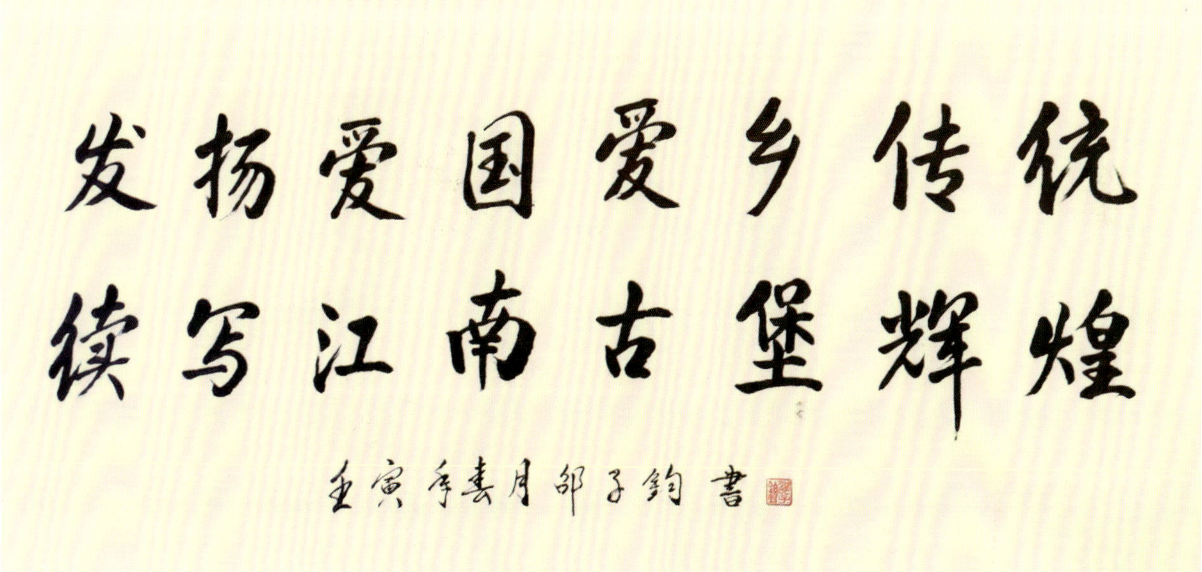

·邵子钧少将题词

（邵子钧，河北武强人，海军工程学院原院长，海军少将）

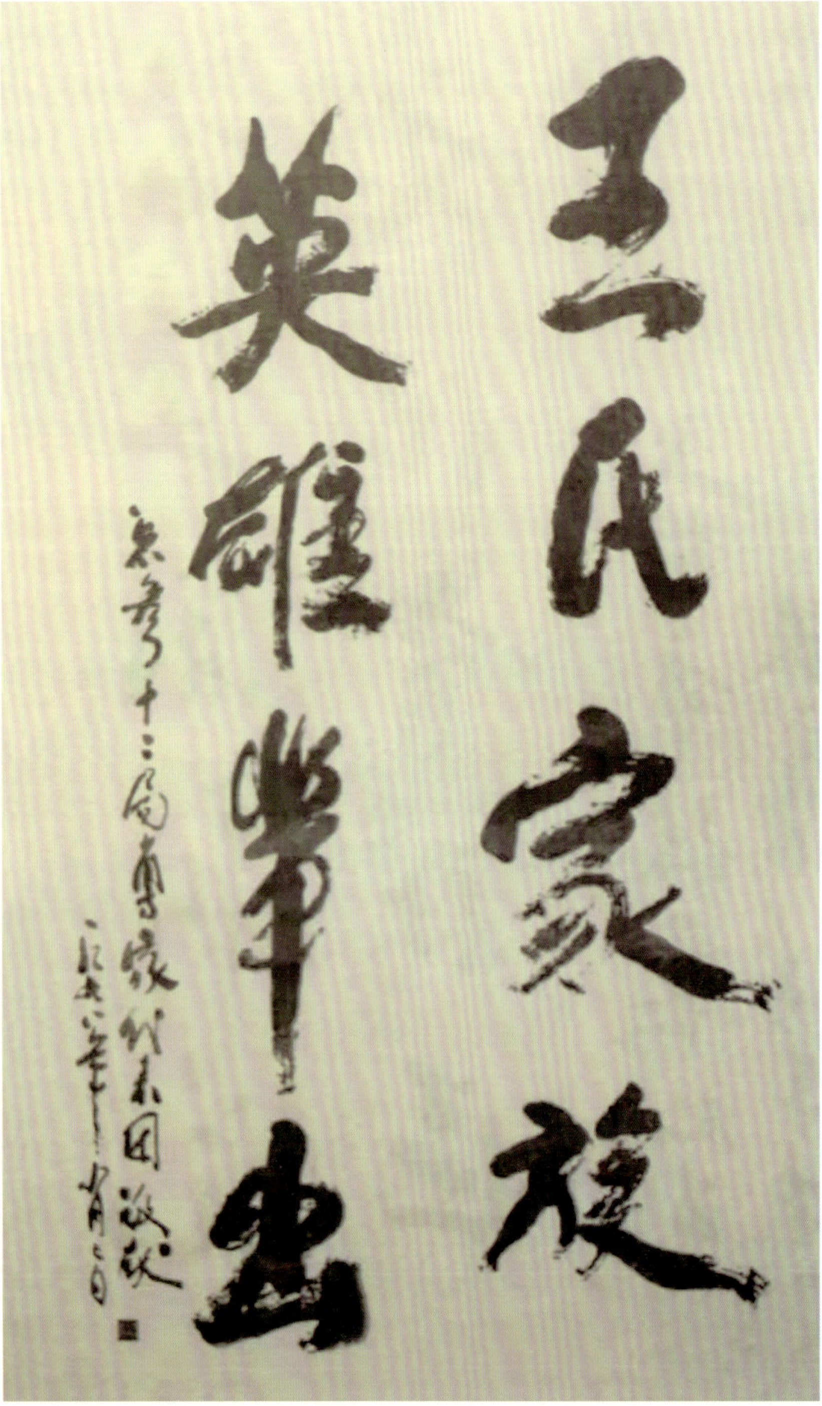

·中国人民解放军总参谋部十二局专家代表团，参观古城堡后题词

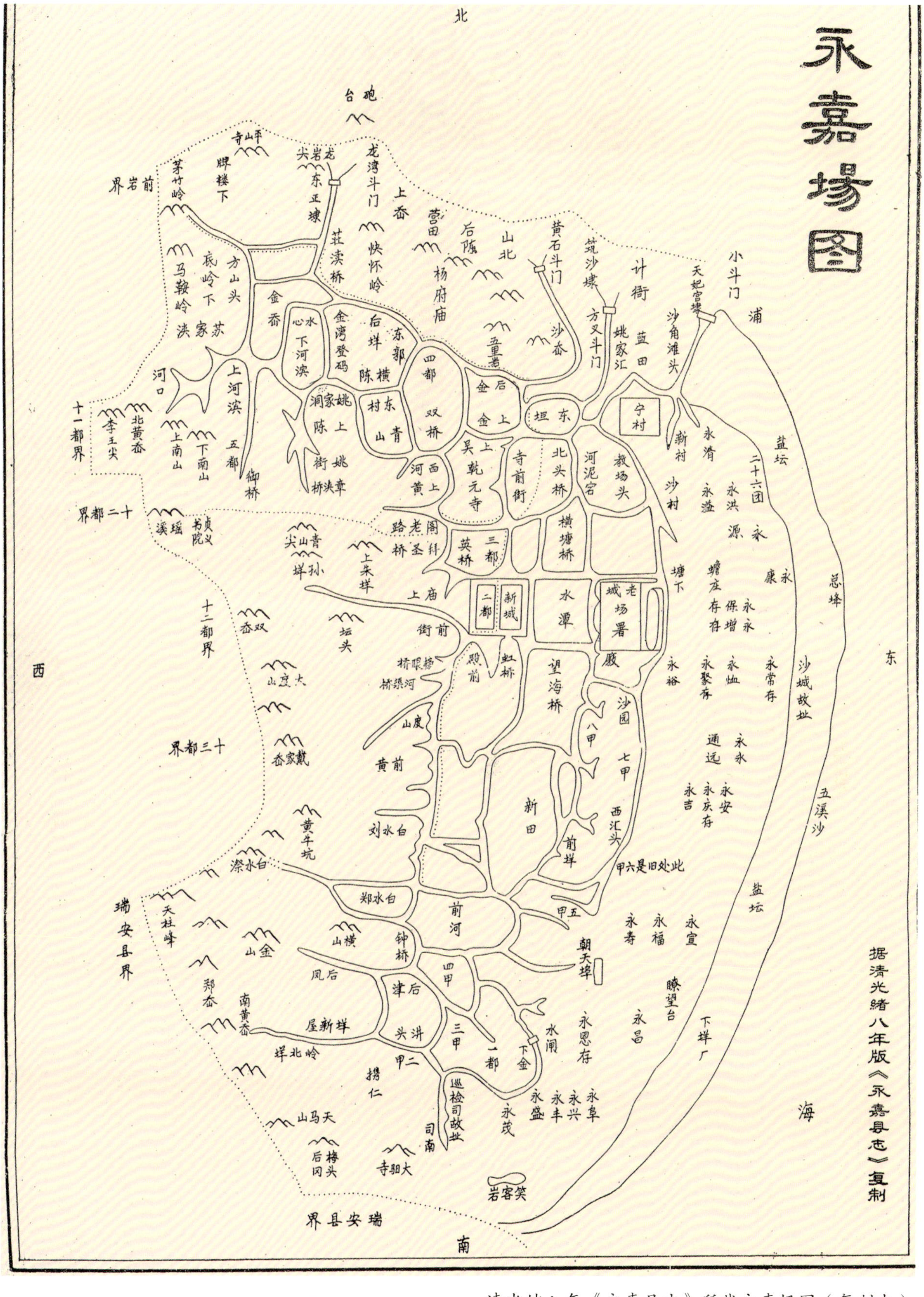

·清光绪八年《永嘉县志》所载永嘉场图（复制本）

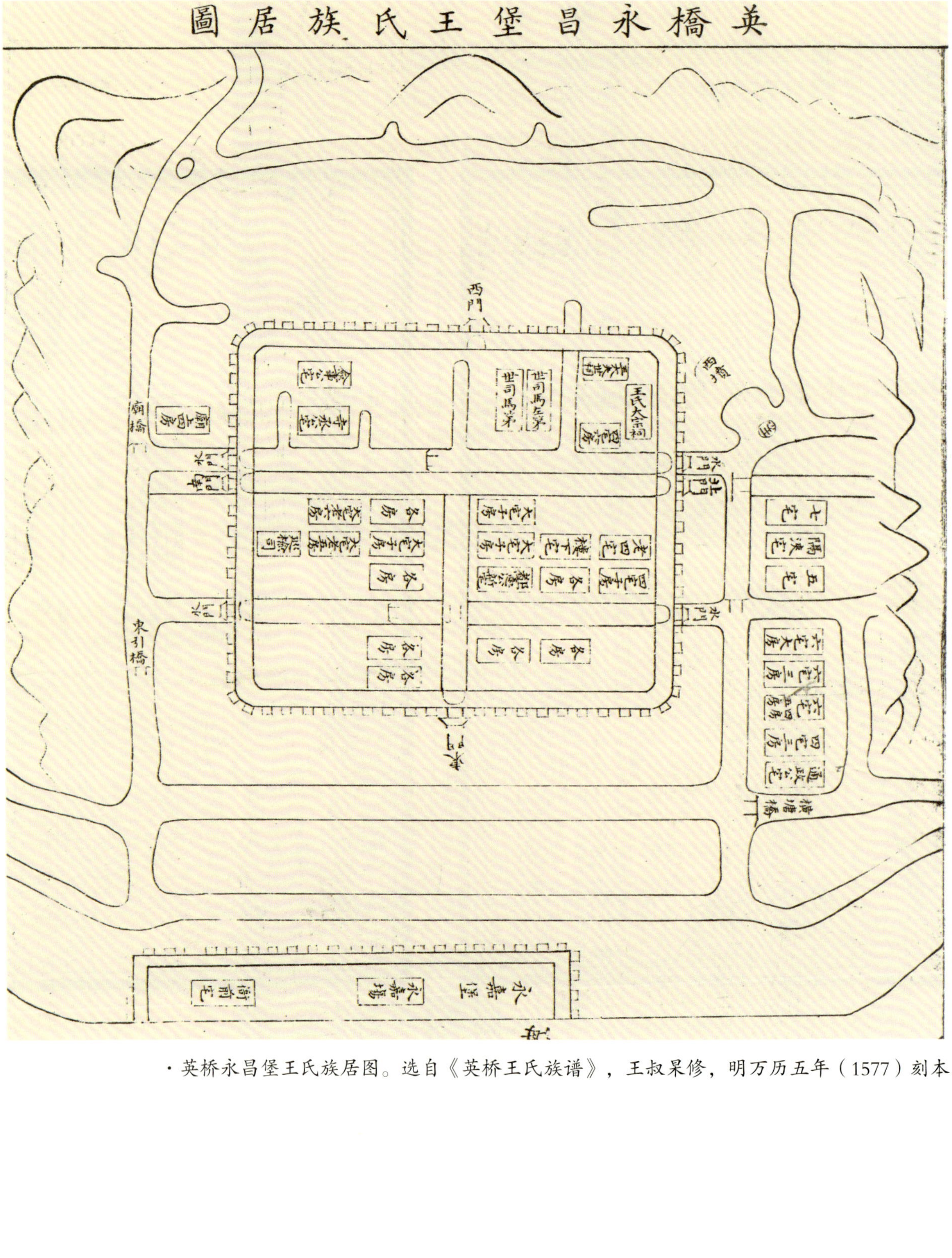

·英桥永昌堡王氏族居图。选自《英桥王氏族谱》，王叔杲修，明万历五年（1577）刻本

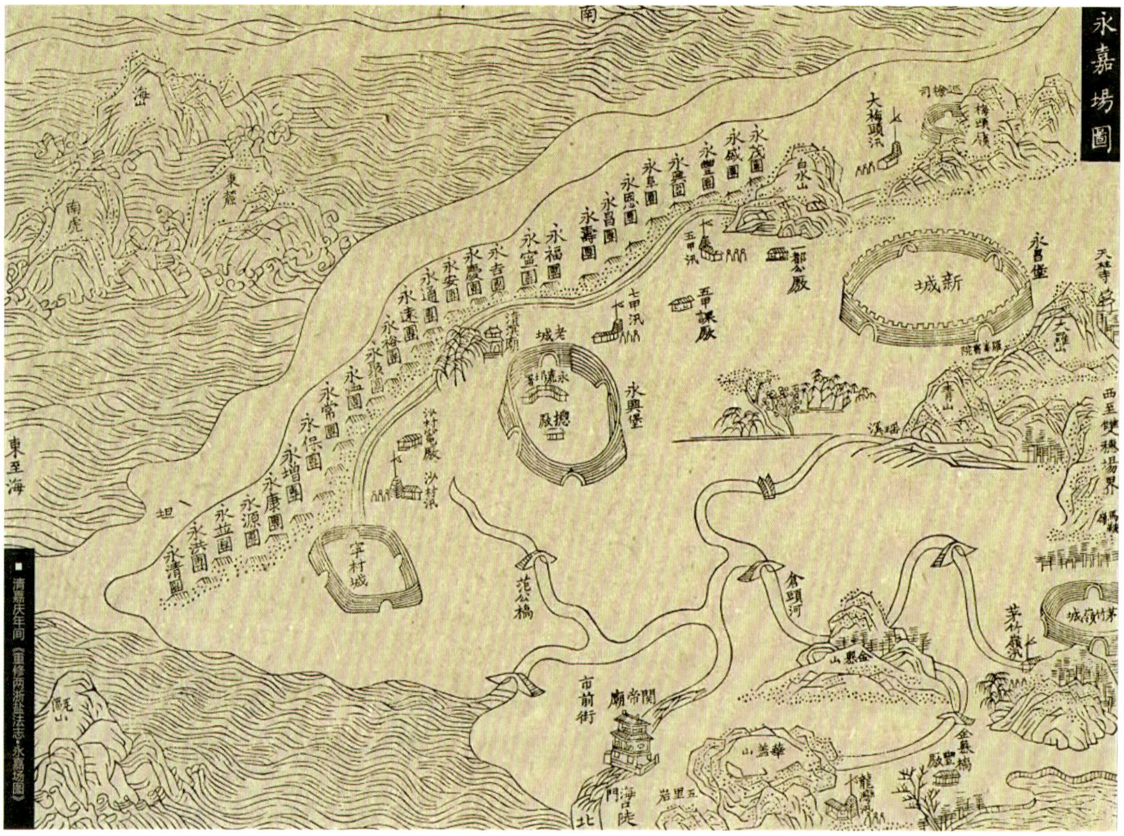

·清嘉庆《重修两浙盐法志》所载永嘉场图

·清顺治永嘉县图

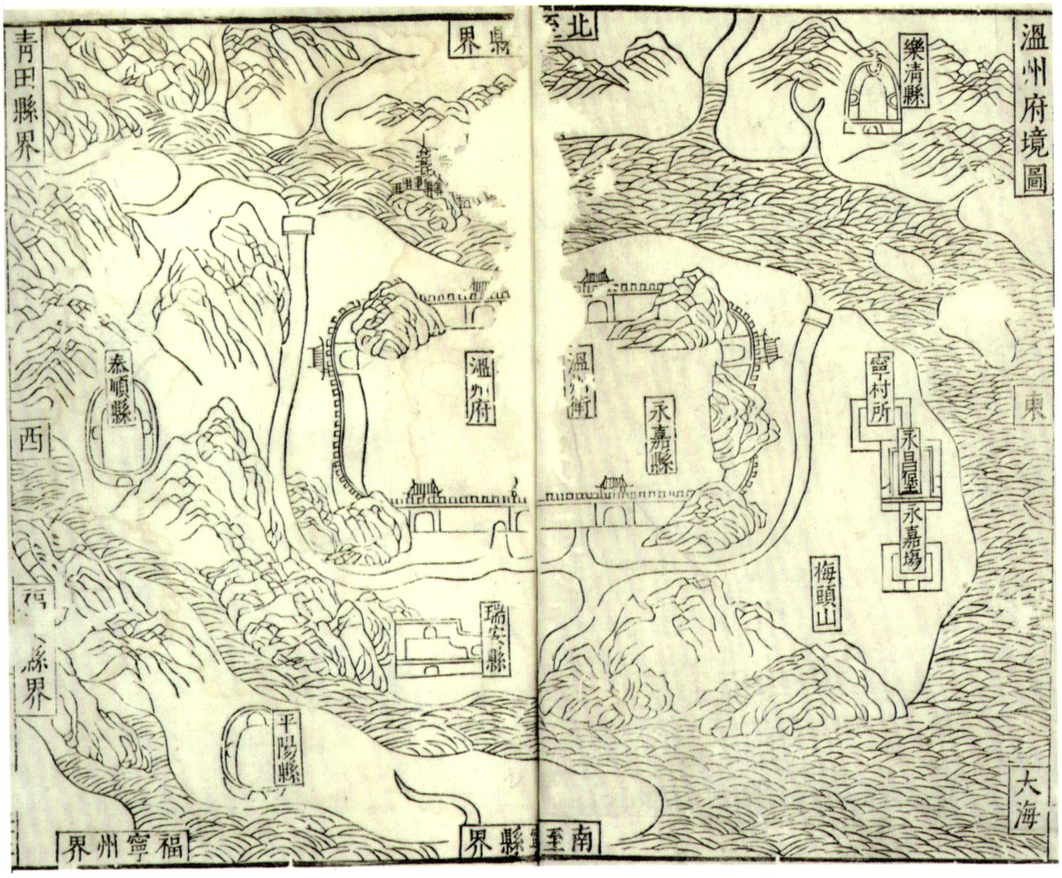

·明万历《温州府志》所载温州府境图（局部）

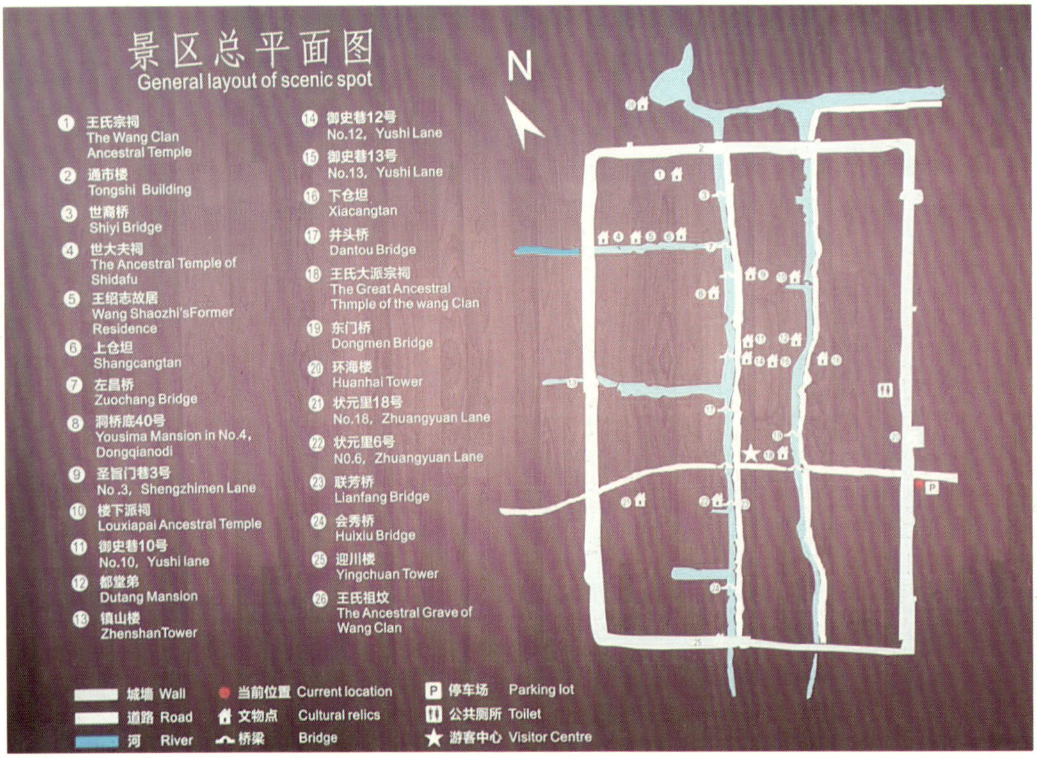

·永昌堡景区平面图

·2005年7月12日，温州市委书记王建满（前右二）到永昌堡指导工作

·2012年10月27日，温州市委书记陈一新（左三）视察永昌堡景区

·2022年7月8日，温州市人大常委会主任葛益平（前排右三）到永昌堡调研

· 2022年7月5日，浙江省委党史和文献研究室主任刘芸（左四）到永昌堡调研

· 2022年11月，中共温州市龙湾区委书记、温州高新区党工委书记周一富（中）在永昌堡调研

· 古堡风采（摄影 王会进），2021年

· 王氏宗祠全景（摄影 郑高华）

·永昌堡全国重点文物保护单位标志碑

·望海楼（摄影 张崇禹），2021年

· 王氏宗祠（摄影 张崇禹）

· 北门通市楼（摄影 朱永春）

·世大夫祠（摄影 王会进）

· 永昌堡通市楼

· 王叔果、王叔杲塑像（摄影 王会进）

·古堡宅第（摄影 陈王芬）

·城墙

·水乡人家（摄影 朱进兴）

·联芳桥（摄影 王会进）

· 都堂第（摄影 王会进）

· 新城街景（摄影 王会进）

· 古民居（摄影 朱进兴）

·明抗倭英雄王沛、王德塑像（摄影 朱进兴）

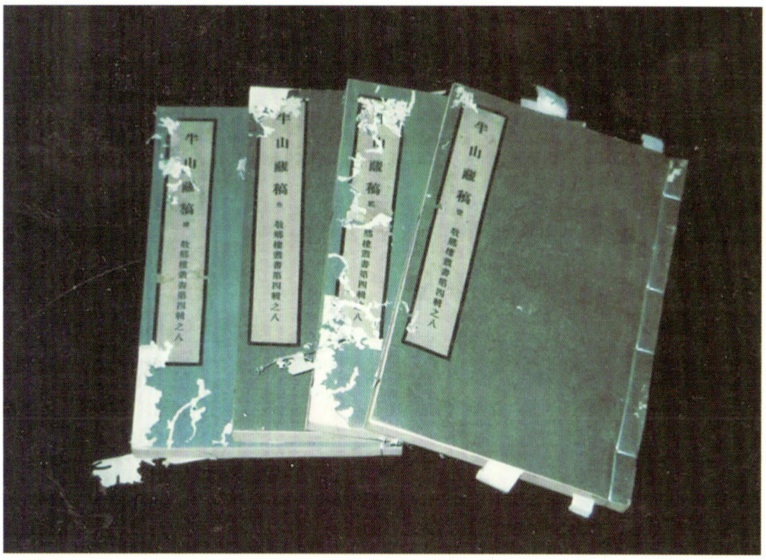

·《半山藏稿》敬乡楼丛书第四辑之八，民国24年（1935）上海印行

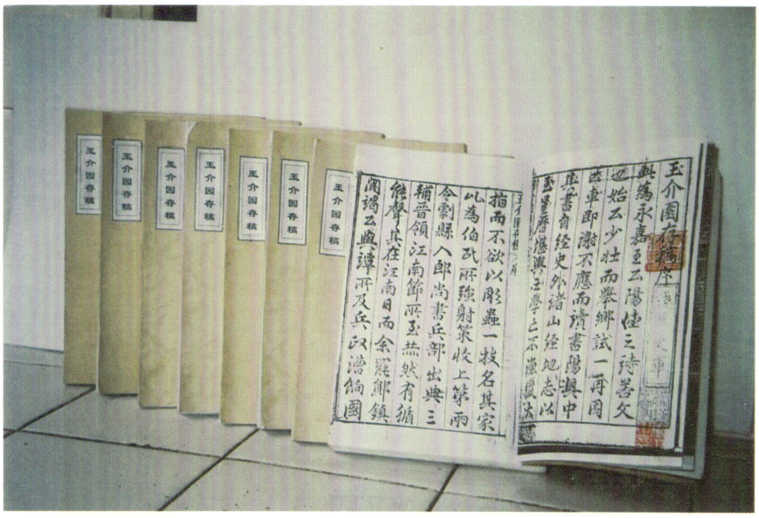

·台北“中央图书馆”藏明刊本《玉介园存稿》

·万历《温州府志》

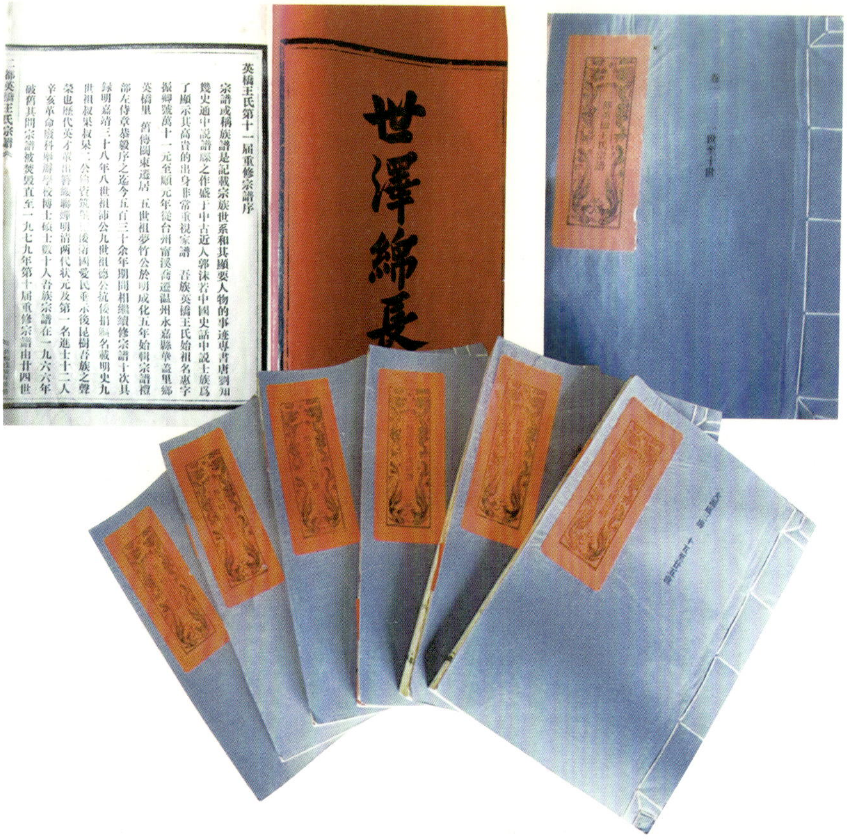

·英桥王氏宗谱

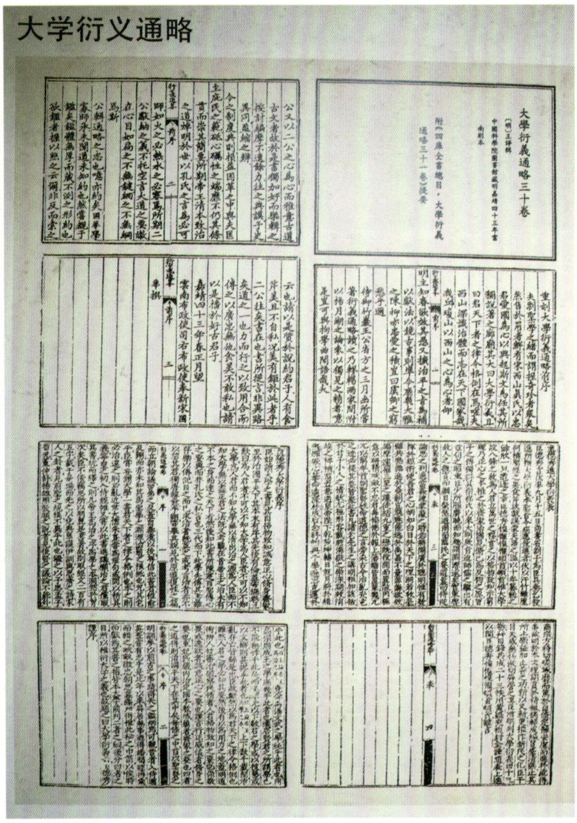

·《大学衍义通略》书影

· 始祖万十一公像

· 春祭大典（摄影 王会进）

· 春祭大典（摄影 王会进）

光荣在党五十年　初心如磐永不变

——龙湾永昌堡三兄弟同获“光荣在党50年”纪念章

王则智　王则信　王则光

本报讯（通讯员　王一平）一百年党史波澜壮阔，五十载奉献铸就辉煌。中国共产党成立100周年之际，龙湾永昌堡人王则智、王则信、王则光三兄弟均获得“光荣在党50年”纪念章。据悉，“光荣在党50年”纪念章是党中央2021年首次颁发的纪念章，颁发对象为党龄达到50周年、一贯表现良好的党员。

据介绍，兄弟三人多年来全心全意为人民服务，不忘初心，牢记使命，为党事业不懈奋斗。王则智，1936年12月生，1963年入党，曾任北京农业大学人事处处长，招生办、毕业生分配办主任，研究员，享受国务院特殊津贴专家。王则信，1940年10月出生，1963年入党，曾任共青团浙江省委书记，中共浙江省委委员，绍兴县（市）委副书记，党的九大、十一大代表，开放教育专家。王则光，1949年9月出生，1969年入党，曾任团副政委，天津海关副关长，杭州海关副关长，一级监督关衔，2009年于杭州海关巡视员任上退休（正厅）。

闪亮的名字

·2021年7月6日，《今日龙湾》报道王则智、王则信、王则光三兄弟荣获“光荣在党50年”纪念章

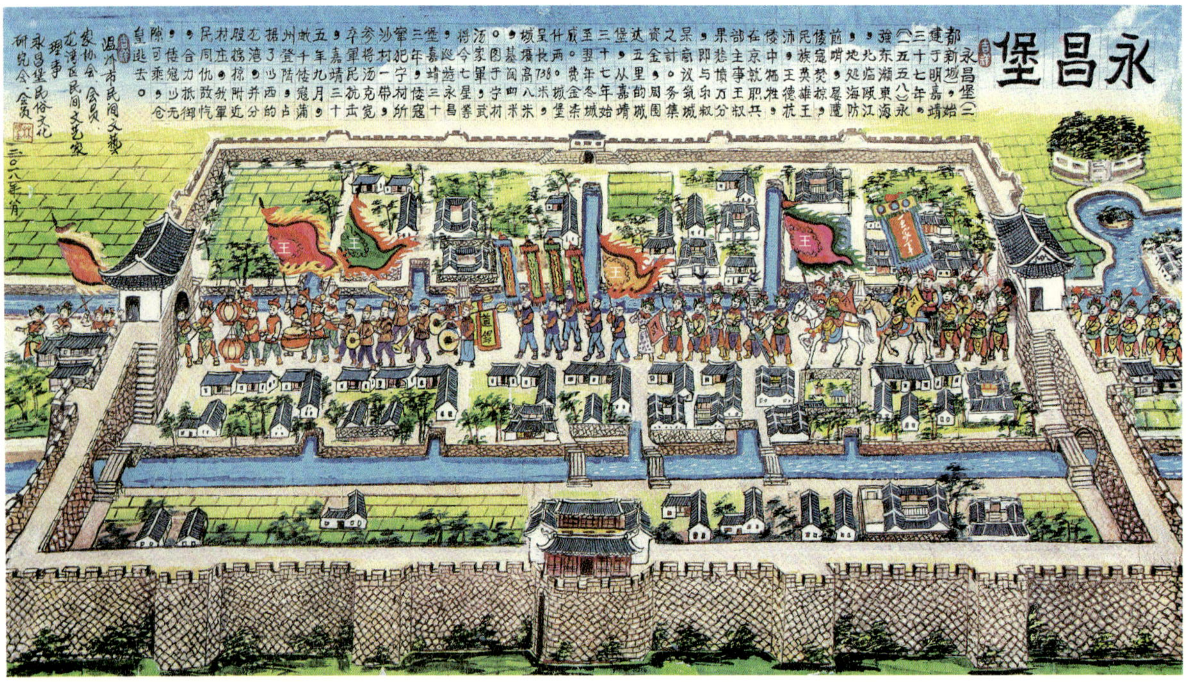

·永昌堡民俗文化画　林顺来制作

序　一

历经三个寒暑，由王身康、王一平担纲的永昌堡文化研究会勠力编纂的《永昌堡志》行将付梓了！这是永昌堡建堡460多年来的首部志书，我们三兄弟有幸先睹为快。捧读巨著，细品先辈遗训，遥思故乡家园，不禁思绪万千。海内外五万多名英桥王氏后裔得此消息，定将为之欢欣鼓舞、奔走相告。

家族是社会的细胞，永昌堡是祖国壮美河山之一小隅。志载有文字史料可资证的王氏万十一公自闽迁徙永嘉英桥以来凡700余年。这是一部战天斗地、求生存图发展的历史，一部耕读传家、不断追求光明进步的历史，更是一部不忍外侮、奋力抗争、保家卫国、追求人间正道、抒扬天地正气的历史。同时，它还是一部孝亲睦邻、自律有序、为官体国、在乡惠里、扶弱济困、共图兴旺的历史。正是由于有无数个英桥王氏这样的家族，才共同构建起中华民族光辉灿烂的文明史。

盛世修志。古人历来把祭祀先人和接续谱牒看作是“系人心而厚风俗”（明章纶语）的两件大事。英桥王氏七百多年来香火延续、人丁兴旺，不断革故鼎新，传承发展，为华夏文明增添了若许光彩。自中华人民共和国成立以来，更是三修谱牒，五万儿女虽身各一方，然根系故国家园，为人类之文明进步、为华夏之复兴而不懈努力。如今志书又成，存史、资政、教化后人，将裨益无限！

我们都出生于兹堡，古堡给了我们最美好的记忆，也教会了我们为人之初的一些基本道理。捧读堡志，我们似乎又听见了先祖王沛、王德叔侄率众乡亲保家卫国、血染沙场的喊杀声，听见了先辈王叔果、王叔杲兄弟聚众劈山取石夯基筑城的杭育声，还似闻那栉风沐雨、躬耕于阡陌间的吆喝声，宗祠学堂里琅琅的读书声，油灯下家家户户拧线织网、纺纱织布的机杼声，那逢年过节漏夜不绝的鞭炮声，尤其是1949年5月中国人民解放军响彻古堡的军号声以及乡亲们在新的历史时期阔步前进的脚步声……声声犹耳，历历在目，教人泪眼婆娑，热血沸腾！

《永昌堡志》设专章对古堡的现存形态作了细致的描述。我们深知，在具有五千年文明史的华夏大地，其遗存的众多城堡中，永昌堡既不算最恢宏雄伟，也并非最古老悠久，但出于保家卫国，由民间自筹金银，自力筑建的，却是凤毛麟角。况且当初构思之精妙、格局之完整、质量之考究，经四百多年风雨而不摧，成了一曲不为时间所限的咏叹调。诚然，古堡是狭小的，它难以容纳数百年来后裔们的存续与发展，又因明末清初一度的强制弃堡“迁界”，他们不得不告别热土布撒四方。但每一个走出古堡的王氏后人，无不深深地眷念着自己当初这最温暖的襁褓。其实，近千年之前的大罗山下、瓯江之畔，也并非一块风水宝地，全凭先辈们长年累月的辛勤劳作，才使茫茫的海滩盐碱地逐渐变得富饶，为国家、为社会，也为家族积累了大量财富。历来的庶民之家，也并非家家殷实富足，但凡逢灾遇难，先辈们互相赈济、宽厚善爱，民风之淳朴却也世所少有。相比孔孟故里，故乡的文脉也并非源远流长，但先贤的文章遗著文采斐然，立意高远，为人称道。历览先贤中的为国效力者，虽非朝廷重臣，却勤政为民，赢得生前身后名。十四世继明公“为官逾三十载，行如冰雪，纤尘无染”，政绩昭著，百姓拥戴，且不惧佞臣诬陷，终使得皇恩浩荡，连颁三道圣旨，隆重表彰其本人、夫人并父母，实乃史所罕见。而“坊表与敕告”一节表明，英桥王氏先祖获此殊荣者曾有多家，往日辉煌可见一斑。自然，绝大多数先辈皆为凡人庶民，他们或挥汗于盐场灶地，或躬耕于阡陌垄亩，或经营于小摊小铺，或苦读于灯前月下，或供职于各行各业，却以其脚踏实地的奋斗，创造了一段又一段辉煌。历史一再证明，只有人民才是创造历史的真正动力。古堡，永远是一部文化底蕴深厚、让人百读不厌的教科书。如今，《永昌堡志》的出版，借助现代科技的翅膀，必将远播海内外。

史海钩沉千般苦，方志一本万古传。编纂一部详略适中，叙次有法，条理清晰，经得起历史检验的方志实属不易。作为久别故乡的游子，我们深深敬佩从事志书编纂的各位乡贤。修志要从浩如烟海的史料中寻踪觅迹，其艰难程度可想而知。而民间自费修志尤其不易！正是他们的孜孜矻矻、无私奉献，才使得古堡往日辉煌得以再现。而其中多数参与者并无经验，也未及培训即上岗，边干边学，不避艰难，终使志成。志书体例完整有创意，史料翔实（从录墓志铭尤为珍贵），结构严谨，从历史和现状的实际出发，着力彰显地方特色。由于时间、力量毕竟有限，难免有疏漏、粗糙之处。但凡首创之事，无法尽善尽美。若有遗憾，也只有留待后人补正。

掩卷沉思，我们感到无比欣慰，如果说我们在各自岗位上为党、为国家、为人民做了些许应该做的事，追根溯源，实乃传承于先辈们之优良基因。得其荫庇，才有我等后代子孙的今天。遗泽永存，故园长在；感之敬之，谨为之序。

王则智　王则信　王则光

2021年11月

（王则智：中国农业大学研究员、原处长。王则信：中共九大、十一大代表，共青团浙江省委原书记。王则光：曾任天津海关副关长，杭州海关副关长，巡视员）

序 二

《永昌堡志》即将付梓成书，这是新时代永嘉场文化事业的壮举。永嘉场文化是温州地域文化的重要组成部分，永昌堡是永嘉场文化的主要标志，涵盖了名人文化、抗倭文化、古堡文化、宗族文化等重要内容，具有特殊的历史地位。

永昌堡是王叔果、王叔杲兄弟在明嘉靖三十七年（1558）为抗倭而倡议修筑，工程浩大，布局周全，成为沿海地区民间城堡的典范。明嘉靖三十八年（1559）竣工之际，侯一元描述雄伟壮观之貌："堡城四周凡八百六十丈有奇，高二十有五尺，厚半之。以三面距河，中引二渠，按方立门，水陆各四。楼橹周庐，阛阓桥道，靡不敕治，井井绳绳，屹为一方巨镇，咸以县治无以过也。"建成后，永昌堡成为一方屏障，王叔杲在《永昌堡记》中曰："庚申三月，醮城设庆成宴甫毕，寇又适至，远近居民皆奔堡中，无不欢欣鼓舞，而防守之法已渐备，咸恃以无恐。"周边民众以固若金汤的古堡为依托，英桥王氏有了安居乐业的大本营，人才辈出，明清时期举业兴盛，进士13名，武状元1名，传胪1名，副榜4名，举人30名。晚清至民国以来，涌现了王理孚、王德馨、王季思、王思本、王国松、王晓梅、王绍志等社会名流、学界精英，成为永嘉场文化高地。永昌堡经历460多年的岁月，城墙完整，自东至北依次为"环海""迎川""镇海""通市"。堡内现存状元府第、圣旨巷、都堂第、世大夫祠、布政使祠、青石门台、花园古井、大派宗祠、隔浃派宗祠，楼下派宗祠，错落有致，保存原来空间格局。多座形态各异的石拱桥与上下二河十浃相互呼应，构筑了水乡城堡的特有韵味。1981年，永昌堡被公布为温州市文物保护单位；1988年，永昌堡被公布为浙江省文物保护单位；1994年，永昌堡被命名为爱国主义教育基地和国防教育基地；2001年6月，永昌堡被国务院列入第五批全国重点文物保护单位。

中国文化强调以史为鉴，国家有史，地方有志，家族有谱，这是中华儿女生生不息的精神之本，心灵之根。2018年，龙湾区永昌堡文化研究会启动了《永昌堡志》编纂工作。在地方志编纂史上，以堡为专志进行编纂的先例不多，体例与村镇志、宗族志既有交叉，又有区别。为此，编纂人员在体例、内容等方面吸收专家意见，借鉴前人经验进行创新与摸索。历时三年，几易其稿。我作为一个历史学者，非常荣幸以顾问身份参与《永昌堡志》的编纂工作。在编纂过程中，多次与永昌堡文化研究会同人讨论书稿，深知成书之不易。参与撰写的各位作者非史学科班出身，也许在史书笔法的标准化方面可能存有不足。不过，本书的最大特点就是洋溢着浓烈的"乡间音韵"，以永昌堡人的角度讲述自己的文明和自己的故事，这与永昌堡的明代民间修筑风格一脉相承。完稿的《永昌堡志》分为编年纪事、城堡章、宗族章、迁徙章、民生章、民俗章、人物章、艺文章和丛录等部分，内容丰富，资料翔实，系统记载古堡的历史渊源、家族传承、民情风俗、历史人物，贴近日常生活，散发乡土气息，直接生动地反映了民众的生活状况和心声，体现了民众对他们自身生活的解释，直达乡土社区的文化深层，使读者感知地域社会的历史变迁，感受人情世事的生命启示，从永昌堡发展轨迹看到朝代兴替的风起云涌，听到时代前进的厚重足音。

我是二都紧邻的三都人，在《永昌堡志》的字里行间更能体悟这种深切的贴近感，由此就不断将自己拉回到渐渐模糊的少年记忆。如《永昌堡志》编年记载，“民国36年（1947），创办超凡农校，校址在永昌上川祠（世大夫祠）。王昂千（王人驹）为董事长”，王昂千是外公在大夏大学的同学，昂千先生创办农校之后，外公就曾被请去担任教员。再如编年记载，“1980年重新开始修谱，1982年正月初七日举行圆谱庆典，请瓯剧团演戏三天三夜”。这是永强在改革开放不久宗族文化复兴的重要标志，成为当时相当轰动的盛大活动。我随同父母亲来到永昌堡观摩圆谱活动，人山人海，热闹场景记忆犹新。翻到了“人物”篇，“王千里”留存了短短的传记，“龙湾区永中街道新城村人。英桥王氏二十一世（大派老四房七房）。南京高等警官学校毕业。曾任云南省宣威县警察局局长，苏州警察厅厅长”。他是我家亲戚，长辈口谈常有提及，我知道他的生命历程，也深知历史给他们家带来的悲欢离合，“时代的一粒灰，落在个人头上，就成了一座山”。《永昌堡志》让我找回的记忆碎片，就是我的故土，就是我的往事，就是我的乡愁，同时也让我获得了醇厚的历史感，如林新荣在现代诗歌《永昌堡》的最后一节写道：

如今飞过时间的窗格/古堡独自耸立在都市的繁华之外/夜越深沉/越能听到历史的回声

时光车轮驶入21世纪的第三个十年。在新一轮的温州市总体规划中，永昌堡所在区域确定为温州市城市副中心地位。永昌堡作为永嘉场文化最典型的代表之一，将焕发新的历史荣光。经济发展中如何保证对文化的尊重，如何实现可持续发展的目标，这是新挑战，也是新机遇。2021年9月3日，中共中央办公厅、国务院办公厅印发《关于在城乡建设中加强历史文化保护传承的意见》特别指出：“在保护基础上加强对各类历史文化遗产的研究阐释工作，多层次、全方位、持续性挖掘其历史故事、文化价值、精神内涵。分层次、分类别串联各类历史文化遗产，构建融入生产生活的历史文化展示线路、廊道和网络，处处见历史、处处显文化，在城乡建设中彰显城市精神和乡村文明，让广大人民群众在日用而不觉中接受文化熏陶。”龙湾区永昌堡文化研究会编纂《永昌堡志》已先行一步，这不仅仅是盛世修志的壮举，更是开启了传承永昌堡文化的新起点、维护永嘉场文脉的新征程。

是为序。

张　侃

2021年10月20日

（张侃，历史学博士。现任厦门大学历史系教授、系主任、博士研究生导师。兼任教育部高等学校历史学教学指导委员会委员、教育部文博专硕教学指导委员会委员、中国经济史学会理事、中国财政学会财政史专业委员会副主任）

目 录

概　述

永昌堡东临东海，西倚大罗山，位于温州市龙湾区永中街道境内，是全国重点文物保护单位、浙江省爱国主义教育基地，被命名为浙江东海文化明珠和浙江省社科普及示范基地，是一座神奇的英雄古城。正如它的名字所传递的寓意："永远昌盛。"在历经数百年的风雨沧桑后，它依然雄伟地矗立在富饶的瓯越大地上。

（一）

永昌堡明清时属永嘉县华盖乡二都英桥里。其历史可追溯到明初，一部分流亡海上的日本浪人、海盗（史称倭寇），不断侵扰中国沿海地区，大肆烧杀劫掠，无恶不作。明嘉靖三十一年至四十二年（1552—1563），倭寇入侵温州达28次之多，百姓深受倭患之苦。

为了保卫海防，保卫生灵免遭涂炭，英桥王氏族人"益府良医"王沛，发动乡人组成以王氏族人为骨干的"王氏义师"进行抗倭。不久，其族侄王德由广东谢官归里，协助王沛又募兵千人，使这支抗倭义兵队伍扩大到2500多人，成为当时浙南一支著名的抗倭力量。连续七年坚持打击倭寇来犯，取得了重大的胜利。

明嘉靖三十五年（1556）十月初九日，一大股倭寇渡楠溪江至蒲州，欲经过永嘉场到梅头下海，乡民闻之。王沛旋即率精兵堵击，在上京取得了重大胜利。

明嘉靖三十七年（1558）四月初，倭寇贼心不死，再次入侵永嘉场梅头，扬言先破王氏义师，后围温州府城。时王沛已74岁，众人劝其入府城以避锋芒，王沛大义凛然，决不退缩，毅然率兵奋战于梅岗，挥戈杀敌，斩寇数人，后终因寡不敌众，不幸壮烈牺牲。王德为援助温州府城官兵抗倭，在途经龙湾金岙时，遭敌伏击，也为国捐躯，时年42岁。

王沛、王德爱国爱乡的血性品格赢得人们钦佩，为了表彰他们的爱国行动，朝廷下诏追赠王沛为太仆寺丞、王德为太仆寺少卿，并在郡城建褒忠祠、愍忠祠纪念。乡人因此也意识到修建防御城堡的重要性，明朝政府在温州已修建了温州卫、磐石卫、金乡卫、宁村所等卫所，虽然发挥了重要的作用，但仅凭这些卫所还不够。明嘉靖三十七年（1558），英桥王氏族人借助本族在朝廷当官的兵部车驾主事王叔果奏请朝廷，要求修建永昌堡抗倭，朝廷准奏。而其胞弟王叔杲则放弃进京求功名的机会，在家乡筹资建城，他带领族人不分昼夜寒暑，仅用11个月时间，费7000两白银，其中王叔杲独自出资半数以上，就完成了这座垒石填土10万立方米的城堡。在明嘉靖三十八年（1559）竣工。这座民间自发兴建的私家抗倭城堡与宁村卫所、永兴堡形成三足鼎立的格局，协同呼应，为永嘉场构筑起一道不可逾越的铜墙铁壁，它无数次抵挡住数倍于自己的敌人，创造了地方抗倭史上的奇迹。

永昌堡南北长778米，东西宽445米，城高8米，周长2688米，城堡内面积0.34平方公里。城外有护城河环绕。城堡有四座陆门和水门，东环海楼，南迎川楼，西镇山楼，北通市楼。四座城楼至今保存完好，特别是环海楼，面向东海，筑有瓮城。永昌堡军民曾在环海楼与倭寇苦战，第一道城门下犹存倭寇攻城时留下的火烧城门与石阶断裂的痕迹。城内原有150多亩农田可耕作，危急时可生产自救。嘉靖三十九年（1560），迁中界山巡检司于堡内。此堡为保一乡无虞，功劳巨大。

堡内现存的状元府第、王氏宗祠、都堂第、世大夫祠、王绍志故居与大量的古民居建筑，是研究明、清、民国建筑的珍贵实物资料。特别是都堂第，闻名中外。该建筑原为明隆庆都察院佥都御史王净故居，建于明隆庆年间（1567—1572），至今已450多年。该宅第是二进三院七开间木结构的大型宅第式建筑，占地1456平方米，是永昌堡内现存民居中建筑格局最完整、保存最好的一处，被专家评为“典型的明清东南沿海水乡人家格局”。

堡内现保存较好的宗祠有8座，基本上属明代建筑风格祠堂。英桥王氏宗祠、大派、楼下派、世大夫祠更为完整。尤其是王氏宗祠，由福建布政司左参议王澈（1473—1551）所建，始建于明嘉靖二十一年（1542），占地面积8666平方米，建筑面积6670平方米，三进加厢，左右轩间计40余间，宗祠规模之恢宏，气势之宏大，为浙南地区罕见。堡内众多的民居均体现出刚柔并济、柔润秀美的水乡建筑风格，富有历史人文景观价值。

（二）

据《英桥王氏》谱序载，王氏旧传五代由闽来徙，系出琅琊王氏。宋乾道年间吾乡因海患，谱牒无考。以王惠（万十一府君）为始祖。英桥王氏至今已有700多年历史，已传承30代，共1万多户、5万多人，除了一部分人聚居在永昌堡之外，更多的人则迁散至温州市域平阳、苍南、瓯海、龙湾各县以至国内各地和世界各地。

永昌堡文化鼎盛，有浓郁的人文气息，是永嘉场耕读文化的缩影。自明朝以来，人才辈出，经数百年而不衰。明弘治至清道光300多年间，出武状元1人、传胪1人、进士13人、副榜4人、举人及贡生90多人，庠生854人，出现了一家两代三进士、四大夫一英雄的传奇，是当时东瓯最显赫的家族之一。

温州名人上《明史》这部官方权威史书排行榜的有11人，永昌堡这弹丸之地就有3人，即抗倭英雄王沛、王德，“三元及第”的武状元王名世。堡里还有明代国学宗师王激、“铁御史”王净，号称“东瓯双璧”的王叔果、王叔杲兄弟，玉殿传胪王光经等。近现代还涌现出戏曲学家王季思，电机工程专家、浙江大学副校长、代校长王国松，中国共产党九大和十一大代表、远距离教育专家王则信等。

英桥王氏一族，为后人留下了宝贵的文化遗产，可查的先贤著作有70多部，其中万历《温州府志》《永嘉县志》《槐阴集》《半山藏稿》《玉介园存稿》《文江集》《王氏家录》等尤为著名。不少文献被列入国家珍贵古籍名录。

《王氏族约》历代传承，是家训家风教育范本。族约是明嘉靖二十二年（1543）英桥王氏八世祖王澈公制定的，共10章1.2万字，主要内容涉及族人要做到廉勤正直、敦行好礼、孝亲敬长、推崇义举、谨守国法等。从这些刚性的族约条规中，可以看到王澈公对后代子孙扬善惩恶，激励族人堂堂正正做人、清清白白为官的警示教育作用。

据有关史料显示：古代温州为乡里公共事务做贡献的以王叔果、王叔杲兄弟为最，兄弟俩辞官后居家各20多年，为地方公益事业做了许多事。捐资重修仙岩寺、永嘉县学、温州府学，捐资重修东瓯王庙，重筑王谢祠，重修江心屿东塔西塔、白鹿书院，助资重建瑞安儒学等，影响广泛，至今为人称颂。

永昌堡在三世祖时就设立义塾，办私塾、书院蔚然成风，一百年前开办崇实学校，教授族中的子弟诗书和礼仪。长者率先垂范，言传身教，对后代产生了深远的影响。永昌堡有许多鼓励学子勤奋上进的措施，宗族祠堂设养贤田，过去有养贤田100亩用于教育，培养了众多人才，对国家社会做贡献多有建树。耕读传家，文脉绵延。

（三）

永嘉场是永嘉盐场的简称，或称永场，东瓯先民早已煮海为盐。英桥王氏先民大都从事盐业，盐业又带动相关产业发展，聚集资本，实现家族的兴起。万历《王氏族谱》中有较为完整的说明：“吾王氏世灶户，数传后分三户，樵云公七子宅为王福庆，楼下宅为王崇维，隔浃宅为王九因。”灶籍身份也是科举制度不可缺少的主要内容。永昌堡进士相当部分是灶籍出身。

清康熙九年（1670）“展界复井”后，农耕生产成为永昌堡人的主要生产方式，永昌堡种植作物有水稻、大麦、小麦、番薯、土豆、油菜、甘蔗等。永昌堡的传统副业是养猪、养鸡、织网、烧酒、染青、弹棉、烧蛎灰。永昌堡各行各业历史悠久，有上仓1号当铺、宏泰南北果品店、回生堂药店等。王光蕴修编的万历《温州府志》中指出：温州集市有“二都英桥”，英桥里成为当时的集市中心。

地灵人杰的区域环境与厚实的人文内涵，形成了永昌堡独具特色的民风民俗，立身处世，崇尚礼仪，如孝父母、祀祖先、友兄弟、礼宾朋、序长幼，由此衍生的生活习性，历代相承。在社会活动中，如扶危济困，行善立义，拜师授徒等相关风俗，也多与儒教礼仪一脉相承。永昌堡民间好佛事，信占卜，讲风水。随着社会进步和发展，某些节令及生活旧习俗也随之消失，崇文习武的传统美德和时代风尚不断地弘扬和形成。特别是具有数百年历史的崇德报功、启佑后人的英桥王氏春祭大典和倡导内外兼修、天人合一的永昌堡王家拳均被列入温州市非物质文化遗产名录，进一步得到传承。

（四）

永昌堡在浙江省现存的抗倭城堡中，是唯一一座由民间自发兴建的。体现了爱国爱乡、顽强拼搏的家国情怀和不等不靠、敢为人先的温州精神，对研究沿海抗倭防御体系具有相当重要的史料价值。

2003年，时任浙江省委书记的习近平到永昌堡视察，语重心长地叮嘱：要保护修复好这座古城堡，认真挖掘研究好这里的文化资源。

综上所述，永昌堡建于明嘉靖三十七年（1558），坐落龙湾永中新城村。俗称新城。

明朝初年，温州沿海备受倭寇侵犯，永强抗倭首领王沛、王德叔侄牺牲。后王沛侄子王叔果、叔杲兄弟发起修建此堡以抗倭。城堡呈长方形，南北长778米，东西宽445米，城墙高8米，基高3.9米，周长2688米，有敌台12座。用石块斜垒，中夯土。全堡设陆门四座，东环海、南迎川、西镇山、北通市。东门设瓮城，城门上各建谯楼。城外环护城河，城内凿有二渠，河上建成11座桥梁，堡内沿河建街，铺舍栉比。堡内尚有明代建筑18座，2001年，列为全国第五批重点文物保护单位。永昌堡是抗倭文化、城堡文化、耕读文化、民居文化、非物质文化典范的综合体。

编年纪事

英桥王氏建筑永昌堡，并生活与发展于堡城内外，本纪事分为建堡前后两编，记载永昌堡居民尤其是英桥王氏的主要事迹。

据传英桥王氏于五代时自福建徙居温州，元顺帝时定居于永嘉城郊华盖乡二都。这里是温州东边永嘉盐场所在地，负山濒海，有鱼盐之利。明建文二年（1400），英家建桥于二都，英桥里已成为温州城东集市中心。英桥王氏祖辈生活在这里，四世祖王毓生有7个儿子，孙28人，曾孙94人，玄孙206人，六代即有男子350人，七代有男子490人，劳动力大为增加。他们在永嘉场从事农耕、渔业与盐业生产，又在集市从事商业贸易，英桥王氏逐渐兴旺发达。

三世祖王珍，自号“乐善处士”，“处世举得其要”，“治家俭而有节”，乐于助人，捐资修建桥、路、堰闸，慕善行善。四世祖王毓，身为平民布衣，辛勤劳作，助人为乐，为地方公益出力，也赋诗作文，渐次养成从善向上勤勉向学的优良家风，他尤其重视子女的入学教育，永乐年间，英桥王埏、王由、王在、叶蕃、叶智，均师从刘翼。叶蕃尝设义塾，以教授乡之子弟。王由“延教诸子侄辈，乡人无远迩长幼，皆来相从”。此后，这一地方，文风鼎盛，永昌堡建堡前后，自嘉靖至明代末年120余年，全温州考中进士（文）共计41人，其中，永昌堡居民有10人，约占四分之一，还另有1人考中武状元。

永昌堡建堡前后，英桥王氏积极参与兴办地方公益与慈善事业，先后修建桥梁多座，已知今存的有横塘桥、便农桥、联芳桥、世裔桥、左昌桥、会秀桥、吴渎桥、东昌桥等8座，并多次修筑沙城。王氏陆续在永嘉城区建设玉介园与阳湖别墅，部分族人陆续移居城区，相继捐资重修东瓯王庙、王谢祠，重修江心屿东西二塔、浩然楼和澄鲜阁，建造镇宁楼，出资重建江心寺山门、两廊及钟鼓楼，在仙岩寺前后坚持48年栽植松木。自王叔果、王叔杲兄弟起，英桥王氏族人为地方做公益逐渐转向兴学助教、纂修方志等，他们捐资修建永嘉县学、温州府学、瑞安县学，修建尊经阁，新建文昌祠，先后编纂了嘉靖《永嘉县志》、万历《温州府志》等4部地方志，以及外地的方志多部。英桥王氏对温州地方人文所做出的业绩与善行义举，受到朝廷表彰，先后有9位王氏精英进入先贤祠崇祀，温州城区内外曾立有“积庆传芳”（原在墨池坊）、“棣萼重芳”等牌坊16座。

编　前

宋

宝祐五年（1257）

英桥王氏始迁祖王惠生。惠字振卿，称万十一翁。

旧传五代时自闽来迁。一说，乾道二年（1166），温州遭遇海溢，后福建人民移入补籍。王氏族人二十余家俱自闽之赤岸来徙。

元

大德十一年（1307）

二世祖王宜生。

元统二年（1334）

三世祖王珍生。

顺帝至元六年（1340）

王惠卒，寿八十四。葬西门垟（西坟川），即今北门外始祖墓地。

旧谱又有记为至正六年（1346）卒。考，年八十四，当以至元六年为是。

至正二十年（1360）

十月十五日，四世祖樵云公王毓生于永嘉英桥里。

王毓（1360—1426），字尹成（《半山藏稿》卷一三《家传》作允成），号樵云。好读书，以赋诗剧谈为乐。勇为力行，乐于助人。里尝失火，指廪赈之，活者数十家。

明

洪武八年（1375）

王珍修方汉陡门。

王珍（1334—1422），又名成宗，字伯玘。金原祺所撰墓志，记载："凡桥路、堰闸之类，有坍塌不便于民，与妨农害稼者，必捐己赀，不计其工力多寡，修治完固，以便于后人而后已，亦不自以为德也。""其延师教子弟，至于古人之善可为法、恶可为戒者，必使之成诵，而后开谕之，俾谨守勿怠。故其子孙皆恂恂孝友，人知为家庭训也。"

自号"乐善处士"。"与人交久而益虔，治家俭而有节，故家日以裕。其平生少疾病，虽老而耳目聪明。遇宾客，则觞咏谈笑愉愉如也。尝曰：吾无志功名，惟所慕者善而已矣！"

洪武十五年（1382）

九月初八日，王安宗病逝，年享四十六岁。

王安宗（1337—1382），字伯瑜，王惠之孙，仕宜次子，王珍之弟。生性淳实，善事父母。妻吴彬，守志训子，内外酬应，勤俭持家，日益富裕。吴彬于永乐七年（1409）逝世，长子王全（1364—1433），于永乐十一年葬其母。王、吴合葬之墓志石在今沙城钟桥山，戴时雨撰文，金原祺书，郑麟篆额。王安宗有五男儿一女儿，男孙九人，女孙八人。

建文二年（1400）

永嘉二都建造英桥。

由英家建造，又名英家桥。嘉靖《永嘉县志》卷二《镇市》记载："永嘉场市在二都英桥。"

位于今龙湾区永中街道城北村，即旧称英桥里。原为温州城郊东面的集市中心。桥在永昌堡北门外，是永昌堡通往寺前街的重要桥梁。英家桥附近有英桥王氏祖墓等。永乐二十二年（1424），里中失火，王毓发赈。

王世贞《弇州山人四部稿》卷八四《王樵云公传》："公又好施予，以躯赴人之急。比邻火，数十百家皆烬，公指廪而予之。"

永乐二十年（1422）

王珍，卒，寿八十九。

洪熙元年（1425）

王毓建三桧堂。

黄淮、章纶各撰有序、记。王叔果有《书三桧堂卷跋》。

宣德元年（1426）

八月十六日，王毓逝世，享年六十七。

四世祖王毓，传入《两浙名贤录》卷一〇。明代著名文学家、史学家王世贞撰《王樵云公传》，文载《弇州四部稿》卷八四。墓在瑶溪半山上，给事中方祖安撰《樵云王处士墓志铭》，刻石存。

王叔果《（谢安人）内传》："子，长讳环，次讳琛、讳瑀、讳珙、讳琚，俱安人出；讳由，侧室杨氏出；讳瑊，庶出；女一，孙二十八人，曾孙九十四人，玄孙二百六人。"

姜准《岐海琐谈》："永嘉场英桥王毓，字尹成，别号樵云，有七子；七子之子二十八，二十八之子九十四，而始有以诗书之业起者；九十四之子二百六子；二百六之子三百五十，三百五十子之子而取科名，其颖出且未艾也。"

后六代，繁衍增为男子350名，七代男490人。

英桥王氏祖墓群在瑶溪街道永胜村龙冈山，已修缮并有墓碑可辨的有11座，总分布面积约6000平方米，是研究明代墓葬建筑和历史文化的重要材料。

宣德三年（1428）

王瑀入泮。

英桥王氏入学为生员，自此始。

宣德五年（1430）

王毓著《槐阴集》刊刻成书。

王由录稿，章纶选校。王毓身为布衣，性喜吟咏，多与社中人唱和。所著《槐阴集》（无卷数），原收诗三百余篇，今温州市图书馆藏抄本收诗214首。另附有一集，题名为《蛙鸣鼓吹》，收乐府26阕。重刻时，王叔果将二者并为一书，故不另为一书目。章纶、金原祺为《槐阴集》作序。

王毓诗多写温州人、事，为永嘉场存世最早文献之一。王理孚认为："公为英桥本族繁衍之祖，亦即以文字开始见世之祖，此集致可宝也。"

章纶点评王毓诗，说："五言古选则婉顺简淡，七言古风则清丽雄峻，五七言近体则律严韵谐，语工情备，有雍容温雅之风。绝句避繁就简，其意含蓄不尽，乐府比音叶节，其词委曲有伦，彬彬乎大雅遗音矣。"

清人编《东瓯诗存》卷一六录王毓诗19首。

章纶（1413—1483），字大经，乐清人。正统四年（1439）进士，授南京礼部主事，景泰初擢仪制郎中，上太平十六策，以疏忤旨，下狱，濒死无一语。英宗时，擢礼部右侍郎，为帝所重，迁南礼部左侍郎，屡有直言，为当事者所不喜。成化十二年（1476）辞官归乡。著作有《困志集》等。传载《明史》卷一六二。

宣德八年（1433）

闰八月八日，王全逝世，年七十。

虞原璩撰墓志，黄养正书丹，杨景衡篆额。刻石今存。

正统十年（1445）

郡邑设立预备仓，王民献谷六百石。

王民（1387—1461，民，又写作泯），字秉彝，号恪庵，王全之子。阮存撰王民墓志（图、文载《温州访碑录》，吴明哲编著；刻石今存沙城钟桥）记载："凡歉岁□□乡□增涌，公则如常。其他济饥寒，施棺殓，建□□，修桥道，亦皆尚义于乡也。"

景泰五年（1454）

王由得荐赴京谒选。

同郡乐清章纶以言事被逮系狱，王由不惧连累，抚恤备至。

王由（1406—1483），字秉播，号梦竹。倜傥仗义，有古烈士风，工诗词，著有《效颦集》，章纶为序。传载万历《温州府志》、乾隆《温州府志》。

景泰七年（1456）

十月一日，王环逝世。

天顺元年（1457）

王埏、王境赈邑饥。

事由地方上报朝廷，授宣义郎，立忠义碑。王埏（1410—1466），字廷方，又写作廷芳。少从城南刘翼先生学。

天顺七年（1463）

王封逝世，年四十二。

封妻周氏茹苦贞守。庭有两松，常缀甘露。孙王激举于乡。周氏寿九十二。万历《温州府志》有传。

成化元年（1465）

王埏建造三里便农桥，王在（廷善）建造联芳桥。

便农桥，又名永昌桥、东门桥。东西走向，横跨下河，长11米，桥面宽1.2米，矢高2.3米。为三孔梁柱式石桥，桥板上饰有绳纹、回纹、云纹、网纹等图案。中孔桥板外侧楷书阴刻"三里便农桥”“大明成化乙酉王廷芳建”等字样。桥造型古朴，风格典雅。

同一年，王廷善建造联芳桥，桥长8米，阔1.4米，矢高2米，单孔梁式石桥，桥板两侧分别楷书“联芳桥”和“大明成化乙酉王廷善建”字样。

成化五年（1469）

王由提议并编辑英桥王氏家乘。

成化九年（1473）

九月三十日，王澈生。

王澈（1473—1551），字子明，号东厓，王激兄，正德八年（1513）举人。授礼部司务，历迁兵部武库司郎中，以亲老归省，升福建布政司左参议，告归，乡居近二十年。

成化十二年（1476）

王激生。

王激（1476—1537），字子扬，别号鹤山，王澈弟。正德二年以春秋举浙江乡试第二人。于温州城慈山筑鹤山书院居之。嘉靖二年（1523）中进士。曾任国子监祭酒，政绩文章兼著。

成化十九年（1483）

王鏑修筑沙城二十余里。

王鏑（1441—1499），字九恒，王埏长子。成化十四年（1478），捐资修缮永嘉县学殿庑。弘治六年（1493），植永嘉场南门三架，复修五福、济民、范公三桥。

王鏑墓志，李阶撰，任道逊书篆，刻石今存瑶溪半山。

弘治七年（1494）

十月二十二日（1494年11月19日），王鈇逝世，年五十二。

王鈇，字九严，号鉴水，著有《鉴水稿》《五亩园集》。王瓒撰《鉴水王先生偕配季氏安人合葬墓志铭》。

弘治九年（1496）

王湖生。

王湖，字崇泗，号西涧，博贯经史，工诗文，与张璁为布衣交。以母老隐居乡里，著有《雩散稿笔记》《樗散稿》等，年九十二卒。传见光绪《永嘉县志》卷一七。《东瓯诗存》卷二〇录其诗13首。

弘治十一年（1498）

灾荒年，乡里大饥，王镯出粟倡众赈之。

王镯（1451—1519），字九斋，号友梅。勤俭持家，业日饶裕。办家塾，延师教子及其族人。弘治十四年（1501），修建茅竹岭便止亭。夏秋供行人茶水，数月以为常。正德十四年（1519）逝世。王瓒撰墓志，刻石今存瑶溪半山。

正德三年（1508）

三月十八日，王诤生。

王诤，字子孝，号竹岩，嘉靖十九年（1540）举人。嘉靖二十九年（1550）进士。辑有《大学衍义通略》。

正德十二年（1517）

王鍊任山东诸城训导。

王鍊（1470—1551），字九纯，王诤之父，生于二都英桥里，移居五都丁家岙。曾任竹山教谕，松江、南雄二府教授。

王鍊享年八十二。王诤万历元年撰《诰赠大理少卿王公祠堂记》，碑在王氏宗祠内。

正德十三年（1518）

王瀼出生。

王瀼，字崇趾，曾设馆执教，后弃教经商，发家致富，富甲一方。曾捐资修建浙闽交界道路六十余里、白楼下堤塘等。

嘉靖初

叶幼学荐修《明伦大典》，授翰林院待诏。

叶幼学（1478—1545），隐居授徒，邃于经学，旁通百家。著有《雪坡集》，王叔果序。

嘉靖二年（1523）

王激考中进士。

嘉靖十一年（1532）

王钲重建英桥王氏始祖墓。

嘉靖十三年（1534）

王洌岁贡，授松江儒学训导。

王洌，字子良，后升任建安王府教授。传载光绪《永嘉县志》卷一六。

本年秋八月，台风，毁坏温州城东右军祠，王澈相地于华盖山之麓，重构右军祠。

嘉靖十四年（1535）

王激撰《重修温州府学记》。

嘉靖十五年（1536）

七月二十二日，王钲逝世，年八十七。

王慎中撰《封通政司通政溪桥王公墓志铭》，文载《遵岩先生文集》卷二六。

王钲（1450—1536），字九思，人称溪桥翁。王激之父，张璁姐夫。从事盐业生产，勤俭持家。诰封通政司右通政。嘉靖《永嘉县志》记其事迹："公有硕德，为里人所依戴，又具奏请均盐课折色于通县，并修筑沙城，灶氓德之。"生前曾建横塘桥，在永嘉二都下六宅，今永中街道城北村。1986年重修。桥长26米，宽3米，矢高3米，占地约81平方米，为五孔梁式石桥。

嘉靖十六年（1537）

王澈主持重修家乘，次年谱成。王澈自序并请程文德作序。

本年，王激在温州病逝，年六十二。

罗洪先撰《明故中宪大夫国子监祭酒鹤山王公墓志铭》，记："先生长身玉立，风致魁岸，负气不肯下人。弱冠，以《春秋》魁两浙，而举进士，则以《毛诗》。稍长，才名迸出，倾厌行辈。方跻身显位，未获尽其所长，溘然遽至沦没，岂不惜哉！"

嘉靖十七年（1538）

王德考中进士。

王德（1517—1558），字汝脩，号东华。本年二十二岁。

王德与钱塘翁相、会稽沈炼、华亭莫如忠、归安茅坤、乐清侯一元，同年考中进士，赋诗赠答，称为"六子"。茅坤有《六子吟》，题下小序记载六子事迹。

诗人陈鹤与王德友善，曾到永嘉场访王德。陈鹤《海樵先生全集》有诗《与王东华谏议话旧》《永嘉客舍与王东谷大夫对谈》《入永嘉场访王东华谏议》《城南舟中送王东华还山二首》《寄赠王阳谷》等。

陈鹤（1516—1560），字鸣野，号海樵，浙江山阴（今绍兴）人。有《海樵先生全集》二十一卷。著名文学家徐渭表其墓，将其比于东方朔。传载《中国文学家大辞典（明代卷）》。

嘉靖二十一年（1542）

王澈建王氏宗祠，并著《王氏族约》。

嘉靖二十二年（1543）

永嘉场王氏宗祠建成。

祠建于祖墓之侧，中堂三楹，旁有两厅，左右廊庑环列，以为会所，约可容千人。堂之外为仪门，又为石坊。费用共千金。王澈主其事，并编撰《王氏族约》，今存抄本。薛应旂万历二年（1574）撰《永嘉场王氏宗祠记》。石质牌楼保存完整，题额“王氏宗祠”为王澈所书。宗祠占地约8670平方米，二进合院式木构，建筑体量大，布局规整，今为永昌堡博物馆，对外开放。

嘉靖二十三年（1544）

冬十一月，华盖乡重修东瓯王行庙事竣，奉明封王钲为中宪大夫、通政使司右通政，并以肖像配享东瓯王庙。

长至日，里人奠于庙。礼成，项乔撰《通政溪桥王公配享东瓯王庙碑记》，时间在次年冬十一月。并有歌二曲，以娱神。

嘉靖二十四年（1545）

王澈上疏筑沙城海塘，参政项乔参与。

嘉靖二十九年（1550）

二月，永嘉场沙城建筑完工。

这是明代温州最大的水利工程。侯一元有记：“沙城者，故亦两王子所倡筑也。”嘉靖十三年（1534），张璁任职于朝廷，王钲指引里人王瑞上疏，请求建筑海堤。至二十七年（1548），诸生张玲等再次请求修筑海堤。此治水工程，就沙城旧址筑以石堤，南起自一都长沙，北至于沙村寨，计二千六百一十九丈，用块石砌筑，十尺高，五尺厚，费金五千四百多两。自二十七年（1548）三月动工，历三年始筑成，外用以御寇，内以固斥卤而资灌溉，大惠德于永嘉场，居民庆祝之。罗洪先撰《永嘉场沙城记》，对筑堤过程有详细的记载。乾隆《温州府志》卷一二《永嘉县海堤》引《县志》所载《沙城记略》：“司其事者，致仕参议王澈及参政项乔之力为多。”

清丁立中《和永嘉百咏》有诗《沙城》（在永嘉场，明嘉靖间筑）：“外遏潮与盗，内资盐与耕。恒河沙数力，众志可成城。”

至清代光绪年间，在旧堤外移五里，另建一条新海塘，围涂制盐、造田。

本年，王诤、王叔果考中进士。

王叔果（1516—1588），字育德，号西华。

嘉靖三十年（1551）

九月十三日，王澈逝世，年七十九。

王叔果撰有《先参议厓翁行状》，载《半山藏稿》卷一五。

张时彻撰《明故朝列大夫福建布政使司左参议东厓王公墓志铭》，碑藏温州博物馆。

王澈编有《王氏族约》一卷，今存。

嘉靖三十一年（1552）

倭寇大扰温州沿海，王沛同族侄王德一起组织王氏义师2000多人，抗击倭寇入侵。

嘉靖三十五年（1556）

十月九日，王沛王德叔侄率王氏义师赶赴梅头截击倭寇，于龙湾上京展开激烈战斗，斩首16人，生擒14人，夺马十余匹，解救被掳百姓80多人，取得了重大胜利。

嘉靖三十七年（1558）

四月六日，王沛在抗倭中阵亡。

王沛（1485—1558），号仁山，王钲之子。行医。

追赠太仆寺丞，并于郡城兴文里立褒忠祠，詹莱有记。

侯一麐撰《仁山王先生传》，载《龙门集》卷一九。《明史》卷二九〇有传附王德后。光绪《永嘉县志》卷四记载：褒忠祠，在兴文街，祀赠太仆寺丞王沛。岁各二祭。

四月十九日，王德在抗倭中阵亡，享年四十二岁。

追赠为太仆寺少卿，并在郡城康乐坊建愍忠祠以为纪念。

光绪《永嘉县志》卷四记载：愍忠祠，在康乐坊，祀佥事王德。嘉靖三十七年（1558）御倭阵亡。诏为立祠，岁二祭。

王叔果有祭文，见《半山藏稿》卷一七。侯一元有祭文，载《二谷山人近稿》集之丁。罗洪先撰《明故广东按察司佥事赠中宪大夫太仆寺少卿王东华墓志铭》，载《念庵罗先生文集》卷八，又见《明文海》卷四六三；王世贞撰《广东按察司佥事赠太仆寺少卿东华王公墓表》，载《弇州山人四部稿》卷九四；茅坤撰《广东按察司佥事赠太仆寺少卿东华王公祠碑》，载《茅鹿门先生文集》卷二一；侯一元撰《东华大夫传》，见《二谷山人近稿》集之丙。《明史》卷二九〇有王德传。王德故居在新城村状元里6号，始建于嘉靖十八年。二进两厢房合院式建筑，占地约1450平方米，现存形式完整。王德墓在永中街道朱垟村。

正　编

嘉靖三十七年（1558）

十月，王叔果、王叔杲兄弟倡议在永嘉场二都英桥里兴建永昌堡，以防御倭寇。

为抗倭而筑堡，自四世祖王毓起，即有此心愿，王毓还代表当地居民，赴京都提出请求。

王叔果有《请筑堡疏》，载《半山藏稿》卷八。

次年冬，城堡建成。俗称此城为新城。

堡城周围九百三十余丈，高二丈五尺，厚半之。陆门四，水门四，中引二渠，铺舍二十，负山向海，四面控带河水，盖一方巨镇。城外环绕护城河，城内凿二渠，引河水入城贯穿南北。南北两端各设二水门，置水闸防卫。河渠上架五座石桥，两岸分列住房，井然可观。

侯一元有《永嘉场新建永昌堡城碑》，堡城四周凡八百六十丈有奇，与王叔果编纂嘉靖《永嘉县志》卷一所记载“周围九百三十余丈”。异，当以县志记载为是。

堡城大小，与瑞安、平阳、泰顺县城作一对比。元至正廿四年（1364），瑞安县城改拓，城周增至九百三十七丈六尺，明代洪武三年（1370）至永乐十五年（1417），多次增筑，拓展城墙，至嘉靖三十一年（1552），城墙四周扩大至一千一百四十丈，高一丈七尺。平阳县城，明洪武七年（1374），守御千户缪美增筑，周六百三十二丈，高一丈六尺，面阔九尺。泰顺县城，嘉靖九年建筑，城周围约三里，计九百余丈。

对筑堡经费，侯一元记：“始议助于公数千金，既而以时诎，多不酬，其经费补苴，盖悉出两王子私帑，略不色吝。”

高岱撰有《永昌堡记》。清末丁立诚《永嘉三百咏》卷下有诗《永昌堡》（在二都）：“出入资相助，筑城以备倭。经营二王力，地利得人和。”

时二都海口又筑有永兴堡，俗称老城。城周四里，凡七百二十丈。嘉靖《永嘉县志》卷一记载：永兴堡在二都海口，嘉靖三十七年（1558）巡盐御史凌儒按治以盐场所在，皆被倭寇焚掠，用众议筑堡城。

本年，王叔果、王叔杲兄弟建造世裔桥。

桥在王氏宗祠南，全长9.7米，宽1.5米，矢高2.2米，系单孔石梁桥。

嘉靖三十八年（1559）

三月，嘉靖皇帝下诏，追赠王沛为太仆寺丞、王德为太仆寺少卿；六月敕令建褒忠祠于郡城兴文里（祀王沛公）、愍忠祠于康乐坊（祀王德公）。

嘉靖三十八年（1559）

四月，城堡建到一半时，倭寇来犯，唯恐堡内有埋伏，不敢轻入，遂退。

嘉靖三十八年（1559）

王福庆撰《请筑堡迁司疏》。

奏迁中界山巡检司于堡内，以助守御。

中界山巡检司原在一都长沙。嘉靖三十九年（1560）迁至永昌堡内。

嘉靖四十年（1561）

王叔果率众整浚堡内河道，上河阔12米，下河宽8米，南北长780米。

嘉靖四十一年（1562）

王叔杲考中进士。

王叔杲（1517—1600），字阳德，号旸谷。

本年，王叔果嘱乡人王应辰编纂《仙岩志》。

王应辰（1505—1566），字拱甫，号海坛，永嘉城区人。授上海县儒学训导，未到任。《仙岩志》六卷，《四库全书》史部地理类存目。

嘉靖四十二年（1563）

王叔杲出资重建江心寺山门、两廊及钟鼓楼。

嘉靖四十三年（1564）

王诤辑编《大学衍义通略》三十卷，本年刊刻。

天津图书馆、南京图书馆、中国科学院大学图书馆、山东省图书馆等藏有嘉靖刊本，山东省图书馆、广东省江门市新会区景堂图书馆藏明嘉靖刻本，列入第二批、第三批国家珍贵古籍名录。《四库全书》子部儒家类存目，影印本收入《四库全书存目丛书》子部第5册。

嘉靖四十四（1565）

王叔杲刊刻天台夏鍭撰《赤城夏先生集》，二十三卷。

云南大学图书馆藏嘉靖四十四王叔杲刻本《赤城夏先生集》，列入第三批国家珍贵古籍名录。

嘉靖四十四年（1565）

王叔果辑成《永嘉县志》十卷。

嘉靖四十五年（1566）

王叔果编纂《永嘉县志》九卷，本年刊刻。

嘉靖《永嘉县志》是现存最早的一部《永嘉县志》，具有开创性。为王叔果与王应辰合纂。刻本今藏于日本尊经阁文库，影印收入《稀见中国地方志汇刊》第十八册，有潘猛补点校整理本，收入《龙湾文献丛书》。

隆庆年间（1567—1572）

王诤建都堂第。

隆庆四年（1570）

王叔杲修隆庆《靖江县志》。

八卷。明张秉铎续修，明朱得之纂。明隆庆刻本，今藏日本内阁文库。中国书店1992年影印收入《稀见中国地方志汇刊》第十三册。

隆庆五年（1571）

王良心中进士。

王良心（1537—1579），字性德，号存吾。授广州增城知县，在任六年，擢南京兵科给事中，居二年，卒于官。王良心墓在今瑶溪街道皇岙村莲花山脚。

本年，王叔本擢光禄寺丞。

本年，王叔杲编撰《家礼要节》刊刻。

中国国家图书馆藏有隆庆五年刻本。卷首有王叔杲隆庆辛未自序、隆庆辛未胡定重刻叙。

本年，张佳胤、王叔杲刊刻宋刘安世撰《尽言集》十三卷。

隆庆刻本，今首都图书馆、东北师范大学图书馆、西北大学图书馆有藏，均列入第三批国家珍贵古籍名录。《尽言集》是存世极少并几近宋时旧貌的宋人单刻奏议集之一，具有较高的史料价值，为刘安世唯一的存世作品集，是殊为宝贵的历史文献。

万历二年（1574）

王继明考中进士，建楼下派祠。

王继明（1545—1608），字用晦，授安徽当涂知县。累官四川布政司参政。撰有《仕学斋遗稿》《知非稿》《偶然稿》等。传载光绪《永嘉县志》卷一五。

本年，王继明建楼下派祠，后亦称布政使祠，占地约290平方米。

万历四年（1576）

王叔杲建住宅、世大夫祠，王叔果、王叔杲兄弟造左昌桥。

王叔杲故居在永昌堡内上河洞桥底40号，为二进两厢合院式建筑，占地面积约1218平方米，称“右司马第”。现三楼屋面不存，地面石台阶保存完整，第一进院落铺地已被改造，第二进院落条石铺地基本完整，北侧厢房保留完整。在永昌堡内上仓浃尽头，紧靠西城墙。二进合院式木构建筑，占地约2450平方米。

桥长9米，宽4米，横跨上河，系单孔石拱桥，上设11级石阶，石阶上有条纹、槽纹、回纹等精美纹样。两侧顶部均阳刻“左昌桥”字样。

万历五年（1577）

叶承遇考中进士，会魁。

叶承遇（1533—1589），字思章，永嘉县二都英桥里人。宋叶适九世孙。嘉靖四十三年（1564）举于乡。进士及第后，授兴化府莆田知县，擢云南道监察御史，见忤，出为江西按察司佥事。著有《筮仕录》。生平见乾隆《温州府志》卷二〇《循吏》。

本年，《东嘉英桥王氏族谱》刊刻。

《东嘉英桥王氏族谱》，今存明万历五年（1577）王叔果原修本。

卷首有章纶成化六年（1470）序、程文德嘉靖二十六年（1547）序、侯一元万历庚辰（1580）序、王澈嘉靖十七年（1538）序、王叔果万历五年（1577）序，有王叔果万历六年（1578）题词，王光蕴万历五年（1577）《原姓》。

王叔杲归家乡，续建玉介园于华盖山之麓，本年落成。

玉介园创自嘉靖三十八年（1559），历丁卯（1567），再历丁丑（1577）乃得落成。光绪《永嘉县志》卷二一《古迹·名胜》记载：“玉介园，在华盖山麓，王澈徙郡墨池建传忠堂，后为玉介园。”王叔杲有《玉介园记略》，见《玉介园存稿》卷一一；焦竑本年有《玉介园记》，见光绪《永嘉县志》卷二一。王光美有《玉介园十咏》。清顺治年间周茂源旅温，有诗《赴饮田帅幕经王氏玉介园废址有感》，见《鹤静堂集》卷九。清末丁立诚《永嘉三百咏》卷下有诗《玉介园》（明王澈故宅）：“名园傍山麓，映带成大观。林卧二十载，玉介乐盘桓。”

王叔杲又有阳湖别墅，在郡城西郊阳岙之东麓。

光绪《永嘉县志》卷二一《古迹·名胜》记载："阳湖别墅，在城南（厢）阳岙山麓，王叔果筑有冷吹楼。"冷吹楼，当为王光美所筑。何白有诗《王季中社兄构冷吹楼成，以诗见示，予同邵少文过集，奉和二首》。

王叔果早年就非常喜欢家乡的山水，钟情于四山回护，雄溪、瞿溪、郭溪等三溪汇流的旸岙阳湖。因此在旸岙东麓购地筑阳湖别墅。别墅面湖，背倚吹台山。门前有石坊，牌坊上有"湖山会秀"四字，内建有清辉堂、纡青阁、潜光室、暑香亭、�阿馆等。茅坤本年作《阳湖别墅记》，见《茅鹿先生文集》卷二〇；王世贞则撰有《阳湖别墅图记》《阳湖别墅后记》，见《弇州续稿》卷六一。黄彪有《阳湖别墅图》。王光美有《阳湖二十咏》。康从理有诗《五月望日过王参知阳湖庄》《初秋过阳湖庄因寄参知主人》《过阳湖访项季舆，时余卜邻珠浦山中》。从理与叔果友善，另有诗《东归呈王阳德观察》《谢王阳德参知惠谷》《寄王阳德参知》《送王阳德司马奉使便还永嘉》等，诗见《二雁山人诗集》卷上。王叔果《半山藏稿》卷六、卷七有诗《秋日同诸兄弟阳湖泛舟》《癸未初春过阳湖别墅二首》《春暮阳湖族诸老宴集二首》《咏阳湖四景》，卷九有文《阳湖小志序》。周茂源有《经王氏阳湖旧庄》，见《鹤静堂集》卷五。清谢包京有《阳湖赋》，见乾隆《温州府志》卷二八。王至言有《阳湖冷吹楼诗》。

万历七年（1579）

王叔果捐资重修永嘉县学，王叔杲捐资重修温州府学。

詹莱万历十一年（1583）有记，载万历《温州府志》卷一六。光绪《永嘉县志》卷七《学校》记载："万历七年，邑人副使王叔果捐资重修。"

万历《温州府志》卷三记载："万历七年（1579）己卯，郡人参政王叔杲捐资重建堂舍，规制宏敞，视昔有加。修撰京山李维桢有记。"乾隆《温州府志》卷七记载："万历七年（1579），郡人参政王叔杲重建堂舍。"

万历八年（1580）

王叔杲捐资重修东瓯王庙，王叔果、王叔杲兄弟重修王谢祠。

王叔杲捐资重修东瓯王庙，并撰有《重修汉东瓯王庙记》，原碑今藏温州博物馆。王叔果有《重建汉东瓯王庙上梁文》。

王谢祠，在郡城华盖山下，祀王羲之、谢灵运。王叔果撰有《王谢祠记》，载《半山藏稿》卷一一。

万历九年（1581）

七月二十六日，王诤逝世，年七十四。

王叔果有《祭中丞竹岩叔父》，见《半山藏稿》卷一七。王世贞撰《中宪大夫都察院右佥都御史竹岩王公墓表》，载《弇州续稿》卷一二五。侯一元撰圹志，1998年出土，石存龙湾区博物馆藏，照片收入《温州访碑录》（吴明哲编著）。

《东瓯诗存》卷二二存王诤诗《积谷山下作水月亭》《江心寺》《春日诸兄弟集江心》《江心重新门楼志感》《大龙湫》等23首。

王诤生前曾主持建造王氏大派宗祠。宗祠为四合院式，占地面积1155平方米。王诤故居在下河西岸御史巷，始建于隆庆年间。占地面积约1850平方米，称“都堂第”，周边三侧临水，以水路为主要交通途径。建筑整体保存完好，基本保持原有规模，为典型的明清东南沿海水乡人家布局，是永昌堡内少有的保存完整的大型宅第。王诤墓在状元街道山西岙村，占地约2700平方米，保存完好，被列入龙湾区第一批文物保护单位。为纪念王诤而建的御史桥，在御史桥村。

万历十年（1582）

永嘉场英桥王氏家族有11人参加秋科考试。

万历十一年（1583）

王叔杲修瑞安县学，建南白象清渎桥。

万历十六年三月四日（1588年3月29日）

王叔果逝世，年七十三。

王世贞撰《中宪大夫广东提刑按察司副使西华王公墓志铭》，载《弇州续稿》卷一一八；李维桢撰《王宪使传》；王光蕴撰《先宪使公行状》。

王叔果为嘉靖二十九年（1550）进士，累官广东按察司副使。著作有《半山藏稿》二十卷、《东嘉王氏世录》一卷，传世。茅坤有《西华先生文集序》，见《髦年录》卷九。王叔果又编纂有嘉靖《永嘉县志》。《皇明诗统》卷三四录其诗7首，《东瓯诗存》卷二二录其诗46首。

王光蕴编其父王叔果《半山藏稿》二十卷，万历间刊行于世。该书影印本见《天津图书馆孤本秘籍丛书》第十一册。

半山地处瑶溪街道，上有摩崖题刻，共8处，约镌于明嘉靖辛丑（1541）至万历丙戌（1586）之间。龙岗寺东南侧围墙外巨岩上，阴刻行草“龙冈”二字，笔势浑朴遒劲，字径为1.24米×0.94米，传为王叔果所书。半山山岙有华阳洞，洞内青石碑上刻王叔果《山居纪旧》《辟华阳洞成》二诗，其余有“半山草堂诗”“山高月小”“云静渊澄”“罗阳洞天”“濯缨”等题刻，出自多位名人之手。半山摩崖题刻1985年被列为温州市第二批文物保护单位。半山原有静宜阁。王叔果曾在半山旧屋读书十五个年头，他到外地任职后，逐渐荒寂。万历十二年（1584），王光蕴修缮旧屋，名“静宜阁”，王叔果有记。光绪《永嘉县志》卷二一《古迹·名胜》有记载。

万历十七年（1589）

龙膺任温州府学教授，与王光美、刘懋功、何白、方子谦等结白鹿诗社。

白鹿诗社成员推王光美为祭酒。王光美（1556—1632），字季中，号玉沧，王叔杲子。少从其父游宦南北，万历五年（1577）随父还乡，与郡大夫多有交往，相与唱和。书法精妙。著有《王季中集》十卷，明刊本藏日本内阁文库，今有永昌堡文化研究会影印本。王维夔撰王光美行状，陈圣俞撰墓志，记其事迹甚详。传载《中国文学家大辞典（明代卷）》。

龙膺（1560—1622），武陵人。曾与王光美在阳湖泛舟夜谈、雁宕醉中放歌，为王光美诗文集《雁山纪游》作序。著有《龙太常全集》，今点校整理为《龙膺集》（湖湘文库），传载《中国文学家大辞典（明代卷）》。

万历十八年（1590）

王光蕴编纂《江心志》六卷，本年刊刻。

刻本藏上海图书馆。

万历十九年（1591）

王叔杲捐资重修江心屿东塔、浩然楼和水陆阁，阁名易为“澄鲜”。

王典有《重修江心孤屿东塔记》，记：“参知旸谷王先生雅抱卓朗，捐赀缮修。”“召工计费，千金有奇。”

光绪《永嘉县志》卷二一《古迹·名胜》记载：“水陆阁，在孤屿西塔院下。宋崇宁元年建，明正统中寺僧日庵重建。万历辛卯，王叔杲重修。”取“空水共澄鲜”句，易名“澄鲜”。

万历二十年（1592）

莫应奎、王光蕴修，吴天德等纂《宁都县志》，本年刊刻。

万历刻本，今藏台北故宫博物院。

万历二十一年（1593）

王叔杲妻林夫人嘱三子王光蕴、王光荐、王光普出资出力修缮江心屿西塔。

卢逵有记。光绪《永嘉县志》记载江心屿西塔重修事：“万历二十三年（1595），王叔杲妻林氏重修，有记。”王光荐又曾重建城区长桥，据万历《温州府志》卷二。

万历二十四年（1596）

王光蕴重刻《王氏家录》，布政莫如忠作序。

万历二十五年（1597）

王叔杲捐资在温州城区建镇宁楼。

出拱辰门（望江门），瞰瓯江，踞绝胜，楼系郡重，可登高望远。温州知府刘芳誉有《镇宁楼记》。

万历二十六年（1598）

王名世参加武举会试夺魁，殿试中状元，三元及第。

王名世（1567—1646），字时可，号翼宇，王德之孙。万历十四年（1586）袭锦衣千户。二十五年（1597）顺天武解元，本年中会元、状元。四十年补锦衣指挥，封明威将军。王名世不但武艺超群，而且精通经史，善书工诗，时人称文武才。温州城区曾建有“三元坊”以为纪念。

梁章钜：明代三元惟商文毅一人，温州则有武三元，永嘉王名世，万历丁酉顺天乡试，戊戌会试、廷试，皆第一，官锦衣卫千户，刚介不避权贵，博通经史，善书工诗，手不释卷，时称为文武全才。（《浪迹续谈》卷七《武三元》）

王名世故居在新城村状元里18号，本年始建。清康熙十八年（1679）“迁界”毁坏，后王培贵以仿宋建筑重建。为二进二厢合院式，占地面积约1900平方米。是永昌堡内保存较好的院落建筑之一。王名世命工刻石《明陈氏恭人志》，2016年在龙湾出土，记载：“余获丁酉、戊戌冠武闱者，恭人之力居多。”

万历二十七年（1599）

王叔杲撰《仙岩寺松木记》，叙述自嘉靖三十一年（1552）至万历二十七年（1599）48年来坚持在仙岩寺前后栽种养护松木的历程。

又记载万历十六年王叔杲捐资改建仙岩寺门、两廊，第二年、第三年又筑华阳精舍、茹芝馆。

刻石在仙岩寺内。王叔果、王叔杲曾协助瑞安知县修建仙岩止斋祠。

万历二十八年五月二十三（1600年7月3日）

王叔杲逝世。年八十四。

王光美撰有《先参政公行状》，吴稼竳有《哭王阳德先生四章》，焦竑有《参岳王公传》，冯时可撰神道碑，王穉登撰墓表，李维桢撰《明大中大夫福建布政使司左参政旸谷王公墓志铭》，碑藏温州博物馆，碑文点校整理本载《温州历史文献集刊》第二辑。

王叔杲为文据事敷辞，倍觉亲切；诗则清婉动人，有往复不尽之致。著作有《玉介园存稿》十八卷，其中诗七卷，文十一卷。王光美编。有明万历二十九年（1601）刻本存世。王世贞撰《王参政集序》，对王叔杲诗文评价甚高。《国雅》卷一七录其诗十四首，《皇明诗统》卷三〇录其诗六首，《御选宋金元明四朝诗》录其诗九首。传载《中国文学家大辞典（明代卷）》。

王叔杲生前与王世贞友善，来往密切。《弇州山人四部稿》中，卷一〇有《题画海棠双白头为王大参阳德七十寿》，卷一五有《寄王大参阳德，时公初归永嘉，以黄柑见贻》《感怀寄王大参阳德》，卷八四有《王樵云公传》；《弇州续稿》卷一五有《送曹子念赴永嘉谒谢王使君阳德因游天台雁荡诸山》，卷一七有《宪使西华王公七十乃弟阳谷公亦六十九矣，子念乞言为寿》，卷二二有《怀王大参阳德有寄》诗其一、其二、其三、其四，卷二四有《题画寿大参阳谷先生七十》，卷二七有《送大参永嘉阳谷王公改任叙》，卷三四有《寿大参阳谷王翁七十序》，卷四一为其文集作《王参政集序》，卷五七有《整饬兵备右参政阳谷王公生祠记》，卷五八有《遂初堂记》，卷六一有《阳湖别墅图记》《阳湖别墅后记》等。

本年，王至言中副榜。

王至言（1560—1630），字昭文，王光蕴长子。以纂修玉牒授太常典簿。著有《笙鹤轩杂著》，李维桢作序。又有《论草》一卷。王至言曾在温州城区华盖山麓建筑太玉楼。光绪《永嘉县志》卷二一《古迹·名胜》记载："太玉楼，在华盖山麓，王昭文建。道光甲午毁于火。"李维桢有记。

本年，王光蕴修《永嘉县志》十七卷，邑令姚永济作序；修《江心志》六卷。

万历二十九年（1601）

王光美捐资修建郡学尊经阁，新建文昌祠。

至万历三十一年八月工竣，第二年，陈公相"深嘉王君善继先志，好礼而笃于义"，撰《修建尊经阁、文昌祠记》。

万历三十年（1602）

王光蕴编纂《永嘉县志》，本年刊刻。

万历《永嘉县志》，十七卷。中国科学院图书馆藏刻本，存卷一至卷十；瑞安市博物馆存刻本卷八至卷十一，有龙经居士题记。瑞安藏本列入第六批国家珍贵古籍名录，编号12565。

在其父王叔杲嘉靖《永嘉县志》基础上编纂，"抄而续之，间补其略，而仍旧者什五"。（姚永济叙）

万历三十一年（1603）

王光蕴、王光荐各捐资重修永嘉县学。

第二年修建工竣，姚永济有记，"自文庙而明伦堂，而门庑、亭阁、祠廨，以次修理。材硕而坚，匠良而勤，撤蠹振挠，正其欹侧，筑削垩雘，精密固完。虽规度无改，而壮丽倍昔。"光绪《永嘉县志》卷七《学校》记载："三十二年，王叔果子光蕴、光荐复修庙庑、尊经阁、名宦（祠）、乡贤祠。"

万历三十二年（1604）

三月至五月，吴稼竳为姨母王夫人寿，游历永嘉。

王光美为其表兄，两人唱和诗编为《友声集》，屠隆作序。吴稼竳，湖州孝丰人，诗文作家，著有《玄盖副草》二十卷。传载《中国文学家大辞典明代卷》。

万历三十三年（1605）

永昌堡内建造会秀桥。

本年，王光蕴等编纂的万历《温州府志》刊刻。

孙诒让《温州经籍志》认为："季宣为西华副使子，家学渊源，世传文誉，故此书体裁尚为渊雅"，"诚吾乡之宝笈也"。

十八卷首一卷，汤日昭等修。温州市图书馆藏十二册，为善本；中国国家图书馆藏四册，存第十四卷至第十六卷；台北中央图书馆藏十册，存十六卷；日本国会图书馆、内阁文库、尊经阁文库、蓬左文库、天理图书馆有藏。浙江图书馆藏抄本十二册。齐鲁书社1996年影印收入《四库全书存目丛书》史部第210册、211册，中国书店1992年影印收入《稀见中国地方志汇刊》第十八册；2013年影印收入《原国立北平图书馆甲库善本丛书》第三七五册至第三七六册。温州市图书馆藏明万历间刻本《温州府志》被列入第四批国家珍贵古籍名录，编号10309。

据万历《温州府志》卷四记载，进入温州府先贤祠的有：王德、王叔果、王叔杲。

万历三十四年（1606）

王光蕴逝世。年六十七。

汤宾尹撰《奉政大夫直隶宁国府同知进阶朝列大夫玉洞王公墓志铭》，李维桢撰《宁国郡丞王公墓表》。王光蕴著有《太玉洞天藏稿》，梅鼎祚作序。王光蕴故居在今新城村四宅泱路7、8号。四合院式建筑，占地约1350平方米。

万历三十五年（1607）

王光经中进士，殿试二甲第一名。

王光经（1570—1627），字景济，号黄石。万历二十五年领浙江乡试。万历三十六年授礼部主事，历刑部员外郎，升陕西布政使右参议，广东按察司副使，卒于官。著有《黄石藏稿》等。

万历三十六年（1608）

温州民众集资重建陆公祠。

祠，原在城区，移至江心屿重建，祀知府陆润，配以平阳知县崇礼、前永嘉知县陆问礼。王继明撰《重建温州郡守古松陆公祠堂记》。光绪《永嘉县志》卷四有记载。

本年，四月初四日，王继明逝世。年六十四。圹志曾出土。

万历三十七年（1609）

仲秋，永嘉县学文昌阁建造工竣，由王光美捐资建设。

陆问礼撰《建永嘉县学文昌阁碑》：“光禄署丞光美王君忻然以肯应。”“役经始于万历戊申孟冬，历己酉仲秋而工竣。”

万历三十八年（1610）

王思任在王光美陪同下，游览温州。

王思任（1575—1646），字季重，绍兴人。万历二十三年进士。著名文学家。温州山水给他留下深刻印象，以至于“入怀者廿年，入梦者几夜”，游记小品颇多名篇。

万历四十四年（1616）

本年刊刻的《国朝献征录》（焦竑辑）保存有王激（卷七三）、王德、王叔果（卷九九）的传记史料。

另，雷礼辑《国朝列卿纪》书中，记载王激史料。

万历四十五年（1617）

十一月初八日，王光著逝世。年五十八。

王光著（1560—1617），字季存，号文石，为人慷慨多大节，性好客，娶永嘉场张家女，生有至俨、至信，至伟为侧室费氏所出。1994年在瓯海潘桥出土《明王门张氏安人圹志》，系王光著所志，同时出土的《明故英桥里王文石公圹志》，为王至俨志，刘康祉填讳。二石均存龙湾区博物馆。

万历四十七年（1619）

王维夔中进士。

王维夔（1574—1653），字邦佐，别号龙友，万历四十八年授江西南城知县，崇祯元年转职武选正郎，三年后江西参议，崇祯五年，任江西省参政兼提学，历湖广按察使，分巡荆南道，升广西右布政使、江西左布政使。

天启元年（1621）

王至京应选入京，为殿中舍人。

王至京（1583—1642），字昭玉，万历四十五年例贡。著有《南游草》等。

本年刊刻《两浙名贤录》（徐象梅撰）为英桥王氏多人立传。

卷八忠烈：王德（汝脩）；卷一〇独行：王毓（尹成）；卷四〇才望：王叔果（育德，祖钲、父激附）；卷四二恬裕：王激（子扬）。

天启三年（1623）

王鲁源重建吴渎桥。

桥在今永中街道棋盘村，东临吴渎桥路，横跨永强塘河，长14.7米，宽2.58米，矢高2.6米，占地约38平方米，为三孔梁柱式石桥。始建年代待考。中孔桥板外北侧阴刻楷书“明天启癸亥孟秋吉旦英桥王鲁源重建”。

天启年间（1621—1627）刊刻的《本朝分省人物考》卷五六为王激、王叔果、王叔杲立传。

崇祯三年（1630）

王光经崇祀先贤祠。至此，英桥王氏有王沛、王德立专祠，王沛、王德与王叔果、王叔杲、王继明、王元杰等7人崇祀先贤祠。

崇祯五年（1632）

九月，海寇刘香围攻永昌堡，王钦豫率众展开防守战，在防守军民坚强抵抗下，海贼败退。

崇祯十二年（1639）

王光美入祀先贤祠。

崇祯十五年（1642）

王维夔建造东昌桥。

全长11米，宽2.2米。桥南侧立面刻有“崇祯壬午春江西左布政王龙友建”。

明代自宣德三年（1428）至南明弘光二年（1645），王氏家族族人经考试被录取而进入学堂的读书人（庠生）有380余人。嘉靖元年（1522）至崇祯十七年（1644），全温州考中（文）进士41人，而永昌堡居民中，王名世考中武状元，考中（文）进士的有王激、王诤、王德、王叔果、王叔杲、王良心、王继明、叶承遇、王光经、王维夔10人，约占四分之一。

清

顺治五年（1648）

五月，白头匪寇何兆龙兵至永嘉场，夜欲入堡，族人固守，贼半月攻城不下，只得退去。

清顺治九年（1652）

王锡琯（1609—1687），字玉叔，官礼部主事。有《王玉叔诗选》一卷，康熙七年刻，今藏上海图书馆。

顺治十年（1653）

十一月初三日，王维夔逝世。享年八十。

王维夔于崇祯十七年乞休，回归乡里，南明隆武（1645）诏任通政，未赴任。

今出土有《先考左通政龙友府君圹志》，顺治十三年王锡瑄、锡琔、锡琯撰志，周应期填讳。石存龙湾区博物馆。

顺治十八年（1661）

沿海居民奉令内迁，堡内庐舍为之一空，史称迁界。

康熙九年（1670）

永嘉场复界，族复徙堡中，重修城池，建庐舍。

清康熙十三年（1674）

秋，王咏辑编《永嘉王氏家言》。

以世次行辈为先后，自王毓至王臣法，选编英桥王氏前辈47人诗192首，附其子王沄孙《自怡集》，录诗10首。

王咏（1626—1696），字川子，王至兖子。邑庠生。顺治十七年（1660）刊刻梅调元《梅赞臣先生集》八卷，刻本藏瑞安玉海楼，有王咏题记。王咏为诗清新俊逸，自成一家，著有《竹居集》。周茂源为王咏诗集作序。今存《竹居集》抄本，收录王咏诗150余首。

康熙十六年（1677）

重修王氏宗祠，大派松房王汉长出资。

康熙三十九年（1700）

永嘉场重建东瓯王庙，王钲从祀。

康熙四十五年（1706）

王维夔崇祀乡贤祠。

乾隆六年（1741）

王氏重修家乘。

乾隆十六年（1751）

永嘉场饥民大扰，欲入城堡，见堡坚固、御严密，而作罢。

乾隆三十一年（1766）

重修王氏大宗祠。

乾隆四十五年（1780）

重修王氏大宗祠。

乾隆五十五年（1790）

本年刊刻的《东瓯诗存》收录英桥王氏59家。

嘉庆元年（1796）

续辑英桥王氏家乘，邑人程浩作序。

嘉庆三年（1798）

阮元编成《两浙輶轩录》收录英桥王氏多人诗。

有王锡琯、王尔椒、王万昌、王臣法、王沄孙、王鹗、王涵等。

嘉庆七年（1802）

重建王氏宗祠两侧八间祠，大派王守箴、王浃亭，王云溪司其事。

嘉庆九年（1804）

永嘉创立文成会，永昌堡英桥王氏合捐银六十六两。

嘉庆十七年（1812）

大饥，出义租，以恤族众。

嘉庆二十一年（1816）

王集齐重建坤德宫在通市门底，大派显谟公、二派秀华公共司其事。

道光四年（1824）

王玉偕同陈遇春等十人倡捐重修永嘉县学、文庙。

本年，重建大宗祠，捐资兴工，至八年（1828）告成。

道光七年（1827）

重修王氏宗祠石牌坊。

道光十二年（1832）

王心一独资重修温郡府学、乡贤祠。岁饥，宗祠赈粥。

道光十四年（1834）

岁大饥，宗祠设局平粜；重修半山祖墓。王心一董理其事。

光绪三十年（1904）

以英桥王氏大宗为校址创办“崇实学堂”。

中华民国

民国19年（1930）

1月，王希逸任温州籀园图书馆馆长。

王希逸（1897—1992），名学羲，祖籍永嘉场二都，王德馨之孙，王季思之兄。藏书家。担任籀园图书馆馆长至1935年4月。

本年，五月，王怀玉随工农红军第十三军攻打平阳县城时光荣牺牲，年仅30岁。后被追认为烈士。

民国20年（1931）

重修王氏宗祠。

民国33年（1944）

抗日战争后期永强沦陷，日本侵略军在永昌堡内建立伪保长制。

民国33年（1944）

重修英桥王氏宗谱。由王鸿初主持。

民国34年（1945）

1月，中共瑞安县委陈文征等到永昌堡宣布恢复永强地下党组织，指定王林芳为书记。从此，永昌堡成为永强中共地下党活动的中心。

民国36年（1947）

创办超凡农校，校址在永昌上川祠（世大夫祠）。王昂千（王人驹）为董事长。

中华人民共和国

1949年

6月，中国人民解放军21军所部进驻永昌堡，受到人民热烈欢迎。

9月22日，永昌乡人民民主政府成立，乡政府设在永昌堡浃派祠堂，1950年永昌乡分为永昌乡和联山乡两乡。

1950年

10月中旬，永昌乡新城村作为永嘉县委土地改革试点村。

1954年

2月8日，永昌堡人王启旺在抗美援朝黄州战役中英勇牺牲，时年31岁。

1957年

永联民办初级中学创办，以世裔小宗祠为校址，系永昌中学（今龙湾第二实验中学）前身。

1958年

冬，大办农业，大办畜牧业，拆掉永昌堡环海楼瓮城以及南城墙200余米，在此地办畜牧场。

1959年

上半年，永强区人民公社在城北连队建立红专农场。

5月1日，国际劳动节，永昌堡敲锣打鼓欢送包括英桥王氏后裔王光宗（后因舍己救人牺牲被评定为革命烈士）、王家铮、王萍萍、王小玉、王小任等在内的52名青年支援宁夏。

10月1日，由于白水电站建成，永昌堡通电。

1963年

温州市人民政府“四清”（清工、清账、清财、清库）工作队进驻新城村，以兴修水利名义开凿“四清河”，将永昌堡西边城墙（西门城门北）打开缺口10余米，此后西城墙陆续遭破坏。

1966年

“文化大革命”期间，两派群众组织发生武斗，一方占据城堡通市楼，与另一方交战，后攻城者撤退。

1967年

永强大旱80多天，农作物颗粒无收。

1975年

秋，白水人民公社红旗17队建立59亩杂交水稻育种田，其栽培技术与白水农业中学挂钩。

1979年

重修半山（瑶溪龙冈山）英桥王氏七派坟祖墓群，大派松房王岩姆主持。

1980年

重新开始修谱，由王勤生主持，历时三年修成新谱。1982年正月初七日举行圆谱庆典，并请瓯剧团演戏三天三夜。十里八乡人们来永昌堡参加圆谱庆典活动。

1981年

正月十二日，王氏宗祠举行隆重的春祭大典。礼毕，主持者将香烛藏于大堂天花板处，王银巧无意中突见大堂上的天花板被火烧1米多，于是急忙喊救火，此时王银巧和住在小学的阿五娘等人立即将火扑灭，使王氏宗祠免遭一场火灾。

6月11日，温州市人民政府〔1981〕第193号文件批准将永昌堡列为温州市第一批文物保护单位。

11月至12月，由族人集资重修英桥王氏始祖墓。

1982年

8月，白水公社管委会拆除在建永昌堡南端畜牧场，建白水电影院。

10月29日，温州市第一皮鞋厂党委副书记王志友为保卫国家财产与歹徒搏斗，壮烈牺牲。浙江省人民政府批准评为烈士，中共瓯海县委号召全县开展学习活动。

12月4日，《浙南日报》刊登《群众集资修葺古堡》的报道。王桃山、王体标、王国恩等20余人自筹资金修复永昌堡通市楼事迹见诸报端。

1983年

1月5日，《浙南日报》刊登《永昌堡事件始末记》，即城基建电影院事件并发表了评论文章，市、县政府责令有关当事人深刻检讨，电影院暂予保留，待统一修城时无条件拆除。

12月30日，温州市人民政府〔1983〕第199号文件，规定永昌堡作为文物保护单位的保护范围与建设控制地带。

1984年

2月，白水乡组织成立永昌堡文物保护管理小组，由王体标任组长。

7月，浙江省文物局在温州市召开文物普查工作会议，会议期间省市领导到永昌堡参观考察。

1985年

5月，永昌堡文物保护小组在王氏宗祠召开环海楼集资恳谈会，群众集资2万余元。

6月，浙江省文物局下达浙文（财）字〔1985〕第31号文件，公布全省12处文物保护单位维修经费，其中永昌堡7万元。

9月，永昌堡文物保护小组召开集资修建古堡座谈会，100余人与会集资4.6万元，香港同乡会王国桢、王大兆助资8000元港币，瓯海县政府拨款3万元人民币。

9月，王璋在城北村创办瓯海县曙光职业中学，系温州市第一所民办学校。

1985年至1986年间，重建了永昌堡环海楼瓮城，修复了约1000米东向城墙。

1986年

2月8日，温州市民政局批准白水乡为第二次国内革命战争时期老根据地。

4月，永昌堡花园墙被人为拆毁。

7月17日，浙江省文物考古研究所对永昌堡花园墙作了鉴定，认定：花园墙属永昌堡保护区范围，在明万历四年由王叔果三子王光普（玉沙公）所建，对研究永昌堡文化历史有一定价值。

8月，瓯海县公安局对破坏花园墙事件当事人作出行政拘留和经济罚款处理。

9月17日，瓯海县人民政府批准白水乡、新城、孙垟、衙前、城北、城南、前街、度山、郑宅等村为第二次国内革命战争时期老根据地。

1987年

7月24日，温州市政协主席陈国钧率领视察组一行7人到永昌堡视察。

是年，世大夫祠文物保护小组发动群众集资1万余元，修缮了世大夫祠头门及中堂。

1988年

11月25日，温州市人民政府〔1988〕第285号文件，调整永昌堡保护范围与建设控制地，增加堡内重点文物保护点；同时，公布了半山华阳古洞诗碑、七房坟、王通政墓、张恭人神道门等为文物保护点。

1989年

1月20日，中共永昌镇城北村支部被评为浙江省先进党支部。

11月，王体标、王国华、王勤生、王福元、王丽生、王永吉等人集资2.3万元，并得到温州市文物处资助，修复了王氏宗祠石牌坊上的石檐、石星斗、石兽，使其恢复了历史原貌。

12月12日，浙江省人民政府〔1989〕第113号文件公布永昌堡为浙江省第三批文物保护单位。

1991年

6月30日，中共永昌镇城北村支部被中共浙江省委命名为浙江省先进基层党组织，支部书记王忠良获浙江省优秀共产党员称号。

1992年

1月24日，美国加利福尼亚大学人类学系教授杨美惠到永昌镇考察人文风俗。

4月，清华大学建筑系教授等3人到永昌堡考察，认定永昌堡是全国仅存的民建古城堡。

12月12日，中共浙江省委书记李泽民、副省长许行贯到永中镇、永昌镇调研。

1993年

1月，浙江省民政厅〔1993〕第1号文件认定永昌镇为第二次国内革命战争时期老根据地。

4月6日，根据温州市府〔1993〕第9号文件，将王澈墓坦石马、石虎、石羊和圹记等7件遗物，由茅竹岭迁至永昌堡世大夫祠内管理。

12月7日，全国人大常委会副委员长李锡铭考察永中镇和永昌镇城北村村容村貌，访问农家，并视察曙光职业中学。

12月，全长5公里投资200万元的永昌镇工业大街竣工。

1994年

7月18日，永昌堡被温州市命名为首批爱国主义革命传统教育基地。

仲秋，世大夫祠中堂遭受17号台风袭击，梁柱倾斜，后由族众集资修复。

1995年

6月28日，永昌镇城北村被中共浙江省委、省政府命名为小康示范村，中共城北村党委书记王忠良获“奔小康带头人”称号。

1996年

瓯海区委书记翁锦武陪同人民日报社记者、北京作家等一行10人参观永昌堡，并书“如沐春风，如饮春水”以赠。

1997年

1月15日，王诤墓被确定为区级文物保护单位。

11月4日，浙江省文物局下发〔1997〕第204号文件批准建立永昌博物馆。

1998年

5月2日，《温州日报》报道南方“故宫”风采依然的文章，指出永昌堡设计优美，具有古色古香的江南水乡特点，有“江南故宫”之美称。

7月17日，永昌堡被命名为“温州市国防教育基地”。

9月，中国人民解放军总参谋部专家代表团参观永昌堡并题词：王氏家族英雄辈出。

是年，为纪念抗倭英雄王沛、王德牺牲443周年，由王玉照、王光荣、王达业、王会松、王木增、王丽生、王体标、王国良、王国华、王永森、王思明等组成筹委会，集资百万余元，除开展庆祝活动外，其余部分经费用于建永昌图书馆和文化公园。

1999年

2月2日，省文化局、旅游局与浙江大学、东南大学及市有关部门专家领导40余人汇聚瓯海区政府，对省文物保护单位永昌堡保护和发展规划进行专题会审。

4月11日，温州市首个高新技术产业园区——温州市永强高新技术产业园区奠基并正式挂牌成立，温州市委书记蒋巨峰、瓯海区委书记翁锦武等市、区领导参加奠基和授牌仪式，园区管委会设在永昌堡新城大楼，王身康任园区管委会主任、党委书记。

11月30日，永昌堡获“浙江东海文化明珠”称号。是日，成立永昌文化中心。瓯海区人民政府区长刘允南为永昌文化中心揭牌，同时拨款60万元支持永昌堡的文化建设。

2000年

4月，王成东季秀兰夫妇接管永中高级中学，独资创办温州市越秀学校。王成东出任董事长，季秀兰为执行董事长。该校被评为浙江省优秀民办学校。

4月，上海市教委社区教育办公室10人来永昌堡参观，并题词“古堡开新花，文化育社区”为赠。

5月，新城村捐款8万元，修缮明代武状元王名世故居。

6月15日，永昌堡举行“浙江国防教育基地”命名大会。

7月29日至30日，中央电视台（第三套）播放永昌堡人文风貌。

8月，浙江电视台影视文化频道播放了永昌堡民俗风情，历时一个月。

9月29日，国家文物局黄副局长率文物专家考察永昌堡。

10月2日下午，有600多年历史的英家桥被一超重汽车压断，镇政府立即组织抢修，于同年12月28日修复竣工。

10月25日，浙江省民间文艺协会主席陈德来率省民俗考察团一行在永昌堡进行为期三天的考察。

12月23日，省委常委、温州市委书记蒋巨峰，副市长陈莲莲，市文物处处长金福来，在瓯海区区长刘允南陪同下考察永昌堡。

2001年

1月1日，国家文物局常务副局长郑欣森在省市有关领导陪同下考察永昌堡。

3月，永昌堡被中共浙江省委，浙江省人民政府命名为“浙江省爱国主义教育基地”。

3月7日，温州市文联原主席吴军夫妇到永昌堡参观，并作词“踏莎行”留念。

6月25日，国务院国发〔2001〕第25号文件公布永昌堡为第五批全国重点文物保护单位。

7月1日，中共永中镇衙前村支部被中共中央组织部评为“全国先进基层党组织”。

7月8日，为纪念“卢沟桥事变”64周年，温州市委宣传部，温州市国防科委组织三区学生和驻温海军官兵150余人，参观了抗倭古城永昌堡环海楼，进行“红心向党，立志强国”为主题的爱国主义教育。

2001年8月17日，全国重点文物保护单位——永昌堡石碑揭碑仪式

8月17日，瓯海区人民政府在永昌堡东门举行全国重点文物保护单位揭碑仪式，温州市领导钱中兴、黄德余、翁锦武、陈莲莲、林培云、王成云和群众1500余人参加大会，揭碑后组织庆典游行活动。

8月，行政区域调整，永昌堡划归龙湾区，龙湾区四套领导班子先后到永昌堡视察。

10月13日，意大利客人在副市长陈莲莲陪同下到永昌堡考察。

11月30日，永昌堡被列入温州市十大历史文化游览区。

12月1日，《温州日报》报道温州市加快实施文化精品开放战略，制订“城市名胜古迹保护修复和环境整治规划”，其中“一堡”即永昌堡。

2002年

3月，新城村出资9万元修缮了御史巷王诤府第和王光蕴故居。

4月13日，《温州日报》新闻记者12人到永昌堡采访。

6月10日，温龙政办机〔2002〕第21号文件，经龙湾区政府研究决定，成立永昌堡修建保护工作领导小组。组长：张纯一（区长）；副组长：方志方、邱小侠；成员：李长江、黄秀清、李修懂、陈德宽、邵坚宏、庄耀光、许建党、潘旭宏。下设办公室，赵春斋任主任，郭瑞乐、潘可旺、吴明哲为副主任。

6月23日，温州市市长钱兴中率市规划局、土地局等20余人来永昌堡考察。

7月25日，温州市少年儿童图书馆负责人率《少年时报》小记者15人到古堡采访，并向永昌图书馆赠送图书千余册。

农历八月二十一日，为纪念永昌堡先贤王钲公552周年诞辰，世大夫祠文物保护小组举行纪念报告会，由王国恩主讲，出席人员200余人。

10月15日，意大利普拉托省省长马诺奇在副市长陈莲莲陪同下参观永昌堡。

12月6日，欧盟“亚洲城市项目”——修复永昌堡都堂第工程举行签约仪式。

12月，龙湾区人民政府决定建立永昌堡保护修建管理委员会。副区长方志方兼任主任，永中街道党工委副书记潘可旺兼任副主任。

2003年

2月，英桥王氏楼下派贤房裔孙众人筹资，在城南茶缸巷原宗祠老址上重建贤房小宗，总面积700余平方米。

4月19日，温州市刘奇市长在龙湾区委书记殷乐人陪同下考察了永昌堡。

5月6日，中共浙江省委书记习近平在市委书记李强、市长刘奇陪同下到永昌堡视察，指导工作。

6月3日，中国科学院院士、温州大学校长谷超豪教授参观永昌堡，题词：“先贤先烈的爱国主义革命精神永垂不朽。”

6月30日，全国重点文物保护单位永昌堡的组成部分横塘桥（明代古桥）被铁板船撞击损坏，龙湾区政府组织抢修，两个月后竣工。

8月13日，文化部，省文化厅有关领导参观永昌堡。

9月17日，欧盟“亚洲城市项目”永昌堡都堂第（王诤故居）修复工程正式开工。

10月13日，世界温州人大会代表在龙湾区领导陪同下参观永昌堡。

11月13日，欧盟官员皮彼一行对永昌堡都堂第修复工程进行考察评估。

11月13日、14日，《温州日报》刊登了欧盟官员到温州评估永昌堡工程并拨款50万欧元支援修复都堂第工程的消息。

2004年

2月9日，温州市副市长钱成良到永昌堡调研并考察都堂第修复工程进展情况。

2月24日，龙湾区区长张纯一到永昌堡指导工作。

5月，状元里6号维修工程开始。

9月，龙湾区政府对永昌堡所有文物保护点立碑保护。

9月9日，贤望巷3号古民居开始抢修。

10月，欧盟“亚洲城市项目”——永昌堡都堂第修复工程完成。

10月25日，浙江省人民政府公布永昌堡为省爱国主义教育基地。

12月底，永昌堡总体保护规划通过国家文物局审批。

2005年

5月，百集大型电视纪录片《中华武术》在永昌堡拍摄，第76集、77集介绍永昌堡王家拳。该片在中央电视台播出。

6月24日，香港大学、香港科技大学、中山大学、厦门大学、武汉大学、北京师范大学、华东师范大学等海内外历史学者13人组成的考察团到永昌堡进行综合考察。

7月12日，温州市委书记王建满到永昌堡考察。

9月，永昌堡总体保护规划方案由东南大学规划设计院编制完成，报浙江省人民政府发文公布。

12月，状元里6号、贤房巷3号、圣旨门巷3号均已修复完工。另三个古民居维修方案通过国家文物局审批。

2006年

3月，永昌堡西门里51号修复。

3月30日，浙江省博物馆专家考察永昌堡。

4月6日，温州电视台到永昌堡拍摄爱国主义教育基地纪录片。

5月4日，永昌堡内隔浃派祠堂由东阳广厦古建筑公司开始修复。

5月13日，意大利普拉托省官员考察永昌堡。

6月6日，意大利普拉托省前省长一行在副区长邱小侠陪同下到永昌堡考察，并在永昌堡博物馆召开座谈会交流合作事项。

7月8日，温州市代市长邵占维率规划、文化、旅游局负责人在中共龙湾区委书记殷乐人、区长张纯一陪同下考察永昌堡。

9月7日，浙江省文化厅副厅长金庚初在区委宣传部领导陪同下考察永昌堡。

9月30日，龙湾区举行永昌堡都堂第复原庆典仪式。参加仪式的有意大利托斯卡纳大区主席克劳迪奥·马尔蒂尼、普拉托省省长洛里、意大利驻沪领事高司蒂尼等外宾。区有关领导出席仪式。

12月13日，温州市委副书记赵一德在区委书记王祖焕、区长陈玲玲陪同下到永昌堡调研。

2006年，投资800多万元修复永昌堡大部分城墙（除南门个别缺口外）。

2007年

2月10日，国家文物局信息中心主任一行三人考察永昌堡，并确定永昌堡为国家文物维修监测点。

3月8日，龙湾区副区长卢剑平到永昌堡调研。

3月13日至15日，在永昌堡博物馆举行“瓯越书风”温州书法巡回大联展。

4月7日，永昌堡内四宅浃14号古民居开始维修。

4月21日，永昌堡内英桥街1—8号古民居开始维修。

5月9日，温州市博物馆馆长金柏东等人到永昌堡指导王氏宗祠重修和陈列布展工作。

6月2日，龙湾区永昌堡民俗文化研究会成立（永昌堡文化研究会的前身）。

6月5日，龙湾区在永昌堡举行第二个文化遗产日活动，并举办了《王叔杲集》发行仪式和永昌堡民俗文化研究会授牌仪式。

7月26日，龙湾区“五个一”民生工程之一的永昌堡外迁安置工程正式进场施工。总体规划107亩，工程建筑面积14万平方米。

8月8日，龙湾区副区长王忠立主持召开永昌堡综合管网工程协调会。

10月16日，龙湾区政协、《温州日报》联合举办的十大历史文化名人评选活动结果公布，永昌堡名人王激、王叔杲、王德、王国松名列其中。

10月30日，浙江省创建文明城区检查组到永昌堡检查文明创建工作。

11月1日，永昌堡综合管网建设工程一标段开工建设，堡内主要道路花岗岩石路面铺袋工程开始。

12月18日，瓯海区100余名老干部在龙湾区老干部局领导陪同下到永昌堡参观。

12月，龙湾区永昌堡保护修建管理委员会班子调整。副区长方志方任管委会主任，潘可旺任管委会党组书记、常务副主任，张和任管委会党组成员、副主任。

2008年

3月12日，永昌堡博物馆重新陈列开放。

4月1日，龙湾区区长陈玲玲到永昌堡视察修城工程进展情况。

4月6日至9日，永昌堡给水及排污工程二、三标段相继开工建设。

5月12日，永昌堡东城观整修工程启动。

5月24日，举行外迁安置工程进场打桩仪式。

6月6日，温州市副市长徐育斐在市政府副秘书长徐森、市旅游局局长张纯洁、市旅游局副局长吴光福等陪同下，到龙湾专题调研旅游工作并考察永昌堡。

6月28日，城南村庙上路开始维修。

6月后，永昌堡通市楼与环海楼修复工程相继开工。

7月11日，浙江省委宣传部部长龚吟怡在市、区领导陪同下到永昌堡调研。

7月26日，龙湾区委常委、组织部部长阮云富在有关人员陪同下实地调研永昌堡。

8月4日至12日，永昌堡给水及排污工程四、五标段相继开工建设。

8月6日，温州市副市长陈作荣到永昌堡考察。

11月1日，龙湾区委书记王祖焕到永昌堡考察工程建设情况。

12月26日，永昌堡内贤望巷3号开始维修。

12月30日，永昌堡民俗文化研究会举行一届二次全会，并举行《古堡深处》一书发行仪式。

2009年

7月15日，浙江省副省长陈加元考察永昌堡安置小区。

11月，永昌堡环海楼广场开始建设。

是年冬，王叔果、王叔杲巨型石质雕像由永昌堡管委会立于永昌堡西门城外。

2010年

1月10日，著名台湾诗人余光中到永昌堡参观。

2月24日，龙湾区政府在环海楼广场举办纪念永昌堡建堡450周年庆典活动。王氏后人1000多人组织了大游行活动。

11月22日，全国著名明史专家商传、毛佩琦、方志远、刘志伟、朱鸿林等60位学者教授参观永昌堡。

纪念永昌堡建堡450周年活动剪影

2011年

2月24日，温州市旅游局副局长吴高宏到龙湾调研旅游工作，专题指导永昌堡保护工程建设。

6月，永昌堡管委会联合龙湾区文广新局开展文化遗产日系列活动。一百余人走访永昌堡。

7月，永昌堡文化研究会举行成立5周年纪念活动。

7月13日，浙江省社科普及示范基地建设经验交流会有关专家领导到永昌堡调研。

7月15日，温州医学院信息技术学院学生到永昌堡开展暑期社会实践活动。

8月28日，温州市民俗摄影协会在永昌堡举行创作基地挂牌仪式。

9月16日，温州市人民政府办公室公布第六批文物保护单位保护范围和建设控制用地〔2011〕第129号文件。王沛墓名列其中，保护范围以墓室为中心点，半径40米圆圈范围内，建设控制地带以保护范围向外延伸50米。

12月，永昌堡道路花岗石路面铺装工程基本完成。

2012年

2月，英桥王氏第十二次修谱开始，族内近300人参与，翻阅各种历史资料，走街串户询问，历经两年，于2014年5月圆满完成。同族后裔4000人参加圆谱大典。据统计，全族现有后人1万多户、5万多人。本次修谱后宗谱共计49卷，400多万文字。此次收谱打破延续几百年规矩，收女性入谱。体现男女平等思想。新版英桥王氏族谱已被温州博物馆、温州图书馆、龙湾区档案馆收藏。

2月22日，江苏南通大学30位学者参观永昌堡。

3月，王国建任永昌堡管委会主任，张明晓任永昌堡管委会副主任。

4月10日，温州市旅游局组织市区旅行社到永昌堡考察。

5月8日，永昌堡文化研究会举行二届一次会议，选举王振成为会长。

9月9日，王爽薪堂中医整骨疗法作为传承医药，入选浙江省第三批非物质文化遗产名录，代表性传承人有王永达等人。

9月12日，龙湾区“文脉之旅暨龙湾区第四届文化艺术节”开幕式在永昌堡东门广场举行。

9月20日，台湾浙江同乡会40人参观永昌堡。

10月27日，温州市委书记陈一新考察永昌堡。

11月2日，永昌堡与台南安平古堡进行了为期4天的文化交流。

11月18日，永昌堡新城街立面整饬二期工程开工。

2013年

2月，永昌堡主干道强电管线下埋和东北面城墙亮化工程完成，投资1200万元。

9月22日，温州市武术协会在永昌堡王氏宗祠举办武术高段位人员研讨会。

11月4日，完成永昌堡上仓巷1号古民居维修和王氏大派宗祠房屋主体构架的维修。

12月，永昌堡内8个古民居维修立项上报国家文物局审批通过，王绍志等3个古民居设计施工图通过国家文物局审批。

12月，永昌堡外迁安置工程1—8号楼竣工验收并交付使用。10—23号楼主体结顶，11—18号楼基本完成地下室工程。

2014年

11月19日，温州市“非遗”项目郑家园麦麦酒酿造工艺正式落户在永昌堡。该项目推进了文化旅游产业和“非遗”融合。

2016年

2月，纪念王叔果、王叔杲500周年诞辰书画作品展，在英桥王氏大宗和龙湾区政府大楼巡回展出，共展出书画作品70多幅，并出版了《古堡墨缘》——纪念王叔果、王叔杲500周年诞辰作品集。活动由永昌堡文化研究会举办。

3月3日，纪念乡贤王叔果、王叔杲500周年诞辰大会暨高峰论坛在龙湾区府举办。这次活动由区委宣传部、区社科联主办，永中街道党工委、区历史学会、永昌堡文化研究会协办。厦门大学教授张侃作了《乡贤文化引领地方经济发展》的讲座。有关领导、专家、学者、英桥王氏后人以及区人文历史爱好者200多人参加了大会。

3月，永昌堡文化研究会创办了《永昌堡》报，成为宣传永昌堡文化的一个重要平台。

5月，召开永昌堡文化研究会会员大会，选举产生第四届理事会，王一平当选为会长。

8月，永昌堡管委会并入龙湾区旅游局，成立永昌堡管理处。

2017年

8月，温州市第一个家风家训馆——英桥王氏家训家风馆开馆，馆址设在英桥王氏宗祠内。

中央纪律检查委员会网站头条作了报道，推荐英桥王氏优秀家风。

12月，永昌堡文化研究会在新城村文化礼堂举办王德公500周年诞辰纪念大会。王氏后人130多人参加了大会。王德传略图片展览同时展出。

2018年

3月，王德墓因奥体中心建设需要，迁出朱垟，重新安置于坦头山虾儿冈。改建后的王德墓地有主墓和纪念亭等。

12月，纪念“铁御史”王诤公510周年诞辰大会在新城村文化礼堂召开。英桥王氏后人130多人参加了大会。

2019年

4月，《永昌堡志》修编工作实质性启动，成立编纂委员会和编辑部，并落实了各分编签约撰稿人。

8月23日，龙湾区2019年社会科普周暨永嘉场寻踪之旅在省级社科示范基地——永昌堡举行，拉开了同心触摸钟灵毓秀的永嘉场文化之旅。

11月27日，龙湾区委宣传部、区社科联、永昌堡文化研究会共同举办温州书画家走进永昌堡采风笔会活动。来自全市的30多位书画家在现场创作了一批书画作品。何元龙、汪廷汉、吴聘真、吴永龙等书画家参加了活动。

12月3日，龙湾区社科联举办古堡文化研讨会，邀请省、市30多名专家就永昌堡文化价值和保护利用召开高端研讨会，收到论文20多篇。洪振宁、方坚铭、张声和、章方松等文史专家参加了研讨会。

12月6日，龙湾区委宣传部、区社科联、永昌堡文化研究会共同举办永昌堡建堡460周年暨文艺会演，龙湾区有关部门、社科基地和群众300多人参加了纪念大会，并在新城文化中心上演了一场以永昌堡文化为主题的文艺节目。龙湾区委常委、宣传部部长陈林彬，副区长陈军苹等领导参加了活动。

第一章　城　堡

永昌堡俗称新城，建于明嘉靖三十七年（1558）。城堡呈长方形，南北长778米，东西宽445米，高8米，周长2688米，城堡内面积0.34平方千米。设陆门四，即东环海、南迎川、西镇山、北通市。上建谯楼，城堞908个，敌台12座（清初“复界”时在西门增设了1座，现有13座）。城外环护城河，城内引上下河二渠，上架石桥11座。南北各设两水门，设桥置闸。堡内辟田150亩，有众多古民居。是浙江省现存的抗倭城堡中，唯一一处由民间自发兴建的私家抗倭城堡，对研究明代沿海抗倭防御体系有相当大的价值；是明清时期温州经济文化中心、浙南水乡风貌典范，同时兼具历史人文和民俗风情方面的独特价值。

第一节　属地沿革

永昌堡坐落在现温州市龙湾区永中街道新城村。东临横塘河（大河），河东与永兴街道乐二村为邻，南接城南村，西倚丰台坦头村，北与城北村接壤。地理位置在北纬27° 54′ —28° 1′ 、东经120° 42′ —120° 51′ 。460多年来其属地管辖几经变更。

明清时，永昌堡属永嘉县华盖乡二都英桥里。

1936年，属永嘉县新城乡。

1948年，新城、联山二乡合并为永昌乡，永昌堡属永嘉县永昌乡。

1949年中华人民共和国成立初期，永昌堡属永嘉县永昌乡。

1949年8月，浙江省人民政府析永嘉县城区和城郊永强等七区设置温州市，永昌堡属温州市永强区永昌乡。

1956年8月，联山乡、永昌乡合并为永联乡，五、六、七村合并为新城高级社。永昌堡属温州市永强区永联乡新城高级社。

1958年，永昌堡归属温州市永强人民公社永联管理区。

1961年，温州市永强人民公社永联管理区更名为温州市永强区白水人民公社，新城高级社改名为新城大队，永昌堡归属温州市永强区白水人民公社新城大队。

1967年，新城大队改称红旗大队，永昌堡归属温州市永强区白水人民公社红旗大队。

1981年12月，瓯海县建置，永昌堡改属温州市瓯海县管辖。

1983年，白水人民公社更名为白水乡。

1984年，红旗大队改名新城村，永昌堡归属瓯海县白水乡新城村。

1987年9月，瓯海县白水乡更名为永昌镇，永昌堡归属瓯海县永昌镇新城村。

1992年4月，撤瓯海县置瓯海区，永昌堡属温州市瓯海区永昌镇新城村。

2000年1月，永昌镇并入永中镇，称永中镇永昌办事处，永昌堡归属温州市瓯海区永中镇新城村。

2001年8月，温州市行政区域调整，永中镇划归龙湾区，永昌堡归属温州市龙湾区永中镇新城村。

2002年2月，龙湾区内行政区域调整，永中镇办事处永昌办事处和原龙水镇合并组建成永中街道，永昌堡归属温州市龙湾区永中街道新城村。

第二节　城堡由来

元末明初，日本正值封建割据的南北朝时代，失败的南朝溃兵败将退避海上，勾结日本浪人、海盐商人和破产农民，不断侵扰中国沿海地区。龙湾地处瓯江入海口南岸，背山面海，控瓯江咽喉要塞，自古担负着温州府城的拱卫之责，加之龙湾盐业发达，农渔丰饶，自然成为首当其冲的海防前线，也成为倭寇觊觎的目标。

嘉靖三十一年（1552），英桥王氏八世祖王沛公与九世祖王德公，为保障一方平安，“益从臾其事，白于道府，遂号召乡兵”。二人组织英桥王氏族人及乡里壮丁建立抗倭义兵队伍，以《王氏族约》管理义师。组织捐资，打造兵器，操练武艺，严阵以待。嘉靖三十七年（1558）四月初，倭寇侵扰温州，登陆瑞安梅头，王氏义兵前往阻击。王沛公时年届七十四岁，在出征前，族人劝他入郡城避其锋芒，但王沛公曰：“吾始倡议率众守土，乡人以我故幸乐从，今若退一尺，便失一丈，吾决不能以自身计而忍看乡人流离乡闾成废墟。”奋勇前往而不幸遇难，同时牺牲的还有其从弟王崇修、王崇尧二人。四月十九日倭寇围困温州府城，兵道袁祖庚召王氏义兵前往温州解围，王德率部分义兵队伍先行前往，途中至金岙遇倭伏兵而牺牲，与王德同时牺牲的还有王复礼、王复来兄弟俩。

倭寇在一个月内两次侵犯，王沛公、王德公奋起抗倭相继壮烈牺牲，王氏义师的信念、情怀和义举，感动了民众，也感动了朝廷。时在京城任兵部主事的王叔果因奉差东归，在故乡遭受倭寇疯狂侵犯后，深刻意识到修建军事城堡的重要性。当时，明朝廷在温州已修建了温州卫、磐石卫、金乡卫、宁村所、永嘉堡（永兴堡）。虽然有了这些城所，但还是不够，因此英桥王氏族人决心建造城堡保护家园。

在这危急关头，英桥王氏族人王叔果、王叔杲两兄弟在郡城商议决定筑堡之事。嘉靖三十七年（1558）五月中旬，王叔果上疏奏请获准建堡，而王叔杲暂时放弃赴京会试机会，亲自主持建堡工程。族人和王氏义师齐心协力，大家不分白天黑夜，不怕严寒酷暑，建堡工程始于嘉靖

抗倭筑堡

三十七年（1558）冬十一月，终于三十八年（1559）冬十月，费时11个月竣工，耗费七千两白银。王叔果、王叔杲捐资大半。永昌堡抵御了倭寇的疯狂侵犯，稳保一方平安。

顺治十八年（1661），清政府为切断沿海居民与郑成功武装集团的联系，颁布“迁界令”，严令鲁、浙、闽、粤等省滨海居民迁于距海三十里以外之内地。于是永嘉县一都至五都濒海居民内徙，一些村落就此迁废，“三百年之休养生息，荡然无复存”。在历次抗倭中屡屡发挥作用的永昌堡及其堡内建筑也未能幸免，终被毁坏，成为废墟。

康熙九年（1670）清廷收复台湾后，下达“展界复井”命令，沿海离乡居民才陆续回乡。永昌堡重新修复，称为新城，寓意“新造之城”。此后，古堡新城存续至今。

第三节　城堡结构

永昌堡选址采用面海倚江、负山通水的原则，天马在南，黄石在北，大海在环，内河四绕，具有与众不同的风水观、文化观。

永昌堡虽为民间寨堡，总体构筑与卫、所城相似，皆设城墙、城门、水门、敌台、城楼、护城河等防御工事。规模宏大，设施齐全，坚固厚实。特别是城东门设瓮城，增强了防御杀敌能力。堡内河渠和河浃纵横，以便舟楫、浣洗、灌溉。堡内原辟垦农田10公顷，利于持久战时生产自给。从南至北的上下河渠上架设各色桥梁。民宅、店铺、宗祠分列两岸和里巷，绿柳垂丝，井然可观，构成了江南水乡集市图景。从规模看，永昌堡比温州平阳县城的周长2104米的老城都要大，就是与中国东南沿海的一些著名卫所城相比也毫不逊色。

墙体，平面长方形，南北长778米，东西宽445米，周长2688米，城堡内面积0.34平方千米。

城墙高8米，基宽约4米，上宽3.8米。城墙外侧筑女儿墙，高2.4米，其上雉堞高0.62米，宽0.3米，厚均为0.4米。城墙内外壁由块石、丁头石混合斜筑，中间填片石，灌黄沙，再用水冲实，至城头时再用沙土混合夯实。

筑有城垛（空心敌台）。明太子少保、兵部尚书郭子章撰《城书》说："有城无台亦如无城，台非其制亦如无台，是城所以卫人，敌台又所以卫城也。"永昌堡在修建中遵循这一要义。永昌堡共有敌台12座，东西两面的城墙各筑有4座，南北两面各有2座。台和台之间相隔150米左右，一般直出墙体约5米，横长8米左右，通高5.6米，平面方形。敌台四角均用条石排叠交错而筑，余用块石、丁头石混砌。分两层，下层设有瞭望孔和射击孔，容纳数十人，可以休息。上层设雉堞供瞭望联络、防卫射击用。东城墙北段和西城墙南段敌台上分别改建城东、城西道观，北城墙通市门西侧敌台上恢复火炮一门。

谯楼，共4座，东为"环海楼"，南为"迎川楼"，西为"镇山楼"，北为"通市楼"。环海楼精心设置瓮城，此瓮城是中国古代城市防御设计之精品。

城门，城墙四周设城门4座，各谯楼下设一城门.镇山楼南侧约190米处开"小西门"，为2006年新修复，门洞为八字额，块石错缝逐层叠砌，上部用条石并列斜撑门梁。在环海楼南侧也开有一门洞，直通新城新街。

水门4座，西南和东北城墙各2个。以上河东北面水门为例：其底部条石纵横相间排叠，拱券用青砖纵联砌成内外券，中部长方形，靠外券边置一凹槽，用于置闸门，券门面宽4.2米，通进深7.6米，西北城墙中部开一水门，在上河（城门两侧）、下河上，南北走向，结构大致相同。内外靠城墙一面各架单孔小石桥。桥墩用长方条石相间排砌，桥面原以三块长石平排直铺，两端均为如意踏跺，现改为带栏杆的单孔拱券型石桥。

2014年9月，温州市文物调查人员对南城墙遗址进行了调查，发现了深埋地下450年的明代古城墙基石，基石位于迎川路电影院旧址地下1米多深处。古城墙基石宽4米，长约200米，分为里墙和外墙，里外墙用瓦砾填充。此次发现除了古城墙基石，还有敌台、通道等。敌台长约8.35米，宽5.5米，在敌台上还有个火炮口，保存尚好。有关部门对遗址进行了回填，用尼龙布做隐层，并铺上沙子等，待后再展开南城全面修复工作。

第四节　护城河

城外四周有护城河环绕，护城河外接双岙溪而来的庙上河，自南引河水入堡内，接永昌堡内呈平行状的上河与下河，北向流出，入护城河，汇入新辟城河，连接温瑞塘河，由蓝田陡门排入瓯江。

东侧护城河

大部已淤塞，只有环海楼前还保留一段原始遗址，距城墙根约8米，残迹宽3—5米。从现存的护城河两侧驳岸看，不曾用石砌，而是土堤坝，现已改建水泥护坡。

南侧护城河

南城墙东段因营建畜牧场而拆毁，护城河亦被填埋，西段城墙保存较好，但城墙外护城河不存，现城墙外贯穿东西的迎川路，路宽约5米，东段公路外侧现还留有一段沟渠，宽不足1米，为灌溉菜地用，疑为原护城河位置。

西侧护城河

西侧城墙坍塌较严重，城内外镇山楼南段墙根约8米，还留存护城河遗址，河宽约5米，往南长约100米处，被新开辟的环海西路截断，现河道严重淤塞，并填为杂地。城门以北城墙外为杂地，护城河已无痕迹，西门浃从城门北侧穿城而出，但并不与南北护城河贯通。

北侧护城河

北城门为通市门，出城门为英桥街，英桥街东侧城墙向外约20米，有东西向的下六宅河，同堡内上下河贯通，当为护城河原址，河宽约8米。英家桥架于河上，河驳岸为块石砌筑，为后世改建。英家桥西侧城墙外护城河已被填埋，现辟为杂地。

护城河被用于阻隔城外之敌和堡内浣洗、舟楫、灌溉、消防之用。因历史久远，时代变迁，今护城河大部已淤塞，失去原有功用，无法和外围原有水系接轨。今只能看到部分遗迹，但仍具有重大的历史价值。

城墙一角

上河和下河

分别位于堡内自南向北走向的两条河流，呈平行状。

上河：河道宽度不等，最宽处约15米，最窄处约8米，长约800米。河道驳坎由花岗石砌筑。上河东岸为新城街。新城街现为石板路面（20世纪80年代前为青砖路面），并沿河拓展成4米宽的现代街道。沿街店铺林立，是永昌堡最繁华的商业街。河西岸仅为2米左右宽的道路，供人行走，西岸筑有河埠头34个，形状均为带踏跺等腰梯形或直角梯形，沿上河开凿五浃，由南向北依次排列为：四宅浃、状元浃、三房浃、西门浃、上仓浃。

四宅浃，顶头有5米长弯曲成“厂”字形，全长80米左右，宽约10米，当时浃的北向居住一丘居民，并建造了一幢四宅屋，浃以屋名，故命名为四宅浃。状元浃，长约45米，西向筑有王名世状元府第，故命名为状元浃。三房浃，长约25米，是英桥王氏大派底三房居住地块，故叫三房浃。西门浃，位于永昌堡中心地段，是堡中最宽的河浃，东宽西窄，东面浃口接大河有20米宽，西头直抵永昌堡镇山楼，也有18米宽，该浃东西走向，俗称“西门角”。据浃地理位置所在，故叫西门浃。上仓浃，位于永昌堡北边，浃经过上仓坦（明代永昌堡的储粮库），故叫上仓浃，该浃特点是穿墙而过，便于给城堡外一批农田取水灌溉之用。

下河：下河河梁略窄于上河，最宽处约9米，最窄处约5米，长约800米。由花岗岩块石砌筑驳岸。河东岸辟有行人小道，宽1.8—2.5米，西岸沿河不设道路、岸堤，但有民居。沿河由南向北开五浃，依次排列为朴树浃、经魁浃、御史浃、板桥浃圣旨门浃。

朴树浃是下河最南边的一条浃，该浃西头，栽有一棵约200年之久的朴树，该巷也叫朴树巷，故该浃便命名为朴树浃，浃不长，仅有20米，因年代变迁，朴树早已被砍，朴树浃被堵塞，今已象征性地挖了一小段作为纪念。经魁浃，位于大厅巷尽头，原大厅巷住有大派经魁三房，该浃长约15米，据说是经魁三房捐资开凿，故叫经魁浃。御史浃，浃北有王诤故居都堂第。王诤官至都察院右佥都御史，为纪念其功绩，定名为御史浃，在浃的西头有一条御史巷，同样也是纪念王诤而命名的。圣旨门浃，长20米，浃西北首有四川布政使司右参政兼按察司佥事王继明故居。朝中有奸臣诬告，称王公家仆上百，家建府台大门。后朝廷派员暗访，得知纯属子虚乌有，同时得知王家生活艰辛，白发夫人捻苎线凑钱供孙读书。朝廷感动，明神宗连下三道圣旨，故此该巷改名圣旨巷，该浃也称圣旨门浃。板桥浃，长5米，宽约6米，浃的两岸居住着众多农户，因东头有2米高板桥，浃以桥名，故称板桥浃。

第五节　城　门

永昌堡有4个城门，包括环海楼、迎川楼、镇山楼、通市楼。

环海楼

东门　环海楼

在永昌堡东门，因“环海为池，适揽朝宗之会”得名，占地700平方米。始建于明嘉靖三十七年（1558），曾毁，于1988年至1989年间复原。城楼坐西朝东，平面成口字形，占地约500平方米，设有瓮城，瓮城附环海楼而建，与城墙连为一体。当敌人攻入瓮城时，如将主城门和瓮城门关闭，守军对敌人形成瓮中捉鳖之势。传当时倭寇入侵时，曾在瓮城南门用火烧数日，城门断裂后，见里面还有一城门，遂退，现城门还留有火烧的痕迹。

外城门为南北走向，宽2.3米，高3米，进深5米。内城门东南走向，宽2.6米，高3米，进深6.4米。城楼建在楼台上，呈四合院式回廊，廊间前置万字形美人靠，墙体由厚0.25米的青砖砌筑而成。内城楼台上宽2.5米，进深6.4米，离地3.9米。城楼台七开间，前廊歇山顶木构建筑，两翅下沉与回廊交接，明间进深五架梁，边缝穿斗式，前檐柱头双抄五踩斗拱，尽间五架梁，与明间类似。明间置直棂门6扇，左右次间各置直棂门4扇。稍间前砌0.25米厚的空斗砖墙，离地约1米处开一片八角水泥花格窗，边长0.4米，屋面铺阴阳小青瓦，勾头滴水，正脊高0.55米。正脊两端设龙吻、重脊、戗脊，均为清水脊。地面混凝土灰浆仿方砖铺设，廊西北向有门出入。

1999年，永昌镇人民政府决定重建环海楼，成立以王体标、朱春花、王宝进、王永吉等人组成的修建小组，集资30余万元，历时12个月竣工。复原外城台上的城楼，西侧为七开间歇山顶木构回廊，抬梁穿斗混合结构。明间进深四柱八檩，五架梁带前后双步，尽间减柱造承三檩，其余间梁架与明间类似，南北回廊为五开间单脊硬山顶砖木混合结构。

东门环海楼有联：“环海目极苍烟里，倚栏人游画卷中。”

环海楼外是滨河公园绿地。

迎川楼

在永昌堡南城墙中部，即南门城楼，因迎双溪水入海而得名。坐北朝南，门洞券高2.72米，宽2.4米，进深5.65米，底部用长条石纵横相间排叠，上门券用青砖错缝顺砌成券，砖间用糯米粉加灰浆为黏合材料。券洞中间内凹，平面长方形，直达楼台，两侧各立石柱，柱中凿竖槽，系置闸之用，石柱内向旁各有一长方形门孔，长0.59米，宽0.18米，深0.23米，距地1.6米，下有门墩，墩中有一窟，直径0.1米，窟前置石槛，高0.12米，厚0.08米，长2.4米，可见闸、门二道痕迹。

南门　迎川楼

城楼建于城台上，城台上宽8.4米，进深5.44米，离地3.8米，楼系五间歇山顶木构建筑，通面宽8.7米，通深5.6米。明间三柱七檩，五架梁带前后单步，前金柱偷柱。两次间东西缝抬梁，穿斗混合式，稍间边缝穿斗式。屋面铺阴阳小青瓦，勾头滴水，兽吻。正脊、垂脊、戗脊均为清水脊。台基高0.2米，东西面均用宽0.3米、厚0.2米的阶条石铺设，地面为蛎灰浆铺面。东、西、北面山墙陡板砖，一顺一丁砌法，南槛墙陡板块砌成，一顺一丁，明间置方格玻璃窗6扇，次间两扇，稍间各置一圆形梅花状花格窗。东面置上城垂带踏跺，共23级，楼稍间均用木板门开启，以供出入。

南门迎川楼有联：“气衡天地能容天地，志在春秋长享春秋。”

镇山楼

西门　镇山楼

在永昌堡西城墙中部，坐东朝西，因“倚山作镇，预占降岳之祥”而得名。城门洞高2.5米，面阔2.6米，进深5.8米。底部用条石纵横相间排叠，门券用青砖纵横砌券法。砌层和券洞的中轴线平行而在各层之间砌缝相错，使券门成为一个整体，青砖之间以糯米粉加灰浆为黏合材料，中间内凹，平面呈长方形，直达楼台，两侧各立一石柱，柱中凿竖槽，可使闸上下升降，石柱内间两旁各有一长方形门孔，孔长0.59米，宽0.18米，深0.23米，距地面1.55米，下有门墩，墩中一窟，直径0.12米，墩前置石槛高0.12米，宽2.6米，厚0.08米，外为闸门，内有扇门。

城楼建于城台上，城台上宽10.4米，进深5.8米，离地高3.9米，用一层顺一层丁条石排叠而筑成，楼系五开间歇山顶木构建筑。通面宽10.4米，通进深5.8米，明间进深四柱八檩。五架梁前双步廊后单步梁，其余各间梁架和明间类似。屋面铺阴阳小青瓦，勾头滴水兽饰，正脊高0.25米，龙吻、垂脊、戗脊均为清水脊。城楼南北均用宽0.35米、厚0.12米的阶沿石铺设，地面蛎灰浆铺面，西北南均为0.3米厚砖墙，东西槛墙高1.5米。明间置两扇玻璃窗，次间各置两扇玻璃窗，次间侧山墙各有一扇木板门出入。城台内侧南面靠城墙，置有上城垂带踏跺。城楼西面明间檐下镶嵌一块匾额，宽1.1米，高0.45米，自左至右凹凸楷书“镇山”二字，字径0.43米×0.45米。

西门镇山楼有联：“东瓯大地万家欢乐望明月，古堡城墙四面风光照银河。”

西门城外有纪念王叔果、王叔杲公巨型塑像一座，由永昌堡管委会于2009年立。

通市楼

在永昌堡北城墙中部，因直通集镇都市故命名为通市楼，曾为战时指挥部，占地约50平方米。坐南朝北，城楼建于城台上，城台上宽9.4米，进深4.7米，离地高3.7米，用一层顺一层丁条石排叠砌成。中间开门，门洞券顶，高2.65米，宽3.3米，进深5.45米，底部用条石纵横相间排叠，门券用青砖对错缝平砌成券。以糯米粉加灰浆为黏合材料，券洞中部内凹，平面呈长方形，直通楼台，两侧各立石柱，柱中凿石槽，系供闸门上下之用，石柱内向两旁各有长方形闩孔，孔长0.59米，宽0.18米，深0.23米，下有门墩，墩中有一窟，半径0.12米，墩前置石槛，高0.12米，长3.3米，厚0.08米，可见当时外有闸门，内有扇门二道，以供防御之需。

楼台面宽三间，歇山顶砖木构的谯楼。通面宽8米，通进深5.2米，地面石板平铺，方形石质柱础。明间进深四柱七檩，五架梁带前后单步，次间梁架同明间。屋面铺阴阳小青瓦，勾头滴水花草纹。正脊高0.2米，与垂脊、戗脊均为清水脊，明间置四扇玻璃窗，次间各置两扇玻璃窗，次间东西侧各有一扇木板门，城墙内东侧靠城墙一侧，有垂带踏跺上城，每级长1.3米，宽0.3米，

北门　通市楼

高0.12米，共28级。垂带宽0.24米，厚0.14米，总长8.6米。城楼北面明间檐下置一木质匾额，上嵌自右至左阴刻楷书“通市”，额长1.2米，高0.52米，字径约为0.45米×0.48米。通市楼虽经战乱，但经多次维修，基本保存完整。

北门通市楼有联：“除折色废徭役，盐民感德记庙祀；筑沙城固海防，乡里蒙恩传芳名。”

瓮城和敌台

永昌堡的军事防御设计构思巧妙，尤其是瓮城和敌台，堪称中国古代城市防御设计之精品。

瓮城：围绕在城门外的小城，也称“月城”，是增加城池防御性能的附属建筑。永昌堡四门中只有东门环海楼有瓮城，该瓮城呈长方形，直出城墙15.5米，横长23米，城门向南开。

瓮城城墙下方离城外地坪约212厘米处，有长约48厘米、宽约15厘米的4个孔，两个孔朝东，一个孔朝南，一个孔朝北（这是其他城墙所没有的）。

瓮城内呈长方形，空间较小。由城内进入瓮城，左边有一个进入瓮城墙体的小门，从小门进入墙体内只见两道空廊，廊宽1.67—1.95米，高约3.26米。两空廊中间以墙体相隔，隔墙宽0.9米。整个瓮城城墙墙底基宽7.16米，比城墙底基宽3.36米。这是因为该瓮墙为了设置击敌的射击孔不得不扩大空间所致。在射击孔上应有瞭望孔，但在修复城墙时没有恢复。

空廊的外墙厚约1.56米，有4个喇叭状外小内大的孔，这就是从墙外所看到4个孔。这四个孔显然是对外射击孔，古称其为铳眼。除瓮城城墙体是空心和有铳眼外，敌台也有铳眼。

敌台：城墙上用于防御敌人的楼台，亦称墩台、墙台、马面。永昌堡共有敌台12座。台与台相距200米左右，从外部看，这些敌台一般直出城墙3—5米，横长约8米。在敌台的下方，距地面20—30厘米，其正面和两侧各有一射击孔。正面朝外的射击孔开口较大，宽约0.58米，高约0.33米。而两侧的射击孔开口则较小，一般为0.3米。究其原因，主要是考虑正面和侧面设计火力不同，从外面看到3个射击孔，说明这种敌台和一般敌台不同，它可以从台内向外射击。这种敌台既不是实心的，也不是空心的，而是内有暗道，可以向外射击的敌台，但暗道的宽窄不同，因此容纳的人员多少也不同，一般空心处能容纳数十人。可以日夜观察敌情，出其不意击杀敌人，但这与长城上的空心敌台是完全不同的，因射击孔不大，所以不用“炮窗”这个词，而用“铳眼”。

永昌堡这种空心城墙和墙内铳眼以及敌台内外暗道铳眼是独特的。据军事专家讲，是所有建置的瓮城和敌台所未见的。永昌堡这种独特的瓮城和敌台的作用，用一句话说就是能充分发挥管型火器的威力，增强城池的防御性能。军事专家范中义说：“永昌堡瓮城和敌台犹如现代的一座碉堡，护卫着永昌堡城，这是筑城史上的创举，了不起的创造。”（摘自《浙江温州明代永昌堡瓮城和敌台》一文）

【附录】

永昌堡地图说

（明）王叔果

温之龙自括西驶，至海而尽，为永嘉场。其支分于北为郡城，分于南为瑞安，永嘉场虽僻在海隅，实中出之干也。北为瓯江，南为飞云江，两江夹龙东汇于海，而岛屿环列。来龙叠嶂，从西南降，势悉为石冈，散气铺阳而聚于二三都之间，又适当海之弓，故温之显仕巨室多产兹土。先是，居者皆狃于南向。愚谓右山左海，上压下空，虽稍近内水，非正局也。余既倡筑堡之议，乃宅中向东，坐山面海，天马在南，黄石在北，大海带环，内河四绕，虽蕞尔之区，而一郡山水总揽殆尽。

请筑堡疏

（明）王叔果

奏为捐资筑堡议处防守，以裕国课，以全民命事：

缘本县地方，东临大海，北枕长江。惟臣等所居一至五都，更悬海口，距郡城七十余里，实水陆要冲之地，倭夷出没之区。国初就本乡设立永嘉场盐课司，额办盐二千丁，将五都居民尽编充灶。仍设中界山巡检司，弓兵一百名，专以防寇卫民，用保国课。第承平既久，法立弊生。巡司寄居旷地，弓兵徒射虚名，绝无分毫济用。自嘉靖三十一年以来，倭寇生发，沿海地方，莫不被害。臣等一境，赖有致仕广东按察司佥事王德、散官王沛，纠集乡兵相机防御，以故五六年间得保无虞。去年四月内，倭寇大至，攻围城郭，流突乡村。王德、王沛奋勇督战，相继阵亡。由是众心俱寒，贼势愈炽，焚戮惨毒，所不忍言。即今产业荡毁，村落丘墟。臣等虽幸免荼毒，犹恐前寇出没无时，汹汹旦夕。随会同耆老人等，告明官司，愿自备工力，议筑堡城于本乡市镇之地，跨河据险，上建窝铺垛子，下设水陆禁门，周回四五里……（略）

如守御所城规制，仍议欲将盐课司、巡检司并迁入内，众皆愿从。盖堡内有盐课司，则灶户附场居住，不至四散逃移；有巡检司，则弓兵调度有方，可借协力防守。且门禁扃钥与警急申报而皆属之职官，事体为便。况今巡司在本乡长沙地方，与筑堡之处俱切近海滨，相去不逾一里。而司旁地旷民稀，复经兵燹，不惟势孤难守，且恐贼来屯驻其中，反为地方之害。如移入堡内，则彼此凭依，守望相助，庶几缓急得力。且前堡据一乡之中，聚族而内居者固甚众矣，即有散处重迁者，遇有警急亦皆于此投奔收敛。是巡司守一堡，即所以保一乡，非弃外就内，偏为一隅计也。

臣又窃见本府乐清县北监巡检司，原在一都白沙界上，因地旷且僻，近年该县改迁迤北岳头镇内，招募本地人户充当弓兵以资防守。若臣本乡以盐司、巡司并居一堡，则人烟辏密，防守益固，隐然郡城一屏障也。其与北监巡司迁徙事体相同而规为则远胜矣。伏乞皇上悯念灶氓烧劫残破之余，偷生无地，狂虘惯熟之寇猝至可忧，敕下都察院转行总督、巡按、巡盐衙门，备行守巡道查勘，俯赐施行，庶寇至有备，民得安生，弓兵不为虚设，国课不致终亏，一方蒙再造之恩，万世赖生成之利矣。

为此具本奏闻。

永昌堡城门上梁文

（明）王叔杲

伏以揆方设险，国家重保障之功；思患预防，草野负干城之责。顾疆理虽属于人谋，而形胜实由于天造。江山有待，远迩交欢。旸谷主人，未际风云，素怀经济，愤倭奴之倡乱，整义旅誓欲廓清；悯乡族之流移，建垣堡且图安集。岂惟保聚我宗祊，实欲招徕乎庶姓。墉陴凡几里，据高深更藉人和；水陆总八门，通舟车共夸民便。卜焉允吉，名曰永昌。环海为池，适揽朝宗之会；倚山作镇，预占降岳之祥。敢云人杰地灵，惟愿民康物阜。层楼插汉，云间鹰隼惊飞；粉堞横江，水底鱼龙争避。仗父兄之协力，聿观百雉告成；幸黎庶之同心，快睹三冬底绩。永奠金汤之固，坐销郊垒之忧。暂息斧斤，听余祝颂。

抛梁东，旭日初升瑞霭红。直向扶桑标汉界，岛夷系颈息狼烽。

抛梁西，乔木千章紫翠齐。解道山灵新毓秀，旧家门阀倍生辉。

抛梁南，天马峰高兴汉参。最喜熏风能解愠，满城士女乐耕蚕。

抛梁北，睥睨临江更生色。鸡犬无声境晏然，何用严扃防暴客。

抛梁上，楼堞高悬凡几丈。咫尺丹霄手可攀，换取银河洗腥瘴。

抛梁下，城中有地容车马。但愿民居日衍蕃，一区岂论千金价。

伏以上梁之后，山河益壮，瀚海无波。擅东越之奇观，作瓯邦之巨镇。时和序协，雨露润四面之窗棂；国泰民安，星斗丽五更之鼓角。销兵为耒耜，何须寓兵于农；倚槛课耕耘，永愿止戈为武。百祥萃止，万姓攸宁。

筑永昌堡始末

（明）王叔杲

嘉靖壬子、癸丑间，寇突起海上，初登瑞安东山焚劫，遂趋黄岩。甲寅、乙卯，大乱吴浙间，吾乡每春夏报警无虚日。我季父仁山公倡义练习乡兵，会从弟东华以广东兵备谢归，益从臾其事，白于道府，遂号召各乡，众至千余人。是时军门初设，官府并不治兵，惟募闽中兵船驻扎要隘，各乡倚吾家乡兵为重。

丙辰秋，寇自宁、台间遁走楠溪，至千石，取船渡江，约有百余人，多半俱闽人，遇兵船皆拱手而过。至蒲州，值潮涨，遂舍舟登岸，过茅竹岭，烧海山钟秀坊，远近震骇。捕一乡人，诘之曰："我欲往梅头取船下海，闻二都王家。有乡兵若干人，此去经二都否？"乡人绐之，曰："此必由之路，王家父子兵二千余人，正在练习。"寇惧，遂趋龙湾。时吾乡仓卒闻报，仁山公终夜号召，无一人至者。至次日午后，始稍稍来集。寇将谋趋我乡，而吾兵已会，半路要击，我众彼寡，时生擒数十，皆闽人也。寇连夜遁去。事闻，道府甚喜，具申军门，大行犒赏。乡人率众为贺，遂倚吾乡为长城。余独忧之，曰："此幸而成功也，使寇当时不为乡所绐，径趋吾乡，家属不尽为虏乎？且我众彼寡，故一击即遁耳。愚以为欲保聚乡族，必须相地筑一城以护其室庐，然后练习乡兵，进则可战，退则可守，方为万全之策。"众皆以余迂且怯，独景旸侄韪其说。

及戊午岁，海上竞传寇将大举，欲先破我家乡兵，然后进围郡城。余请季父入城恳告，曰："人传今岁寇以万计，欲甘心于我，我乡兵势不可复增，且乌合之徒，安能以寡敌众；矧叔父年逾七十，何可复事军旅，愿亟移家入城。"季父曰："吾族居英桥五百余年矣，乡族以我故坚守其故土，我若入城，自为计则得矣，其如宗族祠墓何？"余曰："智者当度势而量力，哲人宜知几以保身，杲向年请筑堡咸以为迂，今安能以垂老之躯屏翰一方哉。"竟不听。四月初四日，相传有寇船泊海山，季父与东华弟扬兵梅头以威之。寇船乘风潮猝至，众奔溃，季父遂遇害，东华潜往前冈山，得一小舟他匿。时长公西华以兵部主事奉差东归，与余星驰至祖居，时声势甚急，乃扶柩同家属避居茅竹坟庵。未几，贼进围郡城，余兄弟俱在茅竹，乃私厝灵柩于墓侧，携家眷夜奔避山中。时遍地皆寇，兼以乡人导之，深山穷谷，无所不到。余与长公逃匿各山七八日至仙岩。时族众俱避寇海安所，东华弟与袁兵备、张参将在宁村，犹欲率败残乡兵进解郡城之围，至金岙遇伏寇战败，亦竟被害。时族众在海安者不知余两人去向寻至岩庵，邀余入海安城。时海安城甚危急，且低陋难守，所中官军亦无固志。余既间行至所城，乃编次避寇居民分画四隅巡守，寇数突至，用药弩射杀数人，遂不敢犯。族众知城守之安，益悔不早听筑堡之议。

五月望前，寇稍退，余夜乘驾小舟至郡城，及入，乡族众日来请决筑堡之议。

初议前临下洋大河，后尽上叶浃，计费万余金，余两人各出银二千，其余就城内田地并人口加派以足经费；后众议恐城空阔难守，前面又妨横塘桥旧居，遂退入三十余丈，后面亦恐大空，减去二十余丈。及将欲起工，前银一时俱无措。余既许辍会试之行，身任其事，乃先捐金二千。长公北上请乞盐院处助亦共满二千之数。时族属当残破之后，所科派田地银两皆不能办，愿以其地求售者甚众。余既欲成大事，不得不勉从之。十月收割后，虽勉强起工，然众口纷纭，皆谓事必难成。余业许力任其事，不得复顾惜，凡扦定城址，估计工料，分给资费，皆余以身任之。画城为十八号，每号五十丈，择族之稍能事者督之，余独总其成。至己未春，事稍集，所筑城高未逾丈。四月寇又突至，一方居民尽逃窜。时余在郡城，远近争传堡中所遗房屋烧毁已尽，众口嗷嗷，余日夜不自安。及寇退，堡中绝无事，盖贼恐城中有伏，皆远望不敢轻入也。于是众志益坚，工作愈奋。至己未冬而城完，设水陆城门各四，详在《筑堡记略》，共费七千余金，强半皆余所输也。

庚申三月，醮城设庆成宴甫毕，寇又适至，远近居民皆奔堡中，无不欢欣鼓舞，而防守之法已渐备，咸恃以无恐。辛酉夏，寇又泊城，居民趋避者愈众。余调度防守凡半月，寇野无所掠，遂潜引去。时有忌者过杭流谤，巡盐袁御史中其说，遣各府推官四人按查，知其事曾经题请，又不费官钱，不劳民力，其谤遂解。及七月，海上异风作，凡沿海城垣、城垛、楼橹掠倒殆尽，余督众勉事修葺，又费八百余金。顾余以一人总工作之繁，当变故之集，其劳苦万状，至今思之，尤为寒心。今居是堡者但知安享其成，岂知当时之苦心哉！城既完，适值从子蕴膺乡荐，既塞谤口，且慰群情。明年，余登进士，咸以为庆云。

初未筑城时，余详视此方形势，当坐山面海方为正局。嘉靖壬寅，先公欲建大宗祠，余主议坐西向东，其规模已略定，及扦城，余决意东向，而族众犹纷纷阻挠。初自英家桥至庙桥，虽为一方通行之路，然阔止四尺余，上河两岸侵塞，阔不盈丈，仅容一舟，且沿路皆坑厕，夏月行人皆掩鼻而过。余既主议向东，当先辟南北通衢，适倭寇将沿河房屋俱烧去，时族众亦以余既独任筑城之役，俱听调度，不复阻挠。余照依时价，每用去地一分，给价三两，大兴工开浚河道，河阔以四丈为准，阶以一丈五尺为准，坑百余口，每口给银五钱，其所费又不下千金。后人但知河道街衢开阔，而不知当时开拓劳费之艰如此也。并附及之。

永昌堡记

（明）高岱

余与永嘉王氏育德、阳德兄弟盖未举进士时，游秣陵定交矣。嘉靖庚戌，育德与余同举进士，阳德屡举未第。岁乙未，礼闱将试士，阳德不至。余问之故，育德云："家族被倭患，兹与乡人议城堡以守，不获来。堡成，子为我记之。"越明年，庚甲春，育德以状来索为记。无何，余改官藩史，卒南下也。又明年，事稍闲，乃追纪其事。

云按状，永嘉场距温州郡城东七十里许，东临海，西南北阻山险，居民煮海为业，皆着籍灶下。场延袤五十余里，民居栉比鳞次，多贵族，王氏尤称著姓。自嘉靖壬子年，两浙被倭寇以来，郡邑多残毁，惟兹乡稍能防御。即寇来不敢深入，时败衄去。戊子夏四月，寇乃大至，王氏率乡人御之，今赠太仆寺丞王公沛、赠太仆少卿王公德皆死义。众大溃，寇益猖獗。自是寇至，众皆望风奔匿，诸山谷间寇所至焚劫亡遗，庐井萧然矣。寇退，民汹汹行泣煨烬中，亡宁居。

当是时，育德方以使事家居，与阳德聚族人而谋曰："脱寇复来，何以御之？"众曰："二公且殁矣，谁其敢御之者？"曰："徙居何如？"众曰："家族坟墓数百年于兹矣，且何所非寇，徙将安之？"育德兄弟曰："然则当筑堡为守耳。"众乃大喜称便。又招诸族姓人议，诸族姓人亡不大喜，称事便，遂上其事守令暨藩臬，诸连帅皆嘉奖之。时育德使事竣，当还京。阳德又将谐计北上。众曰："二君皆行，堡事将安属哉？"阳德曰："所为仕者将以建尺寸，少裨益国家生灵耳！今家族不自保，保仕将何为？且场民多逋，监筴将废，课额无所自出，所捐于国良多也。即得他守一官，此非国事乎！"遂与育德曰："兄弟往王事，不可缓也，吾当缀试场所意就此役。"于是相得二都，地爽垲且适场中，乃即其所为堡城，遴选族子弟暨里人之能者分董其术。经始于戊午冬十一月，至己未冬十月城成。周广以丈计，八百六十有奇，高以尺二十有五，厚半高之数，甃以石门水陆各四，城外环河水，四面引二渠贯城中，楼橹雉堞，衢市梁井，无不斤斤备也。

堡既成，众谓巡检司在近地，盍迁入堡中以总齐诸务良便？育德乃疏于朝，得报可。遂迁之入，以堡扃钥启闭属之，乃立社仓、缮器械，咸以次修举。是役也，费白金以两计者六千有奇，初议敛资于地，丐助于官，以时绌所得才十二三，余皆王氏兄弟捐私帑为之。嗣是寇谍知城守固，不复来侵兹乡之民。迄今得宁矣。

嗟呼！若王氏兄弟岂不诚豪杰士哉！是不可不纪其事以其传。然余因是而窃有感焉。夫永嘉一场耳，王氏兄弟力任其事，遂能建不拔之基以垂子孙无穷之利。国家自有倭患以来，南北遭蹂躏者十年于兹矣，中外文武将吏无虑数千百人竭帑藏、暴师旅竟不能底永嘉场之绩者，何哉？此其故余能言之，夫王氏所离家族之难也。地无可迁，事无可诿，势不得不为子孙久远计耳。使国家仕事之臣视其地与其民皆如王氏兄弟之视其家族，则亦岂终于无成哉！虽然集事以才，倡众以义，王氏捐帑缀试经画综理咄嗟可办，此其义与才固近世所希睹者。

吾闻瓯冶铸剑，方其发硎也必试之吹毛焉，毛纤纤绝也，乃售之。剑客则陆剸犀兕，水断蛟龙何难焉！今王氏兄弟蒸蒸向用矣。城堡之役非其试吹毛者乎！他日剸犀兕、断蛟龙，则旗常竹帛具在也。余何足以知之？育德名叔果，由兵部郎中晋楚藩议，阳德名叔杲，官驾部主事，诸子弟与有劳勚者皆附书于碑阴。

嘉靖癸亥春二月望，赐进士出身奉议大夫前刑部郎中京山高岱撰。

永嘉场新建永昌堡城碑记

（明）侯一元

夫履平思陂，图阴于易，阴雨未形，而桑土是营，宁非固围上猷？而是浚哲之长算哉！又况害渐既芽，剥状以辨，形势已效者乎？盖语有之，“非常之原，黎民惧焉”。然而可与乐成。余于两王子之堡永嘉场，而喟然叹。夫创始之艰，而永终之不易也。故曰“哲夫成城”，又曰“众志成城”。微哲夫国不能以附众而致之役，而非舆情之协也，即哲夫之策有挠焉，而罔与成功。则斯堡可睹已。

堡城四周，凡八百六十丈有奇，高二十有五尺，厚半之。以三面距河，中引二渠；按方立门，水陆各四。楼橹周庐，圜阓桥道，靡不敕治，井井绳绳，屹为一方巨镇，咸以县治无以过也。起嘉靖戊午冬十一月，至明年己未冬而城成，约费金七千两有奇。始议助于公数千金。既而以时诎多不酬，其经费补苴，盖悉出两王子私帑，略不色吝。然伯子西华君方仕在朝，独叔子旸谷君总其计，凡出入盈缩，丈尺进退，饩廪登耗之故，悉禀叔子一人，埤盖慎委，应之裕如。尽选族之能者数十人，分职其事。而授之算，比考其成，与始所画，不爽锱铢，吁其难哉！

盖东南故无堡也，列戍聚兵，昉自国初，久而士马刓敝，无以待敌。岁在甲辰，倭衅始作。及岁壬子，则寇愈张，往往深入，虔刘聚落，官兵当之，辄折而北。而永嘉场者，吾温之奥区也。地方五十余里，南阻梅山，北距茅岭，东则负海。鱼盐万井，衣冠萃焉。而当寇之冲，寇往来常目属之。于是王子之诸父仁山翁、从弟东华大夫，相与倡义，群乡之子弟而肄之兵，身编戎伍，先登陷阵，寇来辄不胜去，至掎贼斩首虏，俘其舟以归。当是时，永嘉场军声号称长城矣。又方恃沙城为固。沙城者，故亦两王子所倡筑也，以内蓄鹾，外捍敌。延袤亘于海上，众咸以无虞，而王叔子独私忧之，曰："敌不可易，胜不可扭。今夫沙城以一面拒敌，敌少可耳，多将绕出我后，彼执兵者，见其室家辎重。且俘于贼，必人内溃而自救，此危道也。夫兵未有不先固营垒以待敌者也。故不若相地据险而为之堡，俾进则攻瑕，退则守坚，不亦可乎？"时众莫有应者，而王子之从子煦独颔然之。

无何，岁在戊午，寇果大至，诸倡义者尽死，万室焚如。众于是进前议，盖莫不智王叔子也。会王伯子亦以奉使至家，于是乡人相与诣两王子，曰："若肯竟前议为盟主乎？"皆曰："诺。"时王叔子当会试南宫，即辍不行，独孜孜与煦经画其事。又以城立，非得有司者治之不可。王伯子还朝，则又疏请徙咸司、巡司堡中，事下行省，省议，独徙巡司。于是启闭匙钥，始有统矣。

盖王叔子相地取险可守，虽其室庐，尽斥外之，故人咸服其公。堡环围多空地可廛，则价自倍，因计亩出直，以助经费，则财不匮，故人咸服其智。不烦官，不扰民，不久淹，先事而殷优，后事而周防，故人咸服其算。维时监司守土诸公共嘉与之，太守宋公、别驾杨侯咸躬亲劝。相，宪使凌公时遣官程督。上下交赞，鼛鼓勿胜，盖一期月之间，匪棘匪舒，而奄观斯役之成焉，岂不亦伟哉！

于是王氏诸生谒余请记。余惟两王子之伐诚茂矣。不世之绩亦既有俶，顾所当图惟者其终也，敢率鄙衷以告堡之人。夫开国之初，倭尝大入，为中国祸甚惨，然瓯去即已，疮痍旋复，民未病也。弘正之间，薄海晏如，岂无狡焉。阑出边关，交通岛夷为乱者哉！顾其势不得逞，则以闾阎均平，人乐其所，故难动也。诗曰："惟昔之富不咎时。"夫倭寇非有向导不来，向导非客户必土著之民。土著之民非有殴之则不去，而殴之者非虎冠茧丝之吏，则豪右并植之民也。厥有由哉！孟氏有言"地利不如人和"。故城非不高而有不守，粟非不多而有不食。若《春秋》之书虎牢、书莒、书梁是已。夫国，有司之事尚矣！吾愿居是堡者必讲信修睦，振穷恤孤，俾富者无纷奢，贫者有盖藏。合斯堡如一人，合斯人如一心，于以捍圉待敌，则无城而固，又况矗矗言言若斯之完缮哉！吾闻两王子故尝置义田，行族约，盖自其王考桥翁、考厓翁时既已积功累仁望于吾郡，至两王子愈显敦睦之风，夫既有倡矣。其自今于万斯年，子子孙孙，永观斯堡之固，庸书以为记。

注：侯一元（1511—1586），字舜举，号二谷，乐清人。嘉靖十六年（1538）进士，历官南京刑部主事，江西布政使。著有《二谷山人集》《二谷读书记》等书。

第六节　爱乡抗倭

永昌堡人有强烈的家国情怀，多次展开英勇的抗倭战斗。

倭患纪事

王叔杲编纂的明嘉靖《永嘉县志》专列《倭寇纪略》一文，其中叙述永昌堡以及温州地区的倭患惨状。

洪武、永乐年间，瓯郡地方时有倭患，海防甚严。正德以来，时有漳寇在海洋打劫。嘉靖初，徽鄞奸商勾引岛夷入扰。二十三年（1544）来，登劫平阳、乐清、瑞安沿海等处，但未敢深入。

嘉靖三十一年（1552）四月二十日，有大倭船二只，由瑞安港至都长沙地方，划桨将登岸，当地乡兵奋勇赴水格斗，继而王氏义兵来集，贼收众登舟去。

嘉靖三十四年（1555），有倭数百自平阳白沙登岸，由桐岭至夏仙、上戍、峄头，渡溪奔往黄岩。

嘉靖三十五年（1556）四月，有倭数百欲往福建，突至平阳水北地方，温州府同知黄钏及把总官统领民兵防御，贼蜂拥前来，惟黄同知持刀督战，贼分兵从后夹攻，黄竟死于乱刃之下。九月间，有倭数千自楠溪奔突，夺舟渡江，其所乘皆小艇无帆棹，顺流而下，使官军以外沙战舰迎战，有的贼船被覆而歼，有的纵之驶去。至蒲州登岸，屯据龙湾，分掠永嘉场诸乡，乡事王德同族父王沛，率乡兵往御，倭望风引遁入海去，王氏义兵乘胜追剿，夺回官马十余匹。

嘉靖三十七年（1558）三月二十三日，有倭数千劫掠乐清窑岙、芙蓉诸乡，寻围攻县治，县城新筑未固，且缘山跨溪，势颇旷荡，众虞难守，时有参将张鈇拥大兵在内，温州府同知尹尚孔督率诸家并力防御，幸保无虞。知府郑公铭因乐清告急，乃传示各乡移家入城。

嘉靖三十七年（1558）四月五日，有贼八百余攻海安所城，索蓑笠并银两，众军发愤，扛巨石，欲压之，贼肝脑俱碎，被石击死者五六人，彷徨退去。不久又自瑞安梅头登岸，继续侵犯。次日乡佥事王德同王沛率兵追剿，贼已焚舟遁形。忽有一船乘风漂至，王氏兵初疑渔船，不甚戒，贼突来劲冲，两队隔绝，王沛与族弟崇尧、崇修俱被害。

嘉靖三十七年（1558）四月二十三日，贼过乐清馆头烧劫，遂逼磐石卫，时兵备袁祖庚在城防守加严，城外焚掠殆尽。

嘉靖三十七年（1558）四月十六日未刻，有倭一伙数百人，自仙居枫林出，夺舟于千石、罗浮江浒，经渡外沙、朱村浦，登岸放火，并犯温郡东门，炮火声响震四境。次日，又有倭众数十艘，自金盘入关，把关官兵难能抵御。又，乐清县西群倭亦来，会于盘石江，时袁兵备在盘城，令把总官率舟师捍御，舟师多苍山、福清人，反为贼招，且将士又不知水战法，尽以大舰连环与贼相抗，贼奋迅来袭，我兵溃散，其大舰及器械、火药尽为贼有，遂乘势并趋府城。城上望见贼舟蔽江而来，我官兵皆胆落魄丧。贼屯据大南门外，日分尸于市以示威。有一倭负板门而来，众望见预料其攻城，矢炮乱下如雨，守垛人偶一中铅弹而死，众犹若土崩者。不久贼又绕城烧劫，数日内烟焰蔽天，城中昼夜额额，惟舍人刘里伺贼近城，稍射却之。时有男妇老幼逃命者千百，至城下哀求入城，通府杨公岳悉令人垂索引上，仍给予茶汤饼饵。

嘉靖三十七年（1558）四月十八日，风闻有奸细期放火为内应，证实奸细数人，皆杀之。众皆痛快。贼佯示攻城，以牵制我兵，即分别劫掠乡村，深山僻壤，踪迹必到。有数艘乘风突赴青田，幸县有新城可守御。水南诸家始料不及，贼至，尽被掳掠。

嘉靖三十七年（1558）四月十九日，贼掠仙洋。仙洋水乡，不通陆路，谓避贼于此，大装小载充塞河道，贼乘轻舟横河截击，资财尽为所有，男妇戮溺死于此地者为多。其他乡近山者逃匿山中，贼系被虏人为向导，遍搜谷间，洞穴深邃者，烧烟以熏之，彼来此往，日经数十搜，搜十余日未息也。尔后，贼分掠龙湾地方，时袁兵备祖庚、张参将鈇俱在宁村所，乡佥事王德往与会盟，期引兵共击贼，遂赴郡城之急。王独往乏援，竟与族属王国敬、王国章等遇害。

嘉靖三十七年（1558）五月十日，贼夜入宁村所城，城中避寇者总集，贼垂涎已久。前此有袁兵备、尹同知督军民协守，故无机可乘。后二公去盘石，张参将自郡城领兵来，众以为可恃安枕，夜防稍懈，贼梯城而上者百余，杀死守宿军士，血流狼藉，众始觉，时变起仓促，张参将又为乱枪所中，皆彷徨莫知所措，有本所总旗黄廷富力赞张，号众杀贼，贼见众兵拥集，放火数处，天且黎明，仓忙越城出，跌伤者无数，斩获十余人。时瑞安、平阳二县及金乡、海安诸卫所，各环城困守，城外一任烧劫。惟平邑余阳镇聚众抗御，也因围久援绝，亦竟不能支。

嘉靖三十七年（1558）五月十二日，始开府城诸门。二十三日散布守城民夫，照垛布列，通计城垛四千七百有奇，夫如其数。五垛共一灯，每夜达旦，费烛二万五千枝，皆诸大家出办，仍以米资给守城夫。初，贼夺去大兵船数只，泊在江口，日中四散劫掠，夜返宿于舟，其深入各乡者则屯宿民房、僧寺中，取其薪木，彻夜焚燎，被虏人乘其酣睡，解缚而逃，或窃其刀，贼却弗觉。其掳掠财物并令地方人挑至舟上，至是满载，方有去意。顾官军睨视，竟无敢运筹以冲撼之，贼亦恬不畏忌，真可愤叹者。及参将戚继光自台提兵至，诸贼且去，仅遗一大船，被击焚溺颇多，然亦漏万挂一。是岁，倭入永嘉境，在四月初旬至五月，望后始去，郡城戒严甚者凡二十余日，乡间民房烧毁十去八九，杀死男妇约有万余，其沉溺水中及饥渴困顿，因而病死者更多，至于避倭单走，及被虏逃回为官军斩取首级以冒报功次者亦未可计数，殆开国以来所未有之大惨。自三十八年（1559）以后，濒海地方虽时有零寇登岸，然稍稍焚掠即去，而备倭之策亦渐修。

抗倭御寇

永昌堡人民有着很强的反侵略、保家园的民族气概，英勇奋战、不怕牺牲和反对压迫、坚持正义的精神。明嘉靖三十一年（1552）四月，倭寇由瑞安港进入永嘉场一都长沙（今天河镇南部）劫掠。已届古稀的英桥里乡贤王沛挺身而出，组成1000多人的抗倭队伍，通称义兵。其时适逢王沛从侄王德辞官回乡，叔侄同率义兵赶赴长沙寨，奋勇抗击，迫使倭寇蹈海遁逃。此后，叔侄同心协力，操练义兵。每逢大潮汛时，聚集祠堂，做好防守准备。并将队伍扩充到2000多人，其中水兵300余人。嘉靖三十五年（1556），一支倭寇在宁波、台州一带被当地守军击败后，逃到永嘉楠溪，经千石渡江到蒲州，转茅竹岭欲从梅头下海。倭寇闻知英桥王氏叔侄有义兵数千人，不敢南进，遂转道龙湾下海而逃。同年九月，另一支倭寇侵扰永嘉场。王沛、王德闻讯，即率义兵赶至上京截击，取得斩寇16人、俘虏14人、夺战马10余匹、解救各地被掳男女100多人的胜利。

嘉靖三十七年（1558），倭寇先后三次侵扰永嘉场：

第一次：倭寇数十条海船在瑞安东浦登陆，从梅头海安所城直袭永强宁村寨城。

第二次：八百余倭寇在梅头登陆，气势十分嚣张，扬言先破英桥王氏义兵，后攻温州府城。王沛、王德闻报寇船泊于海山，即率义兵赶往，贼寇见义兵已达，佯装下海遁逃。王氏叔侄分兵把守，王德屯驻梅岭（今梅冈）瞭望，王沛留驻半山腰。突然间倭寇返回，并迅速包围王沛率领的义兵，终因寡不敌众，王沛等殉难，王沛时年74岁。

第三次：倭寇集中兵力围攻温州府城。王德卫土情殷，复仇心切，立即率义兵赶赴温州解围。路过永强金岙时，遭倭寇伏击而牺牲，时年42岁。

嘉靖四十年（1561），倭寇再次侵扰永强，妄图攻占永昌堡。王叔杲闻知后，立即通知远近居民奔避堡内，亲率三叔王沛生前组成的义兵，坚守城堡。采用坚壁清野战术，在城头与倭寇相持了半个月之久，倭寇筋疲力尽，缺粮挨饿，被迫撤退。

永昌堡抗倭图

抗击刘香之乱

永昌堡从嘉靖三十八年（1559）十月筑成后，曾经历过一次艰苦的拒匪战斗。这就是崇祯五年（1632）八月二十九日海盗刘香乘船数百艘猝犯温州府城北门，至九月一日，贼犯永昌堡。堡孤悬危地，四面受敌，内皆巨室著姓殷商相保聚。“初歼吾兵数人，众奋击败去，于是贼尽怒。初三日设高台于北城近地，为必克之计。”贼拥敌台6座，自远至近，高与城等，台下有轮，运动若飞。贯颐犷之魁，挥刀披铠，舞于台上。更竖云梯百余以为左右冀。前权署全盘备倭把总韦古生（宗一）“慷慨誓师”，“大集枪累木橛，报于城下，用梍台轮不能迫”，韦连发数矢，“伪署三大王、四大王、掌计陈三舅，谋主百岁翁者，皆应弦而毙，又预备长杆数百，会壮士勾擎，使台不能退，我凭高下攻，投以火器，风色助顺，烟焰蔽天，军声大振，无不以一当百。火烈台圮，势若山崩。贼死于压，死于锋镝者不可以勾股计。余党恶痛哭溃迸去”。“又于城外开凿濠河一带，四里有奇，阔一丈五，深亦如之，贼觇知计诅，遂宵遁。”这次防守战，时年37岁的王钦豫“所守在南城，每夜与众同作止，众颇相劝”。“张世凤，号光宇，崇祯壬申御倭于永昌堡，战死。”此外牺牲的还有把总王安国等。十分明显，如果没有坚固高大的堡城，没有永昌堡防守军民的英勇抵抗，绝不可能有这样艰难的胜利。

击退何兆龙之乱

清顺治六年（1649），山寇何兆龙等引海艘千余直抵内港，沿江北攻楠溪，败绩。战数月，进攻府城，放火来福门外，为游击萧启荣破。六月，何兵陷宁村所及永兴堡，遂攻永昌堡。士民固守，半月不下，官兵继至，乃去。《王钦豫日记》载，永兴堡宁村所都有被攻破的记录，唯独永昌堡如永不沉没的救生艇，始终承担着卫家护民的重任。

时年，王钦豫53岁，夏五月，白头何兆龙兵至吾乡。时堡中甫设防守，会夜风雨，数人乘城而入，遂将南门大开，城人犹无觉者。幸彼众失期未至，城中勇敢者数人奋身冲敌，彼乃却走，门得复闭。说者谓此举实侥天佑，即此可卜告矣。时何兵虽去吾乡，一时啸聚者数千人，孤城四面皆敌。六月，何兵陷宁村所及永兴堡，遂悉众攻我城，城外恣为焚毁，相持者三日，极尽攻击之具。城中也竭力堵御，战无不胜，人心益固，凡七日而解围，官兵继至，斩首二百余。余众窜伏，自是不敢复窥我城。第犹然焚掠各处，往往伺官兵之去来为聚散，而本地人尤为肆害。八月，大兵集剿上乡诸处，我乡诸魁首也渐就安抚，道路始通。是役也，始五月十七日，讫八月初十日，严防八十余日，远近避乱我堡者何止万人。正因为有八十余日的旷日战守，敌我双方人财物耗费较巨，故永昌堡有“砻糠退敌”的传说。

从此，永昌堡成为永嘉场远近乡民的避难所，也是战火纷飞年代的一处相对安全的家园港湾。

第七节　祠堂建筑

祠堂历史，最早可追溯至殷商时期，当时同姓者有共同的宗庙，同宗者有共同祖庙，同族者有共同的祢庙。民间祠堂至西汉时才发达起来。《毛传》曰：“春曰祠，夏曰禴，秋曰尝，冬曰烝。”因此祠堂功能一是祀祖先，二是在于重春祭。魏晋时期，社会动荡，民间祠堂发展缓慢，唐朝，主张百官之家庙在宗祠的发展史上有重要意义，但有严格标准，故而民间祠堂寥寥无几。明嘉靖十五年（1536），规定庶民之家可立家庙，祭祖领域里的等级差别缩小，这是家族史上一次革命性变化。英桥王氏八世王澈，嘉靖二十一年（1542），独资千金以义起建宗祠。祠为中堂三楹，旁有二厅，左右廊庑环列，以为会馂之所，可容千人。堂之外为仪门，又外为石坊，题曰“王氏宗祠”。顺治十八年（1661），沿海“迁界”，永嘉场濒海，“旨下移迁，凡遇沿海祠庙屋宇尽被拆除”。英桥王氏“悉徙内地，堡内庐舍为之一空”。王氏宗祠也遭毁坏，九年时间无人光顾，摧毁于岁月中。康熙九年（1670），展界允许归家，先民重建家园，修建祠堂。民国时期，祠堂基本作为新式学堂的校舍。祠堂的功能一是行祠约，二是祭礼，三是祭田。

宗祠又称祠堂、家庙，是祭祀祖宗的场所。永昌堡现保存较好的宗祠有29所，基本属明代建筑风格。英桥王氏宗祠及其大派、楼下派、世大夫祠是永昌堡至今保存比较完整的明清建筑风格的祠堂。宗祠基本以“坐山面海为正局”，确定坐西朝东向，契卜龟之墨，贻翼燕之谋。遵循“左环右抱必有气”的风水定律，表达天人合一理念。

王氏宗祠牌楼

英桥王氏宗祠

坐落在永中街道永昌堡内北门边，上河西岸。

现状保存明代建筑格局。坐西朝东，通面宽40米，通进深71米，二进合院式木构，占地面积约8670平方米。平面布局依次为石质牌楼、前院、仪门、天井、左右厢庑、大堂、围墙等单体建筑。主体建筑为歇山顶，边厅为悬山顶。阴阳合瓦，勾头滴水。

王氏宗祠

石质牌楼，亦称石坊，花岗岩质，四柱三间，中二柱稍高而宽。三间上部前后设双石檐，托石星斗，中间稍高。星斗下为横条石额，中间横额正面浮镌双狮捧球图形，背面浮雕双凤凰花纹，故石坊又名“双凤石牌楼”。狮凤横额上又有横额，其正背均镌“王氏宗祠”四字正书，正面有款，上款：“嘉靖壬寅冬十二月吉日。”下款：“八世孙布政司参议澈立。”

石坊两侧有八间祠宇，前有500平方米大小道坦，两侧临河竖立有旗杆石数对。据载，原有10对，分别为王澈、王名世、王光经、王德、王叔果、王叔杲、王诤、王继明、王玉、王壬而立。仪门七间，落檐式山顶，凤吻四只，置于屋正脊四角上。中悬“奕世簪缨”匾额，原为明人所书，但在“文化大革命”期间被销毁。1982年，由温籍书法家曾耕西先生重书至今。左右厢庑16间，悬山式。天井中有雨道与大堂同宽。大堂三间约250平方米，歇山式，高出左右两厅。两厅为落檐式。凤吻四只，置于屋正脊四角上。大堂三间中有六柱。

王氏宗祠，嘉靖二十一年（1542），由八世王澈独捐资建造于祖墓右侧，至次年落成。中堂三楹，旁有二厅，左右廊庑环列，堂外有仪门、又外有石坊。祀始祖王惠（万十一）、始祖妣陈氏，配以四世王毓（樵云）、四世妣谢氏、七世王钲（溪桥）、七世妣张氏。原便农桥之宗祠后由王诤移建成大派宗祠至今。

嘉靖二十四年（1545），温州出现大饥荒，王澈公在大宗祠施粥赈灾，召饥民就食，每日逾千人，前后共计两月，使数千人存活。

嘉靖四十年（1561）七月，门廊被台风毁坏，嘉靖四十三年（1564）八月，九世王叔果仍于旧址重建。并捐三百亩田为义田，在宗祠中设义学。万历二年（1574），王叔果乞武进薛应旂为记。清顺治十八年（1661），永嘉场沿海“迁界”，宗祠部分毁坏。康熙十六年（1677），大派松房十三世王汉长（云槎）重修。此后至乾隆三十一年（1766）、四十五年（1780）俱有修葺。

嘉庆七年（1802），大派王作宾（守箴）、浃亭、隔浃派云溪等重建宗祠二侧八间祠宇。道光四年（1824），族人王增发、王彪炳、王秀华等，倡议重修，至道光九年（1829）春告成，王壬、王玉曾辑有《宗祠纪事》梓行。

光绪三十年（1904），在宗祠创办崇实学堂，王子萼先生为堂长。民国20年（1931），复修葺。1989年，族人王体标、王国华、王勤生、王福元、王丽生、王永吉等集资2.3万元修复石坊的石檐、石星斗、石兽。1991年秋，右侧厅廊被台风所坏，文物保护小组集资21万元，在文物部门督导下，修旧如旧。1998年，王玉照、王光荣、王达业、王会松、王木增、王丽生、王体标、王国良、王国华、王永森、王思明等人筹建宗祠后西北处的永昌图书馆及文化公园。

1994年5月，永昌中心小学迁出宗祠。1997年11月，浙江省文物局批准在宗祠建立永昌博物馆，温籍书法家蔡心谷先生题额悬于石牌坊上。1999年11月，成立永昌文化中心。

【附录】

永嘉王氏宗祠记

（明）薛应旂

王氏家祠者、故福建参议东厓王公澈所立，以祀乎其先者也。王为温州永嘉巨族，宗祠之立，实自公始。公自谓以义起之，余则谓宗法之废久矣，此举实犹行古之道，匪徒缘情协义而已。余前视学浙中已尝闻之，为表著以风四方，而科举期迫，校士方殷，将俟稍选为之。既乃调遣西归，遂置不复论。迩来二十年余矣，公之冢子西华宪副君叔果，不远千里遣书走币于晋陵山中，属余记之。余正欲因王氏之祠推原宗法之本始，以阐明于人士间，敢以不文辞。

追唯古昔先王，因生以赐姓，因姓以成族，而大宗、小宗之法实自上立之。立宗者所以收族也，于是天下之人莫不有族，天下之族莫不有宗。凡货财所殖，则归于宗人掌之，凡用度所需，则资于宗人给之，是以合族之恩义相属，而族人之贫富适均，举一族而天下之族皆然。先王之世所以揖让而天下治者，率由此道也。迨夫大道既隐，天下为私，宗法废，而同气分为尔汝，族人至不相识。汉文朝号为有道之世，而斗粟尺布之谣，箕帚谇语之说，且播闻于天下矣，他安望哉？唐太宗欲法三代之治，诏高士廉、岑文本集天下谱牒，参考史传作《民族志》，其时宗法之立盖有几焉，而房、杜诸公不能赞而成之。宋儒迭起，讲究宗法至详备矣。然唯立论于师友之间，而未及申明于朝廷之上，岂古法真不可复邪？抑势重难返，有不得不因循者也。故范希文之义田，苏明允之族谱，考亭朱元晦之义学记，莫非宗法之遗意，而竟不能推行于天下，此有志经世者，所以未尝不为之扼腕也。

今东厓公乃于其祖墓之侧建祠，祀其始祖万十一翁，以报本返始，配以四世祖樵云公及始封通政君溪桥公，以崇德报功。祠为中堂三楹，旁有两厅，左右廊庑环列，以为会馂之所，约可容千人。堂之外为仪门，又外为石坊，题曰“王氏宗祠”。费几千金，皆出自公一人，不以烦族众。经始于嘉靖壬寅，至癸卯春落成。祭荐有期，洗腆唯谨，合族长幼示以仪注，申以训辞，衣冠济济，肃雍将事。且著族约，立约正、司讼、司纠，察举淑慝，有不率者遵《族约》以听于祠，一不闵于有司。其诸义田、义塾、家礼、户役咸条理曲当，刻示族人，俾知遵守。于乎！若兹祠者，其关系世风岂不大哉！

余尝溯观古之世家，其宗法之相承者，唯博陵崔氏、江州陈氏、浦江郑氏，并此仅四见焉尔。诚能达之天下，固可几而理也。张子厚慨井田之不行，尝欲买田一方与学者行之，而迄未能举。孰与东厓公之宗祠乃竟成之，使天下之为士大夫者皆若公焉以为民先，则宗法不将遍行于天下矣乎？是祠盖树表立极，殆不止一家一方之庆也。余故记之以复于西华君，西华仲氏阳谷宪副君叔杲，共承祠事，尤锐志于复古，亦谓不可无记。敢请以是勒诸丽牲之碑。

万历二年甲戌春二月。赐进士出身中宪大夫前浙江按察使司提学副使武进薛应旂撰。

褒忠祠、愍忠祠

明嘉靖年间，温州民族英雄王沛、王德叔侄两人，保家卫国，在与倭寇战斗中壮烈牺牲。当时震动了整个京城，故皇帝分别下旨：诰赠王沛为大仆寺寺丞，敕建“褒忠祠”于温州铁井栏兴文里，以祀英魂。诰赠王德为太仆寺少卿，敕建“愍忠祠”于康乐坊。嗣后府城下拨银两设定每年春秋进行祭祖纪念活动。由于时间长久，对两“祠堂”缺乏保护和宣传，任以开发拆除。目前，“两祠堂”文物所剩无几，但“两祠”原址地块仍在。康乐坊愍忠祠原地残缺墙还有，愍忠祠界碑还保留，古井还在，有1926年产权证。现族人多次建议温州市政府，将铁井栏兴文里“褒忠祠”和康乐坊“愍忠祠”合并重建。

王氏大派祠

在永昌堡下河三里便农桥南边，坐西朝东。建于明成化元年（1465）至三年（1467），原为英桥王氏宗祠。后八世祖王澈迁建大宗祠于上河西岸，旧祠遂属长房自足翁派。嘉靖三十九年（1560），八世王诤移建，即今大派祠。占地面积1053平方米，建筑面积662平方米。坐西朝东，两进五厅，两庑两附，土木结构。中堂三楹，左右两侧为枕堂各三楹，再左右两侧为附房各三间。三山式硬山建筑，屋脊头设六个龙头凤尾鸱吻。天井两侧为左右廊庑各四

王氏大派宗祠

间，前仪门，仪门外通道（外坛）至河沿。

中华人民共和国成立后，作为生产队仓库。1988年修建，作为幼儿园、民工子弟学校校舍（今已迁出）。2012年，永昌堡保护修建管理委员会重修此祠。门口有联“三桧恩泽进士世家一魁甲；两晋家声都堂开府左方伯”。该祠2004年被列入龙湾区文物保护点。四至范围：东至新城下河，西至后围墙2米，南至围墙向外2米，北至东城路。

布政使祠（王氏楼下派祠）

又名恪庵公祠。在圣旨门巷4号，东临下河，南临下河板桥浃，西、北面均为民居。于明万历二年（1574）为时任四川按察司副使兼布政司左参议王继明建。中华人民共和国成立后，曾作为粮库。1957年至1982年，作为生产队农具间。1987年归还，族人重修。坐北朝南偏西，占地约290平方米，由门厅、东西厢房、正厅组成合院式。门厅面阔三开间，进深三柱三檩，各间中柱间置隔板并设门；明间缝中柱前置青石质石柱，前带青石质，花草、云纹滚礅；屋面硬山顶，尽间略低，屋脊上饰花草、云纹等纹样，设龙凤脊翘。天井地面混凝土硬化，原中设甬道现剩花岗岩条石边框。东西厢房面阔三开间，明间进深三柱六檩。正厅于1987年重修，均采用木构材料与原有材料修建。门口有“纶宠赐胤圣门第；世膺诰恩历大夫”“派分英桥源流远；祠接中川世泽长”等联。

王氏楼下派祠

王氏世大夫祠

俗称上川祠，位于堡内上仓浃西首，坐北朝南。由邑人王叔果于明万历四年（1576）建。占地面积7999平方米，建筑面积2446平方米，木料结构，二进加厢。是王叔果、王叔杲兄弟的家庙，因其祖父王溪桥、叔父王激和他兄弟俩全家

王氏世大夫祠

三代人皆荣膺大夫，故名世大夫祠。

该祠门台前左右放石狮和蝴蝶状石器，外有围墙。二门上方有明万历钦赐“世大夫”祠匾额，两侧加轩，设东塾和西塾，供子弟念书。天井内西边开凿水井一口，供两岸居民饮食用水，直至20世纪80年代有了自来水后才停用。宗祠天井两侧栽植桫椤树和雪松各两棵。中堂有三楹，上有明万历皇帝圣旨，下有玉音。一联内容是：“是父是子，方有羡于善继；惟忠惟孝，尚无忝乎令名。”二联是清代生员王仲楣先生所写，其内容是：“礼重崇光，祖有德，宗有功，从是本支联百世；父遵合享，教所尊，爱所亲，在庭陟降永千秋。”三联是清代秀才、书法家王荣年先生墨迹，其内容是：“祖孙父子，簪绂相丞，踵誉乌衣，为东瓯第一阀；岁时伏腊，俎豆斯在，贻谋燕翼，启后嗣亿万年。”

此祠在20世纪50年代前曾作粮仓使用，其间1947年至1948年办过超凡农业中学。20世纪50年代后作为粮管所种子收购站，直至1960年由大队（新城村）接管，办过金工车间，或作生产队农具间等，一度损毁严重。1982年，族人王桃山、王桂玉、王寿弟、王焕高、王兆骧、王承忠、王宝姆、王靖友、王寿庚等人发起，成立世大夫祠修复小组，并经多次商议，自筹资金给予修缮。此次修缮还在中堂增设了抗倭纪念堂，将先辈抗倭筑堡历史的功绩陈列于堂内。后族人将驻温海军基地内王东厓墓遗物石虎、石马、石羊等石器，移至永昌堡世大夫祠内保存。温州市人民政府〔1988〕第285号文件将世大夫祠列为市保护文物点。

英桥王氏五派祠（雨金公纪念馆）

位于永昌堡下河东岸，坐北朝南，二进五间，占地面积547平方米，属于明清格局老祠堂。王氏五派祖即讳璩，行平八，字秉哲，号节庵，允一樵云公五子。

该祠始建于明万历年间，由广东按察副使雨金公建［雨金公讳光经，字景致，一字景常，又字雨金，号黄石。明万历三十五年（1607）丁未科登二甲一名进士传胪］。

王氏五派宗祠原有正堂左右廓廛前仪门，历经400多年风雨沧桑，屡建屡塌，屡塌屡建，特别是在“文化大革命”时期，多次遭到严重的破坏，被砖瓦厂、陶瓷厂长期占用。1989年，在有识之士王元喜等人努力下，收回仅剩下的正堂五间并进行重修，而后因道路抬高加宽等原因，宗祠面临坍塌隐患，2014年本宗后裔倡议，发动族人重修宗祠，由王永新、王永标、王益春、王会松、王会林、王会介、王小青等人牵头，共捐资捐物约100万元，在当年农历四月十六日开工，2015年农历十月圆满竣工。门口有一对石狮，上有对联“英桥家风古，分派世泽长”。

现古堡农家书屋设在宗祠内。

英桥王氏六派祠（王梦竹纪念馆）

王梦竹纪念馆

位于永嘉场华盖乡英桥里下六宅地方（永中街道城北村），由英桥王氏五世祖王由（号梦竹）于明时所建。宗祠沿河路而建，坐北朝南，五间二进土木结构，长50米，宽25米，占地面积共计1250平方米，第三进为纪念馆备用房，还有300多平方米。原梦竹公祠为七间三进轩房二旁，宗祠门台楹联“忠良资会合，义契得交孚”由礼部侍郎章纶撰书。该建筑风格古朴独特，被毁于“文化大革命”期间。

1985年，经族人王庆法等多次倡议，将王梦竹纪念馆全面恢复原貌，组建梦竹公纪念馆管理委员会，由王璋、王庆法、王靖银、王庆元、王忠义、王忠玉、王国仁、王培标、王靖弟、王靖杰、王靖桂、王成银、王达业、王会银、王靖聪、王步云、王飞云、王光荣、王忠龙、王忠斌、王培楷、王会春、王庆福等人组成，2015年春开工建造，次年正月初八落成。王岩雄、王岩豪、王庆林等族内弟兄共集资200多万元。

新建王梦竹纪念馆整体结构为飞檐、斗拱、殿柱、龙凤脊，青砖、黛瓦、粉墙、大红门，为三进五间二旁轩廊，馆前立有旗杆夹两对，旗名“文令郎”“将士佐郎”，与石狮子一对。纪念馆古朴、典雅、大气，第一进跨大门龙槛，内外2.8米深，有青砖镶嵌地面，入内为天井，左右栽有名树罗汉松两株，各色盆景整齐摆放，馆内春色盎然。正堂内陈列祖宗遗像、文史资料及王氏六派历代名人录等，前厅和大厅内挂有匾额23个，楹联共22对，正殿两旁依次装有32幅红木框屏条，详细介绍了族内历代名人事迹。

王氏隔浃派祠

坐落在永昌堡北门内上渠西岸，坐西朝东，二进五间翼以两轩，占地面积556平方米。

相传二世祖肃六公祠建于明，500年来历经风雨沧桑，几番圮塌几次重修，才得以保留至今。门口“清华世胄”的匾额显示历史荣光。祠内有“槐堂世德，德业并山河，俎豆馨香传四海；珠树家珍，珍名昭日月，烝尝礼祀颂千秋”等联。

该宗祠自民国以来，一直作为小学校舍，收归宗族后，曾予以重修。1997年，由王会松、王丽生、王明迪、王良生等人，捐资修建了一进仪门。2008年，族人王会松、王丽生、王明迪、王良生、王则贵、王则松、王森弟、王志顺、王建龙、王逊前、王彻丰、王建松等人又组织重修宗祠。由文管会出资修建二进正堂。

海南公祠遗址

海南公祠，原为英桥王氏楼下派三世祖乐静公祠旧址，遭海倭烧毁。后为八世祖海南公讳瀼祠［档案材料：民国25年（1936）11月测图中编号3331为海南公宅祠］，于明嘉靖年间所兴建。公祠原二进五间两侧轩房各三间，道坦石板铺设，前有风水井池，池屏上镌鲤鱼映太阳纹饰，占地600平方米。1949年后，改为红旗大队畜牧场。现仅存仓坦石板坛及下沙河5米宽埠头。后人曾立碑记事。

大派桥头（街边）二房小宗

二房小宗

英桥王氏大派桥头二房八世祖履素公祠，别称汤圆祠堂。

祠堂始建于明嘉靖年间，历史上多次重修重建。1958年后，作为红旗大队第十四生产队农具间，直至1984年才回归房族。因长年失修，塌倒严重。2014年，王氏后裔王忠益、王福崇、王明亮、王忠良、王福明、王伟、王靖来、王靖善、王振旺、王靖平、王会玉、王靖忠、王靖亮、王迪等宗亲纷纷捐款，修建小宗祠。2016年竣工落成。

该宗祠位于永昌堡新城街37号，坐东朝西，基本按明代砖木结构修筑。三间二进，左右厢轩各三间，占地面积222平方米，前进左右天井植罗汉松各一棵，道坦前旗杆夹二对。祠内有“青箱世胄”“世泽绵长”“锡兹祉福”等匾额，并附有楹联：“祠临河侧源流远，派衍街边世泽长。”“瑞气拥祠楹，睦族崇文承统绪；晴雯环杰地，克家绳武衍玉礽。”“半耕半读，传家节操松竹梅；惟义惟忠，报国勋功山海月。”“祖宗积庆，鸿图先泽深且远；俎豆增光，燕翼后嗣绵又长。”“敬亲重孝悌，常怀德行忠信；睦族贵和谐，当思礼义谦恭。”

公行福十三，讳济，字崇仁，号履素。为诚七公、居易府君讳鏑次子，娶邵氏，生子男三女一，长子玉山公讳根，字国茂，行庆四；次子竹泉公讳榫，字国器，行庆九；三子见川公讳槭，字国基，庆二十一。分别称松竹梅三房。

王氏楼下派贤房小宗

位于永昌堡外城南茶缸巷，坐北朝南，二进中堂五间，前进五间加三间轩房，总面积700余平方米。具有明代宗祠风格，宗祠大门前立旗杆夹一对，花坛树木相伴，环境幽雅。中堂挂有贤房四世祖凝云公、两山公、抗倭女英烈等容图，并有“经魁”“电学泰斗”“戏曲宗师”等匾额。祠内有楹联：“继祖宗一脉真传，克勤克俭；教子孙两条正路，惟耕惟读”“耕耘教坛六十年，电机之父乐育英才；栽培桃李三千树，麟凤之风为人师表”“雪蕉斋父子诗语，知民疾苦，笔底波澜；玉轮轩宗师剧著，名伶争唱，戏中灵魂”等。

贤房小宗原为纪念四世祖凝云公所建，原老址于新城西门外。清嘉庆年间，七世祖两山公将小宗迁移到城南茶缸巷新址重建。建成后，裔孙为纪念两山公起名为“两山公祠”。中华人民共和国成立后，此祠无人管理，长期失修，严重破落。至2003年由贤房裔孙众族发起在老址重建。

衙前王氏小宗

衙前村下门台楼下派老三房二房小宗始建于衙前复建时期，为十三世祖祠位尚飨，位于衙前城墙外东南角，占地总面积8699平方米，二进庭院式，祠堂大门上匾字为“王氏小宗”，进入为道坦，左右各二间厢房，后五间正厅，1997年拆除。

北新英桥王氏五派小宗

坐落在海滨街道北新村王宅。现状坐北朝南，五间二轩，砖木结构。占地亩余，建筑面积约150平方米。始建时间不详。新中国成立初办过小学，后为生产队仓库。系英桥王氏五派分支。至今居北新村有160余户、约600人。

烟台村元帅庙

元帅庙

位在烟台村，始建于清初，1994年3月重修，占地面积294平方米，建筑面积420平方米，农历十月十七日为庙会。

主祭神王沛。明嘉靖年间倭寇猖獗，二都英桥（今永昌堡）人王沛、王德叔侄组织义兵抗倭，转战八年，永嘉场号称“长城”。1558年农历四月初六“王氏义师”奔赴梅头，途经四甲烟墩时王沛驻马称赞“烽火示警，甚起作用”。梅头之役王氏义师中伏，王沛与多人为国捐躯。四甲民众在烟墩下建庙纪念。

明嘉靖御赐王沛敕命

南桥王氏小宗

坐落在永兴街道沙园村康宁路6号花园内，与马、朱两姓宗祠合建，坐北首。据传，原有五房五宗祠，后俱毁无存。

2007年，族人王春生、王德璋、王学成、王启明、王德智、王文良、王公银7人组成重建宗祠筹建组，集资170万元，经村委会允复，与马、朱二姓商定，合建三姓祠堂。坐西朝东，二层五间，钢混结构。占地面积648平方米。

南桥王氏，为英桥王氏后裔分支。今有1700余人。

塘下王氏小宗

位于永兴街道下垟街799号民宅门牌东向。2012年重建。坐北朝南，二进五间，东西两轩各五间，两层钢混结构。占地面积1500平方米，建筑面积1420平方米。

始建于明万历间。原名王氏小宗，二进五间，东西两轩三间，砖木结构，占地面积680平方米，建筑面积460平方米。清初沿海“迁界”，祠被毁。“展界”后至康熙四十六年（1707），族人王幼书、王幼孝倡议在旧址重建宗祠。祠为砖木结构，占地面积750平方米，建筑面积4500平方米。道光三十年（1850），宗祠因年久毁圮。次年，族人王银福、王加耀等牵头集资重建。

建成后面积稍小。光绪元年（1875），于宗祠中创办私塾、习武班。1959年“人民公社化”时期，宗祠改为永兴十二连队集体食堂的粮食仓库。后又拆除东轩四间，改为生产队六个牛棚，其余改为生产队农具室。1968年，西轩四间拆除并轩外空地为村红糖加工厂。次年，拆除前进改建为一幢两层小塘小学，设四个教室。1986年8月，拆除后进全部建筑，改建成一幢两层教学楼，设五个教室一个办公室，将前进教学楼学生移入。至1994年学校并入永兴二小。1995年，族人出租原教学楼。至2009年积累66万元租金。2010年，成立宗祠重建委员会，集资300多万元，于2012年7月开工，至2013年8月建成。总负责王学铭，委员王竹巧、王士姆、王学者、王竹尧，会计王学年、出纳王岩仁。改建小学为宗祠。

塘下王氏，为英桥王氏四派后裔分支。传至明万历间，有30余户约100人。中华人民共和国成立初有93户402人。

度山王氏小宗

坐落在永中街道度山村。2004年重建。五间一进，占地面积约500平方米，无厢间庑廊，周有围墙，老祠堂格局。

始建于民国初，由二十世王钦贤、二十一世王培林为首事创建。中华人民共和国成立后至“文化大革命”期间，几近废圮。2004年，二十二世王松为首事，同王文清、王顺治、王治森、王治升、王治亮、王力生、王治寿等协理重建。

源自英桥王氏楼下派大派圣房分支。据传，度山王氏宗祠实为太婆朱氏而建。此宗至今有30多户130人。

王氏大派老四房上陈小宗

位于瑶溪街道环一村王宅自然村村后东首，金锁桥西首河边。1994年重建。坐北朝南，五间二进加左右厢房。占地面积约600平方米，建筑面积约380平方米。今出租为工场。

始建于清乾隆年间，原五间。中华人民共和国成立后，“人民公社化”时，被生产队占用，因多年失修，几近废圮。1994年，族人倡议重修，合族赞同。议定族人人均50元，每户100元和自愿乐助相结合的集资办法，共集资50多万元，在原址上重建。重建成员有族人王庆池，总首事王国云，理事王银浩、王宝畴、王益林、王加银等人。

始祖王维德，英桥王氏大派老四房第十四世，明万历年间迁居四都上陈垟中坦（今环一中路蔡宅地方），至十五世分为四房，遂向北迁移（今环一北路王宅地方）。至今已传至二十七世，800多人。2014年修谱。

莺芳王氏小宗

坐落在永兴街道莺芳村王宅巷东侧。又称栖云公祠。坐西朝东，二进五间，中堂略宽，约4.5米；两侧轩廊各5间，占地面积620平方米，建筑面积约400平方米。今已拆除，保留原址。

该祠始建于明万历初，由南京兵科给事中九世祖王良心筹建。英桥王氏称之为“楼下派衙前三房小宗”，匾额书“栖云公祠”。民国34年（1945），根据中共浙南特委指示，恢复永强中共党组织，在这宗祠里设“永强区交通联络站”，建立中共永强中心支部，王林芳为书记。恢复永兴党组织，由叶天九任书记，张崇岳任组织委员。以张如玉当时在祠堂创办的“联华油漆工场”为掩护，自民国34年至中华人民共和国成立期间，中国共产党地下组织经常在宗祠召开秘密会议，部署革命工作，指挥全区对敌斗争，宗祠是“永兴革命根据地”旧址。

王氏大派双岙五房小宗

位于永中街道双岙村，后靠大罗山，南临安仁寺。1995年重建。坐西朝东，三间，钢混结构。大堂对联：“宗传英桥子孝孙贤家声古，祠分双岙山高潭深世泽长。”前有道坦，四周围墙，北侧有门台。占地面积约200平方米，建筑面积约100平方米。

始建时间不详。中华人民共和国成立后，宗祠于“文化大革命”期间遭毁坏。1995年，族人筹资5万元，历时3个月于原基重建。首事有王志钦、王文斌等人。

始祖王洵，字崇智，号南窗，英桥王氏大派八世，五子。例授德王府典膳。明中期分居双岙，为双岙王氏五房祖。今居双岙有约30户120人。

英桥王氏茶山小宗

坐落在茶山街道后村延寿寺附近西面，坐北朝南，东北向主山与青龙由大罗山环抱，南望茶山门前山山尖之顶为案，气势雄伟，西向笔架山白虎潜伏，卧龙溪源远流长，由东向西过案。为兴隆生旺之风水宝地。宗祠五间歇山顶式之古式建筑，正堂及左右两廊，四合院式中有天井，前有庭院，院前有古式的石门台，门台楹联为族裔王兆龙撰，温籍书法家温奕辉书丹：“龙冈永应源流远，凤里分派世泽长。”

庭院左右围墙院中植罗汉松和桧树二株，前门立二石狮，围墙边各立“英桥王氏茶山分派建祠碑志”“建祠集资人款项账目碑”，正堂立“三槐堂”匾额，头门正堂及两廊栋柱楹联皆温奕辉选辑，由世裔孙王学钊所书。祖像皆彩绘，壁画彩绘历史故事人物。正座宗祠布置有方，合于古人营造法度，外观肃穆，气势雄伟，当时是由族裔王加松设计。门前路南有龙冈井，井上石碑刻：“源出龙冈远，三槐世泽长。凤里族兴旺，子孙世代昌。”井南上植槐树三株以象征三槐堂之典故。

因“迁界”事，茶山各房由永昌堡迁居在外乡，得到安居乐业，故此未归故乡，至今已300余年。因王氏大宗在永昌堡，清明祭祖长辈行走不便，故此在民国初年族中长辈曾发起建立宗祠的倡议，后因抗日战争爆发，未能实现，一直到1998年宗祠才开始集资筹建，至1999年清明竣工。其祠名为“英桥王氏茶山宗祠”。宗祠里供奉第一世万十一公为共同始祖，为王氏大派各房和隔浃派等房共同祭祖的宗祠。

英桥王氏分派谱于1999年修订付梓，宗谱依永强二都英桥王氏辈行第一世至四十四世次序排立，按照原英桥王氏世系修谱。族长公为十八世王茂钊公偕洪明、焕第、会祥等长辈及加隆、加琪、益贵、阿碎等负责，宗谱为平阳潘文堂梓辑。宗祠由族人加隆、加琪、玉青、国民、国全、阿碎、忠蕃、王忠、靖池、靖逸、靖坤、靖策、靖乐、学则、靖生、新民、加柳、跃龙、加芳等人，组成宗祠管理组织负责日常。

鳌江王氏小宗

平阳、鳌江、西桥、金钗河王氏系英桥王氏（楼下派贤望）后裔，先后从永昌堡迁徙到平邑、鳌江、金钗河居住，繁衍生息，枝繁叶茂。祠堂坐落鳌江镇塘沽南路27号，始建于清道光年间。王氏祠堂主体建筑为五间平房和若干间偏厢，大门入处有门台间、甬道、左右道坦，后有偏厢和空地，四周筑墙以围之，占地面积465.28平方米（档案局原地号1523号，新编地号4423号）。

1937年11月，中共平阳县委和鳌江地下党组织领导的平阳青年抗日救亡团在鳌江镇王家祠堂成立。中华人民共和国成立初期，祠堂由鳌江镇政府、镇工会、文化站使用，并于20世纪60年代拆毁王氏祠堂门台、一间平房和偏厢进行改建。1993年6月1日，县总工会将王氏宗祠变卖给平阳县职工基金会。2017年，平阳县职工基金会将产业拍卖给私人，受让人将原有祠堂拆除建成私房。至今王氏族人多次要求恢复宗祠，未果。

苍南矾山牛尾垟王氏小宗

坐落于苍南矾山牛尾垟村。英桥王氏大派第三房十六世国庆公、七派十四世迁闽始祖兆霖公、楼下派十四世迁福鼎祖朝茂公、楼下派十五世迁桐山祖世武公等祠。

渔岙王氏小宗

明嘉靖年间，英桥王氏四派八世祖弥公及后人迁居平阳渔岙，并修建祠堂。民国时期，渔岙王氏宗祠曾被作为学校使用。据介绍，均瑶集团总裁王均豪的祖父曾出任这所学校的第一任校长。1949年后，祠堂继续作为村里小学教育的场所。1980年渔岙小学从渔岙王氏宗祠搬迁出，400多年的王氏祠堂终因年久失修成为危房，空置15年。1990年，渔岙小学的第二任校长王均来发起重建王氏宗祠。

宗祠重建工程从1995年开始，历时两年完工，王均来为首事。1985年春始，渔岙王氏后裔到平阳、瑞安、永嘉、乐清、福鼎、温州等地寻根问祖，在永昌堡英桥王氏第十届修谱委员会的协助下，1999年将渔岙王氏修接在英桥王氏大宗四派（房）珙公名下而圆谱。

新建的渔岙王氏宗祠坐落在平阳渔岙村。为一进四合院，格局方正，肃穆庄严。正厅匾额重重，楹联密布。其中一副楹联为全国政协委员、均瑶集团创始人王均瑶所赠，楹联上书“前孝子后忠臣家风不堕落，兄玉昆弟金友世德相继承”。在祠堂的正厅中，还悬挂着诸多传承家风的楹联。

值得一提的是，在永昌堡建成的同期，与永昌堡相距100千米的苍南县大渔镇渔岙村也筑建起另一座抗倭名堡——龟峰堡。记录建堡这段历史的《王公建堡去思碑记》，如今正保存在渔岙王氏宗祠中。民国《平阳县志》载有《王公建堡去思碑记》一文。据史料记载，1559年龟峰巡检司巡检王公在渔岙修建城堡抗击倭寇。城堡呈方形，周长约1500米。现在古城墙仍在，东城门完好无损，明代抗倭的烽火台仍在。

山西岙王氏小宗

山西岙王氏小宗

坐落在状元街道山西岙村。坐北朝南，两进，四合院式单层建筑，占地1533.18平方米。基本格局保存清代建筑风格，较为古朴。

该祠始建于明隆庆年间，清同治年间重建。民国27年（1938），国民党军队曾驻扎祠中，并把祠前道坦作为操练场地。民国后期至中华人民共和国成立初，在宗祠内办过学校。中华人民共和国成立后合作化时，戏台与木门被生产队拆去建仓库，并作为农具间。2001年重建，2003年竣工。

始祖王炼，字九纯，号晚春，英桥王氏大派七世。正德间自英桥迁居。

遗存明祠堂记两件，内一件为王诤所撰。王诤等墓碑五件，移自王诤墓中。神道坊额“皇明中宪大夫都察院右佥都御史竹岩王公神道”一件，原在温州市府前街大士门三牌坊，“文化大革命”期间拆除，由十七世永昌倡议族人用木船运回，今嵌在门首。门前今存石狮子、上马石、旗杆夹各一对，俱为旧物。道坦存碑座一件，原上有碑，民国间国民党军驻此操练，迁移祠旁时，不慎损碎，碑已不存。存光绪二十三年（1897）十九世纪龙抄本《英桥王氏大派老六房迁居山西宗谱》一卷。

【附录】

赠大理少卿王公祠堂记

（明）王　诤

人之生也，其有所自，夫苟思其所自，而重念夫生育之恩，则立庙貌以展孝思，自有不容己者。蠢动如鸟兽，且知反哺跪乳，而况于人之灵欤！先王缘人情而为礼，故诸侯大夫皆得立庙。及秦荡灭典礼，天子外无敢擅立者。汉唐以还渐复庙制，然公卿贵人类多得为而不为。唐王珪身既通贵，不营私庙，为执法所纠，太宗命有司为营构以愧之。宋世诸臣专殖第产，四时祖祀祭于寝室，下同庶人，致廑仁宗之诘问。夫通贵者得为不为，而庶人又不得为，则何以展宿露之情耶？宋时子朱子避宗庙之名，创为祠堂，达于上下，可考而行也。

余王氏世居永嘉二都，合族既有大宗祠及各小宗祠矣。自先大夫晚春翁，刚正自树，徙居五都丁家岙，由贡授诸城训导、竹山教谕、松江南雄二府教授，在仕途几二十年，乃乞休优游林下十五六年，享寿八十二；先母邵氏享寿八十，相继考终正寝。诤为御史及居大理时，三遇覃恩，先父赙赠大理寺右少卿，先母历赠太恭人，□□官阶制宜有□，□身羁京国未遑也，幸不为执法所纠，独不愧于心乎！既由大理左少卿升都察院都御史巡抚贵州，得转道展墓，乃由九侄辈议，建祠堂五楹，前建槽门三楹。至贵州总兵官讨叛□事，诤自奉旨回籍□调，又于祠东西建廊房各三楹。凡木石等诸费诤自任之。而匠役工食则二兄及长房侄忠臣、三房侄思臣分任之。

祠中楹为五龛，奉祖考妣、先考妣及诸兄嫂神主，俟□庵翁亲尽当祧，则奉先考妣居中，不祧始列也，吾兄弟分列左右。自余四房分子若孙则各占两廊一楹，以藏主修祀，余两楹以贮祭器。时祭止于五龛主，岁除则合两廊主同祭焉，此吾臆见也。后世子孙明典礼者，其详议而酌行之，要之恭敬者所以交神也，精洁者所以冀飨也，和协者所以萃涣也，俭约者所以图永也，孝子顺孙必能从事斯语矣。

万历元年秋。都察院佥都御史巡抚贵州等处提督军务前大理寺左少卿王诤撰。

【附表】

英桥王氏各祠堂分布一览表

表1–1

名 称	面积（平方米）	坐落地	备 注
英桥王氏宗祠	8670	永昌堡北门	永嘉王氏宗祠
王氏大派祠	1053	永昌堡下河	自足翁祠、城东祠
世大夫祠	2446	上仓浃北	王氏四派祠
楼下派祠（布政使祠）	290	永昌堡下河板桥浃北	恪庵公祠
浃隔派祠堂	556	永昌堡北门	肃六公祠
王氏五派祠	547	永昌堡下河东岸	雨金公纪念馆
王氏大派老三房小宗	265	永昌堡上河三房浃前	止庵公祠
王氏大派桥头二房小宗	222	新城街三十七号	履素公祠
王氏大派老四房七房小宗	686	永昌小学前东南角	
楼下派圣门三房小宗	100	永昌堡下河圣门浃南汇头	
王氏大派西门六房小宗	134	永昌堡西门浃底南首	朴素公祠
王氏大派西垟二房小宗		永昌堡北门	现为幼儿园
王氏二派小宗	120	南门上水门	平二公祠
王氏大派老四房四房小宗	319	城南南门外茶缸巷2号	
王氏六派祠	1250	城北下六宅路15号	梦竹公祠
王氏六派大房小宗	85	城北下六宅路十六弄	
王氏六派衙前下三房小宗		城北新路	时来公祠
英桥王氏永嘉菇溪小宗	550	永嘉桥头镇谷联村谷联公园	四派光遇公祠、大派锡甸公祠
英桥王氏大派竹房西洲小宗	130	鹿城区西洲岛下村	南灯公祠
英桥王氏茶山王氏小宗	932	瓯海茶山街道延寿路	
王氏楼下派衙前三房祠堂	420	永兴街道康三村	栖云公祠
王氏楼下派衙前三房祠堂	260	永兴街道康三村	王量公祠
四派塘下小宗	1420	永兴街道小塘村	八世祖东野公祠
南桥王氏祠堂	648	永兴街道康一村	与马、朱二姓合建祠堂
海滨北新村王氏五派小宗	150	海滨北新村	
度山村王氏小宗	500	永中度山村	
王氏大派双岙五房小宗	200	永中安仁寺左旁	南窗公祠
王氏大派老六房山西岙王氏小宗	1533	状元山西岙	晚春公祠
英桥王氏大派庙上四房小宗	—	城南街6~8号	源泉公祠，已毁
英桥王氏大派东岸四房小宗	—	下河东岸（环海东路）南首	耕乐公祠，清“迁界”后被毁
英桥王氏大派底三房小宗	—	现老四房七房小宗西	
英桥王氏楼下派衙前三房小宗	—	衙前街永强大道西纪元楼	十三世祖祠。已毁
英桥王氏大派老六房小宗	—	下水门南老四房祠后	已毁
王氏楼下派圣旨门房小宗	—	通市门外英桥街2号	继明公祠。已毁
王氏大派竹房五房小宗	—	铁店巷	现留有后进部分
英桥王氏七派祠堂	—	永兴街道康一下垟街37号	已毁

续表1-1

名 称	面积（平方米）	坐落地	备 注
王氏五派二房小宗	—	瓯海潘桥彭岙村	已毁
王氏大派二房松房小宗	—	大宗祠前左四间	秋泉、朴轩、云槎三公祠
王氏大派老四房四房小宗	270	瑶溪街道环一村（上陈）金锁桥西首	维德公祠
苍南矾山牛尾垟王氏小宗（大派、七派、楼下派合祠）	1100	苍南矾山牛尾垟村	国庆公、兆霖公、朝茂公、世武公祠
王氏六派小宗	999.9	新路城中街朝南	应龙公祠。已毁，现在仅有部分道坦
王氏六派小宗	3999.6	新路城中街朝东	斗岳公祠。已毁
王氏六派大岙溪小宗	90	大岙溪诸宅路	
王氏大派老五房石坦小宗	300	状元石坦	
王氏楼下派贤房小宗	700	永昌堡南门外茶缸巷	凝云公祠

第八节 故居民宅

永昌堡最繁华的街市是新城街，因位于永昌堡（民间称新城）而得名。新城街南起迎川城门，北至通市城门，全街长738米，宽5米。自南至北有巡检司巷、铁店巷、文士巷、大厅巷、御史巷、贤房巷、圣旨门巷、东乐巷、上水门巷、四宅巷、状元里、西门浃、洞桥底、上仓巷、梯桥巷等。原为青砖路面，1984年翻修为混凝土路面，现改为石板路面。街西为中路河（上河），河上筑有七座古桥和一座新建右昌桥。永昌堡作为龙湾历史的重要坐标，所保留18幢明清时期的民居，其古色古香的建筑风格衬托出城堡的历史神韵，是永昌堡深厚历史文化的重要构成部分。

古民居大多是封闭式院落，在中轴线上建有门厅、前厅、大厅，在中轴线两侧设置客厅、书房，中间设置照壁花坛、天井、水池，各自构成幽静的庭院。

新城里巷

新城街，南北走向，宽5.8米，长767米。古井一口，有老人亭，桥头二房小宗，花园门台，坤德宫。店铺有理发、副食品、弹棉、古玩、餐饮、旗袍、摄影、中草药、诊所、水果、裁缝等。居住人口300多人，为英桥王氏聚居地。另有孙姓4户，叶姓1

新城里巷

民居街景

户，徐姓3户，李姓1户。

环海东路，东西走向，宽8米。环海西路宽7.23米。大派老三房小宗，原有状元牌坊，建环海路时已毁。店铺有古玩、石头、珠宝、副食品、饮食小吃、早餐点心、糕点、灯具、装饰、占卜、理发、酒店、电器修理、榨油、药店等。为英桥王氏聚居地。另有姜姓1户，李姓3户，陈姓1户，张姓3户，孙姓2户。

进财路，宽4.6米，长767米。田园，仓坦，五派祠堂。居住人口40多人。为英桥王氏聚居地。另有周姓1户，金姓1户。

上水门（路），宽3.25米，长140米。二派祠堂。居住人口80多人，为英桥王氏聚居地。另有黄姓1户，孙姓1户，沈姓1户。

四宅浃（路），宽4.66米，长120米。7—8号为王光蕴故居，14号为大派老六房古民居。居住人口100多人，为英桥王氏聚居地。另有姜姓1户。

状元里，宽3.7米，长150米。1号为王德故居，18号为状元第。居住人口200多人，为英桥王氏聚居地。另有李姓1户。

西门里，宽3.23米，长350米。大派西门六房小宗，1号为青石门台王冠士故居，51号为王福郎故居。居住人口500多人，为英桥王氏聚居地。另有沈姓1户，张姓3户，周姓3户，黄姓1户。

昌桥巷，宽3.67米，长90米。村委会所在地。居住人口100多人，为英桥王氏聚居地。另有周姓1户，徐姓1户，施姓1户，张姓2户，罗姓1户。

洞桥底（路），宽1.33米，长370米。王叔果和王叔杲故居已毁，现留2对石鼓和部分石阶。40号为右司马第。居住人口500多人，为英桥王氏聚居地。另有李姓3户，邵姓1户，冯姓1户，杨姓1户，陈姓1户，朱姓1户，项姓1户。

上仓巷，宽2.86米，长160米。有世大夫祠，1号为古民居，22、23号为王绍志故居，上仓坦。居住人口200多人，为英桥王氏聚居地。另有章姓3户，杨姓1户，姜姓1户，罗姓2户，童姓1户。

梯桥巷，宽1.95米，长145米。居住人口100多人，为英桥王氏聚居地。另有周姓1户，孙姓1户。

巡检司巷，宽1.78米，长240米。明代曾驻巡检司。居住人口200多人，为英桥王氏聚居地。

另有陈姓3户。

铁店巷，宽2.5米，长200米。大派竹房五房小宗。居住人口200多人，英桥王氏聚居地。另有郑姓2户，章姓1户。

文士巷，宽1.67米，长210米。王显耀故居坐落于该巷6号。居住人口100多人，为英桥王氏聚居地。另有季姓1户，张姓2户。

大厅巷，宽3.4米，长220米。居住人口100多人，为英桥王氏聚居地。另有项姓3户，潘姓1户。

东城路，宽2.3米，长365米。13号为古民居，东门池一个。居住人口300多人，为英桥王氏聚居地。另有张姓8户，郑姓4户，李姓2户，陈姓2户。

御史巷，宽3.51米，长130米。该巷1号为都堂第，即王诤故居。8、9号为王玄烒（元烒）故居，晚清时发生火灾，现留老门台、部分石阶。10号为王开弟故居，12号为王如珪故居。居住人口200多人，为英桥王氏聚居地。另有周姓2户，徐姓1户，叶姓2户，项姓1户。

贤望巷，宽2.72米，长90米。有3号古民居，古井一口。居住人口100多人，为英桥王氏聚居地。另有金姓3户，徐姓1户。

圣旨门巷，宽2.48米，长220米。楼下派祠，圣门三房小宗，圣门池一个，3号为古民居。居住人口200多人，为英桥王氏聚居地。另有张姓1户，金姓1户。

花园巷，宽2.27米，长110米。古井一口，部分石墙。居住人口90多人，为英桥王氏聚居地。另有李姓1户，胡姓1户。

东乐巷，宽3.2米，长180米。有老榕树一棵。居住人口200多人，为英桥王氏聚居地。

下水门（路），宽3.65米，长255米。居住人口90多人，为英桥王氏聚居地。

环海东路南路，宽5.5米，长80米。居住人口80多人，为英桥王氏聚居地。另有施姓1户，林姓1户。

仓坦，宽4.2米，长210米。仓坦、楼下派南海公祠已毁，现立碑一块。居住人口200多人，为英桥王氏聚居地。另有张姓2户。

圣旨门下河（路），宽3.55米，长190米。有大派老四房七房小宗，永昌第一小学。居住人口80多人，为英桥王氏聚居地。另有邵姓2户。

英桥始祖故居

位于城北村英桥街。现房屋结构已有很大的改变，故居旧门台、中堂、东正间、二间七间、东厢房保持原状。

据传，当时英家是一户富裕人家，以经商为主，耕作为辅，经营十多条商船。英家在城北环城河上建造了石桥，桥名为英桥，所以这片地方叫英桥里。元至正元年（1341），英家商船被海盗方国珍劫尽，人丁被杀害。英家从此衰败。居住在英家比邻的万十一公二子仕朋公一家日益兴旺，于是向英家购得被海盗烧毁的废墟，在旧址上重建新屋。这座故居曾是仕朋公子孙所居住。明代英桥王氏七世祖久旸公、八世祖警斋公等人先后住过。故居曾遭倭寇烧毁，尤其是清顺治八年奉檄内迁，屋舍洗劫一空，后幸得十三世祖龙川公修葺保留。十八世祖平阳实业家理孚公，为修民国甲申宗谱事，曾在始祖故居住宿数月，享受祖宅风光。现只留故居门台，宅院建筑已做很大改变，喜健在的本故居主人二十世王会松先生，不遗余力维护祖宅完整，并精心制作“始祖故居”模型，以争取早日恢复原貌。始祖故居已被列入龙湾区文物保护点。

右司马第（王叔杲故居）

王叔杲故居

在上河洞桥底40号，东临上河。始建于明万历四年（1576），是嘉靖进士湖广按察司佥事王叔杲故居。建筑坐西北朝东南，为二进两厢合院式，占地约2168平方米，由门台、前厅、正厅、厢房及围墙组成。门台原为三楼清水砖砌台门，现三楼屋面不存，地面花岗岩台阶保存完整，两侧青砖墙体呈八字形，现破损。第一进院落铺地已被改造，只留花岗岩条石甬道，两侧院墙严重破损，部分被新建筑取代。前厅原面阔七间，现存中间三间，其余改建。明间进深七柱十三檩，中柱落地，前后分心，抬梁穿斗混合结构。厢房被改建。第二进院落条石铺地基本完整。院内厢房前有砖砌照壁墙，砖细花纹，现部分墙体损毁。北侧厢房保留完整，面阔三开间，明间抬梁式月梁作法，次间直梁草架，前廊木门窗已被改建，门窗上坎尚存。南厢房在20世纪七八十年代翻建成三层砖混结构住宅。正厅原为七开间，现存五间，明间左侧大木梁架保存完好，抬梁式，次间以下梁架均被改动，梁架砌入新建楼房山墙内，屋面尚好，小木作装修和地面保留完整，应为后世修补。后花园两侧厢房原为三开间两层走马楼，一层为酒库，二层为书房，现均已被改建。浙江大学代校长王国松曾在此屋居住。

都堂第（王诤故居）

坐落在下河西岸御史巷1号。为明嘉靖年间都察院佥事都御史王诤故居，始建于1570年。主

都堂第

体建筑坐北朝南偏西，平面布局呈纵长方形，山顶屋面，三进院落七开间，后有花园，整座宅第由石砌围墙封闭，南北长54米，东西阔34米，总占地面积约1850平方米。门台为砖砌三楼台门式，砌法为无眠空斗式，外墙贴面磨砖对缝做工考究，檐部砖仿木雕刻精致，屋面铺黑筒瓦施勾头滴水。第一进院落由花岗岩条石铺就，居中铺甬道往前厅，院墙内有精美的砖雕面对前厅，东侧围墙内壁砖砌照壁。第一进前厅原为七开间，抬梁穿斗混合结构，明间进深七柱十二檩，西侧自稍间起曾被改建为四层砖混结构，现已复原。第二进院落花岗岩条石铺地完好，居中设甬道，东西两侧砌女儿墙立于厢房正面。第二进正屋为七开间进深七柱十三檩，明次间梁架结构和形式同前厅相仿。东侧稍间外为民国时期建造的砖木结构两层楼房。东西厢房面阔三开间，进深七架前廊式。第三进主体建筑已不存，东厢房残存三开间，后花园位置上为20世纪80年代修建的两层砖混住宅。建筑的中轴线上的厅堂和院落作为住宅的公共空间，主要用于接待宾客，举行祭祖仪式、婚庆典礼等活动。

都堂第是典型的明清东南沿海水乡人家布局，其周边三侧临水，以水路为主要交通途径，建筑整体保存较好，基本保持原有规模，是堡内少有的保存完整的大型宅第。1958年，曾作为敬老院。2002年9月，欧盟和温州市共同实施了“亚洲城市项目——永昌堡都堂第古迹修复项目”，2004年11月主体结构修复完成，通过了“亚洲城市项目”终期评估。都堂第陈列布展完成，有10个展厅，主要通过图文介绍王诤个人生平，善政廉政事迹，文学书法成就，以及存世遗迹等。同时也有几个展厅介绍王诤父亲及家族历史内容。

王诤（1508—1581），字子孝，号竹岩。明嘉靖二十九年（1550）进士，先后担任过溧阳知县、山东道监察御史、大理寺左少卿、都察院右佥都御史等职务。著有《大学衍义通略》等。

状元第（王名世故居）

状元第

始建于明万历二十六年（1598），是万历年间武状元王名世故居。清顺治十八年（1661）"迁界"时毁坏，清乾隆二十九年（1764）大派松房十六世王培贵以仿明建筑重建。温州知府胡腾蛟特赠18字长联一副："天马南腾，忆当年骥足扬镳，射第直魁升进士；罗山西峙，恰此地金星居兑，兴文重振旧家声。"建筑布局二进二厢合院式，占地面积约2092平方米。坐北朝南，沿中轴线排列，依次为水池、门台、前厢房、前厅、后厢房、正屋、后院，主体建筑结构完整。是堡内保存较好的院落建筑之一。水池呈椭圆形，现四周设有青石栏杆。门台三间三山式山顶砖砌仿木牌楼，地面台阶完整，大门已毁，檐部砖雕精细，略有毁坏，屋脊兽吻已毁，瓦件不全。两侧墙垣呈八字形，由青砖垒砌成围墙。天井中设花岗岩条石甬道，铺地完好，甬道两侧铺水泥。前天井与前厢房间砌女儿墙，东侧萧墙局部倒塌。前东厢房已毁。前西厢房前部尚好，后半部已人为改造，面阔三间，檐柱以内改为砖砌墙体，梁架包于墙内。前厅面阔七开间，明间进深七柱十三檩，中柱落地，前后分心，前后两进双步，带前后双步廊，前后廊开敞。屋面硬山顶，稍间、尽间略低。后天井甬道石板铺地保存完好，余者全水泥覆盖地面。厢房前各有一堵砖砌院墙，连接前厅后檐柱和正厅前檐柱，类似照壁。后厢房保存完整，均面阔三开间，进深五柱九檩，应为女眷住房。正屋面阔七开间，明间进深七柱十三檩，抬梁穿斗混合结构。后院已被道路侵占，仅存地面一部分花岗岩条石铺地。2004年1月，龙湾区人民政府将此列入永昌堡文物保护点。四至保护范围：东至围墙外2米，西至围墙向外2米，南至西宅浃路，北至环海西路。

王名世（1567—1646），字史可，号翼宇，永昌堡人。出身仕宦之家，乃广东按察司佥事、明抗倭英雄王德之孙、礼部客司主事王如珪之子。明万历二十五年（1597）武举中解元，万历二十六年武举会试夺魁，殿试中状元，三元及第。官居锦衣卫千户，封明威将军。

王德故居

坐落在新城村状元里6号，西南临状元浃。始建于明嘉靖十八年（1539），为广东按察司佥事王德故居。建筑布局为二进两厢房合院式，坐北朝南，占地约1450平方米。沿中轴线依次为道坦、门台、照壁、前厅、厢房、正屋等。道坦由条石铺地。门台置于前厅东次间前，用天井连接，为砖砌三楼式，现存形式完整。两侧墙垣呈外八字形，由青砖砌筑而成，顶部花墙缺失。台阶由条石铺就。照壁设于前厅正中花墙上，中间阳刻“福”字，四周饰以花草纹，底部做成汉回纹状的灰塑屏风，表面抹蛎灰。前厅面阔七开间，进深七柱十二檩，抬梁穿斗混合结构，前厅东侧围墙开侧门。东西厢房均为三开间，西厢房南侧两间已改为砖构。正屋面阔七开间，进深七柱十五檩，中柱落地，前后分心。道坦、第一进院落、第二进院落均为花岗岩条石铺就。2004年被列入龙湾区文物保护点。四至保护范围：东至新城上河，西至围墙外2米，南至状元浃河，北至状元弄。

王德（1517—1558），字汝修，号东华，永昌堡人。嘉靖十七年（1538）进士。历任东昌府（今属山东）推官，大名府滑县（今属河北省）知县，户科给事中，广东按察司佥事，备兵岭南。后谢官。嘉靖三十七年（1558）四月，在追击倭寇中，于金岙中伏，殉国。《明史》卷二九〇《忠义二》有传。

王光蕴故居（原王清故居）

坐落在新城村四宅浃路7—8号。始建于明代，清代重修。占地约1350平方米，主体建筑坐北朝南，南临四宅浃，原由前厅、天井、东西厢房、正屋、后院及围墙组成四合院式。前厅、东西厢房改建为砖混建筑。天井中设甬道，甬道用花岗岩条石铺就，条石压边。正屋原为九开间，现存五间；地面青砖墁地，明间进深七柱十三檩，中柱落地，前后分心；前檐柱出一跳承挑檐檩，出檐较深，檐口置花纹、寿纹勾头滴水；硬山顶屋面，脊上饰祥云纹。外围墙块石砌筑。2004年1月，龙湾区人民政府将其列入永昌堡文物保护点。四至范围：东至新城上河，西至四宅浃路14号，南至四宅浃河，北至围墙向外2米。

王光蕴（1540—1606），字季宣，号玉洞，永昌堡人。广东按察副使王叔果长子，出身书香门第。嘉靖四十年（1561）举人。万历十九年（1591）由吏部授职，历任宁都知县，宁国郡丞、衡府长史，万历三十年（1602）进阶朝列大夫。纂有万历《温州府志》等。

王绍志故居

位于永中街道新城村上仓巷21号、23号，西南临上仓浃。始建于清道光九年（1829），由王绍志先生太祖、太学生王植阑、王南琴前后所建。建筑坐北朝南，四进、五开间、三厢房院式，占地约2911平方米，沿中轴线依次为门台、前厅、前厢房、正厅、后厢房、后堂布局。

门台为清水砖砌单脊悬山顶仿木牌楼，两侧墙垣呈八字形，由青砖砌筑而成，顶部花墙缺失。前厅原五开间，现存明间、东次间、尽间。明间七柱十三檩，抬梁穿斗混合式结构，地面青砖铺地。西侧厢房改建为三层楼房，东侧厢房三间单脊硬山顶建筑。正厅仅存明间和东次间、尽间，两厢房拆建为砖混楼房。后堂七开间，明间五柱七檩，东侧次间、稍间、尽间墙体用水泥抹面。以前曾作仓库使用。两侧厢房经不同程度改建。故居历出名人，如茶叶专家王镇恒等。

王绍志（1879—1960），字景甫。1908年毕业于日本早稻田大学，1913年7月温州师范学堂改为省立“浙江省第十师范学校”（今温州中学）后，出任校长。

上仓巷1号民居

东临上河，始建于清道光年间。建筑坐北朝南，原由门台、天井、东西厢房、正屋、后院、偏门台及围墙组成，占地约450平方米。门台单脊悬山顶清水砖砌牌楼，背面为传统门台样式，脊上有花草纹等装饰。两侧墙垣呈八字形，由青砖砌筑，顶部置花墙。天井中设花岗岩条石铺就的甬道，西侧地面水泥硬化。东西厢房已改建。正屋面阔五开间，现存东侧三间，明间进深七柱十三檩，抬梁穿斗混合结构。明间中堂两柱上方要头做镂空草龙状，柱间木门上雕有寿纹、石榴纹等。次间、尽间梁架与明间类似。屋面单脊硬山顶，盖瓦筑脊，阴阳合瓦，檐前置滴水。后院原由围墙围成，现建三层楼房；东侧开偏门；门台北侧围墙上刻“代当”二字。该民居木门和窗装饰有兰竹菊、寿纹、石榴等纹样，雕刻精美，充满吉祥氛围。清道光、民国初曾设当铺，归属恒泰商号管辖。现作为古堡城市文化客厅使用。2004年1月被列入龙湾区文物保护点。四至范围：东至新城上河，西至上仓巷2号，南至上仓浃河，北至后屋檐向外2米。

贤望巷3号民居

在新城村贤望巷3号，由楼下派贤、望房祖上于清嘉庆年间建。建筑坐北朝南、偏西，沿中轴线依次为门台、前厅、两厢、正屋组成单层合院式建筑，占地面积约720平方米。

门台由清水砖砌勒脚、垛头门墙、砖仿木斗拱和悬山顶两翅下沉屋面组成仿木牌楼；勒脚用青砖错缝平砌，浆砌，上施勒脚线，勒脚线上为垛头，薄砖贴面，清水勾缝，两侧垛头间架花岗岩石梁顶盖，上施定盘枋；定盘枋上施一斗三升造砖仿木斗拱，前置花篮插镜；其上架设砖桁檩椽，屋面盖小青瓦并置戏水兽纹勾头滴水；屋脊砖叠涩束腰，并在束腰凹处和屋脊翘施以花草纹。门台，两侧围墙呈外八字造型，下部砖砌抹灰，墙垣上部勾勒脚线，勒脚线上部做透空灯笼纹花墙子。前院原为花岗岩条石铺就，中设甬道，现甬道两旁混凝土抹面。前厅原五开间，现东西次间、末间已于1989年改建为砖混两层建筑，仅剩十二檩托明间屋面，明间后中金柱置穿枋承中金檩，地面三合土和方砖对缝铺。天井中间置条石，中置甬道通正屋明间。两厢仅剩西厢房，为三开间三柱四檩单层硬山顶。正屋原面阔五开间，进深七柱十三檩的硬山顶，侧立面曲线风火墙建筑；明间后中金檩下置二柱，中置门式隔断，两旁设门通后堂，地面铺方砖；次间为卧室，前设四透窗扇门；末间为厨房、餐厅，梁架同明间、次间。

此宅始建年不详，因在民国时期为乡长王邦新住宅，中华人民共和国成立后分给多户村民，故习惯称王邦新宅。此宅虽为单层，装饰简练，但用材粗整，出檐深远。2004年1月被列入龙湾区文物保护点。

圣旨门巷3号王宅

在新城村圣旨门巷3号，东临圣旨门河，南接圣旨门巷，西邻民居，北也邻民居。始建于清代。建筑坐北朝南，偏西，占地约625平方米，原由道坦、门台、天井、两厢、正屋组成合院式建筑。道坦与天井均用花岗岩条石铺地，天井现存花岗岩条石甬道，两侧地面已水泥硬化。门台单脊悬山顶，砖砌仿木牌楼。两侧墙垣砖砌呈八字形。西厢房面阔三开间，现存两间，进深四柱八檩，抬梁穿斗混合结构。东厢房已拆建。正屋面阔五开间，明间进深七柱十三檩，中柱落地，前后分心，抬梁穿斗混合结构。中后金柱间设隔断，两侧开木门，檐柱头出两跳承挑檐檩，出檐较深。中后金柱与后檐柱间置两面铺望板。前廊地面铺设长方形砖，明间方砖斜铺。屋面清水脊，硬山顶，檐廊施棚轩，檐前置花纹，戏纹勾头滴水，侧立面砖砌观音兜山墙。

此民宅为王会英第十四世曾祖经商贩卖绸缎到洞头、沈家门等地，发家后所建。中华人民共和国成立初期，曾作为陈毅所部第二十一军某营驻所。2004年1月20日，被龙湾区人民政府列入文物保护点。是王则义、王则礼等六兄弟的故居。

御史巷8号王宅

位于新城村御史巷，紧邻王诤故居都堂第。该宅建于明隆庆年间，坐北朝南，原由门台、正屋、轩房、道坦、天井等组成的三进四合院式的明代风格建筑。占地800多平方米。清末年间，由于一场大火，原宅被毁，留下老门台、部分围墙和前进东面轩房三间。20世纪80年代初，轩房又重新拆建，修筑混凝土结构两层楼三间。后进在原“火烧基”上也盖了平房。院内有一口四方井，也被封。一棵大石榴树被砍。现仅留下老宅旧门台和部分墙围，是典型的古民居遗迹。

该宅为英桥王氏元烒公所建。王玄烒（元烒）（1539—？），字景则，号见玉，为庠生。家境殷实，有2000多亩田地。曾带头组织赛龙舟等民间活动，具有较大影响力。墓在瑶溪璋川村前山捣臼窟。

其裔孙王汉长公等都在此屋住过。王汉长，字倬如，号云槎。大派桥头二房（松房）十三世祖，生于明代天启年间，生卒年不详，清康熙十三年（1674）贡士，著有《云槎诗草》。康熙十六年（1677），曾出资重修英桥王氏大宗宗祠。坟在皇岙美人尖下。

御史巷10号王宅

在新城村御史巷10号，始建于清代。建筑坐北朝南，原为四合院，现存前厅及正屋各三间，占地约470平方米。

道坦花岗岩条石铺设。前厅原面阔五开间，西侧两间被改建为楼房，现剩明间和东次间、尽间；正立面设砖叠涩的封檐墙，明间设单脊悬山顶砖砌仿木牌楼门台；明间和东次间、尽间进深七柱十二檩，抬梁穿斗混合结构，青砖铺地，屋面为单脊硬山顶。天井现水泥浇注。东西厢房改建。正屋原五开间，东侧2间改建，明间进深七柱十三檩，中柱落地，前后分心，地面铺长方形青砖。旗杆石原有4对，现存1对为“光绪庚子辛丑恩正举人王开第”。

该民宅曾出清代举人王开第，光绪庚子辛丑二年恩正第二名举人。其主考官亲赐“经魁”匾额。国民军师长王普也曾居此宅。20世纪60年代为公共食堂。现四至范围：东至院落格局东向外2米，西至新城街，南至御史巷，北至贤房巷。2004年1月被列入龙湾区文物保护点。

御史巷12号王宅（王如珪故居）

在新城村御史巷12号。始建于明嘉靖年间，由王如珪建造，康熙年间由其八世孙重建，其孙商号为“恒泰”。建筑坐北朝南，占地约744平方米，原由道坦、前厅、天井、东西厢房、正屋及围墙围成合院式。道坦采用花岗岩条石铺地，砌筑规整。前厅明间立面设单脊悬山顶清水砖仿木牌楼，两侧墙坦呈八字形由青砖垒砌而成。面阔五开间，明间进深三柱五檩，中柱落地，前后设卷棚轩，地面方砖斜铺。天井均由花岗岩条石铺地，中设甬道。天井与厢房间青砖砌筑女儿墙。厢房均为三开间，进深四柱六檩，各间设花门窗，木雕精美。正屋面阔七开间，明间进深七柱十二檩，中柱落地，前后分心，抬梁穿斗混合结构，次间、稍间、尽间梁架结构与明间类似。地面方砖斜铺。屋面为硬山顶、三山式，尽间略低；盖瓦筑脊，阴阳合瓦，勾头滴水。

该宅为溧阳知县王如珪故居。现四至范围：东至御史巷13号，西至新城街，南至城东路，北至御史巷。2004年1月被列入龙湾区文物保护点。

御史巷13号王宅

在新城村御史巷13号，始建于清代。建筑坐北朝南，原由前照壁、前厅、东西厢房、正屋组成合院式建筑，占地约880平方米。

前照壁，由青砖垒砌成实心墙，上部用砖叠涩成工字形束腰；照壁朝里中央灰塑一“福”字装饰，“文化大革命”期间被破坏。前厅、东西厢房在20世纪80年代被改建为砖混楼房。天井，花岗岩条石铺设，中设甬道。正屋，原面阔五开间，明间、次间、尽间进深七柱十四檩；屋面硬山顶，尽间略低，盖瓦筑脊，脊上饰有花草纹、凤纹等精美装饰，檐前置勾头滴水；地面铺长方形青砖；西侧两间已拆建为砖混楼房。

现四至范围：东至围墙外2米，西至御史巷12号，南至城东路，北至御史巷。2004年1月被列入龙湾区文物保护点。

四宅浃14号民居

在新城村四宅浃14号，始建于明代。该宅坐北朝南，南临四宅浃，占地约270平方米，原由旗杆石、天井、东西厢房、正屋组成，现旗杆石缺失。天井由花岗岩条石铺就。东厢房已拆除，西厢房民国时期改建，后南侧两间改建为钢筋混凝土建筑。正屋面阔九开间，现存四间；明间进深七柱十三檩，中柱落地，前后分心，前后双步带前双步后三步，前双步廊后单步梁，其余梁架与明间类似。屋面为悬山顶，盖瓦筑脊，阴阳合瓦，檐前置勾头滴水。

西门里51号民居（王福郎故居）

在新城村西门里51号，北距西门浃3.5米，由王氏富商王福郎于清光绪十五年（1889）建造。建筑坐北朝南偏西30°，原由前门台、东西厢房、正屋、后门台及围墙组成合院式，占地面积约823平方米。

前门台清水砖砌，三间三山式悬山顶仿木牌楼。青砖贴面，原置插镜。两侧为八字门墙，底部为青砖叠涩，上部为青砖平砌，顶部置花墙。东西厢房均已被改造成三层砖混结构住宅。正屋原面阔七开间，现存明间、次间及东侧稍间（其余均已改建）；明间、次间和东侧稍间进深七柱十四檩，抬梁穿斗混合结构，檐廊设棚轩，檐柱头置五踩斗拱。明间地面作法规整，长方形青砖横铺和方形斜铺。

后门台为单脊悬山顶仿木牌楼，清水砖砌，台阶石梁均用花岗岩条石。两侧墙垣用花岗岩块石斗角垒砌而成，顶部置灯笼砖式样花墙子。前后天井地面尚保留部分原石板。

青石门台

在新城村西门里1号东南，临新城上河。建于清乾隆年间，由举人王贯士建造。建筑坐西北朝东南，原由门台、正屋及围墙组成合院式，有后花园，现仅存门台、甬道、照壁及墙垣，占地约31平方米。门台由勒脚、跺头、砖仿木斗拱、悬山顶屋面组成。立面用青石材料，背面为青砖砌筑而成。勒脚立面用青石材料，表面饰有须弥座纹样，上施青石勒脚线。勒脚线上为垛

青石门台

头，线上置方形青石柱础，上立方形青石石柱，柱间置青石横梁和穿插坊。两侧垛头间架青石石梁，以为顶盖，上施定盘枋。定盘枋上为砖仿木施斗拱，为一斗三升造，其上架桁设椽，屋面盖瓦筑脊铺小青瓦，门台两侧墙垣外八字造型，下部为青砖叠涩，上部为青砖平砌，顶部做镂空花墙。天井中设花岗岩条石甬道，天井东北侧立面围墙上灰塑照壁，表面抹蛎灰，长2.3米，高1.7米，呈四方形，中塑“福”字，表面涂红漆；下方灰塑花纹，前设花坛，长2.1米，高0.5米，宽0.8米，立面饰有卷草纹、荷花纹。该屋曾是堡内规模较大、延续时间最长的一所私塾。

现四至范围：东至新城上河，西至后花园墙外2米，南至老三房小宗，北至井头桥巷弄。2004年1月被列入永昌堡文物保护单位。

东门仓坦海南公古宅遗址

海南公宗祠模型图

东门仓坦海南公古宅古墙遗址，系楼下派四房海南公王濲的古宅基，建于明嘉靖年间。占地面积8000多平方米，古墙周长334米。后人于1958年前后以修建畜牧场、农具室、修路、筑桥及建私房等拆毁水门、后花园等，古墙古迹毁于一旦。

古墙内至今仍保留着相关旧迹：周长334米的古墙老基，其中包括40多米古墙残余墙体；85米长、8米宽古宅通道路基一条；36平方米精制花岗岩石板甬道一处；420平方米花岗岩石板铺设仓坦一处；1975年从二进甬道左侧地下挖掘天井坦一处，挖掘125毫米×41毫米花岗岩石板130余块；二进甬道埋藏“风化踏轮”的花岗岩甬道石板一块；海南公祠旧基一座约600平方米。以上遗址断墙残石，透视出海南公鼎盛时期经商曾富甲一方的辉煌业绩。

上仓坦遗址

上仓坦在新城村上仓巷7号民居南侧。建于明代，原由牌坊、晒场、粮仓组成。现牌坊缺失，粮仓改建。堡内晒场，同时兼有聚会功能，原面积不详，现存遗址南北长约16米，东西阔约16米，占地约260平方米，遗址地面均用花岗岩条石铺就。每块条石板大致匀称，长约1.5米，宽约0.5米。

上仓坦是当时重要的历史地标，1976年正月十二日发生大火，被毁。现存石阶残石，其遗址为进一步研究王叔果、王叔杲兄弟建堡历史提供了重要的实物资料，具有一定的历史价值。

王晓梅故居（庙上楼底3号）

坐落在永中街道城南村庙上楼底3号，坐北朝南，正向五开间，东西两面轩房，均为两层砖木结构楼房，属于民国时期建筑风格，具有100多年历史。内有道坦、围墙、门台。政府已经接收，尚未整饬。该屋保护范围为东至南门河，西至楼底路，南至楼底路，北至楼底1号。2004年1月龙湾区人民政府将其列入永昌堡文物保护点。

王晓梅（1896—1968），永昌堡英桥王氏，历任省立温州中学附小主任，三希小学校长，任过永嘉县政府督学。不少专家学者如刘旦宅等都出自他的门下。全家十多人从事教育工作，堪称“教师之家”。

文士巷6号（王显耀故居）

坐落在新城村文士巷6号，坐北朝南，一进七开间，东西两边厢房。有天井、道坦、围墙、门台等组成合院式建筑。始建于清代。龙湾区人民政府已将其作为永昌堡名人故居予以接收保护。因显耀公文采显赫，故巷名命名为文士巷。

王显耀（1864—1943），字德卿，号乙燃，人称“二都神童”，是温州近代史上致力于古代经学研究有卓越成果的学者，世称“经学无双”。光绪二十五年（1899）因献《易经文言补正》，慈禧太后称誉“好一个状元之才的王显耀”。

左司马第（庙上路25号）

在永中街道城南村庙上路25号。该建筑坐北朝南，占地约1100平方米，为二进七开间硬山顶传统木构清代建筑，由道坦、前厅、天井、东西厢房、正屋、后院组成合院式建筑。道坦保存完整，花岗岩条石铺就。前厅面宽七开间，现有明间，其余均改建，明间正立面设单檐硬山顶清水砖砌门台，门台前设垂带踏步两级。天井中间设花岗石甬道。厢房已改建，正屋面阔七开间，现存中间三间。明间进深七柱十二檩，抗梁穿斗混合梁架，中柱落地，前后分成带前双步轩廊后单步梁。室内存“乐春堂”匾额，为进士出身的翰林院编修、海南兵备陈昌齐于嘉庆十二年（1807）书。此屋主身份不明。据说王氏先人花巨资购得。

该宅2004年被龙湾区人民政府列入永昌堡文物保护点。四至保护范围：东至弄道，西至弄道，南至庙上河，北至屋后围墙向外2米。

庙上路1号王宅（王景南故居）

坐落在永昌堡南门外庙上路1号。坐北朝南，由门台正屋、五开间、道坦、围墙组成一进式，木构架青瓦层面建筑。此宅是王景南先生故居，建于民国时期。

王景南（1912—1969），杭州高级中学毕业，留学日本，经济系毕业。归国后，参加过永强抗日后援会，曾任奉化县党部秘书、玉环县政府科长。1949年2月至1950年7月任永昌崇实小学校长。

四至保护范围：东至南门河，西至楼底路，南至庙上路，北至楼底路1号。2004年1月，龙湾区人民政府将该宅列入永昌堡文物保护点。

庙上路3号王宅

坐落于永昌堡南门外庙上路3号。始建于清代道光年间，前进两厢房由王氏二派十九世王宋濂建，后进两厢房由二十一世王福辉建。该宅坐北朝南，由门台前进五开间厢房两层走马楼和后进五开间两厢房、天井、围墙组成合院式木构架青瓦层面建筑。占地面积620平方米。故居前进中堂有“翰林”匾额，后进中堂原有“存春堂”匾，挂匾达八个。屋前原有旗杆石两对半。

该宅居住过邑庠生王楫（字昌楠，号勤生）、生员王福钊。该故居后人经商有道，商号“南门聚川”。

四至保护范围：东至楼底路，西至屋檐向外2米，南至庙上路，北至屋后屋檐向外2米。2004年1月，该宅被龙湾区人民政府列入永昌堡文物保护点。

第九节 桥 梁

永昌堡古桥梁，皆跨筑于上河与下河，有梯式、虹式、坡式、蛀式、直通式等10多座，造型古朴，风格典雅，桥面均雕刻绳纹装饰，是研究当地水文、桥梁建筑和交通发展等方面的重要实物依据。

永昌堡在设计建堡时，辟有南北四水门八桥。横跨上河有会秀桥、联芳桥、并头桥、左昌桥、世裔桥。而横跨下河有三里便农桥、东昌桥。城堡陆地有六门，而水门南北上河、下河有四门，水门内外均有桥，故有水门八桥。但南下水门内外两桥因做道路，已圮，仅存水门路面下水门闸门槽柱遗迹。

水门八桥其形制结构大致相同，桥墩用条石纵横砌成，墩上置横梁，上铺桥板三条，为单孔石板桥，桥板长3米，宽1.6米，桥孔宽3米余，桥踏步八至九级，水门内外桥均紧靠城堡而筑。

永昌堡是防御性很强的军事工程，陆地六门很坚固，而内外两桥中间安置特殊的水门装置，其结构由水门内外两部分组成，水门宽度为4米多。上部用青砖砌成拱顶状，与陆地上城门拱顶相同的形制。外侧拱顶距外水门桥面0.4米，内侧距内水门桥面1.2米。外侧水门则同陆上城门一样有两扇转动门，门闩置内侧，门臼用正方形柱石立于河床靠水门两面，下门臼在平常水面下，但高于河床底部数尺，就是转动水门没有下部门体，可能为开启城门水流阻力有关，特意缺水下小部分。但内侧与陡门形式一样，为正方形石柱凿闸槽，立于水门两侧，其闸板从城堡上方如陡门闸板一样启闭直至河床底部。如此双层水门结构防御性能非常牢固，极具独特完美之处。

会秀桥

横跨于新城街和四宅浃的上河，东西走向。始建于明万历三十三年（1605），1861年重修。桥呈坡式拱形，造型细致，为王叔杲所建。此桥走出了众多英才，如太仆寺丞王清、太仆寺少卿王德、溧阳知县王如珪、广东廉州推官王良弼、建水州知州王至章、太常寺典簿王至言等，故以“会秀”命名。桥西有王氏大派四房住宅，又名“四宅桥”。桥为三孔梁柱式石桥，全长12米，阔1.8米。从东至西每孔间跨距分别为2.4米、3.6米和2.4米。桥墩用三根方形长条石立柱竖排成列支撑横梁，每根方形立柱边长约为36厘米；每根柱上置一厚40厘米横梁；横梁上架铺五块石板作桥面；石桥明间整跨和东西次间跨的中间桥面石板饰绳纹；桥东端置三级踏跺，西端置五级踏跺。东西桥端均为花岗岩条石呈顺丁逐层砌叠。桥梁中跨桥板南侧阴刻楷书“会秀桥”，北侧桥板前些年因断裂被更换，原石板被置于桥东侧上河岸边作石凳用，其上阴刻楷书“万历乙巳建咸丰辛酉重建”。

世裔桥

又名“楼梯桥”，位于通市楼边，横跨上河，东西走向，桥长10米，宽1.5米，为单孔梁式石桥，两侧桥墩分别用四根长方形柱石并列，内侧用长条石逐层铺就，上置横梁，梁上铺设三块桥板。桥两端东西踏步11级，而步级台阶两边铺以棱正面平的长条石，使得两头踏步形似楼梯状，故名“楼梯桥”。此桥于明嘉靖三十七年（1558）由王叔果、王叔杲昆仲所建。世裔桥西边为英桥王氏宗祠。

三里便农桥

三里便农桥位于堡内英桥王氏大派祠北侧仅十多米处，横跨下河，东西走向，经此桥便是永昌堡东门“环海楼”，所以又名“东门桥”。桥长12米，宽1.6米，为三孔梁柱式桥梁，中间宽度为4米，桥面由三块桥板组成。每块桥板宽0.52米，桥面上刻有云纹、网纹、回纹等图案。桥板南侧立面阴刻“大明成化乙酉王廷方建”，北侧桥板阴刻“三里便农桥”。此桥造型古朴典雅。

此桥属蛙形桥，两侧梯步设计不同，东侧桥面往下四级踏步至一小平台，小平台南北设踏步各五级到路面，形似青蛙两条腿。而西侧桥面往下则为九级踏步到地面，其形犹如一只蛙跨在河道上。

该桥建于明成化元年（1465），系英桥王氏五世大派祖自足公（1384—1465）的长子王廷方（1410—1466，号贞庵）所建。桥名何谓“三里”，按古代面积“顷法”“里法”规则，一顷一万亩，一平方里三百七十五亩，耕田千余亩按里法约为三里，故下河东门桥又称为三里便农桥。

联芳桥

该桥位于永昌堡上河状元浃北侧，南有会秀桥，北有井头桥。此桥往西100余米为武状元王名世故居。距南门“迎川楼”不足200米。桥全长8米，宽1.4米，为单孔梁式石桥，两侧桥墩由块石堆砌，而墩两边有方形石柱两根，上置石横梁，桥板三块铺其上，板桥南侧立面阴刻“联芳桥”。北侧立面阴刻“大明成化乙酉王廷善建”。桥面两端置石阶，西面为九级，东面为四级踏跺，下置平台，平台两侧各置五级踏跺。桥头两端均设埠头，由花岗岩条石砌筑。

该桥由英桥王氏五世大派祖自足公的三子廷善（1416—1482，号止庵）所建，与建三里便民桥的廷方是兄弟。因兄弟俩同年联合建桥业绩流芳百世，故名“联芳桥”。修建时间比筑堡早95年，是永昌堡保存最古老的文物，至今已有550年历史，一直保存完好。

井头桥

又名“枕头桥”，在上河西门里一号民居北侧，横跨上河，东西走向，始建于明代，单孔梁式石桥，长10米，宽1.5米，矢高2米，占地约15平方米。两侧桥端由块石垒砌而成，开孔处各立两根石柱，上架石梁，横铺三块桥板。两端置如意踏跺，各九级，上饰有绳纹、回纹、波浪纹等纹样，两侧桥端南侧均设埠头，由花岗岩条石砌筑，其桥造型古朴典雅。此桥临近西门浃，西门浃汇头与上河交接处有一较深的河井，桥距河井很近，故被称为井头桥。

左昌桥

横跨上河，东西走向，紧靠上仓浃。石桥呈虹式，又名洞桥。据《王氏家录》记载，此桥为王叔果、王叔杲兄弟于万历四年（1576）所建。桥长12米，宽3米，占地约36平方米。桥端用长条石纵横排叠而成，上设11级石阶，上饰有条纹、槽纹、回纹等精美纹样。拱券用六块弧形条石并联砌叠法，拱高2.2米，两侧顶部均阳刻“左昌桥”字样。原拟建左右二桥，均以“昌”命名，后仅建左昌桥。桥面用三块条石纵铺做边，中间横铺13块长2米的条石，呈弧形，上饰有花草、稻穗、双鱼、麦形、双线、五角纹等纹样。

左昌桥

东昌桥

此桥横跨永昌堡内下河，桥西端为英桥王氏楼下派祠，距堡北下水门仅100多米。东西走向，为三孔梁式石桥，长11米，宽2.2米。中孔东西两桥各为3根花岗石立柱，立柱上置一横梁，上铺6块桥板，桥面由花岗石组成，而东西两孔桥板铺成斜坡状。桥面阴刻防滑级。中孔桥板北侧立面阴刻楷书“东昌桥”。南侧立面刻有“崇祯壬午春江西左布政王龙友建”。该桥造型古朴精巧，原建于明崇祯十五年（1642），为英桥王氏第十一世进士王龙友所建。

二都横塘桥

明弘治《温州府志》记载，横塘桥在永嘉二都，今龙湾城北村和衙前村的交界处，永强乡民称之为“芝麻桥”。此桥桥石凿刻精细，各接头细密，无缝隙。桥面上可晒芝麻而不漏，故此得名。

该桥始建于明嘉靖十三年至十五年（1534—1536），东西走向，五孔石板桥。宽约3米，长

横塘桥

约40米，高出水面4米。桥面凿刻细腻，花纹清晰可见，北侧有石狮护栏，造型精致。桥的北首刻有“横塘桥”三字，南首的桥梁正方刻有“明诰封通政使司右通政王溪桥建”14个字。王溪桥即为英桥王氏七世祖王钲（张璁姐夫）。横塘桥又名姐妹桥，据说两姐妹嫁到河对岸，近在咫尺远在天涯，姐妹说服父亲变卖家产建成一桥，故名“姐妹桥”，但无法考证。

在横塘桥西岸约3米，有两棵榕树距约25米，相对而生，树龄约150年，树冠扩展，蔚然成荫，这两棵榕树已列入温州市重点保护古木。

英桥（又名英家桥）

位于永嘉二都英桥里（今龙湾区永中街道城北村）。英家桥附近古迹有英桥王氏始祖墓、始祖故居挺英堂。永昌堡北门通市不到二三十米即到英桥，当地人称为英家桥，是永昌堡通往寺前街的一条重要桥梁，如今是城北村最古老标志。石桥长10多米，宽2.3米，东侧石板阴刻“英桥”二字，可辨认，桥面石刻纹路依然清晰。

嘉靖《永嘉县志》载：永嘉场市在二都英桥。当时英桥已经成为永嘉场的集市中心，商场林立，货源丰阜，客源不断，热闹非凡。

该桥始建于明建文二年（1400），由英家建造，至今已有600多年历史。由于年代久远失修，英桥的中间桥板曾断裂掉进河中，经抢修恢复原状。

第十节　古　井

古井是历史文化不可缺少的组成部分，是活生生的历史见证物，是乡土文化的印记，留下的信息特别丰富。水井带给人们生命之源永远抹不掉。

御史巷水井

在御史巷5号民居西侧。紧挨墙壁，井内壁由块石垒砌而成，呈圆形。上方置内圆外八角形的井圈，井圈内径48厘米，外边长为29厘米，高39厘米。花岗岩块石整体打造；井圈外壁阴刻“祥记”等字样，部分字迹模糊。

据村民口述，这口水井历史悠久，始建年代不详，该水井历史上一直作为村民生活的取水处。自来水普及后，废弃不用。

贤房古井（阳八角井）

位于永昌堡贤房巷。根据题记，这口井掘凿于明天顺七年（1463）。550多年历史，占地约5平方米。井内壁呈圆形，由块石垒砌而成。上置花岗岩石块，打造成内圆外八角形井圈，井圈内径51厘米，外边长28厘米，高47厘米，外壁楷书“天顺”“癸未”“太原”，还有两字模糊。井台表面后用水泥硬化，与路面同高。

阴八角井

位于永昌堡都堂第后花园，与阳八角井配套，又叫龙凤井。该阴阳二井布局形状都一样。

花园古井

位于新城街花园巷。始建于明万历四年（1576），由王叔果建造。水井内壁由块石垒砌，呈四方形，表面布满苔藓。井圈由整块花岗岩石块打造成内外正方形，外边长67.9厘米，内边长51.8厘米，厚8厘米，高29.7厘米。井台后用水泥浇筑，宽3.4米，长3.8米。

花园古井

东门池

位于新城村东城路6号民居后面。井内壁由块石垒砌，呈不规则形，表面布满苔藓；井口架花岗岩条石，呈长方形，长130厘米，宽63厘米；上筑井圈，一面靠矮墙，另外三面用三块长方形条石拼接而成，高32厘米，长152厘米，宽113厘米，厚11厘米。

英桥井

位于永昌堡北门外。英桥街头，其井呈六角形。相传是英家建造。

四分井

位于洞桥底40号，原王鸿初先生居住的后花园中。方井面积约2.2米×2.5米。至今已有500多年历史。

会秀桥六角井

位于永昌堡会秀桥边。至今已有100多年历史。

风水池

位于圣旨桥底。呈四角形，池口约2.5平方米，现已干涸废弃。约有250年历史。

【附录】

老井的记忆

王一平

古井是永昌堡历史文化不可缺少的组成部分，有着深厚的历史沉淀，虽然名气不是很大，但留下的信息特别丰富。老井漫长执着的生存经历，见证着家乡祖祖辈辈父老乡亲酸甜苦辣的生活以及他们所走过的坚强的生命历程。

光阴荏苒，往事如烟。20世纪80年代初开始，人们一拧自家的水龙头，自来水就哗哗而来，但对于老一辈来说，特别是住在老井边的人家来说，总是怀着一种真切的感激之情，依旧能打捞起有老井做伴的古朴悠长的岁月和美好的回忆。

我家老屋东邻御史巷都堂第，屋后有一口老井，井的深度在3米左右，井底1.5米见方，井口径面仅0.5米，砖砌的围栏约半米高，呈四方形，是远近闻名的具有数百年历史的老井，具体年代难以考证，我们世代都是靠这口井吃水长大的。小时候上年纪的人们告诉我们，井是通“海眼”的，井里有龙王，所以井水常年不涸，清冽甘甜。在冬天，井缸上冒着缕缕白烟，有人说那是龙王在喘气，就是与我们呼出的哈气一样，因为龙王在，水温才会冬暖夏凉，相差3—4摄氏度。寂寞的时候，我和小伙伴常趴在井口上，往井中看去，好像看万花筒。石砌的井壁长着青苔，看下去很深很深，水是亮的，天是蓝的，还有朵朵白云和顽皮的小男孩冲着我笑。

天刚蒙蒙亮，井边就传来叮叮咚咚的响声，邻里赶早的人们用小吊桶搅碎镜样平静的水面，吊起清晨的爽意，把井水的清甜带回自家的水缸，路上留下一条条水痕。夏天的井是热闹的，汲水洗衣的棒槌声，村姑的嘻嘻哈哈声和小孩的嬉闹声混成一片，更有淘气的孩童，把一瓢瓢清冷冷的水往脚上冲，一阵凉意直接从脚上发散到全身。傍晚，全家忙着拎来井水，浇透花岗石道坦，搬出自家的竹床放在石榴树荫下，用井水擦了一遍又一遍，然后躺在竹床上，在皎洁的月光下，数着点点流萤，听着捧腹的段子，任轻风吹拂，凉透一夜。

每逢大旱，永强塘河水干了，池塘也干了，唯独这口井总是有水的，有人说这是井龙王显灵。此时，井边吊桶叮咚声更是不绝于耳，古井显得特别珍贵。现在我的脑海里依然会浮现那样无比清晰的画面：在夜深人静的时候，乘着月光去打水，长夜等候，慢慢收拾从沙缝中渗出的一股股细流，一勺勺接水。那口长年不枯的老井让人们平安度过大旱之年。

井一年最繁忙的时候在二月二日这一天，因为这天家乡有个传说就是挑龙头，谁第一个在这天把井水挑回家，就等于把龙头挑回家，这一年会万事大吉，庄稼会有好收成。因此这一天多少人拥向水井，争挑第一挑，争不到第一，第二也好，这个故事广为流传，确实谁不想图个吉祥好运呢?

家乡“掏井”的日子习惯定在双年份6月6日，到这一天青壮年劳力聚在井边，一部分负责提水倒水打杂，一部分轮流沿梯子下井，因井下水是冰凉的，仿佛身在冷库中，一个人干到底也难受。掏井用篾帚一点点刷洗井壁的青苔和污垢，清理井底谁家掉落的吊桶或井绳，以及淘气孩子丢进去的砖块。到第二天，老井又将是一池清纯之水，又恢复了它鲜活的生命力。

挖井是很讲究地理位置和坐向的，屋前不便挖井，门前有井不吉利。据有关史料记载，在1600年前的晋朝，郭璞在建温州白鹿城时，就在城区挖掘了28口井，这是历史上所说的28宿井，对应天上的28星宿，并按天上星宿的相应位置而选择地上位置，以讨地久天长、水源不断之兆头，永昌堡的老井又何尝不是这样呢?

古人对水井也有一番特殊的感情。明万历年间散文家袁宏道《满井游记》，对水井有美好的描述，文中记载：“冻皮始解，波色窄明，鳞波层层，清澈见底，晶晶然如镜之所开而冷光之乍出于匣也……”《诗经》中有记叙说，古时的卫女思念故乡，立于异地一井泉边感怀兴叹：“我思肥泉，兹之永叹，思须与漕，我心悠悠。”明代永昌堡英桥王氏四世祖樵云公《龙湾井》有诗云：“泉脉澄清一镜开，云龙此地旧盘回。共承渤海风云会，远带东溟霖雨来。天影倒涵波底月，潮声时应谷中雷。由来一滴仙瓢水，霈泽还教通九垓。”诗中所描的龙湾井，具体方位难以考证，但水井带给人们的生命之源永远抹不掉。

井是人们生活的一部分，没有井我们很难设想当时的生活还有什么色彩，世事沧桑，难忘的日子已成永久的回忆。现在永昌堡内仅有的老井只有10余口，根据井的形状和所处的地理位置命名，如花园井、贤房井、都堂井、八角井等，它们中大部分所建的年代为明代，这些古井在1988年被市政府公布为堡内的文物保护点。我家屋后的那口四方井，已被凌乱的小砖楼遮住了半个脸，寂寞萧条地伫立在那里，没有昔日的繁华和喧闹，留下了太多的无奈和失望。

水井是活生生的历史见证物，失去了这些活宝，历史文化是残缺的，要留下这些乡土文化印记，好好加以保护。

第十一节　堡外胜迹

永昌堡先贤致力于修桥、建寺、兴学等社会公益事业，留下了许多宝贵的文化遗产。

嘉靖二十四年（1545），王叔果建半山缭碧园。嘉靖三十七年（1558），王叔杲在阳岙建旸湖别墅。嘉靖三十八年（1559），王叔杲建华盖山西北侧玉介园。十一世祖王维夔公修仙岩寺和东昌桥。王叔杲改建仙岩寺沙门和仙岩寺部分会馆，捐献花木。王叔杲公捐资修温州江心东塔、西塔。王叔杲捐资修双岙安仁寺。王叔杲公助筑南白象清渎桥。万历六年（1578）西华公修永嘉县学。万历七年（1579）旸谷公重修温州府学。万历十一年（1583）阳谷公修瑞安县学。王公助山一片予双岙石胜观，用于扩建观宇。东厓公建15米长排儿头石桥。英桥王氏八世祖王激公其孙为南白象头陀寺筑石亭一座。龙友公施山一片，供头陀寺之用。王光美公不惜巨资建造温州府学经阁。顺治十八年（1661），鲁源公修缮海塘道路陡门桥梁等，费金数千。

温州玉介园

墨池公园

位于温州市鹿城区，为英桥王氏叔杲所建，至今已460年。

王叔杲公酷爱山水，在郡城购得约10亩大小空地，介在华盖山麓太玉洞天之西，而取名玉介园。又因华盖山位于郡城之东，别称东山，玉介园亦称东园。嘉靖三十八年（1559）正式修建此地为私家园林，园内遍植松竹槐柳，建朱廊碧槛，一片清流嘉木。亭台园圃有最景园、挹华轩、苍雪坞、爽然台、青旭楼、华麓山房、玉华凝翠亭等。自诩为“华麓烟霞同韦曲”。即等同于唐朝首都长安的名胜韦曲。浙江按察使李维桢曾赞美为“池台泉石胜甲为郡”。王叔杲公将自己诗文集命名曰《玉介园存稿》，并有《玉介园记略》《登玉华凝翠亭》与《重筑爽然台作》等诗文。

玉介园溯史：

1559—1636年，共77年，王氏私家园林。

1636—1912年，共276年，清温州镇中兵署，陆军驻地。

1913—1949年，共36年，瓯隐园，民国瓯海海关监督冒广生私家园林。

1949—1981年，共32年，新中国温州市府所在地。

1981—2010年，共29年，温州市政协、鹿城区府所在地。

2010年改名为墨池公园至今。

阳湖别墅

温州山水素为名胜，王叔杲早年就非常喜欢家乡的山水，钟情于四山回护，雄溪、瞿溪、郭溪等三溪汇流的旸岙阳湖。因此在旸岙东麓购地筑阳湖别墅。别墅面湖，背倚吹台山。门前有石坊，牌坊上有“湖山会秀”四字，内建有“清辉堂”“纡青阁”“潜光室”“暑香亭”“筠阿馆”等。同时有荷池4亩，花圃5亩。尽收一方风景，或可矶而钓修鱼，或可坐而掬飞泉，或可撷而赏名花。松翠蓊然，可凭眺吹台诸山而长啸于其中。

王叔杲有诗《阳湖二十咏》，即《清辉堂》《纡青阁》《知乐轩》《聚秀园》《红雨蹊》《涟漪亭》《潜光室》《暑香亭》《金粟岭》《穿云峡》《起览亭》《筠阿馆》《绿沉坳》《渟玉沼》《卧虹涧》《香雪坞》《清淳界》《锦浪堤》《宝界庵》《浮碧台》等。弇州山人王世贞、归安鹿门茅坤、浙江布政使司参政冯时可均写有《阳湖别墅记》，对阳湖别墅的亭台楼阁、山光水色做了详尽的描述。

阳湖别墅一时名人荟萃，题咏满壁，“平湖展明镜，群峰排紫烟”（王叔杲《秋日过阳湖》）；“阳湖仿佛似平泉，更爱鹅湖类辋川”（何白《过王阳合旧宅》）；王世贞也有诗云：“永嘉城外小缑山，明月长容笙鹤闲。总为旸湖泉石好，未教王子厌人间。”此处园林经王叔杲打理，极尽园林之胜。每当风和日丽时，他便带领子侄们或吟诗作对，或泛舟平湖，尽赏佳景，尽兴而归。现今，阳湖别墅已荡然无存。

半山缭碧园遗址

位于瑶溪街道蜈蚣山北坡至龙岗寺一带，是明朝嘉靖至万历年间英桥王叔果、王叔杲两兄弟读书处。原主体建筑在现今龙岗寺内，占地约605平方米，王叔果40岁辞官后在瑶溪隐居二十余年，以峡谷溪水为池，环以石塘，利用高山、峡谷、溪流、岩石等自然景观，于其间点缀亭台楼阁，广植松竹花草，营建而成私家园林——缭碧园。他常于园内聚集诸友，于松林泉石间读经吟诗，谈论理义。

缭碧园现仅存遗址，遗址与周边的华阳洞、觞咏亭、半山草堂、龙岗山新石器时代遗址等文化建筑和遗迹形成了龙湾区独特的文化群体，是龙湾文物的重要组成部分。2009年，遗址被列入龙湾区文物保护点。

半山觞咏亭

遗迹建有觞咏亭，位于瑶溪街道水胜村龙岗山龙岗寺西南公路转弯下处山田边，原“觞咏亭”遗址上。亭呈长方形，2005年新建，亭坐西朝东，三面有坐靠背椅。亭名由黄杰甫撰写，旁柱有联语，“云林双短屐，天地一虚舟”。原是王叔杲亲笔书。小溪曲折绕亭，明代英桥王氏邀永嘉名流，荟萃于此，仿兰亭曲水流觞，以吟咏诗赋，故称“觞咏亭”。

半山有摩崖题刻群。半山华阳洞口二嶂屹立，上覆巨岩，岩上横刻楷书“华阳洞”三个字，字径0.29米×0.21米。洞内竖立花岗石底座青石碑，碑上刻有《山居纪旧》《辟华阳洞成》两首古诗，末署“明万历西华山人书”，即王叔果书。王叔果晚年号西华山人，“华阳洞”取自王叔果和王叔杲字号中一字。“半山草堂诗”刻在华阳洞畔平坦前入口壁上，自左至右，直书阴刻，行楷字体，末署“嘉靖辛丑”及“半山草堂诗”。整个题刻高1.20米，宽1.95米，字径长0.13米，宽0.39米。题刻为《濯缨岩》《振衣台》《修竹厨》《觞咏亭》四首五律诗，均出自王叔杲《玉介园存稿》。

“罗阳洞天”题字，在华阳洞前约20米洞边朝北岩壁上，框径宽1.94米，高0.49米。“濯缨”二字刻在与“罗阳洞天”隔涧斜对面的岩壁上，字径0.41米×0.34米，横列阳刻。“修竹厨”题刻，在华阳洞东约30米处朝西北岩壁上，横书楷体阴文。框径高0.33米，宽0.85米，字径0.23米×0.21米。“山高月小”题字，在“半山草堂诗”题刻前面巨岩上，朝东偏北，字径0.36米×0.24米，横书阴刻。“云静渊澄”题字，与“山高月小”隔涧相对，在此岩朝南峭壁之上，横书阴刻，字径0.32米×0.31米。“龙岗”题字，从华阳洞折西行百余步，过小石桥，即上龙背脊似的龙岗，此间有“振衣台”“濯缨岩”“双履岩”及古建筑小石桥，觞咏亭、缭碧园等遗址，至龙岗山背脊岭边巨岩坦，横书阴刻“龙岗”二字，字径0.94米×1.24米，字体行草。浑朴遒劲，同为王氏勒制。该摩崖题群2003年被温州市人民政府列入文物保护点（温龙政发〔2003〕第116号）。

重修温州江心屿双塔

江心屿双塔位于瓯江江心孤屿。东塔建于唐咸通十年（869），西塔建于宋开宝三年（970），自宋代开始直至清光绪年间，双塔塔顶夜灯高照，成为引导船只来往温州港的重要“灯塔”。1997

年，东西双塔被列为百座世界历史文物灯塔之一，国际航标协会正式宣布将其定为世界航标遗产。

由于历史久远，双塔因兵火，“与院俱烬，惟故址存”，后经几度修葺。清乾隆《温州府志》载：“明万历十九年（1591）邑人王叔杲重建东塔，明万历二十三年（1595）王叔果配林恭人重建西塔。”明万历二十年（1592），淮阴王典尧在《重修江心孤屿东塔记》中写道：“参知旸谷王先生雅抱卓朗，捐赀缮修孤屿，揭为龙海珠林。殿庑门庭，以次鸠工。招工计费，千金有奇。工匠展力，澄鲜阁先就葺理，而并力于塔，凡造塔自下至上，修塔则自上至下，经始于辛卯孟秋望日，落成于壬辰冬月某日。殷殷扶义，为东瓯世德世家云。”

江心塔

万历二十三年（1595），卢逵在《重建江心屿西塔记》中提到：“西塔始万历癸巳仲秋望日，迄甲午腊月八日而工竣，费凡若千金。”（录自《永嘉县志》卷三十六）。

叔果、叔杲公除了重建江心孤屿东西双塔外，万历七年（1579），王叔杲捐资重修温州府学，万历八年（1580）出资重修东瓯王庙，重筑王谢祠。万历二十五年（1597），捐资在郡城拱辰门外建镇宁楼，万历三十年（1602）捐资义助瑞安重建儒学。万历三十三年（1605），重修白鹿书院。

英桥王氏先贤对江心屿情有独钟，《江心屿志》中收录了25位英桥王氏先贤写的有关江心屿的诗。

重修圣寿禅寺（原仙岩寺）

寺在瓯海区仙岩积翠山下，建于唐贞观年间，开山祖师为慧通归一。该寺曾多次修葺和扩建，明嘉靖甲寅年（1554），英桥名士王叔杲公负责增修。捐资修缮仙岩寺大殿，筑华阳精舍（书院）于东房，筑茹芝馆为西畔。在寺周栽植松樟枫树等220多株。光绪十四年（1888）英桥十七世祖王瑞槐公又予以重修。

圣寿寺碑廊内留有“仙岩寺松木记碑”（明代）。青石质，高1.6米，宽0.8米。周边线刻云纹。万历三十七年（1609）立。碑文楷书，凡16行，满行37字。旸谷老人（王叔杲）撰文，正堂刻。记载王叔杲捐资修葺圣寿禅寺与在寺周围栽植松樟枫树事。陈文节公祠内有王叔杲公撰写的碑文一块。

仙岩“重建陈止斋先生祠记碑”。在陈文节祠内，明代。青石质，高1.6米，宽0.87米。周边线刻缠枝纹。万历十三年（1585）乙酉立，碑文楷书，凡23行，满行25字。大中大夫、福建布政使司右参政王叔杲撰文，邑社学教读蔡一蛟书篆。记载陈文节公祠肇建、迁建与其兴废历史以及明万历年间重建事。陈文节，即陈傅良，号止斋，谥号文节。南宋理学名臣，乾道八年（1172）进士，中书舍人（正三品）。

在仙岩景区摩崖题刻处，有“喷玉矶”，王叔本书，楷体横书，字径高、宽20—25厘米。

长坑口摩崖题刻

位于天柱寺水库西南角水库防洪道西侧“听泉山庄”后面两块合岩石上。前石高3.2米，宽1.6米。题刻由杭州西泠书画社社长吕迈书写，内容王璞先生甲戌暮春撰《游天柱寺》诗，行楷。其诗如下：

天柱有晋寺，罗东第一流。儿时浪迹处，今日喜重游。
同行九老友，都已白了头。登山不策杖，赏景各由由。
既试身尚健，且感兴致稠。一日游未足，秉烛继寻幽。
相期明春暮，再来事禊修。美哉此行色，临别意悠悠。

第十二节　驻堡机构

永昌堡具有坚固的城防系统，一度是永嘉场区域内重要的商贸文化中心。明代巡检司曾迁入堡内；英桥北形成永嘉场市，成为整个永嘉场商贸中心。

堡内有英桥王氏家风馆，有永昌博物馆、永昌堡文化研究会、永昌中学、永昌小学等。曾驻有永昌堡管委会、永强高新园区管委会、永昌乡政府等政府机构。

巡检司

嘉靖《永嘉县志》卷五有“中界山巡检司初在中界山，洪武二十年（1387）迁置一都。嘉靖三十九年（1560）里人兵部郎中王叔果奏入堡内”的记载。知永昌堡筑成之后，将中界山巡检司移入堡内，巡检司衙门就在城堡南门下。

《大清一统志》卷二三五《温州府》：“中界山在永嘉县东三百里海中。明洪武二年（1369）倭尝犯此。旧有中界巡司戍守，后迁于永昌堡。”《大清一统志》舆图中在洞头岛位置上标明“中界山”，故明清时的中界山即洞头岛。

巡检司为县级衙门下一级的基层组织，具有武装性质，其功能以边防巡查为主，并负责稽查往来行人，打击走私，缉捕盗贼，也是卫所制的补充军事力量。对维护国家安全、社会治安起了重要作用。巡检司弓兵无须国家财政供养。据明代地方官制，永嘉县衙共14名官员，其中一名为中界山巡检司巡检，属县衙官员之一。巡检司巡检品级为从九品。

永昌堡巡检司与坐落于永昌堡南门（迎川楼）内东侧南门的胡公庙又相互同称，当人们一提到胡公庙时，在旁的人便以巡检司称之，但一讲到巡检司，接话者又以胡公庙相互诠释，两者称谓互为勘合，其因巡检司自明嘉靖年间迁驻于胡公庙，在明抗倭期间做出业绩，故民间如此流传下来，便成习惯如此称谓之。永昌堡南门胡公庙是为纪念北宋清官胡则所建。据《宋史》及明弘治《温州府志》等史料考证：胡则（963—1039），初名厕，北宋婺州永康（浙江永康方岩）人，字子正，宋太宗端拱年（989）登进士，及第时，宋太宗御笔削去其名的"厂"字头，赐名则。官至兵部侍郎。胡则沉浮宦海47年，逮事三朝，十握州符，六持史节，选曹计省，历践要途，任职期间，宽刑薄赋，清正廉明，颇有政绩。尤在宋明道年间，直言极谏要求皇上免除衢、婺两州百姓身丁钱，百姓感恩，遂于方岩山顶立庙纪念。南宋绍兴三十二年（1162），宋高宗赵构应百姓之请求，用"赫灵"二字作为胡公的庙额。从此，胡公被百姓敬若神灵，成了"有求必应"的胡公大帝，并于每年农历八月十三日胡则诞辰日，举行隆重祭祀活动。据《通鉴长编》卷七六，胡则知温州为宋大中祥符四年七月（1011），弘治《温州府治》载"胡则知温州，宽赋除苛"，提举银铜场铸钱监，得所匿铜数万斤，吏惧且死，则曰："吾岂重货而轻人命乎!"籍为羡余，不之罪，郡人至今祠之。《宋史》卷二九九《胡则传》："就知睦州，徙温州岁余。"李銮宣《东瓯镇海门外胡公庙碑记》："今之庙祀乃遍东瓯也。"北宋名臣范仲淹为胡则撰写1700余字墓志铭，曰："进以功，退以寿，石不朽，百年之为会千载后。"对其一生作了高度评价。

据以上史料考证，永昌堡内胡公庙应是建于宋末或元初这段时间，崇德报功民众建庙以示纪念并进行祭祀活动，祀求神灵辅佑。嘉靖三十一年（1552）以来倭害猖獗，英桥王氏组织乡兵进行抗倭斗争。嘉靖三十七年（1558）王沛、王德为抗倭相继阵亡。为此，王叔果、王叔杲昆仲倡议捐资筑城堡。后准奏将巡检司由永嘉场长沙迁驻于永昌堡内，治所即在胡公庙，将胡公庙作为巡检司屯兵之所，庙内建筑面积空间足以屯兵100余人使用。在历史上，将寺院神殿作为屯兵之所是常见现象，可解一时之急；另则寺庙神殿屯兵，以阴兵翊赞王师灭贼寇，则神之助民，有御灾捍急之功，誓师于庙，并崇奉之，以祈神之辅，相互乘力，共同辅佑保太平。巡检司迁驻永昌堡内胡公庙之后，共同协同抗倭，维持地方治安，为当时永嘉场盐课司税课完成，保一方平安，作用巨大。

永昌博物馆

永昌博物馆设在英桥王氏宗祠内。1997年12月5日，永昌博物馆获得省文物局批准兴办。馆内

永昌博物馆

有石刻嘉靖皇帝敕命二道，明代抗倭民族英雄王沛、王德公的塑像与瞻仰亭，翠竹松柏点缀其间，庄严肃穆。2008年，有关部门投资40多万元对永昌博物馆重新陈列布展，在保持原有深厚历史文化底蕴的基础上，运用温州民间工艺雕塑和油画、版画等多种画种及现代装饰艺术，制作了立体展板，运用灯光视觉效果，设立了民俗文化、家族文化、抗倭文化、城堡文化、名人文化等展厅，使永昌博物馆更具有明代风韵和爱国主义内涵。

博物馆内还藏有西晋、宋、明、清民间文物100多件和建宗祠遗砖、圣旨缩影照等古物。在中堂大厅里展出明清时期名人进士像，并挂有张阁老、王世贞、徐阶等大学士的名帖。博物馆后面，有一幢五间两层楼仿古建筑，前楼王思本题写的“永昌图书馆”匾额，内藏古今中外书籍二万余册。包括永昌堡名人所著的《王氏家录》等著作。

博物馆内还建有文化公园，内有九峰峥嵘、华阳古洞、登山望月、池塘观鱼、古堡炮台、吉祥金鱼等景点。

家风家训馆

2016年，温州市首个家风家训馆——英桥王氏家风家训馆在龙湾永昌堡王氏宗祠正式开馆。

英桥王氏家风家训展馆以英桥王氏家训对永昌堡人民抗倭历史的深远影响为背景，设置了展板区、互动游戏区以及观影区，将1.2万字的《王氏族约》家风家训所蕴含的“为官体国，在乡惠里”的家国情怀和“崇儒重教，勤俭守法”等家训渗透在王氏家规和家风故事中进行展示，以声、光、影结合的表现形式来展现英桥王氏优秀家风典范。成为树立好家风的教育实践新阵地，有效践行了社会主义核心价值观。

2016年11月29日，中央纪律检查委员会网站头条推出《浙江温州龙湾英桥王氏：兴古堡守卫家国立族约丕振门风》，讲述了英桥王氏家族数百年来在温州繁衍生息，一部《王氏族约》成为他们立身处世的准则，耕读传家的良好家风代代相承、至今人才辈出的故事。其中提出了三个“为什么”：为什么一个私家城堡，屡退倭匪，成为“巍然屹立的地方长城”？为什么堡内王氏一族，奕世簪缨，却能始终做到为官清廉？为什么一部《王氏族约》，百年传承，成为古代官方推崇的家规民约？答案很明确，就是王氏族人不仅用智慧和勇气护卫了古堡，更是王氏一族的醇厚家风和绵长文脉。

家风家训馆（摄影 朱进兴）

英桥王氏王澈公制定《王氏族约》十章，分为祠仪、馂仪、简任、籍考、汇训、冠昏、丧祭、内治、嘉言、善行等，规章完备，有规可循，有约可行，宽严分明。《王氏族约》的可贵之处在于，以文化为根柢，倡导家国情怀，紧密联系“修身、齐家、治国、平天下”主旨，将诸多行为规范与精神涵养，融会于遵循社会公共秩序的目标中。英桥王氏家规家训内容概括如下：

廉勤正直。“凡子孙居官，务要廉勤正直、尽忠体国、恪守官箴，其治行卓越，惠泽及民，及有功德为宗族乡邻所庇赖者，殁后于谱传之；如以贪酷被黜者，于谱上削其爵。”意释：凡子孙担任官职的，务必要廉洁勤政正直，竭尽忠贞治理国家，恭敬地遵守为官的职责准则，政绩卓越，恩德惠及老百姓，以及功业和善行为宗族乡亲带来好处的人，那么他死后在宗谱上立传纪念；如果为官贪婪残酷被罢免贬斥，那么在宗谱上不记载官职。

敦行好礼。“凡生员乃族中之秀，当敦行好礼，崇尚气志，向以为族众表帅。若唯利是营，不顾名义，出入公门，干扰邻邑，可鄙甚矣，何以为士耶！仕官家居者，尤宜以道自重，谢绝私谒，以共维宗风可也。”意释：大凡生员都是宗族内的优秀人才，应当注重个人品行和遵循道德规范，尊崇气节和操守，族人历来把生员作为学习的表率。如果唯利是图，不顾名声道义出入衙门，干扰乡邻，那就很可鄙了，还有什么资格作为士人呢！做官的人在家闲居，更应该以道义自重，拒绝私事到官府请托，共同维护宗族的良好风气。

孝亲敬长。“事亲必孝，事长必敬，兄友弟恭，夫义妇正，毋作非法，而犯官刑；毋恃富强，以凌贫弱；毋好争讼，而扰门庭；毋为赌博，以荡产业；毋纵淫僻，以陨家声；毋耽麴糵，以乱厥性；毋习游惰，而忘治生，誊此训诫，实系废兴，言之再三，尔宜深省。”意释：对待父母一定要孝顺，对待老人一定要尊敬，兄弟之间要友爱谦让，为夫的行事要合乎正义，为妻的要守妇道。不要干违法的事，招致官府的惩罚；不要依仗富有强势，去欺凌贫穷弱小的人；不要争强斗胜好打官司，以致扰乱宗族家庭的安宁；不要赌博，以致败坏产业；不要淫乱，以致毁坏家族声望；不要酗酒，以致乱了本性；不要游手好闲惯于懒惰，而忘掉谋生之业。抄录这条训诫，实在关系到我们宗族的兴衰。再三嘱托，希望大家深刻反省。

推崇义举。“凡周恤族之贫难，及于宗祠有义举，在有余之家，即宜务行之。今累囷廪、连阡陌以遗子孙，至言祖宗公事，则缩颈方丈。宴亲宾，绮罗填笥，于族人之饥寒罔恤，皆由大义不明，未尝念及一本之意。夫创业累锱铢，而后人用之如粪土；富贵有时替，而人死贵留名。故家有余财，而不能树恩于族，谋盛举以垂不朽，是诚不智之甚也。”意释：凡是要接济族中贫难者，及至宗祠发起赈济义举的，富裕的家庭就应该用行动来响应。但现在有的人家粮仓多多、田地连片，用来留与子孙，至于说及为祖宗办公共事务，就变成了缩头和尚。宴请亲朋好友，绫罗绸缎排场阔绰，对族内还在忍饥挨饿的人却不救助。这都是由于大义不明，不顾念本是同根的缘故。先人创业时把财富一点点积累起来，而后代却不加节制地使用，视其如粪土。富贵是不会长久的，可贵的是人死后给后代留下好名声。因此，家有余财的富户却不能施恩泽于宗族，不想谋划善举而留芳于后世，实在是很不明智啊！

谨守国法。“凡包揽侵欺，国法具在，小则辱身丧家，大则祸害宗族，切宜深戒。”意释：凡是非法占有、侵吞欺骗国家钱粮，都难以逃脱国法的惩罚，轻者自身受到侮辱无家可归，重者就会祸害宗族，要引以为戒，切记。

龙湾区永昌堡保护修建管理委员会

永昌堡管委会是全面负责永昌堡历史文化遗产的保护和开发的政府管理机构，为区政府直属事业单位。2002年6月10日，成立龙湾区永昌堡保护修建工作领导小组。2002年10月18日，中共龙湾区委批准统一成立龙湾区永昌堡保护修建管理委员会。2002年12月16日，龙湾区永昌堡保护修建管理委员会正式挂牌成立，方志方任主任（兼），潘可旺任副主任（兼）。2008年11月10日，潘可旺任管委会党组书记。2011年5月，吴振弟任管委会主任。2012年3月，王国建任管委会书记兼主任。2016年8月，管委会并入区旅游局，成立永昌堡管理处。2019年3月，并入龙湾区文化和广电旅游体育局。

管委会职责：一是主持永昌堡的保护规划，负责永昌堡的维护修建。二是组织堡内拆迁工程，做好居民安置工作。三是严格监督永昌堡控保范围内现有房屋的改建修建行为，在管委会的统一引导下有规划地进行改造、修建，改善居民的居住环境。四是加强对文物保护范围内居民进行文物法律、法规的宣传，提高居民的文物保护意识。五是积极引入市场机制，适度开发永昌堡旅游文化资源。六是做好永昌堡的宣传推广活动，扩大对外交流。

永昌堡文化研究会

温州市龙湾区永昌堡文化研究会（前身为永昌堡民俗文化研究会）成立于2007年6月2日。6月5日举行授牌仪式。时任龙湾区委常委、宣传部部长邱小侠为研究会授牌。

永昌堡文化研究会由王璋、王国华、王会松、王一平、王伟等人发起组建，当时曾拟名：英桥王氏文化研究会，永昌堡历史文化研究会，最后核定为永昌堡民俗文化研究会。在龙湾区民政局注册，主管单位为龙湾区文广局，代管单位为永昌堡管委会。第一届会长王璋，秘书长王一平。第二届会长王璋，副会长兼秘书长王一平。第三届会长王振成，秘书长王勤福。第四届会长王一平，副会长兼秘书长王勤福。

2007年6月永昌堡文化研究会授牌仪式举行

十五年风雨历程，十五年砥砺前行。15年来，永昌堡文化研究会做了大量工作，为传承古堡文化做了应有努力。主持编辑《古堡深处》《槐阴集注译》《古堡墨缘》《研究会5周年》等书，翻印了《王季中集》《王氏家录》，资助编印《明代英桥王氏诗录》《清代英桥王氏诗录》等。《古堡深处》共233篇，分古堡情思、文史艺苑、历代名人、时代风采、民俗风情、传说故事、先贤遗作、古韵新声等。该书由王璋、王一平主编，共25万字，2008年大众文艺出版社出版。《温州日报》《温州晚报》作了介绍。王丽生、王玉照、王光荣、王建云、王福元、王德崇、王一平、王迪（教师）、王伟、王金麟、王国华、王会松、王会恩、王仁邦等人为本书出版予以赞助。还有王忠芳、王迪、王均金、王均豪、王璋、王成东、王小伦、王向荣、王少华、王步云、王汉光、王晓超、王晓敏等企业家，城北城南村，曙光中学和来燕予以资助。

2011年编辑出版《槐阴集注译》。香港出版社出版。王一平、王振成、王勤福、王金麟、王国恩、王会恩、王会进等人注译。王璋为丛书主编。

2016年5月换届大会上，王一平在大会上表态，提出修编《永昌堡志》，作为永昌堡文化研究会重点文化工程，后组建了编辑班子。主编：王一平、王振成。聘任王身康为《永昌堡志》编委会主任。

永昌堡文化研究会积极开展各项活动，重大活动有：

2016年，创办《永昌堡报》。举办纪念王叔果、王叔杲公500周年诞辰大会并组织书画展。出版《古堡墨缘》一书。

2017年，永昌堡文化研究会举办纪念王德公500周年诞辰大会并组织图片展览。

2018年，组织举办王铮公510周年诞辰大会。

2019年，举办纪念建堡460周年系列活动，包括纪念大会，文史研讨会，书画家笔会等。

2020年，举办纪念王毓公660周年诞辰、王光蕴公480周年诞辰、王光经公450周年诞辰大会。

【附表】

永昌堡荣誉和科普基地一览表

表1–2

荣誉称号	颁发单位
全国重点文物保护单位	国务院
浙江省爱国主义教育基地	中共浙江省委、浙江省人民政府
浙江东海文化明珠	浙江省文化局
浙江省国防教育基地	浙江省国防教育委员会
浙江省社会科学普及示范基地	浙江省社会科学界联合会
温州市爱国主义革命传统教育基地	中共温州市委宣传部
温州市永昌堡国防教育基地	温州市国防教育委员会
温州市2003年城市绿化工作先进单位	温州市人民政府
温州市双拥教育示范基地	温州市双拥工作领导小组办公室
2007年度温州市未成年人思想道德建设优秀阵地	温州市精神文明建设指导委员会
温州市未成年人思想道德建设工作优秀阵地	温州市精神文明建设指导委员会
温州市城管与行政执法局爱国主义教育基地	温州市城管与行政执法局
温州市龙湾区社会科学普及示范基地	中共龙湾区委宣传部、龙湾区社会科学界联合会
温州市青少年教育基地	共青团温州市委
温州市社会科学普及示范基地	温州市社会科学界联合会
红色古迹展示教育基地	温州市文化广电新闻出版局
温州市龙湾区未成年人校外教育基地	中共龙湾区委宣传部、龙湾区文明办
龙湾区青少年思想道德建设实践活动基地	龙湾区关心下一代工作委员会
外宣采访基地	中共龙湾区委宣传部
温州大学廉洁教育基地	温州大学
温州医科大学仁济学院廉政文化教育基地	温州医科大学
永昌镇中心小学爱国主义教育基地	永昌镇中心小学
天河镇中心小学爱国主义教育基地	天河镇中心小学
永昌中学爱国主义教育基地	永昌中学
温州市春晖高级中学爱国主义教育基地	春晖高级中学
龙湾区沙城中学爱国主义教育基地	沙城中学
温州市沙城高级中学爱国主义教育基地	沙城高级中学
永强中学爱国主义教育基地	永强中学
温州市越秀学校爱国主义教育基地	温州市越秀学校
龙湾区实验中学德育基地	龙湾区实验中学
温州市民俗摄影协会、577摄友会所摄影基地	温州市民俗摄影协会

永昌堡文物保护点一览表

表1–3

序　号	名　称	年　代	类　型	级　别	地　点	说　明
1	会秀桥	明	古建筑	国保	跨上河	
2	（原王清故居）王光蕴故居	明	古建筑	国保	四宅浃路7—8号	清代重修
3	四宅浃14号	明	古建筑	国保	四宅浃路14号	宅第民居
4	联芳桥	明	古建筑	国保	跨上河	王廷善建
5	王德故居	明	古建筑	国保	状元里6号	
6	状元第	明	古建筑	国保	状元里18号	王培贵重建
7	西门里51号	清	古建筑	国保	西门里51号	王福郎建
8	青石门台	清	古建筑	国保	西门里1号	举人王贯士建
9	井头桥	明	古建筑	国保	西门里1号北侧	跨上河
10	三里便农桥	明	古建筑	国保	王氏大派宗祠旁	王廷方建
11	王氏大派宗祠	明	古建筑	国保	下河畔	王诤建造
12	东门池	不详	古井	国保	东城路6号名居后	重修
13	御史巷12号	明	古建筑	国保	御史巷12号	王如珪建
14	都堂第	明	古建筑	国保	下河西岸御史巷	王诤故居
15	御史巷水井	不详	古井	国保	御史巷5号	民居西侧
16	御史巷13号	清	古建筑	国保	御史巷13号	
17	御史巷10号	清	古建筑	国保	御史巷10号	四合院
18	贤房古井	明	古井	国保	贤房巷	1463年建
19	东昌桥	明	古建筑	国保	下河板桥浃	王龙友建
20	布政使祠	明	古建筑	国保	圣旨门4号	王继明建
21	贤望巷3号	清	古建筑	国保	贤望巷	王邦信住宅
22	圣旨门巷3号	清	古建筑	国保	圣旨门巷3号	
23	右司马第	明	古建筑	国保	上河洞桥底40号	王叔果故居
24	左昌桥	明	古建筑	国保	跨上河	王叔果建
25	上仓巷1号	清	古建筑	国保	上仓巷1号	
26	世大夫祠	明	古建筑	国保	上仓浃尽头	王叔果建
27	王绍志故居	清	古建筑	国保	上仓巷21—23号	四合院
28	王氏宗祠	明	古建筑	国保	北门边、上河西岸	王东厓建
29	花园古井	明	古井	国保	花园巷	王叔果建
30	世裔桥	明	古建筑	国保	王氏宗祠南	
31	上下河	明	古河流	国保	堡内西北侧和东南侧	
32	护城河遗址	明	古遗址	国保	堡城墙四周	
33	通市楼	明	古建筑	国保	堡北城墙中部	
34	环海楼	明	古建筑	国保	堡东门中部	
35	镇山楼	明	古建筑	国保	堡西城墙中部	
36	迎川楼	明	古建筑	国保	堡南城墙中部	
37	城墙	明	古建筑	国保	永中街道新城村	
38	上仓坦	明	古遗址	国保	上仓巷7号	
39	下仓坦	明	古遗址	国保	下河东南岸、都堂第东侧	

第二章　宗　族

姓氏制度对中国社会产生了巨大影响，所谓宗族或家族，乃指依托于固有的姓氏，为同一个姓氏因繁衍生息及其迁徙而形成的共同血脉关系和组织结构的宗族或家族形态。自古以来，华夏子孙以姓氏作为家族与宗族延续的重要标志，代代传承。

英桥王氏世出琅琊，自五代辗转迁徙入住华盖乡之英桥里以来，盐业起家，科甲为本，诗书传家，人才辈出，蔚为官宦文化世家。王氏急于公义，热心公益，建永昌堡迄今460余年巍然屹立，其布局之合理，设施之完整，为江南古堡所罕见。王氏族人几百年来坚持重孝道，守族约，修族谱，制家录，爱国敬业，乐做善事，可谓壮哉！

第一节　英桥王氏溯源

王姓，中华姓氏之一，主要源自姬姓，部分源自子姓、妫姓和少数民族改姓。所谓王氏，一般解释为由三横一竖构成，三横代表天、地、人，一竖贯通天、地、人。这就是天、地、人都要归“王”管治的不二法则，有天地独尊的含义。

（一）中华王姓

通常认为，王氏出自姬姓、子姓（比干）、妫姓以及部分复姓简化与易姓而来。《王氏家录》载王光蕴《原姓》一文亦云：“按王氏，以爵为氏也……盖言王氏所从受姓有四焉：曰妫姓之王，曰子姓之王，曰姬姓之王，曰卢姓之王。”并提及四姓所原出，大体如上言；而其中卢姓之王所原出，认为：“出河南者，为可类氏；出冯翊者，为钳耳族；出营州者，本高丽；出安东者，本阿布思。”大体属于易姓所从受者之类。

据《温州家族史》（人民出版社2017年9月出版）一书所载“附录三：温州家谱姓氏分布表”显示，温州一地，各地各不同来源系出的王姓支派分布支数为：龙湾11、瓯海2、鹿城1、瑞安14、乐清9、永嘉15、平阳24、苍南19、泰顺28、文成2、洞头0、其他1，共计126。在各姓氏中，居第三位，数额低于陈氏、黄氏。英桥王氏属于龙湾主要一支王姓，系出琅琊王氏。

（二）英桥王氏溯源

王光蕴《原姓》言及，“琅琊之后，王祥、览为著显，览之孙为晋司徒导，扶元帝渡江与起东晋，从仕建康，而子孙多流寓江左。故江南诸王氏，往往溯称后裔”。以此并宣称：“吾祖宗遗《谱图》，起自司徒（王）导。循至我祖先世，称其侍兄平章（王）爚，宦游于闽，过永嘉，因家焉。虽（王）旷邈不足据，然由东晋以来，江左著姓推王氏。溯其支脉亦或近似。”作为方志名家的王叔果、王光蕴为先祖造谱，而持论甚为谨慎，故云：“族谱之作，则宗万十一府君为始祖。信所知也！”［万历五年（1577）］固乃为有所依据。

据四世祖王毓请邑人、将仕郎常州儒学教谕金原祺为乃父王珍撰写《三世祖乐善公墓志》［明永乐十二年（1414）］云：“处士姓王氏，讳珍，字伯玘。其先世五代唐晋间，自闽徙居永嘉之英桥里。曾大父讳辰，大父讳惠，父讳仕宜，母吴氏。”值五世祖王由修《英桥王氏族谱》，郡人、礼部左侍郎章纶在《英桥王氏族谱序》又作了说明：“稽君之先世，旧传五代时自闽徙居永嘉之沙城英桥（里），历宋元罹兵灾，中兼海患，家牒不存，自高曾以上世系莫考，故断自万十一府君为始，据其家所奉神主示子孙以信也。”［明成化五年（1469）］以上两则，均称英桥王氏于五代时自闽地而辗转迁入英桥里。温州大学教授林亦修著《温州族群与区域文化研究》（上海三联书店，2014年5月第2版）认为：唐末五代100多族有宗谱可查的福建移民后裔，几乎决定了温州现有居民的基础和村落格局，不仅是温州现有族群迁徙的开端，更以其高素质人群而一直影响着温州社会的发展，从而为宋代本土文化崛起奠定了基础；同时通过大量的方志、宗谱，辑录唐末五代温州移民计57姓156家，以感知他们的总体特征，并据此认为：英桥王氏始迁祖于五代时自闽迁居永嘉府城；其后，万十一府君王惠于元顺帝时（1333—1368）自府城迁居二都英桥里，乃定为始迁祖。

据2020年3月瑶溪半山出土《先考王府君圹志》等明确记载英桥王氏“先世肇源晋之江左，衍派闽之赤岸。至我万十一府君以兵乱由闽避居永嘉英桥，是今之始迁祖”则指出，王氏先世肇源晋代之江左，衍派福建之赤岸。

另，八世祖王澈在《重修英桥王氏族谱序》提及，“嘉靖初，南门王氏侍郎南渠公旷遣子姓通谱系，谓吾永嘉英桥与黄岩南门二派，俱出自台之宁溪”。这里提及英桥王氏“出自台之宁溪”。后，十九世孙王玉、王壬辑《王氏年谱》，在“始祖万十一公惠”条下，载有“万十一公系宁川（溪）始祖，唐大理少卿从德公十二世孙、宋庆元进士总公嫡孙……（宋）乾道二年，温郡海溢……檄文福建，移人补籍。王氏族类二十余家，俱自闽之赤岸来徙。系唐枢密院尚书尚墨公后裔”。这里认为，英桥王氏在（宋）乾道二年（1166）后徙自福建赤岸，始祖万十一公惠从台之宁溪转迁英桥里。为审慎起见，王澈《序》依然沿用“今以万十一府君为始祖，宗所知也”，当是可以理解的。

再，《王氏家录》载《世传·万十一府君》：“我王氏世居永嘉英桥里，旧传五代唐时自闽来徙。近传自台之宁溪……今以万十一府君为始祖，宗所之也……世出琅琊。”（康熙三十八年，1699）亦可谓一说。

综上所述，英桥王氏先祖溯源有几点可以明确：世出山东琅琊王氏；历来即盛传原始迁祖自五代从福建赤岸辗转入徙英桥里；鉴于历宋元、罹兵灾，中兼海患，家牒不存，以万十一府君王惠于元顺帝时迁居为宗，且墓葬于西门垟。此后子孙世居二都英桥里，繁衍生息，终成一方望族。

【附录】

原　姓

（明）王光蕴

按王氏，以爵为氏也。考宋欧阳公《唐书》及郑樵《志略》，盖言王氏所从受姓有四焉：曰妫姓之王，曰子姓之王，曰姬姓之王，曰卢姓之王。若北海陈留者，则舜之后，其先齐诸田，曰王家，此妫姓之王也。出汲郡者，王子比干之后，亦号王家，此子姓之王也。出琅琊太原者，则周灵王太子晋以直谏废为庶人，其子宗恭为司徒，时人号曰王家。出京兆河间者，则周文王第十五子毕公封之后，毕万封于魏，后分晋为诸侯，至王假灭于秦，子孙散处，时人亦曰王家，此姬姓之王也。出河南者，为可类氏；出冯翊者，为钳耳族；出营州者，本高丽；出安东者，本阿布思。此卢姓之王也。概而言之，凡四系列王氏之派，颇为明悉，其后枝叶布散，偏寓他姓，莫之先焉。

太原之后，文中子王晋公为著显。琅琊之后，王祥、览为著显，览之孙为晋司徒导，扶元帝渡江，兴起东晋，从仕建康，而子孙多流寓江左，故江南诸王氏往往溯称后裔。吾祖宗遗谱图，起自司徒导，循至我先世，称其仕兄平章爚，宦游于闽，过永嘉因家焉。虽旷邈不足据，然由东晋以来，江左著姓推王氏，溯其支派，抑或近似。而族谱之作，则宗万十一府君为始祖，信所知也。

顷家大人按旧谱修辑，更定义例，为世系、为纪、为表、为志，属蕴同弟荐手抄，日呈览而删润焉。方就稿，有钱塘人闻吾修谱，手王氏宗支卷求售，自汉迄宋，凡某某及梅溪先生率标注，卷中家大夫以远胄麾之。噫！吾谱信其所自出如此，后之人其尚省念也。

万历五年丁丑冬十二月十世孙光蕴百拜识。

第二节　世系与支房

《王氏家录·世系》载：“世系首始祖者，明所由始也。下列各派者，所由衍也。”自一世，而至二世、三世，即有支脉。至五世，开先七派，以后递衍。为了显扬族德，“自无干犯之嫌，尊先而警后，有俾为不至坊墓祠诸端”。防止“后世子孙有触犯祖讳者，皆由不知本支之故”。从五世始，二都英桥王氏因制定辈行表（一至四十四世）如下：

万肃怡允。

平安诚福庆，荣显守谦仁。

贵隆端礼则，会爵靖忠勤。

光前祁敏达，裕后展恢因。

奕纪覃彬萃，胤禄永延申。

其意思：平安是福诚然值得庆贺，每遇荣华显贵还得守住谦和、仁慈。而高贵兴盛，更要端守礼仪的行为准则。有品爵之人，心态要安静，忠心勤劳。为祖先增光，祈求敏捷通达；为后代造福，展示恢宏大业。世代深厚底蕴、文雅秉礼之人聚集在一起，后代必将福运永延不衰，繁荣昌盛。截至2018年，英桥王氏子孙已传二十九世，辈行为“敏”。将近七百年以来，其世支繁茂，房族广远，现全族户数达一万余户，人口五万余人。可谓表前征而激后人。

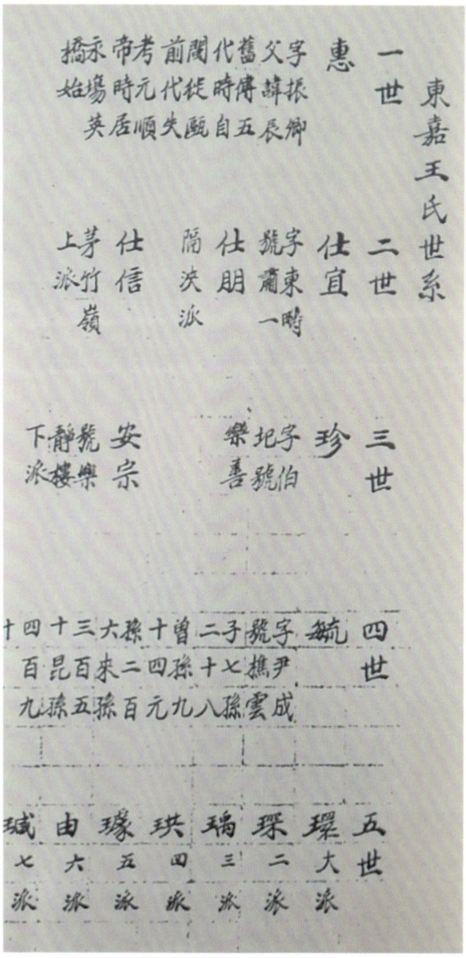

东嘉王氏世系表

（一）世支与房派

汉郑玄注《周礼》：“父死、子立，曰世。”近人徐中舒认为：“盖父子相继为世。”世系意味着家族结构在时间上的前后延续，体现在人口繁衍和子息兴旺状况。据《王氏家录续刻·世系》：一世始祖惠，字振卿。传二世仕宜，字东畴，号肃一；从仕朋，分隔浃（支），又从仕信，分茅竹岭上（支）。三传珍，字伯圯，号乐善；从安宗，号乐静，分楼下（支）。四传毓，字尹成，号樵云。由此子孙大盛。至五世，立七第，各以自力开辟，始分七派，即环（大派）、琛（二派）、璃（三派）、珙（四派）、璩（五派）、由（六派）、珹（七派）。至六世，有孙为埏、坦、墅、牡、在、墐、埻、境、封、佳、墀、坡、埁、厓、基、坛、陆、埙、堦、填、陞、垣、塘、塾、墟、均、壑、堪二十八人，次第分房。再至七世，衍有曾孙九十四人。再至八世，更有玄孙二百六人（开科甲之先）。再至九世，又有重孙三百五十人。再至十世，计有房孙四百九十人。十一世，武状元出。从奉一世祖万十一府君，至十世、十一世，支房尤立。由此方数里之内，烟火相望，鳞次栉比，英桥里井然成一巨镇，王氏则蔚然成一巨族。难怪有明一代文豪王世贞慨叹：“吾闻之昆仑，涓涓流耳，历数百千折而派分，灌溉

九州之大半，抑何神也！”比拟英桥王家为巍巍昆仑，岂不高迈乎！［据明万历二年（1574）《王氏家录·四世祖樵云公传》］

各支各派又有分房。在宗族内部，房族有相对独立性，有生活在同一地域，也有分迁异地，共同拥有独立的族产。如同宗族有族长，拥有祭祀、管理和解决族内纠纷等权责，房派也推立共同的房长，负责管理、祭祀和开办塾学等事务。英桥王氏的分支、房各具特色，大体为大派、二派、三派、四派、五派、六派、七派，以及楼下派；隔浃派、茅竹岭上派。另有大派，分老大房、老二房、老三房、老四房、老五房、老六房；四派，分日、月、星三房；各派、房又分成不少小宗。不少均星散而择地居住，并建立小宗祠。

（二）婚姻关系

明清以来的社会趋势，家族与家族人员缔结婚姻不再过于强调门第，但门当户对的观念，在世家显族或是普通家族还是通行地选择与自身相当的家族进行联姻。英桥王氏族人的婚姻缔结也不例外，甚至还甚为看重。《王氏族约》规定：凡婚配，须门第相当。王家族人须予以遵守。

据有关碑志谱牒，英桥王氏同蓝田李（阶）家、七甲项（乔）家、东溪姜（立纲）家等永嘉场世族均有联姻。其中，尤以与三都之普门里张（璁）家相互联姻，最为显著。鉴于“历世殆200年之久，而两姓族属并日见其振振”。（王叔果《祭张南溟表兄》）据考证：仅从明洪武丁卯年（1387）至嘉靖壬戌年（1562）的不到180年间，两族通婚共计158例，包括王氏娶张氏之女73例，王氏适张氏之男85例；而从洪武戊午年（1378）至崇祯己巳年（1629）的两百五十多年间，两族通婚约计332例，包括王氏娶张氏之女153例，王氏适张氏之男169例（张卫中《略论明代永嘉场普门张氏与英桥王氏的家族联姻》）。并分析，相互的联姻，主要是基于“中表”之间的宗族世婚形态，即为“中表婚姻”，其目的是保持姻亲双方家族利益互惠共享；同时，也由于地方官宦、文化世家的持续联姻，不断砥砺前行，促进了永嘉场以及温州地区文风之盛、学术事业的发展。特别是自溪桥公王钲配张璁少师之姐始，王张两家联姻，就嘉靖中期、隆庆与万历前期的几十年里，连续出现王澈（东厓公）、王激（鹤山公）、王沛（仁山公），王叔果（西华公）、王叔杲（旸谷公），王德（东华公）、王诤（竹岩公）、王良心（存吾公）、王继明（省庵公）、王名世（翼宇公）以及王光蕴（玉洞公）、王光美（玉沧公）、王光经（雨金公）、王维夔（龙友公）等在政治、文化和地方社会事业上具有突破性意义的重要人物，达到了王家最为辉煌时期。

同时，王家还同乐清望族章纶公后裔亦有联姻；以及同其他儒学、文化世族和官宦家庭的联姻，也均体现所谓“门庭相当”的族训规定。传承世家门风的媳妇们归于王家之后，皆能“佐以勤俭，承以孝敬”，协助夫君“温恭惠慈，孚于族；纯诚厚德，洽于乡邻、姻戚，贤声义闻传诵于远迩缙绅”（王叔果《参议公行实》），从而共同缔造了王氏英才辈出、诗书传家、簪缨相继的昌盛局面。

英桥王氏族人无论世居永昌堡，还是分房、婚姻、迁徙而世居各地，都能坚守“宗训”要求，做到事亲必孝，事长必敬，兄友弟恭，夫义妇正，毋作非法而犯官刑；毋恃富强，以凌贫弱；毋好争讼，而扰门庭；毋为赌博，以荡产业；毋纵淫僻，以陨家声；毋耽麹蘖，以乱厥性；毋习游惰，而忘治生。秉承着自身长期培育的人文精神和道德素养，可以概括为几个方面的美德，即：推崇义举、敦行好礼，为国纾难、为民解困，有恩必报、助人为乐，孝亲敬长、诚实正直，谨守国法、为官清廉，恭敬亲和、和睦相处，等等。

第三节 修谱与家录

宗谱、族谱、家谱、家牒、家乘，名虽异，实际都是一个宗族的谱书，即“某氏”的宗族谱。系为明血统、序昭穆、录家史的特有历史文献。宋元以来，私家修谱逐渐兴盛；明清时期，其原则、体例趋于定型、成熟。《英桥王氏宗谱》以及《家录》及其《续刻》等也不例外。功能主要在于：厘清家族先世，始祖及其祖居地、迁徙始末；以图表形式列出祖先世系、派房和支脉情况。原始祖至五世六代一图，第二图自五世至十世，第三图自十世至十五世讫，以下类推，至现存者为止。先人小传叙传主名讳、字号、仕宦、特行、婚配、子息、葬地、封赠、享年，叙录族姓的源流、支派迁徙、恩荣职晋、祠堂家墓、德行善义、家传著述和家训家约等，而且，秉持《春秋》谨严之旨，遵循“断自可见之世”，以万十一府君为始迁祖，不附会，不攀缘，不过誉，亦为善矣。正所谓“欲其知所本”“重乎世系”，“则孝悌之行兴，礼仪之俗成。王氏之门，昌其大矣”。［明成化丙申（1476）《东嘉王氏族谱序》］即是意义之所在，也是王氏族人修谱之众望所归。《王氏家谱》与《王氏家录》《家言》《续刻》等自明初以来，历有所成，皇皇大著，至今相传不殆。

（一）修谱

英桥王氏先祖乐善重孝，坚持六百余年持续纂修族谱。明永乐十二年（1414）樵云公王毓请邑人、将仕郎金原祺为其父乐善公珍撰《墓志铭》，“其先世五代唐晋间自闽徙居永嘉之英桥里”。自明成化五年（1469）王由梦竹公首倡家乘，至嘉靖十六年（1537）、万历五年（1577），至于清乾隆六年（1741）、嘉庆元年（1796），以至于中华民国33年（1944）、中华人民共和国，屡次续辑，可谓壮哉！

现将历次修辑宗谱情形简叙如下：

首次“谱成”于明成化五年（1469），“断自万十一府君为始祖”。下及至于六世。指明“旧传五代时自闽迁居英桥里”“系出琅琊”。册分两卷，内容大略包括：“居徙、生齿、婚娶、卒葬及祠祭墓、祭田”为一卷，而“行状、志铭、家训与遗事”为一卷。梦竹公王由“修其谱”，“自序于首”；并请浙江等处提刑按察使司副使、督学明荣，礼部右侍郎章纶分别作《序》。谱成，“凡六世，枝脉递承，秩然不紊”。

再，重修族谱于嘉靖十六年（1537），并始作祖祠，由少参东厓公王澈总其事，次年谱成，自作《重修英桥王氏族谱序》；请讲谊之交、永康人吏部左侍郎程文德作《序》。“前谱逮成，今七十余年矣。”其时，少参东厓公王澈、祭酒鹤山公王激“伯仲竞爽，而世益显”，子孙亦以千计，蔚然成“浙东著姓”。鉴于“族姓日藩，而事亦多夥，宜重修辑尔”。大体“首列支图，系之列传，系之训范，系之祭田，及先世遗事、诰敕、命则”。而且王澈“作族约，立约正”。时郡守洪公“留意教化”“取族约，颁之合郡四乡”“大族多固与起者”。一时隆誉。（侯一元《参议公传》）

再，重修于万历五年（1577），次年谱成。距上次，“迨今四十年，而奕叶百千。绳芳趾美，族亦云昌”。王叔果公总其成，命光蕴搜罗故实，编为十卷，并口述由其润色，全谱篇幅比前谱有了较大的增加。王叔果自撰《重修英桥王氏族谱序》。王叔杲公协同其事，撰《重修英桥王氏族谱题辞》，邑人参议侯一元亦为作《序》。

再，重修于清乾隆六年（1741）。据《王氏家录续刻·年谱》载：“（清）乾隆六年，重修《家乘》”。具体不详。

再，重修于嘉庆元年（1796）。据《王氏家录续刻·年谱》载：“（清）嘉庆元年续辑《家乘》。”邑人程公浩作《序》。其余不详。

清康熙、道光、光绪年间又重修，详情不载。

至中华民国33年（1944年）又重修宗谱一次，由楼下派十八世王鸿初（乃斌公）主持。此为第九次重修。

中华人民共和国成立后，于1980年、1998年、2012年共三次重修宗谱。最近的一次，自2012年农历四月始至2014年农历四月圆谱，历时两载，族人300余人参与并外出采访、查阅资料等。该次宗谱共计四十九卷，达四百余万字。综上，迄今共计修谱达十二次。

其中1980年一次，由大派松房二十一世王岩姆等倡议，王岩姆、王显标、王秀墉、王培生、王培贤、王绍程、王其顺、王培铃、王勤生、王洪业等人参与。不久王岩姆因身体原因，众推六派王勤生主持工作；后来增加各派人员，包括族长王福元，大宗子王奎明，总首事王勤生、王岩福、王宝元，顾问王秀墉、王希逸，以及王靖泰、王靖巧、王岩云、王显标、王其顺、王培生、王培贤、王洪业、王阿选、王国林、王绍程、王其兴、王则友、王兆峥、王金生、王洪畴、王阿寿、王高林、王弘津、王华珍、王桃高、王春龙、王振桃、王培林、王瑞舜、王则星、王则信、王勳庭、王金姆、王岩元、王则炎、王福元、王克元等一百多人，在城北租民房设谱局开始工作。因“破四旧”旧谱无存，幸有大派二十一世王岩明抢存清本草谱一箱，六派二十三世王忠模密藏六、七两派谱，楼下派十九世王秀墉藏一至十世副谱，隔泱派十八世王桂郎保全其派谱两卷，二十世王丽生隔涣派旧谱和全套辈行，另向本、外各地搜集各谱数十本，旧谱缺楼下派衙前三房十至十五世系，王秀墉从文物部门搜集有关文史资料并誊抄补入。历时三年，修成新谱。族长王福元因高龄，派其子王国华参加宗族活动，王永吉、王振祥、王桃山、王国恩等参加谱局后期工作。各地房族一百多人共同参与，并于1982年正月初七日，隆重举行“圆谱庆典”，邀请温州瓯剧团演戏三天三夜，大派西垟二房二十二世王新法敬献红烛一对（90公斤），松房二十二世王思明敬献大香一炷，楼下派北白象山东水潭房族敬送牲猪、牲羊、四季八节，永嘉菇溪、西洲、双溪敬献匾额等，本、外地房族和世祖姻亲们也送来许多纪念礼品。大宗祠里接踵摩肩，热闹非凡。十里八乡客人到永昌堡参观“英桥王氏”圆谱庆典活动。这次圆谱还重建了始祖坟茔，修缮了半山七房坟古墓群。

（二）圆谱典礼及其仪程

家族修谱活动是中华民族传统文化的重要组成部分。很多家族修谱以后，为了使家族更有凝聚力，大都会在族谱完成后举行圆谱或颁谱典礼。

圆谱或颁谱大典，又叫颁谱庆典、颁谱盛典、颁谱典礼、颁谱仪式，等等。圆谱或颁谱大典举办之前，一般要进行祭祖仪式（在祠堂中或者祖坟举行祭祖仪式）。若家族有祠堂，圆谱大典在祠堂中举行；若无祠堂，可在祖茔地举行。一般有一位主持人全场播报、引导每个环节。英桥王氏举办过多次圆谱或颁谱大典，其基本仪式、流程大体相似。

1.前期安排

场地安排布置：在正殿放几案三张，上铺红布，用作摆放供品和族谱。

祭祀用品：（在正殿）五牲五谷水果香烛等供品。祭文（祭文放于祭桌上）。由主帮忙负责（站立供桌两边的人，负责接供品、斟酒、点香），铜盆，毛巾，用于祭拜者净手。

参与人员分工：司仪，主帮忙两名，诵祭一名，主祭官一人，从祭每房一人，其中选三人敬酒，宗谱开光人（族长或者家族中德高望重的族人）。

会务秘书组：具体负责仪程和先后承接等。

场景主管：场地后勤（插旗等）。

来宾接待组：负责签到、引导。

2.礼仪程序：

（所有参会人员肃立颁谱场所。）

司仪宣布发谱典礼开始，鸣炮奏乐（乐队前面开道奏乐，继续吹奏，至族谱安放完成）。

请供品，请族人戴白手套将供品按序端于供桌前，端供品者作揖一个，然后由站立供桌两边的主帮忙负责放于供桌（请供品时，音乐或者唢呐响起，至端供品结束）。

请族谱，找专人用红布包裹的族谱（一套或者两套）端于供桌前，两边站桌的负责把族谱放于供品前边，端族谱者作揖退下。

宣布：重修家谱即圆谱庆典现在开始。

（全体肃立。）

祭祖开始；人员各就各位。依照主帮忙、诵祭、主祭、从祭、开光的顺序，在主帮忙的带领下列于案前，两边前后列队站好伫立。

（司仪诵读开场词。）

请主祭者和陪祭者上场，主祭者按当地风俗行大礼，净手上香、焚纸化金钱，各支代表为陪祭者，站立于主祭者后面，主祭者大礼完毕后，陪祭者全体行三叩拜礼。主帮忙持香、点香，主祭、从祭鞠躬接香，一跪三叩之后，鞠躬，上前斟酒、上香。完成后退回。司仪说“礼成”。（行礼过程中音乐奏起。）

诵读祭文，诵读祭文者作揖后诵读祭文，祭文读罢，站桌旁的主帮忙焚于火盆。诵祭文者净手，斟酒、上香后，退。司仪说“礼成”。（行礼过程中音乐奏起。）

族谱开光，由族长或者德高望重者行叩拜礼，净手，斟酒、上香，打开红布包裹的族谱，翻开放置于供桌。退回原座。司仪说“礼成”。

司仪：（全体宗亲再行礼）一拜、再拜、三拜，行礼过。（行礼过程中音乐奏起。）

来宾和家族主要负责人台上就座。

宗谱开光人致辞。各地来宾致辞。主题报告。颁发族谱，各支系代表现场受颁。缅怀先祖，表达宗族之爱，强调传承之心，教育后世子孙。

仪式结束，奏乐鸣炮。而后，共享族宴，俗称圆谱酒。

【附录】

《东嘉英桥王氏族谱》序

（明）章纶

天下之事，可以系人心而厚风俗者，自祭祀之外，莫切于谱牒。盖当祭祀俨祖宗之如在，观谱牒见支派之有源。感而思之，知吾身之所自出。上溯始祖，而下及子姓之袒免无服累数十世之远，百千人之多，其初则一本也。而尊祖睦族之心自有不能已者矣。此系人心而厚风俗，必严祭祀，而次必及于谱牒也。将仕郎永嘉王君秉璠甫有见于此，乃修其家谱。既自序于首，而又纪述遗事于后，走书征予为序。

予稽君之先世，旧传五代唐时自闽徙居永嘉沙城之英桥，历宋元罹兵燹，中兼海患家谱不存。自高曾以上世次莫考，故断自万十一府君为始祖。据其家所奉神主示子孙以信也。府君三子，肃一、肃六、肃七。肃一则君之曾祖，元时尝为乡正，家饶赀产。祖号乐善，父号樵云，累仁崇义，以世德望于乡。君奉庭训，志先敦睦，乃修家乘、图宗支，或详所自出而不敢略，或阙所未信而不敢附，诸及先世遗事。祠墓、徭役各为一卷，井然有条。凡观兹谱者，其孝悌之心尚油然而生。而况王氏之子孙，按图溯系，观德考祥，尊尊亲亲之念，不将没世不忘也哉。

王之族显于前者，太原琅琊为著，而后莫盛于江左，要其初固一本也。自宗谱之法废，世远者不复论，数传之后，派析支繁，于族之袒免无服者，将相视如涂人。噫！斯亦忍矣！秉璠亢宗隆礼，而谱牒之作，一准之先哲名家，其于人心风俗诚有裨也，使天下之人家喻户晓。率由此道，则修家齐而治平之道，岂外是哉。

谱成于成化五年己丑同事纂修者具列于左，是为序。

成化六年庚寅夏五月。

赐进士出身正议大夫资治尹南京礼部左侍郎乐清章纶撰。

重修英桥王氏族谱序

（明）王澈

我王氏世居永嘉华盖乡英桥里，旧传五代唐时自闽来徙。宋乾道年间吾乡海患荡溢，谱牒无考。嘉靖初，黄岩南门王氏侍郎南渠公爙遣子姓通谱系，谓吾永嘉英桥与黄岩南门二派俱出自台之宁溪。以万十一府君为始祖，宗所知也。

吾宗有谱，自族祖梦竹公始，时在成化，迄今凡八十年，支齿日蕃而纪志关略。先大夫溪桥翁加意修辑，冀澈同仲弟激间于王政而后从事无何遘大艰。追念先志，乃据旧谱所存者订而补之，由是百年坠曲犁。

然复举夫谱，所以尊祖而昭裔也，尊祖则情生，昭裔则志一。吾宗人具先皆出于始祖一人，迄今凡十传，族广而迹疏间有休戚不相庆恤，甚或道路谁其践籍无忌，何以教谆睦哉！夫亦志弗一而情弗生也。《易》曰：天与大同，人君子以类族辨物，此先王所以著异同也。今吾为谱，世次明而异辨矣，本始惇而同统矣。异辨而志一，同统而情生矣，志一情生而族以达睦矣。斯吾所望于族之子若孙也。

嘉靖十七年丁酉冬日，朝列大夫福建布政使司左参议前兵部武库司郎中八世孙澈顿首拜书。

万历《东嘉英桥王氏族谱》的初步研究

当代王瑜臻　王勇

明万历五年（1577）王叔果修原本《东嘉英桥王氏族谱》是一部很有学术价值的族谱。它内容极其丰富，在封建社会宗法关系、土地占有关系、租佃关系、宗族的内部结构、调节宗族内部关系的诸机制、社会慈善事业、文化教育设施、王氏与朝政的关系，以及王氏社会交际活动等方面都保存了丰富的史料，为我们研究明代中叶社会、政治、经济、文化、军事提供了许多资料。现将我初步接触到的一些方面予以评述。

族谱纂修者题为王氏八世孙澈辑，九世孙叔果、叔杲重辑，即王氏父子三人合作修纂而成。族谱初修于成化五年（1469），次年，南京礼部右侍郎章纶为其撰序，此时王澈未诞生。王澈于嘉靖十七年（1538）为族谱重修作序，可见族谱题为王澈辑当于此前已成初稿。万历五年（1577）王叔果又为族谱重修作序，其弟王叔杲于万历六年为族谱“题词”，而谱本封面题为“明万历五年王叔果修原本”。以此推算从王澈经手辑修，至其子王叔果兄弟重辑完成，前后长达40年。如以成化五年初修本算起至万历五年修成，则有100余年。由此可见族谱纂修是一个漫长又浩大的文字工程。

主纂者王澈（1473—1551），字子明，号东厓，与弟王激于嘉靖二年（1523）同举进士。嘉靖三十五年（1556）为礼部司务，升兵部车驾司员外郎，武库司员外郎，奉兵部尚书杨博令修《京营志》，嘉靖四十一年（1562）为湖广布政使司右参议，广东按察使司副使。王叔杲（1517—1600），字阳德，号旸谷，嘉靖四十一年中申时行榜进士，授靖江知县，升兵部车驾司主事、武选司郎中，直隶大名知府，湖广按察使司副使，湖广布政使司右参政。

王氏父子三人家学有渊源，皆为进士，历任地方官朝官多年，交游皆名流，学深识广，故所纂修族谱当为上乘精本。

英桥在温州府永嘉县永嘉场（华盖乡）英桥里（今浙江省温州市瓯海县永强区白水乡英桥村），为东嘉显族。五代后唐时由闽迁徙至台州府黄岩县，于宋乾道间迁至永嘉县，至王澈已历八世。七世王钲字九思，号豁桥，封中宪大夫，通政使司右通政，其妻为首辅张璁之姊。子三：澈、激、沛。王激（1476—1537），字子扬，号鹤山，嘉靖二年（1523）中进士，授吉水知县，为政清廉，擢为南京通政司右通政，国子祭酒，兼经筵讲官，门人有项乔、罗洪先等人。著有《文江集》《鹤山文集》等。郑晓与张璁政见不和，王激不避亲嫌（王为张璁的外甥），为郑晓辩护，所以当王激逝世，郑晓特为他立牌位祭奠，写传表彰他正直重情。十世孙王光蕴著有《永嘉县志》《半山藏稿》。王姓族人中进士位高官者甚众。在族谱卷三《恩纪》中收有诰敕、敕谕、谕祭文多件，如《皇帝敕谕广东按察司副使王叔果》，还“特命”巡视沿海地方。《族谱》装帧考究，书长41.5厘米，阔33厘米，每页15行，每行28字，书写极其工整，书法艺术精湛。内容分总目、凡例、世系、世纪、恩纪、文纪、年表、行讳、宅里志、祠墓志、公田志、图籍志，凡十卷。

王氏世居永嘉场，该地原是盐场，居民大都从事盐业生产，盐民入灶户，据高岱《永昌堡记》：“居民煮海为业，皆著籍灶丁，场延袤五十余里。民居栉比鳞次，多贵族，王氏尤称著姓。”而盐民生活则十分穷苦，“十室九空，往往穷迫，逃徙莫能为生”。族谱录有二曲有关盐民祭祀娱乐活动的词曲，其辞曰《迎神曲》：“灶人人盐兮，庖人舞刀，惟王惟翁兮，乘风逍遥。投辖于海兮，驻此归潮，春满东瓯兮，花满豁桥。”《送神曲》：“长云列旗兮，神来不迟，野老争驰兮，美报孔时。羌归帝所兮，遑恤民私，天高海深兮，悠悠我思。”这二曲反映了盐民生活的文化资料极其可贵。

王氏宗族具有相当的凝聚力，推举德高望重办事能力强，为人公正者为族正。“居是堡者必讲信修睦，振寡邺孤……合斯堡如一人……置义田，行族约。”（侯一元《永嘉场英桥重建城堡记》）每届立春之时，齐集族众几千人，“申以训辞”，“其宗人著族，约立约正，司讼司纠，旌察淑慝。有陵嗤忿争者，则遵约听之，不使烦于司”（张时彻《福建布政使司左参议赠朝议大夫东厓王公墓志铭》）。“若孤嫠志疾死丧无告，则出余帑周之。”清明集众祭祖，如祭半山祖坟，因七派子姓众多，规定按房派定人数，先期发柬通知，决定清明日上坟祭祀。主持者备二船，每船四桌，约30人，其费用由族内祭田收租支出。祭毕族祖——乐善、樵云公后，再由各子姓分别祭各房祖坟。族内还有公田，一部分拨为祭田，一部分为义田。义田是由王叔果兄弟二人据其父之遗志拨出200亩田出租给族内外佃户租种，每年以租之入供族内“以备赒给”。规定使用于“族人贫不能生理者，每岁给谷二次，交青一石，岁终一石。寡妇及孤老无告者给二石。其有急难求济及有间者另恤之。贫不能棺殓者给谷二石。丧不能葬者给如之。乡有节妇及姻邻无告者，岁给谷二石。右义田之置，专赒贫，其族众公家事虽有余积不得妄支”（《公田志》）。

公田（祭田、义田、祠田）出租给佃户，租额都有详细记载，公田所在地及田之四至、佃户姓名、租额都一一记明，这是研究明代土地制度一份很好的史料。

王氏族众在王叔杲主持下修建了永昌堡，有关永昌堡的兴建有详细记载，可补地方志书之缺。其城堡始建于嘉靖三十七年（1558）冬十一月，竣工于嘉靖三十八年（1559）冬十月，费金七千两。城周广860丈，高25尺，厚半之，水陆门各四，“城外环河水四面引二渠贯城中，楼橹雉堞，衢市梁井，无不斤斤备也”（高岱《永昌堡记》）。新建的城堡俨若一个镇，侯一元称赞道：“屹为一方巨镇，咸以县治无以过也。”（《永嘉场英桥重建城堡记》）堡筑成后将盐课司、巡检司迁于新城堡内，组成军民联防的城堡。建成后正值倭寇猖獗骚扰东南各地，有了永昌堡（今称新城），倭寇不敢来犯，保卫了地方的安全。城堡建成已400余年，至今所留的遗迹仍是非常坚固、精美。

族谱中还记录了王沛、王德抗倭壮烈牺牲的事迹，《明史》卷二九〇《王德附王沛传》仅数十字记载，语焉不详，记曰：“德乡居，以倭乱，奉母居城中，倾资募健儿为保障计。三十七年夏，倭自梅头至，大掠，德偕族父沛，督义兵击之，宵遁。俄一舟突来犯，沛及族弟崇尧、崇修歼焉。亡何，倭复至，大掠，德愤怒，勒所部追袭至龙湾，军败，手射杀数人，骂贼死。然倭自是不敢越德乡，侵郡城矣。事闻，赠太仆少卿，世荫锦衣百户，立祠曰愍忠。沛赠太仆丞，立祠予荫。”族谱卷三《恩纪·赠太仆寺寺丞王沛》云：“益府良医王沛，出自宦族，卓有义闻云。当束发之年，即抱请缨之志。值岛夷倡乱，民罔宁居，其在嘉郡，受祸尤烈。尔乃鼓众勠力，保障一方，躬率义兵，屡挫剧敌。讵意寇掩我之不备，力遂屈于莫支，兵刃交集，膏涂草莽。志虽未酬，而忠则已尽。视彼临难，为前却者远矣。朕用嘉悼，特赠尔为太仆寺寺丞，加之禨荫。呜呼，能以卫社稷之心，效死封疆之力，在分阃授钺者犹难也，谓一介之士能之乎，国有彝章，宁独尔靳，抑使士伍奋于戎行，尚歆殊渥，永慰忠□。”卷四《敕建褒忠祠记》亦有详记王沛抗倭事迹。

族谱中也反映了族内义男制。洪武二十年（1387）沿海筑城戍防，规定每家有四人者率出一人去附近从军。四世王毓，字尹成，号樵云，家少兄弟，就让义男胡谦益和用人吴转僧充王族人去宁村所从军，后调至蒲岐所、宁波龙山所，胡谦益后裔从此就永袭王姓承继军役。这表明了王族内除本族血缘子孙外，也融入了异姓子孙以王氏族的名义生活其中。

王氏族谱还为我们研究明代乡绅阶层的活动，与乡绅在政治、社会中的地位及其作用，提供了生动的画卷。目前乡绅问题已成为日本、韩国等国史学家研究的热点，在这方面也为我们的研究提供了宝贵的资料。

《东嘉英桥王氏族谱》还是一部文学艺术精品，收录明代隽才巨擘之大笔，如郑晓、高岱、黄淮、张孚敬、徐栻、徐阶、王锡爵、王世贞、薛应旂、凌云翼、侯一元、陆树声、何镗、茅坤、虞景淳、章纶、项乔、罗洪先辈皆为一代名家，虽然一些文章属应酬答谢性质，但大部分还是出于真情的文章，文笔流畅优美。该谱装潢精美，书法精湛，是一部富有学术价值的谱牒。尤其是王氏为明代中叶的显族，交往皆社会上层，特别是某些庙堂中枢人物与王氏有姻亲关系，与大学者有师承、门第关系，其也可作为明代中叶政治、社会、文化史资料来研究。

（原刊北京《谱牒学研究》第3辑，书目文献出版社1992年12月）

（三）《王氏家录》《续录》编印

《王氏家录》原为永嘉场王氏宗祠藏本，原编为玉介园附集，平阳王海髯先生假阅重为删订，易名为王氏文征，分内篇二卷，外编七卷，后再易名为王氏家录。由十三世孙赓尧抄写。

内编卷一：收录王由、王澈、王诤、王湖、王德、王继明、王光经、王名世、王维夔、王叔果等28人诗。本卷还收录王澈《重修英桥王氏族谱序》等文章以及先祖行略。

内编卷二：收录王氏先祖撰写义兵纪事，筑堡纪事以及先贤传记、行略等。

外编卷一：收录社会名流王世贞、何白、黄淮等86人与英桥王氏先祖酬唱交游诗作。

外编卷二：收录朝廷颁发祖上王激、王沛、王德、王诤、王良心、王继明公等敕命以及其父母诰命等。

外编卷三：收录竹雪公、中制公、通政公、东厓公传记。

外编卷四：收录社会名人章纶等人撰槐阴堂记、梦竹轩记、沙城记、永昌堡记、永嘉王氏宗祠记、东嘉王氏族谱序等50多篇文章。

外编卷五：收录王世贞等社会名人撰英桥王氏先祖乐善公、樵云公等墓志25篇。

外编卷六：收录张孚敬等撰庆溪桥公偕配安人齐寿荣封序等祝寿文29篇。

外编卷七：收录胡德宽撰祭太仆寺丞仁山公等人祭文5篇。城堡上梁文等8篇。

《东嘉王氏世录》收万十一府君墓石纪略、肃一府君行略和祖上传记41篇，三世祖乐善翁等先祖墓志铭、圹志、墓表等37篇。

《王氏续录》收东嘉王氏世系，科甲录、胶庠录、墓葬、祠祀、坊表、书目、年谱等，还有王澈撰写的《王氏族约》。

关于编刻《王氏家录》与《续录》以及纂修“族约”，据《年谱》等所载大体情况为：嘉靖二十一年（1542）东厓公王澈“著族约、宗训、女训、春秋祭议”等。隆庆三年（1569），西华公王叔果“刊《宗支图》”；隆庆五年（1571），又“刊《族约》”；隆庆六年（1572），初“辑《家录》成，尚书徐元太《序》”。至万历丙子（1576）秋八月，云间莫如忠撰《东嘉王氏世录家录总序》称其“固不朽之大者。君子谓：斯录也，宁独可备家乘？籍令采而籍之掌故，登之世家，以辅国史之阙佚”。再，万历二十四年（1596），玉洞公王光蕴“重刻《家录》”，如家录前莫公旧《序》。而再至清道光八年（1828），续刻《家录》成。由十九世先祖王壬、王玉合事参辑，王心一、王大成校订。

1989年冬月，王氏族人从温州图书馆古籍部发现《王氏家录》与《续录》抄本，复印1套；并由当时永昌堡文物保护小组保管，进而制作《王氏家录》与《续录》60套。全书11本，分《世录》2本，《家录》7本，《家录续录》1本，《王氏族约》1本。2013年正月，由永昌堡文化研究会将以上《王氏家录》与《续录》集为6册（卷），再进行翻印，印数计500套。此书资料翔实，保存完备，均具有较高的人文价值。

【附录】

王叔果《东嘉王氏世录家录总序》

（明）莫如忠

东嘉王氏之为《家录》《世录》也，亦犹国史之遗焉。夫曰《世录》，录其世系者，凡详于纪事，则右史法也；曰《家录》，录其家者，凡详于记言，则左史法也。其称名也质，其立例也精，其取义也师，其意不过乎物。夫非宗盟之典要，保太之漠者哉！而王之著姓于东嘉，可考而原矣，录成于广东按察司副使西华先生及仲湖广布政司参政谷先生。既就梓，俾予序之。

在礼：诸侯不敢，天子、大夫不敢，诸侯而犹祖其所出者，乡大夫非公族而特起受氏，得自别于为宗，若此者何？明贵贵也。贵贵之义明，则亲亲之恩笃，非以贵贵而加于亲也。其取数多，则所凭者厚，而声实附焉。故能翊其祚而昌之，辟承高而声加疾。自汉以来，称闻家则莫不然矣。王氏在永嘉，溯自六世而上迄始基祖余三百年矣。硕业递兴，彼孳孳，躬仁义，表望乡闾，以缔造称贤者，岂少哉！乃至溪桥公少参东厓公、大司成鹤山公，开其先（载传）；而西华、旸谷先生伯仲恢其绪；及若竹岩大中丞、东华太仆与疏属诸贤，后来之俊，群起而和之，而王氏之族，始裒然表东海矣。

今读二录，世美绳绳，辉映简帙，其为潜德，为鸿名，为奇节，为勋业、文章，类不胜纪。固绩庆之源，塞而必发，岂亦所凭之势然哉？或谓：古称不朽则首立德。而余慨闾巷行谊，身没而名垂，不失为独行，君子之德，而后莫有亢容，不免陵夷浸微矣。以方王氏，不亦忝乎！东华先生余同年友，义甚高直声，在廊庙，尸祝在其乡，于奇节为著；而旸谷先生方备兵海上，安壤奇画，有大造于东南家食时业，与伯氏筑堡备倭，以卫其里，所全活甚多，竟寇平，不与计偕者，载此之为德，于益光厥世，以永令闻，固不朽之大者。君子谓：是录也，宁独可备家乘，籍令采而籍之掌故，登之世家，以备国史之阙轶，不在兹乎！不在兹乎！故序。

万历丙子秋八月赐进士第通奉大夫浙江布政使司右布政司前提督副使云间莫如忠撰

注：莫如忠（1508—1588），字子良，号中江，南直隶松江府华亭（今上海松江）人。嘉靖十七年（1538）进士。累官浙江布政使，寻告归，杜门著书。

王光蕴《东嘉王氏家录》序

（明）徐元太

不佞起家魏令，尝严事王大参旸谷公。云公守大名，坦夷率物，有龚渤海长者风，讨诸令而训之，责大指而已，不苛削。又如汲长孺于淮南，凡五越月，河内外大治。不佞赖公推挽，拜司勋郎。去已，厕闻西华先生高标神韵，与公同趣。而先是东厓公偕仲祭酒事世庙，著伟称。豕韦之室，鹑首之华，送相升中出云，而其所为有开必先者自在也。别公三十年，玉洞公来贰吾宛，凡五越月，不佞始获力疾挚羔雁，问起居，公无恙，几大耋，而神明之用不衰，恍若曩时执下吏之谊，奉公周旋，差慰藉已。未几，玉洞公出其集暨先公西华先生集，相次竟读，凡所谓先秦、西京、三、大历诸体罔不备，不佞愧无能赞一词。而又间出其《家录》若干卷示余问序。大都诰敕什之二，赠言什之八，洋洋细细，职目洞心，如登昆仑群玉之府，大者为玺为主，小者亦不失为璆琳琼琈，足以章国重，亢家珍，不佞何敢以瑊玏溷其间。虽然，飨其利者为有德，不佞于公家两飨其利矣，畴有德而一言以赓之！夫人臣世有宠，于家宜昭示之，令世笃忠贞以勠力王室，而不当秘之笥箧。若天球大吕之藏，使无所感奋而思报，是亦祖父之过也。而名公巨卿，材人藻士，抑或赠别称觞，兴怀比景，亦各摅其情之所欲吐与其德之所无口。既而歌咏盛美，剔诀幽微，顾俾之散佚不传，湮均而无所考镜，则其子若孙又不能无过。吾睹兹录，而后憬然慕，快然有当于心，因艳其周极资适之所，不能必得者而裒集之则遭遘奇也。夫汉世之盛者莫如石氏，而子长纪奋无文学，独恭谨无与比，子孙遵教如之，而建为郎中令、庆为丞相，比更至二千石十有三人。景皇帝曰："人臣尊宠，乃集其门。"遂赐号"万石君"。而已非有甚尤褒异奖，如纶如綍，以递显融之，而子都、少君享有令名，寿考世楙，匡正翊戴，勋二疏都席，老更知止不殆，公卿祖送，道路诵贤，为下泣而归。散赐金，趣具食，日与族故宾客娱乐，而其时概不闻有诗歌篇什以纪胜事，岂恨不与阳乘、渊云同时邪？抑蹈前两口所谓过也，余不敢知。而其道实自古记之：有虞氏以勤俭嘉禹绩，而师保阿衡，舟楫板筑；君与臣交相赞美，而白驹留宾，考槃矢谴。蕃宣四国，则吉甫扬崧岳之章；三寿作朋，则奚斯效閟陵之祝；燕喜受祉，则张仲谐孝友之称。及挽近之鉴曲兰亭、香山洛社，皆能焜耀简牒，抒发性灵，各极一时之选，而要不必有之家，家不必有之父子兄弟。乃我永嘉王氏者，不亦旷世仅见也哉！公家自封公来，世以树惇为训，诸君子昭前之光明，加以慈和，其醇行略似万石，而允祚繁昌，文采景铄，不翅过之。且也函丈横经句功，世执帮资文，责相望于云台石室之上。至其聚顺无尤，平格静好，超然尘嗑，不为世网羁縻，而栖衡门，结高侣，宣发儿齿，并麈尾照映康爵间，直奄周、汉（以）来诸名贤有之。而当世之英髦秀达，得其卓词片语，无不家灵蛇、人木难，而君家亦直奄有之，固宜藏之斗口，上应现璇，与华盖、吹台无极可也，而后先于是乎交贤也已。玉洞公治宛，一如家法，而大参公神方王，犹篝灯作蝇头小楷，固数百岁征，行将记《甘业》，领《黄》，不佞请以不驯之词，厕诸作者末，其许之矣。

资善大夫南京刑部尚书徐元太顿首拜撰。

注：徐元太，《明史》作“元泰”，字汝贤，号华阳、华阳子、华阳山人、华阳主人等，宣城人。嘉靖四十四年（1565）进士，知江山县，擢吏部主事，左迁山东参政，改陕西按察使，以功累进兵部右侍郎，历任刑部左侍郎。转户部，总督仓场。著有《史鉴吟》等。

王咏《永嘉王氏家言》序

（清）林必登

梁王元礼《与诸儿书》谓：“七叶之中，爵位相继，人人有集，未有如吾门世者也。”即沈休文亦尝称之矣。然以观吾乡王氏，不又后来居上哉。王氏自明初徙瓯，未几，科名云起，著作蔚然，故迄今海内屈指衣冠旧族，必举永嘉王氏为称首。噫！何其不改江左遗风也。川子先生为王氏贤胄，其以诗文见重于时，亦既知其家学有自来矣。一日乃悯先业之残阙，或久而愈失传焉。为取十数世有韵之言，汇成一帙，穷搜极讨，心血为枯，集成共得四十有七人，付之剞劂氏。予约略读之，有以五言古胜者，则以其为汉、魏，为陶、谢也者而选之；有以七言古胜者，则以其为高、岑，为王、杜也者而选之；其以律诗、绝句胜者，则以其为王、岑，为李、杜，为钱、刘，为温、李也者而选之；而不然者姑置焉。盖宁简无繁，宁真无赝，宁使人读之有余思，毋使人读之有微议，此则选者之意也。川子所为若此，以视世之号称文士，每束祖父一生之膏血于高阁，抑或他人伊唔不去口实，而为子若孙者茫乎不知为谁氏所作，有掉头而不顾焉，其贤不肖之相去何如也？今而后或被之管弦，或垂之史乘，或资词林艺圃为谈助。千百年来，王氏宗祖不世世芬人齿颊哉！其表扬先烈何至乎甚矣！川子之难也。

同邑后学林必登拜题。

注：林必登，字翰仙，康熙年间永嘉人，与李象霞、王咏文契。著有《罗浮纪胜诗集》，已佚。

王壬、王玉《王氏家录续刻》序

（清）贾声槐

春秋以前，士大夫之家未尝立谱。太史公纪世家，以其功德不没，传播久远。魏晋重门望，视以选擢。《唐史·宰相年谱》或叙所自出。岂非以积厚流长，世济其美之足多哉？虽芝草无根，醴泉无源，士贵能自卓立，而有先德培植，后之人克绍而光之，斯固艺林之望也。《记》云："铭者，论撰其先祖之有德善、功烈、勋劳、庆赏、声名。"又曰："显扬先祖，所以崇孝也，身比焉，顺也，明示后世，教也。"观于此者，孝弟、子爱之心油然而生，亦所以笃本根而厚风俗。永嘉王生玉偕其弟壬，以其《家录续刻》请为序。余尝考《姓氏谱》诸书，王氏之著名者二十一族，如琅琊、太原，其最盛也。永嘉之王迁自闽，其先出粟助赈，积有阴德。五世后垂条分叶，人丁甚繁，科甲仕宦蝉联不衰。东厓、鹤山诸公，文学治绩载诸郡邑志瓯地至今多称之。旧有《家录》六卷，今王生兄弟缉其家乘中科名黉序，共若干人，及冢墓、祠祀、坊表、碑文、铭传诸端附于后，二生可谓知本矣。余告之曰："夫孝始于事亲，中于事君，终于立身。"二生诚有志显扬，必将绩学力行，不务其名而求诸实，前徽可接，不益增门阀之光哉！以其知笃本根，而进之孝弟、子爱之心，人所同具也。风俗之淳厚亦于此可觇焉。

道光八年戊子仲夏，温处使者贯声槐序。

注：贯声槐，清山东济南乐陵县人。嘉庆四年（1799）己未科三甲进士，仕至御史。

第四节　宗祠、祭祀及其保障

祠堂始见于战国，两汉仅为墓祠，魏晋至隋唐中绝，宋代产生家祠堂，元以后出现祭祀群祖的祠堂。故而清人赵翼说："近世祠堂之称，盖起于有元之世。"明清之后，兴盛不殆，纷纷散布于乡村、市镇。根据明初制度，贵族官僚可以设立家庙，祭祀高、曾、祖、祚四代先人。士庶不得立庙，但可祭曾祖父以下三代（或说只可祭祖、父两代）。嘉靖间，明世宗接受礼部尚书夏言建议，规定士民也可祭四代祖先，但不可建祠堂，同时允许官民在冬至日祭祀始祖，办法是做纸牌位，祭毕烧毁。（《明史·礼志》之夏言《令臣民得祭始祖立家庙疏》）其实，这一祭祖礼的改变，也正顺应了当时民间实情，尤其在江南各地，祭祖、立祠、奉牌位等均已突破了规定。英桥王氏立祠、祭祖、明约等就是这一时代风潮的表现之一；并且，成为温郡"实尤行古之道，匪徒缘情协义"的典范。

立祠与立约

薛应祈《永嘉场王氏宗祠记》言："王氏宗祠者，故福建参议东厓公澈所立，以祀乎其先（祖）者。"这一做法，还可以前溯自四世祖樵云公王毓"结庐于先人墓下……乃扁其庐曰樵云。"本符合当初元末明初的怀先祭祖规制，也体现英桥王氏先人一贯来崇德报功、推原宗法的品质。据《家录·年谱》：嘉靖二十一年（1542），东厓公建大宗祠。"建始祖祠，费千金，不以缘粟烦其宗人。"（《东厓公墓志铭》）"费凡千金，皆出自公一人，不以烦族众。经始于嘉靖壬寅（1542），至癸卯（1543）落成。”（《宗祠记》）意思是说，自己一人承担了建祠的千金费用，花了两年时间落成。并指明“乃于其祖墓之侧，建祠，祀始祖万十一公……配以四世樵云公及始封通政溪桥公”。乃自出乎“樵云公树德贻谋我宗之昌”“溪桥公德泽著于乡帮里人”云。正所谓“宗祠之立，盖以义起者也”。

当时大宗祠整个建筑分布有：以崇德报功祠，为中堂三楹；旁有两厅；左右廊庑环列，以为会聚之所，约可容千人。堂之外，为义门，又为石坊。并自题曰“王氏宗祠”。几百年前的大体布局，至今未变。

《王氏族约》为英桥王氏八世王澈（东厓）于嘉靖二十一年（1542）所撰，共分十章。第一章祠仪，志祭祀仪式，后附八条训言。第二章馂仪六条，志祭馂仪式。第三章简任，规定族正、司纠、司讼、司礼、司恤、司事等职责。第四章籍考六条，立嘉善、愧顽、萃宗、纪伦、纪生等簿，以彰善惩恶及记录宗族情况。第五章汇训二十三条，对族人各种训约。第六章冠昏六条，冠礼、婚礼等遵守规定。第七章丧祭十五条，丧葬祭祀等遵守规定。第八章内治六条，家人遵守规定。第九章嘉言，选录范仲淹、诸葛亮、程颐、王十朋、王阳明等九位历史名贤十三段励志嘉言，并每句配以自己的评论。第十章善行，选录张公艺、李珏等十一个行善事迹。每事迹下都加以评语。《王氏族约》是当时永嘉地区较早推行的民范意识的族约。嘉靖二十四年（1545），时任温州知府婺源洪坦为序予以推广此范本。温州府为丕振族约，敦正民风，在公告中说：“王氏族约条款颇详，风华攸系，匪唯缙绅家之楷范，实为有司者所乐闻。”也将此民约作为官方的宗法范本，向全郡推广。明武进薛应旂在浙江提学副使任上，曾将英桥王氏与博陵崔氏、江州陈氏、浦江郑氏并称为古之世家宗法相承者仅见的四宗族，被收录于清黄虞稷《千顷堂书目》卷十一，清鸿儒孙诒让评“永嘉王族姓蕃盛，岁时尚遵行此《约》不替，亦义门郑氏之流亚也”。

据《祠议》，宗训曰：“事亲必孝，事长必敬，兄友弟恭，夫义妇正。毋听妇言、以伤同气，毋作非法、而犯官刑，毋恃富强、以凌贫弱，毋好争讼、而扰门庭，毋为赌博、以荡产业，毋纵谣僻、以陨家声，毋耽曲糵、以乐厥性，毋习游惰、而忘治生。”并在每年立春大祭上，训诫宗亲“尔宜深思”，以为谆谆教诲。

【附录】

《王氏族约》“汇训”

（明）王澈

叙曰：国有政，家有训，众之纪也。纪失，则众涣，其犹水之无坊舆，有家而罔训，何以闲之。述《汇训》：

宗子上承祖考，下统宗祊，有君道焉，族人皆当敬而宗之。凡有事于宗庙，必与闻而后行。为宗子者，尤宜以礼自检，使可为一家之则，有失则司礼匡而正之；如甚不肖，则遵横渠张子之说，择立其次贤者。

凡族众行检高下以敦崇，道德言行足为师表者，为优等；以推仁尚义，入孝出第，不得罪乡党者，为次等。凡优等死，则于族谱传之。

凡子孙居官，务要廉勤正直，尽忠体国，恪守官箴，其治行卓越，惠泽及民，及有功德为宗族乡邻所庇赖者，殁后于谱传之；如以贪酷被黜者，于谱上削其爵。

凡宗祠配食者，其妻无善可称，则独祭其夫。

凡生员，乃族中之秀，当敦行好礼，崇尚气志，向以为族众表帅；若唯利是营，不顾名义，出入公门，干扰邻邑，可鄙甚矣，何以为士耶！仕官家居者，尤宜以道自重，谢绝私谒，以共维宗风可也。

凡子孙十岁以上，四时祭祀及朔望参谒，令其诣祠观礼。

凡子孙淫佚赌博，以及一切悖礼法者，每朔望司纠会族长以下，告于祠，量罪议杖，有不悛者加杖之，又不悛加杖之，不许入祠与祭，能改者复之。

凡子孙，被告于祠者，自当赴祠听理，其有玩怠不至者，加杖之。

凡子孙，傲戾恃顽不伏悔训者，众呈于官，重治之。

凡子孙，受责于祠者，责毕，于阶下四拜，以视祖宗训诫之意。

凡族中忿争，不关白族长，及听断未决辄赴官，告扰者罚于祠。

凡善恶，簿十五以上，皆书，七十者有过，不书，礼老也。

凡子孙，罪恶显著，如不孝、乱伦、盗贼等事，族众有闻，即告于祠，痛责之。生不许入祠，死不许入谱。

凡族属宴会，固有三四行而聚于一堂者，世次既繁难，严坐立今，拟略如馂仪位，以统一为尊，余依世次渐退，或以椅凳别之；若因坐次之难，令其私叙别室，自遂燕安，非所以明亲亲、教敬让也。

凡尊长呼卑幼，须以名字，不宜沿习薄俗，称其别号；若卑幼之称尊长，自当谦谨。

凡子孙居官者，族中不得舆马出入，年耄老者不拘。

凡公家粮料，早宜输纳，毋得迟延，以速官戾。

凡包揽侵欺，国法具在，小则辱身丧家，大则祸害宗族。切宜深戒。

凡有嗜利玩法者，司纠会众，谕止之；不从，白于官，必止乃已。

凡子孙为僧道，不归正者，或异姓入继来历不明者，削其名于谱。

凡立后之道，惟论昭穆相应，律有明文，固宜遵守。然有嫡长子，以继祖为重，自当立母弟之子长者。晦翁谓：继祖之宗绝，虽无兄弟，亦当继祖是也。若众子无后，则一依昭穆相应立之，为当近时说者，乃谓庶人无立后之礼，欲公析其产业，而以主祔于祖庙，此固弭争，然非厚道。若贫而不足以立后者，而以此处之则可也。

凡保家之道，惟俭与勤，若习惰好闲用度无节，甚非久长之理由，为庶人、为士、为大夫卿佐道则不同，本诸勤俭一也。

凡周恤族之贫难，及于宗祠，有义举、在有余之家，即宜务行之。今累囷廪连阡陌以遗子孙，至言祖宗公事则缩颈方丈，宴亲宾绮罗填箭，于族人之饥寒罔恤，皆由大义不明，未尝念及一本之意。夫创业累锱铢，而后人用之如粪土。富贵有时替，而人死贵留名，故家有余财而不能树恩于族，谋盛举以垂不朽，是诚不智之甚也。

祭祀

由祖先崇拜衍生出孝的观念，及其表现形式之一，即为祭祀。祭祖，就是忠孝的本义，也是人生的大礼。故而《汉书·五行记》有载："简宗庙，不祷祠，废祭祀，逆天时，则水不润下。"意思是说，忽视对祖宗、天地的祭祀，会招致报应，也即祖宗不保佑的恶果。可见，敬宗祭祖从古就有，深入人心。从两宋，以至于明清，达到高峰。嘉靖始，民间祠堂祭祖逐渐形成新的特定的规范和要求。

祖先祭祀作为家族的重要活动，受到先民高度重视，祠堂成为家族凝聚力的象征，所以在族约中，重祭祀占有相当突出的位置。吾宗祠大堂中奉始祖王惠（万十一），左奉四世王毓（樵云），右奉七世王钲（溪桥）配食，配食只立牌不设神，以立春为大祭。祭祖的原则是"必丰、必洁、必诚"。英桥王氏春祭已有630多年历史，已被列入温州市非物质文化遗产名录。

主祭先祖考万十一公，"所以报本始、萃宗人"；奉祖考樵云公及始封溪桥翁配食，"所以崇德报功、启佑后人"。以每年立春行之，为大祭；其余荐以端午、中秋、冬至行之。均定于大宗祠合众行礼。各小宗，延迟一日，参照举行。此前三日，"以斋戒牌，逐房预报子孙十岁以上。至期俱盛服趋事"。即使经商外出，悉归参与；遇官（公）事、疾病而不能参与的，应先一日预报司礼，予以准免。

祭礼当天，值年负责人要黎明时鸣鼓三通，众族亲集合在宗祠左右两堂与两庑；集毕，鸣鼓七通，待各子孙就位行礼。

据《王氏家录》记载，祭礼整个过程大体次序如下：

（主祭）出牌、配食位，参神，鞠躬，拜兴（起）、拜兴（起），平身。（引导）舆洗，至香案前、跪、上香，酌酒，俯伏，兴（起），拜兴（起）、拜兴（起），平身，复位。如此完成后（主祭）进馔（执事奉汤饭），奠献。（引导）先祖神位前、跪、酌酒，奠酒，俯伏，兴（起），拜兴（起）、拜兴（起），平身。至"读祝位"众跪。（主祭）宣读《祝词》，词曰：

维年月朔日，世孙某敢昭告

一世祖考万十一府君、一世祖妣陈氏安人，今以立春生物之始，追惟报本，礼不敢忘。谨以洁牲庶品、粢盛醴斋，祗荐岁事（时）。奉四世祖考樵云府君、四世祖妣谢氏安人，七世祖考通政溪桥府君、七世祖妣张氏恭人，配尚飨。

俯伏，兴（起），拜兴（起）、拜兴（起），平身。以上，祭祝先祖考万十一府君、先祖妣陈氏安人。再，继续祭祝高祖考妣、先叔考妣神位。（引导）旨四世祖考妣神位前、跪、酌酒，祭酒，奠酒。俯伏，兴（起），拜兴（起）、拜兴（起），平身。且，旨七十祖考妣神位前、跪、酌酒，祭酒，奠酒。俯伏，兴（起），拜兴（起）、拜兴（起），平身，复位。（主祭）进馔，奠献。分别行“亚献礼”“终献礼”（同前仪；除去祭酒）。（引导）至香案前，鞠躬，拜兴（起）、拜兴（起），拜，平身，复位。如此完成后（主祭）（主祭之外，皆出阖门）祝噫歆（北向）启门，复位。献茶。（饮福饮、受祚）（引导）旨饮福香案前、跪（执事取始祖神位前酒盏授主祭，仍取祚馔以待）、酌酒，祭酒。（祝　旨主祭左）致辞曰：祖考命工祝，承致多福无疆于汝孝孙，使汝受禄于天、宜稼于田，眉寿永年。勿替，引之。

（引导）饮福饮、受祚。俯伏，兴（起），拜兴（起）、拜兴（起），平身。（主祭起立于东阶上西）（主祭）告利成（祝立于西阶上动向，曰：利成。）（引导）复位。（主祭）辞神、鞠躬，拜兴（起）、拜兴（起），平身。焚《祭文》。纳主。礼毕。（礼毕）读《宗训》（见上文）。

祭祀完毕，一般要族众会餐。祭祖供品撤下来，由子孙分享，即“餉馂余”，或称“饮祚”，以接受祖先的赐福。而且“长幼有序，秩然有伦”，按辈分年龄入席。整个祭祀过程中，设有纠察人员以维护礼节、秩序，始终保持态度虔诚、行动恭肃，程序合规、得体。

保障

家族，或宗族，开展对内对外性质的公共财产活动，就需要建立并推行族人之间的公共经济管理制度，主要表现为：义田、祭田与义塾等制度，公共财产的落实又促使兴学之风相继相承。王氏有“置祭田”作为维持祠堂、家族活动的经济基础，将所置的田的坐落地点、字号、面积、四至相邻户名、租数、佃户等内容都勒石立碑于祠堂，记录在宗谱上，以使子孙世守。据万历《英桥王氏族谱》记载祭田事历有几处：其一，宗祠祭田共21.6558亩，其中包括上祖遗田四处6.807亩，七世王钲置田二处4.5529亩，八世王澈置田五处计10.2959亩。其二，九世王叔果置田六处13.60341亩。其三，始祖西坟置田六处11.3627亩。其四，半山墓祭田十三处15.4194亩。其后，九世王叔果、王叔杲兄弟捐田400亩为宗族义田。在祠堂的左侧设义仓，“岁入收贮祠仓，以备赒绘”。主要义助“族人贫不能生理者；其贫甚，朝不谋夕者；贫不能棺殓者，丧不能葬者。乡有节妇无告者”。英桥王氏所以能成巨族，与这些致力公益无私奉献的族中乡贤是分不开的。王澈“初建祠时，捐八十金分属宗人知礼者岁落收其息，以供祀事”，后王叔果、王叔杲兄弟收其遗六十金于祠前通衢构店房数间，岁征价金数两，以春祭常需。

英桥王氏的有关保障规定如下：

义田，亦称义庄，首出范仲淹“常均于族人，并置义田”云。据英桥王氏《义田事宜》

载："乃承先志，拨田四百亩，（仍）置义仓于祠左，岁收其入，贮之仓。""义田之设，专为赒贫其族众。"同时，对选田与例租也明确规定："义田具选本都腴美者，立石扦定四至，子孙不得变异。""亩征租六勾（即六成），佃户送至义仓前交纳。"并对族人贫病赒济做出规定："族人贫不能自理者，每岁给粟二次，交青给五斗，年夜给五斗；其贫甚，朝不谋夕者，时其乏，量加给之。""族之孤老寡妇无告者，每次给一石。""贫不能棺殓者，给二石；丧不能葬者，给二石。""乡有节妇无告者，每次给一石。"而对于"游手无赖、不遵宗训者，虽贫不与"。

祭田，即为宗祠祭祀之需，英桥王氏采取"抽田"法。据《丧祭》："吾宗族固有田，轮房办祭，而以宗子主之。其小宗兄弟或因住居离析，四时祭餐惟属之。""今拟有田之家，即抽田若干，轮流收租祭办。"

义塾，王氏《义塾纪略》有载："就祠中立义塾，择塾之善教者为师，族子弟来学悉收之，常课之外，令其歌诗习礼，讲解族约，有美质可进者，另作养之，庶几稍知趋向者，必将曰：义塾。"其根本，在于"义塾之教，欲我为善人也"。因而，王家兴学重教，蔚然成风。

第五节　科第、职官与显绩

乡试，明、清两代定为每三年一次，在各省省城（包括京城）举行，凡本省生员与监生、荫生、官生、贡生，经科考、岁科、录遗合格者，均可应试。逢子、午、卯、酉年为正科，遇庆典加科为恩科，考期亦在八月。各省主考官均由皇帝钦派。中式称为举人，第一名称解元，第二名称为亚元，第三、四、五名称为经魁，第六名称为亚魁。中式之举人原则上即获得了选官的资格。凡中式者均可参加次年在京师举行的会试。

会试与殿试，为中央考试。明、清两代每三年在京城举行的一次考试，在乡试的次年举行，即丑、辰、未、戌年春季，由礼部主持，皇帝任命正、副总裁，各省的举人及国子监监生皆可应考。又称礼闱、春闱，考三场，每场三日。考中者均称贡士，第一名称会元。会试后贡士再由皇帝亲自御殿覆试、择优取为进士。殿试试期一天，依成绩分甲赐及第、出身、同出身，然后释褐授官。清朝规定，每逢辰、戌、丑、未年，即乡试的次年举行，若乡试有恩科，则次年亦举行会试，称会试恩科。考期初在二月，乾隆时改三月，亦分三场。考中者称贡士，经殿试合格后称进士。

明侯一元《英桥王氏族谱序》评谓："英桥王氏者，吾温士族之冠也。"清陆进《东瓯掌录》卷下亦云：永嘉永昌堡王氏，子孙繁衍，科名辉映，风雅亦代有闻人，其间历数百年而不衰。据统计，明、清二代族中共出进士13名（包括武状元1人），举人近30名，入泮之府、县庠生、岁贡等约900名，省、部、府、县各类职官数以百计，其望族之冠实谓不虚。嘉靖、万历年间所谓"一家两代三进士""四大夫一英雄"的荣耀，更是将之推至科名显业的鼎盛时期，温地之他族不可望即。

科举及第

据王壬、王玉辑《东嘉王氏科甲录》：“我族八传至我祖东厓公（王澈）暨叔祖鹤山公（王激），始开甲第。”府、县志亦均有载。今一并参阅《胶庠录》与《年谱》等梳理。

永昌堡　十三进士图

进士名录

13名进士。

王激（字子扬，号鹤山），军籍。行二。国子生，治诗经。会试二百六十二名，年四十八、登嘉靖二年（1523）癸未科“姚涞榜”三甲第一百一十三名进士。四派。

王德（字汝修，号东华），军灶籍。行三。县学附学生，治诗经。会试七十三名，年二十二、连捷登嘉靖十七年（1538）戊戌科“茅瓒榜”三甲第一百四十三名进士。大派。

王诤（字子孝，号竹岩），民籍。行四。国子生，治诗经。会试一百九十六名，年四十二、登嘉靖二十九年（1550）庚戌科“唐汝楫榜”三甲第八十一名进士。大派。

王叔果（字育德，号西华），灶籍。行一。国子生，治礼记。会试三百六十五名，年三十四、登嘉靖二十九年（1550）庚戌科“唐汝楫榜”二甲第七十一名进士。四派。

王叔杲（字阳德，号旸谷），灶籍。行二。国子生，治礼记。会试二百二十五名，年四十六、登嘉靖四十一年（1562）壬戌科“申时行榜”三甲第一百三十七名进士。四派。

王良心（字性德，号存吾），灶籍。行五。府学生，治易经。会试二百三十八名，年三十五、登隆庆五年（1571）辛未科“张元忭榜”三甲第一百七十三名进士。楼下派。

王继明（字用晦，号省庵），灶籍。行五。县学增广生，治诗经。会试二百十八名，年三十、登万历二年（1574）甲戌科“孙继皋榜”三甲第一百八十七名进士。楼下派。

王名世（字时可，号翼宇），武科会元，年三十一、登万历二十六年（1598）戊戌武科“王名世榜”状元。三元及第。大派。

王光经（字景济，号雨金，又黄石子），灶籍。府学增广生，治诗经。会试一百三十九名，年三十二、登万历三十五年（1607）丁未科“王士俊榜”二甲第一名（传胪）。五派。

王维夔（字邦佐，号龙友），灶籍。治诗经。会试八十三名，年四十六、登万历四十七年（1619）己未科“庄际昌榜”三甲第一百四十八名进士。大派。

王锡琯（字玉叔，号友教），年四十四、登顺治九年（1652）壬辰科“邹忠倚榜”三甲第一名进士。大派。

王壬（字少华，号甲三），年二十八、登道光十三年（1833）癸巳科“汪鸣相榜”二甲第七十三名进士。四派。

王玉（字温如，号子山），登道光二十七年（1847）丁未科“张之万榜”三甲第四十二名进士。四派。

中举名录

据清光绪《永嘉县志》“举人”条云：“至元延祐乙卯、泰定甲子，并诏下第举人授以教官。而至正壬午之后，则下第者悉授路、府学政及书院山长；又增取偕榜，以授郡学录、县教谕，著为格……而明制由是仿也。”“乡试副榜，犹有备榜。”亦可作为举人，予以并附。今参阅《王氏续录》“举人”条与《王氏宗谱》，并结合清光绪《永嘉县志》“举人”条，计29名，列名单如下：

王激（字子扬，号鹤山），正德二年（1507）丁卯乡试中举第二名，经元。四派。

王澈（字子明，号东厓），正德八年（1513）癸酉乡试。四派。

王德（字汝修，号东华），嘉靖十六年（1537）丁酉乡试中举第八十名。大派。

王诤（字子孝，号竹岩），嘉靖十九年（1540）庚子乡试中举第一百十四名。大派。

王叔果（字育德，号西华），嘉靖十九年（1540）庚子乡试中举第五十四名。四派。

王叅（字景希，号罗川），嘉靖二十二年（1543）癸卯乡试中举经元。大派。

王叔杲（字阳德，号旸谷），嘉靖二十二年（1543）癸卯乡试中举第二十名。四派。

王光蕴（字季昆，号玉洞），嘉靖四十年（1561）辛酉乡试中举。四派。

王良心（字性德，号存吾），嘉靖四十三年（1564）甲子乡试中举第十七名。楼下派。

王如珪（字景瑞，号肖华），嘉靖四十三年（1564）甲子乡试中举。大派。

王继明（字用晦，号省庵），隆庆元年（1567）丁卯乡试中举第十五名。楼下派。

王光哲（字季迪，号英溪），万历十六年（1588）戊子乡试中举。四派。

王光经（字景济，号雨金，又号黄石子），万历二十五年（1597）丁酉乡试中举第三十六名。五派。

王文昌（字国定，号大若），万历二十五年（1597）丁酉乡试副榜。楼下派。

王名世（字时可，号翼宇），万历二十五年（1597）丁酉“北榜”乡试武科解元。大派。

王昌祚（字景希，号实符），万历二十八年（1600）庚子乡试中举。六派。

王至言（字昭文，号笙台），万历二十八年（1600）庚子副榜。四派。

王维夔（字邦佐，号龙友），万历四十年（1612）壬子乡试中举。大派。

王士伦（字明甫，号培竹），万历四十年（1612）壬子乡试中举。大派。

王继昭（字用潜，号蒿野），万历四十年（1612）壬子副榜。楼下派。

王至彪（字文虎，号积石），崇祯六年（1633）癸酉乡试副榜。四派。

王起元（字邻喜，号皋东），崇祯十二年（1639）己卯乡试副榜。四派。

王锡琯（字玉叔，号友教），崇祯十五年（1642）壬午乡试中举。大派。

王鹤（字公肖，号载培，别号表秋），康熙二十九年（1690）庚午乡试中举。四派。

王兆炆（字文石，号尚轩），雍正七年（1729）乙酉乡试中举。四派。

王永祚（字允锡，号绎尧），乾隆元年（1736）丙辰乡试中举。四派。

王壬（字少华，号甲三），道光十一年（1831）辛卯恩科顺天乡试中举，南元。四派。

王玉（字温如，号子山），道光十五年（1835）乙未恩科浙江乡试中式第二名，经元。四派。

王开第（字培坤），光绪庚子辛丑恩正浙江乡试中举第二名，赐额经元。楼下派。

主要职官及其业绩

据《东嘉王氏科甲录》与《胶庠录》《年谱》，简略梳理英桥王氏先贤的主要职官及其大体业绩。

主要职官

王环，输粟边境预备仓，恩授七品散官。大派。

王民，输粮奉边，恩授七品散官。楼下派。

王由，举为阴阳正术，授将侍郎，七品散官。六派。

王鏥，输粟恩授七品散官。大派。

王鈇，以赈陕边，授七品散官。人称“鉴水先生”。大派。

王清，初授直隶泰州判官，擢真定府通判，后任南京太仆寺丞。大派。

王澈，初举部郎，升福建布政司参政。四派。

王激，初吉水令，升部郎，晋通政司右通政、经筵讲官、国子监祭酒。四派。

王德，由推官擢给事，升广东按察司佥事，击倭遇害赠太仆寺卿，谥忠愍。大派。

王诤，由溧阳令历监察御史、大理寺丞，升左佥都御史并巡抚贵州、云南等处。大派。

王叔果，由部郎升湖广布政司参议，广东按察使司副使。四派。

王叔杲，由靖江令，擢部郎、知大名府，致仕福建布政司参议。四派。

王光蕴，宁国郡丞，升衡府长史。四派。

王光荐，任光禄寺丞，升山西解州同知。四派。

王光美，光禄寺丞。四派。

王如珪，溧阳知县。大派。

王光普，光禄寺录事。四派。

王元端，任云南楚雄府通判。大派。

王良心，由增城令，仕至南京兵科给事中。楼下派。

王继明，由当涂令，擢部郎，知镇江、太平襄阳府，升四川布政司左参议。楼下派。

王光经，由部郎升广东按察司副使，分守岭南左布政。五派。

王昌祚，海阳知县，以廉能著。六派。

王名世，连捷三元，由锦衣卫指挥佥事，升左堂东宫侍卫。大派。

王士伦，初任处州教谕，再授禹城知县。大派。

王维夔，初令南城，擢部郎，历江西、湖广、广西参政，江西学政，升江西左布政使，转通政司左通政。大派。

王至言，太常寺典簿。四派。

王至章，补从化令，擢建水州尹，升永安州尹。四派。

王至京，文华殿中书。四派。

王至彪，平南知县。四派。

王钦准，选贡任惠州府尹通判，擢永安知州。四派。

王锡琯，由推官，改溧县知县，升礼部主客司主事。大派。

王永祚，永康教谕。四派。

王大成，署玉环，又补宁海守备，改调温州千总，升浙江守备。剿寇遇风死义，世袭骑尉。大派。

王壬，吏部考功司主事。四派。

王玉，分发山西即用知县。四派。

主要业绩

王仕宜，号肃一。行谊乡里，应有司荐举乡正，利于公益。

王珍，号乐善。理义待人，节俭治家，辟家塾延师教子；喜行公德，捐助农业水利，修方汉陡门，利益一方。

王毓，号樵云。英桥里火灾，发赈。作“三桧堂”，并请章纶制《序》。

王环，号自足。平生敦尚谦厚，尤乐赈济。赈粟预备仓，为立石褒奖；输粟边境预备仓，恩授七品散官。

王民，号恪庵。尚义奉边，输粮计七千石，诏旨旌表，并恩授七品散官。

王由，号梦竹。赴京谒选，探视因直谏受狱的章纶，并授田以恤其家；为刻樵云公《槐阴集》《蛙鸣鼓吹》，并请章纶作序；辑《家乘》。

王埏，号廷方。命充耆彦处事决讼，咸中情理；输米备赈，立石表彰。

王鍋，号居易。行善积德，输粟恩授七品散官；督修县学百余楹；筑沙城二十余里；植永嘉场南门三桥；复修五福、济民、范公三桥。

王鈇，号鉴水。耕读治家，教授乡里，性好施舍，以赈陕边，授七品散官。

王境，号循庵。赈邑饥，而授宣义郎，立忠义碑。

王钲，号溪桥。疏除盐政折色。并负责筑沙城；卜居横塘，建横塘桥。

王澈，号东厓。协助张少帅璁调停，全活数十百人；徙郡墨池，建传忠堂。修《家乘》，建大宗祠，著族约、宗训。赈饥施粥，活人无数。修沙城旧址海塘。

王激，号鹤山。吉水令，治民简静；赏识诸生罗洪先，后果中状元，成就著名学者。协建国师第。为建大司成、大纳言坊。

王诤，号竹岩。裁兼并，宽刑狱；巡盐河东，御抗大旱，有备无患，活人无数。巡抚云南，不畏权贵，予肆毒沐国绳之以法，名震朝野。建御史桥。

王沛，号仁山。御倭梅岭，遇害，敕赠太仆寺丞。王德，号东华。直谏，切中时弊。归，值倭扰，率义兵赴击，死难，授太仆少卿。为两公，敕建褒忠祠。

王叔果，号西华。携弟王叔杲，昌建永昌堡。持节阅兵蓟镇，帝赐酒馔。修永嘉县学，并独资建明伦堂。建王谢祠、东瓯王庙。辑成《王氏世录》。

王叔杲，号旸谷。建永昌堡，具体负责筹资、工程进度，以俟之成。调任常熟、大名府期间，明狱审，兴水利，导文教；力息邯郸站银之争。备兵三吴，擒倭首，警遂息。一时间，吴中名士贤达与之游。为堡中建世大夫祠、世司马第。重修《家乘》。重建温州府学，又修瑞安县学；捐金建江心寺东塔、镇宁楼暨吉巽山二浮屠，重修仙岩白塔。建清渎桥（一名芝麻桥）。

王元端，号罗冈，任云南楚雄府通判，以廉勤著称。

王良心，号存吾。令增城间，置义仓贮谷万顷，历大饥，藉以无患。

王光蕴，号玉洞。尹宁都，力除民急；宁国郡丞间，民感惠。重刻《世录》。

王光荐，号玉淙。秉性慷慨，济贫施蘖，岁縻数百金；赈粟、徵租，修桥、铺路，出庾帑者，计几万金。建郡城仁寿桥、华盖桥（一名打绳桥）、长桥。与兄光蕴捐建县学尊经阁。

王光美，号玉沧。建府学尊经阁，祀文昌。

王光经，号雨金。力罢开采，亦息矿盗。除浮征裕而积储，捐俸以助大工，俾洒派不及百姓。新修裴晋公、韩文公祠，建仓颉尊经阁。

王名世，号翼宇。工书，善诗赋，称“文武才”。参与宫内机宜，鼎力皇位，胆大心细，独当一面。居家期间，不遗余力，弘扬“王家拳”。

王元杰（又景哲），号西屏。家居孝友，素负文望，而不出；传经授徒，足迹不入公门，乡里重之。

王维夔，号龙友。令南城，抚御得宜，益王宗人不敢犯法。值魏忠贤当政，不愿依附，谨守职责，众人敬服。崇祯召见，咨询治民之策。守地方多年，整顿吏治，抑制豪强，平反大狱，筹措军粮，调兵遣将，剿灭流寇，世所公论。明亡归隐，噤口不言一事。

王至京，号执如。参与朝议，直言倭患之毒，着力争之，而被谪；后海氛愈炽，始壮公言，复职。可称“直声”。令南平间，亲老不赴，人高行见，风俗大善。

王至章，号仙源。居官醇谨，民感惠政，数十载后尤尸祝之；廉慎有声，民争誉之。处事平和，为乡里多所赈济。寿九十六。

王至彪，号积石。海寇刘香围永昌堡，倡兵御之。旷世积学，明亡不再出。

王钦准，字舆莱，任惠州府尹间，值寇盗旱灾，民不聊生，抚慰民疾，施粥赈济，惠人有“老佛”之称。闻国变，弃官归隐，不接客、不赴宴、不入市而卒。人羡其德。

王至兖，号鲁源。品行端直，好施恤贫，滨海塘路、陡门、桥梁修筑费金数千，郡守器重。重建吴渎桥。输粮饷。

王锡琯，号友教。任溧阳令间，振起斯文，宽狱赈灾，民赖以安。

王鹗，号表秋。急于公义，“展界”溧后仙坛公府一度成为守备公署，求为改复，以成。

王成烈，号思愧。笃学无间，新婚七日即赴郡塾，寒暑在庠，赫然有声。

王大成，号集斋。为堡内重建（修）坤德宫、大宗祠及石坊，重建郡城愍忠祠。

王重勋，字心一，号震阳、又芝轩。独资重修府学乡贤祠神祖。大雪连旬，岁饥，赈粥、分米。负责重修半山祖墓。

王玉，字温如，号子山；王壬，字少华，号甲三。共辑《东嘉王氏家录续刻》。

晚清至民国以来，英桥王氏英才辈出，如：王理孚、王德馨、王季思、王思本、王国松、王晓梅、王绍志等，他们在各行各业中成绩突出，不胜枚举。

第六节 交 游

自樵云公以来，英桥王家的财富积累、仕宦递进、诗书传家以及社会声望鹊起受到各地官宦文士关注，交游也随之愈益广泛，大体可分为三类。

邑人之间

王毓（樵云公）与黄淮、王文㷇

黄淮（1367—1449），永嘉人，生于郡城，是明代永乐、洪熙年间的著名阁臣。于洪熙元年（1425），曾为王毓作三桧堂制《序》；据虞原琚《环庵先生遗稿》七言律诗《题阙》下注：

"正统丁巳（二年，1437）孟冬，奉陪少保介庵游太华山阴之沙城，暮宿王氏三槐堂。将别，介庵公赋古诗一首以致祝规之意。"即黄淮于那年孟冬携虞原琚游永强沙城，夜宿王毓家，并赋诗《三槐堂》一首留念。

王文爂（1372—1455），号环庵，李浦王氏九世，即王瓒祖父，正德间以孙瓒贵，浩封通仪大夫礼部左侍卿。王毓曾为赋诗《勉王文爂》《题王文爂扇（二首）》，是为勉励、提携意，亦为悠闲、交谊赠作，从中可以看出，两位同乡诗友之间举觞论文、亲切谐趣的深谊。

王由（梦竹公）与章纶

王由（1406—1483），字秉璠，号梦竹，授七品散官。章纶（1413—1483），号恭毅，乐清人，进士，官至礼部侍郎。卒赠礼部尚书。

王梦竹和章纶的交游民间有一流传很广的故事。那一年，王梦竹到京城卖杨梅干，闻知家乡章纶因冒犯代宗打入死牢，公也敢于冒死相救，极力周旋，并寓居章家屋旁，照顾其妻儿，返家时，还留下一仆十金。嘱咐仆人照顾章纶及其家属。后英宗复位，章纶平反，擢升礼部侍郎，官复后，将王梦竹救难之事上疏朝廷，皇帝阅后，即封其官并钦赐府门一幢和九曲黄龙伞一把。成化十四年（1478），章纶辞官回乡，未抵家而先至英桥感谢王由。此后王章二家永结秦晋之好，一直流传五百多年，双方裔孙，至今仍相互往来。

另外，王由还请章纶为其父王毓《槐阴集》作序。章纶在"刻《槐阴集》序"中提到："景泰间，予尝抗疏逮系，秉璠以职事来京师，念恤备至。盖雅尚信义，尤笃于亲者。故因其请，而予为之序。"

王钲（溪桥公）与项乔

王钲（1450—1536），字九思，号溪桥。英桥里人。一生情系盐业，关心民生疾苦，敢于担当。因官府摊派盐仓损耗，名为"折色"。王钲上疏朝廷而准本，免除"折色"，并筑沙城，为地方民众做了一件大好事。

项乔（1493—1552），号瓯东，永嘉七甲（今沙城镇）人。主政地方十七载，均以善政闻。著有《瓯东私录》等。

明嘉靖十年（1531），王钲因急于公益，上疏免除"折色"，并筑沙城。王钲年迈，指派东厓公王澈与项乔一起负责修筑。沙城计长二千六百一十九丈，共费金五千有余。（据《家录卷七》年谱）嘉靖二十四年（1545），因重修东瓯王庙，并配享溪桥公，项乔为撰《通政溪桥王公配享东瓯王庙碑记》，并作"迎神曲"与"送神曲"，以为致祭娱神。

王基（竹雪公）、王镯（友梅翁）与王瓒

王瓒（1462—1524），李浦王氏十一世。历事三朝，两任国子祭酒，四典礼部会试，侍讲经筵，纂修国史，著《正教编》《瓯滨集》《弘治温州府志》等，尤对温州地区科甲仕宦方面影响深远。

王基性孝友，善施与，襟度雅旷，笃于恩义。方弱冠，其父悉以家事委之，不私蓄，置产倍先业。平生交往多名公硕儒，如章恭毅、章樵山、黄罗山、赵东山辈。所著有《耕耘余思录》。正德十年（1515）冬，王瓒为英桥处士王基作《竹雪公传》。这一年，王瓒以慈母年高，告乞休归；又奉旨挽留，仍命经筵进讲，吏部会推为南京礼部侍郎。该《传》末署衔“正德十年乙亥冬日赐进士及第翰林院编修同修国史瓯滨王瓒撰”。王瓒预言英桥王氏之发达，“然王氏之嗣续蕃衍，诸孙需用于时，实基于是，辟诸物必有初，涵蓄深固，然后乃计时畅达，沛然而莫能系也欤？”给予了王家巨大的推崇。后来，王家果然簪缨辈出，蔚成望族，可见王瓒的眼光和见识。

正德十五年（1520）三月，再为英桥王氏镯、字九斋、号友梅撰《友梅王君墓志铭》，极尽哀思与称誉。赞友梅公“少敏慧，涉猎书史，学为歌诗，多警语；尤敦孝友，不妄言笑，俭勤理家，而业日饶裕”。并热心公益，急于好义，出粟赈灾，修筑茅竹岭路亭。铭志均见王瓒公对于英桥王氏先辈的赞美。

王钲（溪桥公），及王澈（东厓公）、王激（鹤山公）与张璁

景泰癸酉（1453）溪桥公娶三都张氏，乃张璁（1475—1539）之姐，时值二十岁。璁年少母卒，由恭人抚养成长，恩义深重，由此同两甥王澈、王激一同生活、读书，亦情同手足。后，璁官至内阁首辅，封少师。溪桥公也敕封通政，张氏封恭人。

王澈同张孚敬璁一度京城相商政事，忠信周旋，扶植善类。时张皇后弟鹤龄跋扈，嘉靖震怒，意欲株连二百人，王澈劝少师祈帝为之轻断，始张皇后感戴不已。王激亦身为璁亲外甥，相互激励，专心学问，清廉为官，政声高望，均以善终。

王激（鹤山公）与项乔

项乔（1493—1552），号瓯东，永嘉七甲（今沙城镇）人。主政地方十七载，均以善政闻。著有《瓯东私录》等。鹤山公激青年时拜学阳明学传人之徐日爰，并一度构“鹤山书院”，教授地方学生，人称鹤山先生。项乔少时曾从师鹤山公；亦同张璁熟，因是乡人与从激励学，璁固多次推荐，均辞不就。

王德（东华公）与王健

王健（1502—1550）与王德均于明嘉靖十七年（1538）中进士，两人因是同年，素有交往。王健，王瓒二子。登嘉靖十七年（1538）进士，授刑部主事，改礼部知事，擢祠祭仪制二司郎中，后升南京光禄寺少卿。生平操履清谨，诗文典则雅训，时论为金玉君子。著有《鹤泉集》等。王德，英桥王氏八世。授东昌府推官，转大名府推官，后升户科给事中，出为广东按察司佥事。嘉靖三十七年（1558）四月，倭寇大入浙南，乃率乡兵救援府城，遇伏兵死难，赠太仆寺少卿。检录有王健告别王德之赠作《别东华》一首：

倚玉非异姓，断金乃同情。何意双龙剑，俄兮五凤城。

辰星旷野见，春树遥天明。请停连钱骑，试听离鸣声。

赠诗时值王德于嘉靖十九年（1540）授东昌府推官，王健于当年授刑部山东清吏司主事。此诗表露了他们临别之时意气风发的神色，同时更道出了两人既为“非异姓”，亦即均为王姓，而

"情深乃至可以断金"的惺惺相惜意味，其深情厚谊至今读来仍令人唏嘘。

王叔果与王应辰

王应辰（1505—1566），字拱甫。世居郡城五马坊，后徙居城南之蟾湖。授上海县儒学训导。嘉靖四十三年（1564）受郡守程文著约请，同王叔果一起完成《永嘉县志》的编纂，三年时间编写九章。未脱稿而亡。王叔果慨叹"予与王子拱甫同纂邑志，甫脱稿，而拱甫下世，伤哉！"后叔果继续修志直至完成；并为之作《传》云："其学无所不窥，诗文卓然名家，恬养好修，志行超迈，为士林所器重。"应辰"以贡授上海县校官，未仕而卒"。叔果亦为之撰《墓志铭》。

师生之间

王激与项乔、张纯以及罗洪先

王激入仕前，一度卜居城隅构"鹤山书院"，从学者即有项乔（1493—1552）、张纯（1498—1566）等，相研阳明之心学。后来两人相继中进士，成为学问与官声昭著的名臣。鹤山公任职江西吉水期间，赏识引导吉安府诸生罗洪先（1504—1564），字达夫，号念庵，吉水黄橙溪人。后，罗洪先果中状元，成为著名学者，杰出的地理制图学家。可谓识人至深。罗洪先自称王激门生，为祭酒鹤山公激作《墓志铭》，师生厚谊出乎字里行间。

王鈇与王瓒

王鈇，号鉴水，英桥王氏七世大派，授七品散官，阶宣义郎。著有《鉴水稿》《五亩园集》等。正德十二年（1517）二月，王瓒为王鈇撰《鉴水先生偕配季氏安人合葬墓志铭》，赞鉴水先生"生而慧敏，笃嗜问学。凡经史百家，悉涉猎其大义，发而为诗文，若多冲澹融畅，成一家言"。"中年喜读易，手之不置性恶"。称自己早年问学于先生，"瓒未第时，以姻党过蒙，礼顾及瓒"。但及第时，先生却不及睹，令人涕泗潸然。一番师生情谊流露笔端。

宦游之间

王镛（中制）与文林、林廷瓛

王镛，字九韶，号中制，其父古朴翁，其子清，太仆寺丞，孙良弼，廉州府推官。《王氏家录》中录有进士出身中宪大夫，浙江提刑，按察使提学副使。前知廉州府张岳撰《中制公传》，传中提到王镛公端方刚毅，中庸处事，人称中制先生。

2019年在大罗山半山出土的《先考王府君圹志》有载："郡邑贤士，夫若姑苏文侯，吴川林侯等辈，事无大小凡所资者，纵操曲直未造，不委心于侧耳之际，府君于此不未尝借此以自雄乡曲也。"由此得知，中制公与几任温州知府苏州文林、吴川林廷瓛交往尽好，可为莫逆。

文林（1445—1499），字宗儒，江苏吴县人。曾任永嘉知县，温州知府。卒于温州。著有《文温州集》。华盖山建有“却金亭”纪念知府文林。

林挺瓛（1454—？），号南峰，广东吴川人。永嘉知县，苏州府同知。为明代著名思想家陈献章及其江门学派高足和传人。士民怀其遗爱，建祠于永嘉县学西。光绪《永嘉县志》有记。

王澂（鹤山公）与王守仁（阳明）及其传人

王澂（1476—1537），字子扬，号鹤山，进士，国学宗师。

王守仁（1472—1529），字伯安，号阳明。绍兴余姚人。明代著名思想家、文学家、哲学家，陆王心学之集大成者。精通儒道佛家。

王澂公少时，酷嗜仙释氏语，与王阳明弟子徐爱、朱节、许台仲等甚有交集，深受阳明学影响，罗洪先在《祭酒鹤山王公墓志铭》中曾提及，故而问学于阳明公。王澂公与其弟子相处其间，识之磊落胸怀和才学，故邀请王阳明门下弟子来温州郡城鹤山书院，传播“阳明学”。项乔等士人对阳明学的阐述践行与王澂公的推动有直接关联。

王叔果（西华公）与杨博

杨博（1509—1574），字惟约，号虞坡。山西蒲州（今运城永济）人。明朝名臣。官至吏部尚书，封少傅兼太子太傅、少师兼太子太师。赠太傅，谥号“襄毅”。嘉靖三十五年（1556），博受命总督宣府、大同和山西军务。而叔果于嘉靖三十九年（1560）迁兵部郎中，即受杨博荐选，检阅蓟镇守军，公务条分缕析，办事坚忍副之，并纂修《兵营志》一部进奉；一年后，旋转任武选郎中，协助杨博从事武备条例的制定，深受倚重。

王叔杲（旸谷公）与吴中名士（王世贞、焦竑、茅坤、李维桢、王穉登、汪道昆、屠隆）

王叔杲性情豪爽，胸怀磊落，明诗韵，谙音律，并乐与文友交。万历元年（1573），王叔杲升湖广按察使司副使，整饬苏、松、常镇兵备，浚深壕堑，崇固城垣，监造火器，增兵列戍，管理严密，防卫倭寇实力大为加强；四年（1576）迁湖广布政司左参议，兼镇四郡兵备。确保一方平安，亦受士民拥戴。公余与吴中名士、文豪王世贞、焦竑、茅坤、李维桢、王穉登、汪道昆、屠隆等相交善，诗文酬酢，相互之间建立了深厚的情谊。王世贞等以文坛巨擘分别为王家先祖赠诗文、作行传、制铭表等，如：王世贞《广东按察使司布政使司副使西华公墓志铭》、焦竑《寿王旸谷翁八十序》、王穉登《福建参议旸谷王公墓表》、李维桢《大中大夫福建布政使司左参议旸谷王公墓志铭》、汪道昆《寿永嘉王长公暨林夫人偕老序》等，主要还是因着这一层熟稔、亲近、相互推崇的关系。

王良心（存吾公）与胡庭兰

明隆庆辛未（1571）王良心中进士，即授广东增城知县。就任六年期间，与当地名士、退职官员胡庭兰相交甚深。胡庭兰（1507—1581），字伯贤，增城胡星人，他才华横溢，正德六年中解元，翌年进士及第，官授南京户部主事。曾主管扬州税务，出任福建学政。因厌烦官场倾轧，归乡讲学。王良心一心有所作为，在他的支持下，二人共同建造“豸山雁塔”，历四百多年，至今依然耸立在增城江畔，成为闻名全国的名胜古迹；重教育建学宫，饬边城、挖城壕、严武备。明万历四年（1576），王良心邀请胡庭兰主修《增城县志》，“取旧志厘正其繁芜，补四十余年之史事，阅数月而成志”。王良心称之“是可谓信史也”。

王光美（玉沧公）与王世贞、李维桢等吴中名士

因与旸谷公王叔杲之深谊，当时“吴中”著名人物（包括流寓人士）王世贞（元美）、李维桢（本宁）以及吴明卿（国伦）、陈继儒（仲醇）等，对青年玉沧公王光美才华和风致“叹羡焉”，亦均持续“共为倡和”，使之玉沧公一时声名鹊起，众人咸愿托交。寓温期间，与父旸谷公邀约吴中士人来玉介园诗书酬唱。

王光美（玉沧公）与何白、龙膺

何白（1562—1642），明末温籍著名布衣诗人，字无咎，乐清人，晚年徙居郭溪梅屿。龙膺（1560—1622），湖广武陵（即今常德市）人，初字君善，改字君御，明末著名诗人、戏曲家。龙膺曾一度贬任温州府学教授，善同致归的玉沧公王光美诗文酬酢，并对何白的才华十分赏识、奖扬；王光美与龙膺、何白等同结“白鹿诗社”，常年诗书郊游，咏东山，游江心，攀雁山，流连玉介、旸湖，创作了《湖上草》《白鹿诗稿》《赤城草》《雁山四记》《雁山集》等大量诗作，成就了一段诗坛佳话。

与僧道人士

樵云公王毓拔于流俗，喜与贤士君子游。善于诗歌，著作翩翩，又能写其隐居之乐，平生与僧道中人相往还。据《槐阴集》所载，樵云公有诗赠黄星士、刘炼师、休上人以及山僧等佛道中人，尤其同仙岩寺住持、粹上人、心上人（鉴空和尚）交往，更是在诗集里多次提及。《仙岩寺新成，赠住持僧》云：“禅身真是溪山主，羡尔能追惠远踪。”赞扬仙岩住持乃真修禅，佛法能达惠远大德的境界。赠仙岩僧粹上人、心上人各有两首。《和仙岩粹上人韵》提及：“诗篇对客时能和”“我来共此林泉趣”，《和粹上人韵》又提及：“旧鬓怜余已素丝”“不减篝灯夜话时”，从中年的诗词唱和、流连林泉，至于老年的两鬓相向、篝灯夜话，可见交往时间之长、情谊之厚。一首《送仙岩心上人之京》，其中“喜有诗篇壮行色，可无杯酒浣离愁。谈经曾已颁朝服，奉诏重看觐冕旒”。以诗酒为之壮色，奉诏面圣，想见两人不俗情谊，借以消解离愁。

王叔果也写有几首相赠僧道中人的诗作，留存着相互交往信息，如：《石室上人将入定过予山中言别赋赠》《过仙岩访石室上人》《寿石室上人》等，记载下与仙岩寺的石室上人的情谊，据诗题与“过丹丘”“来往不厌频”“常住白云”句，这里的石室上人无疑应是仙岩寺的僧道中人，而且他们之间交情不薄。另如：《仙岩寺记》一文，提及王氏族人兄弟支持帮助仙岩寺住持意上人废旧立新，重振山门，使名寺再现昔日辉煌。

第七节　历代著述

明清以来，英桥王氏诗书著名，斯文蔚起，成一时士族之冠。渊薮可自元季以来的累代人文集聚。如三世祖王珍首辟家塾，四世王毓，五世王环、王民，六世王垲嗜好读书，七世王鈇涉猎广博、藏书盈楼，王铨性嗜学，教授于乡、子弟受益。而至八世祖王澈辈始，经济与文化的积累成就其从嘉靖、万历以来巨大的著述缙绅事业，“官重政绩，文重著述”，逐渐在更广大的范围内予以拓展。正如王壬、王玉所编《英桥王氏家录续刻·书目》中云：“吾族……樵云公即以诗集乐府著名于世，维时章毅公欣赏制序，厥后斯文蔚起，以理学名、以经术名、以词赋名，简编俱在，诚启沃之资也。”可谓洋洋大观，令人瞠目。民国以至于现今，王氏后人在各行各业专心业务，勇于实践，大胆探索，勤于思考，勉力笔耕，更是著述蜂拥，留下了大量的作品专辑或结集，令人刮目相看。

（一）古代部分

现根据《王氏续录·书目》，并参照《温州经籍记》《千顷堂书目》《东瓯诗存》等，汇总其著述与著者如表：

古代著作一览表

表2-1

作品	著者
《蛙鸣鼓吹》《槐阴集》	王毓，号樵云
《效颦集》	王由，号梦竹
《耕云余思录》《竹雪书窗录》	王基，号竹雪
《鉴水稿》《五亩园集》	王鈇，号鉴水
《精思录》	王锡，号横塘
《樗散稿》《樗散斋笔记》	王湖，号西涧
《滇南奏稿》《刑名奏议》《大学衍义通略》	王诤，号竹岩
《文江集》《鹤山诗文集》	王激，号鹤山
《英桥王氏族约》	王澈，号东厓
《锡议奏牍》《南丰录稿》	王德倓，号敬斋
《半山存稿》《永嘉县志》《王氏家录》《王氏世录》《重修英桥王氏族谱》《朝献皇纪》《京营志》	王叔果，号西华
《玉介园存稿》《新修靖江县志》《三吴水利考》《家礼要节》《旸湖小志》	王叔杲，号旸谷
《默庵诗稿》	王长春，号默庵
《温州府志》《永嘉县志》《宁都县志》《江心志》《太玉洞斋近草》《王氏世录》	王光蕴，号玉洞

续表2-1

作品	著者
《二雁纪游诗稿》	王叔本，号后桥
《致虚稿》	王继庄，号致虚
《仕学斋遗稿》《偶然稿》《知非稿》	王继明，号省庵
《雁山纪游集》《趋庭草》《湖上草》《友声草》《游燕草》	
《松鹤斋草》《赤城草》《白鹿社草》《舫斋草》《埙篪集》	王光美，号玉沧
《寓意编》	王元熙，号西野
《丙寅纪事》《黄石存稿》《献晋录》	王光经，号雨金
《检身集》	王元勋，号观复
《笙鹤轩诗草》《笙鹤轩杂著》《论诗集》	王至言，号笙台
《偶吟草》	王家锡，号怀云
《岳心堂集》	王尔椒，号蘅川，一号忝生
《南游草》《莆中草》《尚书玄解》《周易阐微》	王至京，号执如
《白石山房集》	王至嘉，号辛人
《劬生小草》	王维麟，号心如
《翼正编》《经德录》《一笑录》	王钦豫，号海野
《玄对草》	王至彪，号积石
《溧阳县志》《江上闲草》《白石山房稿》	王锡琯，号友教
《云槎诗草》	王汉长，号云槎
《圈点四子书》	王炳章，号中川
《芝轩逸草》	王崇轩，号震轩，别号芝轩
《东嘉王氏家录续刻》	王壬，号甲三；王玉，号子三
《砚北草》	王钦彝，号蹇翁
《西园草》	王梦忠，号唧莪
《竹居集》《永嘉王氏家言》	王咏，号竹居
《西堂汇草》（一作《瓮城》《白石诗草》）	王演霈，号体山
《守株诗稿》	王元淳，号潜九
《自怡稿》	王沄孙，号自怡
《古今文》《清辉斋藏稿》	王涵，号龙川
《三教辨》《说妄篇》《居易说》	王起元，号皋东
《肃庵集》	王泽生，号肃庵
《守拙集》	王会新，号守拙
《表秋集》	王鹗，号表秋
《赤岩诗稿》	王骍，号赤岩

（二）近代、现当代部分

民国以来，至于中华人民共和国，王氏族人子孙秉持历代先贤著书立说遗志，编著、出版美术、文学、科技作品100多部，大略情况列表如下：

近现代著作一览表

表2-2

作品及出版社、出版时间	著者/主编
《敬乡楼丛书》	王绍志（参编）
《应用图案讲话》《有趣图画》《初级教育》《老百姓》	王晓梅
《王人驹文存》（香港出版社，2010年）	王人驹
《平行导线集肤效应》《电工数学》《矩形导体集肤作用》《电路原理》《复卷电动机之起动》《三刷发电机》《电工基础》	王国松
《西厢五剧注》、《集评校注西厢记》、《桃花扇校注》、《玉轮轩曲论》、《中国文学史》（参编）、《金元戏曲》、《中国戏曲选》、《中国十大古典悲剧集》	王季思
《法西斯运动与现代政治》、《百岁人生》（团结出版社，2010年1月）	王思本
《芥轩诗文选》（天马图书有限公司，2002年1月）	王 璞
《茶树栽培学》、《茶树生态学》、《英汉茶叶词汇》、《中国名茶志》、《中国农业百科全书·茶叶卷》、《简明农业词典》、《王镇恒茶文选集》（上海科学技术出版社，2012年10月）	王镇恒
《艰难岁月》（2002年7月）	王震之
《蒙古族谚语》《谚语浪花》《甘肃风物志》《傅玄阴铿诗注》《甘肃新县志便览》《民俗风情》《邮票上百科知识》《丝路寻梦》《丝路追梦》《丝路邮花》	王会绍
《最深乡愁》（台海出版社，2005年7月）	王大兆
《青藏高原形成及地球物理探测分析》《中国地壳结构模式和地震方式研究》《西藏高原地壳南北构造及地震探测机》	王 式
《磁性材料及应用》	王会宗
《诗词新韵》（2003年）、《校订〈三国演义〉》（华文出版社，2001年5月）	王会进
《远距离教育论稿》（主编，新华出版社，1994年）、《当代中国词库》（第一副主编兼政治类分科主编，航空工业出版社，1993年）、《中国宫廷知识词典》（文物瑰宝部分主要撰稿人，中国国际广播出版社，1990年）、《回首之间》（香港天马出版有限公司，2005年）、《无法沉默》（香港天马出版有限公司，2008年）、《无怨无悔》（香港天马出版有限公司，2012年）、《远距离教育辞典》（主编）、《古堡旧忆》（香港天马出版有限公司，2017年）、《任后人评说——我在“三全会”上投了反对票》（香港天马出版有限公司，2020年）	王则信
《永昌堡》（天马出版社，2003年）	王国恩
《王学钊书画作品集》（浙江人民美术出版社）、《泉山砚语》（香港天马出版有限公司，2002年6月）、《画梅新悟》（香港天马出版有限公司，2005年10月）、《香山杂语》（香港天马出版有限公司，2006年8月）、《奇山楼兰谱》（香港天马出版有限公司，2008年12月）、《奇石楼文稿》（（香港天马出版有限公司，2013年9月）	王学钊
《青兰集：王珠润师生10人画作选》、《王珠润绘画作品选》、《王珠润绘画作品选·钢笔画》（中国美术学院出版社）	王珠润
《无极八卦掌》（人民体育出版社，2004年）	王靖岳
《岁月有痕》（中国国际文化出版社）	王中秋
《古堡深处》（大众文艺出版社，2008年）	王璋、王一平
《感受普林斯顿》（南方日报出版社，2003年1月）、《解释的困惑》（中信出版社，2003年11月）	王则柯
《瓯海统计年鉴》（瓯海区统计局，2003年6月）	王成利

续表2-2

作品及出版社、出版时间	著者/主编
《瓯海政协年鉴》（瓯海区政协文史委，2009年1月）	王晓康
《永中街道志》（方志出版社，2010年）	编委会主任王身康 主编王会飞
《蛙鸣集》（中国文联出版社，2012年）	王一平
《龙湾雅韵》（2集）、《与你同行》、《古镇永中》、《诗韵海滨》、《罗峰诗音》、《翰墨琴韵》（8辑）、《瓯飞挹韵》	王一平
《塘下乡村文化》（二册）	王竺胜忠
《乐天笔记》（中国文联出版社，2012年1月）、《乐天心曲》	王乐天
《千年临江》（中国文史出版社，2009年3月）、《四十漫笔》（大众文艺出版社，2010年9月）、《火凤鸟》（团结出版社，2019年1月）、《鹿城建区30年纪事》（主编）、《鹿城年鉴》（2010—2020年，主持）	王剑锋
《民间姿态》（中国对外翻译出版社有限公司，2013年3月）、《民间丰韵》（四川美术出版社，2019年8月） 执行主编：《龙湾老行当》（中国炎黄文化出版社，2012年12月）、《龙湾老街巷》（中国炎黄文化出版社，2013年11月）、《龙湾老地方》（浙江摄影出版社，2017年1月）、《东瓯海潮》（中国民族文化出版社，2019年12月）	王勤福
《奇梦楼杂文选》（香港出版社，2016年）	王金麟
《云山逸鹤》（香港出版社，2019年）	王会岳

近年来，市、区两级政府和英桥王氏后人整理、编辑有关先贤作品集也不少，罗列如表：

当代整理编辑先贤著作一览表

表2-3

作品及出版社、出版时间	著者/点校
《王叔杲集》（上海社会科学院出版社，2005年）	王叔杲著，张宪文点校
《王理孚集》（上海社会科学院出版社，2006年）	王理孚著，张禹点校
《王德馨集》（黄山书社，2008年）	王德馨著，王妍点校
《雪蕉斋诗话》（1995年10月）	王德馨著，王起、王同桢整理
《王叔果集》（黄山书社，2009年）	王叔果著，蔡克娇点校
《明代英桥王氏诗录》（中国文史出版社，2010年）	王毓等著，陈伟玲校注
《槐阴集注释》（香港出版社，2011年）	王毓著，王振成、王一平等点校
《王璞集》（中国戏剧出版社，2012年7月）	王璞著，王进才主编
《清代英桥王氏诗录》（中国文史出版社，2014年）	王至彪等著，陈伟玲点校

（三）部分重点书目提要

《槐阴集》

《槐阴集》不分卷，永嘉樵云王毓撰。

明隆庆五年王叔果刊刻本已佚。

清同治间瑞安孙氏玉海楼抄本，玉介园附集本，今藏温州市图书馆，一册。

玉海楼抄本《玉介园附集》，列入浙江省第三批珍贵古籍名录（浙江省人民政府2016年5月第18号文件），编号00584。

清康熙间王赓尧抄本，《玉介园附集》卷之四十，温州私人藏，一册，王理孚题。

永嘉王希逸藏抄本，今藏温州市图书馆，一册，善本，钤“永嘉王氏希逸珍藏书画印”印，曾经王理孚校，卷末有王理孚题跋，王理孚抄录王叔果《书后》。

永嘉敬乡楼抄本，一册，温州市图书馆藏，钤“永嘉黄氏敬乡楼藏”“黄群过目”印，杨绍廉（1923年）题记并校补，卷末钤有“绍廉经眼”印。

民国永嘉区征集乡先哲遗著委员会抄本，一册，温州市图书馆藏，善本。

收入陈伟玲校注本《明代英桥王氏诗录》，中国文史出版社2010年1月版。

王希逸（1897—1992），名学羲，祖籍永嘉场二都，王德馨之孙，曾于1930年至1935年任温州籀园图书馆馆长。

《槐阴集注译》　王振成、王一平等注译，香港出版社2011年印行。

此集原书收诗300余首，今抄本存诗208首，其中五言古诗7首，七言古诗9首，五言律师21首，七言律诗123首，五言绝句5首，七言绝句43首。章纶、金原祺为《槐阴集》作序。王叔果撰有《书槐阴集后》，载《半山藏稿》卷一三。

另附有一集，题名为《蛙鸣鼓吹》，收乐府26阕。重刻时，王叔果将二者并为一书，故不另为一书目。

此为永嘉场存世最早的文献之一。王理孚认为：“樵云公为英桥本族繁衍之祖，亦即以文字开始见世之祖。此集致可宝也。”

《王鹤山集》四卷

明王激撰，明隆庆间刻本，吉林大学图书馆藏。

九行十八字，白口，左右双边，版心上镌“鹤山集”。

隆庆五年张时彻《王鹤山集叙》。

永嘉区征集乡先哲遗著委员会抄本，二册。

吉林大学图书馆所藏明隆庆间刻本，被列入第三批国家珍贵古籍名录（国务院2010年6月11日国发〔2010〕第20号文件），编号09203。

王激（1476—1537），字子扬，嘉靖二年（1523）进士，官至国子监祭酒。

《大学衍义通略》三十卷

明王诤考注。

明嘉靖四十三年（1564）云南刻本，山东博物馆藏十六册；天津图书馆藏十二册；南京图书馆藏；广东省江门市新会区景堂图书馆藏十二册；中国科学院图书馆藏。

影印收入四库全书存目丛书子部第5册，据中国科学院图书馆藏本影印。

该书取丘濬《大学衍义补》与杨廉《大学衍义节略》合辑为一编，并加以考注，间亦释字证义，方便读者检阅。卷首有宋国华嘉靖四十三年前序、乌程石楼宋鉴子明嘉靖三十九年序，王诤嘉靖十八年所撰《大学衍义通略义例》。卷末有薛天华嘉靖四十二年仲冬后序、嘉靖四十一年刘时举跋文。王诤致力于此编二十多年，后序认为："竹岩公自为诸生时，即虑情洙泗之业，寻登进士，令溧阳，天子察其贤，召为侍御史，巡按河东及今云南，大较一以此学试之，所好恶皎然明白，而其究一归于诚厚，至为通略，则芟夷繁乱，剪截浮词，举宏纲，阐机要，视三公全书已约其十之六七矣。"

山东省博物馆藏《大学衍义通略》三十卷，明王诤辑，明嘉靖四十三年刻本，列入第二批国家珍贵古籍名录（国发〔2009〕28号），编号04449。

广东省江门市新会区景堂图书馆所藏刻本，列入第三批国家珍贵古籍名录（国发〔2010〕20号），编号08294。

王诤（1508—1581），嘉靖二十九年进士。

《半山藏稿》二十卷

明王叔果撰，王光蕴编，明梅鼎祚校，附录一卷。

明万历二十八年序刊本，天津图书馆藏，五册。

九行十八字，白口，左右双边，有刻工。

影印本收入《天津图书馆孤本秘籍丛书》第十一册。

日本内阁文库藏（原枫山官库等旧藏）共七册。

书约21万字，正文收入文十三卷二百余篇、诗六卷六百四十余首、赋一卷两篇。卷首有茅坤万历二十七年序、汤宾尹万历二十八年序。卷末附录有李维桢撰王宪使传、王世贞撰明中宪大夫广东提刑按察使司副使西华王公墓志铭、王光蕴撰先宪使公行状、乡贤呈勘稿。

敬乡楼丛书第四辑，排印本，据万历本整理，惟所据底本有残缺。

温州文献丛刊整理本，名为《王叔果集》，蔡克骄点校，黄山书社2009年4月版。

王叔果（1516—1588），字育德，号西华，嘉靖二十九年进士。

嘉靖《永嘉县志》九卷　图一卷

明程文著修，明王叔果、王应辰编纂。

嘉靖十五年刻本，日本尊经阁文库藏，补刊本有四册。

附录：《日藏汉籍善本书录》转录《商舶载来书目》记载，中御门天皇享保十八年（1733），珍贵商船"江字号"载《永嘉县志》一部抵日本。

中国书店1992年影印收入《稀见中国地方志汇刊》第十八册误录为王叔杲编纂。

潘猛补点校本，中国文史出版社2010年1月版，列入龙湾文献丛书。

嘉靖《永嘉县志》是现存最早的永嘉县志。

《东嘉王氏世录》一卷

明王叔果辑，温州市图书馆藏，二册，善本。

永嘉区征集乡先哲遗著委员会抄本，一册，善本。

《东嘉王氏世家》一卷

明王叔果撰。

温州市图书馆藏民国王理孚抄本。

《东嘉王氏家录》内编二卷外编七卷

永嘉区征集乡先哲遗著委员会抄本，据康熙三十八年王赓尧重刻本誊写，七册，善本。

《东嘉王氏家录》六卷

明王光蕴辑。

原有万历二十八年刻本，今存抄本三卷（卷四至卷六）。

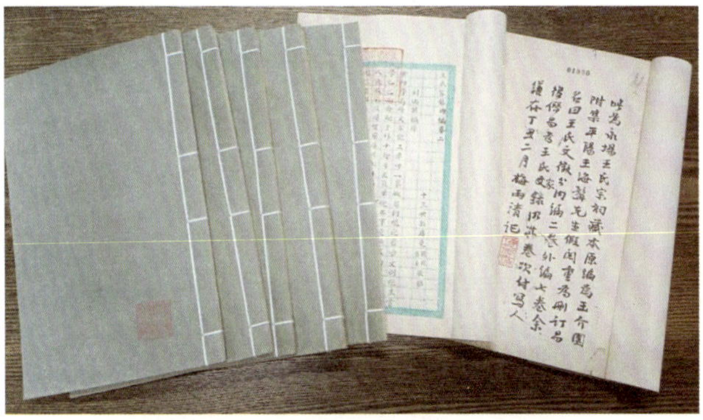

《王氏家录》永嘉乡著王赓尧会抄本

《玉介园存稿》十八卷

明王叔杲撰，附录四卷行状传墓志铭等一卷，王光美辑。

明万历二十九年东瓯王光美刻本，中国国家图书馆藏，十三册。

九行十八字，白口，左右双边。又，台北中央图书馆藏。

日本国会图书馆，共十二册，内阁文库藏，原系昌平坂学问所等旧藏，共九册。

北京大学图书馆藏二册。

1935年王栻影抄万历二十九年刊刻本，温州市图书馆藏。

此集列入清乾隆间颁行之禁书目，故刊刻本传世至罕。

清康熙间王赓尧抄本，温州私人藏二十三册。

清同治间孙氏抄本（清孙锵鸣校），今藏温州市图书馆。

同治间孙氏抄本，列入浙江省第三批珍贵古籍名录（浙江省人民政府2016年5月，第18号文件），编号00584。

温州文献丛书整理本，名为《王叔杲集》，张宪文校注，上海社会科学院出版社2005年10月版。

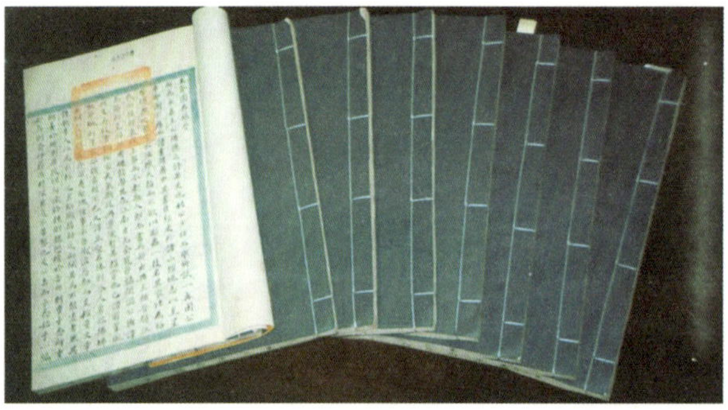

《玉介园存稿》民国永嘉乡著会抄本

《玉介园存稿》提要

《续修四库全书总目（稿本）》：《玉介园存稿》十八卷，明万历刻本，明王叔杲撰。叔杲字阳德，永嘉人。嘉靖壬戌进士。除靖江知县，改常熟，征授兵部主事，历员外郎，出为大名知府，历湖广副使，进参政，以事罢归，起福建参政，不赴。事迹具详《永嘉县志》（人物传）。此编凡古今体诗七卷，自嘉靖乙未迄于退老，编年为次。诗后继以杂文，计序文二卷，记传各一卷，尺牍三卷，祭文一卷，行状、志铭、诔辞一卷，杂著二卷。文后又有附录四卷，则叔杲之子名光美者所辑，杂录宇内鸿流赠序诗文，名目繁碎，殊乖大雅，此外又录光美撰行状，焦竑撰传文，李维桢撰墓志铭，冯时可撰神道碑，王穉登撰墓表，为另编殿焉。叔杲为文得两京遗范，据事敷辞，倍觉亲切。如杂著类所载《筑永昌堡始末》《永昌堡地图说》《温州卫所及海防官制说》《详刻大名府保甲乡约》《评议江西（南？）海防事宜》等篇，□□□□熟究韬略，通知边□如叔杲者，不能赞一辞也。诗亦清婉动人，有往复不尽之致。如咏清晖堂云：朝揽南岫云，夕弄南湖月。咏纡青阁云：啸傲据东窗，天际孤亭小。咏知乐轩云：倏鱼弄波光，初日荡微暄。咏红雨蹊云：逶迤遵回蹊，残英落春涧。咏涟漪亭云：绿云昼不开，曲涧春流漫。咏金粟岭云：鲜飙激幽香，明月散清影。咏穿云峡云：白云曳斜阳，翠壁光相射。咏筠阿馆云：翠落寒池明，冷浸潇湘雪。咏香雪坞云：暗香动流云，疏影时明灭。咏宝界庵云：钟声雨外迟，梵语林中静。咏绿沉坳云：万木青山坳，千林翠欲滴。隽语络绎，不落叫嚣之习。叔杲归田后，重理园林于华盖山之麓，名曰阳阿别墅，又名玉介园，焦弱侯有《玉介园记》，茅鹿门有《阳阿别墅记》，王弇州又有《阳湖别墅前后记》。园中有景二十，叔杲一一记之以诗。不啻张功甫玉照堂光景也。此集列入乾隆间颁行之禁书目，故传世至罕。近人所刻永嘉丛刊及敬乡楼丛书均未著录，亦秘笈矣。

《家礼要节》一卷

明王叔杲撰，明隆庆五年王氏刻本。

中国国家图书馆藏，一册。

卷首有王叔杲隆庆辛未自序、隆庆辛未胡定重刻叙。

全书分为冠礼、婚礼、丧礼、祭礼、通礼五章节，有祠堂之图等。

九行二十一字，小字双行同，白口，左右双边。

《东嘉英桥王氏重修宗谱》十卷

明王叔杲等纂修。

明万历六年抄本（三修本），温州博物馆藏。

《东嘉英桥王氏族谱》

明万历五年王叔果原修本。

卷首章纶成化六年序、程文德嘉靖二十六年序、侯一元万历庚辰序、王澈嘉靖十七年序、王叔果万历五年序，王叔果万历六年题辞，王光蕴万历五年《原姓》。

隆庆《靖江县志》八卷

明王叔杲修，明张秉铎续修，明朱得之纂。

明隆庆四年刻本，日本内阁文库藏。

中国书店1992年影印收入《稀见中国地方志汇刊》第十三册。

《太玉洞斋近草》十卷

据李维桢《大泌山房集》卷一百〇四，《千顷堂书目》卷二三作“太玉洞斋稿”。

原书已佚。今存敬乡楼抄本、乡著会抄本，书名作《太玉洞天藏稿》，当从《玉介园附集》中抄出，为不足本。

万历《温州府志》十八卷首一卷

明汤日昭等修，明王光蕴等纂。

明万历三十三年刻本。

温州市图书馆藏十二册（善本）。

中国国家图书馆藏四册（善本）存第十四卷至第十六卷。

台北中央图书馆藏十册，存十六卷。

日本国会图书馆、内阁文库、尊经阁文库、蓬左文库、天理图书馆藏。

《日藏汉籍善本书录》记载：内阁文库藏本，原系红叶山文库旧藏。天理图书馆藏本，系残本四卷，共六册。据《商舶载来书目》记载，中御门天皇享保八年（1723），中国商船“远字号”载《温州府志》一部抵日本。《外船赍来书目》又记载，光格天皇宽政十二年（1800），中国商船“丑字五号”载《温州府志》一部抵日本。

抄本，浙江图书馆藏十二册。

影印本

中国书店1992年影印收入稀见中国地方志汇刊第十八册。

收入四库全书存目丛书史部第210册211册，据温州市图书馆藏本，齐鲁书社1996年影印。

2013年影印收入原国立北平图书馆甲库善本丛书第三七五册至第三七六册。

孙诒让《温州经籍志》认为：“季宣为西华副使子，家学渊源，世传文誉，故此书体裁尚为渊雅”，“诚吾乡之宝笈也”。

温州市图书馆藏明万历间刻本《温州府志》被列入第四批国家珍贵古籍名录（国发〔2013〕12号），编号10309。

万历《永嘉县志》十七卷

明王光蕴校补，万历三十年刻本，中国科学院图书馆藏（存卷一至卷十）。

瑞安市博物馆藏（存卷八至卷十一），龙经居士题记。

瑞安藏本列入第六批国家珍贵古籍名录（国发〔2020〕149号），编号12565。

《江心志》六卷

明王光蕴编纂，万历十八年刻本，上海图书馆藏。

万历《宁都县志》八卷

明莫应奎、王光蕴修，明吴天德等纂。万历二十年刻本，原北平图书馆（今藏台北故宫博物院）。

《王季中集》十卷

明王光美撰，明万历年间刻本，日本内阁文库藏，十册。

王光美诗文集，十卷。卷一《雁山纪游》，龙膺万历十七年序，收王光美游雁荡山所作诗文，收记四篇、诗十三首；卷二《湖上草》，何白万历三十年序，收诗六十八首；卷三《松鹤斋草》，吴光翰万历三十一年序，收诗四十五首；卷四《赤城草》，吴稼蹬万历三十二年序，收诗三十八首；卷五《白鹿社草》，王穉登序，收诗五十四首；卷六《友声草》，收诗五十二首，另收吴稼蹬和作十五首；卷七《游燕草》，戴宗播万历三十一年序，收诗五十三首；卷八《趋庭草》，王光蕴万历三十一年序，收诗五十首；卷九《舫斋草》，邵建章序，收诗六十六首；卷十为附录，收光美为其父所作行状及焦竑、李维桢、冯时可、王穉登等人为其父所作传记、墓表、神道碑等。

此书刻印精美，为明刊刻本中之佳品。

今有永昌堡文化研究会2015年影印本。

《湖上草》《松鹤斋草》《赤城草》《游燕草》《舫斋草》《白鹿社草》，有民国敬乡楼抄本，温州市图书馆藏，系从《玉介园附集》中抄录，多为不全本。

《玉沧集》八卷

温州市图书馆存敬乡楼抄本、乡著会抄本。

潘猛补校补《温州经籍志》中册第1241页：敬乡楼抄本从《雁山集》至《赤城草》分册卷录，而在首册页上有姚华民国8年题签《玉沧集》。由此可证《玉沧集》即孙氏著录王光美分集之合刊。孙氏（《温州经籍志》）不另予著录。

《玉沧集》乡著会抄本

《一笑录》一卷

王钦豫撰，稿本。

温州市图书馆藏，一册，钤“永嘉王氏希逸珍藏书画印”等印。

浙江省人民政府〔2013〕第37号文，将王钦豫撰《一笑录》稿本，列入浙江省第一批珍贵古籍名录，编号00057。

《东嘉王氏家录》八卷

明王心一纂修，明万历二十八年修，清道光八年刻本，温州市图书馆藏。

《（王氏）宗祠纪事图谱》

明王心一辑修，清道光十年刻本（书名据版心题），一册，中国国家图书馆藏。十行二十二字，白口，四周双边单鱼尾，普通古籍。

《东嘉王氏家录续刻》

王玉、王壬辑。清道光八年刻本，温州市图书馆藏，善本。

永嘉区征集乡先哲遗著委员会抄本。

英桥王氏原有家录六卷，续刻为家录的续编，辑而续之。前承原编家录，增补世系、科甲、胶庠（编年记载王氏子弟入泮情况，由十七世孙王心一校刊，十九世孙王玉、王壬参辑）之后，即设卷之七，年谱（十七世孙王大成校刊，十九世孙王玉、王壬参辑）；卷之八，则收有坊表、家墓、祠祀、书目、名公赠言（墓志、传、序文）。卷首有贾声槐、张瓛序，陈遇春、曹秋槎题识。卷末有王心一跋文，王玉与其弟王壬合写的跋文。

温州市图书馆藏善本在道光八年刊刻本的基础上，胶庠录的记载，增至道光十五年。

新修《靖江县志》八卷

（明）王叔杲、张秉铎修，（明）朱德之纂，明嘉靖四十四年（1565）修，隆庆三年（1569）刻本。日本内阁文库藏。

1992年12月，《稀见中国地方志汇刊》，第13册，第913—1030页，《新修靖江县志八卷》，中国科学院图书馆选编，中国书店。影印本，据明隆庆三年（1569）刻本影印。

嘉靖四十一年（1562），朱德之受知县王叔杲的委托，开始纂修《靖江县志》，至四十四年（1565）完稿。因王叔杲调任常熟，县志直到隆庆三年（1569）才由知县张秉铎增订后付印。此志为已知现存靖江最早的县志。

康熙《温州府志》三十二卷

（清）汪爌修，（清）李琸纂，（清）王锡琯同修，清康熙二十四年（1685）刻本，18册。温州市图书馆藏善本00343。

中国国家图书馆存有二十七卷（一、三至十一、十三至十四、十六至二十三、二十五至二十九、三十一至三十二），10册，索书号A00226、A00227。

《王氏族约》一卷

（明）王澈撰，清，玉海楼抄本，杨绍廉校，8册《玉介园附集》之一。温州市图书馆藏善本000659。

（明）王澈撰，民国，乡著会抄本，1册。温州市图书馆藏善本001060（092）。

（明）王澈撰，民国，敬乡楼抄本，杨绍廉校，6册《玉介园附集》之一。温州市图书馆藏善本014585。

（明）王澈撰，民国，抄本，27.5厘米×15.9厘米，1册。温州市图书馆藏善本13874。

《翼正初编》九卷

（清）王钦豫辑，民国，乡著会抄本，4册。温州市图书馆藏善本001060（094—097）。

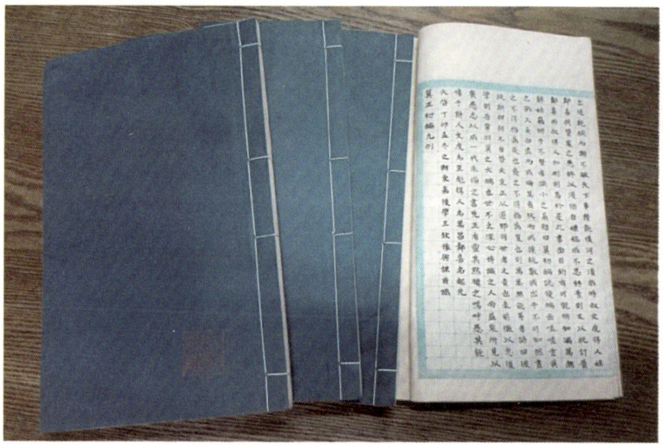

《翼正初编》九卷，乡著会抄本

《经德录》五卷

（清）王钦豫撰，清，抄本，1册。温州市图书馆藏善本00529。

（清）王钦豫撰，民国，乡著会抄本，1册。温州市图书馆藏善本001060（098）。

（清）王钦豫撰，民国，敬乡楼抄本，28.3厘米×17.9厘米，1册。温州市图书馆藏善本13917。

包括伦范集、躬衡集（上、下）、廷楷集、命券集。

《玉介园附集》

（明）王光美等撰，清，玉海楼抄本，杨绍廉校，1函8册。温州市图书馆藏善本000659。

2016年5月，入选第三批浙江省珍贵古籍名录，名录号00584。此抄本中有《玉苍集》（含《雁山集》、《湖上草》、《松鹤斋草》、《友声草》、《游燕草》、《舫斋草》、《白鹿社草》、《赤城草》）/王光美撰，《南游杂咏》一卷/王至京撰，《黄石集》一卷/王光经撰，《王氏族约》一卷/王澈撰，《玉洞集》一卷/王光蕴撰，《竹居集》一卷/王咏撰，《半山藏稿》/王叔果撰，《槐阴集》一卷/明王毓撰，《家言》/王由等撰，《玄对草》二卷/王至彪撰等多种。据考，此抄本存十四卷。有孙诒让案语、“同治庚午十一月九日止庵退叟校读一过”等字样。

（明）王光美等撰，民国，敬乡楼抄本，6册。温州市图书馆藏014585。

集内封手书“借永嘉王氏所藏钞本付写”。卷端钤印“永嘉敬乡楼藏”“黄群过目”，卷末钤印“绍廉经眼”。姚华题签，杨绍廉题记并校。存八卷（十六至十九、二十四、四十一、四十五至四十六）。其中有《玉苍集》（含《雁山集》、《湖上草》、《松鹤斋草》、《友声草》、《游燕草》、《舫斋草》、《白鹿社草》、《赤城草》）/王光美撰，《黄石集》一卷/王光经撰，《王氏族约》一卷/王澈撰，《竹居集》一卷/王咏撰，《槐阴集》一卷/王毓撰，《玄对草》二卷/王至彪撰等多种。

《温州市图书馆古籍普查登记目录（全二册）》第316页，误记为（明）王叔杲撰，清瑞安孙氏玉海楼抄本。改。

据《二〇一七温州民间文献联合展》第三部分古籍珍本，林晓克提供，《玉介园存稿》（实为《玉介园附集》），王叔杲等撰，清抄本，2函23册（实为22册），王理题跋。内有《槐阴集》1册、《王氏族约》1册、《鹤山集》2册、《半山藏稿》4册（缺第3册）、《玉介园存稿》1册、《世录世传》共1册、《黄石藏稿》1册、《玉沧集》1册、《太玉洞天藏稿竹居集》共1册、《玄对草》2册、《文征内编》2册、《文征外编》7册（缺第7册）。辛未长夏王理孚识，辛未即民国20年（1931）。

《永嘉王氏家言》一卷

（明）王毓等撰，（清）王咏辑，民国36年（1947），《永嘉县志》修纂处抄本，1册。温州市图书馆藏善本006661。

本卷录王氏47人191首诗。《温州市图书馆民国时期传统装帧书籍普查登记目录》第49页，误记为（清）林必登辑，实为（清）王咏辑，林必登作序。

《家言》

（明）王由等撰，民国，敬乡楼抄本，杨绍廉校，《玉介园附集》卷四十四，1册。温州市图书馆藏善本006656。

（明）王由等撰，清，玉海楼抄本，杨绍廉校，8册《玉介园附集》之一。温州市图书馆藏善本000659。

《永嘉王氏家录》内编二卷外编七卷

（明）王光蕴等撰，（清）王赓尧抄，民国，乡著会抄本，7册。温州市图书馆藏善本001060（235—241）。

《半山藏稿》一卷，《玉介园选集》一卷

（明）王叔果撰，（清）林维乔补辑，清抄本，4册。温州市图书馆藏善本009528。

《玉洞集》

（明）王光蕴撰，民国，敬乡楼抄本，杨绍廉校，《玉介园附集》卷四十七，1册。温州市图书馆藏善本009523。

《温州市图书馆古籍普查登记目录（全二册）》，误记为（明）王叔撰，清瑞安孙氏玉海楼抄本。改。

《明代英桥王氏诗录》之《玉洞集》，以敬乡楼抄本为底本，参考玉海楼抄本、乡著会抄本。

（明）王光蕴撰，清玉海楼抄本，杨绍廉校，8册《玉介园附集》之一。温州市图书馆藏善本000659。

《玉洞天藏稿》一卷集余附录一卷

（明）王光蕴撰，民国，乡著会抄本，与《竹居集》一卷合订1册。温州市图书馆藏善本001060（271）。

《黄石藏稿》一卷

（明）王光经撰，民国，乡著会抄本，1册。温州市图书馆藏善本001060（273）。

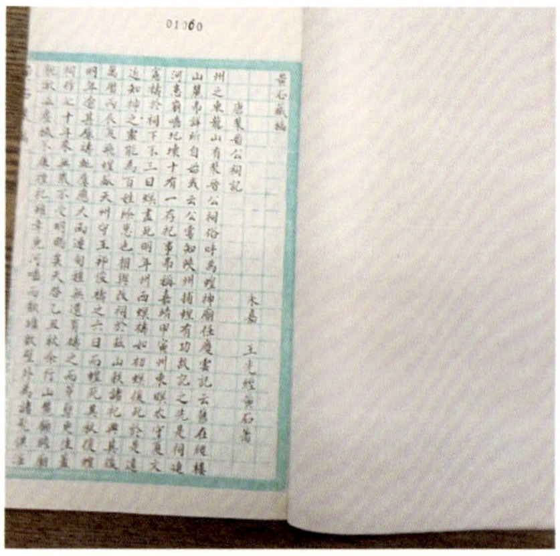

《黄石藏稿》乡著会抄本

《黄石集》一卷

（明）王光经撰，民国，敬乡楼抄本，杨绍廉校，6册《玉介园附集》之一。温州市图书馆藏善本014585。

《南游杂咏》一卷，附莆中草

（明）王至京撰，民国，敬乡楼抄本，杨绍廉校，《玉介园附集》卷二十，1册。温州市图书馆藏善本007284。

（明）王至京撰，清，玉海楼抄本，杨绍廉校，8册《玉介园附集》之一。温州市图书馆藏善本000659。

《明代英桥王氏诗录》之《南游杂咏（含莆中草）》，以敬乡楼抄本为底本，参考玉海楼抄本。

《玄对草》前后集

（明）王至彪撰，民国，乡著会抄本，2册。温州市图书馆藏善本001060（285—286）。

（明）王至彪撰，民国，平阳王氏我屋抄本，2册。平阳县图书馆藏0410。

（明）王至彪撰，清，玉海楼抄本，杨绍廉校，8册《玉介园附集》之一。温州市图书馆藏善本000659。

（明）王至彪撰，民国，敬乡楼抄本，杨绍廉校，6册《玉介园附集》之一。温州市图书馆藏善本014585。

此为诗集。孙延钊《明季温州抗清事纂》（六）、《诗文辑览》丙、《诗内编》录27目。

2005年1月，陈光熙编，上海社会科学出版社出版，温州文献丛书（第二辑）之一《明清之际温州史料集》有收录《玄对草》，以敬乡楼抄本为底本，校以乡著会抄本。

2014年4月，陈伟玲校注，永昌堡文化研究会编，中国文史出版社出版，《清代英桥王氏诗录》之《玄对草》，以敬乡楼抄本为底本，参考玉海楼抄本、乡著会抄本。

《玄对草》前集

（清）王至彪撰，民国，乡著会抄本，与（清）蔡弘勋撰《雪斋诗外一卷》合为1册。温州市图书馆藏善本001060（308）。

《玄对草》乡著会抄本

《王玉叔诗选》一卷

（清）王锡琯撰，清康熙七年（1668）刻本，（清）邹漪辑《名家诗选》二十四种二十四卷（共12册）之一，1册。上海图书馆藏线善T341397—408。

诗选为名家定本，部分诗下有小字评语，当为邹漪所批注，《清代英桥王氏诗录》之《王玉叔诗选》，以此为准校注。

《竹居集》一卷

（清）王咏撰，民国，乡著会抄本，与《太玉洞天藏稿》合订1册。温州市图书馆藏善本

001060（271）。

（清）王咏撰，民国，抄本，1册。平阳县图书馆藏0409。

（明）王咏撰，民国，敬乡楼抄本，杨绍廉校，6册《玉介园附集》之一。温州市图书馆藏善本014585。

（明）王咏撰，清，玉海楼抄本，杨绍廉校，8册《玉介园附集》之一。温州市图书馆藏善本000659。

《清代英桥王氏诗录》之《竹居集》，以玉海楼抄本为底本参考敬乡楼抄本、乡著会抄本。

《南唐书校记》一卷

王理孚撰，民国，抄本，1册。温州市图书馆藏善本000171。

《窥园诗钞》五卷末一卷

（清）王梦篆撰，清嘉庆初刻本，3册。遂昌县图书馆藏。

收录古今体诗歌500首，词21首。2010年3月，王正明注释，遂昌县图书馆编《窥园诗钞》。

《雪蕉斋诗钞》《留砚山房遗草》诗钞四卷，补编一卷，附《针余集》残稿，王德馨行略

（清）王德馨撰，（清）王朝清撰，（清）邵匹兰撰，清光绪二十六年至二十八年（1900—1902）王氏刻本，27.8厘米×18.4厘米，2册。温州市图书馆藏善本14267。

卷首有“雪蕉斋诗钞，黄体芳署检，光绪庚子孟夏锓版”，内收补编一卷，邵匹兰的针余集残稿一卷，王德馨行略一卷，王朝清的留砚山房遗草一卷，诗717首。

2009年9月，王妍点校，黄山书社出版《王德馨集》，温州文献丛刊之一。

《留砚山房遗草》一卷

（清）王朝清撰，清光绪二十八年（1902）刻本，24.4厘米×15.4厘米，1册。温州市图书馆藏善本13598。

卷内有陈子万题签，钱振埙作序，有杨青、王朝瑞题词，有曾咏春、杨黄、杨青、潘德骏等人挽章，以及朱嵩年赠言。

《海外虬髯手写四十纪怀诗卷》

王理孚撰，民国4年（1915），石印本，1册。温州市图书馆藏善本08848。

《海髯诗》二卷，附词一卷

王理孚撰，1985年复印本，1册。温州市图书馆藏善本08889。

2006年9月，作为温州文献丛书（第四辑），张禹、陈盛奖编注，上海社会科学院出版社出版《王理孚集》。

《雪蕉斋诗话》五卷

（清）王德馨撰，清，定稿本，5册。温州市图书馆藏善本01063。

1995年10月，张宪文整理《雪蕉斋诗话》印发；2009年9月，王妍点校，黄山书社出版《王德馨集》有录。

《雪蕉斋杂钞》

（清）王德馨编，清，手抄本，1册。温州市图书馆藏善本00548。

广收由唐至清诸家吟咏温地之作，并细数永嘉、乐清、瑞安、平阳、泰顺各地山水人文景观及历代名家。

《雪蕉斋楹联杂录》

（清）王德馨录，清，稿本，1册。温州市图书馆藏善本10790。

汇录各地名联73副。

《唐诗古今体读本》

（清）王德馨辑，清，手抄本，1册。温州市图书馆藏善本06580。

又名唐诗读本。收录唐诗376首，有王德馨评点，尤以批点杜甫为多。

《雪蕉斋宋诗读本》

（清）王德馨辑，清，手抄本，1册。温州市图书馆藏善本06633。

录宋诗115首，有王德馨评点，尤以批点苏轼为多。

《王统诗集》一卷

王统撰，民国37年（1948），铅印本，16厘米×11.5厘米，1册（78页）。温州市图书馆藏善本08426。

《王统诗集》又称《晴川集》，《龙湾诗文七人集》收录王统的《晴川集》。

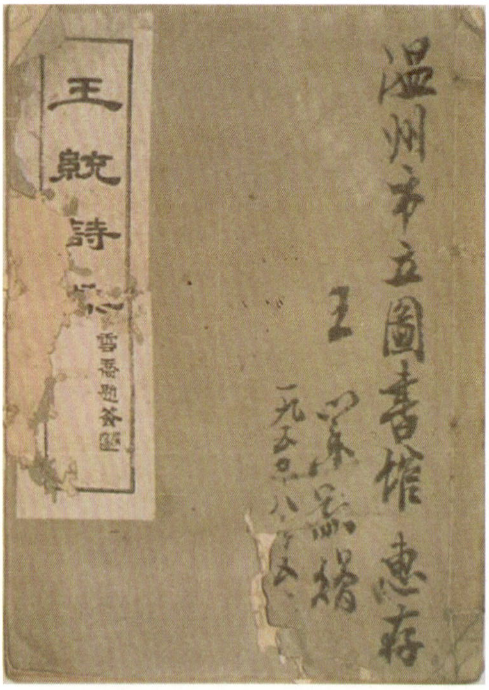

《王统诗集》，民国出版，温州图书馆藏

《老百姓》

瘦梅（王晓梅）、郑之纲主编，永嘉县动员委员会战时教育文化事业委员会编，民国期刊，1938—1941年，No.1［民国27年（1938）—No.30（民国28年〔1939〕5月），新No.1（民国28年〔1939〕十月］—新No.14［民国30年（1941）2月］，44期，19厘米。浙江图书馆藏44711 10400.3。

《地方教育辅导经验谈》

王人驹著，上海：开明书店，民国23年（1934）12月，247页，图片，19厘米，0.70。北京大学图书馆藏4953/1187。

国民政府教育部长王世杰题签书名，本书16章，介绍当时浙江教育辅导的实施经过及组织状况，讲述推动教育辅导工作的基本方法，并对教育经费及教育发展程序发表意见，另分述各种辅导的实践经验，颇受教育界欢迎。2010年12月出版的《王人驹文存》全部收录。

《电工原理及实用（上册）》

（美）格来（A.Gray）、（美）华莱士（G.A.Wallace）撰，王国松校译，重庆：正中书局，民国36年（1947）12月，256页，20厘米，大学用书。浙江大学图书馆藏TM/BG21、浙江图书馆藏627.1/6700、上海图书馆藏227652。

（美）格来（A.Gray）、（美）华莱士（G.A.Wallace）撰，王国松校译，上海：商务印书馆，1952年2月，288页，图表，20厘米，大学丛书，浙江大学图书馆藏TM/BG19/1、上海图书馆藏448.01/491616。

《电工原理及实用（下册）》

（美）格来（A.Gray）、（美）华莱士（G.A.Wallace）撰，王国松校译，重庆：正中书局，民国36年（1947）6月，599页，图片，18厘米，大学丛书。浙江图书馆藏627.1/6700、上海图书馆藏227653。

（美）格来（A.Gray）、（美）华莱士（G.A.Wallace）撰，王国松校译，上海：商务印书馆，1952年5月，614页，图表，20厘米，大学丛书，浙江大学图书馆藏TM/BG19/2。

此书于1934年由浙江大学电机系孙潮洲、姚卓文、俞国顺、程祖宪依据原书（第三版）译出，由王国松校译，1941年始得付梓。译本第一版于1943年问世，至1947年已添印至第七版。中华人民共和国成立后，依原书（第六版）由俞国顺等改译，仍由王国松校译。

《击鬼集》

王季思著，丽水：青年读书通讯社，民国30年（1941）3月，58页，18厘米，0.50。吉林省图书馆藏M266.1/155。

杂文集，分3辑，收《谈狐》《击鬼》《汪黄》《两截人》《骨灰和血土》《尾巴》《第三道灵符》《忆潜社》《乱离词纪》等22篇杂文。

《新物语及其她》

王季思著，福建南平：国民出版社，民国34年（1945）1月，铅印本，94页，19厘米。中山大学图书馆藏848/935.3。

杂文集，分4辑，收入《狐狸的尾巴》《英雄的悲哀》《架黑眼镜的》《谈狐》《击鬼》《两截人》《从诸葛亮的死说起》《青年的悲观心理》《分数的枷锁》《青楼曲与从军行》《温州的南戏》《记郭光曜先生》等42篇杂文。

《西厢五剧注》

（元）王实甫原著，王季思校注，龙泉：龙吟书屋，民国33年（1944），铅印本，206页。浙江图书馆藏普/9031。

西厢五剧指张君瑞南闹道场、崔莺莺夜听琴、张君瑞害相思、草桥店梦莺莺、张君瑞庆团圆5折，本书逐一加以注释。书前有钱南扬和校注者序两篇，并附有《西厢五剧作者考》《元微之会真记》及《赵令畤蝶恋花鼓子词》。

《集评校注西厢记》

（元）王实甫著，王季思校注，上海：开明书店，民国38年（1949年9月30止）3月，242页，冠图，19厘米×13厘米，0.85。上海图书馆藏225717。

《无极八卦掌》

王靖岳著，北京：人民体育出版社，2004年10月，261页，照片、图片，21厘米，7-5009-2635-9，20.00，龙图G852.1/a1007、浙图G852.16/107/2004。

本书以图文并茂的形式讲解龙湾区永昌堡王氏流传下来的无极八卦掌有关套路，包括无极八卦掌基础功法、无极八卦龙形掌、无极八卦八形连环掌、庭道图说及无极八卦连环掌等五章内容。以无极天地黄内外合一练功图学说为原理，以八卦掌为基本整理而成。无极八卦掌以《庭道图》学说为人本，以神主导精气、血气的互根互用和消长转化；运用八卦、阴阳、五行、易变之理和八形的特点，注重卫气对筋、骨、皮的主导作用，达到内外合一。

《温州市龙湾区永中街道志》

王会飞主编，龙湾区永中街道志编纂委员会编，北京：方志出版社，2010年10月。

永中修志始于2007年7月，编写人员收集、查询有关馆藏档案，校对历史资料；翻阅谱牒，考证姓氏源流、迁徙始末；踏勘、拍摄文化古迹和现代风貌；多次召开各界人士座谈会，广泛征求意见。历经三年多、数易其稿而编成，记述清晰、图文并茂，备述永中自然、经济、政治、文化、风土人情及风景名胜，是永中有史以来第一部志书，也是龙湾区第一本乡镇街道志。

《嘉靖永嘉县志》

（明）王叔果、王应辰编纂，潘猛补点校，北京：中国文史出版社，2010年1月。

龙湾文献丛书。此县志为现存最早的永嘉县志，分为九类九卷，时称九志，堪称永嘉县志开创性载体。九卷分别是卷一舆地志，卷二建置志，卷三食货志，卷四祠祀志，卷五秩官志，卷六选举志，卷七人物志，卷八外志，卷九杂志。立论鲜明，识见卓越，各卷章目前叙后评，体现编纂者对温州地方史的精深研究，倾注编纂者的大量心血。尤其是关于温州嘉靖年间资料与龙湾永嘉场资料特详，永昌堡王氏家族资料与引用编纂者文献特多。此志刊于嘉靖十五年（1536），四十五年（1566）增修，现仅见藏于日本尊经阁文库。

《民间姿态》

王勤福著，北京：中国对外翻译出版有限公司，2013年2月。

这是一本专写龙湾民间文化人的人物特写集，是一部反映龙湾文化和龙湾艺术人群体的书籍。入选此书的共39位民间文化人，他们大都是在没有体制支撑的情况下自掏腰包、百挤时间，投身于某项艺术文化创作。同时本书对温州独有的流风遗俗和温州传统精神加以描述，反映作者对本土地域文化的理解，以及对本土民间文化人的关注。

《英桥王氏闻人行略》

南桥微园老人（王璞）编，2000年。本书收入英桥王氏始祖万十一至十一世龙友等36位闻人行略。以王氏世录、王氏家录、王氏家录续录为基础编写。

《王国松先生诞辰一百周年纪念集》

韩祯祥主编，浙江大学电气工程学院编，2022年3月，99页，图片，23厘米，温州市图书馆藏K826.16/1064。

本纪念册有王国松先生的简历、生前照片、传记和纪念文章，包括竺可桢给王国松先生的两封亲笔信，王国松先生的4篇文章和亲笔题词，老校友回忆文章及王国松传等。

《岁月烟雨》

王会绍著，香港：中国文化出版社，2013年6月。

文学作品集。本书收集百篇短文，以真挚的感情写出了自己感受到的亲情、友情、师生情。本书分为古堡内外、陇原纵横、黄河涛声和神州履痕四辑，另有评介存录一辑。前二辑着重写不同阶段的生活经历与记忆，叙述浙南故乡和甘肃大地的农村事物，苍茫如烟雨后二辑分属艺文偶拾、旅游散记；评介存录收入的是他人对著作的评介文章，以及作者经历岁月烟雨留下的铿锵足音之类。王会绍，1933年3月出生，龙湾区永中街道新城村人。

《古堡旧忆》

王则信著，香港：天马出版有限公司，2017年12月。

本书分街坊邻里、旧时师友、故乡风物、家慈昆季、从军行、编外文存等6部分，记叙的是作者个人记忆中一段最初的经历，以及故乡永昌堡的人与事，洋溢着浓浓的乡情。王则信，1940年10月出生，龙湾区永中街道新城村人。

《古堡深处》

王璋、王一平主编，北京：大众文艺出版社，2008年12月。

永昌堡诗文选编。2007年6月，永昌堡（民俗）文化研究会成立。研究会会员们有选择性编辑了有关永昌堡的参考性文史资料，分古堡情思、文史艺苑、历代名人、时代风采、民俗风情、传说故事、先贤遗作、古韵新声等选编诗文。内容可谓图文并茂，翔实地反映永昌堡历史真实面貌，使读者较为全面而清晰地了解永昌堡的人文历史。

《王叔果集》

（明）王叔果著，蔡克骄点校，合肥：黄山书社，2009年4月。

温州文献丛刊，繁体竖排版。本书收录王叔果诗文集《半山藏稿》里的各类文体作品，有赋、诗、疏、表、序、记、碑文、杂著、书、传、行状、墓志铭、祭文、箴、铭、赞、杂文、佚文等，附王叔果年谱简编。本集以《半山藏稿》为主，另附王叔果佚文、《工氏家录》中有关王叔果的诰制、与王叔果同时代人如茅坤、汪道昆等与其交游的诗文、黄群跋语等。诗文凡二十一卷，是王叔果一生的思考与生平的痕迹，其诗典雅恬淡，有王维诗风。王叔果（1516—1588），今龙湾区永中街道新城村人。

《王德馨集》

（清）王德馨著，王妍点校，合肥：黄山书社，2009年9月。

本书包括《雪蕉斋诗钞》四卷及补编、《雪蕉斋诗话》五卷以及试帖、联语、骈文等，并附录了其妻邵匹兰、子王朝清的诗作。王德馨不单工诗善咏，于诗论诗法亦多有独到见解。其诗作内容，以人物交游类尤为广泛，仅记载同代温州人士就有近七十人。及其挚友，则又多以笔墨述之，或寄答送别，或哭悼缅怀。孙衣言赞其能搜罗放轶，表着幽潜，其用心盖异于人矣。王德馨（1819—1888），今龙湾区永中街道英桥王氏后裔。

《雪蕉斋诗话》

（清）王德馨著，张宪文整理，1995年10月。

本书共收录诗话452则，分五卷，其中卷一104则，卷二92则，卷三97则，卷四111则，卷五48则，附录诗话部分人名及误文校注。吾温诗集颇多，然诗话极少。本诗话集有史料价值，内述及吾温乡贤之作颇多，极有文献价值。还保存有许多温州地方史料，涉及时事、物产、民俗、人文典故、历代遗迹等诸多方面，为今人了解百年前温州提供了珍贵的文字遗存。

《明代英桥王氏诗录》

（明）王毓等著，陈伟玲校注，北京：中国文史出版社，2010年1月。

龙湾文献丛书。在明清两代的温州著名望族中，永昌堡英桥王氏首屈一指，其仕宦、艺文方面有不俗的成就。本书收集了明代永昌堡英桥王氏族人所创作的诗篇，上自四世王毓，下至十三世王鸿宗、王起元辈，皆做了详细的注解。如王毓《槐阴集》、王激《鹤山诗集》、王光蕴《玉洞集》、王光美《玉沧集》、王至京《南游杂咏》《莆中草》等44位明代英桥王氏家族诗人的诗作。

《清代英桥王氏诗录》

（清）王至彪等著，陈伟玲校注，永昌堡文化研究会编，北京：中国文史出版社，2014年4月。

永昌堡文化丛书。本书对清代永昌堡英桥王氏族人诗作进行校注，主要收集了清初的诗人作品，收入单独成集者三人（王至彪、王咏、王锡琯）和存零散诗篇者十九人，分别以王至彪《玄对草》、王咏《竹居集》、王锡琯《王玉叔诗选》、“清代英桥王氏家言”为题作介绍。英桥王氏在清代的诗录虽不及明代厚重，但这些诗作最能反映英桥王氏由盛转衰这段关键时期的内心状态，同时客观上反映该家族在清代两三百年间艺文的兴衰，是研究清代英桥王氏的重要文献资料。

《王氏家录》

永昌堡文化研究会整编，2013年春，3册（三卷）。

永昌堡文献资料。卷一至卷三。本书为永昌堡王氏宗祠藏本，原编为《玉介园附集》，平阳王海髯重新修订，易名为《王氏文征》，分内编二卷，外编七卷，后又易名《王氏家录》本影印本据王氏十三世孙王赓尧抄本。卷一为内编二卷、外编卷一；卷二为外编卷二至卷四；卷三为外编卷五至卷七。

《窥园诗钞》

（清）王梦篆著，王正明注释，遂昌县图书馆编，2010年3月。

窥园诗钞五卷，附词钞一卷，碑记一篇，卷首有影刻梁同书手书序，约刻于嘉庆初，刊刻精致。遂昌县图书馆有藏本。钱塘梁同书序："文沙深于性情者也，而制局稍偏，取径稍平之处，不能免焉。此又性情过慎之病。"光绪《遂昌县志》"艺文辑存"录《抱琴生小传》，悼亡妻之情，溢于言表。王梦篆（1738—1819），字文沙，号窥园，出生于遂昌县城南隅，今龙湾区永中街道英桥王氏后裔。

《王季中集》

（明）王光美著，王振成主编，永昌堡文化研究会编，香港：香港出版社，2015年5月，2册。

永昌堡文化丛书。本集明万历年间刻本，现藏日本内阁文库，此为影印本。集分十册，每册为一卷，依次是《雁山纪游》（包括《雁山四记》和《雁山杂咏》）及《湖上草》《松鹤斋草》《赤城草》《白鹿社草》《友声草》《游燕草》《趋庭草》《舫斋草》，第十卷收入王氏家族重要先人王叔杲的传记材料和相关纪念文字。

《蛙鸣集》

王一平著，北京：中国文联出版社，2012年7月。

王一平诗词存稿。本书收录诗535首，词55阕，联75副，分诗稿、词笺、联语、墨缘。作者创作诗词有时代风云、江山揽胜、城乡新风、咏事品物、交友酬答、感怀讽喻、缅怀之什等。

专记

在明清时期温州的望族中，永昌堡英桥王氏首屈一指。据《永嘉王氏家录续刻》明细记载，自明宣德三年（1428）至清道光三十年（1850）约420年间，王氏家族族人经考试被录取而进入学堂的读书人（庠生）竟达865人，其中明代有387人，自明嘉靖至明末120年间，全温州考中进士41人，属永昌堡的竟有10人，并出现了一家两代三进士（王激、王叔果、王叔杲）。明乐清侯一元曾认为："英桥王氏者，吾温士族之冠也。"

四世祖樵云王毓身为平民，善诗能文，著《槐阴集》，开英桥王氏著述风气之先。自此以后，一是英桥王氏从事著述的人特别多，"作者如林"，"人各有集"；二是留存下来的文献十分珍贵，在存世的13部明刻本中，已有4种著作由国务院发文列入国家珍贵古籍名录。作为温州的一个家族，竟然能够贡献如此众多的文化遗产，让人肃然起敬。

著述之众多。

据清道光年间刊刻的《英桥王氏家录续刻》记载，英桥王氏著作有60余种，实际还可补

《家里要节》等多种。清康熙十三年（1674）秋，王咏辑编《永嘉王氏家言》，以世次行辈为先后，自王毓至王臣法，选编47人诗192首，附其子王沄孙《自怡集》录诗10首，编者在《凡例》中谓“作者如林”，“人各有集”，“吾家攻诗者多，而能文者亦不少”，“嗣当别录付梓”。林必登为书作序，说：“王氏自明初徙瓯，未几，科名云起，著作蔚然。故迄今海内屈指衣冠旧族，必举永嘉王氏为称首。”后来，陆进《东瓯掌录》亦称赞说：“永嘉永昌堡王氏，子孙繁衍，科名辉映，即风雅亦代有闻人。《一家言》中所载四十七人，皆有诗集。”因此，陈伟玲整理王氏诸位存世诗歌后，编成《明代英桥王氏诗录》（中国文史出版社2010年版）一册，王叔果、王叔杲有专集除外，收入成集者5人以及存零散诗篇者39人，计38万字，又续编《清代英桥王氏诗录》（中国文史出版社2014年版）一册，收入成集者3人和存零散诗篇者19人，计20万字。因王德馨已有专集列入温州文献丛刊出版，故不录。按已有的整理本粗略算来，点校本《王德馨集》是38万字，《王叔果集》是35万字，《王叔杲集》是45万字，仅诗文创作即达176万字。

文献之珍贵。

明清英桥王氏所遗留的文献中，今存世的明刻本至少有13部，其中所创作的诗文集主要的有《王鹤山集》《半山藏稿》《玉介园存稿》《王季中集》，编纂的方志有嘉靖《永嘉县志》与万历《温州府志》《永嘉县志》《江心志》，修编的隆庆《靖江县志》，还有学术著作《大学衍义通略》，为研究温州家族留下珍贵史料的《东嘉英桥王氏重修宗谱》《东嘉王氏世录》《家礼要节》。至2020年12月为止，有4种6部著作由国务院发文而列入国家珍贵古籍名录，即《王鹤山集》《大学衍义通略》与万历刊刻的《温州府志》《永嘉县志》，由王叔杲刊刻的2种6部著作也由国务院发文而列入国家珍贵古籍名录。列入由浙江省人民政府发文的浙江省珍贵古籍名录也有2部著作。明代温州纂修地方志，英桥王氏是一支重要的力量，他们相继编纂了嘉靖《永嘉县志》与万历《温州府志》《永嘉县志》《江心志》，以及与英桥王氏交往而留下的大量史料，均为温州留下一笔丰厚的文化遗产。另外，今存英桥王氏碑志数十方，温州博物馆藏有《明东嘉英桥王氏重修宗谱》6册，《龙湾历代书画集》选有王澈、王诤、王叔果、王叔杲、王德馨、王显耀、王增祥、王兆骧等人的墨迹。《岐海琐谈》记载，王诤、王叔果、王叔杲“俱谙草书”，是以“书法擅长于一时者”。

第八节　墓　葬

传统社会中家墓祭祀是与祠祭同样重要的联宗祭祖活动，而英桥王氏一直传承着对于先祖墓地方位、碑铭和墓祭仪式的认同，至今绵延不衰。而先祖的业绩与贤德，也往往通过历代形成的碑亭、牌坊、表石，延续着子子孙孙关于名誉与尊荣的记忆。这在英桥王氏后人那里，不仅寄托着深沉追思，更是熔铸着新生命的希望。

墓葬分布

始祖墓地从明嘉靖壬辰（1532）七世祖溪桥公重修门台以来，一直从祭在西门垟（今永昌堡北门外），该地负山汇浸，乃为一姓发族地，尤为宗族所重。二世祖附地从祭。九世祖西华公敬加志铭，直至于今，松柏盛茂，香火鼎烈，业已成为国家文物保护胜迹、族人的荣光。从四世祖樵云公以来，许多先祖又择葬在五都半山（今瑶溪山脊），此处土深脉正，风光旖旎，视野开朗，福地之厚载焉。另外，或有择取旸奥、黄奥、上朱垟、茅竹岭等处的，彰显着先人的智慧和期望。今，据《王氏续录·冢墓》予以梳理如下：

始祖万十一公　墓葬西门垟

樵云公　王　毓（刑科给事中　方元祖　志铭）　暨子七人葬半山　（今瑶溪山脊）号称“七派坟”

溪桥公　王　钲（礼部郎中　王慎中　志铭）　配张恭人　敕赐祭葬半山

东厓公　王　澈（南京兵部尚书　张时彻　志铭）　旧葬宋奥，后改葬五都茅竹山

鹤山公　王　激（状元　翰林院修撰　罗洪先　志铭）　葬十九都交阳

仁山公　王　沛（江西按察使司副使　提学　何镗　志铭）　葬上戍枫林岙

竹岩公　王　诤　葬山西奥

东华公　王　德（太仆寺卿　王世贞　墓表。状元罗洪先　志铭）　葬三都上朱垟

西华公　王叔果（太仆寺卿　王世贞　志铭）　葬五都石坦

旸谷公　王叔杲（陕西按察使司副使　翰林院修撰　李维桢　志铭。四川、贵州按察司副使　冯时可　神道碑。太原　王樨登　墓表）　葬旸奥

存吾公　王良心　葬五都黄奥

楼下三房自八世至十四世，及部分十五世至十七世均葬状元田奥，蔚成规模

省庵公　王继明　葬四都双石碣

雨金公　王光经　葬十七都丁么

罗川公　王　焘　葬一都枫台山

玉洞公　王光蕴（祭酒　汤宝尹　志铭）　葬十七都华屿

玉淙公　王光荐　葬二十六都菰溪

玉沧公　王光美（邑人　张天麟　志铭）　葬十三都鹅颈头

翼宇公　王名世　葬三都上朱垟

龙友公　王维夔　葬四都金墩

友教公　王锡琯　葬宋奥

鉴于英桥王氏始祖万十一公墓，王沛、王德墓与王氏祖墓群（七派坟），以及王叔果、王叔

杲等墓，列入龙湾区的文物保护点，于此特为详记，并附录有关墓志铭于后。

英桥王氏始祖墓

英桥王氏始祖墓

祖墓占地广阔，坐落在永昌堡城西门垟（西门川）。背靠大罗山五柱峰，北首一支脉形同一卧象，头朝西，屁股向东，直冲而下，成为双龙汇合之势，南临塘桥河，北临林渎河，两道河水由西向东直流而下，至低洼田前河中汇合形成一漩涡，经英桥奔向东海，这是一龙脉，发自西北，走向东南，山环水抱，理气合法，属“田蟹”之穴。坐西朝东，为靠椅式，由墓室、祭坛及墓前河潭等组成，墓道门上有“英桥王氏始祖之墓”等字样。整座墓采用花岗岩条石筑。四周有围墙，设墓园大门，墓园内松桧成荫，庄严肃穆。墓前视野广阔，风色幽静。

王沛墓

坐落于鹿城区上戍乡枫林岙村西北部山的西侧山腰。由于地势地基下陷，现墓室位置不详。根据放生池及石像生的位置，大致能判断墓室坐东朝西。西侧有放生池一口，略呈圆形。放生池两侧约16米，南北相距8米，现各有石将军一尊，倒地，身侧手臂断缺，缺口整齐。放生池西侧31米有倒地石兽一只，前肢断缺，肩部缺损。据当地村民介绍，此地原另有石像，后于20世纪60年代生产队期间被埋于地表下。王沛（1485—1558），字子大，号仁山。明嘉靖年间，大批倭寇登陆东南沿海，王沛组织抗倭义兵进行抵抗，为著名的抗倭英雄。朝廷追赠为太仆寺丞，在温州郡城康乐坊曾建有愍忠祠。王沛墓现为温州市文物保护单位，保护范围：以墓室为中心点，半径40米圆圈范围为界；建筑控制地带：以保护范围向外延伸50米范围为界。

王德墓

坐落于永中街道上朱垟村。王德（1517—1558），字汝修，号东华。嘉靖十七年进士，授东昌府推官、广东按察使司佥事。在家乡曾同叔父王沛（号仁山）抗倭阵亡，朝廷追赠为大仆寺少卿，并在温州康乐坊建愍忠祠纪念。

墓区内伴葬其家族先祖王浥、王如珪、王名世、王成命等共五代30多个成员。墓地约300平方米，“文化大革命”时期损毁严重，仅余地下墓室，墓表建筑无存。该墓地列为龙湾区第一批文物保护单位。

2016年年初，由于温州奥林匹克体育中心建设，王德墓处于其选址范围内。浙江省文物考古研究所对该墓进行抢救性考古发掘，出土了王名世妻《明陈氏恭人墓志》与青瓷宝盆、兽面瓦当、青花瓷、方纹石物件等少量遗物。该墓经上级主管部门同意，迁葬异地保护（浙江省人民政府文件：浙政函〔2018〕第100号）。决定将王德墓迁往大罗山东坦头山花儿坑英桥王底底三房家族墓地合葬，同时新设纪念亭、纪念碑、牌坊、神道门等附属建筑，该工程为迁移保护纪念性工程，迁移后新墓址作为瞻仰历史名人的地方。

此工程项目有皇明太仆寺少卿王氏神道门一座、王德公纪念亭碑一座、“忠流芳”牌坊一座、“三元及第”牌坊一座、墓地（约280平方米）仿古翻修，以及道路拓宽、墓旁种植松柏等。

王梗家族墓葬群

坐落于朱垟村东南垟。墓主王梗（1498—1566），字国厦，号源泉，英桥王氏九世大派庙上四房。隆庆二年（1568）葬此。其后子孙依北附葬其下。整个墓地占地三亩半，庙上四房从九世至十七世共九代近九十位先人葬于此墓群，其中包括官至云南楚雄州通判的十世王元端公。2013年1月，因温州奥林匹克体育中心征地，此家族墓群被区政府批准迁至双岙黄垅原双岙水库二级坝坝基西700米处的溪流游步道北，坐北朝南，墓东建有“源泉亭”一座。此墓迁移时，市考古所专家曾到现场调查，认为此墓明清时期浙东南难得的保存完整的家族墓群，很具文化价值。当时出土13件墓碑，现存龙湾区博物馆。有王元端撰《先考源府君圹志》，赐进士中奉大夫江西布政使司左布政使乐清姻人侯一元填讳。

大派西垟二房十世祖庠生王元勋墓葬群

坐落于朱垟村东牌儿上，墓主王元勋，字景铭，号观复，卒于明嘉靖丙午年七月十一日。2013年因温州奥林匹克体育中心建设征地，出土圹志17件，王氏大派西垟二房族人组织迁移坦头山十二盘下附葬于王通政王龙友墓边。

王继明墓群

坐落于四都青山双石碣。墓主英桥王氏楼下派圣门二房十世祖。明万历二年进士。2010年因青山村双石碣地段被政府征收，出土圹志十多件及墓道门。其裔孙族人将墓迁移至坦头山鲤鱼尾巴山下坦。

王民家族墓

坐落于沙城街道钟桥村钟桥山，坐北朝南偏西，北为进士坟山，南为天马山，东为手网山，西为上木台山，占地约180平方米。除拜坛已维修外，其余保存良好。王民（1387—1461），英桥王氏五世，号恪庵，明朝正统（1449）年间，朝廷遭“土木之变”，国库空虚，社稷危难，王民尚义奉边，输粮累计7000石，朝廷赐直匾“尚义奉边”，诏旨旌表，授七品散官。其九世孙良心，号存吾，明隆庆五年进士，官至七省漕运。十世孙继明，号省庵，明万历二年进士，官至四川布政使，著有《仕学斋稿》《偶然稿》《知非稿》。

墓内安葬有王民祖父乐静、父望云等。拜坛内有五通古碑，分别为阮存撰的王安人叶氏墓志铭，虞原琚撰、黄养正书的望云处士墓志铭，王伯瑜夫妇合葬墓志，圹志两通和一通1987年新立的海南公迁碑记。

英桥王氏祖墓群（七派坟）

英桥王氏祖墓群

坐落于瑶溪街道永胜村龙冈山（半山）。明初，永昌堡英桥王氏四世祖王毓择地葬父，其后子孙均葬于此，形成规模宏大家族墓群，俗称“七房坟”。现已修缮并有墓碑可辨的为11座，总分布面积约6000平方米。从维修碑记看，在清代有过维修。均为靠椅式，由墓室、祭坛组成，采用花岗岩块石、条石砌筑，造型简洁、朴素、端庄、厚重，墓室封门墙用花岗岩条石板并列竖立，长方石板墁面。墓椅圈四周围墙靠背正中嵌石碑，椅圈呈大半圆形，用花岗岩条石板或并列竖立，或菱形石对缝成渔网纹垒砌。祭坛两侧扶手用花岗岩条石板或并列竖立或叠砌，顶部盖“人”字形条石，转角处做成歇山式，其中王叔果祖母张恭人（系张璁胞姐）墓前建有花岗岩质冲天式石牌坊，牌坊柱上横贯额枋与龙门枋，额枋正背面均阴刻书“敕建诰封王通政张恭人之墓”，字迹清晰。

半山王氏家族墓群墓志铭、石像、瑞兽等石雕雕刻精美，建筑本体保存较好，是研究明代墓葬建筑和历史文化的重要材料。系龙湾区文物保护单位。

皇岙栏杆坟

该墓建于明嘉靖年间，建筑宏伟，雕栏玉砌，工艺精致，颇为壮观。原墓至今已450春秋。岁月沧桑，虽得保存，但已断壁残垣。2007年英桥王氏后人捐资16万元，按明代古墓原貌重修，恢复昔日壮观，现列为永昌堡历史文化名人古墓保护点。永昌堡文物管理所和永昌堡文化研究会在坟头立碑记其事。

该墓安葬英桥王氏大派街边二房九世祖松房根公，字国茂，号玉山。竹房椊公，字国器，号竹泉。玉山公心行坦荡，守法仗义，敦伦睦族，积德行善。明嘉靖年间，王沛、王德公抗倭，玉山竹泉公慷慨解囊，捐粮献物，同舟共济，参与抗倭兴建永昌堡，有玉山、竹泉公传。

王良心墓

坐落于瑶溪街道皇岙村莲花山脚，始建于明代，坐北朝南，背靠莲花山，依山而建，墓西距国安寺围墙8米，南距国安寺石塔约100米，占地约140平方米，墓冢、祭坛、拜坛用椅圈围着，靠背部分和墓冢封门墙用花岗岩块石对缝成渔网纹垒砌，靠背正中嵌“明兵科给事中存吾王公之墓”石碑，以及存有“神道”额坊石条。祭坛、拜坛两侧扶手用花岗岩条石板并列竖立，上部先压刻叠涩纹条石，再盖“人”字形条石，转角处做成歇山式。墓冢表面用方石墁面，坦坎、踏步用花岗岩条石铺筑。拜坛东侧扶手墙嵌墓志铭一通，字迹风化严重。系龙湾区文物重点保护单位。

王诤墓

坐落于状元街道山西岙村，坐南朝北，依山而建，自上而下依次为墓室祭坛、花坛、石像、望柱、神道门。从墓室到神道门上下距离107.4米，占地约2700平方米。墓室系花岗岩构筑，墓室靠背部位和墓冢封门墙用花岗岩块石对缝垒砌而成。拜坛两侧扶手用花岗岩条石板并列竖立，上部先压刻叠涩纹条石，再盖“人”字形条石，转角处做成歇山式。第二级拜坛中间置踏步，第三级拜坛两侧置踏步，坛坎、踏步均铺花岗岩条石。神道门单间面阔3.2米，花岗岩石柱一侧用卷草纹靠背石支撑，两柱间设上下额枋，下额枋为一道素白无饰穿枋，水波纹雀替承托，上承一道方形额枋，正、反面楷书阳刻“皇明奉宪大夫都察院右佥都御史王公神道”。神道门内立两根边长为0.3米方形抹角望柱，柱顶置龙凤纹石块。望柱北面置石马、石羊、石虎各一对，石马为站立状，石羊、石虎呈跪姿，雕刻线条流畅。该墓墓室和石像多次被盗。为龙湾区第一批文物保护单位。

王叔果墓

王叔果，字育德，号西华，明嘉靖二十九年（1550）中进士。历任兵部职方清吏司主事、员外郎、协司署郎中，湖广布政使司右参议，广东按察使司副使等职。

据《王氏续录》："葬五都石坦。明太仆寺卿王世贞志铭。"由于清初"迁界"等种种原因，使王叔果墓一直疏于管理，至20世纪90年代由于高速公路大桥的建造，墓坊被拆毁，墓地遗迹不存。2018年英桥王氏后裔成立遗迹保护小组，筹集资金，易地修建。重修墓地于状元街道石坦村老虎山西北麓，总占地面积约300平方米，坐东南朝西北，属于椅式明代坟墓格局。完成后，同时移入其子王光蕴、王光荐、王光普墓坊，供王氏后裔祭拜。

王叔杲墓

坐落于瓯海区新桥街道旸岙地方，初建于明万历年间。因年代久远，损毁殆尽。王氏四派族人四方寻找，于2018年在景山南山坡旸岙发现古墓遗址。其整体格局尚存明显，墓前尚存石马、石兽等物。为修复文物、弘扬祖德，英桥王氏后裔成立了王叔杲墓修复小组，以南桥王靖选为组长，王成德为副组长，王成权、王竹巧、王建勇、王会智等为骨干。小组人员向所辖的瓯海区有关部门提交《关于修复瓯海旸谷王叔杲墓的申请报告》，经王氏族人王身康周旋，瓯海区政府分管领导王晓康副区长十分重视，瓯海区文化部门和新桥街道大力支持，批准修复王叔杲墓。修复小组利用春祭期间，先后两次发动房族集资70余万元，指定两人负责具体工作。邀请浙江古风建筑有限公司派专家到当地勘定，参照半山明代七房坟古墓群样板，拟定《瓯海区王叔杲墓修缮工程设计方案》，指定专业队伍施工，历时半年，古墓修复完工。

现今古墓呈椅子式，分主墓和神道门。主墓有墓室、台阶、祭坦，在同一条中轴线上左右对称布置。设内外挡墙，挡墙由块石砌筑，挡墙上置压石，内外挡墙连接整个石墓，内侧贴方砖，地面铺石板。设一级与二级祭坦，并置七级台阶，二级祭坦有石将军侍立两旁。神道门设在山脚下，与主墓相距300米左右，有林荫弯曲通道，石兽与神道门融合一体，符合修旧如旧的文物修复和保护规定，颇具原初的古墓格局和风貌，大体呈现了明代官家坟墓的建筑和人文特征。

王维夔及妻陈氏墓

王维夔（1574—1653），字邦佐，号龙友。墓原坐落于上京垟（金墩）北首，枫树坟西北方隔百余米，坐西朝东。今迁永中坦头峰台山十二盘岭脚，墓占地90平方米。坐西朝东，依山而建；座椅式，分上下两坛，椅围用花岗岩竖砌，上盖压条石，坦坎用花岗岩条石铺就。有圹志两件，王锡瑄、王锡琁与王锡琯撰《先考右通政龙友府君圹志》，赐进士出身嘉议大夫都察院右副都御史年眷弟周应期填讳。

第九节　坊表与敕诰

传统坊表，包括牌坊和华表等，指具有表彰、纪念、导向或标志作用的建筑物。历代公、私为英桥王氏而建的主要是牌坊，主要表现为一种单排立柱模式，上加额枋、斗拱等构件；另加屋顶的可称为牌楼。明清以来，王氏科甲隆盛，簪缨相继，人才纷出，显赫迹象亦从遍布城乡的坊表略见一斑。亦因忠贞孝悌，缙绅相替，政绩显著，朝廷颁发敕命计二十余道。据《王氏续录》《家录外编》罗列如下：

坊表

积庆传芳　郡城墨池旧第旁

为七世通政溪桥公钲，八世参议东厓公澈、祭酒鹤山公激，九世宪副西华公叔果、参政旸谷公叔杲，十世郡丞玉洞公光蕴、州丞玉淙公光荐、署丞玉沙公光普　建

棣萼重芳　郡城墨池坊口

为参议东厓公澈登癸酉举人、祭酒鹤山公激登癸未进士、宪副西华公叔果登庚戌进士、参政旸谷公叔杲登壬戌进士　建

大中丞　柱史　郡城县前大街

为都察院竹岩公诤　建

双凤鸣扬　郡城府前街

为参议东厓公澈、祭酒鹤山公激　建

世司马　郡城墨池坊口

为东厓公澈、西华公叔果、旸谷公叔杲　同官兵部郎中　建

兄弟进士　郡城府前街

为西华公叔果、旸谷公叔杲　建

大纳言　郡城东门内钗桥边

为通政鹤山公激　建

大司成　郡城内东门慈山行宫

为国子祭酒鹤山公激　建

经元　郡城县前大街

为鹤山公激、罗川公焘　建

寺丞　永昌堡内

为赠太仆寺仁山公　建

兵垣司谏　郡城大街

为兵科给事存吾公良心　建

文宗　郡城北门内大街

为江西提学龙友公维夔　建

聚奎　郡城县前大街

为竹岩公诤、西华公叔果　等　建

三凤鸣阳　郡城仓前街

为东华公德暨王公健、侯公一元　建

进士　郡城府前街

为鹤山公激　等　建

宾荐　郡城北门内

为东华公德　等　建

云路联翔　郡城大街

为英溪公光哲　等　建

海山钟秀　五都

为永场乡宦　同建　由宪副西华公叔果　重修

节烈　白塔旁

为周祚公　配　谢孺人　建

祠庙祭祀

明东阁大学士兼礼部右侍郎、翰林编修林增志有云：古之贤者没，则祭之、崇祀之，非为报往，且以劝来。今则王氏贤者祀之宗闾祠庙，非为媚人，乃有利于国家社稷。各立祠祭，尊祖敬祖，义之所在；世禄家德，继辉史册！清康熙二十三年，温州郡守王国泰重正祀典，英桥王氏列入温州郡庠先贤祠有东华公德、西华公叔果、旸谷公叔杲、省庵公继明、雨金公光经、西屏公元杰、玉洞公光蕴、玉沧公光美、龙友公维夔，计九人。现据《家录》诸篇大体梳理如下：

万十一公　惠　暨樵云公　毓、溪桥公　钲　配祭大宗祠。

溪桥公　钲　配享东瓯王庙。

鹤山公　激　吉水士民感恩，立祠奉祀。

竹岩公　诤　溧阳感功德，为塑肖像、立祠；河东感惠政，立祠奉祀。

仁山公　沛　敕建　褒忠祠；四甲烟台村立王元帅庙。

东华公　德　愍忠祠。崇祀邑庠忠义祠。

东华公　德　滑县为立祠。崇祀邑痒忠义祠。

西华公　叔果　应山名宦祠祭。

旸谷公　叔杲　常熟为祀奉祠，并立去思碑；瑞安为立四公祠，合祀配享。

存吾公　良心　增城为立祠奉祀，与前县令乐清朱文简合祀双惠祠。

玉洞公　光蕴　宁都感惠政，为立去思碑；宁国为祀名宦祠。

省庵公　继明　多惠政，四川夔州民为立祠（与宋郡守王十朋合祀）。

世进士祠　龙友公维夔　友教公锡琯　祀白塔

维黼、藩纪、藩缙、藩经、钟元　诸公均合祀永昌堡义勇祠。

敕命

吏部稽勋清吏司员外郎事主事　王激父母　敕命

吏部稽勋清吏司署员外郎事主事　王激　并妻　敕命

兵部武库清吏司郎中　王澈　并妻宜人潘氏　诰命

通政使司提都誊黄右通政　王激父母　诰命

通政使司提都誊黄右通政　王激　并妻恭人邵氏　诰命

户部给事中　王德　敕命

直隶大名府推官　王德　并妻孺人邵氏　敕命

原任广东按察司佥事赠太仆寺少卿　王德　诰命

赠太仆寺丞　王沛　敕命

兵部职方清吏司主事　王叔果父母　诰命

兵部职方清吏司主事　王叔果　并妻安人林氏　敕命

山东道监察御史　王诤父母　敕命

山东道监察御史　王诤　并妻孺人蓝氏　敕命

兵部车驾清吏司主事　王叔杲　并妻安人吴氏陈氏　敕命

大理寺丞　王诤父母　诰命

大理寺左寺丞　王诤　并妻宜人蓝氏　诰命

大理寺右少卿　王诤父母　诰命

大理寺右少卿　王诤　并妻恭人蓝氏　诰命

光禄寺良酝署监事　王光普　敕命

兵部车驾清吏司员外郎　王叔杲　并妻宜人吴氏陈氏　诰命

广东广州府增城知县　王良心父母　敕命

广东广州府增城知县　王良心　并妻孺人黄氏　敕命

江西赣州府宁都知县　王光蕴父母　诰命

江西赣州府宁都知县　王光蕴　并妻孺人林氏　诰命

江西建昌府南城县知县　王维夔父母　敕命

江西建昌府南城县知县　王维夔　并妻孺人陈氏　敕命

兵部武库清吏司主事　王维夔　并妻安人陈氏　敕命

兵部武库清吏司主事　王维夔父母　敕命

江西布政使司右参议兼按察司佥事　王维夔父母　敕命

江西布政使司右参议兼按察司佥事　王维夔　并妻恭人陈氏　敕命

广西布政使司右布政使分守桂平道　王维夔祖父母　敕命

广西布政使司右布政使分守桂平道　王维夔族父母　敕命

广西布政使司右布政使分守桂平道　王维夔　并妻夫人陈氏　敕命

四川布政使司右参议兼按察使司佥事　王继明祖父母　敕命

四川布政使司右参议兼按察使司佥事　王继明父母　敕命

四川布政使司右参议兼按察使司佥事　王继明　并妻恭人杨氏　敕命

广东广州府从化县知县　王至章父母　诰命

广东广州府从化县知县　王至章　并妻孺人林氏　敕命

皇帝　敕谕广东按察使司佥事　王德

皇帝　敕谕兵部职方清吏司主事　王叔果

皇帝　敕谕湖广等处承宣布政使司右参议　王叔果

皇帝　敕谕广东按察使司副使　王叔果

皇帝　敕谕都察院右佥都御史　王铮

皇帝　敕谕湖广按察使司副使　王叔杲

皇帝　敕谕湖广按察使司副使　王叔杲（另）

敕　四川按察使司副使　王继明　令

皇帝　遣　谕祭国子监祭酒王激父封通政使司右通政　王钲

钦降　褒忠祠祭文　赐赠太仆寺丞王沛祠额名　褒忠

钦降　愍忠祠祭文　敕命致祭广东按察使司佥事　诰赠太仆寺少卿王德

【附录】

赠太仆寺丞王沛　敕命

奉天承运

皇帝敕曰：士无民社之寄，而有死事之勤，其志壮矣！国家愍其死而褒之，以劝忠也。尔益府良医王沛，出自官族，卓有义闻云。当束发之年，即抱请缨之志。值岛夷倡乱，民罔宁居，其在嘉郡，受祸尤烈。尔乃鼓众勠力，保障一方，躬率义兵，屡挫剧敌。讵意寇掩我之不备，力遂屈於莫支，兵刃交集，膏涂草莽，志虽未酬，而忠则已尽。视彼临难为前却者远矣！朕用嘉悼，特赠尔为太仆寺寺丞，加之禋庙。呜呼！能以卫社稷之心，效死封疆之力，在分阃授钺者犹难也，谓一介之士能之乎？国有彝章，宁独尔靳！抑使士伍奋于戎行，尚歆殊渥，永慰忠魂。

嘉靖三十八年三月二十二日

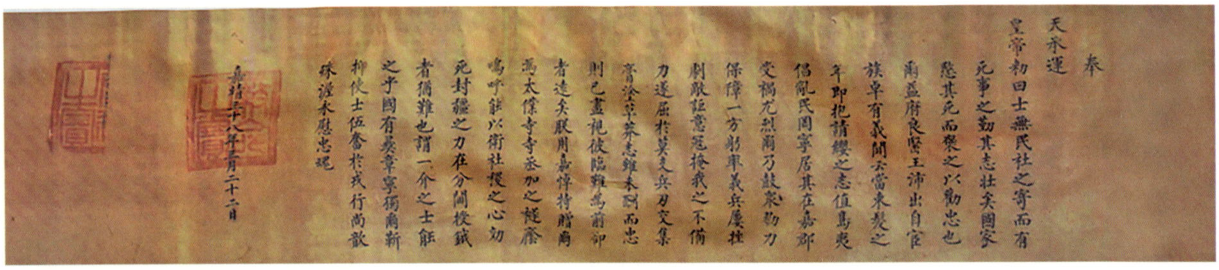
奉
天承運
皇帝勅曰士無民社之寄而有
死事之勤其志壯矣國家
愍其死而褒之以勸忠也
爾益府良醫王沛出自官
族卓有義聞云當束髮之
年即抱請纓之志值島夷
倡亂民罔寧居其在嘉郡
受禍尤烈爾乃鼓衆勠力
保障一方躬率義兵屢挫
劇敵詎意寇掩我之不備
力遂屈於莫支兵刃交集
膏塗草莽志雖未酬而忠
則已盡視彼臨難為前却
者遠矣朕用嘉悼特贈爾
為太僕寺寺丞加之禋廟
嗚呼能以衛社稷之心効
死封疆之力在分閫授鉞
者猶難也謂一介之士能
之乎國有彝章寧獨爾靳
抑使士伍奮於戎行尚歆
殊渥永慰忠魂
嘉靖三十八年三月二十二日

赠太仆寺丞王沛敕命

赠太仆寺少卿王德　诰命

诰命

奉天承运

皇帝制曰：事君致身，臣之职也，乃若致政之臣，则无官守。而能捍患捐躯者，朕甚悯焉。褒善劝忠之典，可不隆哉！尔广东按察司佥事王德，才资果毅，志操廉明。爰自登名廷对，佐郡有声，比陟谏垣。值胡入扰畿甸，尔时抗疏忠谠屡陈，遂命募兵齐鲁，简阅惟精，既而握宪东粤。肃法饬戎，所居可纪，乃以鲠直忤时而归。蠢兹岛夷戕尔邑里，倡率义旅入援危城御寇，势孤竟遭奇祸。朕用嘉悼，特赠尔为太仆寺少卿兼锡祠荫。呜呼！死天下之至难，而成仁取义，圣贤所重。惟尔图难效死，虽未遂其壮猷，而劲者英风允可传之信史。歆予旌宠，慰尔忠魂。

嘉靖三十七年七月十四日

吏部稽勋清吏司署员外郎事主事王激并妻　敕命

奉天承运

皇帝敕曰：六官之属吏，曹首之地，要而责重焉。匪得贤俊，不以轻畀，寔妙选也。尔吏部稽勋清吏司署员外郎事主事王激，学贯群经，功收甲第，肇临巨邑，蔚有循吏之称。朕因采诸论荐，简擢铨曹，乃能懋服官箴，廉慎昭著；而其出典文、衡抡才，允当一时之人望归焉。历年滋久，最考是书，可无宠恩？以为有位者劝，兹特进尔阶承德郎，锡之敕命。尔其益励，乃心修，乃业永，终修闻以副朕任贤图治之怀钦哉！

初任江西吉安府吉水县知县

二任吏部考功清吏司主事

三任本部文选清吏司主事

四任今职

敕曰：

士夫名行，恒资于内助之良，故朝廷推恩群臣，必及其配焉，宜也。尔吏部稽勋清吏司署员外郎事主事王激妻邵氏，出自高门，归于望阀，壸仪既著，妇德允修；然能以理相夫，安厥谊命，俾无内顾之怀，斯其贤尤可嘉哉！兹特封为安人，服此褒荣，益敦儆戒。

嘉靖九年十二月二十日

兵部武库清吏司郎中王澈并妻宜人潘氏　诰命

奉天承运

皇帝制曰：惟今兵部，乃古夏官司马之职，列属有四，而厥在任并重，必得其人，乃克称焉。尔兵部武库清吏司郎中王澈，蔚以明经之彦，历擢今官，乃能持廉秉公，懋修职业，阅年滋久，令誉日闻，兹以大庆霈恩，特授尔阶奉政大夫，锡之诰命，尔其益最，乃心慎厥守，嗣膺显陟，副我命辞钦哉！

初任礼部司务

二任兵部车驾清吏司员外郎

三任本部武库清吏司署郎中

四任今职

制曰：

国家褒锡群臣，爰及厥配，所以重其体之仪也。尔兵部武库清吏司郎中王澈妻潘氏，恪修妇道，克相厥夫，夫既显荣，尔宜并贵，兹特封为宜人，茂膺宠光，益敦儆戒。

嘉靖十五年九月初五日

皇帝敕谕广东按察司副使王叔果

朕惟广东地方接连海岛，倭寇不时出没，又有通番运盐载货等项船只，往往擅出大洋，私通番国，招诱外寇，偷捞珠池，劫杀商客，侵扰海滨地方，屡为民患。今特命尔专一巡视沿海地方，东莞南头住劄，公同备倭都指挥等官、提督、军卫有司，原委备倭巡海捕盗等项官员，严督所属官军民快人等，整饬船只器械，操习水战武艺，修葺墩堠，整理粮储，禁革奸毙，遇有贼寇生发，就便相机剿捕，凡海道一应词讼，径自行提问理发落。其所委官员，若有怠忽偷安，废弛兵备，及私役军士，克减月粮，科敛财物，害人等情，应拿问者，即便拿问；应奏请者，指实参奏。其余行事宜及利所当兴毙，所当革者，并听斟酌，从宜处置。尔受朝廷简任，尤须持廉秉公，以身率下，夙夜尽心，筹画边务，俾海道肃清，军民安妥，庶称委任，不许偏执己见，因循怠忽，有悮边事，尔宜勉之慎之。故谕。

嘉靖四十三年二月二十三日

皇帝敕谕湖广按察司副使王叔杲

今特命尔整饬苏常镇地方兵备事务，在于太仓住劄，往来沿江沿海一带地方督同军卫有司，掌印捕盗官员，操练官军，拣选民快，修浚城池，演习水战，督捕盗贼，巡捉盐徒，听理词讼，禁革奸毙，其盗贼一事，与总兵参将官计议停当而行。凡遇海寇江贼生发，即便催促参将等官，调集水陆官兵，随机剿捕，以靖地方。尔亦要专意海防，不许参谒抚操，致妨政务，仍听抚操节制。各该所属官员，有廉能干济者，具奏旌奖；贪残不职者，六品以下，径自提问，五品以上，并革职，参奏处治。其苏常镇三府地方所辖运河，每年冬初，即便督率府州县管河官，调召夫役挑浚，务期河道疏通，舟楫无阻，粮船经过押送至界，交代如或怠悮迟滞，听总理河道及攒运御史指实参究，仍查照兵部近题。事理带管驿传，稽核各项钱粮，严查应付勘合，有不奉公差及假托诈伪，并驿递官吏人等克削包占作弊者，俱要恪遵明旨，尽法禁治。每年将征给过站银，禁革过冒滥牌票及行过事宜，开运巡抚衙门，转咨该部查考。如不用心著实举行，取具文移了事，致滋奸毙，听各抚按官及该部科即据事参奏，以不职论黜。尔受兹专任，须殚竭心力，纾画得宜，俾武备修举，地方宁谧，斯称任使。如或因循怠忽，责有所归。尔其钦承之。故谕。

万历三年八月十一日

皇帝敕谕都察院右佥都御史王诤

今特命尔巡抚贵州等处地方，修理城池，操练军马，抚安军民，提督税粮屯田等项，兼理军务。军士征调疲惫者、厚加抚恤，夷民复业初定者、量为优赡，盗贼窃发、相机剿捕，地方倘遇岁饥、设法赈济，所属官吏有能奉公举职者、量加奖劝，贪酷不才者、从公黜罚，若军职士官及文职五品以上有犯、具奏拿问，其余就便拿送所司究理。凡利有当兴、害有当除者，听尔与镇守等官从长计议，便宜施行，如遇进剿苗贼，严督各该官员会剿夹攻。仍兼制湖广、湖北道所辖辰、常、靖三府州，麻阳镇、筸九永二守备，常德辰州、沅州，九溪、永定、施州、六卫、永顺、保靖二宣慰司，施南散、毛忠建、容美等宣慰司，筸子坪五寨长官，司四川川东道所辖重、夔二府，并各卫所酉阳平邑等土官，司其湖北川东兵备，守巡府县官员，并听管辖节制。寻常无事，止行文约束整饬，有事用兵，随宜差委策应，防御文武各官，俱许夆劾考注。湖广布政司额供钱粮那移稽缓，亦许参奏。如遇苗贼生发，与同贵州总兵官、湖广四川镇巡官，督同该道守巡官，协心计议，相机剿抚，务保无虞。尔为风宪大臣，受兹委任，务体朝廷恤军爱民之意，持廉秉公，正己率下，俾地方宁静，人民安妥，毋或行事乖方，自取罪愆，尔其慎之慎之。故谕。

隆庆三年四月十六日

通政溪桥王公配享东瓯王庙碑记

（明）项乔 湖广按察使司

嘉靖二十三年甲辰，永嘉华盖乡重修汉东瓯王行庙，冬十一月竣事。奉皇明奉中宪大夫、通政使司右通政溪桥王公肖像配享。时为长至日，里人醵奠于庙，桑梓万姓、耆稚欢呼，期世修祀事，弗替礼成。乡诸生张君玲辈造项子，属为记。项子曰：吾乡人之德公也，子知之亦能言之，愿纪其事，以诏百世。

公所居永嘉场世籍，目睹灶艰。嘉靖初，吾乡罗山张翁入相，公二子参议东厓先生澈、祭酒鹤山先生激并仕于朝，公为疏白于上，曰：永嘉场东临大海，邑之里一至五都民氓，鳞比为灶，而办盐丁数，独倍于他场，国初恤灶甚厚，既分授沙坦，仍给牢盘草荡，以资耕煎，而民家杂役一切不及。时沙坦延袤数里百地，而家给所办盐课悉输仓场，候商执引照支，故灶氓乐业，而盐课亦易集。成化间，巡按御史林诚以仓积盐滞多耕，疏请酌仪便灶，始分本色、折色，岁输折银一千二百余两于运司，而本色仍收贮仓场。久之，复浥耗灶，困于赔偿。弘治户部侍郎彭韶奏辍本色，并征折色为银一千四百余两，解输运司，给商听其鬻盐候掣，时灶颇称便。比年灶所授沙坦半溃于海，而有司以灶得盐利，多方摧抑，凡杂办汎徭与民等，夫灶之所业者。尔今尽征折色，责非所有，称贷应急，十室九空，往往穷迫逃徙，莫能为生。伏查本省平湖、山阴，及松江华亭、上海等县，其水乡炉户荡价，概派彼县田地于秋粮带征，不分民灶也。永嘉涂荡豪右席卷有之，而灶家不沾尺壤。乞照水乡灶例，以初征折色，敷之通县，续征折色，属灶户供办，为便卤地。旧有沙堤亘卫，今坍溃日甚，不及时维护，将来无沙可耕，课额罔供，其为灶患甚大，并乞诏官司计议，筑以石堤，庶可永万世利。疏上，下所司议遂奏覆，以林御史议征折色盐银均派通县，而永嘉场灶氓向之穷迫者安，俯仰逃徙者复乡井优游。

卒岁，颂天子之恩者，亦歌公之德，故公之生也，乡之人爱之敬之。八十有七年殁也，尸祝之、俎豆之，将千百世如一日。古所谓乡先生祀于社者，非耶！或谓功德泽深厚，宜享以专祠，顾侧配东瓯王何居，按王似姓名摇，汉高帝时击楚有功，王东瓯，高皇帝正祀典崇王封号，温之人籍其神功昭事，惟谨自汉迄今血食不磨。以公配王，推功仰德之心，斯为至也。矧公不死之神，凭凌海岳叱潮而东之，卫我卤地，以裕边储，以苏民困，以巩我皇明于万亿，则潜功之在社稷，何但如王之于汉哉！王与公殆相倚为灵长也已。

公讳钲，字九思，世居英桥，人称溪桥翁。祀始于甲辰长至日，嗣是，每岁场总、催吏役、盐课司官，如期率众致祭，子乐观令典，书其丽牲之碑，以纪岁月，复为二曲。俾岁时有事，歌以娱神：

一曰迎神曲：灶人入盐兮，庖人舞刀；惟王惟翁兮，乘风逍遥；投辖于海兮，驻此归潮，春满东瓯兮，花满谿桥。

二曰送神曲：长云列旗兮，神来不迟；野老争驰兮，美报孔时；羌归帝所兮，遑恤民私；天高海深兮，悠悠我思。

嘉靖二十四年乙巳冬十一月吉旦

赠进士出身中宪大夫湖广提刑按察使司副使里人项乔撰

祭太仆寺寺丞仁山王公文

（明）胡宗宪

维嘉靖岁在戊午夏四月，倭夷寇温时，永嘉敕赠太仆寺寺丞仁山王公率乡兵御之，战而死，该道来状其事。钦差总督浙江直福建等处军务，兼巡抚浙江少保，兼太子太保兵部尚书右都御史胡宗宪作而叹曰：

“嗟乎！王公有是哉，导以风矣。”檄有司动吏官银四十两，具敛礼，仍遣永嘉儒学训导汪世清祭于其家，吊以之文。惟我国家仁义之治，沦洽海宇，吾民以黄馘不识兵革者，垂二百载。蠢尔岛夷敢犯我遐僻，予钦奉简命镇抚闽浙，仰仗天威，渠魁就戮，而首谋就亦擒，方冀与吾民相安于衽席，顾鼠辈奔逃窜伏，尚扰我华土。先是公为此散财募勇，保境卫农，屡捷而寇不敢犯，人韪其功。斯举也，感震邻之义，扬兵梅头，力屈被获，犹挺然唾骂，奋戈击贼，贼争杀之。呜呼！公以耄年，勇于为义，若此信有不以祸福生死二其心者。吾又闻之，公生平读书好礼，恂恂然一儒生，蚤以二兄俱领科第，显宦于朝，而以养亲明志，乃受散职家居，是盖天植其忠孝之性故，不必居人之位而分人之忧，不必食人之禄而任人之事，斯正谊不谋利之心也。呜呼，如其义哉！如其仁哉！

彼凡有禄位者，咸克自励，若公则可以纾南顾之忧，故曰：“可以风矣。”古人议祀典之说，有曰以死勤事者，则祀之。予特疏请于朝，使公生虽无尊爵，死而有专祠，且褒封录修，光昭简册，可以为慰乎！英灵有在，悉予此意尚享。

第三章　迁　徙

中国各地农村大多聚族而居，往往一个村庄仅为一姓居民，由一家一姓定居衍派而成单一村落者较为普遍。这体现了宗族以血缘和地缘关系为纽带的特性。各个族姓开拓一方，繁衍一方，独占一方。英桥王氏世出琅琊，从福建入徙世居东嘉二都英桥里。此后子孙繁衍生息，终成一方望族。

英桥王氏后裔如今主要聚居在今永中街道的新城村、城北村、衙前村和城南村，并逐渐分支房，部分迁徙至永兴街道的萼芳村、康一村、小塘村，沙城街道的七三村，海滨街道的北新村，瑶溪街道的环一村，以及平阳的鳌江、水头、昆阳，瓯海的茶山，鹿城的山福，永嘉的桥头，乐清的北白象，瑞安、洞头以及杭州、宁波、金华、丽水等地。近代以来，随着国门的开放，通过经商、办企业、求学诸多途径，旅居海外者也日益增加。

第一节　新城村

新城村东起横塘河（大河），河东与永兴街道为邻，南接城南村，西倚丰台、坦头村，北与城北村接壤。永昌堡所在地，是英桥王氏的主要聚居地和发祥地，新城为永昌堡别称，村以堡而得名。

新城村是龙湾区最具规模、人口最多的大村。全村常住人口1225户，4838人，其中王姓占90%以上，其他姓还有李、陈、张、周、徐、郑、黄、金、林、项、章、冯、胡、罗、邵、沈、姜、朱、杨、童、季、叶、孙、潘等。有耕地434亩，山地1850亩，建有潭山林场。为建设珊溪水利枢纽工程被泰顺新莒移民村征用土地33.8亩；为建孙垟村康居居民点被征用土地43亩。

新城村是第二次国内革命战争时期的老根据地，1931年王兆勋等接受马列主义熏陶加入共产党组织，开展地下党活动，建立新城中心党组织，并相继成立各党小组。抗战时期党组织比较活跃，1949年前已发展党员20余名，是永强地下党活动中心之一。中华人民共和国前夕，五显殿缴枪行动，积极地配合了温州和平解放。中华人民共和国成立初期，新城村分为三个村，即按永昌乡统一编制为五、六、七村，1956年合并为新城高级社。1961年组建新城大队，“文化大革命”期间改称红旗大队。1983年7月改为新城村至今。原大罗山潭山居民点隶属新城村。清光绪三十三年（1907），新城西门大派竹房王象唐、梅房王元涛与西门六房王福祥等3户人家共15口迁往居住，繁衍至今有近100人。改革开放后相继迁回平原居住，现潭山还建有温州市潭山果园专业合作社，法人王明良。

新城村在保护古堡的同时，村镇建设和人民生活持续发展，特别是改革开放以后，该村逐步实行村庄改造工程。填塞茅坑，清除猪圈，铲平违章建筑，建设村内道路。新城街从原来的水泥路改为石板路，河边安置了防护栏，并增设了休闲长廊等。河畔进行了全面绿化，种植了各种花木。拆除旧房，新建了新城新街和新城东门外公园和东门健身园，具有江南水乡风味，其他小巷都进行了硬化改造，再也见不到坑坑洼洼的泥路了。新城老街进行全面改造，对街面房屋进行了立面整饬，以旧修旧，下埋电力、闭路电视、通信等三线和供水排污管道。

新城村的经济快速发展，以前以农耕为主，有小规模副业加工。联产承包制后，建立了家庭企业和民营股份制企业，以生产阀门、五金、灯具为主，后来发展了不锈钢、废旧金属材料两个规模较大的市场。随着改革深入发展，企业家们走出本地，在外地成功创业。2000年，王成东、季秀兰夫妇创办了制药机械设备厂，并创办了温州市越秀学校（现为温州市越秀教育集团）。该校占地103亩，是温州市最早创办的民办学校之一，为全省优秀民办学校。王成东夫妇也成为新城村“走出去”的优秀企业家代表。

新城村曾是行政中心。明时巡检司就设在堡内，亦曾是永昌镇政府所在地。龙湾区人才中心、龙湾中学、永昌中学（现龙湾第二实验中学）、永昌中心小学均设在村内。永昌小学创办于1904年，前身为崇实学堂，是永嘉场著名小学。

截至2019年，新城村村固定资产8000万元，集体年收入280万元，人均年收入9230元。新城村落实村民合作医疗保险体系和特困户最低生活保障制度，完善社会保险体系，使村民“学有所为、劳有所保、病有所医、老有所养、住有所居”，参保率100%。100%村民参加了医保和社会保险。1991年新城村曾被评为温州市百强村。2021年1月，被评为浙江省文明村。

新城村人杰地灵。王氏四世祖王毓，开启了文学先河；八世祖王清、王澈、王激等开科甲之先。明清共出进士13名，举人贡士90余名，胶庠900多名。有《半山藏稿》《玉介园存稿》等著作100余部。现代有教授2人，高工8人，博士2人。副县（团级）以上军政人员8人。著名人物有王镇恒，安

新城村（摄影朱进兴）

徽农业大学教授、副校长。王会绍，《甘肃日报》高级编辑。王式，地矿部地球物理探矿所高工（教授级）。王则信，曾任共青团浙江省委书记，中共九、十一次全国代表大会代表。王会宗，中国航天科工集团二院研究员；王则光，天津海关副关长，杭州海关副关长、巡视员；王景甫（王绍志），生物专家，曾任温州中学校长；保定军官学校毕业，县长王鸿初；民国时期少将县长王普。另外还有众多乡间知名人士，原北平大学医药学科毕业的王云五，在村里开了间回生堂药店；土郎中阿宝，日夜为村民巡诊；宝元公广饼店；王岩姆局场老司（厨师）；鞋匠姆囡儿；走江湖卖膏药王忠标；开大木店木匠王炳南；阿六面坊；阿照理发店；阿庚宏泰南北果品店等。

新城村在历次的革命斗争中涌现三名革命烈士。王怀玉参加红军，在革命斗争中壮烈牺牲。王启旺在抗美援朝战斗中牺牲。王志友在社会主义建设中，为保卫国家财产，阻止犯罪分子行凶，壮烈牺牲。三位烈士也是新城村的骄傲。

永昌堡是全国重点文物保护单位，浙江省爱国主义教育基地，龙湾区外宣基地。村内有设在王氏宗祠的“永昌博物馆”“王氏家训家风馆”，设在都堂第的“王诤名人展览馆”，设在世大夫祠的“抗倭爱国展览馆”等。2007年6月，成立了永昌堡文化研究会，设在新城村，开展文化交流研讨活动。新城村还是全省魅力乡村之一，浙江省慈善总会“示范慈善工作站”，浙江省文明单位。

新城村历任基层组织党支部书记有：

王兆勋、王林芳、王达忠、王会清、王益昌（代）、陈昌高、王祥松、王永巧、王兆银、王建德（代）、王忠良。

历任村委会主任［农会主任、村长、社长、生产队长（连长）、大队长、革领组长、大队长、村委会主任］：

周成松、王进楷、王体标、王进兴、王岩明、王福明、王益忠、张宪廷、王振勳、王岳林、王福弟、王达忠、王富标、王宝进、王步标、王益昌、王祥松、王昌勤、王顺玉、王靖斋、王小云、王德山、王爵平、王爵东、王小伟。

第二节　城北村

城北村为英桥王氏原始居住地，位于永昌堡北首，东邻衙前村，南接新城村（永昌堡），西连朱垟村，北倚普门村。由下六宅、新路、西岸、金宅、英桥5个自然村组成。因地处永昌堡北门外，故名城北村。耕地面积500余亩，山地49.5亩。以种植农产品为主。村主要产业为金属制品，如铜带、阀门等。

城北村现居住人口，英桥王氏后裔约占60%以上，其他姓氏有陈、丁、金、胡、张、季、涂、姜、周、娄、谢等。

城北村是第二次国内革命战争时期老根据地。1937年7月，建立党组织。解放战争时期与衙前村合并为一个党支部。1950年1月，建立农民协会，同时建立村基层组织（按永昌乡统一编制为八村、九村）。1956年1月，成立城北高级社。1958年11月至1960年7月，与衙前村合并组建城北连队。1962年，又与衙前分村改称城北大队。“文化大革命”期间，改称红卫大队，继复名城北大队。1984年建立村民委员会。1995年2月8日，中共城北村党委成立，2002年，改称城北村党总支。1983年，被评为浙江省先进党支部，是温州市新农村建设试点村。

2007年秋建成的“城北公园”。罗东南街由北至南穿境而过，衙城街、城中街横穿东西，连贯永强大道、高新大道。温州龙湾华侨骨伤科医院、浙南骨科研究所、龙湾区建设工程质量检测中心、温州曙光综合高级中学等均坐落于城北村。全国人大常委会副委员长李锡铭，教育部部长朱开轩、副部长王明达，全国人大常委会副委员长、全国妇联主席彭珮云，副省长李德葆、鲁松庭等众多领导到温州曙光综合高级中学视察参观。

城北村主要产业为金属制品，如铜带、阀门等。1992年6月23日，浙江省委书记李泽民，1993年12月7日，全国人大常委会副委员长李锡铭到村考察，并访问农家。

城北公园（朱进兴摄影）

该村有英桥一座，坐落在温州大罗山东麓，东南濒海，明代属永嘉县华盖乡，称英桥里。据明永乐二十二年（1424）英桥王氏四世祖王毓公请当时永嘉名士、好友金原祺替其父撰写的《王珍墓志》：“处士姓王氏，讳珍，字伯玘。其先世为闽人，五代唐晋间，九世祖乃徙居永嘉之英桥里。曾大父讳辰，大父讳惠，父讳宜，母吴氏。”这说明从三世祖王珍公上推九世，是从闽迁居永嘉英桥里。五世祖王由修《英桥王氏族谱》时，郡人、礼部左侍郎章纶在《英桥王氏族谱序》中已作了说明：“稽君之先世，旧传五代时自闽徙居永嘉之沙城英桥（里），历宋元罹兵灾，中兼海患，家牒不存。自高曾以上世系莫考，故断自万十一府君为始（祖），据其家所奉神主示子孙以信也。”王氏子孙后裔初从闽迁居英桥里，即今城北村。

明嘉靖年间，温州沿海备受倭寇侵犯，永强抗倭首领王沛、王德叔侄牺牲。后王沛侄子王叔果、叔杲兄弟发起修建此堡以抗倭，于明嘉靖三十七年（1558）建成。因此，部分英桥王氏后裔移居堡中。村中建有王梦竹祠堂一座，有国家级文物保护点——英桥王氏始祖墓，市（区）文物保护单位——横塘桥。

城北村历任基层组织党支部书记有：

王启廷、王木增、王忠良、黄新民、项炳勋、胡福良、王纯亮、胡文彬。

历任村委会主任［农会主任、村长、社长、生产队长（连长）、大队长、革命领导组长、大队长、村委会主任］：

王启迁、陈明枢、王其进、金成弟、王启廷、王月明、王春友、王木增、王会银、陈孝朋、王忠良、王木增、王成其、胡福林、王靖朋、王镇南、王忠乐、胡文彬。

第三节 城南村

位于永昌堡之南。东靠永兴街道水潭村，南邻殿前、前街村，西接坦头村，北靠孙垟村、新城村。辖庙上、南门、虹桥3个自然村。村委会驻永昌路188号。全村有339户1588人。英桥王氏后裔约占65%以上，主要来源自大派庙上四房九世祖源泉公、楼下派贤房和大派老四房、老六房、桥头二房等。其余姓氏有孙、陈、张、胡、丁、邵、夏、方、冯、戴、杨等。有耕地39亩、旱地10亩、山地2000余亩。建有平坑、梯上楼林场，种植松杉用材林。

城南村系第二次国内革命战争时期老根据地。中华人民共和国成立初期，以位于李浦东瓯王庙（殿）西而名庙上村。1955年11月，庙上、前街、殿前三村合并称城南高级社。1961年12月，改称城南大队，"文化大革命"中称红星大队。1982年，复称城南大队。1984年，三村分建，成立庙上村。1988年，改名为城南村至今。天中路、永昌路、罗东南街、迎川路、永昌堡护城河、明朝修建的东引桥（区文物保护单位）贯穿于村中。民居临河而筑，街巷、河道、桥梁连接。龙湾区中心工业区建设指挥部（前身为温州永强高新区管委会）、永强粮食收储公司、街道卫生服务中心、永昌中学等企事业单位坐落在村内。

2007年，城南村实现社会经济总产值1880万元，集体资产总额810万元，年收入110万元，村民年人均收入12520元。

城南村历任基层组织党支部书记有：

陈运芬、王茂珍、方福连、朱玲珍、王洪琪、王运华、姜启玉、王新萍、王棣骏、王忠海、王会昌、王棣芬。

历任村委会主任［农会主任、村长、社长、生产队长（连长）、大队长、革命领导组长、大队长、村委会主任］：

王茂兴、王善兴、方福连、王秀明、王金生、王兆旺、王洪琪、陈占洪、王运华、王景弟、王福春、王棣骏、胡学松、王忠海、陈锦云、王爵林、王建华、王忠浦。

第四节 衙前村

位于龙湾区永中街道。东邻永乐村，南接水潭村，西连城北村，北倚沧河。这里人杰地灵，文化底蕴深厚，广为流传的"王梦竹卖杨梅干"故事就出于此；20世纪80年代，被批准为革命老根据地村。

衙前英桥王氏，主要是楼下派四世三房栖云翁于明永乐年间（1403—1424）从英桥里迁居永嘉盐署衙门前的阜财坊（现蕚芳村王宅大屋）的后裔，以及二房部分后裔，后迁居今衙前村。现有住户205户，人口867人。英桥王氏后裔约占90%以上，其余姓氏有范、陈、李、戴、张、林、金等。

顺治六年（1649）五月，山寇何兆龙（白头匪）聚三四千人兵来犯。六月攻陷宁村所及永兴堡，火烧衙前府门（解放初期半月池还存火痕）。衙前居民退避永昌堡拒寇。八月寇退。重修衙前府门。顺治十八年（1661），清廷颁布《迁界令》，衙前村在“迁界”之列，再次遭到毁坏。康熙九年（1670），清政府下达《展界复井令》，康熙二十二年（1683）十月，才完全开禁，同意“复界”，百姓得以重返家乡。但此时故土废墟一片，返回的家族，大多搬回原址，也有的另择其他地方而居。英桥王氏楼下派衙前三房大房十三世祖及近亲房族选择该地而居。来自蕚芳村的永嘉盐署衙门前的原居民还此居住，周边村落的百姓称其为“衙前人”。随着衙前人后代的繁衍发展，久而久之，“衙前”正式成为地名。此外，该地还有英桥王氏六派后裔，因称下六宅。

追溯三四百年前，当时的衙前村府门墙东至西约180米，南至北约110米，墙高约三米多，城面有两个大门台，尚有部分保留下来，下门台宽1.6米，高2.5米，上门台宽1.4米，高2.3米。而城墙的石块建筑特别讲究，四缘皆成直线，表面平整，并以几何角度叠建而成。石称斗角石，又称斗谷石。城外一条河流穿过，呈金钩钓月，城内设日、月两池，屋后七个潭，有北斗七星之意。

“衙前屋后破水缸，出了儿孙开孵坊；衙前屋后七个潭，出了儿孙会收蛋。”这首民谣展现了衙前村人人懂孵化、家家开孵坊的景象。1941年，村民王志昌购置大缸45只，并请平阳12位孵坊师傅创办了孵坊，在王氏孵坊的带领下，大家也纷纷学习孵化技术。1953年，衙前村集体经营孵坊，由村干部王汉友负总责。孵化业成为全村主要经济收入，占农业分红的一小半。农业工当年每工工资1.4元，加上孵坊每工工资2.5元，一度成为村民的“热门”行业。

1960年，衙前村与城北村合并成红专农场，衙前改为红专大队。永强最早的村办集体企业也从衙前村开始了。1967年，几个青年创办“红专小五金代加工厂”，是最早的五金厂。该厂最早购置的是脚踏冲床，冲制电烙铁芯。20世纪80年代，村民创办针织厂，20世纪90年代生产横织机，村里7%的人都掌握了针织的技术。又号称“针织村”。

衙前人才辈出，其中楼下宅派三房九世祖王良心（住永兴蕚芳村），是英桥王氏十三位进士之一，字性德，号存吾。于明隆庆五年（1571年）进士及第，授广东增城县令，1577年擢升为南京兵部给事中。六派第五世始祖王梦竹，名由，字秉璠，号梦竹。“王梦竹卖杨梅干”的故事一直被人们津津乐道，他重乡情道义，不惜重金相救入狱的明代礼部尚书章纶一事引起朝野轰动。后来，据传章纶出狱后将王梦竹的事迹上奏，皇帝钦赐王梦竹府门一幢（今衙前村）毗邻城北村的芝麻桥，连接乡贤王梦竹府第旧址。

近年来，衙前村得到较多荣誉，全国先进基层党组织、浙江省先进基层党组织、浙江省文明村、浙江省卫生村等。

衙前村历任基层组织支部书记有：

王阿巧、王日钦、朱启新、周庆生、王会者、王迪、李新一、王忠、李新木、王忠海、王建林、王靖听。

历任村委会主任［农会主任、村长、社长、生产队长（连长）、大队长、革命领导组长、大队长、村委会主任］：

王阿巧、王焕年、王培玉、王银发、王洪勋、王会者、王迪、王樑、王忠海、王建林、王靖玉。

第五节　龙湾境内后裔聚居地

永兴街道蓴芳村

位于永兴街道偏南部，东眺东海，西望大罗山，南接南桥北村，北靠榕树下村。村民以黄、夏、方、王等姓居多。

清光绪七年（1881）民间捐资建有“罗山书院”，后改为永兴第一小学。

村中有建于明成化十九年（1483）的关帝庙，建于清康熙八年（1669）的福德院，与建于1993年的蓴芳观，有明时永嘉盐场官署遗址。20世纪90年代，建成永兴卫生院，2006年在康三陶瓷厂的原址上建成蓴芳公园。

据宗谱记载，楼下派四世三房栖云翁在明朝永乐（1403—1424）年间从英桥里迁居永嘉盐署衙门前的阜财坊（现永兴街道蓴芳村王宅大屋）。“因栖云翁及其后裔世居盐署衙门前，宗谱上故称‘英桥王氏楼下派衙前三房’。”其王氏后裔主要分布在蓴芳村、衙前村、水潭村、七三村等，至今已繁衍两千多人口。

村内王姓宗祠有王宅祠堂与王量公祠。王宅祠堂建于明万历年初，由官授广东增城知县，后擢升为南京兵科给事中王良心筹建。它占地面积达620平方米，正堂五间，两侧轩廊亦各五间，前有戏台，二进庭院式结构。

王宅祠堂具有光荣革命历史，在抗日战争、解放战争时期，以王林芳为书记的中共永强中心支部，在王宅祠堂设立“永强区交通联络站”，以张汝玉在王宅祠堂创办的“联华油漆工场”为掩护，地下党组织经常在这里召开秘密会议，部署和指挥全区的对敌斗争。后引起敌人的怀疑和窥视。为了安全，支部将会议地点转移到位于海边的康三二荡（相传永嘉场署衙门曾助资拦荡，昔日称为衙门荡）的陈府圣王庙，继续开展革命工作，直至新中国成立。王量公祠由十二世朝任公筹建于清康熙年间，位于永兴堡东南隅，坐西朝东五间，周边围墙，前有门台。占地面积约260平方米。现改为厂房出租，拟重建。

康一村附康二村

康一村，又名沙园村。坐落于龙湾区永兴街道南面，与沙城街道八甲村交界，北与南桥北村相邻，西接永中街道，东眺辽阔东海。

全村总面积约1.37平方千米，其中农田约988亩。现有人口3082人，另有约2500人的外来人员常住本村。全村工农业总产值约12200万元，村人均收入约10600元。该村积极投身于村庄建设，努力打造生态示范村，先后被评为区先进基层党组织、宣传工作先进单位、村庄治理先进单位、区文明村等荣誉称号。

康一村英桥王氏主要是四派四房六世王厓公（号乐斋）后裔；还有楼下派、大派竹房、五派、七派等王氏后裔。原有七派祠堂在下垟街37号，已毁。

康二村也有隔浃派与五派的英桥王氏后裔聚居。

小塘村

小塘村是永兴街道最北的行政村，俗称“后畔方”，又处塘路以东，也叫“塘下或小塘下”。1950年，确定村名为“小塘村”。小塘村居住王姓人口占全村的近90%，由英桥四派八世祖国纪公迁入，公字光建，号东野，配陈氏，生男四，分四房，西归后合葬五都龙潭寺东，土名塘下垟吉地。

公自幼天资聪慧，读居郡城东山，富学数载，开基继世、子繁孙衍，已历五百多年，传系二十多代，后裔人数近达四千人。公派下外迁徙的支派如下：

金乡渔岙十三世祖子礼公，系大房明和公之三子，清顺治年间浙闽沿海禁海“迁界”时，子礼公自永嘉场迁乐清再徙至平邑五十二都，经渔岙仰天龙山下，观山海之形，胜地理之灵秀，后遂卜居住，公配缪氏生子一，名连宝，迄今已300余年系传十多代，后裔人数近百口，分布于龙港、灵溪、渔岙等地。公西归后合葬本地仰天龙山北城后吉地。

瑞安仙降十三世祖子萼公，号秀宇，二房明扬公长子，清顺治年间浙闽沿海禁海“迁界”，公自永嘉场迁瑞邑仙降，配汪氏，生男二，长际昌，次际宏，于此迄今已三百余年系传十多代，后裔人数近百口，分布于瑞安、仙降、北林垟等地。公西归后与汪氏合葬瑞邑二十二都潭头横山福域。

平阳小江南十三世祖子斌公，字起玉，系三房明宽公之子，清顺治年间浙闽沿海禁海“迁界”，公自永场迁平邑四十七都小江南。配周氏，生子一，迄今已三百余年系传十多代，后裔五十来户，现人数近两百人，分布水头、萧江、鳌江等地。公西归后合葬四十一都北港土名花山吉地。

平阳昆阳十三世祖子辰公，字星甫，系四房明保公之五子，清顺治年间浙闽沿海禁海“迁界”，公自永嘉场迁居平邑西门外担水巷。原配陈氏，继配邓氏，生子男二，长际萱，次际扬，迄今已三百余年系传十多代，后裔人数近百口，分布昆阳、瑞安、乐清等地。公西归后与陈氏邓氏合葬平邑四十九都屿边山。

瑞安汇头十三世祖子谦公，字兆玉，系四房明珠公长子，祖娶某氏，生男二，长际益，次际嘉，顺治年间浙闽沿海禁海“迁界”，公自永场迁徙瑞邑南岸汇头，系传十四余代，迄今三百多年，子孙繁衍近七十户。分布瑞安及飞云江两岸等地，人数近四百人。

瑞安城关十五世祖南福公，讳幼达，系四房际潆公之次子，自永嘉场塘下迁徙瑞邑城底，系传十余代，公配岩头金氏，生子三，长仲元，次锦元，三占元，三子均为国子监生。西归后与金氏合葬于西门外陶尖殿后山吉地。

苍南灵溪十六世祖承夏公，系四房南滨公长子，配林氏，生子二，长继堂，次继常，女一适平邑陈姓，公自永嘉场二都塘下迁徒平邑河口。西归后合葬灵溪山后迁西山下李家底吉地。

玉环后蛟十六世祖聚星公，系四房南耀公之三子，配陈氏，生男三，长亦虞，次亦仁，三亦元，公自康熙年间由永嘉场迁徙乐邑大芙蓉，雍正五年（1727）玉环开垦转徙后蛟，系传十余代，迄今三百年，子孙繁衍近四十户。分布在台州、台湾等地，人数近二百人。西归后与陈氏合葬乐清小芙蓉陌西大片地。

小塘村的王氏祠堂，肇建于明万历年间，明末清初，兵燹纷争，禁海“迁界”祠堂遭毁。康熙九年（1670）展界后，族人再迁故里，康熙丁亥年（1707）修谱第二次复建宗祠。祠堂经历数百年岁月熬蚀，终难敌风雨摧残，又毁塌于道光庚戌年（1850），咸丰元年（1851）第三次复建宗祠。二进五间祠堂。解放后，祠堂改仓库，“文化大革命”时期祠堂开办小塘小学，后租办阳光民工子弟学校。2012年仲夏，族人合议推举以王学铭为首的17人的重建祠堂委员会，在原址上第四次复建宗祠，自壬辰荷月，兴土，历时一年半时间，修成祠堂二进五间，规模扩大，筑升台基，拓长前后，扩宽左右，加高两层，天井宽敞，白玉石栏，东西厢廊，前进大门碧瓦挑檐，气派非凡。占地面积1500平方米，建筑面积2600平方米，祠堂总造价320万元，于2014年落成。

沙城街道七三村英桥王氏

在沙城街道七甲老街，说起“篱斗底”，也就是王宅巷，上了年纪的人几乎都知道。19世纪，英桥王氏桥头前二房竹房十七世王新顺（1851—1917，字育信，号葆三），其后人名人辈出，有王超凡、王人驹、王弘法、王思本等，移居七甲二社（现七二村），属于衙前三房后裔。

瑶溪街道环一村（上陈）英桥王氏

上陈王氏世祖系英桥王氏大派老四房之四第十一世维德公，于明万历年间迁居四都上陈中坦（瑶溪环一中路蔡宅）居住。传至十二世监贤公，十三世淳仕公，十四世标溶公。至十五世分四房：大房日炯公，二房日爆公，三房日烩公，四房日煊公。后因人丁兴旺向北移居（现瑶溪环一北路王宅）。英桥王氏上陈人丁已繁衍至二十七世祁字辈，人口600余人。

海滨街道北新村英桥王氏五派后裔，人口约1000人。

在龙湾区境内，除上述英桥王氏后代居住地之外，还有山西岙王氏、横街王氏等英桥王氏后代居住。

第六节　龙湾区域外聚居地

明末清初，时世动荡。为了切断大陆民众与郑成功的联系，顺治十二年颁布《禁海令》："寸板毋入海，粒米毋越疆，犯者磔死连坐。"顺治十八年（1661）朝廷强令"迁界"，将茅竹岭以东村落全部迁废，烧毁所有民房，百姓无奈扶老携幼逃亡他乡。

大规模的"迁界"令，使处于温州沿海的永昌堡英桥王氏，不得不选觅新的容纳区域。"迁界"结束后，大部分王氏族人与家庭又纷纷回迁永昌堡内外；同时，也有少部分支系房族或家庭，留存在新的容纳区域继续繁衍发展，形成英桥王氏的新的支脉、房派。另外，倭患也是英桥王氏人口迁徙的主要原因之一。

苍南英桥王氏

小岙王氏始迁祖弥公，字廷和，系永嘉英桥里肇基鼻祖惠公八世孙。明正德年间（1506—1521），因海倭蜂患，弥公带长房侄儿叔榱公，迁徙平阳（现苍南），定居大渔小岙；叔榱公则在五十二都安峰定居，为安峰王氏祖；金钗河王氏祖贵公、牛尾垟王氏祖国庆公、木桥头王氏祖叔卿公，分别为惠公十五世孙、十六世孙、十八世孙，他们共同奉惠公为一世祖。至今已传18世，约450年历史。

小岙王氏随着儿孙繁衍，生齿日增，人多地少的矛盾日益突出。下海捕鱼又风险过大，税赋偏重，更受渔霸的敲诈勒索，故子孙后辈纷纷外迁，寻求新的门路，以谋生计，发展事业。先后外迁的有安峰、陡门底、下汤、前官、金乡、龙港以及坎门、垅头8支宗支。

矾山牛尾垟分支

牛尾垟王氏英桥王氏（温州龙湾永昌堡）大派底三房后裔，十六世祖国庆公于清乾隆中叶迁居矾山，繁衍生息，已有200余年，现有50户，200多人。

国庆公曾孙、王氏十九世祖心兰公于清光绪己亥年（1899）卜选南堡牛尾垟创建王氏祖居。据《王氏家谱》记载，王心兰，字香谷，号芝亭、别号梦鳌，生于清光绪戊申年（1908），卒民国癸丑年（1913）。公少而矢志诗书，冠而雄伟有勇，兼精略韬光，登光绪戊戌科武庠。他创办矾厂（福德湾旺田窑）、广置良田，从事商贸，为一时之大富。公乐善好施，广建桥梁道路，造福庶民，众人有口皆碑。

“王氏祖居”广九间，深大七柱，建筑面积700平方米，惜因财力不继，未能完成四合大院之构建。祖居朱壁粉墙，画梁雕柱，雄伟而精致，俗称“红厝”，闻名遐迩，实为清末浙南民居之典范，有一定的文史价值，2009年被定为苍南县文物保护单位。

安峰分支

元房始迁祖叔榱，明正德间（1506—1521），随叔父公由永嘉英桥里入迁平阳，定居五十二都安峰，为安峰王氏。

英桥小塘王氏小岙村分支

小塘王氏大房第十三世子礼公（系明和公三子）为始迁祖。公于清顺治年间（1644—1661）从永嘉场涉乐清再迁居平阳五十二都小岙村（今苍南渔岙村），配缪氏，生子一，名连宝。至今传十一世，已有350多年历史。

陡门底分支

仁房十五世祖国祥次子公訊，生于雍正甲寅年（1734），生子二、女一。公约于乾隆甲戌年（1754）前后，移居二十二都项家桥陡门底，至今已有250年左右，传8世。

金乡城内分支

义房十九世祖蔡贵、蔡椿兄弟约于民国25年（1936）从下汤迁居金乡，今金乡小岙王氏主要是其家族，共有丁口30余人。智房十七世祖相仲锡平，生于道光乙巳年（1845），配金氏，生子二、女一.公约于同治乙丑年（1865）前后，移居金乡城内北门小仓桥，已传6世。

下汤分支

义房十五世祖公举公有子四人伯俊、伯源、伯信、伯纯。约于乾隆年间（1736—1795），十六世祖伯俊迁往金乡城内。伯源带着未成年的伯纯迁往下汤。伯信留居小岙。至今已传九世，约200年。共有丁口480余。。伯源公生于乾隆辛巳年（1761），伯纯公生于乾隆五十年

（1785），兄弟相差19岁。

坎门分支

礼房十六世祖伯余，字全德，生于乾隆丁酉年（1777），配林氏，生子一。公约于嘉庆戊午年（1798）前后，移居玉环坎门前台林厝岙，至今传6世，已有200余年历史。

前官分支

智房十七世祖相仲派下正告，生于道光辛巳年（1821）。公约于道光乙巳年（1845）前后，从小岙移居今夏口前官，至今传6世，已有150余年。

垅头分支

元房钧法公，生于光绪丙午年（1906），娶郑氏，生子一、女一。公约于民国丙寅年（1926）前后，移居霞邑垅头八斗岗，至今已有70余年，传3世。

平阳英桥王氏

平阳英桥王氏迁徙聚居点不少，主要包括鳌江、昆阳、水头等地。

鳌江镇古鳌头王氏

古鳌头王氏聚居地——平阳县鳌江镇。始迁祖王源清公，系英桥王氏隔浃派始祖万十一公第13世后裔，于清嘉庆年间迁居平阳鳌江，为古鳌头王氏。

古鳌头王氏始迁祖王源清公（英桥王氏第13世），于清嘉庆年间，单身来平阳艰苦谋生，在鳌江定居。他和他的下一辈（第14世），相继从事商业活动，一度成了县中巨富。后又渐渐败落，到光绪十八年（1892）第18世王理孚公中秀才时，田地全卖光了。20世纪20年代至30年代，王理孚与儿子王文川开办王广源商号，重振家业，亦为繁荣鳌江作出了历史性贡献。

鳌江开埠先驱王理孚是英桥王氏第18世，1876年出生于平阳江南陈营里，在南麂岛，有一块关于王理孚与南麂纪念碑，旁边还有其塑像。这是当地政府为纪念王理孚所立。1912年始，王理孚在南麂岛艰辛经营20多年，使荒岛成为人间仙境。他还购置一艘排水量为20吨的小轮船“静江号”，开辟了大陆与南麂之间的新航线。各地移民纷纷来此居住，居民人数增至一万多人，20世纪30年代南麂终成平阳建制版图上的“南麂乡”。王理孚还是保护乡土文化的功臣，1915年，先生受刘绍宽之邀主持修撰《平阳县志》，历时十年。该志共98卷，分30册，附图一册。《平阳县志》成为当时全国著名的新修县志。

古鳌头王氏宗祠原坐落在现鳌江镇对台办的位置，1940年被日本侵略军飞机炸毁。

鳌江镇塘外王氏

塘外王氏聚居地——塘外村，位于县城南8.5公里处的鳌江口。因位于鳌江老塘堌外，故名塘外王氏。王惠公第15世孙进公（系二都英桥王氏鬲夹派西房）移居鳌江塘外，现已繁衍了9代，其后裔兴隆。于塘外至今已繁衍六代，字辈分别为：修、永（行应）、孙（行会）、荣（行爵）、忠。塘外王氏第3世希元公的第7个儿子修魁公，于民国时期迁居昆阳坡南带谷桥路，已繁衍5代，有44人；塘外王氏第3世希元公的礼生公，于民国时期迁居鳌江，已繁衍5代，计32人。

塘外王氏故居屋（王氏宗祠）原址于塘外中桥路，因拆迁，现筹备迁建。

昆阳镇临区王氏

昆阳镇为平阳县县城，地处平阳县东部，距温州50公里，迄今有1700余年的历史，是全县的政治、文化中心。昆阳万全临区王氏，为二都英桥王氏王惠公第16世裔孙培昌公（始迁祖）移居万全临区垊铁村（今为临区新街）后所繁衍。已至22世，现有43人。

鳌江镇贤房王氏

鳌江贤房王氏聚居地在今鳌江镇、西桥、金钗河一带。始迁祖王明庵、王育庵公，系英桥王氏（楼下派贤望二房）第13世后裔。其孙福星公系永昌堡王氏第15世孙，居平邑西门外担水巷福星公的儿子金木公，迁鳌江杨府庙后居住，至今已传11代，有163人。鳌江贤房王氏外迁新疆5人，还有外迁龙港等地。

鳌江贤房王氏宗祠坐落在鳌江镇塘古南路27号，始建于清道光年间，原地号1523号，新编地号4423号，主体建筑为五间平房前有门台间、围墙、甬道、左右道坦，后有偏厢和余地，占地面积465.28平方米。1950年后被占用并部分损毁。

水头镇盐仓后王氏

盐仓后王氏聚居地——水头镇中后村，位于县城西24公里处，南临泾川溪，北依岱山公路，系人口密集、商业繁荣的村庄，为村委会驻地，属平原地区。全村有300多户，1500多人。

水头镇盐仓后王氏始迁祖锡蕴公系英桥王氏大派老五房第12世后裔，清乾隆年间迁居平阳北港水头钱仓后（水头镇盐仓后），锡蕴公字文玉，生子三：演庇、演荫和演廪。迁居至今已传13代，现有321人。

盐仓后王氏宗祠原坐落在鳌江镇台湾事务办公室的位置，与鳌江二都英桥王氏同一宗祠，1940年被日本飞机炸毁。今盐仓后王氏宗祠坐落在水头镇后垟山脚，占地面积350平方米，建筑面积250平方米，为水泥砖木结构，2001年新建。盐仓后王氏宗谱，现存有1980年和1998年纂修的木刻本各一卷。

盐仓后王氏始迁祖锡蕴公及其裔孙，在民国以前200多年间以种田为祖业。民国期间，王怀盛（1879—1943）创办了平阳县最早的皮革加工企业，商号为“王聚源皮坊”，培养了一大批皮革加工职工、技术师傅。后来鳌江皮革厂及水头等皮革厂大部分技术师傅是王怀盛的弟子与再传弟子。

水头镇龙涵王氏

龙涵王氏聚居地位于县城西南27公里处，西南紧靠白岩山，东北面临大溪，属山区。民国《平阳县志·建置之一》记载龙涵原名龙颔。因溪流形似龙颔。

龙涵王氏聚居地清时属四十四都，解放初为水头镇龙涵行政村，1957年“人民公社化”后称龙涵大队，1984年恢复村建制，隶属溪心乡，1992年后为水头镇龙涵行政村。

龙涵王氏始迁祖士荣公系温州二都英桥王氏王惠公第16世裔孙，于清嘉庆年间迁徙而来，已传至23世，现有60余人。移居杭州的有8人。

昆阳镇周垟王氏

万全周垟王氏聚居地——周垟行政村，位于县城东北5公里，东邻江头村，西与昆阳镇西浦村接壤，北连郑楼镇倪垟村，南接鲍垟村，距104国道1公里。全村有1300人，水田880亩、河面300亩，属平原水网地区。

据王氏宗谱记载，周垟王氏始迁祖世瑛公，属温州二都（龙湾）英桥王氏六派老二派西二房，于清康熙年间迁居平阳周垟村，已传11代，现有230人。周垟王氏祠堂坐落在郑楼镇周垟村下段，始建于1997年。周垟王氏迁居瑞安林垟村的有7人，移居宋埠镇斗南村的有21人。

周垟王氏始迁祖世英公，是在清朝迁到平阳的。据家族老人说，那时的万全垟东向是一片海涂，台风季节一到，渔民以及村民都要到象湾和周围山湾躲避。因此，从清朝到民国，灾难多，生活无保障，子孙也上不了学。

旧时万全垟祖辈都务农，无经商习俗。改革开放以来，周垟王氏除大力发展蘑菇与珍珠产业、河鱼养殖业外，还有三十余人外出经商、开店、办企业，如王旺石创办义乌市天宇胶粘剂有限公司；王旺钿创办昆阳旺钿宾馆；王旺道开设昆阳香港卓尔珠宝店；王旺勉开设昆阳兄弟家电店；王锋经营台州路桥家电业务；王旺杰在长春从事家纺批发；王旺洁从事模具制造等。在发展村级经济中，王培松担任二十余年村主任，王树弟于1996年1月至2000年1月任村党支部书记，他们领导村民建设了水泥路等公共设施，使村里面貌大为改善。

鳌江镇上埠王氏支系

鳌江上埠二都英桥王氏支系，系温州二都英桥王氏四派国纪公派下三房。

始迁祖圣敬公（1726—1793）于清乾隆年间迁居平阳小江南——鳌江上埠。圣敬公系兆瑞公五子，生于康熙丙午年，卒于乾隆癸丑年，妣配朱氏，生子若正、若龄、若千、若熠，分四房。次房若龄公传子元吉、元安，孙国美、国和、国琴。三房若千公传子元新，孙国湖、国彭。其后裔兴隆。

昆阳镇官山王氏

官山王氏聚居地——官山行政村位于平阳县城西北向1500米处。

王惠公第15世孙南勋公（系二都英桥王氏六派下三房），系积宰公之长子，字汉林，配杨氏，生子应宝、应球。应球传世铢、世双。世铢公配翁氏，生时发、时松。南勋公先移居平阳西门外，后移居官山村沙岗岭下，已传11代，现有200多人。

昆阳镇沪山王氏支系

该支系由王承珠子孙组成。王承珠于20世纪70年代大学毕业，由国家分配工作到昆阳定居，现已传3代，有5人。其祖籍为平阳县沪山凤岙（1981年划归苍南县），祠堂即沪山凤岙王氏宗祠，其始祖永行公，生三子：存玉、存义、存芝。存玉生守启，守启传国栋。国栋公生定荣、定华、定印、定绶、定缙，分五房。定荣、定印、定缙出绍李姓。王存玉公系太原郡王氏后裔，于明万历年间自永嘉二都徙居平邑三十三都凤岙。

瓯海茶山英桥王氏

茶山位处温州市东南部，因清“迁界”，英桥王氏部分先祖先后内迁于茶山。明清以来，大派老四房十四世天梁公、天棐公两兄弟迁居茶山；西垟二房十四世植玺公、池头大房玉泉公后裔才迁居茶山。四派日房十二世钦豫公以前有小宗。隔浃派东房后裔。

大派老四房

为王毓长子环的第四个儿子境（循庵）裔孙，故名大派老四房。大派老四房十四世天梁公、天棐公两兄弟迁茶山，居住地点在茶山洪殿村一带，是“迁界”到茶山人口最多、子孙最兴旺、居住最集中的英桥王氏族裔。对茶山的开发起到很大的作用。

大派池头大房

为王毓长子环（自足公）的长房裔孙居住在英桥池头，故称池头大房，“迁界”时迁往茶山河头村九村一带，至今大约有40多户。

大派西垟二房

为王毓（樵云公）子环（自足公）二房十五世裔孙，居住在英桥西门川，故称西垟二房。迁来茶山前村居住，至今有四五十户。在清代建有世大夫祠在白象祀十一世维夔公。西垟二房为维夔公后裔。

四派日房

为英桥王氏十二世王钦豫后裔。据载有“海野公祠，在十二都茶山四派日房小宗”。今祠已无存。遗址在茶山九村西巷古井附近。王钦豫，即海野公，著有《一笑集》等。据《英桥王氏宗谱》载：十六世培，字茂植，号夔斋，岁贡生，勤学好问，著有《学庸纂讲》。四派日房在“迁界”时迁到茶山，共六户，今有十多户，居住在茶山九村一带。

老四派三房

“迁界”时迁来茶山舜岙村，约有四五户，今约有20户。

隔洟派东房

隔洟派东房，迁界时迁来三四户，今有二三十户。

还有其他茶山南柳徐岙、汀岙各地也有少数英桥王氏后裔，但户数不多。

永嘉、鹿城、乐清、瓯海王氏后裔。

永嘉菇溪英桥王氏后代，建有四派光遇公祠、大派桥头二房十二世锡甸公祠。鹿城西洲英桥王氏，有大派竹房十五世南灯公祠。乐清北白象有楼下派贤望房山东、水潭村。瓯海还分布有南白象、环山等后裔居住地。

遂昌月山英桥王氏利房

明天启年间，大派老六房十世王士伦任遂昌教授（谕），其子王万钰随任，寄籍遂昌；其孙王锡（岁贡）因家于遂昌。为遂昌月山王氏利房始祖。

第四章　民　生

永昌堡属东南沿海平原地貌，亚热带海洋性季风气候，物产丰富，适宜生产与生活。经济以盐业起兴，宋、元与明、清尚兼盐渔之利，农耕产业持续发展。清后期至1949年以前，永昌堡区域内人多地少，大多数农民靠租地生存。新中国成立后，1951年实行土地改革，土地为农民及集体所有。1958年人民公社成立，土地全部划留人民公社集体所有。1981年，实行家庭联产承包责任制，将土地所有权和经营权分开，土地归集体所有，将经营权包产到户，实行联产经营责任制。1990年前后，农村劳动力逐步向第二产业、第三产业转移。20世纪80年代以来，随着市场经济不断发展，工业化、市场化和城镇化的推进，人们的生产条件和生活水平有了大幅度的提升，文化教育与医疗保健事业不断发展。

第一节　环境与物产

永昌堡地处瓯江口南岸冲积平原，河网发达，西面是大罗山，东面是东海滩。汉唐时属海洋与半滩涂区域，宋元开始才逐渐形成半滩涂与半耕作的生产与生活环境。古堡属地属亚热带海洋性季风气候，平均气温在20℃。冬暖夏凉，暑期100天左右，7至9月为台风季节，无霜期达230天以上，一年难得见一次雪。雨量充沛，年平均降雨量为1620毫米。

堡内林木资源丰富，自然生长有榕树、柳树、松树、桉树、梧桐、樟树等。特别有城北路旁的无柄小叶榕，树龄在百年以上，树高6—8米，平均冠幅8米。城北的笔管榕，树高16米，胸（地围）210厘米，平均冠幅15米，是重点保护的古树古木。花木类以桂花、茶花最为普遍，金秋时节桂花四处飘香。

境内野生动物也繁多，哺乳类有猫、狗、黄鼠狼、老鼠、蝙蝠等。爬行类有蛇、蜥蜴、壁虎。鸟类有老鹰、斑鸠、乌鸦、喜鹊、猫头鹰、麻雀、白鹭、燕子等。昆虫类有蜘蛛、蝴蝶、蜻蜓、蛾、蝇、屎壳郎、天牛、椿象、萤火虫、蝗虫、蚱蜢、螳螂、蟑螂等。两栖类有蛙，软体动物有蜗牛、蚯蚓和淡水水生动物。由于人口增加，城市化进程加快，土地减少，生态被破坏，兽类、鸟类等物种和数量锐减，有的濒临灭绝。

食用水产动物主要有鱼类、节肢动物和软体动物。鱼类有鲤鱼、鲢鱼、鳙鱼、青鱼、草鱼、鲇鱼、鳝鱼、八须、泥鳅等。节肢动物有河虾、田蟹。软体动物有田螺、螺蛳、蚌。爬行动物有鳖、龟。水生植物有莲藕、茭白、水浮莲、绿萍等。

中草药主要有山栀（黄枝）、车前（白脚麻衣）、忍冬（金银花）、夏枯草（花鼓槌尔）、紫花地丁（犁头草、鸡口舌）、蒲公英（奶奶草）、白英（白毛藤）、野菊（野菊花）。

第二节　盐　业

“永嘉场”是“永嘉盐场”的简称，或称“永场”。清光绪三十四年（1908）颁布《城镇乡自治章程》始，永嘉场建区为永嘉县永强区，改称永强。瓯越先民早已“刮坭淋卤煎盐”。

唐代，全国有嘉兴、海陵、盐城、新亭、临平、兰亭、永嘉、大昌、侯官、富都等十监，永嘉场就名列其中，“岁得钱百余万，以当百州之赋”。延至宋代，据《宋史·食货志》载，绍兴三十二年（1162），当时的温州境内建立了五大盐场，即乐清的长林场、瑞安的双穗场、永嘉的永嘉场、平阳的天富南场和玉环的天富北场。其中，永嘉盐场以得盐率高而著称。至元代，政府实行民制官收，从大德三年（1299）开始，在永嘉场置司令（从七品）和司丞（从八品）执行监办盐课、督办缉私、征收盐税等事务。永嘉场达到鼎盛时期。至明嘉靖中后期，地处东南沿海的永嘉场倭患严重，致使盐业生产也受影响。

英桥王氏先人大都从事盐业，盐业为其主要经济基础。《岐海琐谈》中记载：“永嘉一至五都，濒海而居，其土积卤，其业宜盐，故置场名永嘉场以榷之。其民皆系于灶，岁赋盐入廪，转饷塞上，征以其力所出而不责其非有。”当时实施“刮坭淋卤煎盐”，刮取带“盐霜”（呈白色）坭层和以海水经棕丝过滤，得卤水，经灶锅烧煎而成盐，然后再饱和盐溶液洗净而达标准盐。盐业又带动相关产业发展，聚集资本，实现家庭富裕与家族的兴起。

相对浙江其他盐场，永嘉场的灶丁人数比较多，盐课数额则较轻，每丁的负担只有其他盐场的三分之一，生产比较容易展开。万历《英桥王氏族谱》有记载：“永嘉场东临大海，邑之里一至五都，居氓鳞比为灶，而办盐丁数倍于他场。国初恤灶厚甚，既分授沙坛，仍绘牢、草荡以资耕煎，而民家杂役一切不及。时坛延袤数百里，地广而家给，所办盐课悉输仓场，俟商执引照支，故灶氓乐业，而盐课易集。”值得注意的是，由于盐丁数量众多，开垦荡地起耕屡见不鲜。

古盐场图（永昌博物馆提供）

英桥王氏与灶籍身份有密切关系。万历《英桥王氏族谱》中“里役”有较完整说明，“吾王氏世籍灶，数传后分三户，樵公翁七子宅为王福庆，楼下宅为王崇维，隔浃宅为王九因”。他们在盐业活动中积累了较多财富。因此英桥王氏在明代中期为维护灶户利益，在赋役负担、海塘建设以及盐户官司等方面有较大作为。王钲“乡人以濒海，故隶灶籍，困于盐课，府君疏于朝，请输本色，均折色以恤灶艰”。“诏均诸一邑，灶户赖以不徙死，故公之生也。诸灶户相与讼之。卒之，相与苦之，葬也，引柩而送之，绋长数十寻不胜执。”王澈“永嘉场濒海，故有沙城卤地，岁久，风涛荡蚀殆尽，溪桥翁尝议堤以石，疏于朝，事不所司，格不引，公继先志，办请于当道”。这些都说明盐业与地方经济社会发展的密切关系。

户籍身份对于科举相当重要，因为户役种类是科举考试中必不可少的登记内容，也就是说，在科举家族资料中登记时，必须要有户口所在地及户籍名称。灶籍身份中进士的士人均为永嘉场人，如英桥王氏王德（军灶籍）、王叔杲（灶籍）、王诤（民社）、王叔杲（灶籍）、王良心（灶籍）、王继明（灶籍）、王光经（灶籍）、王维夔（灶籍）。

清初下令“迁界”，“场灶全弃界外，灶丁迁徙四散”。清朝末期，内忧外患、国库空虚，永嘉场盐业生产陷入低谷。时任浙江巡抚的左宗棠说：“永嘉场产盐向系发帑办理，近年库藏空虚无从筹发，以致停灶不愈。”（光绪《永嘉县志》）

第三节 农 业

清朝“展界复井”后，农耕生产成为永昌堡一带人们的主要生产方式。总体上说，人多地少，土地资源缺乏。据有关资料记载，永昌堡所在新城村耕田434亩，山地1850亩，全村共1139户，4492人。人均耕地0.1亩。随着改革开放，建设用地还在不断增加，土地资源越来越匮乏，可耕地基本消失。

农业体制改革

中华人民共和国成立后，1950年春，开展土地改革，实现了广大农民“耕者有其田”，解放农村生产力，调动了农民积极性。

1950年5月，组织了互助组和临时互助组。1952年普遍组织互助组，克服了单干的困难，提高了生产力。

1953年冬，组织了初级农业社。

1957年，成立高级农业合作社。

1958年，“大跃进”运动。下半年实现“人民公社化”。“人民公社化”初期实行“政社合一”的政治体制和“一大二公”的经济体制。1961年，贯彻“调整、巩固、充实、提高”八字方针。

1966年，“文化大革命”开始，农业生产受到影响。

1978年，中共十一届三中全会召开，实施了改革开放政策。

1981年，实行家庭联产承包责任制。

1984年以后，社会主义市场经济逐步发展，农民自主经商和外出务工大量出现，促使土地向专业大户集中，促使农业生产由传统分散型向现代集约型转化，开启了现代农业新时代。

农业技术革新

水稻

水稻是永昌堡主要的粮食作物，种植历史悠久，双季间作稻是传统的种植方法。到民国时，间作稻种植十分普遍。双季间作稻，即在早稻收割前将晚稻的秧苗插在其间，故植株稀疏，产量很低，一般每季亩产在150公斤左右。

中华人民共和国成立后，农业的耕作制度发生了深刻的变化。以水稻为例，经历了三次大的革命。

水稻的第一次革命，即从50年代初开始的改间作稻为连作稻（早稻收割后，再插晚稻秧），提高复种指数，极大提高单位面积产量，亩产从150公斤提高到250公斤。加上春花种植，一年三熟。提高了土地的利用率。

水稻的第二次革命，即60年代的矮秆水稻品种的推广，原水稻品种植株细长，易倒伏，影响产量。60年代初，一批矮秆的优良品种“矮脚南特”“团粒矮”“温选青”等开始试种，效果良好，普遍推广，逐步淘汰了高秆品种，进入了水稻矮秆化阶段。季亩产300公斤左右。

20世纪70年代，袁隆平的杂交水稻试验成功，永昌堡开始在新城十七队试种。70年代末至80年代初杂交晚稻普遍种植，播种面积占晚稻的80%以上，80年代末，杂交早稻引进，种植面积逐步扩大。杂交水稻的引进、推广到普遍种植，标志着水稻的第三次革命。

随着水稻种植三次大的革命，肥料也发生了明显变化，也经历了三次大变化。20世纪50年代的肥料是以农家肥为主体，包括人畜粪便、草木灰、油饼，很少使用化肥。随着耕作制度的改革和矮脚稻推广，农家肥不能满足作物生长需要，于是推广了晚稻收割后种植紫云英、苜蓿（草籽）等，采取了“以田养田”的措施，因而进入绿肥阶段。随着杂交水稻的种植推广和居家厕所革命，原有的肥料远远不能适应种植需要，从而开始了大量施用人工制造的化肥、复合肥料等，标志着农业进入现代化阶段。

同时，田地和耕作农具也发生了变化。小田改革，即从原来东一块西一块中间夹杂一些坟墓的三角地杂地改造为连片的大田，易于机械化操作。耕作方式也由原来牛耕人力为主改为机械化自动化。80年代，普遍使用了电动抽水机、手扶拖拉机、电动脱粒机、机动运输车等。

主要作物

经世代农民对土地的长期改造，在堡内外基本形成三大土地类型：宜水稻种植的团粒结构良好的水稻土，宜种植经济作物的松软的沙质土和宜林的山区红黄土。宜种植作物主要有水稻、大麦、小麦、玉米、白银豆、大豆、蚕豆、番薯、马铃薯、油菜等。

生产工具

永昌堡传统农业生产工具一直是：运输靠肩挑、船运，耕地靠铁板（锄头），车水靠木质水车、木勺，收割靠镰刀、稻劫等。

水车

犁：耕田主要农具，用牛拉犁耕田。犁由犁头（铁质）、犁壁、犁串、犁脚、犁辕、中轭等组成。

耙：水田整地工具，有木制、铁制两种，并分双齿、四齿和多齿，进行碎土平田的手工作业。或用牛拉耙耙田。

锄头：俗名“铁板”，主要的农业工具，用于翻地、中耕、除草等。铁打，长6.6厘米，宽20厘米，重约2公斤。口刃有讲究：用八两白口铸铁分十八次层层浇铸，铸打而成。亮如雪、利如刃、锐若斧。锄头柄由硬木做成。

田踏：用于人工平整水田。

镰刀、稻劫：收割工具。

水车：主要的灌溉工具。由踏车架、踏车搯、车盘儿（木质齿轮）、车身、车骨牛、牛板组成。永昌堡主用人力水车。人力水车的动力是人力，一般是三人，人倚靠在踏车架上，足踩踏车搯转动，车盘儿带动车身中的车骨牛，车骨牛中的车板将河水顺着车身刮到田渠里，从而达成抽水目的。

渔业、畜牧业

1971年，建有永昌渔业社（永强渔业公社），社员70人，年产量50吨。1985年停止作业。

1982年，建立永强水产养殖场，职工18人，机动渔船一只，场部设在永昌堡。养殖场水域面积1300亩，年产量80吨左右。20世纪90年代，出现河蟹人工养殖，养殖户80户，养殖面积580

亩，年产量55吨。

永昌堡以前没有专业养殖畜禽场所，仅是一家一户养一两头猪、羊、兔。养牛是为了生产需要。家禽品种是鸡鸭鹅。20世纪70年代，出现畜牧场，永昌堡东南角建起畜牧场，逐步推广瘦肉型猪、荷兰牛饲养，家禽还发展三黄鸡、乌骨鸡、鸽、鹌鹑的饲养。

【附录】

红专农场

1959年上半年，永强人民公社在永联大队城北连队建立50亩农业示范田，有生产工人30来人。1960年，并入衙前生产队2个小队，扩大生产，改示范场为红专农场，拥有生产基地370亩，拥有工人200多人。首任场长王忠良。农场实行半机械化生产，将永强人民公社拖拉机站等划归农场，购置东方红拖拉机、双轮双铧犁、插秧机、打稻机、抽水机等生产工具和发电机。30多名工人实行工资制。其他生产者按劳分配，多劳多得。同时公社文工团划入农场管理，“以劳养团”。1961年，中共浙江省委省政府发文，红专农场停办。

第四节 传统副业

永昌堡由于人口稠密、田地稀少，而百姓勤劳能干，明清以来传统副业生产丰富多样，从未间断，对解决劳动力多余问题，尤其是妇女劳动力的出路和改善民生起了重要作用。

普通型副业

养猪：养猪需具备一定的物质条件：猪儿本（仔猪本金）、饲料、猪舍。所以清后期至新中国成立前，永昌堡农民拘于贫困，养猪户只占60%左右，土改后条件改善，养猪户逐步上升。“人民公社化”中虽受挫折，但1962年后迅速复苏，养猪数量逐年提升。1985年后家庭商品经济蓬勃兴起，个体养猪的首选地位被取代，取而代之的是专业养猪户。

作为农家副业的养猪收入低微。但主要是可使每天洗涤餐具的泔水、碾米的副产品谷糠、番薯藤叶等废弃物和家庭的剩余劳力得到充分利用，价值在于“零存整取”。养猪的栏肥，能改良土地滋养农作物。“出栏”扒出栏肥有忌讳，“甲子”“甲申”和菩萨生日不宜。买进仔猪时要选“好日子”，即皇历上的“宜纳畜”之日。饲养要“对年”，早宰有“罪过”。宰了猪后，主妇用猪血、猪肠、杂粉干煮一大镬，每家一碗，遍分邻居，谓“吃猪血带”。

养鸡：养鸡成本低，收效快，又不占场地，历来是农家最普遍的副业。除个别鳏夫孤独者外，凡有家口烟灶者均养鸡。除20世纪50年代末“打饭堂”三年，因家庭烟灶取消，口粮困难，家庭停养外，养鸡历史与永昌堡历史同步。至20世纪80年代后，商品生产的兴起与城市化进程的加快，农家散养鸡的历史逐步告一段落，各地出现养鸡专业户。

鸡的饲养期一般为两年，头年春季饲养雏鸡，开始10天左右用水浸透的大米，以后正常喂“糠”（米糠拌饭或薯丝）。长成后鸡的觅食能力强，吃残羹剩饭、杂草小虫，均能觅食。到秋季公鸡开始打鸣，母鸡下蛋，公鸡长成即作为食用或卖掉，母鸡一般两年后宰食或卖掉。

一只母鸡一年下蛋150个以上，农家用以调换日常生活必需品。20世纪50年代一般5个鸡蛋调一包普通香烟，3—4个鸡蛋调0.5公斤盐，5—6个鸡蛋调0.5公斤煤油。俗称农家“小银行”。

抿苎、织网：永昌堡东临东海，陆地河流交织，周边渔业发达，渔网需苎线编织，故抿苎、织网成为妇女家务之余的较普遍的手头副业。俗话讲：“三个网爿（织网工具），抵把铁板。”抿苎、织网，是农家补助日常家庭开支的主要财源。

抿苎、织网

抿苎是个体劳动，织网须多人合作。都是从苎麻（网）店里领取原料（苎麻或麻线）来加工，赚加工钱。

抿苎要先将苎麻用水浸透，以手指掰成丝线，叫“掰苎”；再根根相连接叫“抿苎”；最后用脚踏的纺车将两根半成品攒合成一根成品线，叫“打线”。然后送还苎店收购。

店方根据苎线的粗细质量，分别给予1：1.3、1：1.5、1：1.7的比例调给苎麻，叫“还三”“还五”“还七”，总称“对线”。多余部分即为加工费。也可折线钱领取。20世纪50年代，每斤苎线按质论价为0.5元左右。

网的用途不同，种类繁多。店家按所需网规格制成“网头”（渔网开头三行），大小网爿（竹制，长约8厘米，宽度按网眼规格），随同网线交给“端网”（来领取苎线）的妇女。

一张网工程巨大，工期一般为半个月、一个月，需数人合作完成。动工时，按次序各人一行，自左至右，一行复一行，向下延伸。每人记下自己一日的行数。前者因事耽搁或后者出手特快，则超越前者叫“踏”。被超越者在超越者下一行继续往前织。一张网完成后，“网钱”（加工费）按各人的行数分红。众人凑米（也有头家负责）磨粉作鳊儿聚餐，以祝完工，叫“吃接光鳊儿”。

随着生产技术的现代化，因尼龙网的出现和渔业生产萎缩，经营了数十年的抿苎、织网退出了农家妇女的日常生活。

散布型工坊

踏碓：人工碾米工坊，是指踩踏杵杆一端，使杵头起落舂米。20世纪50年代发展为机械化碾米厂。

踏碓场地约200—300平方米，平房，瓦背，四面透风。内置一直径3米的碾盘，3—5座砻，3—5个脚踩捣臼，3—5张风车，大小米筛若干个。

稻谷先上砻脱壳，过风车吹净后，上碾盘以牛拉碾去糠，再过风车，后经脚踏捣臼“捣”。最后根据碾米数量，客户自觉拿来主家的盛米箩儿，量给一升或几升米作为加工费。

做豆腐：豆腐作坊工具为磨，豆腐格（木制60厘米见方）、豆腐巾（厚纱布）、灶、“陶”（铁锅上加70厘米高木板）。用水浸大豆五六小时后磨成汁，落锅烧沸，加适量石膏或盐卤，使其渐趋凝结，舀入覆于豆腐格上的纱巾中，包压即成豆腐。一斤大豆约可做成三斤豆腐。

烧酒：永昌堡人家庭酿上黄酒（老酒），留下酒糟烧白酒，现在是留取少量黄酒外，主要是烧白酒，俗名“烧酒”。

气候温和的春、秋两季，是酿酒的最佳季节。以黄曲（方言读“衣”）、大米或糯米（煮成饭）和水以1：2：3比例入酒缸酿制，一般酿酒时间为一个月左右。有俗语“十月做酒、十月吃”。

酒糟烧酒：酒糟拌砻糠入蒸笼，置装水的“陶”（用木板加高的铁锅）上，烧开。蒸笼上装用锡特制的冷却器，叫“烧盂”，衔接处抹泥密封。烧盂内分盛接蒸汽与装冷水两部分，酒糟蒸发的酒气遇水冷却成汗珠，沿凹槽经龙头流出，即为成品白酒。

烧酒有专业户，过去一天能烧100公斤左右白酒成品，现改为两段作业后，日出150公斤左右白酒。

烧酒

花夹被和染青（蓝夹缬）：凡是婚嫁，永嘉场人总是少不了花夹被。永昌堡洞桥底和联芳桥的花夹被扎染工艺（染青）精工，名扬东瓯。20世纪90年代依然流行。

农家妇女自己织成素白的棉布被，经过靛蓝染上，配上蓝白分明的图案，组成多元化的花夹被。花夹被有双纱和单纱之分，单纱被是单纱线织成，双纱被由双纱线织成。经过染青的花夹被有方夹被、大花被、百子被等。

花夹被图案各式各样。有印着百子图的，象征子孙满堂、人丁兴旺；有印着龙凤图的，象征夫妻恩爱、白头偕老；有印着状元图的，寄意新郎才学渊博、前途无量。花夹被不仅保暖防寒，还蕴藏着夫妻恩爱、百年好合、五世其昌、后福绵长的民俗文化。永昌堡人嫁女，

花夹被

自然少不了花夹被，也成了习俗。

花夹被的制作工艺，为传统工艺传承。古代中国创造出独特的印花技术——夹缬、蜡缬和绞缬，现在通俗称为夹染、蜡染、扎染。夹染（夹缬）是一种镂空型双面染印技术，制作夹染工艺的颜色和图案都是用雕版夹印出来的。雕版共有十七块，正反均有图案，用水浸泡湿透的白布平整地铺在雕版之上，每两块雕版夹一层白布，如此叠加，直至铺完十七块叠板。接着是染色，把铺好白布的雕版缓缓放在染缸中浸泡半个小时，吊挂起来在空气中氧化半个小时，经过十六次浸泡、氧化才完成着色。清洗后平铺在太阳下晒干。夹染（夹缬）用一种植物叫靛草，靛草经过沤制得靛蓝，靛蓝与水中棉织物相遇，在空气中氧化成靛蓝色，染在布料上不褪色、无污染、无副作用。随着现代化进程，“染青”技术也只能刻印在人们的记忆中了。

烧蛎灰：永昌堡人的烧蛎灰应在普门李宅烧蛎灰之后，始于明后期。

煅烧蛎灰的土窑结构为在地上挖出长4—5米，宽2—3米的窑池，周围砌上低矮的池墙，池的中部挖一个深约0.5米的气井；气井上方的窑池盖上竹条，留点空隙，铺上砖块；窑口添置一个木制的大风箱（挂于气井两旁的大小柱间），人握风箱柄前后推拉，向气井鼓风以助燃。蛎灰是利用贝类外壳为主要原料，拌入可燃物质（砻糠和煤），煅烧而成的灰，混合水拌成浆状。用于粘砌房屋墙体、粉刷墙壁，也可浇灰坦。在水泥混凝土广泛用于建筑前，蛎灰是建房的重要材料。

蛎灰的主原料为蛎壳，蛎壳常从乐清黄华地方购进，也有少量从当地购入，蛎壳与助燃物配比1∶1，若用煤渣替代，配比1∶2，质量差些。

砖瓦窑：永昌堡砖瓦窑业，始于明代中期。砖瓦窑的建造形式，分明火青砖和闷火红砖两类窑式。砖窑一般高4米，宽4米，可装方棱砖45000块（标准方棱砖厚5厘米，长24厘米，宽8厘米），窑洞如“丫”形，大腹收顶，顶部中央设囱门。砖窑前庭为隧道式的窑洞，可容4—6人，进洞1.5米。膛口60厘米高处开通风口，上面水平安装铁栅，烧料石栅上燃烧。如果是新建窑，窑工要经五昼夜不断添柴烧制，平均温度1000℃。停火须严格控制，熄火后浇水冷却（俗称担窑水）。窑顶部设置浇水斗，连通周边半圆圈浅水沟。浇水后，因窑膛内高热反冲猛烈蒸发作用使窑内未成品全部淬火，受冷湿收缩定型。浇水冷却也须经三昼夜操劳。停止浇水第三天后即可开窑出货。制瓦的程式和火候要求大体相同于制砖。新城村东门有制砖厂，20世纪80年代被淘汰。

衙前村的孵坊：英桥王氏楼下派老三房与六派部分子孙居住在衙前村，衙前孵坊始于民国。衙前村还流传一首顺口溜：“衙前屋后七个凼，出来儿孙会收卵。衙前屋后一条浃，出来儿孙会养鸭。衙前屋后一只缸，出来儿孙会孵坊。衙前门前一条墙，出来儿孙养鹅娘。”这里的一只缸，指衙前村

孵坊

墙东北边一块特别低矮的田；一条泆，是指接通买柴桥北面的河；连接七个凼与上横塘河接通，为衙前村在“展界复井”复建后农耕社会水稻种植的水利设施。该顺口溜产生时间为民国后期，早期的顺口溜没有孵坊一组词。

孵化过程。孵坊在保温良好的长约20米、宽约8米的平房中进行。有专业人员：老师头一人，新缸老师一人，陈缸老师一人，帮手老师3人组成。他们居住在孵坊内，有专人做菜烧饭。设大缸约50只，收购有雄鸡地方的鸡蛋，每只大缸放鸡蛋1500个，放在新缸中焙（用砻糠拌米糠煨）4天，温度及一切工作由新缸老师负责，其他人帮忙。再翻入陈缸中焙6天，温度及一切工作由陈缸老师负责，其他人帮忙。温度用肉眼控制。再翻入离地2米高的席摊上，捂盖棉胎11天，由老师头负责一切工作，其他人帮忙，就可以破壳出小鸡了。孵化小鸡的时间在清明前准备至端午节约三个月。端午节至中秋节两个半月为孵小鸭时间。孵化小鸭，每只缸放1000个鸭蛋，新缸4天，陈缸6天。在席摊上盖棉胎18天，小鸭才出壳。小鸡贩用一只小鸡向农户兑换三个鸡蛋，鸡贩用两个半鸡蛋兑换一只小鸡，小鸭也如此。随着现代化进程，衙前村孵坊在20世纪80年代中后期逐渐消失。

金属加工：有“打铁”，制作农具（如锄头、犁耙等）、刀具等大件铁器；有“打小铁”，日常生活中小件金属制品制作，工种多种多样。也有浇制铜勺、镬铲、火箱。过去，农家厨房铜勺、镬铲、取暖用火箱，由“打铜”师傅浇制。农家首先将废铜交与师傅，打铜师傅摆出小炉，炉中放满生木炭，内置小坩埚，并将废铜敲碎放于小坩埚内，小炉底部接上风箱，然后点火，师傅一只手不停鼓动风箱，使炉火升至黄铜熔点，变成铜水。拿出制作模具，将铜水灌入模具里，稍待冷却，分开模具，粗坯就出来了，再用工具精加工后制成成品。

打锡：打锡工具主要有铁锤、锉刀、挑头、刻刀、印版、车架、小刀、凿子、熔炉等。程序比较讲究：一、材料选择：锡品样号较多，与锡器要求大有讲究。青铅与硬锡相配搭，色易黑，有毒性，宜制烛台之类锡器。“白儿锡”色难变黑；锭子、钩光锡，不易色变，无毒性，宜作食具锡器，如酒壶、茶碗盖等；纯锡，价高，为锡质中优品，宜制作烧壶（烧白酒器皿），而产出的白酒醇香味佳。二、熔锡：熔器采用优质铁锅，可容纳3—5公斤锡品。温度升至270℃—300℃，时近一小时，锡品完全熔化。降低温度至200℃许，去除锡液表层的“衣”。三、注版：注版由厚度为1厘米的大理石制成，上下两版为30厘米见方。再用柔软的纸张贴于版面上，经轻轻敲打，纸版完全黏合，版面之上再围“U”形棉线一根（粗细视浇注锡片厚薄而定）。两块注版叠合后，棉线出口处稍垫高，以利锡水流动，当锡水注入版中后，上块版略作向下挤压，使锡水遍布平整；冷却后，拆开注版，锡片就铸成了。其锡的柔软度，全凭艺

打小铁工具

师摸索掌握。四、锡器制作：根据客户要求，样式繁多、五花八门、异彩纷呈，而这些工艺的印版多系打锡师傅自己雕刻，具有工艺美术功底。锡制品有烛台、锡锅、酒壶、酒斟、茶盖、碗碟盖、花瓶、茶叶罐及中药店的装药锡器等。

打锡行业日渐远去，存留人们心中的是挥之不去的记忆。近年来，锡品仍有“东山再起”之势，如衙前村王会顺师傅家，求货客户络绎不绝。

打金：其技艺主要有吹、锤、剪、旋、镂、锉、焊、压、敲等，可制作出光彩夺目的金银饰品，满足人们需求。制作工艺首推熔金。此活是凭嘴吹喷枪，早前用煤油灯火吹熔。现引120号汽油烈火使金银熔化。吹时务求运气均匀、连续。微型鼓风机或氧气筒面世后，代替了人工口吹，大大提高功效。

通常有多番流程。模具压制：石膏模具常分上下两爿，将熔化后的金液（或银液）灌入模具，从上部下压，冷却后便是成型首饰，即项链、手链、戒指、金牌等。项链制作也可采用拉丝工艺，使项链更精美。敲锻制作戒指，将小金块（按要求重量）仔细敲打成条形，放在一根凹槽式铁模中，依客户要求的大小，用锤子整合，便成心仪的样子了。浸泡：去除金银饰品表面的污垢，将制成品放入酸液中几秒钟，捞出再抛光便成成品。

修配锁钥：青年婚嫁，箱柜常常新制，均得配上铰链钥匙，均请打小铁师傅配制或修理。打小铁师傅手艺五花八门，样样件件精通，如补镬换铝锅底，钉碗号碗等。

打小铁工具担子是这样“分工”的，一头是三个抽屉组成的木箱子，两旁用三四条竹片固定，竹片上头用棕绳连接，可套上扁担挑着行走。木箱子上两个抽屉置放小配件和小工具（小锉、小刀、钳子、小钻尖）。底下抽屉稍高，可安放风箱。三层抽屉之背板较厚，可放铁制垫物当工作台，并可架放一根粗长的四棱钢锉。担子的另一头，为 ·只木匣箱，箱旁以木四柱固定，柱上头穿棕绳作挑头（套入扁担）。这只木匣箱可放小铝锅，外出作业可煮饭，亦可放置衣物等；箱背放置小炉子，打小铁师傅肩挑担子，手拍铜片制成的一串“竹板”，发出“嘭——哧，嘭——哧”响声，走村串巷，招呼打小铁活计。进入21世纪后，打小铁行业逐渐消失。

弹棉

弹棉：棉被是人们生活的必需品。首先将棉花弹成蓬松叫弹棉花，把棉花纤维拉扯到最细。原始的工具叫弹棉弓。弹棉弓的主要部件：一根黄牛背脊的肌腱经加工拧成的牛筋索（粗细如编织绒衫的针），两头拉紧固定栓装于弓形的硬木支架上，状如一张大古琴。操作时用木槌不停敲打牛筋索，牛筋大幅度颤动，发出有节奏的音乐声，将棉花纤维分解成最小最细的蓬松棉絮。弹棉弓的造型有两种：一种叫圆头弓，轻巧便于携带，易于操作，跳弹频率高、振幅小。另一种叫方头弓，跳弹振幅大，频率稍慢，适宜大面积弹棉。

旧棉翻新。首先将破损的棉纱扯净撕成碎片，卷成棉筒，用钉耙轧成小碎片，再适量堆放在宽2米、长3米的板床上，就可以用弹棉弓弹成蓬松细小的棉絮。

制成棉被。将弹好的蓬松棉絮，厚薄均匀地摆弄成棉胎的形状。接着用重约一二十公斤的黄檀木砧（圆形，厚重，直径约50厘米，中间装有把手梁的大锅盖状），在其上面反复纵横碾实、熨平，初步定形；再用带有钓钩的小竹竿牵引上45° 斜度交织纹的红绿棉纱线，另一头对手接引，并摘断线头，将纱线压在棉胎上，布均纱线网，交织眼一般为2厘米×2厘米。背面制作，将周边外露的纱头汇向背面，翻转棉胎，与前面同样制作一次。如是婚嫁用棉，再点缀一些红绿蓝橙的花卉。

20世纪30年代初，开始使用人工动力轧棉机，生产效率提高数倍，劳作强度也相应减轻。最早使用的轧棉机为“和合”牌，系瑞安东山家庭小工厂锻造。几年后，另有瑞安人制造的“麒麟”牌轧棉机、开棉机。现在弹棉工具齐全，已实现工业化生产。

打草鞋：农民几乎个个会打草鞋，是自产自销的产品，为保护农民脚底，以防打滑。草鞋编织工具简单：一条双人凳子，一只“草鞋耙”，一把二三齿的“催紧器”。“草鞋耙”用硬木制作，一只硬木弯钩。平直处套上小枕头状木爿一段，上插七根小柱，整体形如农具栏耙。催紧器用木板削制，形如梳子。

打草鞋

原料选备。选取数把（或称贴）稻秆（以早稻稻秆较柔软为佳），去枯衣（叶），洒水，捶软为纬；选取络麻，撕成细茎搓为细绳作为经。

编织。操作者端坐于长凳后截，长凳前截挂上“草鞋耙”，耙钩勾住凳板面，耙齿正面前朝向操作者。选择约1.5米长络麻绳两根，对折套挂“草鞋耙”的两根柱上，成四根“经”；“经”的另一端穿过操作者腰部围系的腰带（或圆绳），视凳的长度及“经”是否绷紧而利于编织“纬”为原则，在操作者腰部打结、固定。已作处理的稻秆束置在伸手可及的身边。编织草鞋一般从鞋尖开始，编织时拉几根稻秆，插入“经”间，双手紧搓稻秆，按鞋尖宽度，逐渐放大编入稻秆束；而作为“纬”的稻秆，也随之放开至脚小趾下侧，该是草鞋最宽部位及其着力点，间入一根麻绳，两边回转制成对称的“扣子”。往后继续编“纬”，至脚心部，纬稍收紧，到后跟部又适当扩大，并于后跟部对称。间入麻绳两根，制两对“扣子”，相当于鞋子的“鞋带”。反复编入稻草“纬”，并随时用“催紧器”插入经间，将纬脉催紧。操作者根据常人的脚板实际，编制时，可作适当调整紧密宽窄，以穿着适合舒服为准则。当“经”“纬”交织完毕后，取下“半成品”，再作轻轻敲捶，使之柔软，并用剪刀剪去“毛糙”，再将鞋尖四根“经”余部并作两根，回头穿过前两个“扣子”，最后穿勾后跟“扣子”（实际穿时，将两根“经”在脚背交叉后再穿连脚跟的“扣子”）。这就是得体、耐穿且实用的草鞋了。

也有选用旧布条索和稻草“纬”混合编织的，当然也可全用旧布条编织。

钓田蟹：田蟹（田喜儿），栖息在田岸旁或塘泱坎的洞穴中，一般洞深50—60厘米，弯曲型，易护身。田蟹白天躲藏于洞口，遇上稻虫、蚯蚓等小动物，即用两只前螯钳获，送入口中；如遇凶猛动物或有人来捕捉，退遁深穴处，安然无恙。

钓田蟹的工具简单，只需一根长1米、粗2毫米的细篾。顶部用苎线扎上一个黄豆大小的结，再将蚯蚓从另一端穿入拉至线结处，被结挡住不致滑脱；另备一只竹筒，存放蚯蚓等诱饵待用；并随身绑上一只带须的竹篓，以存放被捉田蟹。再备一柄铁锹。沿田岸或塘泱坎边寻觅田蟹的踪迹。当发现有田蟹的踪迹，即发现有田蟹足爪痕的洞穴时，可判定此洞穴内有田蟹。即蹲下，将装有蚯蚓的细篾头轻轻伸入洞穴内。当田蟹闻到蚯蚓的腥味时，即爬出抢食，而捕钓者一只手慢慢依势将细篾往洞外抽，诱田蟹出洞口，见机急伸另一只手按住田蟹，收放在篓中，叫“哄钓”。不慎逮不住，田蟹逃入洞中，只得用铁锹拆洞捕获。

至20世纪80年代后，耕田减少，环境污染，野生田蟹日趋减少，现在市坊上的田蟹基本是养殖的。

养蚕：养蚕工序：一、在房前屋后种植桑园和永昌堡城面上种植桑树，为蚕儿提供饲料保障。二、按桑树的多少，整理一个侧光照亮。墙白地洁、干燥通风、恒温25℃—30℃的小蚕室。三、选择中粗新毛竹，搭好三层的蚕架，一层底架高70厘米，二层底架高110厘米，三层底架高150厘米。每层要坚固，可承受100公斤重量。三层可摆放12只小竹匾，放入嫩桑叶，再将蚕种（每张24×20厘米）上孵出的幼蚕，用鹅毛软羽细心刷入匾中桑叶上，使幼蚕及时“觅食”，促其成长。每周要给蚕宝宝换匾一次。每两小时添桑叶一次。幼蚕—小蚕—大蚕—上山（即吐丝做茧）计40天。随着蚕儿长大，添桑叶量也增大，小匾换成大匾。并要及时清理蚕粪。

大蚕“上山”，所谓“山”，即“草山”。用干燥的稻草，撕去稻草“衣”（叶片），留下主秆扎成一束。用绞刀切成约24厘米的短稻草束。将稻草束均匀整齐地摆放在一根8米长的细麻绳上，再压上一根同样长的细麻绳。麻绳上下对齐。麻绳一端由一人握住，另一人将麻绳上下打结，套上长钩绞成蜈蚣状的绳子，“草山”便成。

大蚕“上山”期间，就停止喂桑叶，清理蚕粪，让大蚕自己“上山”吐丝做茧。只见蚕用丝一圈一圈地把自己围绕起来，不久整个蚕束编织完成，严严实实地把自己裹在茧子里。这就是“作茧自缚”成语的由来。

摘茧需要过几天，让茧变硬了才可“采摘”。除留蚕种外，其他让收购商收购，换取钱财。

钓“白龙”：“白龙”书名鰲鲦。永昌堡周边河流多此鱼，鱼体小，条状，侧扁，白色，浮游觅食于水面。城北村下六宅人历来以钓“白龙”为副业。

传说下六宅英桥王氏六派某代子孙患烂脚痼疾，常至河埠洗脚，荡动水波，往往诱来众多“白龙”，围于腿脚四周，驱赶之又速复回，于是萌生了钓“白龙”的初衷，成了该副业的首创人。

钓“白龙”的工具也有多样，包括：（1）钓竿，取60—70厘米竹片一段，顶端系钓线处削为扁细，呈弹性，钓竿握执处略粗。（2）钓线，采用苎线，长度与钓竿相等，并在线段三分之一处套入“鹅毛管”浮子（一个约1厘米长），钓钩打结处宜小，并捏上牙膏壳之类的一点锡片，以利于下沉。（3）高檐篮子一个，篮口半边遮上草席一片，以苫阴，贮放钓获的“白龙”。（4）矮竹筒一只，盛装钓饵（米饭）。

也可垂钓。垂钓者选好河埠头，坐于埠头石上，一只脚伸入河水中，脚掌频拨水波，口中细嚼饭粒，不断吐之水波中，诱使“白龙”向垂钓处聚拢。垂钓者即将细饭粒扎于钓钩上，放至争食的“白龙”群中，当钓线或“浮子”一抽动，立即收竿。“白龙”被乖乖“请出”水面，收放于“篮子”中。如此反复无穷。一般垂钓一趟可获“白龙”2—3公斤，多者可达15公斤。除当家菜外，余者上市，以补家用，也可晒干。

钓白龙

钓“白龙”看似简单，但深究技术，也大有讲究。天时选择：烈日不宜，多云天最佳。时段选择：早晨，傍晚为佳，中午为次。场地选择：以饭馊多，腥味多，微水激浪的埠头为佳。

第五节　集市贸易

盐业生产和经销的悠久历史为永昌堡人在集市贸易中打下了深厚的根基。

明嘉靖三十一年（1552）前，英桥王氏的集市贸易主要集中在永嘉场市，也即英桥集市。王瓒弘治《温州府志》云：“永嘉场市，即在鱼团。”王光蕴万历《温州府志》指出，即“二都英桥”。英桥里英桥街就成了永嘉场的中心集市。

明嘉靖三十一年，因倭患严重，英桥王氏王沛、王德倡议抗倭，除动员英桥王氏男丁参加外，还接收永嘉场各姓义士、王氏义师人员超过两千人。指挥部在王氏大宗内，练兵场在大宗北的西门垟，即英桥边。鱼团集市为安全、为生意、为抗倭，运输也方便，迁至英桥。明嘉靖三十八年（1559）永昌堡建成，北门命名为“通市门”。这个“市”指英桥集市。顺治十八年（1661），清廷颁布《迁界令》，曾在历次抗倭、败海盗、退山贼战斗中屡屡发挥堡垒作用的永昌堡被拆除，历时一百一十年的永昌堡王氏义师解散。同样，存在了一百一十年的英桥集市随之消失。

康熙九年（1670），“展界复井”，大部分永昌堡人陆续回乡。奋发自强的永昌堡人修复了永昌堡。永昌堡人的日常生活贸易主要是各地产品的担挑串巷贸易。至今，民间还流行挑担串巷买卖吆喝的顺口溜：“熬蚕豆哦，蚕豆哦；酱菜头，盘菜生。”“有藤绷、藤椅、篦席，要修，有梭子篮儿、畚斗要修。”“箍桶啊。”“有白脚麻衣，落地金钱，金银花藤，白的木兰，荔枝肾，白茅根，六月雪。”至今间或听来依旧乡音弥漫。

随着时间的推移，至清中后期三都寺前街贸易逐渐形成。至清光绪末年（1908）颁布《城镇乡自治章程》，永嘉场改为永嘉县永强区，寺前街为永强区区公所驻地，由于轮船运行，解决了远途运输问题，而逐渐繁荣，成为集市。永昌堡北门“通市门”的“市”，便指通达寺前街集市。永昌堡“通市门”到寺前街约1.5公里，经张璁祖祠过沧头即到从南头湾开始到北头桥的寺前街。全街长380米，有鱼咸业、渔网业、棉布业、南货业、农贸业、饮食业和中药业等220间商户，为永嘉场清末期至民国的物流中心，也是这时期永昌堡人的主要集市贸易场所。

中华人民共和国成立至“人民公社化”时期，由于“公私合营”，成立统购统销的供销合作社为贸易中心。改革开放以来，永昌堡才真正意义上又有了集市贸易，出现了城北农贸市场、城南物资交易市场、西城外不锈钢集贸市场，以及各街面商铺等。

永昌堡长街各行各业历史悠久，主要分布有：

继志堂记酒业：永昌堡西门里40号王鸿烈（1880—1935），清宣统三年（1911）承父技创办“继志堂”记经营酒业。子王岩姆1935年承父业执掌继志堂记酒业，有酿酒梨缸18只，大缸2只，大小酒埕100多只，烧壶灶等设备齐全。现王靖善、王靖炬、王靖安、王靖来等均为继志堂记酒业继承人。

宏泰南北果品店：在永昌堡780米长街的北头的宏泰南北果品店，为一家老店。民国时掌柜王阿庚已是第三代了。解放后经“公私合营”后成了供销社的一部分。

回生堂药店：永昌堡长街中段，民国时王云五先生开的回生堂药店，有“妙手回春”之称。王云五毕业于原北平大学，修学中医中药。

上仓1号当铺：即上仓1号王宅，建于道光年间，占地面积450平方米。民国初始开设代当，归属恒泰商号管辖，抗战时期代当停业。

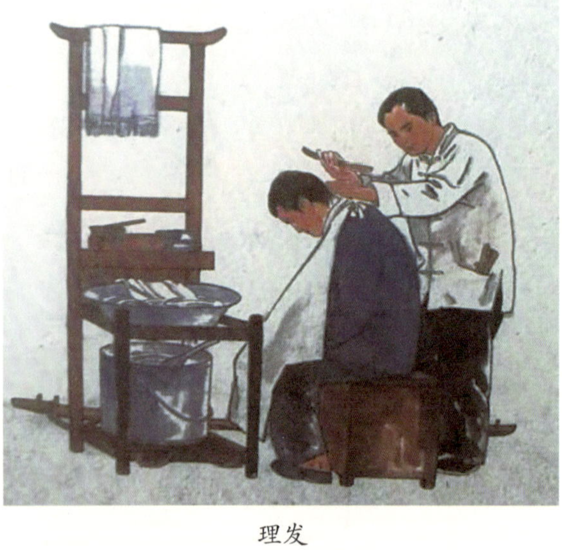

理发

阿照理发店：永昌堡长街北头，宏泰南北果品店的南侧便是阿照师傅的理发店，店面约15平方米，一张不能放倒的理发椅，一个木制脸盆，一把推剪加一把剃刀，以及一条垂挂在窗户上的磨刀布，便是全部行当。但阿照师傅以其精湛的手艺，良好的人缘，永昌堡的大人孩子，大多都在此理发店理发。

有一次，阿照师傅的理发店里传出了一个石破天惊的新闻：朱毛的军队要开进了温州城，明天大军将开拔永强，准备渡海追歼逃到“下山”的国民党残部。

果真，第二天，赳赳雄师真的一大早通过“通市门”，长街青砖地上留下战马铁蹄的印痕。阿照师傅的理发店自此成了新闻发布中心，百姓议政、参政的场所，教化不良游子的讲坛。

"牙郎"阿六及其面坊："牙郎"，即双方商品交易的中间人。新城阿六较有名气。王阿六有一身好力气，个头魁梧。100多公斤的肥猪，捆住四脚，他一个人能将它按在门板搭成的屠台上，一刀下去，那牲口嚎叫一声，血流如注中遂奄奄一息了。关于阿六在易货贸易中充当"牙郎"的事，说得也挺神的。每当买卖双方发生过节时，他会将手一甩，大声吼道："争，有什么好争的，就这样定了！"由于阿六处事基本公平，买卖双方看在他那张脸面的份上，偃旗息鼓，一笔生意就做成了。至于他拿多少抽头，是个十分敏感的话题，无人打听。新城"牙郎"还有王益春、王则春等。

面坊是阿六婶经营的，手艺来自她的父亲家传。以卖鲜面为主，辅以干面，永昌堡长街上独此一家。

大木（寿枋）店：永昌堡长街上唯一一间寿枋店是大木匠王炳南师傅开的。主家精选的寿材，选择良辰吉时，交由大木匠炳南师傅定制。大户人家，家中场地开阔的，则请炳南师傅到家制作。

烧饼店：王宝元师傅开在长街北头8平方米的烧饼店，素以匀称、量足、香脆、老幼无欺赢得远近顾客的赞许。其基本工艺为：前晚睡前将第二天要用的面粉先和好，掺进发酵的"镱料"，经多次反复揉搓，然后卷成枕头状的一团，再盖上一块浸湿的毛巾，放置在"面床"上；第二天，点火，将木炭烧红，用手"撍"下一块块分量基本相等的面团，揉成薄片，一排排整齐有序地放好，撒上少许面粉，然后拿过一脸盆清晨刚做好的馅子，右手捡起一张薄片，放在左手虎口处，然后放进一调羹饼馅，麻利地旋控着，最后摘下顶部一端的饼柄，轻轻地按平后开始"打刀花"。然后将生饼贴到炭火正旺的桶壁上，烘烤出烧饼。他的一女六子，个个善良正直，效力国家。

年糕作坊：年糕为汉族传统食物，是用黏性大的米或米粉蒸成的糕，又有红糕、白糕、松糕等多种类别。永昌堡内王会英祖上开设年糕作坊、办碾米蹈碓等，至其父亲时仍生意兴隆。现王会英仍将年糕作为副业。其流程分为八步，特别是石臼捣糕十分辛苦，最后揉搓成长条形，制成圆形或方形的年糕，其橙色如金、色泽亮丽、柔韧爽口、嚼之有余香。2014年11月，被列入第八批温州市非物质文化遗产保护名录。

捣年糕

百年膏药店：在永昌堡长街中段有一间百年膏药店，主要治跌打损伤。创始人王忠标。现今经营的是他后人。王忠标是地方上显赫人物，以变八戏名传里外，他在乡村设坛进行武术与魔术表演，功夫很深。他的子女也继承了他的武功与魔术。

广进祥腊味：腊味是传统食品之一，很多地区都有制作腊味的习俗。温州腊味常见的有腊

广进祥

郑家园

鸡、腊鸭、腊肉等常见品种，还衍生出熏鸡、酱油肉等风味独特食品。温州腊味因其风味独特、个性鲜明、选料讲究，兼具养生功效，已成为温州市民最喜爱的美食品牌。21世纪初，永昌堡内的“广进祥”多渠道发掘“腊味制作技艺”，开发腊味食品，在龙湾建立总部，设立“非遗”保护工作室，建设加工基地，开展体验、宣传、销售活动。

郑家园麦麦酒：郑家园是浙江老字号、浙江省非物质文化遗产之一，生产麦麦酒、九蒸九晒姜茶、“月里羹”是一个传承200多年的酒坊老字号，清朝嘉庆年间就在永嘉场一带声名鹊起，现在经营的是第七代传承人。郑家园麦麦酒是唤醒乡愁记忆的民俗文化，2013年又被政府邀请进驻国家级AAAA景区——永昌堡，走上“文旅融合、食旅融合”发展之路。麦麦酒获得省、市农博会金奖，深受温州及浙江省内外消费者的喜爱。

供销社：中华人民共和国成立后，1951年永昌乡（后改白水乡）供销合作社成立。地址在供奉东瓯圣王、郑氏侯王的东瓯圣王庙。负责收购农副产品（不包括粮油），供应农业生产资料、农村生活资料。1954年7月永昌供销合作社负责农村市场安排、农副产品收购和农村私营商业改造。1956年永联（地名变动）供销合作社主管农副产品（不包括粮油）、农业生产资料（不包括大型农机具）、废旧物资，并统一经营农村商业批发（对下属合作商店、“公私合营”的批发），农村日用工业品和副食品业务。1983年白水供销合作社与永中供销合作社合并组建永强供销合作社。改革开放后，国有商业、供销合作社商业，参与市场调节、经营的商品品种数量、价格发生变化。完善各基层经营机构网点，经营计划商品，跨地区跨行业组织计划外商品，努力发挥供销社统筹城乡发展中应有的作用。

信用社：民国时期永昌堡的信用合作社叫新城乡信用合作社，所在地址：新城大派小宗，成立日期1922年5月18日，社员23人，职工6人，股本数96股，理事主席王衡民。以生产资料和运销为主要目的。

专业市场兴起：1978年，中共十一届三中全会后，永昌堡商品市场经济体系逐步开始建立。集市贸易由小型分散自然形成的路边农副产品市场与农村日用工业品和副食品市场，逐渐向上规模、上档次的以经营农副产品、日用工业品、工业用品的专业市场发展。

城南物资交易市场于20世纪80年代初建立，交易农贸产品与日常生活工业品等。城北农贸市场于20世纪初80年代中期开始建立，交易猪肉、家禽、鸡鸭蛋、海产品、淡水鱼、蔬菜、干货等。龙湾废旧金属材料市场，于1997年4月，在永昌堡西门外创办，经营房200多间，经营户175户，经营废旧不锈钢、不锈钢管子、钢材等工业用材。2017年由于城市化拆迁，永中金属器材与不锈钢市场迁入永昌堡城西市场，市场规模扩大，成为龙湾区一个大市场。

随着城镇化推进，永昌堡南门外、北门外、西门外已街道纵横，市场活跃，商品齐全。永昌堡已成旅游景点，旅游产品、“非遗”店铺，逐步完善，有序发展

第六节　衣食居住

明代以来，盐业兴起，兼渔猎农耕之风，明中晚期商贸一度发达，人们丰衣足食。清代以后，特别受“迁界”影响巨大，百业凋敝，民生维艰，绝大部分民众靠单薄田地或租地度日。商贸无以复振。民国时期，有回光返照之象，地方商业经济逐渐兴盛，人们生活水平有所提升。中华人民共和国成立以来，随着国民经济复苏，人们生活得以改善。而三年困难时期，食品和生活用品匮乏。民生水平反映在日常生活中，主要可从衣食住行得以落实。旧时的人们生活具有传统民间的特色。比较单一、保守；20世纪80年代之后，商品化、市场化带来人们生活天翻地覆的变化，整体向多元、富裕、安康的方向发展。收入水平不断提升，居民就业率逐年提高，消费水平和方式也在发展中呈现多样化趋势。

饮食

经历从吃不饱向吃饱、吃饱向吃爽、从单一向多元、从数量向质量全面发展的过程。传统饮食品种方面，粮食有稻、麦、粟、豆、薯、芋等，以米食为主，面食不常见。菜肴方面有芥、苋、姜、葱、蒜、丝瓜、冬瓜、南瓜、西瓜、豌豆、扁豆、豆芽、鱼、虾、蟹、螺、牡蛎、蛤蛎、鸡、鹅、鸭、猪、羊等。饮料有茶、酒。水果有橘、柚、杨梅、桃、蔗、梨、杏、柿、莲、菱、金罂等。

弘治《温州府志》卷一《民事》记载了当时日常饭食“人家早晚食米粥，晌午食米饭，罕食麦面，其下饭水族居多”。贫困人家则杂以薯或薯干、芋等瓜菜，以饱肚皮，至下饭水族、肉类很少食到。吃的是番薯丝配咸菜，米饭只是农忙时正劳力吃。一般农家一年吃不上几回肉，鸡蛋用于补贴，一般是用于换食盐酱油等生活必需品。零食只有炒槐豆和番薯枣儿。中华人民共和国成立以后，特别是改革开放以来，饮食消费不断提升，追求营养、健康逐渐成为当前人们的基本目标和方式。

服饰

明前期，服饰有定制，官民士庶，不得僭越。弘治《温州府志》卷一《民事》记载：“男子服饰皆青衣棉布，不尚罗缎彩色。妇女亦布衣布裳，惟初婚及节序、喜庆、归宁父母，则饰珠翠、服锦绣，不为常焉。”英桥里人在服饰上比较朴素。到了万历年间，情况发生了较大变化。万历《温州府志》云：“旧时男女俱尚布衣，今富家子弟多以服饰炫耀，逮舆隶亦穿绸缎，侈靡甚矣。”《岐海琐谈》对明后期温州地区服饰的僭越、侈靡现象有记载云：“次而吾儒衣巾，所以章厥身以自别齐民者也。乃今僭窃者，咸是纨绔之子，铜臭之夫，购求赝札，以紫乱朱，且修舆台，盛补御，身衣绮穤，冠凌云唐晋之巾，出入闾巷，飞盖追随，虽岁贡生，乡荐士，反视为不逮也，可胜叹哉。”可见在明后期，一些人要求摆脱礼制的束缚，追求自由，崇尚金钱、功名，衣饰风尚随之转变。

料子方面，衣料有布（棉、苎麻）、绢、纱、罗、绸、缎、锦绣等。妇女首饰有钗、环等，有的用珍珠翠玉制成，贫穷的妇女则有买赝品的。类型与样式有巾帽、鞶带、裙、履、靴等。巾帽样式繁多，有晋巾、唐巾、逍遥巾、蝴蝶巾等。《岐海琐谈》说：“古者上衣下裳，此先王之法服也。后世易为细裥衣折，连衣裳联而一之也。今自万历以来，变为直身短袖长齐，后插羊尾，雅合时制，而衣裳之饩羊王矣。”可见明代永嘉场英桥里的服饰在前期和中后期有明显的差别，总体上看，发生了由俭朴到奢华，由呆板守成到趋新时髦的转变。晚清至于民国，受到当时风气影响，又趋向“欧美风”“民国风”。而普通民众穿的是苎布土布衫，补丁叠补丁，很少有人穿袜，男人光脚或草鞋。盖的是破被烂絮。20世纪50年代后期，能有毛线背心就很满足了，现在是追求时髦，名牌，西装革履。80年代以来，质地、款式更加趋向“现代风”。

居住

永昌堡民居自明、清至民国，基本上为砖木结构的平房。基础结构、框架、砌墙盖瓦和材料使用呈现传统风格，布局体现门台、道坦、门头、住房、上间、后小花园、围墙。一般少数三间，多数五间、七间，少数九间。

20世纪60年代茅草房消失，基本上是一二房小砖房，大多数砖木结构，也有混凝土结构，椽上铺小瓦。20世纪70年代以来，“顿木”改成砖木结构的“架墙砌”。20世纪八九十年代钢筋混凝土普遍应用，为框架式结构，独门独户庭院式。21世纪初，逐步住进住宅区高楼大厦，人均面积逐步增加，室内装潢越来越高档。据统计，堡内80%以上住户已外迁住进安置房和商品房，只有个别老人留守和外来打工者租用旧房。随着城市化发展，一幢幢单元式商品房代替了新旧民居。如今人们大部分住进了商品房，各类电器产品走进千家万户。

第七节　交通和通信

永昌堡交通20世纪80年代中期前主要依靠发达的河网。陆上交通主要是新城街南通天河梅头，北通永中寺前街和温州城区。20世纪80年代后，随着经济的发展，陆上交通日趋完善，道路越来越宽，等级越来越高，水上交通逐步被陆上交通所代替。通信方面，也由明清时的官设邮驿铺发展为现代通信。

水上交通

水上交通自古是永昌堡主要交通形式，在河渠上，可以通行各种船只，船只按用途分成两类：一类用于载客的船只，另一类用于生产、货运的船只。两类也可混用。

①客船

小船儿：一种木质小船，载重在500公斤以下，一般一把桨，也有两把桨。有三段竹箬棚，中间一段固定，前后两段活动，可伸可缩，舱内铺草席，可乘6个人，乘客相对靠船舫间坐。划船主人称打船客，乘客一上船，即可出发，随上随走，随客停靠。

航船：一种较大的木质长方形船只，用木头在舱上做成船厢，厢被铺成镀锌马口铁皮，一为避雨，二为耐磨，厢内做有座椅和凳子，最大容量可坐80余人。厢背用来装载乘客随身携带的行李。由一人施梢桨控制方向，一人撑篙控制停靠，由五六人用绳索拉动前进。因出发点和固定点时间固定，中间依乘客的要求停靠上下。过去常将它打扮得花花绿绿娶亲，又称花船。

河轮：一种加动力的航船，一般是一只机动船拖一只或几只航船组成。所拖航船只数根据乘客流量和动力大小而定。河轮的拖船不用桨，改用舵。每船内一舵工掌握。这种河轮常在永昌堡东门外大河里看到，是天河至白楼下的一天两班发送的载客河轮，是当时永昌堡到温州城区的唯一便利交通工具。至20世纪90年代，小船儿、河轮等水上交通工具已退出历史舞台。

②货运船

主要有河鳗溜儿、单万儎、河泥船、梭船、水泥船等。

河鳗溜儿：就是小船儿的船体。装上竹箬棚，铺上草席就是载客用的小船儿，一艘只有一把桨。

单万儎：一种较大的木质船，因载重五吨左右而名。船备有四把桨，满载（重载）时用四把桨，从前至后排列船旁两侧（左右各置两把桨），分别名为头引桨、二引桨、大梢桨、梢桨。梢桨以掌行船方向（船桨）为主，亦是动力桨。载货较轻或空船时只用梢桨便可行驶，但速度较慢，吃水在60厘米左右。

河泥船：一种和单万儎相似的木质船。过去农民常在夏冬季节用来挖取河渠里的污泥做肥料，船两头闸舱板载装河泥。5人一船，每边2人，各操河泥兜罱泥，一人在岸上拉绳。满一儎后，送到应施肥的田边埠头，每人用河泥桶挑施到田里。

梭船：一种两头尖的木质船，因形似梭子而得名。古人称蚱蜢舟。主要以撑竹篙为动力，备有桨，以舵来控制方向。载重在五吨以上，吃水在0.8—1米之间。

由于陆上交通日益发展，至2007年前后，货运船已较少使用。

陆上交通

永昌堡陆上交通至1960年前只有人行大道和田间小路。1960年，温强公路建成通车。1986年1月31日，永强境内自筹资金建设的永中至梅头近12公里永梅简易公路通车。该永梅公路经过英桥王氏聚居地衙前村。

永昌堡至南郑宅、北寺前街。一条南北走向的交通道路，北至永中沧河座耐桥。经拜圣桥、三都街、英家桥，南至城南、河渠、度山、刘宅至郑宅村，长约5千米，宽1米多。东南可通钟桥三甲梅头，一般是土质路面，路中心铺设宽约40厘米的条石。2007年，已扩建为水泥路面。

新城街因位于永昌堡（民间称新城）而得名。南起迎川城门北至通市城门。全街长738米，宽5米，自南至北有巡检司巷、铁店巷、文士巷、大厅巷、御史巷、贤房巷、圣旨巷、东乐巷、上水门巷、四宅巷、状元里、西门浃、洞桥底、上仓巷、梯桥巷等。原为青砖路面，1984年翻修为混凝土路面，现为条石路面。街西为上河。河上筑有7座古桥和1座新建的右昌桥。

20世纪60年代前，永昌堡周边尚无公路。1986年，永梅公路建成，从永昌堡东向通过。目前堡内外的公路主要有：

环海路，长0.8千米，宽12米，东西走向。永昌堡环海楼至天中路，穿过古城。

罗东南街，长3.2千米，32米宽，从永昌堡城外东向通过。

天中路，长6.8千米，15米宽，从永昌堡城外西向通过（天柱寺路至镇标路）。

永昌路（城南大道），长1.55千米，30米宽，永昌大桥至坦头村。

高新大道，长8千米，40米宽，永昌路至灵昆隧道交叉口。

永昌堡在20世纪50年代时才出现自行车。1985年前后出现用于载客的人力三轮车。1960年温强公路建成，温州市鹿城区到永强的公交线路通车。20世纪80年代，少数家庭有了摩托车。至90年代，出现小轿车。从20世纪末至今，家庭小轿车拥有量大大增加，有的家庭还拥有两辆以上。水上交通工具20世纪末被陆上交通代替。

通信

据1996年10月《温州市邮电志》记载，永昌堡自明弘治年间（1488—1505）就设有专为朝廷和官府传递文书的邮驿铺舍南门铺（永昌堡南门铺）。一般邮驿铺间相距5公里。各铺门首置牌门1座、匾额1款、日晷1个、长明灯烛1副、簿历2本。每铺设铺长1名，司兵2名。司兵均从“少北正身”农户中点充。每人夹板、铃攀各1副，缨枪1把、棍1根、大统历1本。如遇紧要情况，司兵鸣铃逐铺火速更番接力传递文书。至民国元年（1912）各驿站铺设奉命全部裁撤。

民国15年（1926），堡内设邮政村柜。民国19年（1930）邮政村柜改为邮政代办所。代办人为宏大百货店老板，新城人王雄夫。民国26年（1937）6月1日，开辟了温州城区第一条乡村步班邮路。雇一名乙类临时村差逐日投递信件。1952年，开始有电话通信，使用磁石交换机。1956年，首置投递用自行车。

20世纪80年代后，固定电话成为人们通信的主要工具。进入90年代，传呼机（BP机）、移动电话（手机）成为人们普遍使用的通信工具，手机的功能也越来越发达，即时通信软件已成为通信的重要方式。手机基本上已是人手一部（包括部分未成年人）。

第八节　城镇发展

城镇设施

20世纪七八十年代以来，永昌堡的城镇化水平持续推进，用水用电、绿化美化不断发展。

用水：永昌堡1974年以前饮用均是井水和河水。1986年建了永昌自来水厂，引用双岙水库水源作简易处理后供村民饮用；同时也在衙前村打了一口100多米深井，引用地下水补充。1988年，永强实施四镇一乡联网供水工程，引用白水水库库水供应用户。2007年，完成水网改造，引入了珊溪水库库水，解决了吃水难题。供水质量大大提升。高层低层楼房均可日夜供水。自来水入户率达100%。

供电：1959年前，永昌堡人照明使用煤油灯、矿烛、菜油灯等。1959年永强白水电站建成后，才有了电灯照明。20世纪90年代后，堡内居民户户通电，24小时供电。

排污：2007年，永中启动排污管网工程建设，该工程包括二纵四横6.5千米排污主管建设和覆盖包括永昌堡等永中9个村居21.5千米截污纳管建设。采取玻璃钢夹砂管、HDPE缠绕管、PE实壁管等。堡内用户污水最后进入温州市东片污水处理厂处理。

绿化：永昌堡周边原来没有园林，随着社会经济发展，现建有两处公园，滨河公园和城北公园。滨河公园，位置在古堡东北城内，1995年8月19日投入使用，公园设计面积13075.8平方米，实际面积24132平方米，其中绿化面积17765平方米，园内有体育角2个，凉亭1座。另外堡内还有多处绿化地，行道树木、凉亭、长廊点缀。

工业及其综合发展

现代工业起源于古代手工业，永昌堡区域手工业历史悠久，经过元明清各朝代，永昌堡手工业逐步发展，至民国时，手工业门类众多，有碾米、磨粉、米食、米塑、粉干、制面、糕点、豆作、制糖、榨油、烧酒、腌菜等食品手工业；有纺纱、织布、染布、织网、制袜、制鞋、裁缝、弹棉、刺绣等纺织手工业；有泥水、砖瓦、砺灰、大木、堆塑等建筑手工业；有铁器、木器、五金、蜡烛、铜器、蒙鼓、金银器、制香、寿器、髹漆等日用手工业；有木犁、修船等器械制造手工业。手工业从业人数逐年随之增多，同时也出现专业作坊和专业人员。

中华人民共和国成立后，工业体制改革，逐步实行手工业合作化改造，1958年大办地方工业，生产合作社又进行合并，组建集体所有制性质工厂。20世纪80年代后，永昌堡的地方企业迅速发展，行业增多，逐步创办了红旗大队五金厂、砖瓦厂、碾米厂、红卫大队阀门厂、白水农械厂、白水建筑队、白水造船厂、白水玻璃纤维厂等，均属公社和大队管理的社队企业。在此期间也出现众多家庭工业和小作坊。涉及工业门类较多，有鞋料、阀门、电镀、电器、塑胶、针织、车床、皮革等。

20世纪90年代，随着工业体制改革的不断深入，小型企业均在改革大潮中淹没，自生自灭。股份制企业迅速崛起，向着上规模、上等级、创品牌的现代集团企业发展，从村中走出，走向市场，走向全国，走向世界。英桥王氏后裔秉持仁义诚信，具有强大的商业头脑和市场意识，做大做强做优企业，打造现代一流企业集团，其中的均瑶集团、华迪集团和上海金机阀门管道制造有限公司等均是其中的优秀代表。

华迪钢业集团有限公司：创建于1992年。2004年3月，组建集团有限公司，占地总面积86800平方米。专业生产各种材质的不锈钢无缝管及不锈钢棒，适用于石油、化工、医疗器械、航天航空、水利、电业等行业。公司以雄厚的技术力量、先进的生产设备、齐备的检测手段、完善的管理体系位居不锈钢无缝管行业前沿。2007年，公司有员工880名，拥有钢管生产、检验、冶炼及管理的高中级人才98名，资产6亿元。2007年，年产不锈钢棒4万吨，不锈钢无缝管2.5万吨，产值超10亿元。在国内设有20多个销售公司和特约经销公司，拥有自主经营出口权。产品远销印度、马来西亚、韩国、美国、巴西、加拿大、德国、澳大利亚、意大利等数十个国家和地区及国内重点工程。“华钢”牌不锈钢管深受国内外用户的好评。

公司已通过各种认证，被美国亚太经济贸易委员会和法国科技质量监督委员会评为“向欧盟市场、美国市场推荐产品”。同时获得高质量科技产品、中外名牌产品、浙江名牌产品、中国民营企业500强单位、浙江著名商标、浙江省诚信示范企业、全国就业与社会保障先进民营企业、全国“守合同重信用”单位、市纳税大户等称号。

均瑶集团：创始于1991年7月，是一家以实业投资为主的现代服务业企业。1991年7月28日，王均瑶、王均金和王均豪三兄弟以其惊人的胆魄承包开通了长沙至温州的包机航线，成为中国民营包机先行者。2000年年底，均瑶集团航空服务有限公司在上海成立，使均瑶航空服务经营进入了全新的发展时期，开通了全国各大城市50多条包机航线，建立了覆盖全国各大城市的服务网络。2002年8月18日，经国家民航总局批准，均瑶集团入股“东方航空武汉股份有限公司”，这是民营企业首次入股国家全资控股业务领域。2005年6月，获准筹建上海吉祥航空有限公司，并于2006年9月实现首航。开航至今已拥有30多架飞机，开通了全国主要城市的30多条航线。在向现代服务业转型的过程中，均瑶航空运输以现有的航空运输和包机业务为基础，广泛利用电子商务平台，为消费者提供安全、舒心的旅行服务。营销服务是均瑶集团的另一主营业务，其中包括零售业、文化和食品饮料三部分。

均瑶品牌在世界品牌价值实验室（World Brand Value Lab）编制的2010年度《中国品牌500强》排行榜中排名第81位，品牌价值已达77.43亿元。

2019年9月6日下午，东航集团与均瑶集团在上海正式签署战略合作协议，宣布双方及旗下的航空主业公司东方航空、吉祥航空从商业伙伴关系升级为战略合作伙伴关系，正式开启“股权+业务”的全面合作。

上海金机阀门管道制造有限公司：初创办于1996年，承包上海石化生产、维修和基建项目阀门供应业务，同时收购昆山阀门总厂，扩大生产合作伙伴，向欧美及全球市场提供200多种工艺精良、技术先进的阀门产品。2008年，形成阀门、管件、化工、法兰、物流及仓储等产业链的集团经营格局。王忠芳（英桥王氏二十三世）为该企业集团董事长。在中国阀门界享受盛誉，是龙湾企业家在上海创业发展的领头羊，任上海市浙江商会会长。2007年，受到时任上海市委书记习近平的接见。

第九节　文教卫生事业

永昌堡有重教兴学的悠久历史，早期为私塾和书院，晚清与民国以来为公立与私立学校。新中国成立后，教育事业突飞猛进，尤其新时期以来公办学校与民办教育齐头推进，办学条件明显改善。1985年，温州市“改革风云人物”王璋在城北创办曙光综合高级中学，开中国民办教育新模式之先河，培养了一大批社会主义新时代建设人才。朱镕基、李锡铭、彭珮云等党和国家领导人先后到学校参观、指导。1992年，永昌堡率先在温州市普及九年制义务教育。

私塾书院

元末明初以来，英桥王氏先贤初设各类学馆家塾。明初，王乐善翁乐善好施，建立“槐阴堂”延师训育子弟，乃英桥王氏首个家塾，址设御史巷口。

王毓因其父葬瑶溪半山，筑庐于墓旁，庐曰“樵云庵”又称“樵云草堂”，招子弟上山亲自教读，前后19年培养人才，是谓英桥王氏“第一摇篮”。自此，二都英桥文风大启，继而科甲蝉联，簪缨相继。

王鈇（鉴水先生）一生教授乡里，弘治年间在坦头妙金坛“白岩宫”设馆。王瓒、王澈、王激、乐清朱谏等四人先后聘请楠溪花坦名儒朱道魁为师，以后皆中科甲，事载《永嘉县志》。

东楼书塾设在城北“通政王溪桥”王钲私邸，其塾师均聘请各地名儒。据考查，王德、王诤诸人，亦均是从其学者。

王维夔创办白石书院。

王叔果、王叔杲兄弟俩开辟半山书院，既是叔果辞官归隐林居、潜修考古与邀请名流觞咏之所在，又是叔杲读书生活了15年的地方。

嘉靖二十一年（1542），王澈独建王氏宗祠，并捐义田30亩，开辟族学。自此，宗祠又是书院、学堂和小学。

明万历四年（1576），王叔果建世大夫祠，开辟东塾西塾招收族人子弟，自此直至宣统三年辍办。在双岙平坑也开辟有王氏学馆，今学馆后墙形迹尚在，年代不晚于清末民初。

清代至民国初年，私人塾馆众多：上仓王心一家塾，塾师王日如；洞桥底醉经轩家塾，出资人王寿槐，塾师王醒石；上仓王景甫家塾，塾师陈黼廷、张镇山；凼头青石门台王冠士家塾，学生都是工农子弟；圣旨门巷王子萼私塾；圣旨门巷王瑞昌私塾，擅长经史教学，后被温州世家吴壁华慕名聘邀教学；贤房王鸿中私塾，其本人精通中医，传播医道；花园王文宾私塾；圣旨门底王臣私塾；英桥下王鸿卿私塾等。

永昌堡明、清两代（自明宣德至清道光）400多年，经统计有生员1200余，考取廪生27名，贡生55人，乡试举人13名，副榜（备取）举人4名，会试考取进士13名（内含文武三元一名，二甲一名，传胪一名），有史可考的著述70多部，因此在漫长的岁月里，世人誉之英桥王氏为“东瓯第一阀”。

近代学前教育

永昌中心幼儿园，1987年创办，位于新城楼梯桥旁。4个班，120人，教职工28人。园舍建筑面积848平方米。民办性质。

永昌小天使幼儿园，1992年7月创办，位于城北下六宅3弄12号。4个班112人，教职工28人。园舍面积480平方米。民办性质。

永中蓝天幼儿园，位于城北菜场。5个班，135人，教职工10人。园舍面积450平方米。民办性质。

永昌一小附幼，位于城南下村菜场路23号。8个班，248人，教职工22人。园舍面积1300平方米。民办性质。

义务教育

永昌小学：坐落于永昌堡北门，其前身是崇实学堂。创办于清光绪三十年（1904）。

清光绪二十九年（1903），前清廪生王子萼、王绍志（子景甫），邀集地方人士王寿仁、王景南、王醒石、王显耀、王希百、王尧臣、王云仙、王星初、王守臣、王韶石、王仲枚（均为前清庠生、廪生）等人商议，一致赞同着手筹备学堂，定名为崇实学堂，推王子蓴为堂长，仍择王氏宗祠为堂址。以学费、私人赞助为经费，开设甲乙丙丁四个班（先开甲乙两个班），定国文、算学、修身、历史、地理、体操等课程。光绪三十年（1904）农历正月，崇实学堂正式开学，创办伊始，学生只有本地20多人，由于办学成绩显著，声望远播，外地学生纷纷来入学。宣统三年（1911）学生增加到50余人。

永昌小学

民国元年（1912）崇实学堂改称为充实学校，开始实施七年两部连贯性（初等四年，高等三年），设国文、算术、修身、历史、地理、图画、手工、体操等课。民国8年（1919）王云仙继任校长，改学制6年（初四、高二），校名改为“永强区立崇实小学”。外地寄宿学生增至30余人。民国12年（1923），由省立十中毕业王禹九继任。由于经济困难，邑人增拨褒忠祠租金每年大洋二十四圆，设图书馆，课程增开英文、自然两科，英文由校长兼课任教。

民国16年（1927），校名改为新城小学，由浙江医药专科学校毕业的王甫（字用孚）继任校长。民国27年（1938）地方公推王鸿初为校长。他在任期间，开辟3000平方米操场，“运动场”三字为王鸿初亲笔。民国28年（1939）下半年，由留学日本、省十师的首任校长、休养在家的王景甫任校长（《温州市教育志》）。民国29年（1940），由省十师毕业的王冠千任校长。民国三十五年（1946），王昂千任校长。民国38年（1949）2月，由日本留学的王景楠任校长。

中华人民共和国成立后，校名改为永昌乡中心小学。1957年秋，创办初中班（永昌中学前身），当年永昌、联山两乡合并为永联乡，学校改名为永联小学。1958年，学校名为“白水公社中心小学”。1966年，学校易名为“白水公社‘五七’小学”。学校创办校办厂“塑胶电器厂”。1987年，随着乡改镇，校名更为“永昌镇中心小学”。1995年，学校迁入新校舍，新校舍占地16000平方米。2000年3月，因辖区调整，学校更名为“永昌一小”。2001年9月，永强从瓯海析出划归龙湾，校名改为“龙湾区永昌第一小学”，将原永昌二小（联山小学，后改称红星小学），并入本校为分部。

永昌小学已有100多年历史，学校不断发展和壮大，学校现有班级18个，学生830人，教职工46人。校园用地面积15031平方米，校舍建筑面积4081.7平方米，配置有电脑语音室、简易多功能教室、科学实验室、实验器材室、图书阅览室，音、体、美及科技与劳技专用教室和校园广播系统。

建有200米环形跑道的操场和一个3000多平方米的活动场地，还开辟了一个校园劳动基地。校园绿化面积2118平方米，拥有图书20653册。学校建筑风格仿古，环境清幽，绿化宜人，是一所既蕴含着深厚的历史文化传统又洋溢着现代教育教学气息的学校。

永昌堡城墙

中华人民共和国成立以来，历任校长有王则义、金鹤汀、何国祥、范良光、林允楠、张延珍、何黄彬、王国龙、张福银、王启国、方国耀、黄光进、张友华、王学清、陈一鸣、叶清亮等。

龙湾区第二实验中学：是一所公办初级中学，旧址为永昌堡王氏小宗，现坐落于大罗山东麓，永昌堡外西南角。它创办于1957年，历经永联中学、永强公社初级中学、永强公社农业中学、白水中学、永昌中学。2015年5月，龙湾区人民政府决定在永昌中学的基础上创办龙湾区第二实验中学。学校现为浙江省标准化学校、浙江省健康促进学校（银牌）、温州市示范初中、温州市义务教育二级学校、温州市文明学校、温州市数字化校园。

学校占地面积14700平方米，建筑面积4834平方米。校园布局规整，校舍古朴文雅，青砖白墙窗花，传承古堡文化。

学校秉承“德馨义正、学优行实”校训精神，以“人文见长，幸福教育”为办学理念，全面推进素质教育，努力创建“温雅、书香、和美”的校园，塑造蕴含“笃责育人、乐教勤业”精神的教师，培养具有“德尚修品、学思致用”品质的学生，营造“求真至善，惟新致远”的校风。

高中教育

温州市曙光综合高级中学：是一所经浙江省教育厅批准改制的省首批民办全日制普通综合高中。学校创办于1985年秋，始名为曙光业余学校。初招一个班级，42名学生。借用城北村村委会会议室上课，人称“楼阁学校”。学校从无到有，从小到大，2007年，已发展为中等规模的综合高中。建筑面积14064平方米，固定资产3000多万元。有18个班级，874名学生，教职员工63人。其中高级教师12人、中级教师14人。历任校长：王璋、王晓群。

20多年来，学校全面贯彻党与政府的教育方针。秉承“立德、励志、勤学、创新”的校训，加强素质教育和技能培训。办学以来，学校为各类高等院校输送人才598名，为社会培养中级、初级技术人才5368人，举办各类短期培训598期，学员31000人次。学校被中央教育科学研究所确定为国家级重点课题研究实验学校。2002年，学校申报的“综合高中办学模式的探讨”被中央教育科学研究所列为全国教育科学“十五”期间规划教育部重点课题。学校先后被评为省级优秀民办学校、示范性学校、三级重点职业中学。2001年12月，经省教育厅批准，正式更名为温州市曙光综合高级中学，且晋升为浙江省第一批重点综合高中。为市A级示范性学校和市、区级文明学校、绿色学校等。

全国人大常委会副委员长李锡铭、彭珮云，浙江省人大常委会主任李泽民及副主任孔祥有、徐志纯，副省长李德葆、鲁松庭等国家级、省级领导，原国家教委主任朱开轩、副主任王明达和省教育厅厅长侯靖方等领导和专家及全国各地278个考察、参观团前往视察。

温州市越秀学校：前身是瓯海区永中高级中学，创办于1997年，位于永宁西路行政中心东首。2000年，改制为温州市中药制药机械设备厂接办，成为民办学校，学校更名为“温州市越秀学校”。英桥王氏后裔王成东创办并任董事长。截至2015年3月，该校占地68659平方米，按省重点中学标准配置。学校分教学区、运动区、生活区三大功能区。

温州市越秀学校

学校实行董事会领导下的校长负责制，办学思路清晰，制定“规范、稳定、创新”的办学方针，构建以“小班制、寄宿制、指导制”为特色的办学模式，学校以“学习、创新、合作、服务”为校训，培养“潜心覃思”的学风，在教学方法上进行创新改革，坚持“发展”观点，推进差别性教育，培优补差，创设“和谐、包容、互助、规范”的教学环境，在师生管理上注重体现人文关怀、人本管理的精神，力争让每一位学生都学有所得、全面发展。

学校历年来获得浙江省一级民办高中、浙江省优秀民办单位、温州市中学生日常行为规范达标学校、龙湾区先进学校、龙湾区文明单位、龙湾区先进单位、温州市重点中学等荣誉。

龙湾中学：坐落在永昌堡新城村西侧境内，是温州市东部城区办学规模最大、现代化程度最高、教学质量最好的全寄宿制公立高中。学校创办于2004年，占地面积13.99万平方米，建筑面积6.7万平方米，当年总投资约2亿元。现有班级42个，学生1672余人，生源大部分来源于龙湾区及洞头区灵昆街道辖区内各初中，少部分来源于四区融合招生，主要通过区内初中保送及全市中考统招择优录取，生源质量较优秀。现有教职工154人。其中省特级教师1名，中学正教授级高级教师2名，省级学科带头人1名，市级名校长、名师、名班主任4名，区级名校长、名师、名班主任11名，省市教坛中坚、教坛新秀31名；具有高级教师职称77名，硕士以上学位42名。学校教学楼实验楼、艺术楼、图书馆、学生公寓、餐厅、专家楼、校史馆、博物馆、剧院、体育场、体育馆、游泳池、中心广场、系列景观、园林绿化、网络中心等一应俱全，设施工程一流，为满足广大学生全面发展提供了保障。

在办学的历程中，学校坚持“以文化人、恪勤日新”的办学理念，弘扬“勤勉刻苦，励志图强”的学校精神，打造博物馆式的“文化校园”，立足校本，全力培育优良的校风学风，着力提高教育教学质量，促进学生素质的全面提升，追求学校的可持续发展，逐渐形成“人文引领，彰显学术”的办学特色。创办至今，呈现“起步晚、起点高、后来者居上”（金振民院士语）的良好发展态势，用优异的成绩在温州树立了一个全新的优质高中教育品牌。

龙湾区是温州市四大城区之一，龙湾人民对龙湾中学高品质办学寄予厚望。随着温州市城区发展重心向东发展，龙湾中学在温州市高中教育格局中的重要性也进一步得到凸显。

历任校长为：潘庆明、柯晓平、蔡朝晖。

文化技艺

永昌堡群众文化活跃，文化组织健全。文化遗产得到有效保护。1978年建立永昌文化站，王靖东等为站长。

永昌博物馆。1997年11月4日，浙文物〔1997〕第204号文件批准建立，位于永昌堡英桥王氏宗祠内。

永昌图书馆。馆舍200平方米，阅览座位80个，文献入藏总量1000余册，藏书量2万余册，年参阅量1万多人次。

新城村、城北村、衙前村有文化活动中心，活动用房面积在300平方米以上。

1970年9月，永昌建立广播站，王会松、王显进等先后为站长，后并入温州市广播电视局。1982年，衙前村设永强区电视差转台，从此，电视等进入千家万户。

永昌堡文化驿站：创办于2016年，落户于新城村永昌堡王氏宗祠。将文化遗产与书法、美术、摄影、工艺美术和“非遗”项目等融合，举办文化遗产、书法、美术、摄影、工艺等展演，笔会、讲座、交流、展览等活动，为市民提供一个文化休闲场所。文化驿站还开设了永嘉场羽毛艺术馆，进行羽毛工艺美术制作和体验。

新城村每年农历二月十四和八月九日均在坤德宫举办社戏演出活动，家家户户邀亲带戚过来观看。非物质文化遗产主要有宗祠的圆谱和春秋祭祀等。传统体育与竞技类有永昌堡王家拳（温州南拳）。

民间艺术有新城村民间艺匠王福岩，1932年2月生，从事传统的温州米塑。主要是捏“抛梁”、寿桃、戏曲人物。米塑历史悠久，传说是春秋时期军事家孙武用粟米做成蟠桃状充寿桃为母亲做寿开始的。又称粉塑，与北方的“面塑”一道称为食品塑作工艺的双绝。它是综合的民间传统艺术，融合了雕塑、喜剧、纸扎、剪纸、绘画等艺术。以煮熟的粉团为原料，技巧上讲究塑、提、剪、刻等手法，精制成人物、龙凤、花鸟、走兽等工艺品。“对周桃”用于小孩周岁；“龙凤桃”用于祝寿；“八蛮”（指狮子、麒麟、独角兽、老虎、金钱豹、梅花鹿、四不像、大象等）用于佛前供奉。现在的米塑作品，常见于新人结婚酒席冷盘上的装饰品与建新房时的“抛梁”。王福岩还从事油漆画、人像墨铅放大等。

唱道情

城南村民间艺匠雕刻至今延续传承，艺人王银树，1912年7月生，长期从事雕刻民间日用品。木雕刻花是一种在木、竹、窗户、隔扇上雕刻图案花纹的工艺。雕花老师小至屏风窗花，大到房梁、立柱都能雕刻，留下精彩图案。是一门不易学的手艺，不同形制的刻刀有上百把之多，大大小小用途各异。流行的有婚床上雕花，婚床上雕刻龙凤呈祥。还有庙宇内器物上雕刻，屋梁上蟠龙，案台上的云纹等。

永昌堡民间曲艺流行鼓词、打花鼓、唱莲花等。鼓词种类分为“门头词”“唱大词”“唱词”三大类。门头词属于上门卖艺乞讨行为；唱大词又名唱灵经，专指陈氏圣母大阴宫中唱的酬神鼓词；唱词是登台演出，是门头词的发展和提高。使用乐器仅鼓、琴、拍。打花鼓也是上门行乞的卖唱行为，单人，均为女性，乐具是一小腰鼓，一小锣和唱词曲调仅四句，夹以锣鼓节奏，“咚——咚咚——锵，咚——咚咚——锵，咚——锵——咚——锵，咚——咚咚——锵”。

唱莲花（道情）要二人合作，为上门卖艺行乞中工具最简单、最易掌握的一种形式。工具是道情筒：竹筒制作，长约80厘米，一头蒙上猪油皮，另一头是一副莲花夹。竹片6厘米×10厘米。用绳索相连，一人主唱，一人帮腔。歌词多为七个字，主唱唱到第六个字时，帮腔者接过最后一个腔，并伴以“里啊，里啊，里抗里呐”尾腔。第二句接腔时则唱“里啊——里拉，妙登翻”。由于一唱一和气氛热烈，深受群众欢迎。

卫生保健

民国中期，永昌尚无医疗机构，治病靠肩背药箱的个体医生。

防疫方面：中华人民共和国成立后，大力开展除“四害”（老鼠、苍蝇、蟑螂、蚊子）为主要内容的爱国卫生运动。消灭“路头坑”，进行全民大扫除，展开卫生宣传和预防接种。如今严重影响人民生命的鼠疫、霍乱与副霍乱、天花、伤寒、疟疾等传染病已基本绝迹。

妇幼保健方面：主要是小儿出生后一年内接种卡介苗、“百白破”（百日咳、白喉、破伤风）三联混合疫苗、麻疹疫苗和口服脊髓灰质炎糖丸，预防结核病、脊髓灰质炎、百日咳、白喉、破伤风、麻疹等6种传染病，确保婴幼儿健康成长。

全民普及农村合作医疗，建立新型农村合作医疗基金，以收定支，大病住院报销为主，小病门诊报销为辅，减轻农民医疗负担的互助共济制度，参保率已达100%。

医疗机构有永中街道社区卫生服务中心和温州王侨骨伤医院。永中街道社区卫生服务中心原是永昌卫生院。位于城南村，占地面积2500平方米，建筑面积1670平方米，各村还有个体医疗站，由原来的“赤脚医生”演变过来。

温州王侨骨伤医院：系温州市浙南骨伤科研究所下属的集骨伤疾病治疗、保健、科研为一体，具有浓郁祖传特色的中西医结合专科医院。该院由老中医王步云先生与旅意华侨卢益局于1991年共同投资创办。坐落于龙湾区永中城北村。医院开放床位近100张，设有中医科、骨伤科、手外科、整脊科、推拿科、针灸科、内科、外科等临床科室。医技科室拥有世界一流之数字化摄影系统（CT）、大型X光机、C型臂移动式手术X射线机、移动式床旁摄片机、低剂量手提式X线射线透视仪、中心供氧、电动手术床、万能手术床、双人双目手术显微镜、高频电刀、整体反射手术灯、全自动血液分析仪、血凝仪、全自动生化分析仪、尿液分析仪、进口多参数监护仪、进口心电图机、脉动真空灭菌器、快速消毒器、自动煎药机、中药粉碎机、中药切片机、微电脑三维腰椎牵引床、颈椎牵引机等各种先进的医疗设备。

该院骨伤科历经九代薪火相传，厚积250余年之临床心得，形成独树一帜的诊疗经验。治疗骨伤疑难病症及以中医传统整骨手法为主，辅以小夹板固定并内服、外敷家传秘方，具有显著消肿止痛，促进骨折愈合之独特疗效而享誉浙南、闽北，名闻遐迩，誉满乡里。现院长为浙江省非物质文化遗产保护项目“工叚薪堂”中医骨伤第九代传人王魁胜。该院正开始第二次创业，占地13333平方米、建筑面积3.5万平方米的现代化中医专科医院正在永昌堡外西南角快速建设中。

摸热头气：治疗中暑的一种民间医疗手艺。过去农耕社会，双夏时节田间农业生产体力强度大、任务重、天气炎热、保护措施差，中暑的人很多。中暑者表现为身体虚弱无力、全身冒冷汗、厌食甚至腹痛呕吐。但中暑一般不能打针或吊盐水，只能找民间专业医生——“摸热头气老师”为其治疗。永昌堡“摸热头气老师”最著名的是城南村英桥王氏大派庙上四房二十世王守仁公（1907—1999，又名王学珍），他采用“切血脉、喷白酒、按穴位、顺脉络、篡关节”的治疗方法，以手指蘸农家白酒，辅以独特的中医穴位按摩手法，病情严重的配之以放痧、服中草药，全身一套流程“摸”下来，患者无痛、无紫瘢，中暑症状立马能得以缓解，基本上是“手到病除”。城北村的王会铨（英桥王氏二十世）、亭芳村的王会岳（英桥王氏二十世）都是闻名的“摸热头气老师”。

第五章　民　俗

永昌堡依山面海，先民以谦恭、勤劳著称。明弘治《温州府志·风俗》载："吾瓯界于海山，聚惟土育，风淳俗良。"民俗受儒家礼教影响颇深，祀祖先、修谱牒以维系家庭和宗族秩序，孝父母、友兄弟、序长幼。讲时令、度苍生、婚丧嫁娶、生老病死，民间百事，派生繁文缛节。既带有永嘉场地方共性，富有浓郁的文化气息，又具有鲜明的商贸特色和时代烙印，随着社会发展，风俗也在传承中延续和嬗变。

本章对岁令习俗、农事习俗、生活习俗、民间信仰及"非遗"项目等逐一予以介绍。

第一节　岁令习俗

岁时节令习俗充分反映历代劳动人民的物质生活、科学文化发展水平及其精神面貌，寄托着人们对美好未来的愿景。

十二个月的风俗民谣：

正月嬉，肉杂鸡。
二月闲去砍柴。
三月吃爻清明饼。
四月落田最难顶。
五月吃爻重五粽。
六月蚊虫最叮痛。
七月巧食成双分。
八月月饼圆轮轮。
九月重阳喜登高。
十月家酒味道好。
十一月雪花飘满山。
十二月年糕笼上摊。

二十四节气景象歌：

立春菜花分外艳，雨水春花红彤彤。
惊蛰春雷一声响，春分菜花满田香。
清明麦秆当鬼叫，谷雨嫩茶满山长。
立夏桑枣像樱桃，小满插秧忙扬扬。
芒种玉簪屋前开，夏至稻花如白莲。
小暑风催早稻熟，大暑湖畔长红莲。
立秋晚稻插下田，秋暑葵花朝阳开。
白露晚稻鼓起穗，秋分桂花拦路香。
寒露动手芥菜蒜，霜降芦花飘满天。
立冬小麦种落田，小雪白霜落满地。
大雪寒梅迎风摇，冬至大雪兆丰年。
小寒田垟麦苗青，大寒准备过年忙。

永昌堡东面东海，还流传时令海鲜民谣：

正月青蛄，
二月蟹，
三月斓鲋虾狗弹，
四月子鲚蝤蛑虎，
五月泥糍配米饭，
六月黄鱼和子梅，
七月藏鱼和水潺，
八月鳎鳗强吃鸭，
九月鳗鱼和河蟹，
十月鲻鱼并鲈甲，
十一月蝤蛑满肚膏，
十二月文蛤和江蟹。

春节

春节古时又称元旦。弘治《温州府志》载：“吾邦最重元旦，户无大小贫富，皆服鲜明衣服，洁祀祖先毕，以序拜尊长，然后出谒亲族邻里，或即相留饮啜，不相见者投拜帖，自初一至初五日谓之节假，交相展庆。”春节是永昌堡最隆重的传统节日，活动内容十分丰富。

农历正月初一，俗称“过年”，初一称“新年”。作为一年中最大的传统节日，头一件事是放开门炮。初一凌晨，家家争先恐后放开门炮，一片隆隆爆竹声。先放“百子炮”一串，再放双声大爆竹，一般放三个。意为驱邪，迎接新年，百事顺和。不少永昌堡人初一子时到寺院点“头灯”，以祈求来年平安富裕。正月初一起床，不管贫富，家家置办新衣新鞋，里外均换一新，谓弃旧换新。

初一至初五是会客天，称拜年。女儿女婿到父母家拜年，外甥到娘舅家拜年。拜年者要送礼物上门，一般是红枣、桂圆、荔枝等。受拜年者，一要招待客人，二要回礼。客人到来时，首先是烧点心。点心一般是炒粉干或炒面，鸡蛋两个，肉、海味干货，还有家酿老酒或白酒，回礼以食品为主，有模印年糕、瓯柑（乡音为官），以图吉利。

第二件事是摆“新年酒”。一般为八盘五菜。富户用八仙桌，讲究盘、碗、碟、筷、酒具等品质。以八卦之数，座八位，摆上八盘。设内四盘：两盘猪肉，一盘鹅肉，一盘饵饼（米粉、花生、糖制成甜饼；生粉、豆腐、肉、姜制成咸饼），居中四位。外四盘：上高档海味，一盘花蚶（掰开见红，鸿运当前），一盘跳鱼或鲻鱼冻（吉利），一盘鳗鲞（有想头），一盘乌贼干（发财）。开席后再上五菜，取中五立极之意。一、炒年糕（年年高）；二、全蹄或东坡肉；三、全鸡全鸭或炒鸡炒鸭；四、整条黄鱼或鱿鱼；五、甜菜。酒后吃米饭。贫户用桌、盘、碗等不必讲究，摆上内四盘：两盘猪肉垫豆芽，一盘鹅肉，一盘米饼。外四盘：一盘鱼，一盘鳗鲞，一盘蛏子，一盘豆腐。上五菜：炒年糕、笋干盖三层肉、猪肚炒白菜梗、海鱼整条、甜菜，后上米饭。不管贫富，客人均按辈分入席，东一为头位，对面为二位，上面顾老位和朝天位，头位左侧为酒龙头（四位），二位右侧为三位，下座陪位与加酒位，共八位一桌。

舞龙拼字“王氏子孙”

明朝过年以五日为期，称“五日年”，即从初一到初五。内亲拜年一般拜到初五。开店的关门，做生意的不外出，种田的不下田，打鱼的不下海，碰面就道“新年好”，和谐同处。

送元宝。正月初一有一项精彩的节目就是送元宝。有人把红糖年糕做的元宝用红绳缚在万年青的树枝上沿门挨户送去吉利话。由一人打着竹板，喊着吉利话。一人摇春柴（樟树枝叶），专门应“好”，这叫“送元宝”。送元宝时的吉利话是：“元宝进门台，今年大发财，好！元宝进道坦，金银堆成山，好！元宝进阶檐头，积德积善前世修，好！元宝扭一扭，养猪大如牛，好！元宝显一显，赤脚蓬头刘海仙，好！金银元宝送上门，福禄寿喜万万年，好！”正月初一送元宝，句句说好在你家门前，每家每户听得心里高兴，也说出心愿，自然都给“送元宝”者年糕或零钱。

舞龙灯。永昌堡民间以正月初一到正月十五，十几人手擎龙珠、龙头、龙身、龙尾击打龙灯锣鼓，在庙里或人家屋前、人群集聚空地舞龙灯，种类有布龙、段龙、纸龙、草龙等。永昌堡龙灯能拼示出“王氏子孙”“三元及第”“天下太平”“人口太平”“光天日月”“大吉”等30多个字。龙灯每到一地，都要摆设路祭，设香炉、贡品等给舞龙灯人员收去。并鸣爆竹迎接舞龙以示对龙的尊敬，证明自己是龙的传人，能被赐福上门。

元宵节

元宵节也称上元节。弘治《温州府志》记载：“自十二三夜点灯起，谓之试灯。十四、十五、十六谓之正夜。或结鳌山，搭灯棚，放烟火，士女通衢游赏。十七夜以后谓之残灯。”正月十五舞龙灯最热闹、最隆重，多地彩龙汇聚一起争舞，路上满是看舞龙的人。称正月十五闹元宵。家里吃汤圆，大户人家门前张灯结彩。

闹元宵

立春

立春也叫燂春，永昌堡人称“立春大如年”。故立春时要进行燂春。家家户户在立春之时，在门前、天井、阶檐头和中堂、卧室、猪栏、牛栏前，将一堆樟树叶，杂以干柴，自内向外点燃。烧时发出噼里啪啦声，也有助以鞭炮，使之声势更大。大人、小孩包括耕牛踏过火堆，表示驱邪迎祥。这种仪式，取立春日始，大地回春，阳气要出地面，用火协助升发，宣达阳气，驱退阴气，使全年风调雨顺，没有虫害。樟树叶燃烧也能清洁卫生，是先辈们的文化创造，让后辈们受益的习俗。有“燂春燂，燂燂猫儿眼光，燂燂老鼠眼盲蹚。燂燂蜈蚣断口脚，燂燂招财爷好过年”“燂春啪啪响，赚银赚千两”“燂春燂新年，燂燂好时年”等俗语。

古时，立春夜，老农有前往知府衙前偷五谷种子的习俗。如偷到某种种子，则当年插这种秧苗年成必定丰稔。故有“太守堂前偃月田，立春偷种卜丰年”之说。

抬武圣关老爷

永昌堡人信仰武圣关公，以农历正月十二、五月十三为关圣旦，建永昌堡时便开辟东、南、西三门的谯楼供奉武圣关公，并信奉“忠、义、仁、勇”的关圣文化。

关老爷是永昌堡人崇拜的武圣、又是财神爷，神像安坐在永昌堡迎川楼。抬关老爷的队伍都是由12—15岁左右的小孩组成。他们用一顶简易木轿，内坐着关老爷塑像，由一小孩手拿红帖在前面带班，后面即有四个小孩抬着关老爷塑像。随后即是乐队，一小孩背着小鼓，另有三个孩童分别拿着锣、钹、锵。由打鼓为指挥，其余三乐器相配合。在城堡内大街小巷串游。一抬到住家坦坦头或天井中，带班的小孩高举手中的红帖，大声叫喊着：“武圣财神到，武圣财神到，送忠送义送仁勇，送金送银送元宝……”后面抬关老爷神轿的四个小孩马上加快脚步，在坦坦中以跑步形式来回三次（俗语叫“擦拉坦”）。乐队紧锣密鼓地配合跑步敲起来，嘴里还呐喊说：“武圣财神到，武圣财神到，送忠送义送仁勇，送金送银送元宝……”三圈来回跑完后，即将武圣财神轿放在堂屋前（上间前），然后带领孩童走到住家门口，大声喊道：“武圣财神到，武圣财神到，送忠送义送仁勇，送金送银送元宝。元宝进门，请赐香金。”这时户主迎接，小孩忙将红帖递到户主手中。户主将一个“铜板”作香金酬谢，交给领班小孩。随着锣鼓声夹杂着呼喊声，又到另一个道坦头串游了。

抬佛节

正月初十，永昌堡有迎神的习俗，也称抬佛节。所迎之神，一是郑老爷，一是殿主爷东瓯圣王驺摇，分别为沙村上殿、下殿之神。郑老爷，姓郑名铮，永嘉县华盖乡沙村人，生于南宋乾道元年（1165），因在沿海抗海贼殉国。南宋太尉在沙村建庙宇（沙村上殿）以慰英灵。后显神威退倭寇海贼，元大德年间（1297—1307）加封忠烈将军，成了一方海疆守卫神。有一段故事传说，王叔杲（1517—1600）在王沛、王德二公抗倭殉国后率领王氏义师抗倭。后王叔杲公将王氏义师交由王存吾、王如珪负责，决定赴京参加会试。考期将近，温州举子已集体出发，怕时间难赶，决定走沿海交通，赶上与温州举子会合，求郑老爷保佑。许愿顺风顺水，天和日丽，赶上考期，得中进士。后奏请朝廷，加封郑老爷为忠义侯王，就有了永昌堡正月初十迎神节。沙村人传说：郑老爷用神船送叔果、叔杲二兄弟进京赶考，才赶上考期，取得进士，因由此起。

郑老爷与殿主爷均轮流坐在永昌堡人家里。祭祀前的正月初九日，地方上长者、院主持香烛先到老院主（郑老爷、殿主爷塑像坐家的人家）家接香。仪仗队背道牌打着道锣在初十所经之地巡游一圈，俗称“扫街”，即是督查所经之地是否清洁畅通。晚上，新院主再去接香，接香的意思是将郑老爷接到自己家里，跪拜，口中念念有词：“郑老爷，今年您老人家接到我家安坐，请您大显神通，保佑本地人口太平、五谷丰登、六畜兴旺、生意兴隆，孩子们学有功名、名列前茅，在家若有关照不到之处，愚民无知，万望赦罪，请您老人家保佑、保佑……”祝毕返家。

初十清晨，前面道锣开路，由16人抬大轿从老院主家中迎接郑老爷，殿主爷金身入轿。老院主礼炮奉送，一直抬到永昌堡南门巡检司内，各部按班就绪等待出发。辰时，巡检司内礼炮齐鸣，锣鼓欢奏，出巡开始。前排头扎头巾，身穿红黄蓝白黑衣服的五色牌执事在前开路。二排是道锣、对号，后随郑老爷香炉，由4人抬着慢慢走过来，香炉内香火缭绕，青烟直上云霄，香炉后紧跟吹打班。他们吹吹打打，演奏着京戏、越剧、黄梅戏、温州乱弹戏等各种曲调，热闹非凡。最后由32人分别抬郑老爷与殿主爷两顶大轿巡游，在大轿的两侧排列了16位德高望重的年老的司礼人。他们头戴学士帽，身穿长蓝衫，一手扶轿，一手拿着红黄色小旗，左右自由摆动，口中喊着“威——武”声慢步前进，按“明礼”进行。两岸观看群众，放鞭炮相迎。

路祭

上午在堡内，由南门到北门来回巡游三次。近午时，大队人马即停在凼头松竹梅房小宗前。这里早已摆好三牲福礼、香烛、水果等供品，进行路祭。待大香炉、大轿抬到时，开始祭拜。先由主祭人（一般是族长）上香、跪拜，宣读祭文：“忠义侯功高盖世，神通广大，护国护民，保佑天下太平，永昌堡内安宁，保佑五谷丰登，子孙繁昌，六畜兴旺，生意兴隆，扫除一切妖魔鬼怪邪气，凶星远退三千里，福星高照各家门……”念毕由众人上香、跪拜，礼毕会餐。

午时过后，分两班出巡。郑老爷一班向城南外出巡，抬至李浦桥上，在桥上将轿转个头，直接返回永昌堡内。另一班将殿主爷向城北外抬出，过了英家桥直抬到城北灰炉湾，掉头返回。两地民众夹道欢迎，鞭炮迎送。归案毕，仍将郑老爷与殿主爷分别抬到新院主家安位，又是一番燃香、祭拜仪式，最后礼炮齐鸣，众人再三跪拜、谢恩，才各自返家。该项民俗活动一直延续到解放初期才停止。

路祭（摆香案）

永昌堡内路祭地三个：大宗前对岸、井头桥、四宅桥旁。

高台桌面：高台上桌1张、长凳4条、桌围1条、灯檠栏干各1对、酒3杯、箸3双、果盆1个（果盆内有枣、柑、花生、开心果、干荔枝等5—6样）。4楼：金罂、香菇、枣、福寿糕等，虎皮（红布）1条、毡毯1条、椅1把、（红1条，龙头上掉换）果盆上、大炮6个、大鞭炮2盆、红烛1双、神花1对。划龙灯方有（背印尺）立。

三牲：肉、鸡、双开肉（米猪头，素）各1副、鳗鲞1条、豆腐干2块、豆芽250克、蛏子和鱼等8—10样。

祭品摆设表

表5–1

三牲：猪头1个、鹅1只、鸡1个、鲻鱼1对、鳗鲞1条、乌贼（干）1个、弹涂、双开肉（米猪头）3副
糖糕4—5双、糖糕儿1双1榼、松糕（大1个、小一个）1榼、麻糍10粒1榼、粽10个1榼
大蟠花寿桃1个、米寿桃1个1榼、红烛1对、鲜面1榼加面花
核桃1榼、莲子1榼、枣1榼、栗1榼
金罂（石榴）1榼、黄金甲（秋葵）1榼、香蕉1榼、梨1榼
紫菜1榼、海带1榼、山头麦1榼、黑木耳1榼
金银纸1汤盆、红烛1汤盆4千克、柑1汤盆

二月二“龙抬头”

永昌堡人有此习俗，理个发会鸿运当头。还得吃上一碗芥菜饭，民间有说：“取芥菜煮饭食之，云能明目，盖取清精之义。”“清精之义”即芥菜饭有治疥疮的功能。故有“吃了芥菜饭，痼痨生不着”的说法。

清明

《岐海琐谈》载：“清明插柳于门，携榼放舟，上坟祭扫，挂纸泉于墓，亦有因之拉宾行乐者。”永昌堡的清明节，主要有三项活动内容：一是祭祖坟，二是做清明饼，三是送清明节。

始祖墓地位于西门垟（今永昌堡北门外），为一姓发族之地，二世祖附地从祭。清明前一天，英桥王氏宗族派代表，举行上坟祭先祖仪式，在王氏大宗与正月十二仪式差不多进行一次，然后每位宗族代表在族长带领下，上祖坟祭奠始祖。在坟头栽树，将红绿纸剪成钱形，编成长串，约数尺长，挂在树上，叫“挂柳钱”，同时要向坟外空地挖些泥土加在坟墩上，叫“加土”。并在坟前摆桌上祭品，点燃香烛，鞭炮齐鸣。祭品放在盆里，米饭盛在240只碗里，放好筷子、酒杯、酒壶，宣读祭文，酌上三巡酒，跪拜。然后回王氏大宗吃上坟酒，约有500人。英桥王氏各派各房自行举行祭分派先祖仪式，礼制上与上始祖坟相同。每户人家各自上坟扫墓。

做清明饼，在清明节前，采来绵菜，与糯米粉做成甜饼或馅以猪肉、韭菜之类成饼，蒸熟，俗称清明饼。

清明节还有送节习俗，由长辈送清明饼给晚辈，兄长送清明饼给弟妹。

重五节

五月初五是“端午节”，俗称“重五节”。“重五节”活动内容丰富多彩，屋的门上悬插菖蒲，做箬粽，饮喷雄黄酒。小孩挂蛋袋、香袋，系长命线，煎洗草头汤，等等，“菖蒲艾叶怀旧事，酒觞雄黄觅安康”。端午节是华夏民族纪念屈原、驱邪防疫，促进身心健康的有益节日。

划龙船。龙船源自古代越族的图腾崇拜（据《中国大百科全书·民族·精神文化》载），温州在古越时即有划龙船祈求太平保丰收的风俗。明万历《温州府志》载：“竞渡起自越王勾践，永嘉水乡用以祈赛。”

永昌堡的重五划龙船，源于悠久的历史流传，数百年来基本上村村有龙船。每村隔几年划一次，所以在永昌堡周围的河道上每年总有十数只或数十只龙船出动。明英桥王氏第九世王叔果（1516—1588）在《半山藏稿》的《端午观竞渡》诗中写道：“湛湛湖水初平，嘈嘈两岸欢声；日暮双屹正斗，一溪烟雨初晴。”是当年盛况的写真。近20年来由于河水污染，永昌堡周围看不到龙舟。

划龙船

永昌堡有青、赤、黄、白、蓝五色龙船五只，对应东、南、中、西、北。旗号：青色为“雾霾老龙”；赤色为“为民献花”（春光第一）；黄色为“天下神龙”；白色为“白鹤飞龙”；蓝色为“宦游”。龙船分别放置在东门城楼、坤德宫、南门巡检司、西门城楼、大宗前。五月初，先进行祭祀龙神的祭拜活动，分别在仓坦、七星坦、铁店巷口、西门城楼、大宗前点香。再将龙船放在河中，画着五彩锦身的龙船，有龙头、龙身、龙尾。龙头站1人，龙尾1人驾艄，龙身坐36人划桨，中间站2人擂鼓与舞旗，以迂回划行，竞渡角逐等形式敬奉欢娱乐神以祈求龙的保佑，赐地方五谷丰登、生意兴隆、人间太平。河岸上摆祭香案，更少不了到处爆竹轰鸣。划龙船结束时要再祭祀龙神后，安放原处。

重五日早晨，家家吃粽。早一天先将糯米洗净，用已浸透的粽箬包成三角锥状，放在灰汤（稻草秆烧成的灰，冲开水滤出的汤）镬内熬熟，焖在镬内，第二天早起食用。重五早晨，将鸭或鸡卵（蛋）杂以金银花藤、珍珠藜、芒草根、牛筋草，落锅水煮，熟后取卵（蛋）剥壳蘸雄黄吃。俗传雄黄解毒，食后人会像蛋一样光洁，一年不生瘰疬。汤给小孩洗澡，据传可解毒去邪。用彩线织成卵（蛋）袋，装卵（蛋），小孩佩用，还有撞卵（蛋）游戏。

用雄黄酒。以雄黄少许，泡白酒，专供重五日用。一供人喝，抹肚脐，抹小孩脑门，擦猪背脊，可消毒防疫；二用以喷洒屋内外角落（加蛎灰），用于杀菌、灭虫、驱蛇、驱蚊。此俗已渐消除。

挂香袋。用五彩布头缝成小袋，内袋苍术、藿香、佩兰、香附。小孩佩戴，讲究以纸板包扎成形后，精心缠以五彩丝线而成。

插菖蒲。菖蒲似剑，重五日插挂于门、窗、床头。一为“鬼怪不敢入”；二为菖蒲有异香，可避秽消毒驱蚊蝇。

炒槐豆。蚕豆（俗名槐豆）已收成，挨家炒槐豆。先以少许细沙下镬炒烫，后下槐豆，豆骤遇热，易爆裂，叫“开花”。熟后过筛，沙可再用。炒成的槐豆贮藏起来可吃一年。此俗已消失。

六月六晒霉

“六月六晒霉”习俗一直沿袭至今。民谚：“六月六，晒污齪。”

古时家家户户晾晒衣物、被褥、书画，以防霉防蛀。如今虽渐冷落，仅少数人家仍遵循古俗。永昌堡王氏大宗仍届时举行晒谱及书籍仪式：待涨潮时分，点焚香烛祈祷，毕恭毕敬晾晒族谱与书籍。

晒族谱

七月七

七月七，也称女儿节、乞巧节。源于牛郎织女银河鹊桥相会的美丽神话。

是日，吃九层糕和灰汤煸儿。九层糕，用晚稻粳米浸透后和灰汤磨成米浆糊，加上少许红糖。镬上置竹制朗眼筛子，覆纱布，敷上米糨糊，盖锅蒸。熟后再浇一层，至九层。也有每层加撒红豆，最后一层上撒芝麻的。出锅稍凉后手拽嘴啣苎线，勒成块块菱形。

灰汤煸儿，又名“拳手果”，料同九层糕，唯做法不同：先将热锅敷油，米糨糊落镬烧拌，燥后出锅压搓成杯口粗的圆条，再手拽嘴衔苎线切成一片片饼。

送巧食（九层糕与灰汤煸儿），由长辈送给晚辈。

拜“天亲爷”。少儿身体羸弱多病，在家门口“三官灯”旁另挂一小灯，和三官灯一样每晚点燃，拜天作“亲爷”保佑，每年是晚另备香烛祭品祭拜。

七月半鬼节

此日道教叫“中元节”，佛教称“盂兰盆会”。俗称此日“阴界”鬼门关开放，鬼魂都出来寻食、索衣或讨钱财。故此所有宫观寺庙都举佛事、做道场，布施野鬼，超度游魂。家家户户备下纸钱，祭奠祖先家仙。有些人家做焰口，有些地方放河灯。明万历《温州府志·岁时》载：“中元（七月半鬼节也称‘中元节’），俗有盂兰盆请僧追荐祖先……祭家祠。”七月半祭祖

（鬼）一直流传至解放才逐渐消失。

七月卅插香

相传山河大地为地藏王肩挑，地震是他“转肩”。七月三日是他的生日。各寺院祭拜活动有和尚念经，善男信女“坐夜”。百姓在天井中插12支香（有闰月要加一支）跪拜，祈求保平安，儿童高念：“地藏王菩萨妙树经（音），三十六难解脱身，七灾八难求解脱，地藏王菩萨叫千声。”

中秋

永昌堡人在八月十五傍晚，家家团聚吃赏月酒。中秋时早谷已入仓，芋头正熟，席间常以粉干杂以芋头为主菜，吃月饼。月饼有大小两种：大的如面盆，厚约半寸。一般无夹心（少数夹饴糖为心），面嵌芝麻，外附人像，或花鸟彩色“月饼纸”。一般为向舅舅家送“中秋”礼品的“回盒”。小的月饼有“三锦”“生糖月”两种。现在是各式各样，各种味道，讲究包装的盒装月饼。

九九重阳

九为阳数，故九月初九称“重阳节”。重阳节登高，有辟邪求长寿的含义，此俗自古流传。现重阳节被法定为老人节。逢重阳永昌堡老人们总是聚会摆酒。

冬至

俗称“冬节”。古文化以昼为“阳”，夜为“阴”。一年之中此日昼（阳）最短，夜（阴）最长。此后则昼渐长，阳气上升，《汉书》称“冬至阳气生”，是个大吉大利的日子。

冬节吃汤圆。“立冬”前后，家家户户忙着磨汤圆粉，早一天将糯米混合粳米浸透，竹编的盛器“簩”（圆形，直径1.5米，高15厘米），下垫稻秆灰，上铺布，置磨凳下。米和水磨成米浆在上，灰吸水干。米浆成固体后，掰成薄片，摆在竹笆上晾晒干燥，称“汤圆粉”。食用时再用水和成米团，搓成丸，下沸水煮成汤圆，叫“丸儿”。冬至晨起，家家户户吃“冬至丸儿”，俗称“吃了冬至丸儿大一岁”。

祭祖先。冬至日，祖先神位前点香燃烛，摆上祭品，祈祷人寿命长。

搭“枋厂”。过去手头拮据的人家上辈亡故无钱做坟安葬，均在自家田头或公地上，用稻草支竹搭成大小略高于大于棺材的草棚放置棺材，叫“枋厂”。每年冬至要更换棚上稻草，并修正加固支柱，随着社会进步，此俗已无。

收骸入甑。俗称“夹骨”。因“冬至”天气干燥寒冷，臭气细菌不易传播，所有待安葬的遗骸，如“枋厂”棺材内要迁葬的，或冥葬殿内无名遗骸，每年都在这一天雇人捡骨入“金甑”。20世纪60年代后，此俗消失。

过“小年”

农历十二月“廿三”过“小年”。“廿三”为“廿三夜”，为小“除夕”。早年长工到此日便回家，一年终结了，有“长工不吃廿四饭”“蓑衣箬笠交还你，不知明年代何人”的俗语。“廿三”便开始准备“过年”。

祭“镬灶佛”。送镬灶佛上天，这是孩童久盼的日子，因有“镬灶佛鳊儿”“镬灶佛糖果”吃。农户“廿三夜”祭灶神，商家则为“廿四夜”，因祭了灶神象征一年终结，要闭店休业，这样可多做一天生意。

临晚，灶上镬内烤鳊儿，炒落花生。烟囱上换上新的“镬灶佛纸子”（神像）、对联、横批。字句总是：“上天奏好事，下界保平安。”横批“东厨司命”。然后点香燃烛，摆上鳊儿、糖果、花生等祭品，大人率小孩朝神像拜揖，送灶神上天。吃鳊儿、糖果后，要早早入睡。传说因“灶神上了天，家里没了主神，怕有小妖小鬼来扰乱”。随着厨房的现代化，此俗已消失。

掸新。祭灶前后，家家户户扫尘驱垢。上至椽瓦，下至沟渎，墙壁门窗，家用桌凳器具，被褥家什，都要打扫洗涤。这是一年中规模最大的一次打扫卫生活动，为去旧迎新，干干净净迎接新年。

过大年

过了“廿三夜”，便统称“年底”。一切活动不论社会的、家庭的、个人的都要围绕着准备过大年。

结账，归账。一切人际间经济往来账目，无论集体的、个人的都要结算或找补清楚，有个了结，告个段落。过年是个关卡，所以叫“年关”。商家自腊月廿五到除夕，主要任务是“归账”。

更冬。永昌堡人家要备下祭品如鸡、猪肉、鱼鲞、虾干、豆腐、鱼饼到大小神庙祭拜。感谢一年来保佑的恩情，祈祷来年人寿年丰、生财有道。祭品一般作为分岁酒的菜肴。

此俗20世纪六七十年代曾衰落。随着市场经济的兴起，此俗复萌，祭品益趋丰富。

还愿。春头在神前许下愿的，年底要还愿，祭品有三牲和二牲不等。

分岁酒。“廿三夜”以后，分岁酒高潮。无论信佛、信教，家家户户摆酒。除主家入席外必邀请至亲。“上门亲”外公、舅父、岳父及其下辈；“下门亲”女婿、外甥、姐夫、妹夫和至交好友（少数就自家吃分岁酒）。合家与亲朋好友欢聚共庆丰年。菜肴通常为八盘五菜。席间热菜年糕必不可少。近年来分岁酒上酒楼聚餐了，菜肴变化不拘一格。

贴“门对”，即贴春联。除夕前2—3天始，至除夕夜止。家家在门户上贴上红纸黑字的对联。内容一般是送旧迎新、赐福降祥的吉利喜庆话，也包括一些待人接物、修身励志的传统名言。还贴上“福”字。

各色年糕

捣“桃糕”。桃糕即年糕，分糖桃糕（加红糖）和白桃糕两种。白桃糕可浸入水中，故称“水浸糕”，可藏放三四个月。“桃糕”由糯米加粳米，水浸、晾干、磨粉后上年糕笼蒸熟，在石捣臼中捣成。现在成为商品，有商家专门加工和制作。

布置上间（中堂）。上间是一家“牌面”与象征。挨家在“撣新”和“贴春联”后，布置上间：“长条桌”上土地香炉前，摆上一个糖糕做的五层大元宝，上放瓯柑，旁置一对锡打烛台（正月初一点燃红烛）。富有人家中堂挂字画，有三星图、四喜图，更有两壁也挂的。中堂长条桌前放八仙桌，放太师椅，两旁也设太师椅、茶几。接待宾朋亲友。

除夕

除夕夜在家中的每个房间、屋角、天井，遍点小蜡烛（切下红萝卜的顶端，上插小红烛），叫“点岁灯”。全永昌堡一片辉煌，象征兴旺。这一夜迟睡为佳，即“守岁”。街头巷尾深夜行人不绝，鼓乐声、爆竹声通宵达旦（午夜2—4时略静2小时左右）。

扫银末。这是除夕前的最后一项活动。入睡前，家家从门口朝内清扫一番。视垃圾为“银末”，从外扫到内，财气不外流，不外倒掉，正月初一，不动扫帚。

第二节　农事习俗

永昌堡民众在长期社会实践中积累了一些对气象变化和农事关系的科学说法，作为农谚，流传至今：

清明谷雨两相连，浸种耕地莫延迟。

点灯插夏田，前后不一样。

雨打立夏头，河鱼眼泪流。

月光照烂地，要晴也还未。

天上鲤鱼斑，大风翻过山。

天上鲤鱼肚，不是风就是雨。

吃了端午粽，还要冻三冻。

五月不热，五谷不结。

处暑晴，好收成；白露汤，汤爻断清光。

大暑三天无青稻。

处暑犁田单番“落”。

冬看山头，夏看海。

燕子高飞晴天告，展翅低飞雨天报。

蜻蜓低飞江河边，必有大雨雷闪电。

蚂蚁搬家蛇过道，倾盆大雨即将到。

蜜蜂晚出早归巢，天气有变雨将来。

蜘蛛高挂忙织网，连日久雨转晴朗。

鸡早宿窝天必晴，鸡晚进笼天必雨。

池塘翻水鱼浮面，暴雨洪水现眼前。

耕作方式

旧时农业耕作以种植水稻为主。其一般程序为：春分后耕田，清明水稻浸种、育秧，立夏后先分早秧，按50厘米行×23厘米眼插下，叫“插田”。近小满，又分晚秧，在空行之中插下，叫“补晚”。“补晚”时晚秧要蘸尿灰插下，尿灰由尿盘壅与草木灰拌起来，蘸尿灰晚稻转青快，分蘖早。晚稻插下二十天后，进行“耘田”，到再“耘田”，三耘而上。初秋早稻成熟，收割完毕，锄去稻根，去其杂草，叫“铲田行”。以后壅上河泥，以培晚稻。又有“六月南风割早禾，稻孙七月又婆娑（农历）”之说。冬至初收割晚稻，名为“间作稻”，又叫“双收田”。如“破田”没力，只能插一季，叫“单季稻”。后来晚稻收割后，推行种草子，点穴种的黄花草子是“苜蓿”，撒播种的是红花草子“紫云英”，也种些麦。剩下短时休作的空白田，用牛犁翻耕，曝土受霜，故有“儿要亲生，田要冬耕”之说。到了立夏前后要割掉草子做基肥，开始翻耕。故有俗谚云：“清明谷雨两相连，浸种耕田莫延迟。”

做秧田：先把空白田掘成垄，锄碎泥，灌水过垄浸泡烂熟，用钉耙推成糊状，再用“田踏”

踏田，之后撒种子、育秧。

灌溉：俗话说，水稻水稻，靠水养稻。由于耕作的都是零碎田、三角田，水源缺乏，只好用吊水桶或粪勺把大河中的水搬到田里。有时要搞三搬、五搬，一天才灌二分田。

种麦：冬季种植品种分为大麦、小麦。因大麦粉质不高，而种植不多。小麦自晚稻收割后开垄，用麦起架打穴、播种，到次年四月收割。

套种：永昌堡山园不多，旱地也少。大多压番薯，番薯垄做大有8尺宽，一丛番薯间距1.2尺，端午前后压下，叫“插压”。后来进行“水平压”。因为苗小垄空，一边套种白豆，一边套种绿豆，再栽上几株粟米。两个月后，薯苗爬藤，正好绿豆收成。两不相碍，收来绿豆，开了“圆心”。留下白豆、粟米与番薯组成地下（番薯）、地面（白豆）、空中（粟米）“和谐共处”的立体格局。

栽油菜：冬季种植品种，为主要油料与蜜源作物之一。秋冬插，春天开花，金黄一片，初夏收成。

生产工具

永昌堡传承的翻耕农具主要有犁、耙、锄头、田踏等。

犁：耕田的主要农具，用牛拉犁耕田。犁由犁头（铁质）、犁壁、犁串、犁脚、犁辕、中轭等组成。

耙：有木制、铁制两种，并分双齿、四齿和多齿，水田整地工具，进行碎土平田作业。

锄头：铁打，长6.6厘米，宽20厘米，重约2公斤。口刃有讲究：用八两白口铸铁分十八次层层浇铸，铸打而成。亮如雪、利如刃、锐若斧。锄头柄由硬木做成，叫“铁板”。用于翻地、中耕、除草等。

田踏：用于人工平整水田。

农作物收获用的农具有镰刀、稻劫，稻桶、竹箩、软簟、畚斗、冲担、谷耙、风车等。

扁担：挑担用具，硬木或竹制。长约1.8米，中粗，两头稍细，或两头竹钉，也有竹制。

冲担：担稻捆用，毛竹制作。长2米左右，两头劈尖，便于冲担稻捆。

软簟：晾晒谷物用具，用毛竹劈成细篾编制而成。长5米，宽2米。

谷耙：木制，晾晒谷物时，平面推拉以使受热均匀。

风车：扬谷农具，木制。高约1.8米，长约2米。上风车斗用以存谷。当手摇风车扇时，放下风车板，就能分离秕谷与杂草，可以净谷。

桶拖：收割与辅助农具，用两条连根毛竹制成。放置稻桶之下，拖拉运行。

番薯刨：铜制，长20厘米，宽15厘米，固定在木板上。将番薯刨成丝状后晒干。

灌溉用的有吊水桶、粪桶、粪勺、水车等。

蓑衣：雨具，用棕毛制作成古代的“战袍”状，穿着能防雨淋湿。

箬笠：雨具，用竹篾与箬叶编织而成，分平顶与尖顶，平顶做工精细，尖顶则较粗糙。

随着农业机械化水平提高，现代农具有拖拉机、抽水机、插秧机、收割机、喷灌机等，实现翻耕、排灌、运输、农副产品加工机械化，连老牛也退居二线。现时，农耕生产基本结束，农业生产工具已成古董。从原来讲究传统习俗逐渐转向讲究科学种田、机械化生产的新风尚。

农事拾趣

求雨。永强河旧传是“十八日河”，经常遇干旱。旧时永昌堡农民逢久旱有求雨的习俗。求雨时，拣日设坛请道士，并千方百计寻访叫德龙、德水的人作为求雨主持人。要求身穿白长衫，头戴白帽。德龙背上“龙纹”，德水手提“挐梁”。夜里一点钟出门，到下垟街塘浃捉来“水虱”两个，放在“龙纹”里，要高叫“德龙来了”，并交给“德水”，叫“讨彩头”。跟随的几十个老人手拿黄旗，不能带雨伞，戴箬笠。以后吹打、发号迎归。等涨潮时上大罗山求雨。道士念玉皇经作法。有人说：“求雨求得胜，旗儿打交剩条柄。”也有人说：“道士摇叮铃，摇出满天星。”如果雨求来了，要做戏、还愿，十分热闹。最后一次求雨时间是1953年。

做稻福。过去农民发现病虫，以为神鬼作怪，只有求神拜佛，做“稻福”。做“稻福”的前一天，先将农田路口用稻草绳拦住，不让人走，叫“拦垟”。接着插上黄旗，以禁止行人。垟界搞定后，请道士或和尚念经。需搭九台，用九张八仙桌叠起重九层，四角用四株大毛竹捆紧以资保护。“饭甑”放在九台上，道士在“饭甑”上顺走三圈，倒走三圈，一手拿绳，一手舞剑，口中念念有词。作法结束时将银子等物放在预先准备好的一只“神船”中，夜里送到江边浦口，说是驱虫到东海。

尝新。六月早稻登场前，挨家举办“尝新酒”。一为庆祝丰收，二为犒劳即将来临的“农忙”劳作。六月初，农民将刚熟的早稻穗上的谷捋下晒干舂米，煮成新米饭，然后在中堂摆起一张小桌或茶儿，放一盘茄子、一盘子带豆、一盘鲫鱼、一盘肉、一盘米饼和一碗新米饭共六样。点起香烛，祭祀神明祖先，叫作“敬天地”。那点燃的香就插在米饼上，十几分钟后就撤去。于是全家开始吃“尝新酒”，其中茄子、子带豆是不可缺少的东西，因为“茄子无中落，带豆并蒂长”。意思是茄子开花，终有结果，带豆在豆荚中最长。吃茄子、带豆是取其“有果，长寿”的吉利之意，“以之为配征吉祥”。

第三节 生活习俗

一个人从生命孕育到回归自然，历经母胎、襁褓、童年、少年、青壮年至耄耋终老。人们设计了一套充满生之欢乐，寄托美好愿望的习俗，包括婚姻习俗、生育习俗、寿诞习俗、丧葬习俗和宗族习俗、建房习俗，以及分家习俗等。

婚姻习俗

男婚女嫁，人生大事。古时凭“父母之命，媒妁之言”，包办婚姻。虽时代更换，制度迭变，但婚姻过程中的一套既成习俗，在永昌堡中至今传承。

出年柬：女方到婚嫁年龄，父母即在红纸条（大约10厘米×25厘米）上写女儿出生年月日时辰。托媒人送给需择媳人家，供合婚用。

合婚：男方长辈带双方年柬，请算命先生排测八字，有无相克。男方常以几家闺女的年柬进行比较、筛选。

踏亲：经过合婚，男方选择八字无相克，门当户对的闺女，上门踏亲。过去是男方父亲或母亲在媒人陪同下，到女方家偷觑闺女的身材品貌；或精心安排让闺女在男方来人面前亮个相。现代的踏亲成为男女双方的第一次约会，男青年邀上一位好友（也充当参谋）在介绍人陪同下到女方家，双方见面交谈，若彼此有好感，再次相聚。其间女方也有回访男方家。若两情相悦，女方家要煮点心招待准女婿，“吃点心”；男方要给女方见面礼，叫“压岁包”，从300—500元到1000—5000元。

送日：双方通过明察暗访，确认配偶关系。男方要择定订婚日子，托媒人送给女方，谓之“送日”。礼品简单，鲻鱼（谐音子女）一对，女方回鲻鱼一个。

起帖：即订婚，按选定吉日，男方向女方送聘礼、彩礼。过去一般为猪肉百斤左右，糖糕100条，外加糖果、糕点等六样。彩礼（即聘金）大约100元左右。女方给予丰盛的“回盒”。之后将猪肉、糖糕分给亲戚朋友，结婚时要“送嫁”。现代订婚只送高档糖果。

定亲：这是结婚前男方正式向女方行聘的仪式。要下彩礼（礼金），给女方衣料、首饰。女方回馈男方衣帽鞋袜，一叠江西瓷碗，此俗现已基本消失。

办嫁妆：虽有“有（家庭富有）嫁囡儿，冇（家庭贫穷）卖囡儿”之谚，但永昌堡自古以来讲究体面，“俗喜华靡，以盛饰相高，虽家贫亦勉强徇俗”。（弘治《温州府志》）即使贫困之家，亦尽力嫁女，除男方礼金，全部用为备办嫁妆外，女方一般均还需“倒贴”。故有“囡儿赔钱货，不赔也赔条裤”之叹。嫁妆一是衣裳，要专请裁缝来家做嫁衣，一年四季衣服都备下。二是家具，方木桌、琴凳、坦床桌，圆木有桶、盂、盒、勺等十几种日用品，外加锡器、铜器，还有被褥三至五条（床）。

订婚礼金：礼金数额因年代和婚姻双方经济状况而有所不同，民国前500—1000公斤谷。20世纪50年代，约需200—300元。20世纪六七十年代，需500—800元。90年代需2000—10000元。近年来，女方不收礼金，一般嫁女儿备办一辆汽车，金额20万—100万不等。

送上轿盒：结婚前一天，男方依照双方商定的数字，送礼金和酒肴到女方家。

结婚仪式：结婚为人生里程碑，古称“小登科”，仪式隆重又烦琐。

请媒人：成亲前夕，男方请媒人，媒人坐首席，酒席通常为八盘五菜。

请“谢嫁”：成亲前夕，女方宴请众亲戚、朋友、邻舍，众客人在席间向新娘送礼金、礼物。酒席通常为八盘五菜。

迎新娘：以亲朋中的青年组成“行郎队伍”，持抬嫁妆工具（红漆竹杠，红布条），在媒人率领下，鸣炮出门，人数要单数，回时凑成双。至女方家，吃过茶、点心及“上轿丸儿”后，抬着嫁妆，迎新娘归来。

旧时一般迎亲用花轿。轿前两小孩提纱灯，两少年扛“高灯”，一对锣，富裕人家轿后还有吹打班。新娘珠冠礼服（凤冠霞帔），上轿前母女相对而泣，诉说养育情义、分离苦衷。谓哭可“破煞”。新娘有“随身箱”一只，箱门朝内。兄弟掉转箱门，叫“移箱”。撒过“上轿米”，新娘上轿。

入洞房：花轿到家。门口“打火垛”，放鞭炮迎接。轿进中堂，先卸铺盖被褥，由“利市人”（亲族中有“三公三婆”资格者——祖公、祖婆，外公、外婆，舅公、舅婆，或姑公、姑婆，姨公、姨婆等），在新房铺好床铺，以后陪伴新郎向轿内新娘敬过茶，引领新郎新娘入洞房。闭门，高烧红烛，吃“和同饭”，喝“交杯酒”。门启，众小孩涌入新房向新娘要“果子”［花生、糖果、铅角子（硬币）］。

吃正酒：中堂开宴，称“吃正酒”。宴请众宾客亲房朋友一众男宾。一桌八位，八盘（内四盘外四盘）八大菜，娘舅坐头桌头尾。

“八盘八菜”是永昌堡人接待宾客最高档次的宴席，由八盘五菜演变而来。八盘［内四盘：两盘猪肉居左右位、一盘鹅肉居上位、一盘饵饼（山粉、豆腐、肉、姜做成饼）居下位，居中四位摆置按八卦奇数为阳，地上所产居内。外四盘：一盘花蚶（掰开见红，鸿运当头）居右下位，一盘跳鱼或鲻鱼冻（吉利）居右上位，一盘鳗鱼鲞（愿景）居左下位，一盘乌贼干（发财）居左上位。按八卦偶数为阴，海中水族居外。在江西碗中摆好，倒在盘里（圆美）］。八菜（一、炒年糕或长寿面；二、全猪蹄；三、全鸡；四、全鸭；五、整条黄鱼或鱿鱼；六、炒山珍；七、炒海鲜；八、甜菜）。八仙桌，坐八人。分八位［东一头位，左坐“酒龙头”（四位），上坐二位“顾老位”和“朝天位”，头位对面是二位，二位右坐三位，下坐陪位，陪位右坐“斟酒位”］。摆八双筷、八只碟、八只酒杯、八只碗、八把调羹。按“明礼”入席，厨师制肴。

拜堂：酒后开始拜堂，先拜天地祖宗，后依次向长辈拜揖。

闹洞房：晚上，以一桌盟兄弟为主，众宾客在新房内“吃茶”闹洞房。盟兄弟酒后在新房内“吃茶”闹洞房，众宾客暂退。闹洞房连续七天，俗称“七日洞房”。又谓“洞房间内无大小”，不论长幼，均可尽情嬉闹。

拜年：第二天是新郎新娘到女方父母家拜年。新郎要向新娘上辈逐个拜揖。

请女客（又称回年）：婚后第三天宴请众女宾，新娘作为贵宾，坐首席首位，婆家作为主家，坐“斟酒位”。席半，新娘与家婆对调座位，新娘作为主家，向众宾敬酒。

请亲：所有至亲要在一年内逐家轮流宴请新娘，叫“请亲”。

现代演变：1950年4月《中华人民共和国婚姻法》颁布后，花轿取消，新郎随行郎到新娘家迎娶，新娘由“盟姊妹”护送。现代结婚环节简化，但不失隆重。第一天婚礼，规模盛大，所有男宾、女宾、新娘家眷、至亲、朋友欢聚一堂，共庆婚礼。席间新郎新娘要挨桌挨个向宾客敬酒。第二天新婚夫妇到女方家拜年。

生育习俗

“快便肉”：孕妇分娩前一个月，娘家择日送三次“快便肉”。每次一碗切得端正的熟猪肉，送到即归，不得延误，谓孕妇食后可顺利分娩——“快便”。既是为临产孕妇增加营养，也预祝母婴平安。

临盆：旧法接生时分娩孕妇上尿盆，故称“临盆”，十分危险。清·杨淡风《永嘉风俗竹枝词》有“金花飞溅命悬丝，告庙祷天赖母慈，破腹一声儿坠地，是娘生死夺关时”句。民间为“生养是鬼门关，生娘一足门槛底，一足门槛外”；胎儿出生，接生婆用剪刀剪断脐带，常感染绝症“破伤风”，故有“七日风”之说。遇难产，丈夫用卸下甑箧箍以“破煞”求救。

报生：婴孩出生，生父须在当日提携素面和鸭蛋（俗称“素面卵”）到丈人家报生。外公外婆要赐给小外孙（女）喜钱，数字由从前的几元到几百元，几千元到现在的几万元。

“做月里”：产妇要卧床调养一个月。头扎“皂罗”（黑纱布），肚裹“打肚布”（布带），喝姜汤，吃姜卵，多食易消化食物，配鱼鲞，忌水、风、劳作。

送“月里羹”：至亲要在婴儿出生一个月内给生娘送礼品，称送“月里羹”，一般为素面、蛋，娘家加鱿鱼鲞和一埕北枣、乌豆、当归浸泡制成的老酒，称“麦麦酒”（乌豆称“麦麦”）。

开喉：婴儿出生后约1小时，在哺乳之前，用温开水和蜂蜜少许，喂2—3匙，以润喉理肠，谓之“开喉”。

开荤：婴儿在出生一个月左右的哺乳期间，喂以无骨刺之小黄鱼或鲳鱼，3—4块，谓之“开荤”。

“落地饭”：孩子出生3—5天内，择日设宴庆贺，俗称“吃毛饭”。宴请接生婆、近舍、嫡亲、女眷。宴前请“请佛先生”念经，烧符于杯水中。后用柏枝蘸杯水，洒遍产房四周和出入过产房里的人，谓可去秽化污，称“洒净水儿”。宴上接生婆坐首位，以示慰劳，并向四邻分送“素面汤”（一绞素面，两个鸡蛋）。

解禳酒（即“满月酒”）：旧法接生，风险很大。婴儿平安满月，即设宴庆贺灾难解除，故名“解禳”。遍请亲朋邻舍中的女客。外婆家送银奶吮、银脚镯、围裙、风衣、小鞋、小帽、小衣等婴儿周年内用的衣物用品，赴宴者各赐红包为答谢，还得向四邻街坊分送“解禳寿桃儿”。

困“狗窝儿”：婴孩满月后，要困竹编小圆床。人们图吉利，以贱名寓长成无忧之意，称小床为“狗窝儿”。婴孩入睡时要遮上一片线织的网，以示卫护，避免“鬼神侵扰”。

“打光光”：婴孩满三个月后，要剃去胎毛。第一次理发称“打光光”，留刘海头。

坐“奶奶”：婴孩7个月大时，要坐特制的“矮椅儿”。有竹木两种，坐垫开排便孔，上挂皇历、镰刀、铜钱，叫“挂胆大”，谓可辟邪破煞。

“踜车儿”：婴孩8个月，爬爬坐坐，两脚已会站立——叫“亭亭”，用木制方形小栏栅，称“踜车儿”，供其站立。

对对：小孩周岁，摆酒庆贺，称“对对”。外婆家送来小孩四季衣裳，鞋帽摆在榜里展示，来宾除至亲有男女，其余亲房、朋友、四邻均为男宾，各向小孩赐压岁包。主家还需向四邻街坊分糖糕、熟红蛋。此时小孩在大人卫护下能开始学步，称“行行”。

重教：孩子7—8岁上蒙馆（现在是上小学），外婆送来书包、文房四宝、雨鞋、雨伞给外孙（女），让孩子上学念书风雨无阻。家长还会分糕点给同窗，每人两块，称“状元糕”。读书中状元是英桥王氏每一代人的梦想。

寿诞习俗

永昌堡祝寿古来不大风行，偶有也简约，认为张扬显耀，不利于康宁寿考。

三十寿：虚龄二十八到三十岁，做“三十”，向四邻分糖糕。

花甲寿：六十岁，儿、媳、外甥、孙、女婿、外孙等晚辈向其恭敬祝寿，吃长寿面，摆寿宴，大外甥坐头席头位，寿翁向孙儿（女），外甥外孙（女）赐礼物、红包，向四邻分长寿面、寿桃（米制品）。

八十寿：举家庆贺，设宴招待宾朋、亲族，向四邻分寿桃示贺。

单百寿：百岁华诞，礼仪视经济条件而定，现代渐趋隆重，遍请宾朋，不收礼金。

丧葬习俗

永昌堡丧葬习俗与浙南地区的风俗大同小异，中华人民共和国成立前采取土葬方式，现改为火葬。但由于当地发达的社会经济文化为烦琐的丧葬风俗奠定了一定的物质基础。所以永昌堡的丧葬从淳朴到奢侈，整个过程具有时间长、程序烦琐、举止严谨、浪费严重等特点。2019年后，温州市政府进行殡葬改革，现在丧葬简易节约多了。

打寿枋：打寿枋，也称打“百岁枋”，就是做棺材。一般情况下，永昌堡人在50—60岁的时候要做好“百岁”后事的有关准备工作。打寿枋要选吉日，主家给木匠红包，一定要当日完成。油漆一般为紫檀色，内漆更加强。棺材为长形箱子，从侧面看去为一头高一头低的长方形，立面为上小下大；大头的立面外表用金色或黄色的漆写上“福”或“寿”字，写“福”字的为丈夫寿枋，写

“寿”字的为妻子寿枋。“福”字要写大一点，“寿”字要写长一点，意为祝愿主人福气大，寿命长。寿枋做好放在祠堂或楼阁上。

生寿坟：做“生寿坟”，请风水先生选坟地，定界盘，拣日子动工。做圹。圹做好后先放子孙石。将小石子放在坟圹当中，按照从头房（长子）到小房（小儿子），从内（子孙）到外（女婿）的顺序，每房放五粒小石子，在圹中泥土下藏铁的犁头生（意为压土），金沙银朱（矿物质中药）作为压土。然后放长生符。长生符画在薄的青砖上，分别装在男女圹顶头。在圹顶头要叠起24块坦砖，砖上放着长生符，长生符前放两个宝碗，碗内装着大麦种（用于检测此地温度和湿度），一个圹中放一对宝碗，宝碗都要盖着，外面捆扎红线和万年青柏。坟做好后，在圹内宝碗两侧点着一对一两重的长寿蜡烛。在圹背上要撒一些氯矾（数量不限），同时再放些炭木灰（即木炭末）。刻石碑铭志（碑上的字数不能是5的倍数）。如“某公寿域暨原配孺人某氏”，然后做坟饰。

坟饰的质量好坏，根据主人的经济条件而定。做得好的人家，在坟圈、坟首处装饰图案，在青石上刻松柏等；在坟圹前安置青石登门，石门上雕刻有八仙过海、天女散花等人物图案，以及花、鸟、鱼、草、山水图案，设石桌、石凳等。也有个别人家在坟旁筑有小亭、围栏等附属设施。

坟坦为水泥灰坦，坟顶上一般不浇水泥坦，目的是让坟圹透气，希望子孙后代事业兴旺发达。坟墓为一坟一坦葬一代人。有一坟多坦的，甚至五坦，即一座坟可埋葬五代人。

坟地选择有要求。一是地段要干燥。二是地质无岩石（意为子孙后代性情温和）。三是要看后山（意为有靠山）。四是要有山垄，但垄不能太高太靠近，坡度不要太陡。五是要左青龙，即过案，青龙要现；右白虎要藏。六是对案不能空（坟前不能空）。七是水文要求：坟背不能洗冲，坟前不能直冲，也不能有直流水向外，水路要弯曲细流，坟面不能对人江。

做寿衣：寿衣与寿鞋是已出嫁的女儿做的，寿衣颜色分别为外衣蓝色，内衣白色，长裤长袍，质地为麻布或棉布，寿鞋为布质白底黑面，鞋内底和鞋面绣有莲子荷花，并做好公子巾的帽。兆文袋为长方形，使用青色布做好，用以挂在死者身上，袋内先装入银质的“口唫”。

小殓：人死后，给死者沐浴、梳头、穿寿衣，含“口唫”，盖上寿被，男左女右移尸中堂，头朝照镜（中堂若是几家人共有，应摆在自家一侧）。死者脚的前方放一旧锅，由子孙将纸钱烧在锅里，此俗即小殓。这时调集亲朋好友安排有关丧事，请风水先生拣埋葬时辰，并派人去购买棺材内丧底货色，如草席、被褥、枕头、脚踏绣枕、手巾、青龙扇、草纸、灯芯、氯矾、棺材钉等。

点菜油灯：当死者移到中堂后，先拆掉死者睡过的床，并将菜油灯点在死者摆放的位置上，需要七天时间，称“照冥灯”。由尸扳手（专门从事料理死者丧事的人）洗床，并将死者用过的被、褥、衣服等按照风水先生拣的吉利日子在吉利方向焚烧。

请经友念见面经：念经前要鸣火炮，表示向阎罗王报到，然后开始念经。一般尸体放中堂几天，经也要念几天，尸体放多少天由出丧的时辰来决定。经文为佛经（阿弥陀经），道教为玉皇经，念什么经由死者信仰决定。同时请民间吹打班、乐队和请佛先生轮流演奏、念经。

哭灵：由女儿和媳妇在死者躺的板门边哭，哭的内容是与自己身份有关的事。家庭富裕的人家哭泣得少些，穷的或不幸的人家哭得多些。过去财主人家，是请戏班或者专门从事本行业的人员代哭，以增加气氛，内容大都为戏曲题材。

发讣告：人亡故后，由治丧小组或死者家人出面，发以讣告，报告亡故者姓名、亡故时间、寿岁、出丧日期。在十字路口、闹市地段张榜公布（出殡后应迅速撕掉），现代也有登报公布的。

大殓：送死人入棺。棺中放以松炭、灯芯草以防潮湿，铺以寿棉、寿被、“脚踏”。入棺前先鸣火炮、放烟花、吹号、奏乐，由尸扳手先喊“撇杀燥”，“一三四六七”（二、五与“我”近音）。这时开始由2名尸扳手整理棺材内的货物，并用白色的麻布包裹着尸体，抬着头和脚装入棺材内。待整理停当，孝子满意后订好棺材盖。跪在地上穿着孝服的执孝者站起。

围丧与送丧：订好棺材盖后，将棺材升到丧架上，移到道坦里，并在棺材上盖上丧盖，开始围丧。由长房（长子）长孙在前面背竹丝灯（指引灯），儿子戴三梁冠，媳妇和女儿穿麻衣，女婿、内侄、外甥、侄儿都戴单梁冠。从长辈到晚辈按大小顺序排队，亲戚朋友在后面跟随，人人手执一烛燃香。按顺序围绕棺材转三圈，再按倒序围绕棺材转三圈，收回燃香入香炉，随即出殡。接下去由请佛先生在死者家里开始念经。出殡开始，由长房长孙在送丧队伍前背竹丝灯，紧接着是吹打班，乐队一路吹奏乐曲。接着由晚辈（一般为死者的侄儿）分过路费叫“久拾”，“边走边抛”。后面紧跟着棺材，由儿子、女儿、媳妇在棺材两旁，长子在左，次子在右，依次排列。儿子手执孝杖（俗称哭丧棒，由竹子或木杆绕上白纸，两头包着红纸），后面跟着亲朋好友。“容亭”（死者的遗像）排在送丧队伍后面，由四人抬着，最后是吹打班。

谢步：长子要跪在送丧队伍路过的第一座桥的桥头或者第一个十字路口，面向出殡队伍跪下，求“桥神”予以顺利通过，并感谢送丧的人员，俗称“孝子谢步”。这时要有亲属好友陪伴长子，手拿写着“谢”字的红布，挡在孝子的面前。送丧人员的多少，视死者亲朋好友多少而定，一般为几百人。现在也有改为由死者侄儿代孝子谢步的。

安葬：由孝子、儿媳、女儿、女婿、孙子等押送棺材进坟圹前，跪下等待安葬。泥水师傅将做圹时叠在圹内的24块砖摆平，作为垫棺材的地板砖，以防棺材受潮。在圹内地面上要散2.5公斤氯矾，以利杀菌。棺材进圹后要严格检查位置是否摆平。孝子检查位置端正后，鸣炮、奏乐，封好龙门回山。各房要挖一对风水树（松树）挂上红布背回家放在各自门前。回山时不能穿孝服，每人要身披红布条或穿红衣服，以求吉利。

悼念活动：指容亭回山。往家抬容亭时，媳妇走在容亭两侧，到家时，鸣炮奏乐迎接。到家后将遗像挂在中堂，点燃香烛。先由媳妇献茶，接着是儿子、女儿、女婿，由内到外，一对对依次叩拜。富裕人家则举行“三献礼”，其形式由亲属拜，左右二人叫，一般由绅士分别叫“拜”或“憩”。

摆回山酒：一般的亲朋宾友在送丧一定距离后即回吃“白喜酒”。“回山酒”指送上坟墓的至亲和无能力送上坟山的至亲吃的酒席。“回山酒”讲究座位。死者的内侄子（老婆兄弟的儿子），坐头桌（中堂左边第一桌）的头位，中堂两桌为一排，右边为二桌，三、四桌依次排列。

貌坟：即送葬后的第二天，至亲及子孙晚辈再次前往死者坟前进行祭拜和扫墓活动。

放焰口：出丧的头天晚上放焰口，要请道士或和尚念经。还要念超度经，即把内外上下三代已亡故的人员，如父、祖父、曾祖父、曾外公、祖外公、外公、外婆、舅舅等包括已死的下一代姓名及出生年月都要一一报到。放焰口用品有用纸篾扎成的屋、金桥、银桥、仙童、仙女、箱笼等。笼内有纸钱，归死者阴司使用。唱“阴司曲”，点“药师灯”，念“过亡经”，玉皇经或大乘佛经。道场中亡者直系亲属在灵堂前的地上，分别间隔跪拜多次，每次拜三下，历时2—3小时。拜后开始送佛，由孝子和孝孙把纸扎的东西拿到佛庙里，烧在纸炉里。

还有富裕人家设灵堂，守七（天）祭祀。到期把牌位、香炉送放到宗祠内，如今此俗已废。

宗族习俗

永昌堡到明中期时宗族发展更为完善。建祠堂、续家谱、订族约、制宗训、定家风、设祭田，许多习俗活动在宗族中进行。

以姓通谱为同族，分几房。凡同房份内的人视为最亲的人，平日有事都叫亲房来商量，帮助解决。比如分田业房产、经济矛盾及一些房族纠纷等，都要亲房出面调解、立中画“花约”或盖章。若有外人欺侮，甚至械斗，则合族出面助帮。若遇婚丧喜庆，房份中的人都自动来帮忙料理。宗族内最尊者为公（特别是族长公，在房族内有很高的威望）。按俗，每年正月十二日为英桥王氏祭祖日，俗称“祭祠堂”。现在，凡同族六十岁以上老人，均可参加祭祖，吃“祠堂酒”。

为收宗敬族，英桥王氏从第五代王由起立族谱，记载宗族世系和其显要人物事迹。修谱一般二十至三十年一次，分设总局和分局，每丁出钱，叫“丁银”。有的地方还按灶收钱，叫“灶银”。修谱时，将各房谱的人丁如子女、姓名、出生、婚配、卒年、安葬地等列上报，或由谱局人员上门收谱。由修谱先生按辈分先后次序做修谱牒，写上谱名、乳名、书名。每人的名字用红纸写好贴在各家的门户上。谱内还要为族中有名望、有地位的，如忠臣孝子、节妇烈女、名儒等列传记入谱中，以示光宗耀祖。

修好谱牒，宗祠内盛设圆谱酒，圆谱这一天拜祖宗坟墓、祭宗祠（叫拜谱），巡游宗谱，演圆谱戏。附近同姓宗族亲族代表前来庆贺，抬来全副猪羊、红烛，还有送匾彩缎，吹吹打打，热闹非凡。

建房习俗

造房奠基要定风水，择吉日吉时，请石匠师傅动工（给红包），完工。地基房屋前有大道坦，具有排水沟设施，铺砖或石板，门台基、围墙基、房基，后有小花园基（建假山岩），也有排水沟设施。坐北偏东，朝南偏西。不可路冲、河冲，以及邻近房屋的屋脊头和飞檐尖角的冲，庙宇、祠堂的冲。动工前翻土，在中间土下压犁头铁、金沙银朱等。

框架包括木柱（下叠石墩）、木梁、木椽，俗称“顿木”，多数为七柱。前门头一柱，房六柱。择吉日吉时请木匠师傅动工（给红包），完工。上正梁很讲究，正梁的中间，贴上黄纸符，挂上木榔头，上缚万年青柏，两头挂上红布，择吉日吉时，老婆家、女儿家送来“抛梁”“松糕”。打火垛，放鞭炮，上梁后，将贴圆形红纸（或小铜钱）的一个竹米筛挂在正梁当中，开始“抛梁”。老司、帮工、亲戚吃松糕，吃上梁酒。

砌墙盖瓦也择吉日吉时，请泥水匠师傅砌墙、盖瓦、泥塑、动工（给红包）、完工。间隔：木柱间隔以竹篱外抹泥灰，叫“泥壁”。用“四寸”薄砖砌，叫“撑樘”。门台、屋脊图像，叫“泥塑”。

材料：花岗岩石块、条石、石墩、杉木、砖、瓦、石灰、沙等。

一般布局包括门台、道坦、门头、住房、上间、后小花园、墙围。“先砌门台、后砌屋”。少数有门台无墙围，或既无门台也无墙围。

间数一般少数三间，多数五间、七间，少数九间。多数七柱，前一柱为门头，中间叫“上间”，较边间宽大许多，红白喜事公用，供土地尊神。中间三分之二处隔有隔樘叫“上间樘”，藏风水、财气。大的部分叫上间，小的部分叫“后樘”。上间隔樘下按“中堂符”，下压犁头铁、金沙银朱等。

新房完工后，进屋时俗称“搬过屋”。要择吉日，良辰为瓯江涨潮之时。放鞭炮，并准备谷米一担、草席、算盘、秤等物。请来娘舅（讨彩头），由全家人踩着放在地上的梯子进去（步步高）。祝愿人丁安康、百业兴旺。当天砌新灶（给红包），当天完工。砌新灶，犯忌人员要规避，灶基填埋犁头铁、金沙银朱。灶火眼朝南偏西，烟囱靠墙。有灶佛神龛。三眼灶第三个镬不能与第一个镬、第二个镬平行，稍向里侧斜。二眼灶，置大小铁锅二只，但要对称。两锅之间有嵌罐，有陶质的，多用铁质的。灶孔中有可移动的汤罐，灶火沿上有挂罐。灶孔之下是灰塘。灶孔朝向的方位是柴仓，柴仓凳离灰塘石板挡隔叫灰塘沟。离镬灶较近的是水缸，靠墙，旁置排水沟。还置食品橱与餐具橱合体格橱。格橱木制，分上下两部分，约高2米。下部2个格，栅档，敞口，主放碗碟盐油罐瓶坛。上部三间四扇门，里边通用，放置菜肴、佐料、食品、货料。格橱门精雕细刻各种图案，新灶砌成，马上使用。先用菜油祭新镬。起火打“炮婆”即爆米花、煮汤圆，以图富有吉利。分汤圆给邻舍。摆完工酒，请建房（俗称“砌屋”）师傅和亲朋好友，以贺乔迁之喜。

屋忌正南向，没有大福气消受，只有皇宫、神庙能正南向。

宅院布局左重右轻。左青龙要健（重），右白虎要和（轻）。

屋的大门忌对冲大路，有路冲；忌朝大河，有河冲。要挡以“泰山石敢当”石碑。

前后邻居起屋，要用丈杆挂米筛贴红心（纸）、剪刀、尺等破煞，叫“映红”。

住宅忌对人家屋脊头和飞檐尖角，叫“冲”，居住不利。

佛殿门前忌起屋，祠堂后面忌起屋。

一楼楼梯忌直，要盘（弯）。

灶门洞忌朝正东、正北，要避太阳。

床、桌要与屋同朝向。

跨梁（与屋进向垂直）床，睡不安。

床的安置要择平潮（瓯潮）。

分家习俗

分家一般由娘舅主持，并请族人作证，为见证人。

分家包括分清房产、田地、财物和债务，明确落实相关的“长子孙银”、“娶亲银”或“老婆本”，也有给未出嫁姐妹“出嫁银”。

程序通常有立分书、分财物与明房田，画押或签字，最后持分家酒。

服饰习俗

明前期，服饰有定制，官民士庶，登记分明，不得僭越。弘治《温州府志》卷一《民事》记载：“男子服饰皆青衣棉布，不尚罗缎彩色。妇女亦布衣布裳，惟初婚及节序、喜庆、归宁父母，则饰珠翠、服锦绣，不为常焉。”说明英桥里人在服饰上比较朴素。

到了万历年间，情况发生了较大变化。万历《温州府志》云：“旧时男女俱尚布衣，今富家子弟多以服饰炫耀，逮舆隶亦穿绸缎，侈靡甚矣。”《岐海琐谈》对明后期温州地区服饰的僭越、侈靡现象有记载云：“次而吾儒衣巾，所以章厥身以自别齐民者也。乃今僭窃者，咸是纨绔之子，铜臭之夫，购求赝札，以紫乱朱，且修舆台，盛补御，身衣绮襦，冠凌云唐晋之巾，出入闾巷，飞盖追随，虽岁贡生，乡荐士，反视为不逮也，可胜叹哉。”可见在明后期，一些人要求摆脱礼制的束缚，追求自由，崇尚金钱、功名，衣饰风尚随之转变。清代以来，至今逐渐呈现多元化和丰富的特征。

禁忌习俗

有“敬”必有“忌”。《礼记》曰：“入境问俗，入门问讳。”永昌堡民间的诸多讳忌，日积月累，成为约定俗成的风俗习惯，体现在语言、行为与吃食方面尤为有特色，深深地渗透在人们的日常生活中。

称谓忌讳

忌称长辈名讳，认为有伤尊严；还有礼节习惯、日常俗语等。例如：

有人父亲忌称“爸”，称“阿叔”“阿帮”“阿宰”（上声）、“阿大”。为“人父”，是人生最大的福气，唯恐承受不起。

也有母亲忌称“妈”，呼“阿婶”“阿娘”“阿晒”。

偶有兄长忌称“哥”，呼“阿姊”（音“赞”）。

生子忌称“生男儿”，说：“生个大脚姆。”

孩子忌夸“聪明”“可爱”，要说“丑”“讨厌”“赖烦”。

忌称“两百五”，被认为猥琐不成器。

忌称“七钱三”，被认智商不足，因真银元重七钱二分，七钱三即成色不足，另一说“七钱三”为乞儿命。

日常表达话语的忌讳：

忌说“蚀”（音叶）。茶叶说“茶兰儿”，猪舌头说“猪口近”。

忌说“病”，要说“不好过”。

忌说“死”，要说“走过亡”“过辈了”“老信”。

忌说“滚”（翻船），“汤滚”（汤勺子）说“汤龙儿”。镬滚（镬盖）说“镬遮儿”。

忌说“短”，说“近”。

忌说“丢了”，说“不见了”。

忌说“碰撞”，说“楷着了”（音“坑着了”）。

忌说“棺材”，说“老寿”“百岁”“寿枋”。

忌说“药方”，说“茶方”，药渣要泼在路中央。

忌说“卅六”，不吉利，要说“卅五加一”。

忌说“刀”，说“快口”。

忌说“缺钱”，说“钱忙”。

忌叫“皇天”，不吉利。

行为忌讳

正月初一不扫地、不喝茶、不吃稀饭、不吃带汤的菜肴，谓喝水喝汤，钱财会外流，出门会遇雨。

逢年过节或初一、十五，忌打碎盘碗，恐招来不利。

小孩忌吃鱼子，谓吃鱼子以后不会算账。

男人忌从晾晒的妇女衣裤下走过，以免招来晦气。

妇女忌上瓦脊，否则房屋、底盘不吉利。

孩子不能用筷子敲打饭碗和将筷子插在饭碗中央，叫“满饭”，免遭不测。一顿饭忌用两只碗。要手捧饭碗。

开店铺的人忌坐在柜台上，做生意的忌早上第一个顾客不成交而去，否则全天倒运。

走江湖的逢七不出门，逢八不进门。有“七不出门，八不归”之说。

宴请客人时，不能中途将空碗碟收起，否则被认为是“逐客”。

忌把衣服穿在身上缝补，生怕将来会做贼或被人怀疑是贼。

入殓啼哭时，忌把眼泪滴在死尸上，否则死者不忍离去，且不得超生。

舍宅遇蛇不可打，连声念：“哪里来，哪里去。”

扁担放在地上，忌妇女跨过，免遭不吉利。

妇女分娩前，忌动剪刀、针线，忌看怪戏、怪画、怪电影，以免给胎儿带来各种各样的生理缺陷。

扫地忌从里向外扫，否则财源会流失。

行路人，忌“面盂水”溅身。怕惹祸灾，万一被溅，倒水者要买神花蜡烛或做戏放炮赔礼。

每月初一、十五忌归账，忌讨债，忌担壅（粪），忌倒尿盆，忌出栏。

凡事说声“辟煞扫”。

病家头天求了神，第二天忌外人串门（叫“谨谨”）。

方的桌板要直摆，忌横摆，避祸患。

祭神祭鬼，桌板要横摆。

椅凳忌留在门外过夜，会遭鬼神坐。

衣服忌晾在露天过夜，尤其是婴儿衣裳。

忌透“人气”（深呼吸），不吉利。

煮饭忌米先落锅，要先放水后下米。

忌吃饭时掉饭粒，要粒粒捡起。

忌用茶水磨墨写字。只有写离婚书（休书）才用茶水磨墨写字。

女人忌戴白花，忌穿白鞋，那是“作孝”（居丧）。

女人裤忌当众高晒，女人裤下忌钻过。

船过桥洞，女人停步。

小便不能站船头，小便不能冲寺庙门。

红喜事“人情”（礼金）要“出头”，白喜事“人情”要平头。

断气后的人体不能入室。

砌屋上梁、葬事入殓，生肖相克者要回避。

遗体出殡后，立即扫地闭门。

好事开头，忌人打扰，免冲了“彩头”。

屋内忌打伞，会发火灾。

做坏事忌神前“谶愿”（发誓），抬头三尺有神明。

出门办事忌回头。

做寿做“九”，忌做“十”。

吃食忌讳

永昌堡人训子孙勿轻易杀生。《岐海琐谈》卷十一“众鳖衔衣”有载，说王叔杲嗜鳖，其亲家公吴锦云知道他有此种嗜好，便投其所好，“每预畜以待，将为不时之需”。一天叔杲过访，吴翁命治鳖款待。但匪夷所思的事情发生了，“众鳖咸以口衔仆妇裳裔，若将乞命然者。盖是妇工于治鳖，平素烹调皆出其手也”。两人亲见不由目瞪口呆，于是吴翁亟命放生，叔杲则终身断绝此味，再不食鳖。英桥王氏后人皆忌食鳖，忌食青蛙肉。至今如此。

心理忌讳

出门忌听乌鸦叫，凶兆，要连声“呸煞扫”，并吐痰于地用足“篾”（抹掉）。口中念：“老鸦白头颈，叫叫不要紧；老鸦白脚蹄，叫叫好时年。”

夜里忌听猫头鹰叫，凶兆，会有老人“老信”（亡故）。

忌听母鸡啼，凶兆，要立即宰掉。

忌听夜犬长声哭叫，鬼怪过径。

眼筋跳，会吵架。

第四节　民间信仰

永昌堡人古来敬鬼神、信巫卜、尚风水。普遍信奉道教、佛教，“神佛崇拜”源远流长。

神灵供奉

永昌堡内现有道观一座，全称为“温州市龙湾区道教协会东城观”（以下简称东城观），又称杨陈二府庙。庙内供奉东瓯圣王、杨府爷、陈府爷、文昌、魁星、太岁，赵、岳、温、邓四元帅，天地水三官；另一处供奉观音、五岳等，底层供奉黄虎，共20多尊神祇。永昌堡东西南北筑有4个城门，城门上均有谯楼，各谯楼均为供奉神灵的场所。

东城环海楼，城楼上供奉如来、玉帝、关公、三官、雷公。另一面供奉陈十四、陈十三，瓮城中天井内，简单供奉陈十五、张三令公和童子郎君。

南城迎川楼，城楼上为关帝圣君庙，供奉关公、周仓、关平以及马、赵、温、岳四元帅，陶、林二圣和土地。

西城镇山楼，供奉如来、地藏王、阿难、迦叶、关公、三官、陈十四、龙母、小龙、天解神、土地、白虎太岁，另辟一室单独供奉观音。

小西门谯楼上为东城观分院，亦称杨陈二府庙，供奉杨府爷，陶、林二圣，胡公（则）和土地。

北城通市楼，城楼上为玄天大帝，文、武二星君和土地。旁边有一小庙，供奉陈十四、陈十五、童子君和土地，原为旧时建在楼下城墙边的临水娘娘宫，后因该处拆建，搭临时小庙迁入。现已复建。

从四门谯楼三处供奉武圣关羽，北门供奉玄武大帝，可以看出永昌堡建堡时对武文化的重视。

东瓯圣王庙，主要供奉东瓯圣王、郑氏侯王，原为堡内最大的庙宇，有戏台，后改为供销社。现已复建。

东北面水门上，原建有魁星楼供奉魁星，另外，过去还有文昌阁供奉文昌帝君，晏公阁供奉晏公，均在1958年间拆毁。

星散在街巷路口的路头庙，约一市尺见方的简易神龛，无神像，供居民平时焚香烧纸。现已消失。

地方神及崇信表现

永昌堡神灵文化所信仰的对象，如前所述的供奉情况来看，是兼收包容，较为庞杂的。地方神（区域性的偶像神）崇信情况大致如下。

东瓯圣王和郑氏侯王

两是堡内最为崇信的地方神。旧时，他们的祭典都要演戏半个月，请两台戏班斗台演出，互竞高低，还要举行盛大的迎神活动，迎神的神轿制作精巧，有三层走马廊，其他仪仗都很丰盛。

东瓯圣王，就是秦末间瓯越族首领驺摇，因助汉击楚有功，公元前192年被汉惠帝封为东海王，都东瓯，俗称东瓯王。他是瓯越氏族社会第一位被封建王朝封王的首领。对开拓东瓯地域起了很大作用，历来受这一地域民众的崇敬，逐渐上升演化为该地域主要的地方神，至今仍是温州沿海地域民间信仰中著名的地方神，现仍有多处东瓯王庙，农历三月初八日祭祀。

郑氏侯王，名郑铮，永嘉县华盖乡三都沙村里人，生于南宋乾道元年（1165）。“后附海舟遇寇斗死”，“（南宋）宝祐五年（1257），见梦于郡守”，“郡守以事闻，诏封太尉，遂建庙于乡。元大德间，海寇蜂起，岁无宁日，神忽作狂风，贼俱全淹没。郡王安贞奏闻，加封忠烈将军”。这是一位勇斗海盗而壮烈牺牲的当地人，后经逐级加封演化为神。主要信仰范围在永昌堡和相邻的沙村。农历正月十日，迎神（抬佛）致祭祝寿，祭事热闹异常。

郑氏侯王的神庙在沙村（与英桥同属华盖乡），该神在永昌堡大受崇信始于一段传说：相传明嘉靖时被誉为“东瓯双璧”的王叔果、王叔杲兄弟俩上京赶考，因路途艰难，屈指计算要误了考期，正焦急间，见码头一大船来人说：“两位是否为进京赶考的举人，若是，我们这条船刚好要进京，主人邀请你们同行。”王氏兄弟欣然上船，船上人嘱其闭眼休息。王氏但觉该船迅行如飞，方惊讶间，喧传京城已到，王氏匆匆上岸，遗一靴在船中，上岸打听离考期还有十来天。兄弟俩中进士后，回乡祭谢。一日，至沙村郑庙烧香。见庙中神柜内放着他们遗在船中的那只靴，即以神船迅送赴考事奏闻朝廷，朝廷加封郑氏为忠义侯王。从此，永昌堡的王氏后人就和沙村人共同信奉郑氏侯王。（可参考第五章第一节“岁令习俗”“抬佛节”，正月初十迎神习俗）

胡公大帝

即永康方岩供奉的胡则。他是北宋初的真实历史人物，宋太祖乾德元年（963）生于永康县胡库村，宋太宗端拱二年（989）中进士，历官47年，于宋仁宗景祐元年加封兵部侍郎荣衔致仕，卒于宝元二年（1039），享年七十七岁。他为官清正，力主省刑薄赋，兴革便民，做了一些为民请命、造福乡民的好事。特别是“奏免衢婺身丁钱”，给浙中民众减轻负担，“民被其赐而为之立庙”。在民众感恩和后世王朝多次加封敕赐下，从历史人物成为赫赫有名的地方神。信徒之众，影响之大，堪称江南之最，是浙江最著名的地方神之一。胡公信仰的祖庙在永康方岩。温州市最著名的信仰地在永嘉大箬岩。该信仰从永嘉大箬岩广泛渗透，成为永强地域多年来最盛最热衷的神灵信仰。永昌堡近年在小西门杨陈二府庙供奉的胡公大帝像，就是从方岩分土增塑的。

杨陈二圣

温州市原有杨府爷信仰，以杨府山、海坛山、麻行等地为盛，祀北宋名将杨延昭（六郎）等。据说是宋代北兵南调，将其信仰带到温州沿海，至今香火颇盛，诞期为农历五月十八日。永昌堡的杨府爷诞期为农历二月初八日，似是在平阳、瑞安沿海流传的另一杨府爷信仰。据传该神叫杨精义，唐贞观时人，生十子，在瑞安陶山修炼，拔宅升飞，宋时敕为“真人”，成神后曾有拯救海上渔民，击败海盗，平靖附近海域等“神绩”，平阳鲸头有他的主庙，香火县中称盛。陈府爷据传是与杨一起修炼的同伴，瑞安陶山有其仙迹。永昌堡的这一信仰，据说较早就从陶山传来，当地以做生意人（商贩）崇信者最多。

陈十四、陈十三、陈十五夫人

陈靖姑，相传为晚唐五代时福建莆田人，因生于正月十四，故俗名陈十四。初于闾山学法，后降妖救民，封死蛇精于古田县临水乡白蛇洞，后人于当地建庙临水宫祭祀。对她的信仰主要分布于闽东南和浙南，以及这些多地区移民的中国台湾地区及新加坡等地。温州沿海各地是陈十四信仰最盛最广泛的地域，尤其清代和民国以来，通过多种民间文艺形式，如唱鼓词（娘娘词、夫人词）、唱南游、唱龙船、夫人戏（连台本地方剧和木偶戏）等，使得这一信仰的特异之处是增设陈十三、陈十五两夫人。陈十四的民间文艺与传说都说她好结拜姐妹，“陈靖姑与结谊姐妹，巫医相兼，习武修道”。如福州的“三奶夫人”是指陈、林、李（今丽水市及遂昌和云和等县大多亦如此），古田顺懿祖庙主殿的“三夫人”是陈、江和石夹夫人。泉州奇仕妈宫的“三夫人妈”是陈、金、李。罗源传说，陈靖姑广交结义姐妹，有七姐妹，为陈、林、李、高、周、郭、阮。福州则传说为十二贤妹，也均为异姓未有同姓。因此，永昌堡中的陈十三、陈十五女神，典出何处，源从何来，已无从考察，只能也算为结谊姐妹神。永昌堡俗称神灵寿诞戏为“额子戏”，当地则以农历二月十四日为陈的诞期，演额子戏祝寿。

陶、林二圣

出处事迹未详。或说是追随杨、陈二府爷修道成神，或传原为海盗，放下屠刀皈依修真而成神的。该信仰也是从瑞安沿海一带传入，为这一地域范围的地方神，永昌堡内多处供奉。

黄虎将军

即猛虎。相传为杨精义真人的坐骑，因一起飞升而成神。民间认为黄虎毕竟兽性难驯，属凶恶神，如若冲撞了就要惹祸。故而，敬者颇众，寿酒甚至多到60多桌。究其根源，黄虎神与其说是地方神，不如归动物神较好。大罗山区及邻近一带山区，虽非深山区却历来多虎患，黄虎信仰应该是源于古老的虎信仰。

佛道神及崇信表现

永昌堡的佛道信仰是“释道合流”。据说，曾申请参加当地佛协，也因此而未获批准，要求堡内佛道分开，佛院单列，堡内人士依据本地民情认为难以分开。永昌堡无传统意义上的道观，也无出家的道士、女冠，跟浙南、浙西南许多农村一样，沟通神灵和社会人群这两重世界的桥梁和纽带，主要依靠俗家道士，俗称法师或道士先生，一种半职业的农民。他们一面娶妻生子、出力干活、过着世俗的生活，一面积极从事当地人群与佛道神、地方神及其他神组成的神灵世界交流、做法事、设斋打醮、画符洒净及各种功德。这里，其实跟浙江许多农村一样，流传以地方神信仰为主的多神信仰。古老的以崇信鬼神、“尚巫奉祀”的东瓯遗风，在兼收部分佛道神的同时，兼收陈十四夫人、胡公等外地传入的地方神，一起构成乡土的地方神灵组合。

永昌堡信奉的主要佛道神一览表

表5—2

佛道神名	俗称	有关情况	备注
释迦牟尼	如来佛	当地以四月初八为成佛日，十二月初八为佛旦	
观世音菩萨	观音佛	信仰的妇女颇众，当地以二月十九、六月十九、九月十九为观音旦	似有归入道教神倾向，释道共奉
地藏王菩萨		俗以七月二十九或三十为地藏王旦	
阿难、迦叶两尊者		侍立于如来佛像两旁附祀	
玉清元始天尊、上清灵宝天尊、太清道德天尊	三清	图像平时不张挂，于法事时供奉	道教最高神祇
玉皇上帝	皇帝大帝	民间信仰者对其概念较模糊。俗以正月初九为玉皇旦	天界最高神
天官地官水官三官大帝	三官爷	初一、十五有点三官灯之俗	
真武大帝	玄天大帝	俗以三月初八为玄天上帝旦。同时供奉文武星君	镇守北方（位），故以北门供奉
关圣帝君	关公	俗以正月十二、五月十三为关圣旦。同时供奉周仓、关平及诸武元帅	为武圣以佑城池，永昌堡中城楼东、西、南皆供奉，尤以南门最盛
文昌梓潼帝君	文昌帝君	读书人供奉	永昌堡中原有文昌阁，现毁
魁星（奎星）		读书人供奉	永昌堡中原有魁星楼，现毁
土地神	土地爷	永昌堡中各处供奉	永昌堡中这一崇信颇为广泛
灶神	镬灶头佛	各家各户	永昌演化为家神，无庙祀

关公

永昌堡在明代建城时就于东、南、西三门的谯楼多处供奉关公，积极意义在于抵御倭寇的反侵略斗争，以关羽的“武圣”形象来鼓舞士气，凝聚民心，号召军民英勇作战，即以“守土克敌”这一现实功能而崇拜。此外，由于相传关帝具有司命禄、佑科举、治病除灾、驱邪避恶、诛罚叛逆、巡察冥司，乃至庇护商贾、招财进宝等“全能”法力和集忠、义、仁、勇于一身，成为民间各行各界人士平时也广泛信奉的“万能之神”。这一信仰，至今在当地仍影响很深。

文昌和魁星

文昌本是星官名，即斗奎（魁星）之上六星的总称，道教尊其为主宰功名禄位之神，民间俗称“文曲星”。隋唐兴科举，文昌星为士人广泛崇信，中晚唐帝王又将原为四川梓潼的地方神“梓潼神”推崇为司文之神，两者合二为一，成为文昌梓潼帝君。魁星原有斗（北斗）第一星名，即奎星，后谐音为魁星，神像蓝面狰狞，手执铁笔，赤足鹤立，相传士人必须由魁星之笔点额才能得中功名。明清以来，文昌、魁星之祀遍布各地。永昌堡旧时有文昌阁和魁星楼，冀求保佑当地学子苦读攻书获取功名。废科举后，这一信仰淡化，当地的文昌阁、魁星楼也于1958年拆毁。恢复高考制度以来，这一信仰在各地逐渐复苏，大多是中年老人为祈求保佑孩子读书成绩名列前茅和高考录取。永昌堡也在东城观设文星、魁星神像，于杨、陈二府爷侧附祀。

土地神

俗称土地公、土地爷，是中国民间最普遍供奉的神灵之一。旧时，土地庙遍布城乡各地，家庭也常供奉。土地爷源于由远古时代土地崇拜衍生而来的社神，是级别很高的自然神，后来自然崇拜色彩渐渐消失，转为只管理某一地面、某一地段而又具有多种琐细社会职能的低级小神。

永昌堡农村对土地神较为敬重，各庙都供奉，每个城门上供有地方土地神，普通人家也有祀土地神的，主要司职增人口和盖屋、造坟等动土事宜。旧时，人家有娶亲、生孩子等家宅人口增加的大事（俗称增人口），都要祈告本家土地。其仪式为先烧净水于家宅内洒净，念大乘咒，摆五牲祭祀，告之所增人口，祈求平安。一般用常人（家人）来做，不请道士先生，摆八盘十样菜祭祀，给土地烧“金银宝”（箔纸），给祖宗烧一种当地俗称“久拾”的烧纸。按东南西北中方位画五道符（俗称起土符儿），按方位贴好（阴宅是画在木柱插入土中），方可动工。屋盖上或坟（板）上，仪式可不请道士。阳宅（新屋）建成后要择日，要请俗家道士来做，中堂的安土符儿要画在规定尺寸的木桩上，福礼要规定的素五牲（活的大公鸡一只，米粉做猪头、猪脚、鱼等），仪式由道士先请五方土地和本家土地等，然后用香火虚空画“治土煞鬼”四字，将四方安土符儿在房子周围外沿贴好，将犁头铁一小块放进中堂事先挖好插符的小坑，再放进金沙银朱（铸银的熔渣和朱砂的混合物），道士口念：“天灵灵，地灵灵……百无禁忌！”将中堂安土符儿桩插入坑内，最后将三杯酒洒在外面地上。

许长生愿

一些人家兆年生了孩子，阖家欢乐，因担心孩子太娇贵（生病），于是就由当家人出主意，择好吉日良辰，站在自己大门口檐前焚香（三炷香）向天祈祷，许下诺言，保佑自己孩子能健康成长，岁岁平安。孩子平安到了结婚时，必定要备办三牲福礼供请还愿。此礼虽然简单，但十分慎重，虔诚之至。人们称之为“还长生愿”。

许天愿

一些人家中某成员生病不愈，或家中遇到不愉快之事，或生意受到波折等情况，也是当家人到殿庙案前许愿，叫“许天愿”。也有地方老人热心公益事业，祝福本地安宁太平，人能政和，组成太平班在殿庙里许下“天愿”。许天愿的还愿按自己许愿的情况而定，如一切满意（或基本满意），才选好吉日举办祭仪，也可在方便的时候（不能拖太长时间）办三牲福礼还愿。但必须在许愿殿庙还天愿。还愿要按请佛先生要求办理，一切严格有序。

大箬岩香会

永康县的方岩，有一座胡公大帝庙，香火很盛。据有关史料记载，胡公单名则，是北宋永康籍的高官，曾官至兵部侍郎，能为人民办好事，死后被神化，称之为胡公大帝。“圣德巍峨留万世，神功浩荡佑黎民。”因此永昌堡很多人，每年八月至九月初，近一个月，纷纷组织“大箬岩香会”，前往永嘉县大箬岩镇陶公洞胡公大帝塑像案前进香还愿或许愿，热闹非凡，香火之盛远超其他殿宇，其信仰盛境十分感人。永昌堡到大箬岩路途较远，过去人们都从水路坐船去进香，十分不方便。当天早晨集中在头家家中，根据瓯江潮候确定出发时间，备好一切东西。立香案，放百子炮，由头家手里拿彩旗带队下船，坐好位置出发。经过蓝田渡口，过瓯江往永嘉沙头方向行驶，约需4小时，再步行4小时，到了圣地，人们井井有条地把所带祭品放置在神灯台案前，举行简单的祭典仪礼后，各个会员都向胡公大帝许愿、还愿、通疏、求寿、求吉、求子、求发财、求平安等。各人完成自己的任务后，大家共同分享祭品。公平、和睦是香会建立的基础，因此大家都产生友好感情，是一种带有神圣的“共事”。现录部分香会的进香文疏：

中华人民共和国浙江省温州市永强二都英桥里……祈福自诞生信男、信女……暨领合疏眷属众等恭叩。

大箬岩圣迹敕护国佑民忠佑胡公大帝御案前……神功永佑，帝力无边，保同福合疏众等诸家迪吉，各户生辉，老者延年益寿，少者体壮身强，男安女顺，夫唱妇随，子孙等兰桂之秀，家家迎百福，户户纳千祥，春夏秋冬，四时得意，士农工商，百业兴旺，行藏协吉，水陆平原，生意如春花之发，财源似潮海之流，日日报平安之竹，时时开富贵之花，万般顺和，俱事亨通，合地以荣，百世发祯祥之瑞，万年蒙庇佑之功，亿祈不告，默佑无疆，不胜虔切之至，谨疏。

回香时（不说回来），大家都带回一双红烛（称回头烛）与当地特产，如文旦、玉米、栗子，第二天，回香时顺便到沙头对面青山中“太平岩”膜拜神灵。按瓯江潮候，按时回到沙头，坐船返回。到家后，也要举办隆重祭礼及聚集吃回香酒，完毕结账、唱词，活动基本完成。如下年有新头家，将彩旗、香炉等移交给新头家。

外来宗教信仰

主要包括天主教、基督教。

天主教

天主教亦称为公教，与东正教、新教并称为基督教三大支派。清光绪十四年（1888），法国籍神父鸿烈鸣到温州传教，相继扩充4个堂点：即温州本堂、平阳西坑天主堂、瑞安城关天主堂和光绪二十六年（1900）创办的永强沧河天主堂，龙湾区天主教爱国会会址设沧河天主堂。

坐落在永昌堡城南的二都天主堂，建于民国13年（1924），1991年重修。教堂占地948.91平方米，建筑面积794平方米。有信徒400多人，现任堂长孙进昌。

天主教有四大节日（俗称四大瞻礼）：耶稣圣诞节，公历12月25日。耶稣复活节，纪念耶稣复活周年节日，是每年春分第一个月圆后第一个星期天。圣神降临节，又称圣灵降临节，时间在复活节后的50天。圣母升天节（圣母安息节），公历8月15日为纪念“圣母荣召升天”。天主教除四大瞻礼外，还有三王来朝、耶稣升天、圣母无染原罪、大圣若瑟、诸圣瞻礼等八小瞻礼。

基督教

狭义的指基督教三大支派之一的新教，民间称之为耶稣教。清同治七年（1868），英国传教士曹雅植建立教会。清光绪三十四年（1908），英国传教士李华庆到永强沧河建基督教堂，占地面积1800平方米，设分（支）会。民国十六年（1927）设基督教永强沧河分会。1984年龙湾区“三自”爱国运动委员会与龙湾区基督教协会成立。

永昌堡基督教活动场所有坐落在前街村的永昌基督教堂，占地面积701平方米；坐落在城北村下六宅的下六宅基督教堂，占地846平方米，始建于1993年。

圣事又称圣礼。主要有洗礼、圣餐、复活节、圣诞节，还有丧礼、婚礼等。

洗礼：洗礼是入教者必须领受的第一件圣事。接受一段时间的新教基本教义训练并经过口试及格，即可在牧师或长老主礼下行洗礼，分“点水礼”和“浸水礼”，亦说“奉圣父、圣子、圣灵之名，给你施洗”。

圣餐

圣餐一般每月举行一次。由牧师或长老主礼。“面饼”表示耶稣的身体，葡萄酒表示耶稣的血。领圣餐者须是受洗教徒，圣餐前须做虔诚祈祷，认真悔罪，然后领取主礼者分给的面饼和葡萄酒。

复活节

《四福音书》载：“耶稣被钉死于十字架后，第三天复活升天。”“复活节”喜庆气氛较浓，搞小型表演，信徒互见，互相庆贺“耶稣复活了”，可相互赠送染成红色的鸡蛋或鲜花等。

圣诞节

圣诞节是教会最隆重的节日，庆祝耶稣诞生之喜。教堂内布置“圣诞树”，树枝上挂着象征冬天的棉花，表示团结的金纸环，代表警醒的小钟等。还安排“圣诞老人”，给参加庆贺活动的人赠送教会专为此节日准备的圣诞礼物。12月24日晚为圣诞夜（平安夜），举行礼拜活动，举行演唱晚会或演出小型话剧等，内容与耶稣诞生有关。12月25日即圣诞节，教徒们见面，互致“圣诞快乐”“耶稣诞生了”，聚于教堂，参加圣诞礼拜。

第五节　“非遗”项目

永昌堡“非遗”项目主要指英桥王氏祭祀（春祭大典）、南拳（永昌堡王家拳）、王奭薪堂中医整骨。王奭薪堂中医整骨被列入浙江省第三批“非遗”名录，温州南拳（永昌堡王家拳）2012年6月被列入浙江省第四批“非遗”名录，英桥王氏祭祀（春祭大典）被列入温州市第六批“非遗”名录。

春祭大典

敬宗祭祖自古就有。永昌堡英桥王氏的春祭大典，主祭先祖考万十一府君，所以“报本始，萃宗人”，奉高祖考樵云府君及始封通政溪桥府君配食，“所以崇德报功，启佑后人”。以每年正月十二行之，故称春祭大典。

春祭大典

春祭是永昌堡英桥王氏祖传的最隆重的家族祭祖仪式，至今已有630余年历史。始创于明洪武十三年（1380），由四世祖樵云公发起。流传至七世、八世时，是英桥王氏的兴旺时期。初时只拣朔望之日去宗祠上香祭拜，自八世祖王澈公于明嘉靖二十二年（1543）重建王氏宗祠后，特立英桥《王氏族约》云：“宗祠之立，盖以义起者也，故祀我先祖考万十一翁（府君）者，报本始，萃宗人也。奉高祖考樵云公（府君），及始封溪桥翁（府君）配食者，所以崇德报功，启佑后人也。配食惟立牌，不设主者，酌礼之宜也。”规范族训、家风实施内容和程式，并对祭祀的祠仪进行了规定，设“司礼、司恤、司事、司纠，专习礼仪的礼生、通赞、司爵、读祝、司牌、司钟鼓者”。规定每年农历正月十二为英桥王氏家族春祭大典日，地点在王氏宗祠，由宗子主持。现在主持者为本族辈分最高、年龄最大者，陪祭者为各房之长。

有公田作为祭祀及族中其他费用的来源。初立祠堂时，“岁时祠祭割田为常需，惟丰惟俗”。而后立《族约》规定：“凡子孙揆置祭田，其字号步田勒石于祠，俾令世守。有贾鬻者以不孝论。凡祭田，子孙轮年征租办祭，其品物悉遵文公《家礼》，务在充备精洁。有不蠲者，司祀纪过议罚。”中华人民共和国成立后撤销了公田，就由族中人丁赞助作为费用。春祭第一天，即正月十一日，由族人自发组织后勤人员，备办酒席，温州五县之内凡是英桥王氏之家族，均要派代表参加祭祀及赴宴。后勤人员在王氏宗祠内摆设祭桌、牌位、香炉、各种香烛、四张八仙桌等。按辈分悬挂50多幅有功名列祖列宗容图及简介。天井中放好辈分排位，让族人祭祀时按辈分站立。在宗祠大门口悬挂两面新大旗和各色旗幡，两旁树立起上书“肃静回避”“三元及第”“玉殿传胪”“民族英雄”“世代进士”“博士传家”六对头牌和两副“十八般兵器架”。

第二天即正月十二日辰时。宗祠大堂上提前放好香炉，炉前放一蜡烛台，点着蜡烛，四张八仙桌上摆设供品，有三牲福礼（猪头、鹅、鸡）及饵饼、糕点等。同时还摆米饭、菜、酒等敬供祖宗。

辰时鸣鼓三通，众族亲集合在宗祠左右两堂与两庑；集毕鸣鼓七通，供品前站着族长（戴红花）及族中辈分大、德高望重之人。后面按辈分大小排列有序，站满天井，约三五百人。

八时许，春祭大典开始。鸣炮奏乐，台前左右立两位身穿蓝衫、头戴礼帽的司仪，一切程序由他二人呼叫进行。一开始，左面司仪叫“序立”，意思是肃静立正。“出主”，宗孙（族长）及司爵等入位。“参神”，左边司仪叫“上香”（呼叫三次），由宗孙（族长）三次进香，同时由族人点燃红烛。站立在中堂或天井的所有王氏家族集体听司仪呼叫。左司仪叫“序立”，左司仪叫“拜”，右司仪叫“兴”，轮回三次呼叫，集体三拜后。在鼓乐声中，主祭者三叩首，上香三次。再由陪祭者叩头，上香如仪。接下来是起细乐、献供。须行初献礼、亚献礼、终献礼。降神引，分左右从中阶下揖宗孙。由礼生陪同诣盥洗所，洗毕，诣香案前，下跪。再诣先祖考妣神位前，跪、酌酒、祭酒。伏三拜后，献茶，次献茶，三献茶。俯首跪拜，三拜后，继奏细乐，再按辈分大小顺序按次轮流拜、跪拜、三拜、上香、上烛后。由主祭（世孙）大声诵读祭文。其内容大致为：“维年月朔日，世孙某敢昭告于先祖考万十一府君，先考妣陈氏安人，今以立春生物之始，追惟报本，礼不敢忘，谨浩牲庶品，粢盛醴齐，祗荐岁事，奉高祖考樵云府君，高祖妣谢氏安人，始封通政溪桥府君，始封妣张氏恭人配，尚飨……”接下来诵读土地尊神文：“维共和岁次××年正月十二祭日，吾英桥王氏子孙昭告于土地之神。维惟此仲春岁功伊始，三阳开泰，万象更新，恭迎斗柄回寅，若事昭事敬有匆，岁敬仰拜贺之忱，伏维昭歆，启我后人，谨告。”鸣炮奏乐，按“明礼”仪式完毕，读“族训”。持续约三个小时。参加祭祀族众，按辈分年龄入席会餐。祭祖贡品撤下由子孙分享，即“饷馂余”，或称“饮祚”。

王澈为英桥王氏祭期、主祭与程序作了规定。祭期：“其祭以立春行之，余三时则荐。凡三时荐，以端午、仲秋、冬至行之，如家礼之。”主祭：由宗子主祭，主人以下皆跪。王氏宗祠建成后首祭文“……先叔考通政溪桥府君……”，可见主祭为宗子王澈公堂兄。程序：祭前三日，宗子率司礼至祠堂告祭期，祭首应通族告之。“持斋戒牌逐房通报”，届时有祭祀资格的家族成员一齐进入祠堂，有经商在外的、官事在身的或有疾病不能参与的需提前一天请假。入祠需“俱盛服趋事”，“尊长具纱帽、圆领、头巾、上盖、靴袜，亵衣小帽及各项云巾不许入”。祭前一日，祭首设位，陈器具馔。祭之日，值年者黎明鸣鼓三通，长幼各盛服次于左右堂及两庑，俟众集后，司鼓鸣鼓七声，各就位行礼，一般仪式有：出主、参神、行初献礼、读祝词、行亚献礼、行终献礼、告利成、辞神、纳主。礼毕读宗训。

春祭大典

王家拳

永昌堡王家拳是永昌堡王氏宗族在400年前长期抗倭战斗中发展演变的兵拳；具有独特的文化内涵和特征；注重以行庭功法来内外兼修，达到天人合一；属散手拳类及养生拳类的传统内家南拳。

现在的王家拳是一门实战性的武术，又是一门理论性的武学。2009年，永昌堡王家拳被列入温州市第二批市级非物质文化遗产名录。

王家拳的创立与传承，经历了抗倭与拒匪、保家与卫国、修为与仗义、传播与弘扬的漫长历程，自明嘉靖至于今天，其拳道与拳法、精神与内涵、程式与套路，依然不衰，并得以创新发展。王家拳创始人可追溯至王沛与王德，其间脉络清晰，分别为：第二代传承人王叔杲、王良心、王如珪，第三代传承人王名世，第四代传承人王至彪、王钦豫，清后期传承人王进

王家拳

堂再现江湖，如今由继承发展人王靖岳发扬光大。王靖岳不仅对武术痴迷，而且长期倾注于武术理论研究，熟谙诸门派武术理论。2004年由人民体育出版社出版发行了《无极八卦掌》，创造性地解读了祖传的“庭道图”和“行庭功法”理论，深刻阐述了以“黄庭道”主导下，以神主导精气、血气的互根互用和消长转化，以及天人合一的练功观，提出了硬气功的锻炼是人体卫气的作用，指出卫气根于下焦，养于中焦，发于上焦。继承和发展了永昌堡王家拳的理论体系，为永昌堡王家拳的发展做出突出贡献。

王家拳的运动方式：以踢、打、摔、拿的攻防方法为主要动作，以散手64招单练和多个招式合练组成10路趟子兵拳和13势绵拳。以冷兵器击打实物或格斗为运动形式。

王熲薪堂中医正骨疗法

王熲（音jiǒng，意“日光”）薪堂中医正骨疗法是浙江省“非遗”项目。如今，王魁胜的父亲王步云是“王熲薪堂”第八代传人。

清康熙四十二年（1703），王氏祖先在瑞安县西北部的金狮山麓上（现枫岭乡境内）搭建草寮，落地繁衍。这是一处与文成、青田毗邻，海拔在1000米以上的高山，俗称“西寮”，后来逐渐演变成“西龙”，即今天的西龙村。这里就是王熲薪堂创始地之所在。据有关资料显示，现该村包括6个自然村，230户1000余人，山地3800余亩，耕地不过700亩，产番薯、稻谷、柳松、松、茶等。

王宗茂（1759—1795），少年时代即赴北少林习武，后转福建泉州南少林任教习，据说门下弟子三千。拥有“铜人法宝”，精通十二经络脉走向，擅长接骨疗伤。清乾隆五十六年（1791），王宗茂独创接骨疗伤法，并取“熲薪”为堂名，意在薪尽火传，教导后人沿着习武、行医、修德之路求索，以期光耀千秋，这就是“王熲薪堂”的来历。

“王熲薪堂”写于乾隆五十六年九月。据说，撰写匾额的为青田县知事。“王熲薪堂”接骨疗伤法，从王宗茂始创于清乾隆年间至今已有240多年，已嫡传至第九代。

王熲薪堂接骨疗法创始人王宗茂，曾分别在南北少林有过习武与教授的经历，具备武学底子，才结合南北少林正骨术及本地实际独创新法具有历史渊源与学术研究等方面的价值。遗憾的是，“文化大革命”期间，王家也被抄了，有关铜人医药书籍、药械几乎全都付之一炬。如今只有一些残存的抄本。

王熲薪堂接骨疗法有摸、接、端、提、按摩、推拿等八法，结合牵引固定；运用的医疗器具也可谓就地取材：毛竹片、杉树皮、刀、锯、锄、锅、罐、桶、臼、磨、粉筛等。

对于一般性的四肢骨折、脊椎骨折，只用拨伸拿正，竹片固定加牵引，草药外敷内服；对于婴儿先天性马蹄内翻足，单用手法结合托板固定。此法颇受独生子女家属的认可；对于中老年人股骨骨折，不用手术置换，单用手法牵引，皮外穿针，草药外敷内服能治好；对于颈、腰椎间盘突出、坐骨神经痛、小孩脊椎结核、股骨头坏死等症，都可用草药外敷内服治愈。以上几类症状，“王爂薪堂”接骨疗伤法的治愈率达九成。

1991年，王步云从瑞安来到永中城北（当时属瓯海）开设诊所。1994年，诊所变为温州王侨骨伤门诊部，王魁胜从浙江中医学院（现浙江中医药大学）毕业后也来到永中协助父亲。2010年，温州王侨骨伤医院注册成立。由于声誉在外，患者众多，原位于永中街道罗东南街的院区在硬件等方面已经难以满足患者就诊的需要。如今占地近两亩，床位60张的新院正在建设中，建成后，将会有一流的软硬件条件，布局更合理，分区更明确，为患者提供更安全、更舒适、更温馨的就诊环境。另外，他们一家十代人都从医，王爂薪堂中医正骨疗法也列入省级“非遗”项目。

现在，“王爂薪堂”的后人已开办4个骨伤科专科医院、5个门诊部、2个研究所，包括荷兰阿姆斯特丹中医门诊部、法国巴黎三益百草门诊部、意大利菲林次针灸门诊部。其中，温州王侨骨伤医院就是“王爂薪堂”第八代传人王步云创办的，集骨伤疾病治疗、保健、科研为一体，是具有祖传特色的中西医结合专科医院。医院骨伤科历经传承，形成了独树一帜的诊疗体系。治疗骨伤疑难病症，以中医传统正骨手法为主，辅以小夹板固定，并内服、外敷家传秘方。如今，76岁的王步云任温州王侨骨伤医院董事长。他从事骨伤医疗几十年，总结祖辈技术与方药，借鉴同行长处并结合个人经验，在诊疗骨伤疑难病症上取得显著疗效，自行研制上下肢功能锻炼支架，为治疗上下肢多发性骨折和不稳定骨折病患带来福音。他的儿子王魁胜任医院院长职务，继承和发扬祖传骨伤医疗技术和方药，他的医学论文获尚天裕科学进步二等奖等奖项，还参与编著《中国整脊学》，还获得过全国中医药标准化研究《中国整脊常见病诊疗指南》特别贡献奖。

【专记】

王家拳的传承与弘扬

王家拳的传承，历史背景为因，传习为启蒙，其果缘于传人，修炼内心光明和对生命、自然、社会的觉与悟。

（一）王家拳创始人之一王沛

王沛（1485—1558），字子大，号仁山，今龙湾区永昌堡人。出身官宦人家。父王钲，号溪桥，敕封通政使司右通政，母张氏恭人，系明嘉靖内阁首辅张璁大姐。长兄王澈，官福建左参议，英桥王氏族训制定者。二兄王激，官国子祭酒兼经筵讲官，曾求学于王阳明，系阳明心学文化，留有著作的十六大学者之一。

王沛天资聪颖，受家庭良好的人文教育，从小立有爱国爱乡之志，身材魁梧，风流倜傥，遵长兄族训，循二兄心学传习，卓有义勇。平时，钻研武术，悟彻洛书、河图，通晓阴阳五行、易经八卦。受父命在家持孝道，为人虚怀若谷，拾金不昧，淡泊名利。“贫者赈之粟，死者给之棺，有求辄与，惟财力应之，未尝少懈。”转习医，好本草，专内经，明流注，通禁方。他一贯恪守医德、仗义疏财、医道双馨，被誉为“益府良医”。为王氏抗倭义师创建人、义师将领，谥封太仆寺寺丞，“褒忠祠”祠主。

明嘉靖年间，“窦氏八穴”理论已经流传于医学界，它是奇经八脉与十二正经脉气相通的八个俞穴。明初名医李梴在《医学入门》中提出：“八法者，奇经八穴为要，乃十二经之大会也。”王沛深刻领会其精神后，深得“窦氏八法”之理，结合老子《道德经》，东汉魏华存《黄庭经》，东汉魏伯阳《周易参同契》，北宋张伯瑞《悟真篇》等，具独特见解的觉与悟，创立了“永昌堡王家拳”的内修功法——行庭功法，画出了王家拳内修要图“天地黄内外合一练功图”即“庭道图”。于是，“立养生道，明流注，天人合一”的王家拳内修功法由此产生。

“行庭功法”在“永昌堡王家拳”中以它为主导来内修精、气、神，它视命门为太极。通过含眼光、调鼻息、缄口气、凝耳韵来和合四象，三五归一来修炼庭府，促进“永昌堡王家拳”内含八象，中藏五元，以奇经八脉与十二经交会的八个穴位为人身穴位之八卦，通过积气生精，炼精化气，以气化神，形与神俱，而致良知，达到天人合一，此心光明的境界，为现代人们获得身心健康而达知慧的工作、生活做出了有益贡献。

王沛公画出了王家拳的“天地黄内外合一练功图——庭道图”，简明了庭府的部位，通过八穴，使奇经八脉与十二正经联系一统，十二经后天气血循环必出于脏腑系统流注，并明确提出：精、气、神的相互消长转化，精与气的相互消长转化，神与气的相互消长转化，津液与精相互生化，血与气的相互生化，血与津液的相互生化等一系列理论。

“庭道图”指出，肛门上半寸为下黄庭（地门），关元穴与命门连线的中点为中黄庭（居精之府），膻中与大椎连线的中点为上黄庭（居气之府），印堂穴与玉枕连线的中点为黄金庭（居神之府），以百会穴为中心为太黄庭（天门）。五庭连线为黄庭道，居中立极。进一步指出人体阴阳的分界线的经脉为黄庭道。黄庭道立中而正，是人身无极之线即太极图中的S线，具有统驭阴、阳的地位。王家拳练功中统领全身的经脉是黄庭道，总指挥是以心为帅，即上圈居神之府。练习“永昌堡王家拳”，运动九节，力达四梢，就自然会产生黄庭道与全身经脉联络系统的指导部，保证了手眼身法步，步眼身手合，致心身相应。

“永昌堡王家拳”的“庭道图”及其“行庭功法”理论的创立，是王沛公一生从事生命学研究、武术理论与实践的智慧和结晶，是把医学、武学，和抗倭保乡、卫国高度融合升华起来，不仅把王家拳奠基在生命活动的规律上，还体现了中华传统文化的天人合一的哲学思想，而且把王家拳的爱国爱乡精神、此心光明的人文精神推向更高境界。

（二）王家拳创始人之二王德

王德（1517—1558），字汝修，号东华，今龙湾区永昌堡人。父王浥，号桔泉，家资丰厚，为王激、王沛堂侄。王德貌美眉妍，自幼立圣人之志，聪明早慧，敏而好学而致良知。12岁能文，一次读《范希文传》后，对其父桔泉公曰：“儿他日当为此人，先天下之忧而忧，后天下之乐而乐。”父奇之。15岁进县学，诗词歌赋，刀剑拳棒，文武双全，21岁中举人。嘉靖十七年

（1538），22岁的王德进京会试，得中进士。从此步入仕途，以光明之心，为泽被天下而奋斗。政绩显著，军功斐然。

嘉靖三十一年（1552），刚平定广东岭南叛乱的王德公，闻家乡沿海倭寇骚扰猖獗，毅然辞官归里，捐出全部家产，与叔父王沛合作，增募抗倭义兵1000多人，担任王氏义师将领，为保家卫国悉心训练。“凡三载，永嘉乡兵几振”（王世贞语）。

王德公心学文化底蕴深厚并精通岳飞南兵拳，又得王沛“行庭功法”，武术造诣炉火纯青，格斗技能，练兵办法，经验颇丰。在1552年至1558年期间，王德公对永嘉场抗倭王氏义师实行军事化管理，平时加强练武，严明纪律，强化爱国爱乡教育，提倡民族精神。在南兵拳的基础上，有选择地、系统地、拓展地传授武艺，习练武功，于是义兵士气高涨，战斗力迅速提高。并在操练义兵中逐渐丰富、精化内容。以踢、打、摔、拿技击方法为主要动作，以散手64招单练和多个招式合练而组成10路趟子兵拳，13势绵拳，双手刀、棒术、朴刀、王德枪等冷兵器，通过通劲训练达劲能通点，硬气功与击打实物结合或格斗为运动形式，注重忠义仁勇，爱国爱乡教导，达此心光明则能破生死关。

王德公非常重视在“行庭功法”理论指导下外练筋、骨、皮，内修精、气、神。他始终坚持围绕一个“打”字，以增强自身的抗击打能力和打击对方的能力。通过排打功、排体功、盘树、穿树、击打实物等应对训练，达到“心动成招，一惊一动”成拳自无意识状态，并促使人的肌肤坚韧，筋骨强劲，内脏壮实，自然达到修炼精气神的目的，而归心明。王德公提出“破生死关，重攻防，忠义仁勇”。以“立养生道，明流注，天人合一”为总纲的王家拳武术体系。王德公殉国后，同年进士侯一元引岳飞话评价：“文臣不爱钱，武臣不惜死，天下太平矣，唯王德大夫兼而有之。”王德公乃人之圣，爱国爱乡，民众至上，公平正义，生为人杰，死亦神圣。封赠太仆寺少卿，“愍忠祠”祠主。

（三）“永昌堡王家拳”第二代传承人王叔杲、王良心、王如珪

王沛公王德公二位王氏义师将领殉国后，直接经沛、德二公指导过，并亲历抗倭战场的王家拳传人王叔杲公、王存吾公率领王氏义师建永昌堡，继续抗倭，王叔杲公为总指挥。

王叔杲（1517—1600），明福建布政使司左参议王澈次子，字阳德，号旸谷，英桥王氏第九世祖。嘉靖二十二年考取举人，由于浙闽沿海倭寇骚扰抢杀烧略，放弃进京会试，随亲叔王沛公抗倭。历经抗倭战斗，文武全才。沛、德二公殉国后，时任朝廷命官的王叔杲之兄，王叔果公认识到“必筑城聚守，乃可言安”，拟疏奏请建堡御敌。叔果公、叔杲公兄弟变卖自家田地财产计金四千两，又向王氏族人募捐三千两，历时一年永昌堡成。随后王家拳又称“永昌堡王家拳”。王叔杲公率领王氏义师，在王家拳的严格训练下，不仅凭借永昌堡的固若金汤，更是斗智斗勇，讲求谋略，八退倭寇，还多次驰援临近卫所，成为东南海疆的一方守护者。

嘉靖四十一年（1562）戚继光援温入闽，温州沿海倭寇退闽，王叔杲公将王氏义师交由王存吾公与王如珪公率领，赴京参加会试得中进士，为泽被天下而奋斗。60岁退休后为福泽地方继续

努力。

王良心（1537—1579），号存吾，字性德，英桥王氏九世祖，从少立志要泽被天下的王存吾公，自幼经文习武，在年16岁时，应王德公募兵号召："英桥王氏族人男丁，除老幼病残外，应以抗倭尽义。"加入王氏义师，历经各场抗倭战斗，为王家拳传承人。沛、德二公殉国后，22岁的王存吾公，已文武全才，成为王氏义师的将领。在抗倭中协助王叔杲公领导，集训义师，为永昌堡义师八退倭寇，驰援邻近卫所，做出了贡献。嘉靖四十一年，王存吾公与王德公长子王如珪率领义师为保一方平安，继续努力至嘉靖四十三年，此时海波平。王存吾公与王如珪公参加乡试，同中举人。王存吾公在隆庆辛未年（1571）中进士，授广州府增城知县。万历丁丑年（1577）擢南京兵科给事中，辖七省漕运。上疏请崇大孝，修德业，饬边城，严备武。民皆激切时政，不避权贵，政绩昭著。万历己卯年（1579）年，因劳累过度卒于任上。难能可贵的是，王存吾公传下了王沛公的"天地黄内外合一练功图——庭道图"，为后辈得以挖掘、传承"永昌堡王家拳"留下宝贵研究资料。

王如珪（1539—1617），英桥王氏十世祖、明抗倭英雄王德公长子，号肖毕，嘉靖四十一年（1562）年24岁，任永昌堡王氏义师将领，悉心教习王家拳训练义师，嘉靖四十三年（1564）海波平，考中举人，任溧阳（今江苏省溧阳市）知县，升礼部主客司主事（正六品）。公以忠义武略传家，嗣子王名世连捷武科鼎甲，又成万历帝近臣，万历帝以其教子有方加封如珪公为明威将军。

（四）第三代王家拳传承人武三元王名世

王名世（1568—1646），字时可，号翼宇，今龙湾区永昌堡人。父王如珪，江苏溧阳知县，礼部主客司主事，明威将军。明神宗万历二十五年（1597）丁酉科武举顺天乡试解元，万历二十六年（1598）戊戌科武举会元、状元。主考官为范淳敬和袁宗道。王名世官封锦衣卫千户、升侍卫，升锦衣卫指挥佥事，封明威将军。

武三元王名世，系抗倭英雄王德之嫡孙。父王如珪、叔王如璧（1548—？）（荫袭锦衣卫副千户，升江西都司、升锦衣卫指挥）。天资聪颖，从小备受家庭良好教育，在"愍忠祠"的感应下从小立志为国为乡，敏而好学。青年时善书工诗，武艺超群。为"永昌堡王家拳"第三代传承人。为后来王氏族人大开尚武之风为王家拳的传承发展，同时使"永昌堡王家拳"成为当时中国武术典范之一而做出了不朽的贡献，在王名世公的影响下，英桥王氏后人出武举人15人、武秀才数百人。

王名世继承了"永昌堡王家拳"的"破生死关，重攻防"的技击动作与格斗形式为外形，以"忠、义、仁、勇"为精神，辅以敛气入骨、气由脊发的硬气功锻炼，注重手、眼、身、法、步；步、眼、身、手、合，始终贯彻执行九组十八字法，在扣转步、拐步、骑龙步、麒麟步等等步形组合成以麒麟步为先锋，灵活多变的步法，在坐、视、展、翻、闪、旋、摇、锁等身法配合下，致移形换影疾如电闪，每组两字都揭示了互根互用、瞬间消长转化关系的东方哲学理念。十八般兵器件件精通。

王名世继承了“永昌堡王家拳”，以“行庭功法”为主导，来内修精、气、神，它视命门为太极。和合四象，三五归一来修炼庭府。重视坎、离交媾。即对肾水、心火进行功能的锻炼，以增强肾气。重视以吐纳为主线的外练筋、骨、皮，达到舌若催齿，牙若催筋，甲若透骨，发若冲冠，一气整贯，随心合劲来提高抗击打与打击对方的能力。掌如刀锤，腿如铁扫，身如金刚。

王名世公于明万历四十五年隐退于家乡，退隐在家乡的名世公对当时永昌堡王氏义师将领王至彪、王钦豫、十八勇士等做了“永昌堡王家拳”的传承教习，对王氏义师进行了长期的指导与训练，促使王氏义师成为精兵强将的战斗队伍。为崇祯五年败海盗刘香、顺治六年败白头匪何兆龙奠定了坚实的军事战斗素质基础。

（五）“永昌堡王家拳”第四代传承人王至彪、王钦豫

王至彪（1596—1677），王叔杲之孙，英桥王氏十一世祖，字文虎，号积石，公壮硕骁勇，善诗工书，崇祯戊辰年拔贡，癸酉年北京副榜，著有《玄对草》，国变后弃官归隐。王钦豫（1596—1658）英桥王氏十二世祖，字于谦，号樵贵山人，晚号海野，永昌堡人，年十一能诗。明廪生。入清后，弃官隐居不出，筑四止斋，啸咏其中，自著年谱《一笑录》。

崇祯五年秋，海贼刘香横行海上，闻永昌堡富甲一方，纠集千余人杀奔永昌堡。王至彪公率王氏义师及十八勇士奋战七昼夜，以十八勇士捐躯为代价，刘香扔下数十具尸体，悻悻退去。王钦豫作为亲历者与负责南城守卫指挥，在日记中写道：“及秋，有海寇之乱，堡城戒严。予所守在南城，每夜与众同作止，众颇相劝。贼于八月二十九日午时至北城下，其日缓攻而去。次早初一复大集，初歼吾兵数人，众奋击败去。”王至彪公喜作：“吞胡自是经生业，荡寇应看儒将名。”

顺治六年，王至彪公、王钦豫公隐退于家乡，率永昌堡义师败山寇何兆龙。王钦豫公述：“夏五月，白头何兆龙兵至吾乡……一时啸聚者数千人，孤城四面皆敌。六月，何兵陷宁村所及永兴堡，遂悉众攻我城。城外悉为焚毁，相持者三日，极尽攻击之具。城中亦竭力堵御，战无不胜，人心益固，凡七日而围解。官兵继至，斩首二百余……是役也，始五月十七日，讫八月初十日，严守八十余日，远近避乱我堡者何止万人。”

顺治十八年（1661），清廷颁布《迁界令》，曾在历次抗倭、退匪战中屡屡发挥堡垒作用的永昌堡被拆除。遥望心恻，悲不自胜，潸然泪下，王至彪写下《寒食》一首：“极目罗山山以东，燎光四起闪天红。烟扬万井秋风里，野哭千家夜月中。”从此，永昌堡义师不再存在。康熙九年（1670）下达“展界复井”令，大部分永昌堡人陆续回乡。“故里看来咫尺迷，荒墟不自辨东西。”“里闾一望景凄凄，旧址低回痛欲啼。”奋发自强的永昌堡人修复了永昌堡。接下来雍正四年朝廷下了道著名的“禁武令”圣旨，至此“永昌堡王家拳”销声匿迹，成为“族内相传，不得外传”，对外再不提起。

（六）“永昌堡王家拳”再现江湖——传承人王进堂

王进堂（1832—1923）英桥王氏十六世祖，号肯之，字鹤云。从少学文习武，好医学，身长七尺，天赋神力，胆略不凡，深得家传。年未弱冠就考中武庠生，任团练巡官，随年龄增长，武

功大进，移形换影疾如电闪，硬气之功身如金刚，手如刀锤，腿如铁扫。其才能素为瑞安孙太仆琴西公器重，结为好友，交往甚契。卸职后不愿做官，放弃赴京会试（在清代英桥王氏后人大多不愿意为官，但也出过三位进士）。游历天下，悬壶济世。1866年一天，进堂公路过广东化州龙头山，发现一群放牛娃你追我赶，发现一个小孩约十岁，生得虎背熊腰、眼若流星、身轻步活。进堂公喜之，即招呼询问，得知其姓黄名四龙，六岁失怙，与母相依为命，即随黄四龙到家，看到黄四龙家景贫寒，且四龙十分孝顺懂事，经得其母同意，决定收黄四龙为徒。

进堂公带黄四龙回永昌堡后，对外称收了个习医徒弟，由于“永昌堡王家拳”族内相传，不得外传，进堂公决定在大罗山建房，传黄四龙“永昌堡王家拳”，外称便于与好友孙太仆琴西公交往。日月如梭，三十余年过去，42岁的黄四龙深得进堂公王家拳与中医骨伤科的真传。进堂公命黄四龙回家乡立业，找王氏子弟传之王家拳。黄四龙回广东后，有“天上雷公，地上黄四龙”之美誉，在化州传播王家拳。现广东省武协会长、广东省化州市王家拳“非遗”传承人王军杰为黄四龙再传弟子，已认祖归宗永昌堡王家拳。

（七）“永昌堡王家拳”传承发展人王靖岳

王靖岳，1949年生于永中街道衙前村，英桥王氏二十二世。“永昌堡王家拳”“非遗”传承人，《无极八卦掌》著者，著名武术家，传统武术特级教练，一级综合裁判。曾任中国武协温州联络员，2008年负责浙江省武协组队，代表浙江省成年队参加郑州国际武术大赛，获四金的好成绩。王靖岳参加国家、国际传统武术比赛多次获得金牌。现任“温州市东方道德学会”理事，“好雨书画院”副院长，龙湾区武术运动发展协会会长。王靖岳完善了“王家拳”独门武功：三式九法麒麟步及整个武术体系，破解注释了“益府良医”王沛的庭道图。

第六章　人　物

永昌堡是英桥王氏发祥地和聚居地。自古以来，人文荟萃，英才辈出，绍承文脉，嘉惠学林，相映生辉。

先贤丰功，是永昌堡人的自豪，也是梓里骄傲。作为英桥王氏后裔，要传承先贤保家卫国、不怕牺牲、爱乡爱国精神，排除万难、厉行改革的创新精神，持身廉洁、疾恶如仇的清正精神，以及严家风、勤读书、尊师重道精神。

本章第一节“人物传略”分为：古代名人（1840年前）、近现代名人（1840年后）两个部分。第二节为“革命烈士”。第三节“人物简介”，多为当代人物，分为党政军干部、教育科技医务界人士、文艺体育界人士、工商经贸界人士。

健在人物收录原则：党政干部为副科级及以上，部队为副团级以上，教育科技医务界为高级职称以上，文艺体育界为省级会员以上，工商经贸界是上规模纳税大户并对社会对乡里公益事业做出贡献者。重点侧重于永昌堡内。

由于历史久远，资料遗失，有些名人记载不详。现当代有些功成名就者，未联系上或未能及时采访收录。特此予以说明。

第一节　人物传略

一、古代名人

本条目收录包括始祖万十一公王惠等60余人。其中有永昌堡文学开山之祖王毓公，有德高望重配享永兴堡东瓯王庙溪桥公，有抗倭民族英雄王沛公、王德公，有创宗祠、行族约、名重郡邑王澈公，有国学宗师王激公，以及东瓯双璧王叔果、王叔杲，铁御史王诤，清正廉明王继明，三元及第王名世，玉殿传胪王光经等。同时，也收录了出生于英桥里、历史上有影响的其他姓氏人物，如金德、叶幼学、叶承遇（进士）等。

王惠　附子王仕宜、王仕朋、王仕信

《始祖万十一翁墓石志》（王叔果撰）记载："我王氏世居永嘉英桥里（今龙湾区永中街道新城村），奉万十一府君为始基祖，自所知也。"

"府君讳惠（1257—1340），字振卿，行万十一，生于宋理宗宝祐五年丁巳，卒于元顺帝至元六年庚辰，寿八十四岁。"其父讳辰，因生卒及配氏无考，故尊为原祖。配安人陈氏，行德四，生于元世祖至元十九年壬午（1282），卒于元顺帝至正十八年戊戌（1358），寿七十七岁。子三，长讳仕宜，次讳仕朋、仕信。

由于宋季水患，元时兵灾，先世谱牒无存，资料缺失，因而万十一翁生平事迹不详。

长子王仕宜（1306—1395），字东畴，行肃一。元时以行谊推为乡正，家饶赀产。配吴氏。子三：伺宗（早夭）、成宗（珍）、安宗，女一。

次子王仕朋（不详），字希原，行肃六。隔泱派祖。方国珍作乱，公纠集里中骁勇者，首率众拒之十有数敌，无不胜者，追杀无数，尸首填河。劳赏之赀皆由公出，远近借以保全。配毛氏。子四：道、贤、观、进。

三子王仕信（不详），字希洵，行肃七。茅竹岭上派祖。配季氏。子三：得、保、怡珠。

王珍

王珍（1334—1422），又名成宗，字伯玘，行怡二，号乐善处士，英桥王氏三世祖。明《乐善处士王公墓志》记载："其先世为闽人，五代唐晋间，九世祖乃徙居永嘉之英桥里。曾大父讳辰，大父讳惠，父讳仕宜，母吴氏。"

王珍生而赋性端谨谅直，事亲至孝，曲尽其道；治家俭而有节，家境富裕。尤喜行阴德事，凡桥路堰闸之类，有坍塌不便于民，与妨农害稼者，必捐己赀缮治，不计其工力多寡，必修治完固，以便于后人而后已。洪武八年（1375）主事修方汉陡门，逾月即成，造福桑梓，郡邑称善。开辟家塾，延师训族子弟，且时往观省，凡古人善可为法、恶可为戒者，先让族子弟诵读，然后阐述其旨意引导他们，因此，子孙皆小心谨慎以孝友称于世。配安人胡氏，继室吴氏。有子男一：毓。孙男七：环、琛、瑀、珙、璩、由、瑊。

王安宗　附子王全

王安宗（1337—1382），字伯瑜，号乐静，行怡四，英桥王氏三世，楼下派祖。父仕宜，母吴氏。兄王珍。

王安宗生性淳实，善事父母，而父母尤爱之。成人后，善治家，家境富裕。与兄虽各自立门户，仍相敬相爱，互相扶持。以诚信待人，亲戚朋友乡里邻居称赞不已。不幸中年得疾，年仅四十有六。安人吴氏，自安宗卒，守志训子弥笃，凡内外应酬，咸中矩中度，故子女有成，家赀日厚。有子男五：全、寿、贤、骥、禺。

长子王全（1364—1433），字允生，或尹生，号望云。王全善治生，尚俭约，不规小利，见义必为。累世经营，“至望云增益之而愈盛，为邑巨室。由是赋役繁剧，日应酬于外”（见《故沙城义门王安人叶氏墓志铭》）。虽事务繁忙，但事父至孝，训子甚严，曾曰：“教之以义方，导之以为善，非爱而何？教之不严，导之不笃，是弃其子也，岂是爱乎？”闻者叹服。安人叶氏。子男一：王民（珉）。

金德

金德（？—1366），字德洪，别号九华，永嘉县二都英桥（今龙湾区永中街道城北村）人。少通《周易》，长入太学，谙八门兵法，植性坚毅，遇事敢为。当元至正末，叛贼猖獗，姐婿、平江路管军镇抚季完泽力不支，金德至，遂表之，为参将，同御贼。后贼愈众，两人度不免，遂奋身力战陷阵。贼缚于树，胁以白刃，完泽呼曰：“金舅，男子汉，不可从贼！”德应曰：“此言是。”因大骂贼，贼怒刺二人腹而投之。洪武三年（1370）赐谥正烈。在温州城区建有忠节祠，创自弘治十一年（1498），祭祀元忠节金德。万历四年（1576）重建，改为忠孝祠。弘治《温州府志》有传。

王毓

王毓（1360—1426），字尹成、允成，号樵云，英桥王氏四世祖。其父王珍，家殷实，一生乐善好施，人称“乐善处士”；耕作之余，吟诗作对，结交朋友，互相唱和。为使独子王毓成器，特聘老师设馆于家教读，并不时到馆中观省，每课必使子朗诵背读，再论其大旨开导之，务使子牢记。因此，王毓从小就酷爱古诗文。

王毓事父母至孝。在家时，每日饮食必亲自烹调，然后衣冠端正、态度俨然，侍膳父母旁；如果稍有不中父母心意，即跪地不起，直至父命起始退去。王毓的父亲八十多岁时，王毓从外地重价购来桧树三株，并建了一座“三桧堂”，将作为其父九十岁诞辰之贺礼。不料其父于明永乐二十年（1422）无病无痛溘然去世，享年八十九岁。邑人少保大学士黄淮致赠有《宿三桧堂》诗一首：

三桧罗堂阶，苍然太古色。樛枝走潜龙，密叶沁香液。眷此岁寒姿，幸与君子即。庭槐接青阴，兰玉荫嘉植。百世绍芳华，滋培在树德。

据当时礼部侍郎章纶（乐清人）在《三桧堂诗卷序》中记载，三桧系“宋时郡宣抚使丹阳洪公园中旧物，洪公后裔中微，桧为吾乡架阁林家所得，后给天吉陈家，而樵云公又从陈氏得之，因以名堂云”。“三桧各有其名：一曰神龙昂霄，一曰祥凤展翅，一曰威虎出林。”后来王澈建造王氏大宗祠，三桧移植到宗祠内，更加苍翠古朴可爱，直至中华人民共和国成立后，依然枝繁叶茂。惜在“文化大革命”中被毁。

其父逝世后，葬于半山。王毓结庐墓旁，守孝三年。期满改为半山草堂并辟为书院，招子弟上山读书，请名师执教。从此，英桥王氏，文化昌盛，科甲蝉联，人才辈出。

王毓一生淡泊功名利禄，不喜佛老，耕作之余，只爱读书，酷好山水。曾三次到杭州、苏州、南京游学，以文会友；温州的山山水水，以及括苍、丽水、金华等地，都留有他的足迹。每到一处，面对美景，必赋诗作词。遗著有诗集《槐阴集》、乐府《蛙鸣鼓吹集》，开了英桥王氏文章著作先河。

王毓一生也秉承其父乐善好施的家风。邻里间那些老而孤者，贫或病者，他都无私地提供援助，“生有给，死有赙，婚嫁有资助”。有一年乡里大火，烧毁住房百多间，殃及数十家数百人。王毓无偿地提供他们吃住，并支援他们重建房屋，恢复生产。对地方上的公益事业，如造桥修路，更是热心。因此王毓逝世时，邻里间老幼无不哭泣，有人甚至仰天呕恸信宿者，送葬队伍达上千人。

有子男七：环（英桥王氏大派祖）、琛（二派祖）、瑀（三派祖）、珙（四派祖）、璩（五派祖）、由（六派祖）、瑊（七派祖）。光绪《永嘉县志》等有传。

金子性

金子性，名奇心，字子性，号天命，永嘉县华盖乡二都英桥北（今龙湾区永中街道城北村）人。其先世尝遇异人，授以内消丸一方。明永乐六年（1408）起，取就内府药院中制丸以进，赐衣及靴袜，为太医院良医。未就，赐钞归田养老。弘治《温州府志》卷十四“方技”有传。

王环

王环（1384—1456），字秉圭，号自足，英桥王氏五世，大派祖。少承庭训，习诗礼，事祖父母尽孝养。兄弟七人，环为长，友爱甚笃。平生敦尚谦厚，尤乐振恤，死不能葬者葬之，乡人寒馁者衣之食之，无棺殓者为棺殓之，所经桥道宜修整者修整之，费出于己无靳也。曾著家训书于柱，曰：“爱惜子孙休利己，听遵祖父莫妨人。”至今仍为后裔子孙传诵。明正统六年（1441），应诏输粟郡城预备仓，有司为其立石旌褒奖。景泰五年（1454），应诏输粟助朝廷边境储备仓，恩授七品散官，阶授登仕郎。郡邑礼以乡宾，坚辞不赴。有子男六：埏、坦、在、境、佳、陆。

王民

王民（珉）（1387—1461），字秉彝，号恪庵，英桥王氏五世（楼下派）。其父王全，母叶氏。为人宽厚，待宾尽礼，动止有度，语言有章，勤俭节素，不尚华侈，济穷救困，乐善好施。明正统年间（1436—1449），明廷遭“土木之变”，国库空虚，社稷危难。王民尚义奉边，输粮累计7000石。朝廷赐直匾“尚义奉边”，诏旨旌表，授七品散官。王全、王民一支，被后人称为“沙城义门”。

王由

王由（1406—1483），字秉璠，号梦竹，别号苍雪道人，英桥王氏五世，六派祖。父王毓，号樵云。王由生而颖异，天性孝友，在童孺已如成人。初师从儒生金纪善，后师从名儒刘容直。通晓四书五经，兼通阴阳历数医卜诸书。成年后，常以豪杰自命，乐交缙绅名士。为人豪放仗义，有古烈士风。

永乐十六年（1418），中官张谦出使西洋回国途中，在温州暂留期间，一些军士扰乱乡民，年仅十三岁的王由竟敢到张谦幕中申述，“军帅闻悉立禁止”，令时人刮目相看。

宣德年间，瑞安、平阳两地有周文辈74人为逃避兵役，匿藏在永嘉山区陈象家中，后被发觉，陈象也连坐官司。陈象请王由帮忙，王由便劝周文等人到官府自首，争取宽大处理。由于王由从中斡旋，官府从轻发落周文等人，且不株连陈象责任。事后，陈家谢以百金，被王由拒绝。

正统年间，永嘉场盐官王整妻刘氏诬陷乡人张希俊等8人劫其家财，郡守刘公（刘允）拷打屈招狱成。王由察知张希俊等人被冤枉，便挺身到府台衙门抗争，后来果真捉到真犯，张希俊等得释，郡守刘公也后悔不已。从此，王由的仗义执言，名闻浙南大地，远近慕名求援者络绎不绝。

正统末年，永强一带瘟疫流行，发病急，死亡率高，得病者至亲好友往往敛迹。王由却不顾生命危险，出入病人家庭，为他们治病，给他们薪米，甚至为死者捐棺埋葬。“众皆重其行谊”。景泰四年（1453），郡守王公前令参议周公举荐王由为郡阴阳正术；景泰五年十月，朝廷授王由七品散官赴京谒选。是年五月，仪制郎中章纶（乐清人）上疏陈修德弭灾十四事，主张内官不可干外政，佞臣不可假事权，后宫不可盛声色，并要求复汪后于中宫，还沂王之储位，朔望率群臣朝见从瓦剌赎回之英宗。景帝见疏大怒，立下章纶于锦衣卫大狱，榜掠惨酷，血肉狼藉，濒死。连坐之势严急，虽亲友皆屏迹远去。王由与章纶素不相识，激于义愤，敢冒死相救，竭力为之周旋；并寓居在章家屋旁，照顾其妻儿。景泰六年返家时，留下一仆和十金，嘱咐仆人尽心照顾章纶及其家属，勿使他们失其所；并以五亩良田送给仆人作为酬劳。天顺元年（1457）英宗重新登基，章纶平反，擢为礼部右侍郎。成化十四年（1478）章纶辞官回乡，未抵家而先至英桥感谢王由。时人更加赞叹王由的义举。

王由亦工诗词，著有《效颦集》。英桥《王氏家录》也是王由第一次创辑。万历《温州府志》等有传。2016年2月15日，位于永中街道城北村的王梦竹纪念馆重建落成开馆。

王埏、王在

王埏（1410—1466），字廷方，号贞庵，英桥王氏六世（大派）。自幼明敏英果，稍长就傅，即能自立。祖父（王毓）以产盛，膺粮长永充之役。其未冠时，即协助父亲（王环）行家政，承担粮长职责。平生热心地方公益事业。天顺二年（1458），郡守周候命充耆宿，处事决讼，咸中情理。成化二年（1466）得疾，闻朝廷例令民间输米备赈，嘱其弟及子曰："尔当敬礼皇上保国忧民之心，以遂吾志。"郡邑循例立石表之，因以义士称。

王在（1416—1482），字廷善，号止庵，王埏的三弟。平生敦信乐施，尝输粟赈贷，郡邑立门以旌其义。

兄弟两人住所之东有良田千余亩，四旁皆水，耕者不便往来。兄弟两人于成化元年（1465），在上河、下河同时建两桥。今永昌堡下河近东门有桥，桥板北侧立面刻有"三里便农桥"，南侧桥板立面刻有"大明成化乙酉王廷方建"。上河状元渎北边有桥，桥板南侧立面刻有"联芳桥"，北侧桥板立面刻有"大明成化乙酉王廷善建"。取"联方"谓之兄弟同年联手建桥业绩流芳之意。此两桥建造时间比筑永昌堡早95年，是永昌堡内最古文物，使用至今，保存完好。

王錙

王錙（1441—1499），又名王祥，字九恒，号居易，英桥王氏七世（大派）。秉性纯粹简重，恭逊易良，不妄言笑，处事得缓急之宜。平生好行善积德，因输粟，明廷恩赐义官，授七品冠带。成化十四年（1478），督修永嘉县儒学殿庑，百余楹。十九年（1483），修筑沙城二十余里。弘治六年（1493），植永嘉场南门三架。复修五福、济民、范公三桥，共十余间。现永兴街道大塘村范公桥上，有一块刻有"进士范昌世创造、恩赐义官王祥修范公桥"桥石板。

王鈇

王鈇（1442—1494），字九严，号鉴水，人称"鉴水先生"，英桥王氏七世（大派）。生而慧敏，笃嗜问学，凡经史百家，悉涉猎其大义，发而诗若文，多冲淡融畅，成一家言。孝友敦于家，信义遍于乡，乡之人无少长咸爱慕尊敬。凭借先业，力耕用益饶裕。性好施予，周穷恤匮，如恐弗及。曾以赈陕边，授七品散官，阶宣义郎。又以出粟拯荒，郡邑奏旌其门。其所居有表异堂、藏书阁、游艺馆、鉴水楼。著有《鉴水稿》《五亩园集》。安人季氏，贤淑庄重，善治家。子男三，淙、渼、淬。仲子王渼，官太医吏目。

王钲

王钲（1450—1536），字九思，号溪桥，英桥王氏七世（四派）。为人恭谨善良，勤俭持家，经营毛细，家业日裕。其后富贵，施贷赈恤，不自为量。情系盐业，关心盐民疾苦。时永嘉场多数是盐民，以盐业为生，官府对盐仓历年的损耗，巧立名目叫"折色"，把亏损部分折白银分摊给盐民身上，逼交甚严，盐民无法，只得背井离乡，过饥寒交迫的生活，盐业萧条。王钲目睹现状，上疏朝廷，请求免“折色”银两，并奏永嘉场海防堤坝被海水冲垮，盐海基地被淹，田园受其害。朝廷准本，除“折色”，筑沙城。从此，盐民纷纷返乡，盐业生产兴旺，百姓安居乐业。嘉靖二十三年（1544），永嘉场人民为报答其功劳，塑其像，配享在永兴堡东瓯王庙内，项乔撰有《通政溪桥王公配享东瓯王庙碑记》。因子王激贵，诰封为通政使司右通政。建横塘桥。今永中街道城北村与衙前村交界处有明代石桥横塘桥，其南首正方刻有“明诰封通政使司右通政王溪桥建”字样。墓位于龙湾区瑶溪半山仰天镬龙冈寺北。配张恭人，少师文忠公张璁之姐。子男三：澈、激、沛。光绪《永嘉县志》等有传。

王镯

王镯（1451—1519），字九斋，号友梅，英桥王氏七世（大派）。少敏慧，涉略书史，学为诗歌多警语。敦孝友，不妄言笑。勤俭理家，业日饶裕。办家塾，延明师以迪子姓及其族人。乌牛象浦有溪，往来不便，捐赀造桥其上，行人称颂。明弘治十一年（1498）里大饥，明年又饥，死徙无数，出粟倡众赈之，存活甚众。永嘉场入郡城数十里，茅竹岭界中途，行人众多，行走艰难。于弘治十四年（1501），捐赀并亲为修建茅竹岭和“便止亭”。其他如修桥补路，救急扶困，冬送寒衣，夏施伏茶，已习以为常。朝廷曾赐冠带以荣其身，人以为宜。安人张氏，彭泽教谕张铎孙女。子男三：汉、浦、浥。长子汉为鸿胪寺序班。

王清　附子王良弼

王清（1466—1544），字崇源、子介，号海西，英桥王氏八世（大派）。岁贡。为人淳朴，居官谨守。正德十六年（1521）授直隶泰州判官，以廉能著声。嘉靖六年（1527）擢真定府通判，勤事恤民，赈饥普沾，当路廉之，后升任南京太仆寺丞。嘉靖《永嘉县志》卷六等有载。

子王良弼（1492—1540），字希说，号敬斋。由例贡入太学。嘉靖十四年（1535）授广东廉州府推官，十九年（1540）入觐，升南雄知县，卒于官邸。

王錬

王錬（1471—1551），字九纯、久纯，号晚春。英桥王氏七世（大派）。出生于永嘉县华盖乡二都英桥里（今龙湾区永中街道新城村），后迁居永嘉县膺符乡五都丁家岙（今龙湾区状元街道山西岙村）。正德三年（1508）县学岁贡。正德十二年（1517），任山东诸城训导。十四年（1519），调湖广竹山教谕。十六年（1521）升任直隶松江、广东南雄府教授。得多士心，性行坦夷，优游无累，以寿终。后以子王诤贵，赠山东道监察御史，加赠大理寺丞，进右少卿。嘉靖《永嘉县志》等有传。

王澈

王澈（1473—1551），字子明，号东厓，英桥王氏八世（四派）。正德八年（1513）举人，授礼部司务，历迁兵部武库司郎中。当时母舅张璁秉钧，乃退。然敛抑阴扶善，类缙绅，至今称之。以亲老归省，擢福建布政使司左参议，遂告休致。性宽和庄重，与人诚意恳至，望之知为长者。创宗祠、行乡约，凡乡邻有急难及地方利病所宜兴革者，辄以身肩之。嘉靖二十四年（1545），大饥荒，粮食减价出售，且施粥两个月，每天来吃粥的饥民都有千余人，时人赞其“进则泽被天下，退则仁施一乡”。墓原在永嘉十九都宋岙，后迁茅竹岭西侧山腰。今圹志石藏温州博物馆，盖石及石马、石羊、石虎等藏永昌堡世大夫祠。著有《英桥王氏族约》。嘉靖《永嘉县志》等有传。

王激

王激（1476—1537），字子扬，号鹤山，国学宗师，英桥王氏八世（四派）。明正德二年（1507）参加省试，以《春秋》考取第二名。在县庠讲学，项乔、张纯都是他的学生。嘉靖二年（1523）以《诗经》考取进士，授吉水（今江西）知县，政风端正，打击强暴，很受人民爱戴。过三年升吏部文选司主事。嘉靖七年（1528）主持广东乡试，九年（1530）任考功郎中，后历任南京通政司右通政、国子祭酒兼经筵讲官。学问渊博，和阳明学派的徐曰仁、朱守忠、蔡希颜、高汝白、应邦升等学者往来，互相切磋，颇受推重。

王激颇似其父，天资颖异，读书过目辄成诵，与先公并负士望。早年讲学鹤山书院，闲暇时抚松调鹤，悠然若忘仕进；素有鹤癖，自号鹤山，即使声乐满前，无鹤相随则不乐；又嗜好丹砂，“每戏言欲求为句漏令”（《鹤山集·弃丹砂记》），慧眼识珠，提携罗洪先（号念庵）于科场，为他提供馆舍，与子叔懋同学。后罗洪先中嘉靖八年己丑科状元，私淑阳明，创江右学派。王激服膺阳明学。王与徐爱以及阳明高徒王畿（1498—1583，号龙溪）思想接近，“居常有意辟谷，酷嗜仙释氏语”，可归入浙中王门的永嘉弟子。诗风超逸，刻意学苏，旷达萧散。田园诗情趣盎然，寄意深远。罗洪先赞谓先生：“长身玉立，风致魁岸负气不肯下人。不独自视甚高，望之者如尘外孤鹤，不易笼丝。”项乔称业师：“有秦汉豪迈之风，有燕赵慷慨之节，有太白倚马之才，有东坡骈骊之札。”

著有《文江集》《鹤山集》。光绪《吉水县志》、万历《温州府志》等有传。

叶幼学

叶幼学（1478—1545），字希行，号雪坡，永嘉县华盖乡二都英桥（今龙湾区永中街道新城村）人。少从乡先生王师古业举子，数月弃去。年二十，著《定志录》。年三十余，张璁一见嗟异，遂引同释《杜律》、疏《礼记》。四十余，时朝集《大礼辨》，上《野言续论》二卷，采入修《明伦大典》，授翰林院待诏，供事史馆，纂修《大明会典》。既而，以言论激直，避当道归，乃徙居鹿城。复荐，校理《宝训》《宝录》有功，升侍书，阶登仕郎。著有《雪坡集》《雪堂训义》《雪城语录》等。嘉靖二十四年（1545），郡大饥，有司救荒失策。三月三十日，叶幼学于主乡约审查时，被群恶少捶死。现存嘉靖十六年（1537）叶幼学敕命一道，原件今藏在永嘉渠口叶氏宗祠。康熙《永嘉县志》有传。

王洌

王洌（1483—1555），字子良，号仁峰，英桥王氏八世（四派）。明嘉靖十三年（1534）岁贡，授松江府儒学训导，升建安王府教授。致仕以寿终。居家孝友，言动不妄。视其弟王澹如其身，教其侄王文东（字不德，号瓯川）如其子。历官所得不自私，尽与弟；弟教书所得，亦尽以与兄。兄弟同灶到老，没有闲言。光绪《永嘉县志》等有传。

王沛

王沛（1485—1558），字子大，号仁山，英桥王氏八世（四派）。出身官宦家庭。父王钲，号溪桥，封通政使司右通政，母张氏恭人，即文忠公张璁的大姐。王沛天资聪颖，身体魁梧，风流倜傥，卓有义勇，不慕荣华。精晓古禁方，为民行医，从不计较报酬，被誉为“益府良医”。一生仗义疏财，急人所急，“贫者赈之粟，死者给之棺，有求辄与，惟财力应之，未尝少懈”。深得乡人爱戴。

明嘉靖年间，浙江沿海倭寇骚扰十分猖獗，温州尤烈。为保家乡人民生命财产，组织乡人奋起反抗，与从侄王德招募勇士近两千人，成了浙南一方屏障。嘉靖三十一年（1552）四月二十日，一伙倭贼由瑞安进入永嘉，叔侄俩立即率义兵前往，倭寇闻风而逃，四年之内不敢入侵。嘉靖三十五年（1556）十月初九日，一大股倭寇渡楠溪江至蒲州，欲经过永嘉场到梅头下海，人人震惧。王沛叔侄立即率精兵前往截击，相遇于龙湾上金。王沛说：“贼寇四出抢掠无斗志，我师整，一鼓擒之耳！”义兵个个踊跃杀敌，倭寇大败而逃，追杀数十里，取得了“斩首十六、生擒十四、夺马十余匹、解救被虏百姓八十余”的重大胜利。

嘉靖三十七年（1558）四月初，寇复大至，王沛以高龄率众守土。四月初六日夜，王沛叔侄接报大批倭寇在梅头登陆，便率义兵驰往，在梅头海边与倭寇展开激烈战斗。倭寇佯退落海。王德分兵驻山前海边，王沛留驻梅岗半山腰作接应。涨潮时，海上突然开来一艘大船，冲出无数敌寇，与原先小船上敌寇汇合形成强大的包围，其中一大股倭寇绕道冲上半山腰偷袭王沛。终因寡不敌众，壮烈牺牲。“乡人闻公死，哀震里巷，远近人士无不义公。”总督胡宗宪以事实上报朝廷，翌年三月诏下，赠太仆寺丞，荫子叔本入国子监。明嘉靖三十八年（1559）六月二十六敕建褒忠祠祀仁山公，令有司春秋二祭，以慰英魂。《明史》《浙江通志》等有传。

王湖

王湖（1496—？），字崇泗，号西涧，英桥王氏八世（大派）。少聪敏，博贯经史，工诗文，性恬淡，不慕荣利，一室萧然，怡然自如。与张璁为布衣交，张素重其人，及入相屡征辟之，以母老力辞。隐居乡里，聚徒讲业，一时名士多出其门。郡守李廷观延为乡饮宾，再请辞不赴。敦行嗜学，耄耋不衰，年九十二卒。著有《樗散斋笔记》《樗散稿》。《东瓯诗存》有诗13首，康熙《仙岩寺志》有诗1首。万历《温州府志》等有传。

王诤

王诤（1508—1581），字子孝，号竹岩，英桥王氏八世（大派）。于正德三年（1508）出生，嘉靖二年（1523）随父至竹山任所就读，聪颖警慧，强记博闻，四书五经、诸子百家无不涉猎。嘉靖六年（1527）入竹山籍，县学考试名列榜首，当地缙绅蓝公大奇其才，以女许婚。是年王诤20岁，蓝氏才10岁。

嘉靖十三年（1534）应选贡举。二十九年（1550）会试进士，与族侄王叔果同科得中。三十一年（1552）补溧阳令。在溧七年，抑制打击豪贵巨室兼并，为民申辩冤屈冤狱，做了大量好事。溧阳百姓感其德，造生祠立肖像其中。嘉靖三十八年（1559）擢为山东道监察御史，次年巡盐河东。时河东连年大旱，而当朝严嵩仍按例征赋税，盐民流离失所。王诤不顾身家利害，多次上疏与严嵩抗争，后来嘉靖帝下诏减免河东盐民赋税，王诤被当地百姓称赞为硬骨头好御史，再一次被百姓立祠奉祀。

嘉靖四十三年（1564）奉命巡按云南。时镇臣黔国公沐朝弼肆毒一方，上下勾结，根深蒂固；云南百姓怨声载道，闻王诤巡按云南，莫不欢欣。王诤不负众望，下车伊始，便广泛搜集罪证。沐惧，先以金钱收买王诤，半夜送上黄金三百两，被王诤坚拒；继而以蛊祟威胁王诤，以暗杀恐吓王诤，王诤均不为所动。奏章屡上朝廷，经过一年多的努力，最终将沐“按籍其党，悉置于法”。在滇期间，还为被革职查办的前云南提督学政陈善平反昭雪。从此“直声震宇内”，“天下称名御史者必曰东瓯王公”。嘉靖四十五年（1566）奉旨“刷卷南畿”，为陈年积案一百多件一一加以梳理，为冤屈者一一昭雪。因“正色敢言，明辨劲峻，无所媕阿”，被人誉为“铁御史”。

隆庆元年（1567），王诤擢大理寺左丞；隆庆二年，升大理寺少卿。大理寺掌审谳（议罪、定罪）平反刑狱之政令。明王朝建立至隆庆已历两百年，许多狱律令已不适应形势，恰好大司寇毛公奉命召集诸刑官议狱，于是王诤据律驳其误，并就如何修订一一上奏朝廷，穆宗以为是，奉旨著为令，使沿袭二百年的一些狱律得以更新。时人论为“非忠勇者岂肯敢言”，“此薛文清廷尉时故事也”。

隆庆三年（1569）升都察院右佥都御史（大中丞）；隆庆四年（1570）巡抚贵州，时广西宣慰司安国亨反，王诤请发兵诛安国亨反为所败，遂上书自劾，下旨回籍听调。隆庆五年（1571）谢官告归。

王诤著有《滇南奏疏》《刑名奏议》《大学衍义通略》等流行于世。万历《温州府志》等有传。

王勋

王勋（1515—1546），字景铭，一字克让，号观复，英桥王氏十世（大派）。资性温雅，弱冠即从事圣贤之学，真志实行，毅然以孔、颜自期。手录先正格言及平日所自得者，结集为《检身集》，用自考镜。补郡庠弟子员，屡试高等。生平无疾言厉色，虽隐微造次，必肃然端饬，孝友天至，推诚秉礼，乡族孚化。年三十二卒。邑士摭其遗行上雷、阮二提学，请祀乡贤，表其庐曰“善士”。万历《温州府志》等有传。

王叔果

王叔果（1516—1588），字育德，号西华，英桥王氏九世（四派）。父亲王澈，由举人官至福建布政使司左参议。他幼时聪慧好学，七岁社师试以偶句，应多奇；十一岁全家跟着父亲住在北京，初习《毛诗》，后从翰林编修卢文溪习《礼记》。嘉靖十三年（1534）时十九岁，母亲潘氏在京师逝世，父亲带着他和叔杲兄弟俩回归半山，并庐于墓，攻苦修业。十五年（1536），试督学徐文贞，补郡诸生。嘉靖十九年（1540）应举，省督学合金、衢、温、严、处五郡士试，取王叔果为第一，遂以《礼经》荐于乡。上春官罢归，迁居山中，考古缀文，生徒讲业者众。其时父亲建宗祠，行族约，王叔果协助编理《王氏族约》。嘉靖二十六年（1547），从南京国子监祭酒程文恭、太常卿欧阳文庄游，论学为同道所宗。嘉靖二十九年（1550年）考中进士。嘉靖三十五年（1556）起复，任兵部职方司主事；次年（1557），任兵部职方清吏司主事，监督修建皇宫的工事，得赐文绮白金。嘉靖三十七年（1558），他请假回家扫墓。这时倭寇猖獗，三叔父王沛和族弟王德都抗倭而死。叔果与弟叔杲聚族谋划筑堡自卫，他上疏朝廷，捐赀为堡，请迁中山界巡检司入堡，以资防御，得到准许。于是兄弟俩，集资七千余金，亲率乡人兴筑永昌堡。

嘉靖三十八年（1559），迁兵部职方清吏司员外郎，为会试同考官，所举《礼经》士十九人。次年（1560）五月，升兵部职方协司署郎中，检阅蓟镇守军，对驻军加强纪律教育，增进军队战力。是时昌平提督生活腐化，得贿贪赃，制造错案假案，枉杀无辜，经王叔果查实后，给予裁减；并奉兵部尚书杨博命修成《京营志》，毕辞时御赐酒馔。四十年（1561）闰五月转武选清吏司署郎中，分修《武选条例》，得到杨博的倚重。嘉靖四十一年（1562），出为湖广布政使司右参议，分管承天、德安两府。承天辖钟祥、京山、潜江三县，钟祥是嘉靖皇帝生父兴献王陵寝所在；德安辖安陆、云梦、应城、孝感四县，安陆有兴王府，是宪宗皇帝儿子佑杬封地。都牵涉到皇族权贵利益，是很难管理的地方。加之皇帝经常谒辞显陵，邮传供应非常烦费。他建议以中都两京祖陵为例做了定额，省去郢、梁、岐诸王园陵费数千金。应山县大饥，王叔果捐俸及赎券百余金，嘱下吏为粥为饲流民。他为官清正廉洁，同僚视其为张阁老外甥孙，好多人谄媚攀结，经常赠送礼金，他一概拒之。

嘉靖四十三年（1564）迁广东按察使司副使，赴任途中叔果引疾乞休。归家以后，杜门不交外事。永嘉场滨海，有渔盐之利，但土地充满盐渍，水利不修。他捐资修筑陈大埭、黄石浦东一带海塘；在第二桥建置水闸，改善家乡水利条件。又设私塾，购置义冢；为乡人请减渔税，合理处置盐税等事。他常说："拙于用世，将以施之家；厚于望人，莫若求诸己。"又说："为天下惜财，不必藏于己，为天下任事，毋宁迂其身。"修缮半山亭台诸景、增辟洞壑池塘，修祖墓，理旧业。捐资修葺江心屿东西塔、仙岩寺、镇宁楼、东瓯王庙等胜迹。

叔果爱读书，至老讽诵如诸生时。少时在大罗山支阜半山读书，筑亭台。晚年在儿子光蕴帮助下，重整缭碧园，建静宜阁，作为养老之地。他辑录朱熹晚年和陆九渊言论相合的文章为一编，证明二人和禅宗言论有别；又说王守仁的良知说与朱、陆"尊德性、求放心"的学说有相通的地方，性善才能知良，求放心才能惺惺不昧，二者是一致的。泰和胡直，大名申旋、麻城耿定向、归善李鹏举都同意他的论点。

万历十六年春，得脾疾，他对儿子们说："人生如梦，我现在醒了。"问他身体平安否，不答，只说："愿天生好人。"吩咐家中人拿粥来，吃了粥，上床，酣然像深睡。近前一看，原来已去世了。终年七十三岁。子三：光蕴、光荐、光普。著有《永嘉县志》《半山藏稿》等。《两浙名贤录》、康熙《浙江通志》等有传。

王德　附子王如珪、王如璧

王德（1517—1558），抗倭英雄。字汝修，号东华，王沛堂侄，英桥王氏九世（大派）。明嘉靖十七年（1538）进士。授东昌府（今属山东省）推官，颇有声誉。二十五年（1546），起复补大名府（今属河北省）推官，署滑县事。时滑县发生一抢劫湖广贡金案，当局大肆搜捕近千人，王德察觉案有冤屈，亲至调查，坚持不把嫌犯交付军处，后案犯在京城落网，案情大白，无辜获释。当地立生祠纪念。升户科给事中，以风节自持，上疏请简任辅臣，为当路所忌。定国公徐延德丐无极诸县闲田为业，且言私置庄田，不宜以灾伤免赋，王德抗疏劾之。二十九年（1550），北虏入侵京师，屡陈军国便宜，悉报可。时城门尽闭，大批难民被拒城外，王德上疏力争，放民入城避难。寇退，命募兵山东，所得悉骁勇，为诸道最。朝廷拟破格任用，为人所忌，出为广东按察使司佥事。备兵岭南，率兵雕剿叛乱村堡二十寨，上司奖励多金。后与抚台议事不合，谢病回乡。

时家乡永嘉场倭患，王德捐出全部家产，协助族叔王沛募集义兵组织抗倭。嘉靖三十五年（1556）十月，倭寇从楠溪登陆，渡江抵蒲州。王氏叔侄率兵御敌于上金，寇溃，追杀数十里，斩首十六，生擒十四人，夺马十余匹等。次年，又歼敌于梅头，斩首七。三十七年（1558）四月，大股倭寇侵扰温州。初六，王沛在梅岭被倭寇包围遇害。次日，王德率部迎敌，斩首二，擒七人。十四日，移眷属于府城。十九日，兵备袁祖庚移兵到宁村策应，参将张鈇率兵来合。时敌寇围郡城甚急，袁请求王与张并兵援助。次日，王德率部从小道赴府城，至龙湾金岙，遇伏阵亡。手射杀数人，骂贼死。“然倭自是不敢越德乡侵郡城矣。”后赠太仆寺少卿，世荫锦衣百户，立祠于郡城康乐坊，曰愍忠。今永中街道新城村状元里6号为王德故居，始建于明嘉靖十八年（1539）。《明史》、嘉靖《永嘉县志》等有传。

长子王如珪（1539—1617），字景瑞，号肖华，又号任斋。嘉靖四十三年（1564）举人，官溧阳知县。万历《温州府志》、乾隆《温州府志》有载。

次子王如璧（1548—？），字景完，号仰华。以父抗倭死难，荫袭锦衣卫百户。万历二年（1574）升京营游击，历升江西都司，锦衣卫指挥。康熙《永嘉县志》有载。

王叔杲

王叔杲（1517—1600），字阳德，号旸谷，英桥王氏九世（四派）。生有异秉，敏悟绝伦，诗骚子史，含英咀华，受时人称颂。

嘉靖三十一年以来，浙闽沿海一带，倭寇时常出没，叔杲的叔父王沛，族弟王德都因抗倭而死。嘉靖三十七年（1558），为防御倭患，他认为若不筑营垒，则进退无据，于是放弃赴京参加会试机会，与兄叔果带头集资，率领乡人兴筑永昌堡，其费用七千余两白银。大半由他拿出，未曾动用国库。用了十一个月的时间建成这座垒石填石达10万立方米工程量的雄伟建筑，周长2.5千

米，高近8米，有水陆门各4个；同年迁巡检司于城内，成为军民联防的堡垒。

嘉靖四十一年（1562），王叔杲中进士，授常州府靖江县知县。靖江境内盗贼横行，王叔杲到任后，对症下药，对初犯或轻犯者采取教育感化，而对于惯犯或罪大恶极者，则绳之以刑，于是盗贼都慑服。从此，靖江境内一片和平景象。同时他又重视教育训迪，兴建儒学，使县里学子弦诵不绝，靖江县的风气大为改观。不到一年，靖江县就被他治理得井然有序。嘉靖四十四年（1565），被召入为兵部车驾司主事，历任职方司员外郎、武选司郎中等官。隆庆四年，以部郎出守大名府。

万历元年（1573），王叔杲晋升为湖广按察使司副使，整饬苏、松、常、镇兵备。三吴为天下富庶之地，素令倭寇垂涎，却防范松弛。王叔杲上疏海防运道利害十余条，并亲自沿江考察，从圌山到白茆、福山的八百里江防，在金山的柘林、青村，吴淞的川沙、南汇，江阴的杨舍，太仓的刘家河，浚深壕堑，崇固城垣，增兵列戍，首尾呼应。又造大沙船，辅以三翼轻舸，积极监造火器，较射步法，一系列措施大大增强了沿海国防能力。

万历三年（1575），倭船结队犯内地，王叔杲发兵抵御，将倭寇打得落花流水。随后，倭寇不敢深入苏南，只在浙闽沿海活动。由于政绩优良，升迁右参政，仍镇四郡，一切漕政水利经略都归他管辖。他请求留下乡兵民壮银四万两，又请蠲免积欠数十万两。王叔杲斟酌漕政上需要兴革的措施，著撰《三吴水利考》，对江苏的水利事业有很大贡献。又建议漕米改为折银，说明有六利而除去四害，但遭到省臣反对。由于政见分歧，省臣提出弹劾。王叔杲就主动请求辞职，欣然归里，年正六十。离开三吴时，地方为他建立生祠，春秋两祭。不久，朝廷恢复他的官职，补福建布政使司右参政，而叔杲已绝意仕途，上疏力辞免行。

温州山水素为名胜，王叔杲为官前，就非常喜欢家乡的山水，在阳岙东麓建阳湖别墅。他做官时，深为江陵张居正所器重。故张居正屡次劝他再仕，但他矢志终老泉林，置若罔闻，无所回谢。嘉靖三十八年，父王澈移家墨池坊，王叔杲在墨池坊辟地10亩许，建立玉介园。这两处园林，经他精心营建，极尽园林之胜。谢政归来后，他“念河清之难期，抚榆景之可惜”，于是大力整治这两处园林，自己则啸咏其中。

每当风和日丽时，他便带领子侄们或吟诗作对，或泛舟江河，每有佳景，则尽兴而归。历揽温州名胜古迹，逍遥自在赛神仙。王叔杲还与兄叔果历时48年，在仙岩寺一带植松、柏、樟、枫、铁色木、棠梨树220株，为了保护植树成果，于万历二十七年撰刻《仙岩松木记碑》，将植树地段、品种、株数一一勒石登记，“后僧有妄损一枝者，执此呈究”。王叔杲的最后一次户外活动在万历二十八年四月，仆人划船载他游览阳湖、岷冈、孤屿、仙岩、永宁等地，回来后即一病不起。

王叔杲素负文名，著有《玉介园存稿》。当时的文坛巨子如王世贞、焦竑、茅坤、屠隆、李维桢辈，都是他的文字知己。其中王世贞与之交往最深，除诗歌酬酢外，为他所做的文章就有《送大参永嘉旸谷王公改任叙》《旸谷王公祖生祠记》《玉介园存稿序》《阳湖别墅前记》《阳湖别墅后记》等篇。这些与朋友交往的文字，都由其子光美集为一编附于《玉介园存稿》以行，可谓交游满天下，文名遍海内。所作的诗篇，五言近体冲淡自然，宗师陶、韦。如《登大罗山顶》诗中云："选胜跻名岳，千峰入望来。江流盘作带，山翠簇为台。仙掌连云湿，青莲映日开。相将扪斗近，直欲御风回。"七言古风或明白如元、白，或瑰奇如青莲、长吉，如《江淮歌》《云岩子歌》《李王尖行》《李王战场歌》等篇，均汪洋恣肆，读之神往。《十锦塘》诗："横截平湖十里天，锦桥春接六桥烟。芳林花发霞千树，断岸光分月两川。几度觞飞堤外景，一清棹发镜中船。奇观妆点知谁力？应有歌声被管弦。"

文则各体俱工，尺牍如晋人小品，言简意赅，馨逸可喜；祭文则至情流露，出自肺腑，《祭孙华山中丞》等文声泪俱下，读之感人至深。有些文章，如《筑永昌堡始末》《玉介园纪略》《重修东瓯王庙记》《重修白鹿书院记》《重修蒲州海塘记》《重建陈止斋祠堂记》等等，则事关地方庶政，富有史料价值，是难得的历史文献。《沿海事宜》《水利事宜》等，是他在海防和水利方面深入实际调查研究而得的精辟见解，如《水利事宜》言："（温郡）蒲州外江内河，甃石为长埭，外御江潮，内蓄河水；自隆庆以来，河水靡岁不淹，埭靡岁不决，大为民害。访求其故，缘北山之西路，地势洿下，历岁居民培土壅沙，渐高至数尺，自是一值水潦，辄为拦障，遂汇而东冲长埭，埭故数坏。又陡门失于疏浚，底下积污泥，水失其就下之势，因而泛滥淹没。今每岁修筑塘埭，仅足防肤表之患，而不疏其淤塞，则心腹之病固在也。"足见其所作所为讲求事功，切于实际，有利于国计民生。王叔杲一生，在乡里则为贤哲，仕宦海则为循吏，居山林则为高士，处文坛则为宿将。为官15载，政绩卓著，60岁辞官离开三吴，当地人建生祠纪念他。热心家乡建设和文化事业，资助修葺江心塔、仙岩寺、镇宁楼、东瓯王庙等胜迹。著有《三吴水利考》《玉介园存稿》。另有《家礼要节》一卷、《新修靖江县志》八卷。《温州文献丛书》刊有《王叔杲集》。万历《温州府志》等有传。

王瀼

王瀼（1518—？），字崇趾，号海南，英桥王氏八世（楼下派）。年二十中秀才，曾设馆执教族中子弟。后弃教经商，发家致富，购置田地山园九千七百亩，人称"九千七老太公"，富甲一方。平生乐善好施，曾捐资修建浙闽交界30千米道路，平阳坑南北岭及白楼下堤塘和码头，兴建寺庙更是不惜资财。今永昌堡内仓坦，尚遗留着当年海南公住宅四周围墙的墙基，坐北朝南，东西宽82米，南北长88米，周长334米。

王叔本

王叔本（1524—1589），字立德，号后桥，英桥王氏九世（四派）。父王沛，抗倭英烈。明嘉靖三十七年（1558），以父沛抗倭死难，荫入太学。隆庆二年（1568），补鸿胪寺主簿。隆庆五年（1571）擢光禄寺丞。致仕归，与叔果同居林下，以诗文自娱。著有《二雁记游诗草》。康熙《永嘉县志》有传。

王元端

王元端（1525—1608），又名玄端，字景显，号罗冈，英桥王氏十世（大派）。出生于永嘉县华盖乡二都庙上（今龙湾区永中街道城南村）。年少时颖异笃学，端方谅行。明嘉靖间为岁贡生，由太学生任广东布政使司经历，以廉勤著称。于明万历元年（1573）升云南楚雄府通判。

叶承遇

叶承遇（1533—1589），字思章，号仰山，永嘉县华盖乡二都英桥（今龙湾区永中街道新城村）人。明万历五年（1577）进士。初授福建兴化府莆田知县，任职六年，政尚宽大，筑堤障海、均官民田、编豪臣为里其大者，民为树碑创祠。万历十一年（1583）擢为云南道监察御史，疏论杨冢宰排抑言官，舒司寇淹滞无辜，有声台中。力请禁革保店，从其议。十三年（1585）召京奉敕巡视皇城。时相姻娅有宪闽者，甚岸忞，论罢之，以此见忤，出为江西按察司佥事。未逾年，时相岁私者抚闽，诬论其治莆均田事，遂引疾归。十六年（1588）复奉补江西督学政，引疾不赴，卒年五十七。莆人闻其殁，举祀名宦。著有《筮仕录》。万历《温州府志》等有传。

王良心　附母姜氏

王良心（1537—1579），字性德，号存吾，英桥王氏九世（楼下派）。出生于永嘉县华盖乡二都阜财坊（今龙湾区永兴街道蓴芳村）。幼孤贫，母姜氏守志，督就外傅。天资聪敏，立志苦学。明隆庆五年（1571）进士，授广州府增城知县。在任六年，重教化，省刑罚，建学宫、雁塔，倡导文化。建桥梁，建义仓482所，贮谷万余石以赈贫救灾之用。又建养济院行善，广施仁义，深得人心。为防盗贼，加强县城防卫，在东南西三城门外加建月城，并挖深西南城濠。离任后，增城百姓感念其功德，立去思碑，建双惠祠和前令乐清朱文简合祀。他建造的“学宫”“雁塔”至今仍在，成为名胜古迹，现为增城市保护文物点。万历五年（1577），擢南京兵科给事中，辖七省漕运。性情端亮，才识敏明，操持克慎，绥缉有方，执法严明，不避权贵。居二年，卒于官，年仅43岁。万历《温州府志》等有传。

母姜氏年二十八，夫亡，子王良心甫七岁，誓志抚孤，备尝艰苦。后姜氏封太孺人，“有司行奖，乃立匾表于门”。光绪《永嘉县志》有传。

王光蕴

王光蕴（1540—1606），字季宣，号玉洞，二都英桥里（今龙湾区永中街道新城村）人。祖父王澈，累官福建布政使司左参议，赠朝议大夫；父王叔果，累官广东按察司副使。

王光蕴天资明敏。8岁就外傅族叔祖王湖学文，10岁学《毛诗》。一日，有书童在书斋外植花，师以为是光蕴，即试以对曰：“灌花种菊是闲忙。”光蕴应声答曰：“问舍求田非我事。”师大奇之，赞曰：“此儿非凡器也！”16岁赴郡考，邑侯周公赏其文，列为头名。

嘉靖四十年（1561），王光蕴参加浙江乡试，中举人。次年，与叔父王叔杲一道北上参加会试，叔父登进士第，光蕴名落孙山。

万历十六年父谢世，十九年（1591）服除，打算北上会试，又挂念祖母年迈，太恭人强而后行，又不第，由吏部授职，任宁都令。

宁都地处万山中，其俗好告讦争斗，为难治之县。光蕴赴任后，经过调查考察，认为“这不是宁都难治，是官吏的责任”。并书一联贴于柱上：“但将国事如家事，谁道今人不古人。”于是严厉管束吏胥，力除民疾。

有奸人刘赞毛，向本里廖光炫贷款，时久不还，光炫多次催讨，赞毛怨恨光炫，暗地杀了自己义子刘寿，再诬告廖。前任县令判廖死刑，已报可。案经王光蕴复查：廖瞎了一只眼，且性懦，心善；而刘赞毛奸黠凶悍，且刘寿是刘的义子，一向与刘不和，疑点颇多。后查明真相，为廖平了冤狱。一县之民，惊以为神。

邑民刘宣赐，原系一兵痞，专爱惹是生非。平日与同里刘子征有矛盾，就构陷刘为盗贼，流劫民间。谣言传到检察部门，下令光蕴查办。光蕴经过查访，得知子征一贯安分守己，马上为之排解。后来按察使司正使赵某路过宁都，刘又诬告子征招纳亡命之徒，应马上缉捕。赵大惊，即命巡检陈仲伸捉拿归案。光蕴得知后，乘夜急驰见赵，说：“民为不轨而令不发觉，令罪也；民被谗陷为不轨而不能自白，亦令罪也。”赵被说服，急捕治刘宣赐，以警告刁顽。一郡士民尽欢呼。

万历《温州府志》

万历廿二年（1594），江西大旱，袁、吉诸州赤地千里，惟宁都太平、仁义诸乡稍丰收。商人乘机聚集宁都收买粮食，谷价一日三腾，民情汹汹。光蕴告示各乡不可使谷物漏脱。于是商人匿名上告抚台，称县令阻止粜粮，纵使百姓私立关隘，劫夺商人，蔑视法律。督府怒词责令立即开放关隘。百姓知此后，欲一哄而散。光蕴就对百姓说："这是奸商之词，若其计得行，本县谷将很快散尽，你们想死在草野吗？那还要我这个县令干吗？"马上具文上报。抚台悟，说："宁都县令为民任怨，而我几乎失去他！"是年，江西其他地方饿殍遍野，宁都境内没死一人。

光蕴任宁都令六载，做了许多好事，抚台两次为之举荐，按台三次，例得优转，于万历廿五年迁宁国郡丞，于万历廿六年（1598）升衡府长史。以祖母年高，告归。离开宁都和宁国时，士民均感惠政，拥道相送，献"德政篇"，立"去思碑"。万历三十年（1602）奉诏进阶朝列大夫。

光蕴一生谦厚恭慎，为德于人，绝置不言，人有得罪于己，犯而不校；平生嗜诗，但不与人谈论诗；一日三餐，粗茶淡饭而已。辑有万历《永嘉县志》17卷、万历《温州府志》18卷、《江心志》6卷、万历《宁都县志》、《东嘉王氏家录》及《太玉洞斋近章》10卷。乾隆《温州府志》等有传。

王光荐

王光荐（1542—1619），字季贤，号玉淙，英桥王氏十世（四派）。王叔果次子。明万历十六年（1588）任光禄寺丞。十八年（1590）升山西解州同知，为官清廉。致仕归里，热心公益。万历二十一年（1593），建仁寿桥（在蛟翔巷）、华盖桥（打锣桥，在府治东）、长桥（在东门外）。三十一年（1603），与兄光蕴共建县学尊经阁，加修庙庑、学堂、名宦乡贤祠等。乾隆《温州府志》有记载。

王继明

王继明（1545—1608），字用晦，号省庵，又号慎斋，英桥王氏十世（楼下派）。父王允文，号碧山，邑庠生，馆谷授徒为业，继明从小跟随其父学习。隆庆元年（1567），领浙江乡荐。万历二年（1574）进士及第。初隶事都察院，学习《挈法》（刑律）。

万历三年（1575），任直隶太平府当涂县令。当涂县是南畿首邑，南北交通要道，使节邮车日夜相望，迎送礼节繁杂，劳民伤财；酷吏因舞文弄墨，刁难百姓，捞取油水。王继明上任后，行便民改革，一一简化，迎来送往不过平常饭菜而已；上下移文，当遣发都立即遣发；谳狱定罪，悉心处理。老胥猾吏无从觅钱，多数自免而去，曰："我不能从公度活矣！”其间，首辅江陵张居正母丧，奉旨从京都扶柩还楚，所过州县皆结彩相候，礼仪丰厚，继明皆革去，无所加礼，张居正恨之，于万历七年被降职，调往江西赣州府任经历。临行前，当涂士民送他一块匾额，上书“一念精诚，对天表日”八个大字。

继明办事精明公正，大司寇特别看重他，委署兴远、瑞金、宁都三县事。在任三年，多惠政，瑞金士民为之立生祠。万历十年（1582），转任乐安县令，慷慨能任，刚毅著声，士民在县治左方建生祠纪念。万历十二年（1584），升南京刑部云南省行人司左司副。此时，杨夫人已育子五岁，随在任上。为节约开支，且家中婆婆无人照应，要求带儿子回乡奉养婆婆，在乡人便船带挈下回到家中，不想这一别却是生离死别。由于政绩优异，俱是“循卓”“奏最”，万历十五年（1587）升任南京兵部员外郎。万历十七年（1589），升兵部郎中。万历十九年（1591），杨夫人在永昌堡家中病逝，儿子仅十二岁，还有年迈的老母亲和杨夫人随嫁的婢女一人。继明对杨夫人的去世非常痛心，但因公务在身，又不能亲自回家料理丧事，幸好有家乡好友程梦阳贷以木材，代以募银，才得殡殓。继明遣专人送信到家，收婢女为继室，以奉养老母和照管儿子。

万历十九年（1591）至万历二十八年（1600），历任镇江、襄阳、太平三郡知府。在任期间，政声更加卓著。当任直隶镇江知府任满时，吏民称颂他“仰为慈母，心怀黎民；文经武略，三吴倚若长城”。当任湖广襄阳知府任满时，士民为其建生祠，立“去思碑”以表纪念。当任直隶太平知府任满时，百姓顶香而送达数千人，车阻而不能前行。

万历二十八年秋，升四川按察使司副使兼布政使司右参政，分巡川东。川东兵使者久缺，文移像雪片似纷纷猬集，兵防松弛。继明到任后，积案为之清除，修整兵防，井井有法。时川东石柱土司马千乘，为人酷而贪，其酋长谭朝国乘机发兵叛乱，马氏奔诉按察使司，继明深感局势严重，如果让其乱成，百姓必遭大灾难，因而考虑再三，不顾个人安危，仅带数名新兵前往叛军驻地，晓以祸福，动之以情，分化瓦解，结果不损一兵一卒，不费斗斤粮草，将叛乱平定，为首者谭朝国等四人斩首示众。川东百姓无不感激涕零，立生祠祭祀曰：“王公真文武全才也！”马千乘重登土司宝座后，以金银相谢，被继明严词拒绝，对其贪酷表现提出批评教育。

万历三十三年（1605）考职完满，四川巡抚特疏荐继明功绩，升任四川布政使司右参政兼按察使司事。京中有奸官诬告，称王家奴仆上百，家造府台大门。朝廷派钦差下来暗访，于万历三十四年五月初到了永昌堡花园后巷，见水埠头有中年妇女在漂洗苎线，问之正是王继明的继室，引探其府第所在，却是三间小旧房，里面有白发老夫人在捻苎丝，婆媳俩以小工为孙儿凑钱念书。钦差经多方查对后，确认其生活清苦，非常感动，并钦佩王继明为官清正，即回京报告，神宗皇帝于八月廿六日连下三道圣旨：两道封旨，封王继明父母和王继明已故的杨氏安人；一道谕旨表彰王继明为官清正，拨款建造宅第。有传说，不论何人，过此地都要下马下轿。次年，王继明母亲去世，他趁着守孝辞去官职。万历三十六年（1608）卒于家，享寿六十三岁。

继明为官逾30年，皆以廉干驰名于各地，其操行如冰雪，纤尘无染，日用克俭，不知有身。著有《仕学斋遗稿》《知非稿》《偶然稿》。同治《赣州府志》、乾隆《温州府志》等有传。

王光普

王光普（1545—1620），字季仁，号玉沙，英桥王氏十世（四派），王叔果三子。庠生。万历二十五年（1597），谒选授光禄寺监事。在任精心综核，汰其浮费，岁省官金数千缗，为寺卿孙公（玮）所器重。万历二十八年（1600），甫满考，母丁忧，哀甚。服阕，升光禄寺录事，授修职佐郎。为事谨严，同事及主爵共贤之。前相国张文忠公（张璁）在京师之赐第，久为内官所据，王光普解橐赎券归之张氏。后辞官归，益乐善好施，修祠宇、修学宫、助婚嫁、助丧葬，赈恤施舍，岁无虚日。万历四十八年（1620）卒，寿七十五。事见《明修职佐郎光禄寺录事玉沙王公墓志铭》。

王光美

王光美（1556—1632），字季中，号玉沧，英桥王氏十世（四派）。王光美出身官宦家庭，祖父王澈，二叔祖王激，三叔祖王沛，父王叔杲，伯父王叔果，一家两代三进士、四大夫、一英雄，是当时东瓯最显赫的家族。

王光美是独子，小时体弱多病，幸有继母陈氏护抚备至。稍长即博览群书，过目能诵，聪慧绝伦。嘉靖四十四年（1565），随父居于京城任所，10岁入太学就读。在太学8年，经史子集无不涉猎，善古文，工诗词。每操笔为古文，洋洋洒洒数千言，闳丽清遒，上逼汉魏；每落笔为诗，清俊质朴，深得盛唐精髓。当时名士都认为王光美前途无量。

万历元年（1573），其父叔杲升任湖广按察司副使，备兵吴会，整饬苏、松、常、镇四郡。三吴为江左重地，财赋讼狱兵政漕运等事务特别冗繁。王光美随父侍从，其父每有大政事大疑狱，常常征询王光美的意见。王光美年纪虽轻，但鉴识精敏，练习世事，每为其父擘画，咸中机宜。其父大奇。

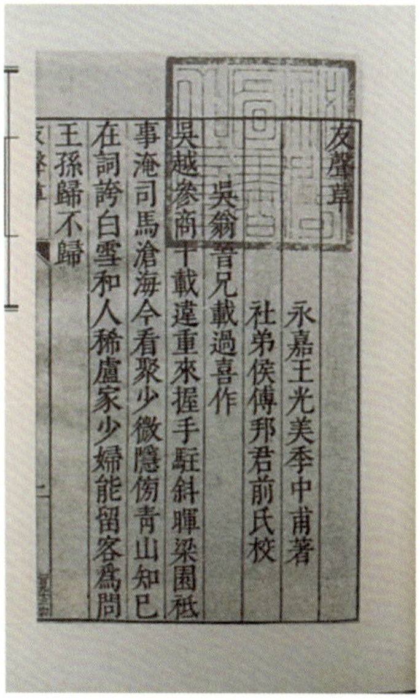

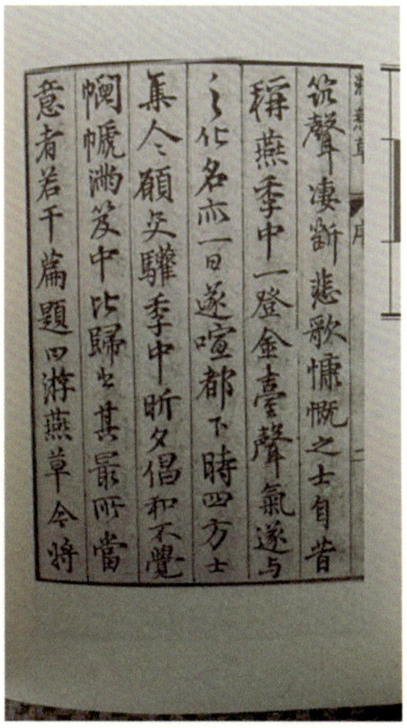

王季中集

万历五年，王光美随父回乡，承欢父母膝下。其后王叔杲优游林下逾二十年，王光美淡泊功名利禄，积极帮助父亲做公益事业。二都英桥王氏是大姓，有数千户，并不是家家均富裕。父子二人立义仓、置义田，赈孤恤寡，赈饥救灾。婚者给以嫁资，死者给以榇椟；其次重建文庙、建府学尊经阁、修文昌祠、构天市宫、修缮江心屿双塔、修瑞安县学、修仙岩寺大殿以及几十处桥梁道路。每役俱费数千金，父子俩毫不吝啬，更无倦色。

其父叔杲门生故旧很多，凡海内钜公学士鸿流，天天有人上门来访；还有词人墨客慕名千里重趼而至，因而王家几乎每天门庭若市。王光美总是热情接待，阅馆授餐，陪客人流览湖光山色，或论经讲道吟诗作对。经日经月经年，从无愠色，天下士都有"至即如归"的感觉。

万历二十六年（1598），因多次输粟助边，朝廷授王光美为光禄寺大官丞，赴京晋觐。其时，太仓王世贞、京山李本宁、云间冯元成三人是王叔杲的世交，三人的文章为宇内文士宗。当他们看到王光美的行卷后，皆啧啧惊叹，以为子安之流。在他们的宣扬下，王光美一时名噪两都，贤豪长者交相结引，甚至愿得一见为荣。王光美无心为官，在京城仅数月，即以父老告归。

王光美年未满三十岁时，就在鹅湖白塔山中造好了生圹，缀以亭台，樊以花木，闲暇日与客游燕其上，题词曰："乐哉斯丘！"自京返家后，不到四年，父亲及陈恭人相继逝世。从此，更以公益事业为己任，以山水为自娱。郡中一些词人墨客如刘际明、陈对江、何白、郝楚望辈，结白鹿诗社，请王光美为祭酒，互相唱酬。

王光美晚年因腿疾，杜门不出，每日书大乘佛经不已，楷法精妙，装帧庄严。一生著作颇丰，有《雁山四记》《雁山集》《湖上草》《松鹤斋草》《友声草》《芳斋草》《白鹿诗草》《赤城草》《壎篪草》《游燕草》《趋庭草》等11部诗文集。乾隆《温州府志》等有传。

王至言

王至言（1560—1630），字昭文，号笙台，又号夕庵居士，英桥王氏十一世（四派），王光蕴长子。太学生。曾筑太玉楼于华盖山麓，为一方名胜。万历二十八年（1600）副榜，以荐与修玉牒，历官鸿胪寺序班。四十四年（1616），授太常寺典簿。善古文词，有学有识，且谙佛道经典。卒年七十余。著有《笙鹤仙诗集》《笙鹤仙杂著》《论草》等。

王至章

王至章（？—1652），字昭宪，号仙源，英桥王氏十一世（四派），王光蕴次子。邑廪生。万历三十六年（1608）岁贡。崇祯八年（1635）任广州府从化县知县。居官醇谨，处世和平，爱民如子。民感惠政，数十年后犹尸祝之。十六年（1643），升云南建水知州。均徭役，靖寇患，廉洁有声。明亡即辞官归隐。居家，族党乡闾多藉赈恤。清顺治九年（1652）卒。光绪《永嘉县志》等有传。

王名世

王名世（1568—1647），字时可、史可，号翼宇，英桥王氏十一世（大派）。明神宗万历二十五年（1597）丁酉科武举，顺天乡试解元（第一名），万历二十六年戊戌科武举会元、状元，是温州历史上唯一连中“武三元”者。

王名世出身仕宦之家。祖父是抗倭乡贤王德，父王如珪举人出身，曾任溧阳知县、礼部主客司主事。王名世幼受庭教，性喜习武，善骑射。

王名世中武状元后，官居锦衣卫千户，他的生平事迹史书记载甚少，只有发生在明万历三十一年（1603）秋的“妖书”事件中曾提到他的姓名。事件的起因是万历皇帝迟迟不肯立长子即恭妃王氏的儿子常洛为太子，欲以第三子也就是宠妃郑氏的儿子常洵为太子。朝臣们以道德伦理纲常要挟万历皇帝不得废长立幼。经过长达十年的僵持，万历皇帝不得不妥协，但在册封常洛为太子的同时，也封常洵为福王，以河南为封地。但福王待在京都，迟迟不肯赴任。为此，京城出现了很多极富煽动性的小册子和传单，其中“妖书”《续忧危竑议》以两人一问一答的形式，向人们讲述了一个深浅叵测的内幕故事：说皇上是迫于首辅沈一贯等人的一再恳请，不得已才立了皇长子常洛为太子，但有改易福王之意，不久福王就要从河南奉召回京正位东宫。其根据一是郑贵妃专擅；二是皇帝新近命朱赓为相，“赓者更也”。并指出朱赓的手下有一批文武重臣，都是废长立幼的得力干将，一旦朝廷有难，他们都会站在郑贵妃一边。其中文臣有王世杨、孙玮、李玫、张善志；武臣则有王之桢、陈汝忠、王名世、王承恩、郑国贤。“此数公皆人杰也，且有郑贵妃与陈矩朝夕比周于帝前，以为之主共举大事，何谓无成。”又云，“密访得王公名世系锦衣卫正千户，现任鸾驾库掌库；王承恩系锦衣卫副千户，现任卫街道房掌房”，加上郑贵妃，号称“十乱”。

“妖书”一出，京城的空气立刻紧张起来。不仅名列书中的大臣惊恐万状，无关的人也不免惴惴不安。首辅沈一贯认为是自己的政敌沈鲤和郭正域有意陷害，锦衣卫都督王之桢、王名世等四人以“妖书”上有名，指责是同官周嘉庆有意为之。一时间，京城的大小官吏都程度不同地卷进了这个继承大统的旋涡之中。

泰昌帝朱常洛虽不得万历皇帝的宠爱，但继任者天启皇帝朱由校是朱常洛之子。晚明历经梃击、红丸、移宫三案，疑云重重，至今无解。但可以肯定的是，王名世被划到宠妃郑氏一派，郑氏一派最终退出历史，王名世下落如何，史书无载亦是必然。

据《王氏家录》中有关记载及2016年王德墓考古挖掘发现（《明陈氏恭人志》），王名世于万历三十四年（1606），升锦衣卫指挥佥事，左堂东宫侍卫，封明威将军。万历四十五年

（1617）已在家中为父守孝。

王名世通经史、工诗善书，时人称其武艺、诗词、书法为“三绝”，且秉性刚正，不避权势，有君子风。

王名世状元及第后，温州府城曾建有“三元坊”以纪念；家乡永昌堡状元里18号建有“状元府第”两进，前后各建轩间，并建前门台。后久失修，旧第倾圮，至乾隆二十九年（1764），其裔孙王培贵斥资重建，规模宏观。当年温州知府胡腾蛟特赠十八字长联一副：

天马南腾，忆当年骥足扬镳，射策直魁新进士；

罗山西峙，恰此地金星居兑，兴文重振旧家声。

上联写王名世事迹，下联写王培贵继承先志，诗意贴切，当地士绅，颇为赞赏。康熙《永嘉县志》等有传。

王光经

王光经（1570—1627），字景济，初号雨金，后感愤魏阉把持朝政欲退隐黄石山，改号黄石。英桥王氏十世（五派）。出身于书香家庭，其父王元诚，补邑庠博士（生员）。王光经幼时就读于本族宗祠私塾。生性聪颖，八岁能文，族人称奇。十二岁时，其父不幸谢世，母高安人亲自制定课程教授之，督导甚严，学业大进，故不到十八岁就考中秀才，著声郡庠。

万历二十五年（1597），领浙江乡试举人第36名。万历二十六年上京参加会试不第，归与族人昌祚、士伦、文昌、至章、维夔、名世等讲艺于宗祠族学，大立文会，互为督课。万历三十五年（1607），会试得中第109名进士，殿试二甲第一名传胪。同年8月授礼部精膳清吏司主事，奉钦差山东遴选驸马，事毕受到嘉奖。万历三十八年（1610），升礼部祠祭清吏司署员外郎事主事，奉钦差持节册封淮府正使，事竣复命，本当内擢，因不合上司意，曲从外迁。万历四十年（1612），转南京刑部广东清吏司署员外郎事主事。本年秋，升本部云南清吏司署郎中事主事。万历四十三年母高恭人去世，在家守孝三年。

万历四十八年（1620），补授南京刑部贵州清吏司署郎中事主事。天启元年（1621）春，升北京刑部清吏司添注郎中。时有陈槐冒认皇亲与王升讦奏，悬案14年不能剖决，以致封爵不定，几损先帝圣德。王光经奉旨勘问，只折以片言，王升冤白，陈槐伏诛，先圣母之灵得安。由此，王光经声名鹊起。是年四月，又奉旨前往山西提刑钦恤，轻重罪囚，王光经均一一审录，从不掉以轻心。经年，山西六郡三州，重因张聚德、仝汉兴、郭时光等统计三百零三人冤案得伸，狱中无屈死之鬼，辇下无含冤之狱，被誉为“包公”。

天启三年（1623），升陕西布政使司右参议，授朝议大夫。在陕近四年时间，主要做了三件大事。一是查封秦中商洛地区的矿洞。王光经历查文献资料及实地考察，认为各矿区所产甚微，投资却很大，且经常发生矿难，于国于民无利，于是封塞之。二是改线米为“折色”（以线米折作银两）。以往皇粮非线米不收，而商州不产线米，须到会城购买。米主与催解之役趁机邀利，米价倍涨；且解运山路六百里，费用昂贵。商州之民怨声载道。王光经急百姓所急，故申请改线米为折色。三是天启六年商州大饥，菜色之民遍郊野，王光经开仓赈济，并捐出自己的全部俸银，活人无数。至于修浮图、葺书院、明礼乐、课文艺、饬武备、严保甲、恤邮递、浚河渠、清粮稽等好事，做了不计其数。

天启六年（1626），秋末，升广东按察司副使，奉旨整饬岭南道。广东父老闻讯，人人欢欣鼓舞，交相宣传：广东有清官到任，百姓可安枕矣。不料天启七年春，王光经因政事焦劳竟病卒于官舍。死时，宦橐如洗，孀妻孤子，四顾彷徨。幸制台李公、廉宪陆公代为维持，才得归榇安葬。年58岁。

王光经天资淳朴，而性恭俭。不喜服色器用，不尚靡华。生平于一切尘俗事，不挂于怀。不肯自见长，亦不肯道人短。家中辟有一室，藏书万卷。为官时，典籍以外，笔床琴几，萧然无长物。经常说：士大夫一日不读，则性情疏散，义理荒错，致君将凭何术？遗著有《黄石藏稿》《献晋录》《丙寅纪事》等。乾隆《温州府志》等有传。

王士伦

王士伦（1572—？），字明甫，号培竹，英桥王氏十世（大派），祖父王浄。明万历四十年（1612）乡试中举。初任处州府遂昌县教谕。学富才敏，尤能肃士范。谈文论艺，如坐春风。与邑令胡顺化同心作人，月课无倦。一时人文皆彬彬蔚起，得所宗。天启七年（1627），授山东禹城知县。光绪《遂昌县志》《永嘉县志》等有传。

王昌祚　附子王尔椒

王昌祚（生卒年不详），字景希，号宝符，英桥王氏十世（六派）。明万历二十八年（1600）举人，天启七年（1627）任海阳知县，以廉能著。乾隆《温州府志》卷十九有载。

子王尔椒，字笃蕃，号蘅川，一号忝生。崇祯四年（1631）庠生，善诗，与梅调元、李元发、李占春、林健并称“永嘉五子”；与陈邦屏、梅调元、张明止、李占春、周天镜、李颖少组成城南七子社。卒于清顺治末。著有《岳心堂集》。《东瓯诗存》卷三十二存诗六首，《永嘉王氏家言》存诗一首。

王维夔

王维夔（1574—1653），字邦佐，号龙友，英桥王氏十一世（大派）。万历四十年（1612）乡举，四十七年（1619）进士。四十八年（1620）授江西南城知县。南城为益王封邸，王维夔抚御得宜，益王宗人亦自敛抑，不敢犯法。任乡试同考，首辅钟炌、侍御邹毓祚皆出其门，称最得士。天启五年（1625）入京，由于太监魏忠贤独揽朝纲，拉拢奸党，颠倒是非，王维夔知情不依附魏党，即被派去任兵部武库主事，众人为其叹惜。在京三年，有人劝王维夔投靠魏忠贤，他不以为然。后魏阉事败，众人皆服之卓识不凡。崇祯元年（1628）任兵部武选郎中，二年（1629）升江右左参议，分巡河东。旋晋升为江右按察司副使仍分巡河东。五年（1632）转江西布政使司参政兼提学佥事。六年（1633）晋湖广按察使，分巡上荆南。十一年（1638）升广西右布政，分守桂平道。十五年（1642）升江西左布政使。王维夔历万历、天启、崇祯三朝。魏阉当权，不投靠权势，谨守职责。崇祯时得重用，多次召见，询问地方利害、宗禄事宜及平乱策略，咨询治理之道。朝中大臣多次举荐赴京师任职，地方官得知上书“愿借王公，备兵吾吁，以绥南方安定”，故一直为地方守臣。整顿吏治、抑制豪强、平反大狱、修饬兵防、催收田粮、筹措军饷、调兵遣将、剿灭虔门流寇，苦战李自成义军于荆襄。累官江西布政使司左布政、右通政。明亡，隐居山中，噤口不言一事。清顺治十年（1653）卒于家，寿八十。乾隆《永嘉县志》、同治《南城县志》等有传。

王至亮

王至亮（1574—？），字昭采，英桥王氏十一世（四派）。太学生。嗜图史，工翰墨，以博雅称。性至孝，以兄早逝，不忍离父母侧，遂不求仕进。居乡里，乐善好施，凡恤贫赈饥，掩骼施药，筑桥塘堰之关于乡土者，岁无虚日。以子钦准贵封惠州府通判。康熙《永嘉县志》等有传。

王至京

王至京（1583—1642），字昭玉，别号抱璞子，晚号执如，英桥王氏十一世（四派），王光美次子。天性至孝，赋质颖敏，七岁解《尚书正义》，工举子业，以天下为己任。万历四十五年（1617）例贡。天启元年（1621）诏选学士入文华，应选入京，官中书舍人。应制立就，无不称赏。时魏珰（魏忠贤）方用事，彼此交攻；不愿依附魏党，于天启三年（1623）请假回乡。时洋匪（海寇）肆毒海外，瓯被其害，兵道议招抚，王至京力争不可，因陈书于朝，遂以直言被谪闽省莆田，几至破家。崇祯十五年（1642）四月卒于莆，享年六十。隆武二年（1646），其长子王钦穆（郡庠生）具疏叩阍，王至京冤案得白昭雪，复原官职，崇祀学院乡贤祠。著有《俞赓歌》《莆中草》《南游草》《尚书玄解》《周易阐微》等。乾隆《温州府志》等有传。墓在今瓯海区仙门山，“文化大革命”中遭毁。

王钦准

王钦准（1595—1659），字舆莱，英桥王氏十二世（四派）。明崇祯八年（1635）选贡，十六年（1643）授惠州府通判。时值寇患旱魃，民不聊生，钦准下车抚慰，问民疾苦如慈父母。更清操自持，无丝粟取之闾阎。服官期年，平反冤狱，施粥赈饥，惠人有“老佛”之称。擢永安知州，后听闻明朝廷被推翻（1644年），即弃官归隐，不接客，不赴宴，不入城市。和平仁厚，人羡世德。光绪《永嘉县志》、1998年《温州市志》等有传。

王钦豫

王钦豫（1596—1658），字子谦、与谦，号樵贵山人，晚号樵野、海野，英桥王氏十二世（四派）。初名钦履，年十一，祖父王光蕴为之改名，曰：“当象予。”十二岁能诗好咏，父王至章称赏之，而恐其以吟妨业，每切戒谕，钦豫于是肆力读书。所居一小阁常月余不启牖，暑则移榻于其外，初颜“爽阁”，后更“蠹游”。感愤时事，益自勉励，尝书四字铭于座右。天启三年（1623）庠生。入清后，隐居不出，筑四止斋，啸咏其中。著有《翼正编》《经德录》及年谱《一笑录》传世，《训辞汇抄》已佚。其中温州市图书馆藏善本清顺治稿本《一笑录》一卷一册，列入浙江省第一批珍贵古籍名录。乾隆《温州府志》、康熙《永嘉县志》等有传。

王至彪

王至彪（1596—1677），字文虎，号积石，英桥王氏十一世（四派）。万历四十年（1612）庠生。崇祯五年（1632）农历八月底，海寇刘香率众围攻永昌堡，王至彪倡兵御之，且深夜孤身一人至郡城乞救兵，终于大败海寇，堡内外生命财产得以安全。崇祯六年（1633）副贡，偶以誊录误抬一字，遂落乙榜。十七年（1644）授南康知县，以亲老弃官。安贫读书，人高其行。明亡循迹不仕，旷才绩学。著有《玄对草》，今存二卷。1998年《温州市志》等有传。

王至衮　附子王咏

王至衮（？—1661），字昭信，号鲁源，英桥王氏十一世（四派）。太学生。性行端直，好施恤贫。修缮海塘、道路、桥梁、陡门等，费数千金，皆力为之修筑。郡守施鹏最器重，曾造庐致礼。在今永中街道桥北村西有吴渎桥一座，其北侧刻有“明天启癸亥孟秋吉旦英桥王鲁源重建”字样，天启癸亥即天启三年（1623），由王至衮重建。乾隆《温州府志》等有传。

子王咏（1626—1696），原名钦诰，字川子。弘光元年（1645）诸生。能诗善文，见重于时。辑有《永嘉王氏家言》，著有《竹居集》。

王锡琯

王锡琯（1609—1687），字玉叔，号友教，英桥王氏十二世（大派）。少时聪明异常，身体魁梧，尊祖训，怀大志。明崇祯十五年（1642）举人，清顺治九年（1652）进士。初授漳州司李，时大中丞彭鹏尚应童子试，王锡琯深器之，卜其为时名臣，后如其言。十七年（1660），任福建乡试同考官，改镇江司李。康熙十年（1671），任溧阳知县，处事公正，释冤狱，为民多次平反错案、枉案，开仓放粮救济饥民，使千余难民得以安心。康熙十二年（1673）修《溧阳县志》。康熙十四年（1675）升礼部主客清吏司主事。做事刚明果断，不避嫌怨，痛恶脏吏，清正廉洁。造桥修路，为民造福，深得百姓敬仰。王锡琯以孝友闻。性至孝，事父王维夔，问安视膳，曲尽子道。父疾，割股疗之。著有《王玉叔诗选》《江山闲草》《白石山房稿》。现出版有《清代英桥诗录》之《王玉叔诗选》。温州教育史馆内存有王锡琯所书《学院王公纪德碑记》石碑。乾隆《温州府志》等有传。王锡琯墓在宋奥（今瓯海区郭溪街道宋岙）。

释越静

释越静，字无文，清康熙年间（1662—1722）天柱寺住持。英桥王氏十三世，王锡琯族侄。幼通三教，饱学五车。清初迁界，天柱寺唯存山门。康熙二十二年（1683），释越静重建。康熙《仙岩寺志》卷四、卷三收有《重兴天柱寺法庵基藏主乞书》和《天柱寺大殿上梁文》，卷八收有释越静《梅雨潭观瀑》诗一首。潘猛补校注的《温州经籍志》卷三十有释越静《石室稿》目，云：无文和尚忆先贤之故迹，标胜地之踪影；赋诗见志，即景摛词，汇成一编。《石室稿》今佚。现存王锡琯撰《天柱无文和尚石室稿序》。

王汉长

王汉长，字倬如，号云槎，英桥王氏十三世（大派松房）。生于明天启年间（1621—1627）。清康熙十三年（1674）贡士，著有《云槎诗草》。办私塾教授宗族子弟。家境颇丰，平生孝友备至，乐善好施，公益事慷慨解囊。清顺治十八年（1661），永嘉场沿海迁界，王氏大宗祠毁坏严重，残垣断壁，破败不堪。康熙十六年（1677），出巨资重修英桥王氏大宗祠。夫人诸葛氏。有子四：长子允楷，庠生；次子允模，国学生；三子允标；四子允楫。温州图书馆《永昌堡明清以来书稿》中有传略。墓在五都皇岙美人尖下。

王炳章

王炳章（1662—1722），字积斐，号中川。英桥王氏十五世（大派松房）。乾隆二年（1737）庠生。祖父王汉长，父王允楷。平生淡泊名利，办私塾教授宗族和乡邻子弟，励学敦行，诲人不倦，孺慕终身。著作《圈点四子》，传于家塾。

王梦篆

王梦篆（1738—1819），字文沙，号秋雨，又号窥园。王诤八世孙（大派）。遂昌籍。清乾隆五十九年（1794）岁贡。酷好吟咏，无心科举；构筑窥园，读书任教，酬唱写作，是遂昌乾嘉时期（1736—1820）著名诗人。著有《窥园诗抄》五卷，又卷末一卷。全书收古今体诗五百余首，词二十一首及其他。光绪《遂昌县志》有传。

王森亭

王新亭（1757—1837），字子翕，号世豪，英桥王氏十四世（楼下派）。以经商为业，在杭州、宁波、温州等地开设盐铺，商号顺恒。曾两次东渡日本经商，独能多积，后建屋两幢，即现在的永昌堡圣旨门巷3号和10号民居，已列为文物保护点。乐为地方公益事。清乾隆年间（1736—1795）闹灾荒，与父王和齐（1736—1824）把三年囤积的谷物分给灾民，原中堂有块匾“善哉济民”，为朝廷所赐。道光年间（1821—1850）发水灾，城墙和河岸两侧路基被风雨刷塌，助资修理。在圣旨门巷楼下派宗祠内，开设私塾学堂，供贫困子弟读书，一切办学经费由其负担。

王心一

王心一（生卒年不详），字尔钦，英桥王氏十七世（大派）。清道光三年（1823）庠生。性乐善，疏浚永场河道，费数千金；复捐置义田，以垂久远。道光十二年（1832），捐资独修府学乡贤祠。十四年（1834）永嘉场大饥荒，心一就地施赈，救活无数；是年，主持重修半山祖墓，且置义冢地。永昌堡内上仓有王心一家塾，永嘉知县张铣额其庐曰：“一乡善士。”二十五年（1845）创永场文成会，以资寒士应科举者，乡人皆赖。温郡内有褒忠祠，祭王沛，岁久就圮，心一率族人重建，出千金而成。光绪《永嘉县志》有传。

王大成

王大成（？—1835），号集斋，英桥王氏十七世（派）。清嘉庆二十一年（1816）补乍浦把总。二十五年（1820）升温州千总。道光三年（1823）升瑞安守备。道光六年（1826）署玉环。

道光七年赴都入觐，道光八年升浙江宁海守备。道光十五年（1835）七月，因剿寇遇飓风死义，朝廷下恤银壹佰伍拾两赐葬，诏世袭骑尉罔替。

父王应元，号枢垣，清乾隆三十六年（1771）官昌国把总，自此从瓯徙宁郡落户。乾隆四十七年升千户。为人豪放，善骑射，能挽百石弓，讲武之暇，延师课子弟，寿六十二。因子贵，赠武德骑尉。

王玉

王玉（1804—1854），又名积庆，字温如，号子山，英桥王氏十九世（四派）。清道光十五年（1835）举人，二十七年（1847）进士，分发山西即用县知县，后调任山西代州繁峙知县。《东瓯词徵》录词四首。与弟王壬辑编《东嘉王氏家录续录》。

王壬

王壬（1806—1833），又名恩庆，字少华，号甲山，英桥王氏十九世（四派）。天赋聪明，酷爱诗书。稍长，随胞兄王玉同攻课艺。清道光八年（1828），二人以郡子弟员出贡（优贡）。次年进京师教习。十一年（1831）顺天乡试中举人。十二年（1832）进士。任吏部考功司主事。与兄编有《东嘉王氏家录续刻》。

二、近现代名人

本条目收录近现代名人及当代知名人士共60余人传略。其中有为民请命抗粮的晚清秀才王德馨，有开发建设南麂岛的先驱王理孚，有追随孙中山先生革命的王统，有浙江大学副校长、代校长的电机工程学家王国松，有戏曲学大师王季思，有教育学家王绍志、王晓梅，有1937年参加革命的中共党员王宝进，还有2017年“感动中国”十大人物之一的“兰小草”（王珏），等等。人才济济，不胜枚举。

王德馨

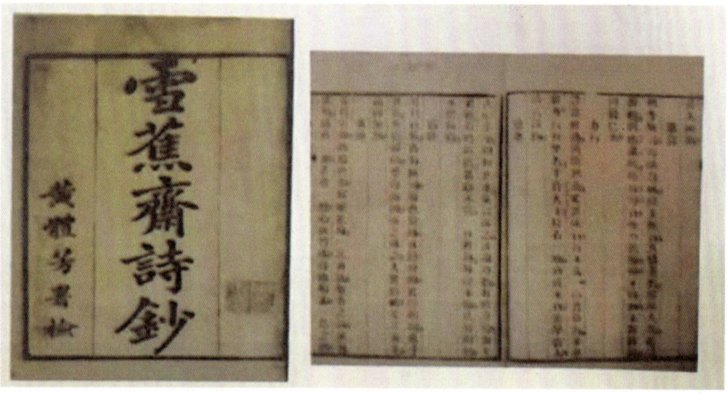

《雪蕉斋诗抄》

王德馨（1819—1888），字玉才，号仲兰，晚年自号识字农。永嘉县膺符乡上田庄（今鹿城区秀山街道上田村）人。英桥王氏十六世（楼下派贤望房）。

清道光十八年（1838）邑庠生。平生勇于任事，不避嫌怨。咸丰年间（1851—1861），太平天国起义军曾遍历温州郡所属各乡，十室九空。同治元年（1862），新皇登基，下诏豁免温州钱粮。县令陈宝善、郡守黄维诰狼狈为奸，“匿誊黄不宣，督征益严”。王德馨愤而作《匿旨擅征揭》上奏清廷，并于郡城广为张贴，揭发县令、郡守违抗圣命，横征丁粮。群情激扬，温州民众展开了一场抗粮斗争，官民相抗历时两月之久。郡守、县令于是改头换面，“假城捐名”继续搜刮民脂，百姓深以为苦。王德馨在同治二年（1863），又拟元道州《贼退示官吏》诗声讨守、令，并嘱同邑生员陈芬（丹香）和作，讽刺郡守、县令。守、令对两人衔恨甚深，秘密下令逮捕陈芬下狱。王德馨闻讯外逃，先避之闽北，后北至关外锦州，一路卖字鬻画，过了五年流浪生活，历尽人间苦楚。后经平阳挚友殷心斋先生从中调解，狱始解。返温后，曾任金粟书院塾师数年，著有《金粟书院课艺》四卷；后又任东山书院塾师、山长多年。晚年归隐田园，不问世事。王德馨自幼即喜作诗，终身笔耕不辍。著有《雪蕉斋诗抄》六卷、《雪蕉斋诗话》六卷、杂著三卷。2009年9月，黄山书社出版《王德馨集》（王妍点校。温州文献丛刊之一）。1998年《温州市志》有传。

王子莔

王子莔（1860—1918），字瑞莲，清光绪时廪生。新城村人。英桥王氏十七世（楼下派）。清光绪二十九年（1903），王子莔邀请地方知名人士王绍志、王寿仁、王昌南、王醒石、王显耀、王希百、王尧臣、王云仙、王星初、王守臣、王韶石、王仲梅（均为清庠生、廪生）等人商议，一致赞成在永昌堡王氏宗祠内筹建新式学堂，并定名为崇实学堂。光绪三十年（1904）农历正月，崇实学堂正式开学，首届学生20余人，开设国文、算学、修身、历史、地理、体操等课程。王子萼任堂长。民国元年（1912），崇实学堂改称崇实小学，王子萼改任校长。1918年不幸辞世，享年五十九岁。王子萼为人温和谦让，治校严谨，学问渊博，主持校务十几年如一日，使学校规模不断壮大，是百年名校永昌小学的创始人，是由旧式文化教育跨入新式文化教育的启蒙者，为永嘉场基础教育做出了重要贡献。

王云仙

王云仙（1860—1950），字步清，清光绪廪生。新城村人。英桥王氏二十世（大派池头大房）。曾任浙江省立第十师范学校监事兼国文教员。1919年至1922年，继王子萼任崇实小学校长。任职期间，改革学制——由七年制改为六年制（初小四年、高小两年），校名改为永强区立崇实小学，办学条件继续改善，影响日益扩大，外地寄宿学生增至30余人。1950年被评定为“开明地主”。

王显耀

王显耀（1864—1943），字乙燃，号德卿，英桥王氏二十世（大派松房）。幼天慧聪颖，启蒙课本《神童》《百家姓》等，未经师授，熟背不遗。乡人异之，号“二都神童”。光绪十七年（1891），瑞安孙衣言于温州府童生进学考之际，临试场观考。得知“二都神童”应届入试，甚注视。不起草稿，信笔直书，第一人交卷，考取一等生员。孙大为赞赏：“东嘉王氏，文名踵誉。”二十年（1894）参加乡试，试场有人舞弊，自己被人冒名，愤恨至极，从此不以科甲为途。后见识孙衣言之子、经学大师孙诒让，视为良师益友。与“东瓯三杰”之一陈黻宸（介石）交游。二十五年（1899），所著《易经文言补正》，辗转托交瑞安籍翰林院编修黄绍箕，转呈礼部堂考，慈禧太后曾御览，她称赞：“好一个状元之才王显耀。”

光绪间，以“经德”为堂名，开馆授徒，门生众多，乡人受益匪浅。爱国忧民，富正义感。民国初，反对袁世凯称帝，《勉乃斌讨袁》诗云：“北上讨袁战秦关，戎马倥偬不等闲；‘经德’炉香燕泥暖，早酿美酒待捷还。”民国19年（1930），蒋介石曾请其出任纂修、主编《浙江通志》，被婉拒。民国32年（1943）卒，年八十。其出生胡同，被命名为“文士”巷。著有《补水经注》《易经文言补正》等。

王理孚

王理孚（1876—1950），字志澄，号念庐，后改名锐，号剑丞，又号海髯，英桥王氏十八世（隔浃派）。其先祖十二世源清公迁居平阳鳌江，遂为平阳人。

光绪十九年（1893）中秀才，光绪二十七年就读浙江武备学堂，因家贫辍学。光绪二十九年（1903）回鳌江，在小成学院任教，与陶成章、龚宝铨、陈大齐等教员结识，秋间陶等即离去。

次年小成学院改为鳌江公学，被推为首任堂长。光绪三十一年至三十四年（1805—1808），协助孙诒让在温州初级师范学堂学务分处工作。后历任文牍、平阳劝学所所长兼县视学等职。宣统元年（1909）夏当选为浙江咨议局议员。民国元年（1912）以后，历任平阳县参事、平阳县修志局主任、浙江省都察府秘书厅秘书、鄞县知县、浙江省议会第三届议员等职。一生的主要业绩是开发南麂岛。曾集资2万元建立南麂岛渔佃公司，置船护航，筑沧浪草堂，苦心经营二十年，使南麂岛由寥寥的数十人的渔村发展成为一个建制乡。民国6年（1917）卸任鄞县知县后，致力于发展乡邦工商实业，曾建鳌江红皮厂，投资墨城碗窑，开设泉春钱庄等。六十岁生辰时，将亲友的馈赠钱在鳌江修建一座新桥，并开凿水井，惠民一方，受到赞扬。

晚年以诗文自娱，曾与同门学友集资刊《厚庄诗文续集》，先后校刊《东瓯先哲录》《居越山人诗稿》《渠西遗稿》《马鞍山人诗草》等十余种先贤遗著。协助编纂《平阳县志》九十九卷31册，为清乾隆以来平阳县第一部县志。1950年1月14日病故，享年75岁。著有《海髯诗》二卷。1998年《温州市志》、1993年《平阳县志》等有传。

王绍志

王绍志（1878—1960），字景甫，英桥王氏十九世（大派老四房）。清光绪二十年（1894）应县试名列前茅，二十七年（1901）补廪膳生。三十年（1904），考取公费留学日本早稻田大学师范部博物科。三十四年（1908），学成回国。历任温州初级师范学堂（民国2年改称浙江省立第十师范学校）教员、校长。任教期间，自编补充教材，提携寒门子弟，整饬校务，舆情称道。夏承焘、潘廷光、陈修人等皆其学生。民国4年（1915），因病辞职返里。回乡后，有人劝他从政，由于不满当局政治，他婉言谢绝，闭门以培植花木为乐。他创倡插枝法繁殖优种茶花，宁波、四川等地花商及南京中山陵建委会，均来函讨教。赋闲期间，颇热心乡里公益事业，当时新城（崇实）小学教育经费欠缺，他与社会开明士绅商议，将王氏族众"均庄"田120亩拨归新城小学，作为常年经费开支，并自任校长一年，使教师安心于教，贫穷孩子有书读。本村西门外上横河，由于双吞泷泥沙冲积，河道堵塞，泛滥成灾，他数次发动族人浚河畅流，以利交通与灌溉，保一方平安。民国20年（1931），永强发生瘟疫，他带头出资设立临时诊所，收治患者，百姓感谢非常。曾与黄群、刘绍宽、刘景晨一起编纂《敬乡楼丛书》，校勘王叔杲《玉介园存稿》下力尤多。民国25年（1936），曾与梅雨清重刊《岐海琐谈》。家中藏书多且精，所藏多艺文笔记、乡贤诗文等，"文化大革命"中被抄家，散失殆尽。

中华人民共和国成立后，当选为永嘉县第二、三届人大代表，县人大常委会委员。1955年被聘为浙江省文史研究馆馆员。1956年秋，永嘉县文教局接到国务院文委办发给王绍志"奉贤敬儒"的慰问信。1960年因年迈病逝于家，享年82岁。1998年《温州市志》有传。

王统　附女王灵昭

王统（1884—1957），字竞飞，号晴川。英桥王氏廿一世（六派）。世居温州永嘉场（今龙湾区永昌堡）。父王德清，号莱泉，性孝好学，喜老庄，精周易，好长短句，终身不仕，著有《解庄》三十卷、《奇门遁甲注》二十卷，未刊而逝。

王统兄弟三人（王业和王瑛），情谊笃恭，王统居长。他早年留学并成家于日本时，即将二弟业（农学家）、三弟瑛（药物化验师）接往日本，助其修毕专科学业，然后相继返国就业侍亲。

王统早慧好学，受父家学熏陶，十余岁即以诗闻名。他身材伟岸，仪容英俊，性格刚毅，夙怀大志。清光绪二十八年（1902），在清末留日热潮中，自费东渡。先习英语于正则学校，继入成城士官学校的预备学校学军事，一年后改读高等商船学校专学海军。在校勤奋求学，才能特著，为本校教官所嘉赏，被招为女婿，在日本成家立业，生有三子。

光绪三十一年（1905），孙中山从欧洲到东京，即追随孙中山革命，加入同盟会，为日语传译。1911年辛亥革命爆发，王统急从日本赶回上海，协助陈英士组织武装；旋又往温州城区和乐清县，同留日同学陈颂英等联络，协助组织民团和敢死队。是年12月，自上海率队参加光复南京之役，立下战功。

1912年元旦中华民国成立，孙中山就任临时大总统，王统随侍南京。次年，“二次革命”讨袁失败；8月，王统随孙中山离上海南下，至福建形势紧急，即一同转往日本。孙中山在日本集合同志，剔除混入革命党的投机分子，另行筹建中华革命党。自此两年间，王统受孙中山之命，协助联络日本各界，募集活动经费超百万大洋。1914年春，王统奉命往上海等地联络同志，集结力量。是年7月，中华革命党在东京举行成立大会，到会300多人，大会选举孙中山为本党总理，王统为党本部29人主干之一。大会后，决定国内各地分建中华革命党，任黄兴陆军总司令，王统辅佐孙中山筹建海军工作。1915年初冬，袁世凯即将公开宣布“登基”，孙中山决定在上海发动反袁起义。陈英士任中华革命军总司令，王统协助许崇智策反驻上海的最大军舰“肇和”号。不意计划被泄，起义官兵仓皇力战，因力量悬殊，起义终告失败。王统在激战中负重伤坠水，为渔民所救。1917年9月，中华民国军政府在广州成立，孙中山就任陆海军大元帅，王统被任命为海军参谋。

20年代初，王统脱卸军职，至30年代中期，皆在上海，先后任职招商局和航政局，也曾在大学任教“海商法”。1925年年初，孙中山在北京病重，王统于3月从上海到北京探望，这时，孙中山病已垂危，只能睁开眼睛点头示意而已。

1937年上海“八一三”抗战爆发，日寇袭金山卫，烽火漫天，王统住所尽毁，仓皇携妻女返温，暂住纱帽河三弟家。次年夏，再率眷远奔西南大后方，11月受聘贵州都匀陆军炮兵学校，负责教材编译和讲授日语及弹道学。抗战胜利后，1947年炮兵学校迁回南京。自此，王统夫妇闲居西南昆明。

1955年年初，垂老之年的王统乡思难禁，断然自云南独归故里，住在三弟家。其时，民革温州支部正筹建市委员会，王统积极协助柯逢春、王思本进行这一工作。1956年，被推举赴杭州出席民革全省代表大会和省政协委员大会。1957年因年老病重与世长辞，享年74岁。著有诗集《晴川集》。

女王灵昭（1924—2014），字咏仁。早年毕业于中法大学（1950年并入北京理工学院，今北京理工大学），后任云南师范大学生物系主任、教授。

王业

王业（1886—1978），字亩仙。英桥王氏廿一世（六派）。兄王统。

民国6年（1917），于日本东京农业大学毕业。同年回国，历任湖南第一农校农科主任，浙江省农事试验场种艺科主任，第三中山大学（今浙江大学）农学院教员，温州区技术专员兼十区农场场长，福建省政府专员兼农业教师师资训练所主任，浙江农业改进所技正，英士大学教授等职。新中国成立后，被聘为浙江省及上海市文史研究馆馆员。在培育训练农业科技人员，引育蔬菜、花卉、果树及搜集整理技术经验数据等，均取得显著成绩，多次受到有关部门嘉奖。1952年，他与夫人鲁平合著《中国菊花之分类》，刊苏联《花卉》杂志。晚年研究药用植物，著有《浙南民间草药》。1978年病逝于鹿城家中，享年92岁。1998年《温州市志》等有传。

王鸿初

王鸿初（1887—1944），字乃斌。英桥王氏十八世（楼下派）。保定军官学校步兵速成科毕业，由连长、营长提升为山西都督李维蕃幕府中校参谋。后转地方工作。民国20年（1931），任长兴县县长。卸任回乡不久，奉命代理温州少将保安司令。离职后，关心家乡公益事业，主修《东嘉英桥王氏族谱》，与张朴士等在永中坦头沙河筑“冥葬所”，门墙标有对联：“叹哀鸿遍野，惊猿鹤虫沙。”民国32年（1943），任新城小学校长，甫一年病逝。

王超凡

王超凡（1887—1945），字人骥，七甲二社（今沙城街道七三村）人，英桥王氏十八世（大派竹房）。

1906年考入浙江省立第十师范学校（今温州中学），两年后转入浙江两级师范学校。受马叙伦等革命志士影响，加入中国同盟会。

辛亥革命前夕，与陈其美密谋杭州起义，受命协助筹款、购运武器，奔走于沪杭之间。1911年底，回温任温州师范学堂附属模范小学主任，1913年接办《东瓯日报》，任经理兼总编辑。1915年作反袁檄文，名传浙南。事败后东渡日本，入东京明治法政大学，学习法律与经济，继续进行革命活动，1917年回国。

1919年，与同学木干斋、李子奇一起创办温属女子师范讲习所。1922年，任《温州大公报》

编辑主任。1924年，中共温州独立支部成立，《温州大公报》成为统一战线的国民党永嘉县党部机关报，中共党员参加编辑工作，王超凡任主编，兼任国民党永嘉县党部常委。

1925年孙中山逝世，王超凡主持温州各界追悼大会，宣读孙中山遗嘱并作演讲。后随胡汉民、林予超、戴季陶等人，往来于武汉三镇间，联络三民主义同志，响应北伐。同年，国民党分裂，王超凡为西山会议派。此后，历任国民党浙江省第一次代表大会执行委员、浙江省执行委员兼商人部部长、永康县县长、诸暨县县长、衢县县长、浙西行署参议、浙江省抗敌自卫总司令部高级参议等职。在任县长期间，修建衢县机场、垦殖十里荒山、禁烟肃毒、重视地方文化建设，清廉勤政，三地多有政绩。

1943年7月，日寇登陆温州，王超凡在温州成立抗敌后援会，任会长。在家乡永强组织抗战自卫队，任长子王思本为第二中队队长。1945年2月因病不幸辞世，享年59岁。1998年《温州市志》有传。

王肇龙

王肇龙（1890—1949），字铁铮。英桥王氏十八世（楼下派）。早年毕业于崇实学堂（今永昌一小）。保定陆军军官学校步科三期毕业。曾任陆军中校营长、浙江寿昌县县长、南京警察厅督察长、国民政府北平特别市警察局局长。

王瑛 附子王大文、王大林、王大森

王瑛（1890—1974），龙湾区永中街道城北村人，英桥王氏二十一世（六派）。日本东京明治大学药物学系毕业。回国后，曾随兄王统参加辛亥革命，任少校。后返温，任温州西山陶瓷厂厂长，继任瓯海医院（温州医科大学附属第一医院前身）药剂师。中华人民共和国成立后，先后在浙江省卫生局和温州市卫生局任职。夫人陈莲清（1903—1993），前清进士陈幼农女儿。

长子王大文（1925—1983），大连师范大学毕业。1942年参加中国远征军，在昆明空军基地气象部服役。抗战胜利后，于1947年到香港华懋集团医药公司工作。中华人民共和国成立后，返温在温州第三中学任教，直至退休。夫人吴曼霞（1928—2009），系温州著名企业家吴百亨的长女。

次子王大林（1929—2008），南京药学院毕业，曾任上海市医药工业研究院制剂室主任。研究员职称。夫人张元珍，1934年2月出生，四川医药学院药学系毕业，曾任上海市药材公司副总经理，高级工程师。

三子王大森，1937年9月出生，浙江大学化工系毕业，曾任浙江衢州化工厂厂长、巨化集团董事长等职。高级工程师。夫人杜加涛，1944年10月出生，浙江水产学院毕业，曾任巨化集团公司技术中心技术员，工程师。

王载昌

王载昌（1894—1949），字东明，平阳鳌江人，英桥王氏十九世（隔泱派）。王理孚长子。

毕业于北平国立陆军军需学校，曾任浙江省防军军需处处长。

王启祥

王启祥（1896—1965），又名云五，英桥王氏二十世（大派松房）。早年毕业于永昌小学。民国2年（1913）就读温州高级艺文中学，后考入中国北平大学（今北京大学）经济系。毕业后任北平市某企业主办会计，然后在杭州某农场任总会计，并考取会计师，高级会计师。抗日战争爆发后，离职回乡，在家钻研医学并行医。开有药房，患病者随请随到，人称“云五先生”。

王晓梅

王晓梅（1896—1968），又名瘦梅，英桥王氏二十世（大派老四房）。青年时期就读于浙江省立第十师范学校。毕业后曾任永嘉县立一小、二小，永强崇实小学教员，温州中学艺术教员。民国7年（1918）起，续在温中附小任教师、主任18年。29年（1940），协助叶氏三兄弟（希禹、希黎、希贤）创办私立三希小学，并任校长十六年。1949年至1957年，受市人民政府聘任为市各界代表会议代表。1956年参加中国民主同盟，为政协浙江省第一届委员会委员。

在温中附小期间，对教材、教学法、教学设施及学校管理制度等曾进行一系列的改革和探索，曾试行单级教学、二部制、复式教学等，并在学生中积极开展木刻、歌咏、演戏等课外活动。在三希小学任内，主张学校应面向社会、面向科学，提倡全面教育。推行问题教学法、大单元教学法，并重视因材施教，重视发挥儿童的爱好和才能。在校内开展铁木儿活动，出版科学童报，设立小科学馆、小图书馆、小气象台、小动物园、小花园、小商店、小邮局等，参加扫除文盲等各种服务活动。又因受当时“平民教育”“民众教育”思潮影响，曾创民众教育实验区，推行民众教育、学校向工农及其子弟开门。十分重视幼儿教育，民国22年（1933）曾在城区七星殿巷创办“儿童生活园”，又在温中附小设特约幼稚园，开温州市幼儿教育先河。抗日战争爆发后，担任永嘉县小教界抗日救亡协会总干事，并任永嘉县抗敌后援会《老百姓》半月刊主编，在该刊发表了大量抗战文艺作品，起到动员民众、抗击敌人的良好宣传效果。新中国成立后，继续服务教育事业。著有《应用图案讲话》《有趣的图画》等，主编过《教育周刊》《初等教育》《老百姓》等刊物，发表的教研论文、经验介绍文章达80多篇，创作剧本及鼓词、道情、花鼓等曲艺节目达40多种。1998年《温州市志》等有传。

王允文

王允文（1900—1961），民国12年（1923）毕业于浙江公立医药专门学校。先后任浙江省直辖广济医院、杭州西湖小儿科医院内科主任医师、军医署闽浙办事处军医训练班上校内科教官及江苏江宁实验县戒烟所所长兼卫生所所长等职。中华人民共和国成立后，历任温州高等卫生技术学校、杭州化工学校温州分校教师及浙江大学校医和温州康复医院医师。

王昂千

王昂千（1901—1951），字人驹，龙湾区沙城街道七三村人。英桥王氏十八世（大派竹房）。民国9年（1920）毕业于省立第十师范学校（今温州中学），受聘永嘉县立第二高等小学（今永兴一小）教员，次年任该校校长。民国15年（1926），考入大夏大学（今华东师范大学）深造。毕业后任永嘉县、海宁县教育局局长。主张教育应面向社会，创办过民众教育馆、民众夜校、学术讲座。后任浙江第十省学区辅导员，著作《地方教育辅导经验谈》一书印行，为国民政府教育部长王世杰所赏识，亲题书名。民国22年（1933），在永强筹集资金千余元，购买《万有文库》等大批图书，创设永强流动图书馆。民国24年（1935），参与开发大西北考察活动，撰成《宁夏省初等教育调查记》。抗日战争期间，历任玉环县政府秘书、宁海县政府主任秘书、永嘉县临时参议会副议长。抗战胜利后，回乡筹办“超凡农业中学”，首创温州私立农校，以教促耕，兼任新城小学（今永昌一小）校长，自此，新城小学教学质量声誉鹊起。中华人民共和国成立后，任温州永东路小学校长。其后人编有《王人驹文存》。

王文川

王文川（1901—1944），原名王载彤，平阳鳌江人。英桥王氏十九世（隔浃派）。理孚公次子。

民国9年（1920），毕业于浙江省甲种商业学校。民国10—12年（1921—1923），担任平阳县小南区乙种商业学校校长。民国13年（1924）始，秉承父亲意愿，弃教从商，在鳌江开办“王广源”商号，经理“光济”“三江”“福州”等号轮船航线，南通福州、汕头、香港，北通上海、大连、营口；另置小轮“南坡”号往来南麂岛。王广源商号与其他各家航运业配合，使鳌江成为全县和闽东货运集散中心；银行、邮局、医院相继开业，鳌江成为商贸繁荣的城镇。

王广源商号还经营豆饼，承销德国“狮马”牌肥田粉，开办碾米厂，组织茶叶、烟草、大米、粗瓷、土布、花纱布的进出口。经营的明矾曾参加巴拿马世博会并获奖；精选的“虎标”牌明矾在南洋打开销路，使矾山明矾年产量达12000吨，促进了平阳明矾业生产。

民国29年（1940），王广源商号店舍被日机炸毁，于民国30年（1941）迁至温州，与弟王小同、王载纮及同乡刘昌锣等人，创办了清明化工厂。这是温州地区最早的化工厂。

王文川不仅经营决策水平高，且知人善任。招收职工废除亲友介绍、送礼跪拜的习俗，采取考试的方法录用人才；革新通用的中式单式记账法，改为西式复式记账法；注意培养提高从业人员的业务水平，在职培训或派往外地脱产学习；吸收社会上杰出人才，作为自己的“智囊团”和商业顾问。

在父亲的影响下，王文川也十分热心地方公益事业。他以父亲的名义，带头捐款鳌江公学；把开发南麂岛的产权捐献给平阳临时中学作为办学基金；设立考取大学奖学金。把六个弟妹全都培养到大学毕业。不幸英年早逝。

王国松

王国松（1902—1983），字劲夫，龙湾区永中街道新城村人，英桥王氏十八世（楼下派）。民国5年（1916）秋入浙江省立第十中学，以成绩优异，深受师友赞誉。五四运动期间，参加反帝爱国斗争。9年（1920），考进浙江公立工业专门学校电机科，14年（1925）以第一名毕业成绩留校任教；后学校相继改称国立第三中山大学、浙江大学，一直在校讲授数学和力学。

民国19年（1930），参加公费留学考试，以优异成绩考入美国康奈尔大学研究院深造。先后获电机工程硕士和哲学博士学位；其博士论文《平行导线的集肤效应》，独具见解，对电磁理论做出新的贡献。22年（1933）8月，学成归国，受聘浙江大学电机系副教授。25年（1936），任浙江大学工学院电机系主任，次年晋升教授，讲授直流电机、电工数学等课。抗日战争期间，随浙江大学三次西迁。29年（1940），迁至贵州遵义，在极端困难的条件下，仍坚持教学和科研工作，并筹建了工学院实验室。33年（1944），升任工学院院长兼电机系主任。抗日战争胜利后，浙大迁回杭州。认真执行竺可桢校长的办学主张，通过各种渠道，延聘有声望的教授和从国外归来的专家学者，实行民主办院。解放前夕，同情和支持学生爱国运动，并保护好浙大校产，迎接人民政府对学校的接管。1950年6月，王国松被任命为浙江大学副校长兼任工学院院长和机电系主任，一级教授。1951年5月校长马寅初调北京大学后，任代理校长。1952年，任浙江大学第二副校长。1953年，任浙江省科联主席。并历任第一届全国人大代表、浙江省政协委员、浙江省人民政府委员，民盟第二、四届中央委员和民盟浙江省第一届副主任委员以及浙江省电机动力学会第三届理事长等职。

王国松治学严谨，学识渊博，从事教育事业六十余年，为发展浙江大学及其工学院和电机系，培养电机工程高级科学技术人才，贡献了毕生精力，在国内外享有很高的声望。是中国电机工程学界的泰斗，中国电机工程学会的创始人之一。1957年被错划为右派，1979年平反。晚年仍关心学校教学，并推动国际的科技协作与学术交往。1983年病逝。著有《三刷发电机分析》《分裂导线中静电力和电磁力的作用》等论文。后人编有《怀念王国松先生》文集和《王国松先生诞辰一百周年纪念集》。1998年《温州市志》等有传。

王叔旸

王叔旸（1903—1971），原名庠宾，学名桐宾，苍南金乡人。英桥王氏廿一世（大派底三房）。

民国10年（1921），就读于上海中法通惠工商中学，翌年考入三友实业社，深得经理沈九成器重，四年间由练习生升为广告部主任、总务部主任。民国14年（1925），利用三友实业社在新加坡的“中华商店”空余房屋，与姐夫陈岳书合伙开设“上海书局”，自任书局经理。同年5月，辞去三友实业社一切职务，并在上海创设采办机构——上海书局申庄、中华商店申庄、华兴国货号，采购书籍、文具及日用品等转运新加坡。由于业务拓展，新加坡“上海书局”先后在泗水、吉隆坡、巴城（雅加达）开设分店。

抗日战争初期，王叔旸在上海以新生出版社名义聘请叶浅予、张光宇、张振宇编印《新生画报》（月刊），后改为《抗日画报》（三日刊），至上海沦陷前一旬停刊。民国30年（1941），王叔旸与胡愈之合作，派经理温平到香港与范长江、金仲华联系，组建《华商报》出版部和大众图书公司，出版进步书籍，太平洋战事起中辍。之后，参加郁达夫等领导的"华侨抗日文化工作团"，任总务委员。日寇侵占新加坡，他与友人避居苏门答腊，开荒种地。不久却以接济英军情报、粮食罪被日寇逮捕，在狱中受恶痢折磨殆死，终以证据不足获释。

抗战胜利后，回新加坡与陈岳书继续经营上海书局，并与胡愈之等创办南洋出版社，后并入陈嘉庚的"南侨报社有限公司"。

1950年9月，王叔旸回国参加第一次全国出版工作会议。此后，英殖民当局不准其进入新加坡，遂来往于上海、香港，经营上海书局香港分局和华兴商号。1971年在香港逝世，享年71岁。1998年《温州市志》有传。

兄王序宾（1894—1929），字公缵，曾留学日本，回国后历任无锡实业中学主任教员、上海三友实业社工厂技师，不幸英年早逝，行年三十六。

王兆勋

王兆勋（1904—1972），永中街道新城村人。英桥王氏十九世（派）。出身于书香门第，其父为私塾先生。古有祖宅"青石门台"。

少年时，被选为儿童团长，反对官僚地主统治。青年时，以裁缝为业。民国21年（1932），加入中国共产党，积极动员发展地下党组织，参加农民运动。次年，新城中心党支部成立，任宣传委员。作为地下党联络员，他多次智送情报，从未出过差错。组织农会，开展"二五"减租减息活动。组建战青团，创办民众夜校等，展开武装抗日。民国32年（1943），因革命形势跌入低谷，王兆勋逮国民党被捕入狱，在狱中，坚贞不屈，严守秘密。出狱后秘密联系地下党组织，重返党组织，建立抗日自卫队。解放战争时期，参加奇袭敌永强警察所和五显殿缴枪等革命活动。1951年，遭到诬陷，在"肃反"时被戴上反革命帽子，2014年得以昭雪，恢复王兆勋政治名誉。从土地革命时期到解放战争时期，经他介绍加入中共地下组织的党员有50多人。龙湾党史上留下他的名字和功勋。

冯秀玉

冯秀玉（1905—1956），祖籍平阳县冯宅村，出身婴幼儿名医世家。后随母迁至永嘉二都新城村洞桥底40号，嫁于新城井头王宝书为妻。

冯秀玉用祖传的秘方挽救了很多婴幼儿的生命，如在1925年前后，下垟街一个张姓婴儿和七甲的一个项姓婴儿已没了呼吸心跳，经她带药的手在婴儿口中一摸，立刻有了哭声。顿时在永强名声大振，求医者蜂拥。因求医的患者病情都十分凶急，于是她雇了邻居王锡钊做专职船工，日夜待命，一有急诊立即驾船赶去急救。当病人有困难时，冯秀玉都会免收诊费。经她医治病婴起死回生，人们称她为救命活菩萨、民间良医。中华人民共和国成立后，永嘉县卫生局为她颁发了行医执照。因多年行医积劳成疾，于1956年病逝，年仅51岁。

王季思

王季思（1906—1996），学名王起，字季思。王德馨之孙。永嘉县膺乡上田庄（今鹿城区绣山街道上田村）人。英桥王氏十八世（楼下派贤望房）。

少时即读“四书”及《左传》《史记》等古典名著，小学未毕业考入温州第十中学（今温州中学）。初中三年级时，因参加爱国学生运动遭开除，转入瑞安中学，寄住一代大儒孙诒让家。

民国14年（1925），考入东南大学中文系。在校期间参加词曲大师吴梅的“潜社”，开始词与散曲的创作；又在闻一多先生指导下，从事话剧与新诗的创作。16年（1927）春，曾一度在温州瓯海中学任教。因宣传国民党第一次代表大会宣言，反对西山会议派，在蒋介石发动“四一二”事变时被捕，经亲友保释后重返南京读书，这时东南大学已改名第四中山大学，后又改称中央大学。民国18年（1929）夏，大学毕业后，初在浙江省立十中任教，后又受聘上海松江女中任教。在松江的6年中，为研究元曲积累了大批资料。抗日战争爆发，淞沪沦陷，南归温州投身抗日救亡工作，深入农村、山区宣传。后到丽水处州中学任教，写下大量抗战诗文。民国30年（1941），在金华出版诗集《越风》。

从40年代初期到解放战争胜利前夕，先后在浙江大学龙泉分校、杭州浙江大学、杭州之江文理学院任教，并潜心研究中国文学史及元人杂剧，先后完成《〈西厢记〉剧注》《集评校注〈西厢记〉》。民国37年（1948）受聘于广州中山大学，任教授，继续从事古典文学教学和古代戏曲研究。中华人民共和国成立后，一直在中山大学任教，历任中文系主任、古典文学研究室主任、校务委员会副主任、博士生导师，并被聘为国务院学位委员文学学科评议组成员、大百科全书戏曲卷分编委、副主任等职，被选为民盟广州市主委、广东省主委等。1996年因病在广州逝世，享年90岁。从教七十年，桃李满天下。在教学研究中，尤其注意对后起之秀的培养。勤于治学，著作等身，为当代中国最有影响的戏曲专家之一。著有《中国十大古典悲剧》《中国十大古典喜剧》《〈西厢记〉校注》《〈桃花扇〉校注》《元杂剧选》《元散曲选》《中国戏曲选》《全元曲选》《玉轮轩戏曲新论》《王季思学术论著自选集》等。1998年《温州市志》、2003年《永嘉县志》等有传。

王普

王普（1907—1970），字克成，曾用名王凯、王畿。永中街道新城村人。英桥王氏十八世（楼下派贤望房四房）。

早年毕业于上海圣约翰大学。之后以王凯名字考入广州黄埔军校第五期，毕业后分配到国民革命军从军。民国26年（1937）抗日战争爆发，受国民政府委派到国军第九师担任上校团长，多次参加对日寇战斗。1943年任暂编第五十四师政治部代主任。民国33年（1944）参加衡阳保卫战，战场上被日军俘虏，关押中逃脱；找到国军残部后，仍坚守于湖南香花岭一带。抗战胜利，升任国军师长（少将），并代表国民政府，接受当地侵华日军投降。1946年调往苏北任第一〇八师政治部主任（少将）。1948年兼任江苏省东海县县长，但一直未到任。1949年淮海战役中，被中国人民解放军俘虏。1970年病逝。

王弘勋

王弘勋（1907—1985），龙湾区永中街道城南村人，英桥王氏十九世（大派竹房）。早年就读于崇实学堂（今永昌一小）。毕业于上海东南医学院。民国时期，曾任陆军上校军医。新中国成立后，在永嘉县人民医院任内科主任医师。

王国桢

王国桢（1909—2011），永嘉县南田乡上田村（今鹿城区绣山街道）人。英桥王氏十八世（楼下派）。四弟王国桐。民国27年（1938）后，在福州经营职业木材公司和南强实业公司，任经理。1950年后，历任福州侨联进出口公司经理、福建省土产出口公司副经理。曾任政协福建省委员会常委、政协福州市委员会副主席、福建省工商联副主任委员。1978年到香港定居，任侨联贸易公司经理、香港温州同乡会理事长、永远名誉理事长，温州大学董事会副董事长、温州市政协常委等职。爱国爱乡，德高望重，多次支援家乡“四化”建设，并为温州改革开放，外引内联做出贡献。曾无偿捐赠给温州图书馆图书字画千余件。

王兆骧

王兆骧（1909—2004），英桥王氏二十一世（四派）。父王守臣，晚清郡庠生，无心仕途，办私塾授徒为业。民国10年（1921），于崇实学堂（今永昌一小）毕业后，到温州城区报（保）国寺为住持磨墨、抄经文，并自学经史及诸子百家。整三年，学问大有长进，且练就一手好字。民国14年（1925），回乡任崇实学堂教员。民国20年（1931），任上陈小学教员。抗战胜利后，担任新城乡副乡长；民国37年（1948）担任新城乡乡长。任职期间，曾救回王会钦、阿良等十数位被国民党抓壮丁的乡亲。中华人民共和国成立后，热心家乡公益事业，搜集、整理英桥王氏先贤有关事迹，参与英桥王氏十届、十一届总谱的重修。

王廷歆 附子王德辉

王廷歆（1911—2010），英桥王氏二十二世（六派）。出生于永昌堡城北下六宅。其父王培舜，经营染料公司和面粉公司。

民国17年（1928），王廷歆进入父亲的公司工作；两年后其父去世，接手公司全部事务。民国31年（1942）步入事业高峰，在上海与人合伙开设荣华公司，从事工业染料销售。五年后创立华懋公司，从英美进口工业原料及西药。十年间把生意打理得有声有色。民国35年（1946），把业务转至香港，与家人移居香港。1960年，王廷歆逐渐减少参与公司业务，主要由其子王德辉打理。后成立华懋实业公司，为华懋集团奠下基础，并进军地产界。1965年，王廷歆淡出华懋，以1000股份转交给五名子女，并以信托形式转交儿媳妇龚如心，华懋正式由王德辉掌舵。

长子王德辉（1934—？），出生于上海，1948年定居香港。1960年，自立门户，与其妻龚如心创立香港华懋集团，任华懋集团主席，主营房地产业务。曾为香港十大富商之一。1990年4月被绑架，后下落不明。香港高等法院在1999年宣布其在法律上已经死亡。

王璞

王璞（1911—2002），字纯朴，晚号微园老人。英桥王氏廿一世（大派竹房）。今龙湾区永兴街道沙园村人。民国14年（1925）就读于浙江省立第十中学（今温州中学），经人介绍加入第一次国共合作时的国民党。民国17—20年（1928—1931），先后就读于上海中华艺术大学、上海新华艺术专科学校、上海艺术专科学校。民国21—26年（1932—1937），随同王超凡在诸暨、衢州县政府工作。抗日战争爆发后，与王思本、项浪平等发起组织“永强抗敌后援会”，负责宣传工作。民国27年（1938）5月赴武汉战干团受训。此后，先后任陆军第五十三师政治部第三科科员、国民党军事委员会战干四团特训总队政治教官、国民党陕西省党部事务股股长、第一战区党政工作人员训练班上校政治教官、教务组组长、国民政府军事委员会战地失业失学青年就业就学辅导处西安办事处副主任。民国37年（1948）5月，弃官赴台湾经营实业。民国38年（1949年9月30日为止）1月，回故里。1984年，当选瓯海县第一届人大代表，后任瓯海县第二、第三届政协文史委特邀委员。1991年，主持兴建瓯海县第一个村级老年活动中心——康一乐园。编有《南桥旧话》《罗东诗稿》等，著有《芥轩诗文选》。王璞是20世纪后半叶在龙湾富有重要影响的文化人。在其一百周年诞辰之际，龙湾区委史志办编辑出版了《王璞集》，以资纪念。

子王光中，在支援宁夏建设中为抢救工友光荣牺牲，被民政部追授为烈士。

王思本

王思本（1911—2011），又名王弘汉，龙湾区沙城街道七三村人。英桥王氏十九世（大派竹房）。父王超凡。

王思本是民革温州市委员会创建人之一。抗战时期，北上武汉投奔“战时干部训练团”，积极从事抗日救亡工作，创办抗日刊物《游击》，并任浙江省抗敌总司令部第四支队政治部主任。抗战胜利后，先后任国民党奉化县党部书记长、浙江省党部组织科科长、玉环县县长等职。

民国38年（1949年9月30日为止）5月，王思本以国民党陆军第二〇〇师政治部主任的身份，代表师长叶芳在郭溪岭头村景德寺与浙南游击纵队代表两度进行和平解放谈判，为和平起义解放温州做出努力和贡献。中华人民共和国成立后，先后担任温州市军事管制委员会委员，温州市人民委员会委员、市人民政府委员；市政协委员、常委、副主席；市民革筹备委员会副主委，市民革副主委、主委，民革浙江省委常委、顾问等职务；当选温州市人民代表大会第一、二、三届代表，政协浙江省委员会第四、五届委员等。1994年1月离职休养。2010年出版有《百岁人生》。

王邦新

王邦新（1912—1950），又名秀文，新城村人，英桥王氏十九世（楼下派贤望房）。抗日战争爆发后，曾与有志青年一道参加“永强抗敌后援会”，宣传抗日活动。抗日战争胜利后，曾任新城乡乡长。

王栻

王栻（1912—1983），原名载栻，字抱冲，平阳县鳌江镇人。王理孚三子。英桥王氏十九世（隔渎派）。

民国20年（1931），以优异成绩考入清华大学历史系，毕业后又考入该校研究院，师从著名史学家张荫麟治学。抗日战争爆发后，回到平阳，与梅康、项经川等组建“平阳青年抗日救亡团”，任理事会理事长。与回乡青年学生手刻油印报《战讯》，报道前线消息；后自费出版铅印报《战报》，同年扩大为《平阳日报》（1938年12月改为《平报》）。救亡团还创办临时中学，开设“国耻课”，自编教材讲课。民国28年（1939），受聘至金陵女子文理学院（校址在成都华西坝）任历史系教授、系主任。民国35年（1946），金陵女子文理学院迁回南京后，仍回学院任教。1952年院系调整后转入南京大学历史系，任中国近代史、现代史教研室主任，系学术委员会委员，并加入九三学社。撰有论文40余篇，著作有《严复》，编纂有《严复文集》，起草了《中国近代思想史》，修改有《维新运动》等书。硕士研究生导师。

王国桐

王国桐（1913—1980），永嘉县南田乡上田村（今鹿城区绣山街道）人。英桥王氏十八世（楼下派）。高小毕业后，进温州南门一钱庄当学徒，继在永源钱庄任职工。后考取浙江农民银行训练班，毕业后在温州农民银行（地方政府办）供职，曾任业务股股长。抗战时期，与友人戴志成在上海租界合办诚隆贸易有限公司，并在温州东门成立分公司，担任副总经理兼温州分公司经理，将温州土特产运至上海，从上海贩回工业品至温州及内地。日机轰炸温州，东门分公司遭炸。抗战胜利后，在上海集资组织南强航运有限公司，任总经理，拥有7000多吨“南强轮”一艘，往来东北、华北等地运煤，后又开辟至台北、天津、香港等地航线，并随着业务的扩大，在福州、天津等地设立分公司。在此期间，常和三兄国桢托友人带黄金给在解放区的妹妹王静香和外甥，支持其从事革命工作；其上海寓所曾供中共浙南地下党驻沪联络支部秘密开会；掩护过不少被国民党警特所追捕的进步学生。

上海解放前夕，国民党当局胁迫在沪各海轮开往台湾。南强轮为逃避迫害，避至香港，向香港政府注册，改挂英国旗。新中国成立之初，大陆沿海遭封锁，王国桐接受中共驻港人员指示，以南强轮装载三千吨国内所需物资开往上海；途中遭国民党军劫往台湾，后经英国政府出面交涉，半年后始放回。但物资被劫一空，损失巨大。南强轮放回后，即开往秦皇岛装运煤炭至上海；此后一段时间往返上海、秦皇岛间。

20世纪50年代以来，王国桐在香港的航运事业得到不断发展。他与三兄国桢在港成立侨联航运贸易公司，出任总经理，拥有巨轮数艘，开展国际航运贸易活动。同时，组织在港工商界爱国人士，成立香港中华总商会，担任常务会董，并在会员捐资下，兴建中华总商会大厦。兼任中华出入口商会副会长；出任日本筹建懋隆会社社长等职。他身居海外，心系祖国，时刻关心和支持祖国社会主义建设，曾多次向温州华侨中学、华侨饭店、侨联、杭州华侨饭店及家乡捐资办学、赠送轿车和建桥、修路等等。

1980年1月25日，在香港中环巴士车祸中惨遭不幸，终年68岁。1998年《温州市志》有传。

王毅

王毅（1915—1995），笔名逸瘦。龙湾区永中街道城南村人。英桥王氏二十二世（二派）。生前任温州画帘厂美术设计师，擅长国画人物、山水、花鸟。中国美术家协会浙江省分会会员，温州市美术家协会顾问。自幼年喜绘画，曾任家乡义务教师，临摹古今名人画册碑帖，自学成才。作品于1957年入选浙江省第一届美展，并获创作奖。嗣后受聘到温州市画帘厂，担任美术设计。工作期间，授徒40余人，1979年获温州地区“传艺奖”。1982年，花鸟画《芦雁》、人物画《鲁班》两次入选浙江省美术作品展，并获荣誉奖。1989年在温州市文联表彰大会上，获荣誉证书。发表作品主要还有：1983年新加坡温州同乡会成立60周年纪念特刊载山水画《仙岩》；1984年在《解放日报》发表山水画《灵峰》《芦雁》；1985年在《中国海员》杂志发表《虎》和《墨龙》；1988年在《海上旅游》冬季合刊发表《松鹰》；1989年出版花鸟画挂历一本；1991年温州旅港同乡会成立5周年纪念特刊刊登《千古奇人徐霞客》。部分作品被国内外文博单位收藏。

王桃山

王桃山（1915—1990），龙湾区永中街道新城村人。英桥王氏二十二世（四派）。1949年参加革命工作，同年加入中国共产党，担任村农会委员。1949年10月，调任永昌乡乡长。1951年后，历任永强区公所生产干事、永嘉县监察委员会监察员、永强区委副书记、永嘉县检察院副检察长、永嘉县检查室副主任、永嘉县公安局政治教导员等职。1977年退休后继续发挥余热，为永昌堡文化遗产的保护、修缮做出有益贡献。

王宝进

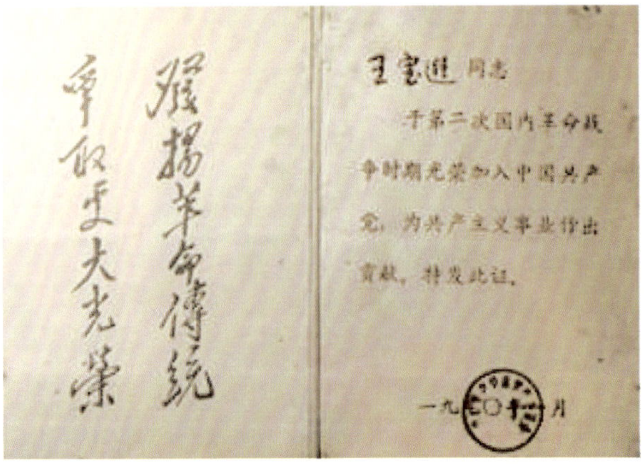

王宝进（1916—2006），龙湾区永中街道新城村人。英桥王氏十九世（楼下派）。民国26年（1937）7月7日参加中国共产党，担任党的地下交通员，参加抗日救亡工作。曾以牧牛为掩护，护送中共瑞平永地区革命同志和机密文件。在革命战争时期，无私地把自己家中的粮食、红糖、鸡蛋及老伴编织的网线等变卖支持革命做活动经费，而且常年编织草鞋几百双送往前线根据地。民国30年（1941），温州被日寇侵占，与王林芳一起受支部指派，组织王良安等积极分子30来人，以青山东阁庵为据点，开展游击活动。解放战争时期，积极参与“六抗”，传递交通情报及张贴革命标语，配合浙南游击纵队解放永强及瑞安县城。

中华人民共和国成立后，历任新城村农会主任、村主任，农业初级社、高级社社长等。1990年1月，温州市委特颁发“二战时期参加革命”的荣誉证书。1998年7月1日，中共浙江省委副书记王金山同志曾登门慰问。2006年1月，因年迈辞世。

王小同

王小同（1916—2000），原名载植，平阳县鳌江镇人。王理孚第五子。英桥王氏十九世（隔浃派）。西安交通大学教授，博士生导师。

早年毕业于北洋大学；毕业后，曾致力于发展民族工业。1952年应聘到上海交通大学任教，与周志宏教授、周惠久教授共同筹建金属材料专业。1957年，上海交通大学部分系科迁往西安组建西安交通大学，他响应号召到西安交大任教。1958年领导筹建有色金属专业，任专业委员会主任。他是全国首届金属学、热处理工艺和设备专业教材编审委员，对制订全日制大学的教学大纲和教学计划发挥了重要作用；他所编写的机械类金相专业金属学教科书，在国内产生了重要作用。1963年被国务院批准为首批研究生导师。他率先开创“磨损、冲蚀和耐磨材料”的研究，他主持的“提高高铬铸铁耐磨性新工艺”课题曾获国家发明奖。他组织编写了中国第一部《磨料磨损与耐磨合金》文集，并担任《材料耐磨抗蚀及其表面技术》丛书编委。中国金属学会金属耐磨材料委员会委员。

王弘法

王弘法（1916—2002），龙湾区沙城街道七三村人。父王超凡。英桥王氏十九世（大派竹房）。民国25年（1936），毕业于浙江大学农学院病虫害系昆虫专业。后从事过教学、科研、技术、管理等工作。中华人民共和国成立初期，先后在浙江省立温州师范学校、温州市立中学、温州农校、宁波农校任教。1954年5月调入安徽农学院，历任讲师、副教授、教授，兼任安徽省植保学会副秘书长、安徽省昆虫学会理事长。1981年加入中国农工民主党。科研成果有《玉米抗螟育种鉴定初报》《水稻品种对稻虱抗虫性鉴定》《龟纹瓢虫对棉蚜的捕食作用》等10多项。在温州农校时，制造水稻害虫测根器和手持捕虫兜各一台。编写教材《农业害虫及防治》《昆虫研究法》《昆虫生态学》等10多种，合编出版《农林昆虫生态学》，发表论文多篇。

王震之

王震之（1917—2007），龙湾区永中街道新城村人。英桥王氏十九世（大派老四房七房）。早年曾就读崇实学堂，因家贫辍学，参加劳动。抗战爆发，参加永嘉战时青年服务团，投入抗日救亡运动。民国27年（1938）11月，携带浙南党组织负责人介绍信到安徽泾县云岭参加新四军，同年加入中国共产党。民国30年（1941）1月，发生"皖南事变"，在突围战斗中负伤被俘，因于上饶集中营。在狱中，曾多次参加对敌斗争，争取敌方人员，筹建党组织。当年秋，越狱脱逃潜回温州。民国31年（1942）3月，与中共永嘉县委接上组织关系，任永强区联络员兼新城乡党支部书记。是年7月，日本侵略军占领温州，被中共永嘉县委任命为永嘉县应变委员会副主任兼军事委员，筹建武装上山打游击，后因日军撤退而终止。民国32年（1943），浙南中共组织遭到严重破坏，他被悬赏通缉，只得潜伏外乡。民国38年（1949年9月30日为止）4月，江南解放归队。中华人民共和国成立后，长期在温州市文化系统工作，当选为温州市第一届、第三届人大代表，并获温州市第一届劳动模范称号。

王载纮

王载纮（1918—1997），平阳县鳌江镇人。王理孚第六子。英桥王氏十九世（隔浃派）。

民国23年（1934），入天津南开中学高中部学习。民国26年（1937），抗日战争爆发，回到家乡与朋友一起创办平阳临时中学。民国27年（1938）冬，与宋爱兰等7人赴昆明进入西南联大理工学院化学系学习；次年和宋爱兰结婚。民国33年（1944），返温任清明化工厂厂长。

1952年，王载纮到北京担任轻工业部设计院研究员、《北京日化》杂志主编，以及《中国大百科全书·轻工卷》《日用化工工业》编委。参加翻译《全苏规格标准》一书，单独试译《油脂分解和甘油制备》一书。

1955年，与张余善、陈伯平、童家帧合作翻译出版《油脂制备工艺学》（苏联A.A.列秀斯著）。1962年开始翻译俄文版《合成洗涤剂和清洁剂》（德国斯蒂佩尔著），全书共8章约60万字，他翻译其中6章，1965年4月正式出版，书名为《合成洗涤剂》。1966年2月单独翻译出版《植物油生产理论基础》（苏联高尔道斯著）。1975年，与光相珪合作，把长期以来从文献中抄摘积累的技术数据整理成有用资料，最后编成一本260余万字的《日用化工理化数据手册》，1981年2月正式出版。先后还有《棉籽油的制备》《植物油脂生产》《磷脂的制取与应用》《阳离子表面活性剂》等译著出版。

王千里

王千里（1918—1962），龙湾区永中街道新城村人。英桥王氏二十一世（大派老四房七房）。南京高等警官学校毕业。民国时期曾任云南省宣威县警察局局长，苏州警察厅厅长。

王林芳

王林芳（1919—1978），龙湾区永中街道新城村人。英桥王氏二十一世（大派老六房）。民国26年（1937），经王兆勋介绍加入中国共产党，后任新城村地下党支部书记。积极组织进步群众站岗放哨，晚上巡逻，防止日本侵略军和海盗侵扰。民国30年（1941），日本侵略军第一次侵占温州，王林芳、王宝进受党支部指派，组织积极分子以青山西阁庵为据点，开展游击活动。民国32年（1943）10月，永强区党组织惨遭破坏，王林芳等人筹集资金前往瑞安寻找党组织。民国33年（1944）年底，接上党组织关系后，次年初，建立中共永强区工作小组，王林芳任组长。在解放战争中，王林芳领导永强区地下党员开展武装斗争，配合瑞安县武工队奇袭永强区警察所，解除永强区国民党驻军的全部武装。历任永强区委书记、平阳矾矿矿长、鳌江镇镇长等职。

王显彰

王显彰（1919—2010），龙湾区永兴街道南桥北村人。英桥王氏二十一世（楼下派衙前三房）。民国35年（1946）6月，参加中国人民解放军，服役于第二十三军六十七师二〇一团。服役期间，曾参加淮海战役、渡江战役、四明山剿匪等。抗美援朝期间在朝鲜长达7年，经历大小战斗40多次，荣立二、三、四等功多次。回国后调任黑龙江省军区工作，历任，排长、连长、教导员、政治委员。1984年按副师职离休。

女儿王靖兰，1952年1月出生，118医院护理部主任，军衔大校、技术五级，享受师级待遇退休。

王烈

王烈（1920—2004），龙湾区永中街道城南村人。英桥王氏二十一世（大派老四房）。民国21年（1932）春从崇实小学毕业后，跟随名医自学医药学。民国36年（1947）进入省立瓯海医院（现温州医科大学附属第一医院）工作。1955年保送浙江医学院进修临床医学，结业后又进入温州医学院“中西医结合”第五期培训班学习。历任附一医院内科主治医师、副主任医师兼保健科主任、主任医师。1982年退休。1955年至1958年间，曾任医院工会副主席、主席。政协温州市第四届、第五届委员。农工民主党附一医院退休支部主委。发表论文20篇。获省医术研究表彰，个人业绩被编入《中国高级医生咨询辞典》。

王顺寅

王顺寅（1920—1978），龙湾区永中街道新城村人，英桥王氏楼下派圣门三房。1936年抽壮丁在国民党军队服役，解放战争随部队起义改编为人民解放军，先后参加了抗日战争、解放战争、抗美援朝战争。中国人民解放军第九兵团第二十军五十八师一七三团二营炮连战士，参加1949年渡役、解放上海战役，1950年11月编入中国人民志愿军，参加了朝鲜著名长津湖、黄草岭、华川阻击战等战役，在朝鲜长津湖零下40摄氏度严寒中与美军陆战一师作战，荣立集体二等功一次、个人三等功两次。被授予渡江胜利纪念章、和平勋章、抗美援朝纪念章，1955年复员回乡。1958年工作于温州市永强运输公司。

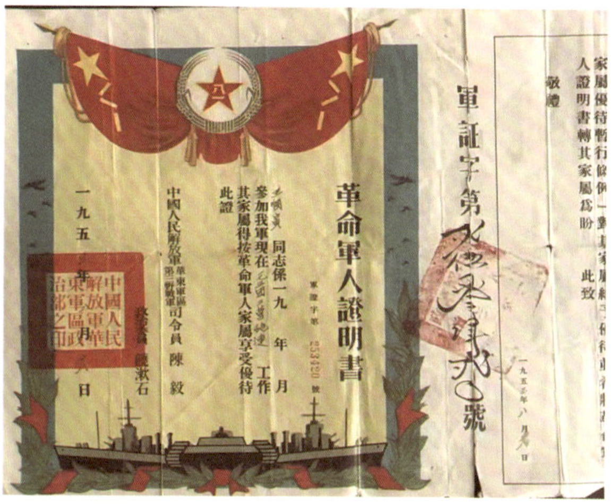

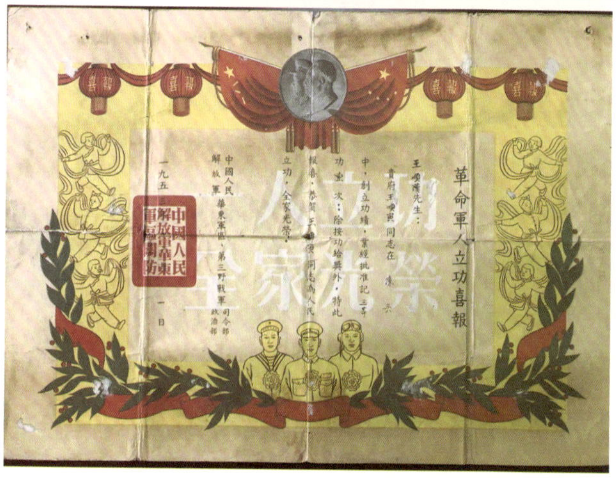

王大钧

王大钧（1922—2009），龙湾区永中街道城北村人。英桥王氏二十二世（六派）。父王业（字亩仙），园艺师。

王大钧为园林专家、花卉专家、植物园专家。民国33年（1944）毕业于广东中山大学农学系园艺专业。之后在贵州省农业改进厅、重庆教育部第一劳作农场、香港等地工作。1952年返回上海，在上海市园林管理局工作，并长期负责上海植物园的技术工作。1983年被评为高级工程师，1986年被聘为上海植物园名誉园长，1990年被评为教授级高级工程师，享受国务院政府特殊津贴。1995年3月，获英国皇家园艺学会Veitch纪念奖章。著作有及《常见花卉》《万花阁》等十余部。

王建南

王建南（1925—2014），王晓梅之子，龙湾区永中街道城南村人。英桥王氏二十一世（大派老四房）。生物学鸟类专家。民国33年（1944），毕业于浙江温州师范学校，任温州市三希小学教师。中华人民共和国成立后，任温州市第四中学生物教师，是浙江省第一位中学生物特级教师，1985年获全国五一劳动奖章。从20世纪50年代起，参加浙江省《农业动物学》《动物学》教材编写。1981年，撰写《浙江省东南部地区鸟类调查报告》，对生活在温州一带的300多种鸟类进行生活习性、分布区域调查。1985年参加《浙江动物志·鸟类》编写，1986年完成了他的鹳形目鹭科及雁形目的编写任务。著有《鸟类趣谈》《中学生科技活动指导》《教学五十年》等。

王永立

王永立（1925—2008），龙湾区永中街道新城村人。英桥王氏二十世（楼下派）。革命烈士王怀玉之子。1949年11月参加工作。曾任永中镇革委会主任、永中镇人民政府镇长。1987年退休后发挥余热，担任温州市鹿城区清明桥居委会党支部书记兼主任，依靠上级和群众，创办清明桥旅社、运输社、服装厂、水道工程队、停车站等，解决了大量贫困市民就业，深得群众好评。曾被评为鹿城区优秀党员和先进工作者，荣获鹿城区“奉献杯”（金奖）。

王竹奇

王竹奇（1925—1996），别名竹其，龙湾区永兴街道小塘村人。英桥王氏二十一世（四派）。

民国33年（1944），被国民政府抓壮丁入伍。曾参加抗日战争，随军从丽水、金华、江苏一路开赴至山东沙土集阵地。民国36年（1947）8月8日，转入中国人民解放军部队，参加攻克济南城，解放石家庄、台儿庄战斗。1949年1月加入中国共产党，后随部队南下。中华人民共和国成立后，从杭州复员回乡。1950年朝鲜战争爆发，再次参军参加抗美援朝。1952年10月7日，志愿军一段电话线被炸坏，王竹奇冒险用双手连接线路两端，保证通信畅通，立三等功一次。1952年8月8日，反细菌战业绩突出，立二等功一次。1955年复员，先后在温州市邮电局永强邮电支局永中邮政所、天河邮政所工作，直至退休。一生默默奉献，于1996年病故，享年七十一岁。

王来棣

王来棣（1926—2016），女，平阳县鳌江镇人。王理孚三孙女。英桥王氏二十世（隔浃派）。民国34年（1945）前，先后在鳌江小学、平阳临时中学、温州中学、永嘉中学和省立联中读书。早年积极参加学生运动，在永嘉中学学习期间曾担任“永中剧团”副团长。民国34年至38年（1945—1949），在浙江大学文学院史地系学习，加入中国共产党，为浙江大学地下党的总支委员。1949年至1952年在杭州市青委工作。1952年至1987年在中国科学院近代史研究所（“文化大革命”后改属中国社会科学院）工作。1987年离休。

王文通

王文通（1927—1967），龙湾区永中街道新城村人。英桥王氏二十一世（大派松房）。民国

25年（1936）至27年（1938）4月，先后在永昌小学、瓯海中学、南京商学院读书；1949年4月至1950年2月，在中国人民解放军第二野战军军事政治大学学习；1950年2月至1960年8月，在云南省曲靖县接管旧政权，并先后担任曲靖县民政局、粮食局、文教局的领导职务；1960年8月至1967年8月，调往云南省沾益县，先后在县文教局、县二中、县三中、县五中从事教书或会计工作。

其父王焕洲（1884—1961），民国20年（1931）在南京军政部任秘书。

王凤阁

王凤阁（1927—1963），女，平阳县鳌江镇人。王理孚之女。英桥王氏十九世（隔浃派）。民国36年（1947）考入浙江大学，37年（1948）10月在浙江大学地下党组织安排下，奔赴大别山解放区，1949年初分配到第二野战军新华总分社工作，4月参加渡江战役，5月初到达南京，10月又随部队进军西南。1950年6月调西南军工筑路第一总队政工科任宣传干事，主编《开路先锋报》，因成绩显著，荣立二等功，同年10月加入中国共产党。1952年10月，调到张家口任军事高级通讯学校政治部宣传干事。1953年春转业到农业部任科员。1955年考入中国人民大学政治系学习，担任系党总支委员。毕业后留校工作，不幸英年早逝。

王文成

王文成（1928—2018），又名王迎祝。龙湾区永中街道城北村人。英桥王氏二十二世（六派）。1949年8月参加工作，历任永昌乡征粮工作组组长、乡民兵队长，联甲乡农会主任、乡长，永强区公所特派员。1953年调入永嘉县人民法院工作，历任审判员、庭长、副院长、院长。1958年以后，历任中共乌牛公社党委书记，中共罗浮区委副书记、单委会主任、党组书记，永嘉县公安局局长。1990年离休。

王孙仑

王孙仑（1929—1971），平阳县鳌江镇人。英桥王氏二十世（隔浃派）。王理孚之孙。1955年7月毕业于上海医学院。1955年8月至1956年在哈尔滨医科大学师资进修班进修。1957年至1961年在中国科学院微生物研究所为研究生。1961年至1971年在中科院上海微生物研究所工作，历任助理研究员、副研究员。1971年8月因病逝世。

王克勇

王克勇（1930—1988），又名王德辉。龙湾区永中街道新城村人。英桥王氏二十一世（大派老四房七房）。1949年6月参加工作，历任永嘉县罗北乡、南白象乡乡长和中共梧田区委副书记。1962年调入温州市第三人民医院任副书记。继任温州市红卫医院副书记、温州市中医院副书记。1985年5月离休。

王镇恒

王镇恒（1930—2021），永中街道新城村人。英桥王氏二十一世（大派老四房七房）。1952年从上海复旦大学农学院茶叶专业毕业，历任安徽六安实验茶场技术员，安徽农业大学讲师、副教授、教授、博士生导师，先后担任安徽农业大学茶树栽培教研室主任、茶业系主任，安徽农业大学校长、校党委书记。受聘国务院学位委员会学科评议组成员，农业部全国高等农业院校教材指导委员会学科组成员兼茶学专业组长，中国国际茶文化研究会顾问，中国茶叶流通协会高级顾问等。曾选任中国茶叶学会副理事长，安徽省茶叶学会理事长，合肥市科技开发协会理事长等。

先后主持“茶树内部结构”“茶园丰产技术与理论”“特种茶研制”等课题的研究，其成果曾获省部级科技进步奖多项。主要著作有《茶树栽培学》《茶树生态学》《中国农业百科全书·茶叶卷》《英汉茶业词汇》《中国名茶志》《中国茶文化大辞典》等，曾获全国优秀技术图书一等奖（1997年）、二等奖（1990年）各1次。公开发表学术论文70余篇，曾在国内外学术会议上多次发表演讲，先后获省优秀论文一等奖、二等奖多篇，参加编写《经济大辞典·农经卷》《简明农业词典》等。1984年，获英国科技中心授予的“世界农业科技名人”称号，业绩被载入1986年出版的《世界农业科技名人录》，传略入编《中国当代农业科技专家名录》，1991年被国务院授予“国家级有突出贡献专家”的称号，并享受国务院政府特殊津贴。

1984年，受温州市政府邀请，回到阔别数十年的故乡，参加“温州经济振兴恳谈会”。同王弘法教授一起，牵头把在合肥地区各高等院校、科研单位等100多名温州籍科技教育工作者、社会科学工作者组织起来，于1987年5月成立了“合肥温州科技开发协会”，并担任协会理事长。多年来，该协会为加强两市科技、经济横向联系和信息开发，为开展科技咨询、服务、开发、交流，及科技成果转让等做了大量工作。

王弘立

王弘立（1930—2012），七甲二社（今龙湾区沙城街道七三村）人。英桥王氏十九世（大派竹房）。民国35年（1946）考入浙江水产学校捕捞系。1949年中华人民共和国成立后，当过教员、文工团员、粮管员。后以其所学专业调入温州市水产局工作，上岛下海，推广渔业科技。“文化大革命”时期因家庭出身遭冷遇，党的十一届三中全会后恢复正常工作。

1979年至1981年，在瓯江口南岸参与创建“文蛤之乡”。开辟海涂养殖2.45万亩，出口文蛤3000吨，创汇480万美元，中国《水产科技情报》1981年第4期刊登了他的事迹，1983年获中华人民共和国农林牧渔业部颁发的“农技推广荣誉证章”。尔后，在乐清、瑞安、苍南、灵昆等沿海地区指导水产养殖。在人工养殖蛸蠓、青蛤、虾蟹混养等方面都取得较高成就，多次获省、市、区科技成果奖励。1991年退休后，仍在温州网上解答水产养殖户的疑难问题，并发表《月鳗养殖》、《刀额新对虾养殖》等论文。

王兴

王兴（1930—1999），龙湾区永中街道衙前村人。英桥王氏二十一世（楼下派）。中华人民共和国成立前参加革命工作，中华人民共和国成立后，历任永昌乡第一任乡长、第七任永强区委书记、永嘉县农业部副部长、温州市水产局副局长、洞头县副县长等职。

王则义　王则礼　王则文

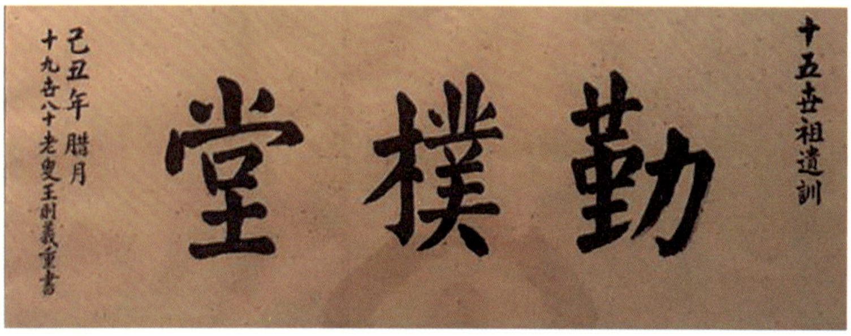

王则义（1929—2010），龙湾区永中街道新城村人。英桥王氏十九世（楼下派）。早年就读于崇实学堂（今永昌一小）。1948年于永嘉县简易师范学校毕业，经一位乡贤举荐，在新城小学任教（原崇实学堂）。中华人民共和国成立后，被任命为新城小学校长。1958年入党，历任永强教育辅导区、三溪教育辅导区校长，兼党支部书记，1970年任永强区教办主任、1983年调任瓯海区教师进修学校党支部书记并主持行政工作等。1990年退休。

王则礼（1933—2008），王则义的仲弟。新城小学毕业后，以第一名成绩考取省立第十师范学校（今温州一中），复审时因唇裂被学校拒之门外。为了帮助家庭还债，先后在小塘下村小、苏江浃村小、四甲村小充任临时代课教师。中华人民共和国成立前，参加永嘉县青训班学习，接着参加土改工作队，后来被分配到永临区桥下乡担任乡长。1959年入党，历任永临区委秘书、永嘉县委党校副校长。1974年8月，无辜被殴，致脑部严重受伤。后离职休养。王则礼的长孙（王珏之子）王天横浙江大学数学系毕业后，就读美国北卡罗来纳州立大学，获哲学博士学位。

王则文（1947—2015），王则义五弟。1963年考取杭州商业学校。1967年夏，毕业分配到驻地在西藏扎木的交通部第四公路工程局任会计。1971年8月，援藏回来，被安排到安吉县安吉机床厂担任会计。1980年加入中国共产党。尔后，历任副厂长、厂长，安吉县工业供销公司经理，当地首批高级会计师。1993年，当选为安吉县人大代表。

王体标

王体标（1931—2016），龙湾区永中街道新城村人。英桥王氏十九世（楼下派贤房）。1949年参加革命工作。1952年担任永昌乡副乡长，同年加入中国共产党。1953年以后，历任永康乡乡长、永兴乡乡长、天河公社主任、白水公社主任、白水乡乡长等。任职期间，敢于担当，清正廉洁，口碑颇佳。1991年退休后，热心公益事业，关心永昌堡文化遗产的保护、修缮工作。

王式

王式（1933—2010），龙湾区永中街道新城村人。英桥王氏十九世（楼下派）。高级工程师。民国37年（1948）考入温州中学。1957年考取北京大学物理系，毕业后分配到湖南长沙地球物理探矿研究所工作。1980年借调地质部工作，与法国专家联合勘察喜马拉雅山，任专题组组长。1982年，以中国专家身份在法国巴黎第六大学进行地球物理的教学研究工作。1985年调江苏省南京矿产局工作，任地矿部地球物理探矿主任工程师，兼任河海大学（原华东水利学院）副教授，参与研究世界屋脊喜马拉雅山的形成及演化过程等课题。先后负责江苏省江阴地区长江过江隧道水陆地基勘察和南京地铁选线工程勘查工作。1986年调入江苏省工程物理勘察院担任主任工程师。1986年至1995年，从事工程物理勘查工作，先后完成江苏江阴长江大桥、南京第二长江大桥、浙江秦山核电站三期工程、江苏连云港核电站、南京地下铁道前期地基等勘查工作，其中一项获地质矿产部部级奖。发表学术论著20多篇，其中《青藏高原形成及地球物理探测分析》于1984年发表在英国《自然科技》杂志，《中国地壳结构模式及地震方法研究》于1985年发表在美国《地球物理》杂志，《西藏高原地壳南北的构造及地震探测机制》被收入中法喜马拉雅山考察成果专集。主编著作有《浅层地震勘探规范》。

王大兆

王大兆（1935—2006），永嘉县南田乡上田村（今鹿城区绣山街道）人。英桥王氏十九世（楼下派）。先后毕业于华北人民革命大学天津分校与中国人民解放军华北军政大学。历任解放军华北军区高炮部队观测员、南京军区文工团演员，广州第33中学、温州华侨中学教师。1978年至2000年任香港《文汇报》台湾版主编。高级编辑。兼任温州旅港同乡会首届常务理事及多届副理事长与公关部负责人。连任三届温州市政协委员、常委及每年一次的“两会”“海外·港澳人士组”召集人。二十余年来多次到台湾采访，为促进祖国和平统一效力。同时积极宣传温州，让海内外人士了解温州。《梦绕瓯江旦暮求》获新华社《瞭望》周刊“情系中华”一等奖。

王爵元

王爵元（1937—2013），龙湾区永中街道城北村人。英桥王氏二十一世（五派）。1959年温州师范学院毕业后，分配到永强中学任教，兼任校共青团工作。1965年1月调入温州市教育局做人事工作，曾任局革命领导小组成员和市革委会清队办公室成员。1984年4月调到温州市人大常委会工作，历任机关党委副书记、工会副主席、人事处处长、信访办主任、副处级调研员。

王爵崇

王爵崇（1938—2007），龙湾区永中街道城北村人。英桥王氏二十一世（五派）。1964年7月，毕业于浙江大学，分配到核工业部北京九院第九研究所，从事“两弹”研制工作。参与中国第一颗原子弹的计算工作至爆炸成功。随后又参与中国第一颗氢弹的设计计算工作，及以后一系列“两弹”的设计计算工作。在纪念中国第一颗原子弹爆炸成功二十周年时，由核工业部授予荣誉证书和纪念章。1978年调回温州，任温州方正集团工程师，从事机械设计工作。1999年退休。

王阳春

王阳春（1938—2005），龙湾区永中街道新城村人。英桥王氏二十世（楼下派）。1959年于浙江省机电专科学校毕业，分配到浙江省工业厅工作。后调到宁波变压器厂任厂长。1987年调入宁波市机械工业局，历任规划外资处处长、科技处处长，参与宁波市机械工业“八五”“九五”“十五”规划的起草编制工作，并纳入宁波市“八五”“九五”“十五”正式发展规划文件。1989年在《浙江经济》月刊发表《宁波机械工业结构现状和发展设想》《关于扩大机电产品出口的粗浅探索》等论文。

王孙旦

王孙旦，（1942—2010），平阳县鳌江镇人。祖父王理孚。英桥王氏二十世（隔浃派）。1965年上海同济大学建筑工程系毕业后，进入中国人民解放军总后勤部建筑设计研究院工作，历任技术员、工程师、高级工程师。1996年任设计研究院总工程师，晋升为文职少将。数十年来，为国家国防军事工程建设做出一定的贡献，并在高层建筑结构的理论研究和工程实践方面取得一定的成绩。先后获全军科技进步一等奖一次，二等奖两次；获国家科技进步三等奖一次。发表论文多篇。享受国务院政府特殊津贴。

王嘉琪

王嘉琪（1942—2012），龙湾区永中街道城南村人。后迁居温州市区。英桥王氏二十二世（大派老四房）。曾读经济财会专业，高级会计师职称。中共党员。历任温州市财税局副局长、浙江财经学院温州分院院长，兼任温州市珠算协会会长和中国注册会计师温州市协会会长。

丁元明

丁元明（1944—2002），龙湾区永中街道城北村人。1962年考入浙江大学光学仪器系，毕业后分配到兵器工业部部属华中精密仪器厂（兵工部属238厂），先后担任设计技术员、设计室主任、设计所副所长、车间主任等，主持或参加许多重大军工科技项目的设计和研制。在20世纪70年代，主研59式××产品获兵器工业部优秀产品奖，75式××产品获国家银质奖，“精密激光测距机”获国防科工办重大成果一等奖，大型2米光具座科研项目获1978年“全国科学大会奖”。1980年设计和研制“八〇式步枪瞄准镜”获武汉军区科技成果二等奖，后被解放军总参谋部推广全军使用。1982年至1984年，担任120型相机主管设计，产品获1984年部级质量评比二等奖。发明JBZ-800型激光波带板准直仪，通过全国51位专家鉴定，应用于葛洲坝的大坝变型观测。1986年晋升高级工程师，1987年调往中国北方光电工业总公司工作。

王珏

王珏（1970—2017），温州市洞头区大门镇岙面村人。英桥王氏六派。

王珏是一名普通的乡村医师，曾化名“兰小草”，承诺从2002年11月17日开始，用33年时间，每年捐献2万元“星雨心愿”善款，给孤儿寡母，以报答国家社会的培养之恩，报答农民‘粒粒皆辛苦’的养育之情。此后连续15年，“兰小草”都会雷打不动地于每年11月17日送钱到慈善机构。温州市慈善机构收到捐款后，想寻找这位好人，多次联络，“兰小草”均未现身。2017年7月，王珏被查出肝癌，去世之后，他的身份才被媒体曝光。

“兰小草”离世后，温州将兰小草每年捐款的11月17日设为“兰小草爱心宣传日”，并建立“兰小草爱心驿站”“兰小草志愿服务队”等，建立“兰小草道德馆”，编排“兰小草”瓯剧，制作电影《寻找兰小草》。他的精神影响着温州这座大爱之城。他的家人沿着他的足迹继续公益慈善事业。

而今“兰小草”已经是大爱的代名词，王珏先后被追授2017年感动中国年度人物及“中国最美医生”“浙江骄傲”“浙江好人”“最美温州人”“温州道德模范特别奖”“中国好医生”等光荣称号。

第二节 革命烈士

王怀玉

王怀玉（1900—1930），龙湾区永中街道新城村人。英桥王氏十九世（楼下派）。18岁进入温州鹿城布厂做工，后被提任为提花纹样师。民国十五年（1926）1月，加入中国共产党，任中共温州独立支部委员。永嘉县总工会成立，任工会总干事，和施德彰一起领导温州工运斗争。民国十六年（1927）“四一二”反革命政变后，温州地区中共党组织遭到严重破坏，革命形势处于低潮。在参加永嘉县委书记王屏周主持召开的县委扩大会议后，接受党组织任务，继续发动工人罢工，上街示威游行。民国十八年（1929）下半年被厂方开除。其后，带领工人、学生到城郊开展农运工作。在丽田向农民宣传减租减息时，被国民党军警逮捕，被营救出狱后参加红军。民国十九年（1930）5月，被任命为中国工农红军第十三军第一独立团火枪队队长。同年，在军长胡公冕领导下，兵分三路进攻平阳县城。王怀玉率领火

枪队冲进西门时，遭到敌人猛烈阻击，大腿负伤跌倒后又站起来指挥火枪队向前冲锋，后头部中弹牺牲，年仅30岁。1963年2月25日，温州市人民政府批准追认王怀玉为革命烈士。

王启旺

王启旺（1923—1954），龙湾区永中街道新城村人。英桥王氏十九世（四派）。民国三十四年（1945）5月，参加中国人民解放军。翌年3月，加入中国共产党。在解放军步兵二一〇团工兵连，先后任班长、排长、连长及团工兵参谋。荣获华东军区颁发的淮海战役、渡江战役及志愿军勋章多枚，立三等功两次、四等功三次。1954年2月8日，在朝鲜三八线附近黄州战役中，排除爆炸物时牺牲，时年31岁，安息于朝鲜黄州郡半月洞烈士陵园。1954年2月25日，志愿军第二一〇团政治部追认其为革命烈士。其事迹陈列于温州江心寺革命烈士纪念馆和永昌堡博物馆。

王启旺获得的纪念章

王启旺革命军人牺牲证明书

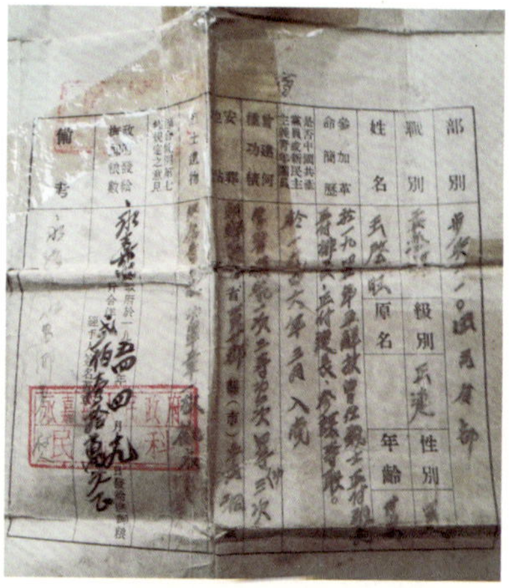

抚恤证明书

王学进

王学进（1935—1994），龙湾区永兴街道小塘村人。英桥王氏二十二世（四派）。1978年4月加入中国共产党，在永兴小塘村担任会计十余年。1994年8月21日，17号强台风登陆永强，村干部和镇驻村干部到沿海堤塘察看情况。当时大家劝王学进，你上了年纪，还是不要去吧。他说："我是村干部、共产党员，我不去谁去？"坚持到抗台第一线去。在抗击台风中殉职。1995年被批准为革命烈士。

王光中

王光中（1938—1961），永兴街道沙园村人。英桥王氏二十二世（大派）。1959年夏，党和政府号召青年到宁夏去，支援宁夏回族自治区的社会主义建设。王光中瞒着家人第一个报了名，并带动了一大批中青年。1959年5月5日，作为“浙江省温州市支援宁夏建设先锋团”一员，王光中乘车前往宁夏，被分配到石嘴山市矿务局砖瓦厂当工人。一年后，被调到第二煤矿当掘进工。由于积极上进，吃苦耐劳，不久，被矿区树为“工作标兵”。

1961年5月30日中午，矿井中突然传来了“矿井透水了！矿井透水了！”的喊叫声。水流来势凶猛，转眼已到眼前，王光中马上跟着有经验的老工友拼命向井口方向撤离。这时，忽听到身后一声巨响，大水冲塌下一块巨石，王光中回头一看，跟在他身后不远的两名下矿实习生不见了，王光中不顾老矿工的劝阻，奋不顾身地往回跑，伸出双手去拉他们。大水流速太快了，三个鲜活的生命瞬间消逝了！王光中为救两名实习生，献出了自己宝贵的生命，时年23岁。1962年，宁夏回族自治区石嘴山市批准追认王光中为革命烈士。1974年上半年，家人在大罗山坦头建起一座烈士墓，烈士英魂回归故里。1990年1月，中华人民共和国民政部为王光中颁发了革命烈士证明书。

王志友

王志友（1940—1982），龙湾区永中街道新城村人。英桥王氏二十二世（大派老四房）。1953年永昌小学毕业，入永嘉县勤俭中学读书。1958年冬应征入伍。1960年毕业于海军潜水艇学校，1966年4月加入中国共产党。1968年退伍，分配到温州第一皮鞋厂工作，1978年任厂党委副书记。1982年10月5日，为保卫国家财产和职工生命安全，挺身制止犯罪分子行凶，壮烈牺牲，年仅42岁。10月20日，浙江省人民政府批准追认王志友为革命烈士，温州市市长李裕林主持王志友烈士追悼会。10月24日，《浙南日报》报道他的事迹。其事迹陈列于温州江心寺革命烈士馆和永昌堡博物馆。

王楚楚（女）

王楚楚（1977—1985），龙湾区永中街道新城村人。英桥王氏后裔。1977年3月出生于鹿城区蒲鞋市街道。1985年7月31日，瓦市巷小学二年级学生王楚楚在市区龟湖救一名落水的5岁小女孩而献身。鹿城区团委于同年9月追授王楚楚“优秀少先队员”称号。王楚楚属温州市年纪最小的烈士，牺牲时年仅8岁，安葬于温州市翠微山烈士陵园。其事迹陈列于温州革命烈士纪念馆。

第三节　人物简介

一、党政军干部

本条目共收录科级、团级以上党政军干部40余人。

王国恩

王国恩，1931年11月出生，永中街道新城村人。英桥王氏二十世（四派）。杭州大学政治系毕业。曾任永强农技站站长、永嘉县委办公室秘书、中共温州地委组织部干事、中共浙江省委办公厅干事。退休后关心家乡文物保护工作和地方工作，曾任新城村党总支委员兼第四党支部书记、永昌镇居委会主任，应聘瓯海区人民法院陪审员、永强中学校外辅导员、温州市文物处业余文物保护员。编写有《永昌堡》一书。

王昌松

王昌松，1933年出生，永中街道新城村人。英桥王氏二十一世（大派老六房）。1950年参加永强区土改工作队，加入中国共产党。1951年进华东革命大学浙江分校学习，第二年结业分配至海南岛工作，历任农垦局文书，黎族苗族自治州监督处干部，自治州中学副校长，商业局科长，副局长，财贸办公室副主任，外贸经济委员会副主任兼局长。1983年调任中国农业银行广东省分行资金组织处处长，至1993年退休。居住广州市。

王达生

王达生，1933年10月出生，永中街道城北村人。英桥王氏二十二世（四派）。1958年至1959年在永嘉县委肃反办公室工作。1959年后历任永强区委文书、永强区公所经委副主任、团委副书记，永强区委办公室副主任、主任，瓯海区人大常委会永强区联络组组长，区局调研员。1958年曾当选永嘉县和温州市人民代表大会代表。1993年退休，享受副县级待遇。

王国芳

王国芳，1936年10月出生，永中街道新城村人。英桥王氏二十二世（大派底三房）。中华人民共和国成立后，参加永嘉县供销总社工作。1956年入伍。1960年退伍后，历任永嘉县商业局人事干事，市管会秘书，县工商局副局长，县财贸办公室副主任、党委副书记，中共永嘉县委委员、县委办公室主任。1985年调任温州市经济开发总公司党委委员、办公室主任，市贸促会办公室主任，市陶瓷矿物管理处党支部书记。1995年8月提为副县级。1996年10月退休。

1954年被评为县供销系统优秀工作者，1955年被评为永嘉县社会主义建设积极分子。部队服役期间，立三等功一次，受嘉奖两次。退伍后，1960年、1961年、1962年连续三年被评为县财贸、商业系统先进工作者。

王福聪

王福聪，1937年7月出生，永中街道新城村人。英桥王氏二十二世（大派老六房）。1957年于丽水林业学校毕业，分配至永嘉县林业局工作。1960年9月，受调永嘉县政府。先后在县整风办、县农工部、县委组织部、县内务部工作。1977年4月至1998年5月，在永嘉县人民法院工作，任副院长。

王岩权

王岩权，1938年10月出生，永中街道新城村人。英桥王氏二十二世（大派老四房）。1954年7月于永嘉县立中学毕业后，曾从事过助征、财粮统计工作，不久即被保送到浙江省公安干校培训，1955年9月分配到省第十九劳改管教队工作。1964年5月调到浙江省人民检察院丽水分院任秘书。1971年公检法合并为丽水地区人保组，后在公安处任科长。1978年8月调回检察院丽水分院，先后任党组成员，法纪、经济监察处处长，办公室主任，党组副书记、副检察长，党组书记、检察长（国家二级检察官）。1998年退休后，任中国青少年犯罪研究会犯罪预测、预防研究专业委员会顾问。1982年、1988年被评为丽水地区优秀共产党员，1990年被评为丽水市优秀党务工作者。

王则信

王则信，1940年10月出生，永中街道新城村人。英桥王氏十九世（楼下派）。1962年在杭州大学学习期间，响应党的号召，投笔从军。在3年多军旅生活中，曾被授予“雷锋式战士”称号，两次荣立三等功，多次受到部队党委通令嘉奖。1963年入党，1965年复员回杭州大学政治系继续求学，次年被评为“校毛主席著作学习标兵”“省青年毛主席著作学习标兵”。1967年大学毕业后在省机关供职，先后任浙江省革命委员会委员、省革委会群众运动办公室副主任，共青团浙江省委副书记、书记，中共浙江省委委员、中共绍兴县（市）委副书记。1969年当选为中国共产党第九次全国代表大会代表，1977年再次当选为中国共产党第十一次全国代表大会代表。1978年出席共青团第十次全国代表大会，并被选为共青团第十届中央委员会委员。1987年转入教育战线，致力于远距离教育科学研究，曾任浙江广播电视大学远距离教学研究室主任、科研处处长，副研究员，中

圣旨门巷3号王宅

国广播电视高等教育专业委员会理事，浙江省广播电视教育学会常务理事兼秘书长。1991年至1996年先后5次被聘为浙江省成人高校教育管理研究学科评审组成员。主要著作有：《远距离教育辞典》（主编）、《当代中国词库》（第一副主编兼政治类分科主编）、《远距离教育论稿》（主编）、《中国宫廷知识词典》（主要撰稿人之一）。1992年承担省教育科学“八五”规划重点课题“浙江省地市广播电视大学总体评估指标体系的设计及研究”，任课题组组长。另有《论我国广播电视大学的优势问题》《对电大发挥开放优势的思考》《人类本质的自我认识与文学结构形态》《文化意识与文学的发展》《略论电大教学全过程的管理》等数十篇论文。此外还有《大禹》《熔炉》《古堡回忆》等文学作品及长篇纪实文学作品《回首之间》《无法沉默》《无怨无悔》《任后人评说》等。

王树

王树，1941年6月出生，永中街道城北村人。英桥王氏二十一世（六派）。1959年8月至1960年8月任教于永昌小学，8月参加中国人民解放军海军部队。1960年8月至1970年8月，历任海军航校学员，胶县基地场站军械员、军械师、组织干事、副政治指导员。1970年8月转业，历任温州地区邮电局、市邮电局办公室副主任、供应科科长、劳动人事科科长，郊县邮电科科长、党总支书记等职，并评聘为经济师。

王成淼

王成淼，1942年出生，永中街道城北村人。英桥王氏二十二世（大派）。1963年应征入伍，在南海舰队服役至1985年转业，其间入了党。历任班长，副排长、排长，安装修理连副连长，机械加工营技术员、副营长、营长，技术大队副大队长（副团长）。1985年转任温州市鹿城区经委副主任，1998年至2003年当选为鹿城区人大常委会专职常委，2003年退休。

王凤娇（女）

王凤娇，1942年9月出生，永中街道新城村人。英桥王氏二十二世（大派池头大房）。文化程度高中。1964年参加工作，历任永中镇妇女干部，镇核心组成员兼文书，镇党委副书记、纪委副书记、副调研员。

王国良

王国良，1943年1月出生，永中街道新城村人。英桥王氏二十二世（大派底三房）。1962年6月应征入伍，在原温州军分区某部队服役，历任副班长、班长、排长、副连长、连长、指导员；其间于1964年加入中国共产党，并荣立三等功一次。1975年4月调防至江苏省盐城军分区，任六连指导员。1979年12月从部队转业，分配到温州市人民法院工作。1982年调入瓯海区法院工作，历任刑庭庭长、审判委员会委员，高级法官职称。2000年退休。

1985年、1986年被评为瓯海区先进工作者和优秀党员；1987年被评为温州市优秀党员；1988年、1989年、1997年三次荣立三等功；1986年被评为浙江省法院系统先进工作者，并出席浙江省劳动人事厅转业干部安置办公室召开的军转干部先进代表表彰大会。1988年9月当选为温州市党代会代表。

王顺吉

王顺吉，1944年6月出生，永中街道城南村人。英桥王氏二十一世（大派老四房之四房）。1962年应征入伍，在北京某部队海军后勤部服役，1970年1月复员。后曾在白水供销社工作。1971年被保送入浙江大学教学仪器自动化专业学习，毕业后先分配在温州市技术监督局工作。1978年转入财税部门，历任永强税务所所长、瓯海县（区）财政局、温州市社会保险事业管理局瓯海分局副局长、局长、党组书记，并兼任瓯海建设开发公司董事长。瓯海区第四届、温州市第八届人大代表。

王靖通

王靖通，1945年12月出生，永中街道新城村人。英桥王氏二十二世（大派）。中共党员。1970年1月从上海第二军医大学毕业后，在南海舰队海南榆林基地任军医。1979年转业回地方，历任温州市医药采购供应站经理、主管药师，市医药管理局副局长，市乡镇企业管理局副局长，温州市经济贸易委员会调研员和市政协委员。

王中秋

王中秋，1948年8月出生，平阳县鳌江镇人。英桥王氏二十一世（楼下派贤望房）。中共党员。1976年8月毕业于温州医学院。1977年8月任平阳县卫生局副局长，嗣后兼任平阳县人民医院党支部书记、县卫生进修学校校长兼书记、县科学技术协会第三届常委等职。1984年蒙冤，1990年12月平反。1996年复出，任县卫生防疫站常务副站长、站长，县疾病预防控制中心主任等职。2003年获浙江省卫生系统政治思想工作先进个人称号和浙江省政治思想工作论文二等奖。1999年至2001年，两次荣获平阳县卫生系统优秀党员称号。2002年3月离岗休养。

王靖达

王靖达，1949年10月出生，永中街道城北村人。英桥王氏二十二世（六派）。1967年开始在税务局工作，并加入中国共产党。1996年至1997年就读财政学院，获注册税务师职称，结业后任龙湾区国税局副局长。曾获省、市、区、局先进工作者与县级优秀党员。

王则光

王则光，1949年9月出生，永中街道新城村人。英桥王氏十九世（楼下派贤望房）。1968年温州一中毕业参军入伍，1969年10月加入中国共产党，历任班长、排长、连指导员、团股长、师政治部干事、团副政委等职，曾参加老山自卫反击战。多次受到军、师嘉奖，立过三等功。1988年6月被授予陆军中校军衔。1989年秋转业到天津海关工作，历任人事处主任科员、科长、副处长、处长，天津海关副关长，2003年8月被国务院授予海关二级关务监督关衔。2005年8月调任杭州海关副关长，2006年至2008年，连续三年总署考核优秀，荣立三等功，被国务院授予海关一级关务监督关衔。2009年于杭州海关巡视员任上退休，任浙江省海关学会会长6年，组织并参与修编了《浙江通志·海关志》。

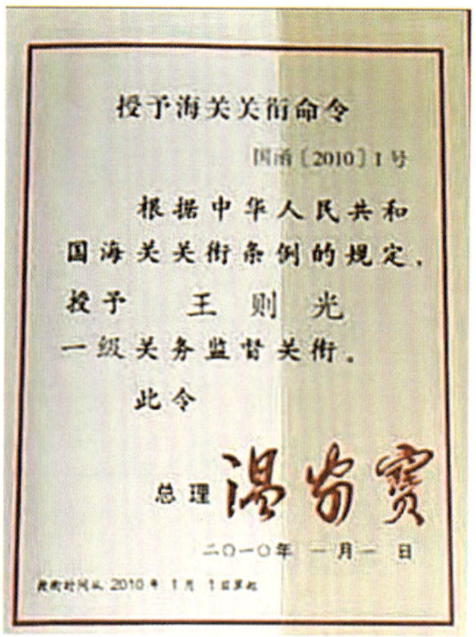

王则光被授予海关一级关务监督关衔命令书

王步珍

王步珍，1951年出生，永中街道新城村人。英桥王氏二十世（楼下派）。1969年选入中国飞行学院学习，1972年毕业后在海军某部队当飞行员，并加入中国共产党。1974年以后，逐步提升为副营、正营、副团、正团职。1992年至1996年8月任师副参谋长。1996年9月转业到温州经济技术开发区管委会任纪委书记、党委委员。2000年改任为党委委员、社会发展局局长。2011年退休。

王建

王建，1951年8月出生，平阳县鳌江镇人。英桥王氏二十一世（隔泱派）。大学学历，中共党员，高级工程师。历任河北省科委科员、科长、办公室副主任、人事处处长，河北省科技厅科技成果与科技市场管理处处长、科技平台建设与基础研究处处长。

王靖东

王靖东，1954年6月出生，永中街道新城村人。英桥王氏二十二世（大派老四房七房）。大专文化。历任白水公社文化站站长，永强文化馆馆长，沙城镇文教卫科科长，天河镇党委宣传委员、纪委书记，海滨街道办事处副主任、主任科员。

王成利

王成利，1955年11月出生，永中街道新城村人。英桥王氏二十二世（大派松房）。1977年参加永昌农科站工作，为镇干部。1984年后历任永强区天河镇、沙城镇党委书记。1993年至1995年在浙江政法干部管理学院学习，后任瓯海区广播电视局局长、党组书记，瓯海高新技术产业园区管委会主任，瓯海区统计局局长、党组书记。

王兆建

王兆建，1957年出生，永中街道新城村人。英桥王氏二十一世（大派梅房）。北京农业大学经济管理专科毕业，浙江财经学院财政本科毕业，上海财经学院财经研究生结业。中共党员。会计师、税务师，兼任浙江省农村研究会理事。曾任温州市政府国有资产营业管理公司副总经理、温州市财政局处长。

张纯洁

张纯洁，1958年7月出生，永中街道新城村人。1976年参加工作，先后在永强广播站、市广播站、温州矛牌剪刀厂、市公安局、共青团温州市委、鹿城区政府办公室等单位工作。1994年任鹿城区城管局局长，其间在职参加杭州大学城市科学与规划研究生课程进修班学习。1997年任鹿城区副区长，并在中央党校函授学院本科班和美国哈佛大学城市规划培训班学习。2003年任永嘉县委常委、永嘉县副县长、县委政法委副书记。2008年，任温州市旅游局局长。2018年8月退休。

王建中

王建中，1958年8月出生，永中街道镇南村人。英桥王氏二十一世（楼下派贤望房）。曾在永中中学任教（1980—1983）。1983年调入瓯海县民政局工作。1988年任泽雅乡党委书记。1990年任瓯海区总工会主席。1992年至1998年任瓯海区瞿溪镇党委书记。1998年至2000年任瓯海区委办公室主任。2000年调任温州市总工会副主席。曾获县（区）、市级优秀党员、优秀党务工作者，省级优秀乡镇（街道）党委书记称号，受省级人民政府表彰。

王良洪

王良洪，1959年7月出生，龙湾区永兴街道小塘村人。英桥王氏二十三世（四派）。1991年任小塘村党支部书记，1996年任永兴镇劳动就业所所长，2000年任永中镇三产办副主任、主任，2006年任永中旧城改造指挥部副指挥，2008年任龙湾区城市中心区开发建设指挥部副指挥、党组成员，2011年至2014年任龙湾区政协专职常委（正科级）。

王身康

王身康，1963年3月出生，永中街道城南村人。英桥王氏二十二世（大派庙上四房）。1984

年参加工作，历任三甲乡干部，中共永强区委秘书，共青团瓯海县委常委兼共青团永强区委书记，永兴、天河、瞿溪等镇镇长，温州永强高新区党委书记兼管委会主任，龙湾区委委员，永中街道党工委书记兼龙湾区中心工业区建设指挥部指挥，龙湾区政府党组成员（副县级）兼龙湾城市中心区管委会主任（党组书记），龙湾区综合行政执法局局长（党委书记）等职。曾当选为浙江省第八届团代会代表、温州市第九届党代会代表、温州市第十一届人大代表及瓯海区、龙湾区党代会代表和人大代表。曾获温州市优秀乡镇（街道）党委书记、龙湾区劳动模范、永强区“十大时代先锋”等荣誉称号。先后在浙江大学研究生院、香港公开大学研究生院攻读工商经济管理研究生课程，并于2005年12月获工商管理硕士学位。

王成良　附夫人陈玲玲

王成良，1963年6月出生，瓯海区茶山镇洪殿村人。英桥王氏二十二世（大派老四房）。中共党员。硕士研究生学历。1982年8月至1997年11月，在中国工商银行工作，历任中国工商银行瓯海区支行副行长，城南支行副行长，温州市分行计划处处长、信贷处处长，五马支行行长。先后筹建两家银行温州分行，1997年11月至2005年1月，在广发银行温州分行工作，任副行长、行长；2005年1月至2016年8月，在浙商银行温州分行工作，任党委书记、行长。2016年8月至今，在浙商银行工作，历任组织部部长、人力资源部总经理、监事、党委委员。

夫人陈玲玲，中共十八大代表，曾任龙湾区人民政府区长，中共龙湾区委常委、党委书记，中共衢州市委常委、组织部部长，中共金华市委副书记。现任金华市人大常委会主任。

王建勤

王建勤，1963年9月出生，永嘉县上塘镇（祖籍永中街道新城村）人。英桥王氏二十三世（大派老六房）。1976年于永昌小学毕业。后学习于中央党校。1980年9月参加中国人民解放军，经南京陆军学院培训，调派酒泉卫星发射中心，历任排长、连职参谋，1993年转业龙湾区人武部任参谋、科长。2000年9月调任龙湾区委（区政府）办公室主任助理，继任区委办公室副主任。

王大敏

王大敏，1964年6月出生，永中街道新城村人。英桥王氏二十二世（大派老四房七房）。1983年考入温州师范学院，毕业后分配在梧田高中任教。1992年调入市教研室，1995年转入市教育局工作。曾任市教育工会副主席、市总工会委员，温州市第八届、第九届、第十届政协委员，市住房公积金委员会委员。现任市教育工会主席，浙江省教育工会常委。2005年，被评为市优秀共产党员。

王秀娟

王秀娟，1964年6月出生，永中街道城北村人。1984年后从事行政工作。先后任天河镇、灵昆镇、永中镇、永昌镇妇联主任、文书、党委委员、纪委副书记、党委副书记等职。1998年任瓯海区岙底乡乡长。2001年调任鹿城区妇联副主任，2003年调任鹿城区黎明街道党工委副书记、办事处主任。现任鹿城区机构编制委员会办公室主任兼区委组织部副部长、部务会议成员。曾被选为瓯海区第二、三届政协委员，评为区政协先进个人，区、市先进工作者、“三八红旗手”、优秀党员，省人口普查先进个人等。

王会飞

王会飞，1964年5月出生，永兴街道沙园村人。英桥王氏二十世（楼下派海南四房）。1981年7月，乐清师范学校毕业。曾任灵昆中学、沙城中学教师。1994年11月转业。历任天河镇、海滨镇党委委员、永中街道党工委委员、纪工委书记、党工委副书记、人大工委主任。2012年3月起，任中共龙湾区委、区人民政府信访局局长、党组书记，兼中共龙湾区委办公室副主任。一级主任科员。

王仁勇

王仁勇，1964年11月出生，永中街道城南村人。英桥王氏十九世（楼下派贤望房）。大学本科学历。1984年以后，历任天河、海滨、永昌、灵昆、状元、蒲州等镇科长、团委书记、纪委书记、副镇长等职。2007年调区政府机关工作，任安监局、商务局、瓯海飞云江管理办公室、水利局、塘河管委会纪委书记、副局长、主任、副局长兼管委会党组书记、主任等职。十多年来被市纪委聘请为作风建设监督员。2018年被浙江省委、省政府评为“美丽浙江建设”突出贡献个人。

王建华

王建华，1966年10月出生，永中街道新城村人。曾任海城街道党工委副书记，沙城镇副镇长、永兴街道办事处副主任、永中街道办事处副主任、龙湾区稳定金融秩序办公室副主任。现任龙湾区政法委副书记。

王大丰

王大丰，1966年10月出生，永中街道新城村人。英桥王氏二十二世（大派老四房七房）。大学本科学历。原在瓯海区工商行政管理局工作，历任科长、副局长、局长。后任温州市工商行政管理局经济合同处副处长、处长。

王进光

王进光，1966年2月出生，永中街道城北村人。英桥王氏二十一世（楼下派）。历任瓯海区环境监测站站长、瓯海区环境保护公司经理、瓯海区环保局副局长、海滨镇副镇长、瓯海区计委副主任、郭溪镇党委书记、温州市环境监察支队支队长、温州市环保局副局长。2004年荣获共青团中央、国家环保局、全国青联联合授予的“中国青年优秀环保企业家”称号。

王爱香（女）

王爱香，1966年出生，永兴街道沙园村人。英桥王氏二十二世（五派）。大学毕业后，先后供职于瓯海区水利局、岙底乡政府、瓯海区妇联、灵昆镇政府、温州市水利局、温州生态园管理委员会等单位。现任温州市旅游局党组书记、局长。

王莲莲（女）

王莲莲，1967年2月出生，永兴街道沙园村人。英桥王氏二十一世（楼下派）。1986年考入温州大学企业管理系，硕士研究生学历。曾任沙城镇党委宣传委员、龙湾区妇联副主席、龙湾区旅游局局长。现任龙湾区机关党工委书记兼区委组织部副部长。

王学选

王学选，1967年10月出生，永中街道城南村人。英桥王氏二十一世（楼下派圣门大房）。1983年永强中学高中毕业后，应征入伍，在海军某部服役，1985年后被陆续推荐至海军航空技术学院、海军飞行学院、空军指挥学院学习培训，现在某部队，中校军衔。

服役期间，荣立三等功一次，获空军指挥学院“优秀学员”和海军东航“自学成才标兵”称号。

王友杰

王友杰，1968年生，永中街道城南村人，英桥王氏二十二世（大派庙上四房）。1991年毕业于温州大学，先后在四甲乡政府、沙城镇政府、瓯海县统计局工作。1998年起历任瓯海区委政研室主任、瓯海区委办公室副主任、景山街道办事处主任、景山街道党工委书记、瓯海区民政局局长、瓯海区总工会主席。温州市第十届政协委员，现任瓯海区政协党组成员、机关党组书记、秘书长、四级调研员。

张明春

1968年2月出生，永中街道新城村人。1990年7月毕业于杭州农校，中央党校函授学院本科毕业。历任瓯海区临江镇副镇长，海滨街道工委副书记，龙湾区民政局、审计局副局长，温州高新区科技园（蒲州街道）纪工委书记，文化局副局长，现任龙湾区文联主席。龙湾区第六、第八届党代表。获市堤塘建设三等奖、市先进工作者、省G20工作先进个人、省文联系统突出贡献先进个人。参与编写《海滨志》，主编《东瓯海潮》《大罗山》。

王剑锋

王剑锋，1968年6月出生，龙湾区永中街道新城村人。英桥王氏二十二世（四派月房）。1991年杭州大学毕业后，在瓯海区司法局、政协等处工作，后调任鹿城区双潮乡副乡长、临江镇副镇长、鹿城区档案局副局长、地方志办公室副主任。现任鹿城区档案馆馆长。系省、市民间文艺家协会会员、美术家协会会员。出版个人专著《千年临江》《四十漫笔》，主持编辑《鹿城区30周年纪事》《鹿城年鉴》等。

王晓康（女）

王晓康，1971年3月出生，永中街道城南村人。英桥王氏二十二世（大派庙上四房）。1994年7月杭州大学中文系毕业，分配到永强中学任教。1995年调至瓯海区教育局工作。1998年调至瓯海区人民政府工作。先后任区政府办公室副主任、主任，瓯海区政协副主席，瓯海区人大常委会副主任，瓯海区人民政府副区长。现任温州市医疗保障局副局长，二级调研员（正县级）。

王彩莲

王彩莲，1976年出生，永中街道城北村人。英桥王氏二十一世（五派）。1995年温州师范学院政教系毕业，曾任瓯海职业中专学校团委书记、政教处副主任、学生处主任、校党支部委员。2001年调任共青团瓯海区委副书记、党组成员，区政协常委、区少工委主任。2003年提任瓯海区团委书记、党组书记；2004年调任共青团温州市委副书记、党组成员。2005年后历任共青团市委书记，市青联主席，文成县副县长、县长、县委书记。现任永嘉县委书记。

王天聪

王天聪，1981年7月生，永兴街道沙园村人。英桥王氏二十一世（楼下派）。浙江省委党校研究生学历，工程师。曾任温州市发展改革委处长，平阳县海西镇党委副书记、镇长，平阳县腾蛟镇党委书记、一级主任科员等职务。现任温州市雁荡山风景旅游管委会副主任、党委委员。

二、教育科技法律医务界人士

本条目收录当代教育、科技、法律与医务界等专业人士共50余人简介。

王作庭

王作庭，1929年出生，永中街道衙前村人。英桥王氏二十世（楼下派）。初中、高中均就读于永嘉县立中学。是学校排球队健将，曾获浙江省级比赛冠军，后进入上海东亚体育专科学校深造。毕业后，先后在上海澄衷中学、华东师范大学担任体育教师，副教授。后调任上海市教育局专管体育工作和上海教育学院体育系任党支部书记，直至退休。

王来荆

王来荆，1930年出生，女，平阳县鳌江镇人。王理孚四孙女。英桥王氏二十世（隔泱派）。1948年秋考入上海同济大学医学院高级护士学校读书。1952年8月分配到上海同济大学医学院附属中美医院（后改为同济医院）为护士。1955年调到武汉医学院附属同济医院手术室担任护士长，兼武汉医学院卫生系统党总支副书记。1966年调入北京协和医院任护士，不久担任护士长。其夫毕增棋，北京协和医院名医、博士生导师。1972年，夫妇俩调往中国常驻联合国代表团工作，任随员医生。1974年回北京协和医院，任外宾和高干医疗科党支部书记。1980年任北京协和医院五官科党总支书记（处级）。1986年退休。1993年应聘在北京组建达仁和诊所，又继续工作十年。

王孙奂

王孙奂，1930年11月出生，平阳县鳌江镇人。王理孚次孙。英桥王氏二十世（隔泱派）。1947年10月在杭州参加革命工作，次年在上海加入中共地下党。中华人民共和国成立后，调往北京，进中国人民大学外交系国际法教研室读研究生，毕业后留校任教。1953年年底调入外交部，先后在该部干部教育司、条约法律司、钓鱼台国宾馆工作。1969年下放干校，1975年从干校抽调到中国社会科学院法学研究所国际法研究室，任助理研究员、副研究员兼法学研究所图书馆馆长，直至1989年离休。

王福明

王福明，1932年出生，永中街道新城村人。英桥王氏二十二世（大派老六房）。中华人民共和国成立初期，任新城乡第五村村主任。1951年后，历任永强区供销社、永嘉县供销社、永嘉县商业局、永嘉县供销合作联社出纳、会计、财会科长。1993年至1996年，任职于永嘉县会计师事务所，为国家注册会计师，温州市内部审计协会理事。

王鸿楷　附父亲王见珍、夫人陈滇娥

王鸿楷，1932年9月出生，永中街道新城村人。英桥王氏十九世（大派老四房七房）。曾任台湾大学建筑与城乡研究所教授兼所长，博士生导师。他从小聪明好学，尤其对古建筑有着浓厚的兴趣，经常与小伙伴攀登永昌堡古城墙，观摩大宗祠、都堂第等古建筑艺术。小学毕业后，随父母在杭州等地读初、高中，1950年随父举家迁到台湾。

1954年6月，王鸿楷从台湾成功大学建筑工程系毕业后，同年9月留学美国密歇根大学，读建筑设计硕士研究生，1958年10月毕业，获建筑设计硕士学位。毕业后，他一边就任美国

Parsons（帕森斯），Brinckerhoff（布伦克霍夫），Quade and Douglas（夸德和道格拉斯），NYC都市规划师，一边继续攻读美国哥伦比亚大学都市规划硕士研究生，于1962年10月获哥伦比亚大学都市规划硕士学位。接着继续攻读哥伦比亚大学都市规划博士研究生，于1964年5月获博士学位。1964年8月，王鸿楷回到台湾，历任台湾大学土木系副教授、教授及台湾大学建筑与城乡研究所所长。

王鸿楷重要著作和技术报告有《台北市土地发展模拟之建立》《老人住宅社区规划与设计规范研究》《高雄市土地使用管制规划》《宜兰县综合发展规划》等30多篇，为台湾省城乡的繁荣发展做出了贡献。他还多次在洛杉矶、芝加哥、休斯敦及德国等地召开的国际性城乡发展规划会议上作学术报告，受同行们的高度赞赏。最近几年，随着年龄的增长，思乡之情越来越强烈，因而，每到清明时节，王鸿楷都返回故里祭扫祖先坟茔，并访亲问友。他对故乡的巨变赞叹不已，对古建筑的损坏深表关切。

王鸿楷的父亲王见珍，通过自学，由学徒考取公务员，曾任浙江省粮食管理处瑞、珠、富等地仓库主任。

王鸿楷的夫人陈滇娥，美国纽约大学博士生，曾任美国圣路易市西格马化学公司部门经理。他们生育有一子二女，子王克翰，长女王克静，次女王克，均为美国著名大学毕业生，都在美国就业。

王孙冏

王孙冏，1932年出生，平阳县鳌江镇人。英桥王氏二十世（隔浃派）。祖父王理孚。高级工程师职称。1954年毕业于北京高级工业学校化工科，分配到北京化学试剂研究所从事化学试剂的研发、制备和标准化工作。1986年，担任全国化学标准化技术委员会化学试剂标准化分会秘书长，连任三届共十二年；同年，由化学工业部任命为化学试剂标准化技术归口单位副主任，负责组织编写《化学试剂标准化大全》，并于1995年由化学工业出版社出版发行。负责组织制定的《化学试剂标准系列》国家标准获1991年国家科学技术进步三等奖；负责组织制定的《化学试剂基准试剂系列》国家标准获国家标准总局科学技术进步二等奖；负责研究并编写的《化学试剂专业标准化体系表》获化学工业部科学技术进步二等奖。同时被评为化学工业部先进工作者。1998年退休后，在原单位任顾问工作。

王镇南

王镇南，1934年8月出生，龙湾区永中街道城南村人。英桥王氏二十二世（大派松房）。中共党员。1957年7月于温州市第一中学高中毕业后，回乡协助乡政府（当时称永嘉县永联乡）创办永联中学（今龙湾区永昌中学）。1957年9月至1986年8月，一直担任教导主任，主管教学工作。1989年2月至1992年6月，任永昌镇中学党支部书记。20世纪60年代至70年代初，当时学校为“三农”服务方面做出突出成绩，曾获得温州市及各级教育行政部门的嘉奖和肯定。

王会宗

王会宗，1935年9月出生，龙湾区永中街道新城村人。英桥王氏二十世（楼下派）。1950年1月考入温州中学，高三时加入中国共产党。1956年8月考入山东工业大学，1960年3月，由于祖国国防建设的迫切需要，提前一学期毕业，分配到国防部航天二院第二十三研究所工作。1966年至1992年先后担任研究室副主任、主任等职。评聘为研究员。1984年后兼任中国电子学会应用磁学会副主任委员。1992年任第二届国际磁性材料物理讨论会组委会副主席。是国家科委、国家教委火炬计划项目评委和第二十三研究所科技委副主任。

长期从事磁性材料及器件研究，研制成功的产品应用于各型号导弹、卫星、雷达上，研究成果荣获全国科学大会科技奖两项，国防科委科技成果二等奖、三等奖各一项；获航空航天部科技成果二等奖三项。研制的机动车燃油、节油、净化曾获国家专利。发表论文30多篇，其中3篇在国际学术会上介绍。写有34万字专著《磁性材料及应用》。1992年被航空航天部评为二院优秀科技工作者和有突出贡献专家，同年享受国务院政府特殊津贴。

王会宗研究员不仅一心为祖国的国防科学呕心沥血做贡献，而且还关心家乡建设。1984年应温州市政府邀请回乡参加温州市经济建设振兴恳谈会，后又多次回乡参加温州飞机场导航雷达的研制工作，为温州经济技术开发献计献策。特别是对温州机场的选基永强做出了抉择性的科学理论依据，为温州市的航空事业和家乡永强的经济发展做出了有益贡献。

王来屺（女）

王来屺，1935年8月出生，平阳县鳌江镇人。祖父王理孚。英桥王氏二十世（隔浃派）。1956年考入北京医学院，毕业后留校任教。1982年作为交换学者，由北京医学院公派至美国医学院，从事肿瘤生物学研究。1993年取得美国永久居住的“绿卡”。系美国国立研究院研究员，教授级高工。

王来燕

王来燕，1936年1月出生，女，平阳县鳌江镇人。祖父王理孚。英桥王氏二十世（隔浃派）。中共党员，大专学历，高级工程师。1951年参军，1952年由部队保送到北京航校学习，毕业后又到西安远东工学院进修。1955年至1983年，先后在航空部沈阳410厂、西安113厂、长春133厂担任技术员和技术室主任。1983年在长春退休。1985年至1990年在温州市科技开发公司工作；1990年以后，受聘在几家民营企业任总经理或厂长助理。从事质量管理工作30余年，是国家ISO9000质量体系管理注册审核员。其家庭1979年曾获全国“五好家庭”称号。

王则智

王则智，1936年1月出生，永中街道新城村人。英桥王氏十九世（楼下派）。1952年被保送到温州农校干部班学习，1954年并入浙江省黄岩农校，毕业后去青海省农林科学院植物保护研究所从事马铃薯、小麦病虫害预测工作。1960年9月再次保送北京农业大学植物生理与植物化学专业学习，1962年，加入中国共产党。1965年毕业留校，历任学生科科长、学生工作处处长、党委学生工作部部长，北京市高校毕业生分配就业研究会常务理事等职。

王则智国务院政府特殊津贴证书

由于长期从事学生工作，评聘为高等教育管理研究员。1987年率先组织、主持设计、研制开发了《高校学生管理系统》计算机软件，经部级鉴定，达到当时国内领先水平，使学生管理工作从烦琐的手工操作提高到科学化、系统化、现代化的新水平。工作之余撰写发表了4本著作、20多篇论文，对指导学生管理工作有一定意义。1993年、1994年分别被评为北京农业大学优秀党员、优秀处长。1992年开始享受国务院政府特殊津贴。1993年被评为北京市招生委员会先进个人，1994年被国家教委和北京市评为全国高等院校毕业生分配工作先进工作者。

王永达

王永达，1937年出生，永中街道城北村人。英桥王氏二十二世（派）。现任温州市华侨骨伤科医院院长，主任医师。从小随父学习少林功夫及骨伤科秘传医术。温州卫生学校毕业后，进温州医学院附属第一医院骨科进修。1980年到香港浸会医院进修，随后出国到荷兰中央医院、法国十三区医院，意大利、英国等西欧国家高级医院求经取宝17年，对中西医结合治疗内伤、外伤、骨折、脑震荡后遗症及腰椎间盘突出、风湿、关节炎等症均有相当经验。首创螺纹克氏钉结合中草药治疗老、幼股骨骨折有特效；祖传手法治疗婴儿先天性马蹄内翻足的临床矫形术疗效显著。发表学术论文多篇。事迹被《中国特色名医大辞典》收录。

王夏兰（女）

王夏兰，1937年5月出生，永中街道新城村人。英桥王氏二十世（楼下派）。温州卫生学校毕业。1955年响应祖国号召，自愿报名支援大西北，赴新疆维吾尔自治区工作。1961年加入中国共产党。历任助产士，妇产科主治医师、科主任、妇女保健副主任医师。1982年获新疆维吾尔自治区民族团结先进个人称号；1982年、1983年、1984年连续被评为库尔勒市计划生育先进工作者；1983年获全国“三八红旗手”；1984年当选为市第二届人民代表和主席团成员。1983年当选为州妇联第五届委员会执行委员。1985年调任库尔勒市卫生局局长、市妇幼保健站站长。1986年当选为市政协常委。1987年获卫生部“全国卫生文明建设先进工作者”称号。1989年再度荣获市、自治区、全国“三八红旗手”光荣称号。1990年被评为巴州文明妇幼站站长。

王公权

王公权，1937年7月出生，永中街道新城村人。英桥王氏十九世（楼下派）。1962年毕业于长春地质学院地质仪器设计与制造系，分配到地矿部上海地质仪器厂。曾设计过整流电源与浮式自动电源，成为上海市名牌产品。1968年底参加上海市委组织的英文档案清档与翻译一年，1969年响应党和国家的号召内迁到四川，组建重庆地质仪器厂，负责技术情报与产品设计工作，并主编厂刊《物探与仪器》。1984年调入轻工部电光原材料研究所（南京）负责大型进口仪器设备的维修，该期间使设备完好率从60%提高到90%以上，从而被评为南京市轻工业系统先进工作者。

1988年由轻工部评为研究所首批高级工程师，任自动化室主任。提出机电一体化高速灯用绕丝机设计构想，并成功制成，经部级鉴定通过，认为具有独创性，是国际领先项目，并获专利（ZL94226734.6）。该成果1995年被评为中国轻工业优秀新产品一等奖，该成果又被国家编入“八五”期间重大科技成果项目，个人被江苏省经委授予优秀设计员，后该项目成果和个人又获联合国TIPS“发明创新科技之星奖”。1992年7月因联合国项目需要，去美国康州大学做访问学者三个月。1993年在国内首先提出采用激光相关光谱法进行纳米细粒度测量的技术，得到有关专家好评与认可，并获得国家科研拨款。有论文十多篇。

王德福　附夫人陈爱珍

王德福，1937年出生，海滨街道沙中村人。英桥王氏二十世（隔浃派）。1959年大专班毕业，由学校推荐，分配到浙江省化工研究所科技情报研究室工作，负责有机化工和农药合成的情报调研任务，编辑《浙江化工技术报道》（“文化大革命”后改为《浙江化工》）。职称工程师。历任情报研究室主任助理、代理研究室主任。曾应邀参加在扬州由化工部组织的全国农药发展五年规划的编制工作；多次参加省石化厅组织的全省化工产品生产调查和省化工发展规划的制订；参与由省石化厅组织的“浙江省石化产品技术交易会”；参与编写《浙江化工产品手册》（上、下两册），获化工部“情报研究三等奖”；参与编写出版《浙江省化工产品指南》，获化工部“优秀情报信息成果三等奖”和浙江省科委“科技情报成果二等奖”。1997年退休，定居杭州。

夫人陈爱珍，1937年9月出生，自1964年从浙江大学化学系毕业分配到浙江省化工研究所，一直从事农药研究工作。先后参与过甲基对硫磷、倍硫磷、井冈霉素可溶性粉剂、丁草胺一二甲四氯颗粒剂的研制，项目分别获全国科学大会奖、化工部科技进步奖。单独研制的卫生杀虫剂——“广效灵”，成果转让给福建安溪和浙江余姚的有关企业投产生产。

王璋

王璋，1937年9月出生，永中街道城北村人。英桥王氏二十一世（六派）。中学高级教师，曙光综合高级中学校长，浙江省职成教协会副会长。1984年，创建温州市第一所民办职业高中——温州瓯海曙光高级职业中学。办学二十余年，把当时只有42名学生，无教室、无设备、无师资、无资金、无场地的“五无”学校发展成为6个专业、25个班级、118名教职工、3800余万元固定资产的综合高中，成为省重点职业中学、省重点综合高中、省示范性学校、省优秀民办学校。先后被评为市先进教育工作者、省十佳校长、温州市改革开放风云人物、全国职教改革开放风云人物。2008年12月，被评为改革开放30周年龙湾区十大杰出人物。

曾担任中国教育学会理事、中国教育协会理事、中国西部发展教育顾问、南方职教研究会理事、浙江省职教研究会理事、浙江省民办学校协会常务理事、温州市教育学会和职教研究会常务理事。

王芸芸（女）

王芸芸，1937年出生，沙城街道七三村人，英桥王氏二十世（大派竹房）。中共党员，主管护师。1957年毕业于温州卫生学校，同年分配到泰顺县人民医院工作。1961年曾在浙江省卫生干校营养班进修，1980年获护师职称。1981年在浙江省护理部主任讲习班进修，1982年获浙江省先进护士称号。曾任泰顺县人民医院总护士长。1987年调温州市肿瘤医院工作，晋升为主管护师。1992年退休。泰顺县首届政协委员。

丁元清

丁元清，1938年3月出生，永中街道城北村人。中共党员。1961年于山东工学院铸造工艺及设备制造专业毕业，分配到山东济南试验机厂从事铸造技术研究工作。1966年和科研单位合作，于国内率先在冲天炉熔炼条件下利用稀土元素试制成功稀土墨铸铁的新型铸铁材料。1968年推广稀土镁球化剂制取球墨铸铁新工艺，攻克我国多年来未曾解决的技术难关。1981年获山东省科研成果一等奖，中国机械工业部科研成果二等奖；1983年获山东省稀土应用推广个人先进奖。1982年至1987年多次获市、省、部全面质量管理成果奖。在山东20多年，结合科研生产，先后撰写了《稀土蠕墨铸铁在试验机和机床铸件中的应用》等六篇科研论文，同时和他人合著12万多字的《冲天炉和铸铁》一书。1985年应聘回温州渔业机械厂继续从事铸造技术研究，总结出应用孕育铸铁提高402型平台印刷机身硬度的材料，获温州市优秀QC成果一等奖，当年被评定为高级工程师，并被推荐为市第五届政协委员。

王筱兰（女）

王筱兰，1938年7月出生，永中街道新城村人。英桥王氏二十三世（大派松房）。1957年7月于永嘉县立勤俭中学毕业，同年9月在永昌小学任教。1958年9月奉调任温州广播站编辑。由于勤奋自学，要求上进，1960年9月保送杭州大学英语系学习，1963年7月毕业分配到中国人民银行温州分行工作，历任市人行分行副科长、科长，中国银行温州分行副行长，党组副书记。评聘为高级经济师。曾当选为中共温州第五、六届市委候补委员，温州市金融学会副会长，上海国际金融学会理事。在《浙江金融》上发表过《推进金融改革，适应新的形势——浅谈中国银行之改革》等论文。

王会恩

王会恩，1938年10月出生，永中街道新城村人。英桥王氏二十世（楼下派）。中共党员。从教四十年，甘当孺子牛，辛勤耕耘，从不怠倦。历任灵昆小学校长、永昌中学校长、书记。退休后，热心公益事业，积极参加永昌堡文化研究、资料搜集整理工作。

王莲莲（女）

王莲莲，女，1939年11月出生，永中街道新城村人。英桥王氏二十二世（大派池头大房）。1961年高中毕业后，历任沙前小学、永昌小学、上江小学、巽山小学教师，后调任温州市城南辅导区副校长，市聋哑学校校长兼书记。曾当选省第五届人大代表，2000年被评为“百佳文明市民”。

王爱菊（女）

王爱菊，1939年11月出生，永中街道新城村人。英桥王氏二十三世（大派松房）。1960年9月被武汉水利电子学院录取，1964年毕业后分配到宁夏回族自治区水利勘测设计院工作。1979年11月调至吉林省水利勘测设计院工作。1983年调到水利部松辽水利委员会工作。高级工程师。1999年退休。

王孙力

王孙力，1939年11月出生，平阳县鳌江镇人。祖父王理孚。英桥王氏二十世（隔浃派）。1962哈尔滨工业大学本科毕业，1966年哈尔滨工业大学研究生毕业。1968年在内蒙古半导体厂工作，1981年调入内蒙古计算中心工作，1987年被评为副研究员。1988年调到中国工商银行石家庄市支行工作，1998年退休。1978年当选为全国科学大会代表、第五届内蒙古人大代表、第五届全国人大代表。

王锦云

王锦云，1940年11月出生，永中街道新城村人。英桥王氏二十二世（大派底三房）。1960年考入上海复旦大学数学系，1965年毕业后分配到大庆油田研究院流体力学室工作，1976年调至华北油田研究院继续从事开发研究工作。1987年获高级工程师职称。1993年接受新任务去新疆塔里木油田参加会战，直至1999年退休。2000年2月起在北京石油大学众博达石油科技有限公司发挥余热。

由于长期在油田从事油藏、气藏工程，稳定与不稳定试井，油藏数值模拟等研究工作，积累了丰富经验，论文《最优控制论在不稳定试井中的应用》，获河北省科技进步三等奖。在新疆工作期间，以第一编写人编制的《塔里木油田塔中4开发方案》，获石油部科技进步三等奖，“塔中4油田CI油组注气方案”是国家“九五”攻关课题。退休后工作显著，被公司评为“有杰出贡献的科研工作者”。在学术活动中，曾担任河北省计算机数学学会理事、河北省模糊数学学会理事，河北省石油学会会员、中国数理统计学会会员。发表论文30余篇。

王国仁

王国仁，1940年12月出生，永中街道新城村人。英桥王氏二十二世（大派底三房）。1965年毕业于北京工业学院（现北京理工大学）军用光学仪器专业，分配到云南军工企业（云南光学仪器厂）工作，任主任设计师。参加并主持导弹东风系列瞄准系统设备和中国第一代彩电变焦镜头等重大项目的研制工作，取得实用成果，装备部队。1974年调入温州机械工业学校（现温州职业技术学院）任高级讲师、副教授，省职称评审委员会委员。主持组建温州地区唯一的公差实验室，满足温州各大专院校的实验教学要求。2001年1月退休。

王振成

王振成，1941年2月出生，永中街道新城村人。英桥王氏二十二世（大派底三房）。1964年杭州大学中文系毕业后，从事高中语文教学工作。中学高级教师。曾兼任瓯海县政协副主席，瓯海区人大常委会副主任。温州市第九届人大代表。退休后曾参与《龙湾区志》编写工作。曾任永昌堡文化研究会副会长、会长。

王步云

王步云，1942年4月出生于瑞安县（市）枫岭乡西龙村，为“王爨薪堂”骨伤科世家第八代传人，系英桥王氏二十四世（六派，瑞安陶山王氏）。现任温州市浙南骨伤研究所、温州龙湾华侨骨伤医院董事长，世界中医骨伤科联合会会员。1998年9月入编《跨世纪中华城乡名医大典》。

1998年春返回城北村，创办温州市浙南骨伤科研究所、温州龙湾华侨骨伤医院。治疗骨伤疑难病症，取得良好效果。

王则柯

王则柯，1942年出生，温州市鹿城区上田村人。英桥王氏十九世（楼下派贤望房）。父王季思，著名文学史家、戏曲史学者。

北京大学数学力学系毕业。现为中山大学岭南学院国际商务系教授、数学专业博士生导师。在博弈论、微观经济学、信息经济学以及在金融工程与管理的应用上，都有出色的成就。已出版专著（包括与人合作）有《数学园地的盆栽艺术——代方程的攀藤算法》《单纯不动点算法基础》《不动点算法》《混沌与均衡纵横谈》《拓扑理论及其应用》等10余本，发表论文60余篇。在学术研究之余，出版随笔、散文多部，有《童心的发现》（三联书店，1996年），《排队的文明》，《自由的烦恼》（两书均由社会科学文献出版社2001年出版），《解释的困惑》（中信出版社，2003年），《岭南笔记》（福建人民出版社，2001年），《我的学生时代》（北方文艺出版社，2019年）。

王贞贞

王贞贞，1944年10月出生，永中街道新城村人。英桥王氏二十二世（四派）。1968年于南京药学院（现中国药科大学）本科毕业。1968年至1971年被下放农村接受贫下中农“再教育”。1971年分配到福建省松溪医院从事专业工作。1987年调回温州市，在中西医结合医院工作。评聘为副主任药师，并加入中国共产党。1992年退休返聘在台州康宁制药有限公司发挥余热。工作30多年，从事药学研究，撰写过有关论文8篇，曾在《中华血液学》《中国医院药学》杂志上发表。回温后曾任市医院中级职称考评药剂组组长。

王孙佳

王孙佳，1944年11月出生，平阳县鳌江镇人。祖父王理孚。英桥王氏二十世（隔泱派）。1967年8月，毕业于天津南开大学化学系。1968年10月至1984年7月，任黑龙江教师进修学院化学教研室教师、黑龙江绥化师专化学系主任、讲师。1984年8月至1987年2月，调任石家庄河北教育学院化学系主任、讲师。1987年3月至2004年12月在石家庄河北医科大学医化教研室任主任、教授。2005年1月退休，同年10月受聘石家庄医学高等科技学院任顾问，为技术带头人。1994年《电位法测定多元酸解离常数计算方法的改进及程序》，获河北省教委科技进步三等奖。2002年6月《有机机构和立体化学》多媒体教学课件，获河北省教育技术成果三等奖、河北省医学会2002年度教育技术成果一等奖、河北医科大学2002年度教育成果二等奖。荣获2004年度校级优秀共产党员、2005年度校级优秀教师及校级优秀教学管理人员的称号。

负责编辑的教科书有：《医用化学》（专科教材，1994年）、《医用化学·基础化学》（上册，本科教材，1997年）、《医用化学·有机化学》（下册，本科教材，2000年）。并在省级、国家级学术期刊及国际专业性学术会议上发表学术论文30余篇。

王孙佳还是田径国家级裁判、排球国家一级裁判、健美操国家一级指导员，曾多次担任国际、国内大型田径、排球等比赛的裁判工作。

王治平

王治平，1945年12月出生，永中街道新城村人。英桥王氏十九世（楼下派贤望房）。1967年毕业于浙江大学机械系。曾在兰州电力修造厂、温州冶金机械厂，从事热处理工艺、热处理设备、滑动水口和冶金设备备件的设计。教授级高级工程师。曾获1991年度上海市科技进步二等奖、1992年度浙江省科技进步一等奖。起草两个部颁标准，有六篇论文在国内杂志或学术年会上发表。1996年获浙江省科技进步重大贡献个人二等奖；并被温州市人民政府评定为第三轮专业技术拔尖人才。享受国务院政府特殊津贴。

王孙禹

王孙禹，1946年12月出生，平阳县鳌江镇人。祖父王理孚。英桥王氏二十世（隔浃派）。1960年9月至1966年7月，就读于清华大学附中。1968年12月至1972年5月，在山西省太谷县插队劳动。1972年5月至1978年2月，在北京市医疗器械厂为工人。1978年2月考入清华大学机电工程系学习；毕业后留校任教，历任助教、讲师、副教授、教授（博士生导师），清华大学党委委员、清华大学人文社会科学院党委书记，教育部国家教育发展研究中心兼职研究员、清华大学教育研究会副理事长、中国高等工程教育研究会副会长、美国教育协会ASEE会员。

1988年、2001年、2005年分别获中国高等教育学会优秀成果二等奖、特别奖、一等奖。1999年、2002年分别获全国和北京市教育科学研究优秀成果一等奖。1998年、2000年分别获北京市哲学社会科学优秀成果一等奖、二等奖。2002年获国务院政府特殊津贴及证书。专著有《工程教育与国际竞争力》（清华大学出版社2003年出版）；译著有《理解与管理公共组织》《非营利性组织人力资源管理》（均由清华大学出版社2002年出版）。

王忠阁

王忠阁，1947年2月出生，永中街道新城村人。英桥王氏二十三世（大派松房）。1965年12月应征入伍，在北海舰队服役，并加入中国共产党。六年后转业，分配到温州地区农科所工作。1974年9月至1977年7月，在浙江农业大学学习，毕业后继续在温州市农科院工作。高级农艺师。20余年从事水稻育种工作，把传统育种方法和组织培养细胞筛选有效结合起来，育成新品种（系）6个，在生产中推广应用。1984年获浙江省优秀科技成果三等奖。

王孙威

王孙威，1948年出生，平阳县鳌江镇人。祖父王理孚。英桥王氏二十世（隔浃派）。1968年在北京十五中毕业，到延安插队务农。1984年在北京市总工会职工大学经济管理系学习，1987年分配到北京修建一公司工作，任工会副主席。1991年调入《北京房地产》杂志社，任美术总编、广告发行部主任。1993年调到北京市东城区规划局，任“东日广告公司”总经理。1997年任东城区规委办信息科科长。2001年任北京市规划委东城分局信息中心主任科员。编辑出版《北京市房管局40年》《东城眺望》《东城文物建筑》等画册。

王桂萼（女）

王桂萼，1949年7月出生，永中街道新城村人。英桥王氏二十一世（四派）。1973年杭州大学毕业后，历任中国农业银行永强营业所、瓯海支行营业部、城区分理处、梧田营业所会计、主办会计、副主任。中共党员。职称会计师。1998年担任支行工会主席和温州市支行工会女工委员。1987年以来曾当选为瓯海区妇联第一、二届执委，瓯海区政协第三、四、五届委员。温州市第八届人大代表。

王月妹（女）

王月妹，1952年出生，永中街道新城村人。英桥王氏二十世（大派老四房七房）。毕业于乐清师范学校。历任小学教导主任、校长，教科室主任及瓯海区小学语文教研会理事。1989年被评为全国优秀教师。并多次被评为区、市级优秀共产党员、为人师表优秀教师。曾当选为瓯海区党代会代表、人大代表、工会代表和妇代会代表。曾主持3个省级教研项目及8个市级课题，获得优秀教研成果，数篇论文获全国、省、市奖。

王平

王平，又名王孙平，1952年11月生，平阳县鳌江镇人。祖父王理孚。英桥王氏二十世（隔浃派）。1968年插队。1974年返城，先后从事过文秘、建筑工作。1979年考入南京师范大学，1983年毕业后留校任教。1998年获澳大利亚麦考瑞大学经济学硕士。现任南京师范大学商学院教授、企业管理硕士生导师，工商管理系副主任。主要从事人力资源管理、企业文化、市场策划等领域的教学与研究工作。曾参与国家自然科学基金科研项目及主持多项省级科研项目和课题，参与大量企事业单位的管理咨询、人才测评、市场策划项目。发表论文十余篇，著作多部。

王素娟（女）

王素娟，1956年11月生，永中街道新城村人。英桥王氏二十三世（大派底三房）。浙江教育学院毕业。永中中学任教，历任教务处副主任、校工会主席、校党支部委员、副校长。1996年获温州市师德楷模称号，并荣获浙江省先进教师称号。2003年荣获浙江省“家庭事业兼顾”先进个人称号。多次获区级先进教师称号。教育论文曾获区、市级二、三等奖。

王倩倩（女）

王倩倩，1956年7月出生，永中街道新城村人。英桥王氏二十世（楼下派）。1973年于永强中学毕业，曾先后在红星小学、白水中学任教。过后继续深造，1978年浙江师范学院物理系毕业，分配到温州中学任教物理。职称中学高级教师。

王孙安

王孙安，1957年9月出生，平阳县鳌江镇人。祖父王理孚。英桥王氏二十世（隔浃派）。1989年毕业于西安交通大学，获博士学位；同年留校任机械电子系讲师。1992年晋升副教授，1996年破格晋升教授，1997年担任博士生导师。1997年应美国伦塞勒工学院邀请，赴美进行合作科研。1998年至2001年担任机械工程学院副院长。2000年任西安交通大学工程训练中心主任。系教育部确定的高校骨干教师、国务院批准的享受政府津贴的专家。机械工程学会高级会员，全国机械电子工程教学委员会会员。民革陕西省委常委、陕西省政协委员、陕西省政协文教卫委员会副主任。2005年获宝钢教育基金优秀教师奖。专业论文《工程训练体系的创建与实践》分别获国家和陕西省教学成果二等奖和特等奖；“电液伺服系统的智能控制研究”获国家教委科技进步甲类（理论）项目三等奖；“电液伺服系统的智能控制器”“工程训练中心的建设与改革”分别获西安交通大学科技成果一等奖和教学成果特别奖。教材有《机械电子工程》和《工程训练——工业系统的测量、驱动与控制》，分别由科学出版社和西安交通大学出版社出版发行。

王镇南

王镇南，1959年5月出生，永中街道城北村人。英桥王氏二十一世（楼下派西岸二房）。曾进首都医科大学燕京医学院学习，进修结业后曾任城北村村主任、卫生室医师和温州市康奇医学研究所所长。温州市第七届政协委员。现为永中街道社区卫生服务中心主任。根据中医理论结合现代磁学理论所承担的省级研究课题“康奇磁疗镜”对治疗青少年近视有显著效果，其研究论文被收集在中国科学院物理研究所磁学国家重点实验室论文集上，并荣获国家发明专利及日内瓦国际发明专利博览会金奖。

王靖华

王靖华，1962年11月出生，永中街道新城村人。英桥王氏二十二世（大派老四房七房）。1984年毕业于温州医学院，分配到永强区医院（今龙湾区第一人民医院）从事医务工作。历任小儿科主治医师、副主任医师、主任医师。

项军权

项军权，1962年7月出生，永中街道新城村人。中共党员。1980年考入华东政法学院，1984年毕业获学士学位。1989年被评为浙江省优秀中青年律师，1998年评聘为高级律师。近年来论文《房屋买卖见证剖析和探索》《以德治国对律师职业的影响》《环境侵害诉讼难点及相关法律问题》在《律师与法制》杂志发表；《律师代理银行抗诉申请探索》《分居立法探索》《律师提前介入阶段的职能和作用》《谈律师事务所文化建设》等文均获市级奖。

王中和

王中和，1962年7月出生，永中街道新城村人。英桥王氏二十三世（大派池头大房）。中学高级教师。先后在永强中学、永中中学任教，兼任北京当代科文教育研究院特约研究员、《初中生学习技巧》杂志顾问，获奖和发表论文10余篇。《网络与写作》获全国中学语文研究会信息技术大赛一等奖，《调动真情流露》获省中学语文研究会论文评比二等奖，《拨动情感的心弦》写作系列编入《现代中小学素质教育文萃》。

王奎杰

王奎杰，1963年12月出生，永中街道新城村人。英桥王氏二十世（大派老四房）。1984年温州师范学院毕业，先后在藤桥高中，永中镇中学任教，历任教导主任、副校长、校长、书记等职。中学高级教师。曾被评为区先进工作者，市优秀教师。曾获区优秀课一等奖，市自然科学课一等奖。《自然科学课堂教学探究性学习的研究》在省级刊物上发表；《浅谈环境教育在自然科学教学中的渗透》在市级年会上交流。

王良兴

王良兴，1963年2月出生，永兴街道小塘村人。英桥王氏二十三世（四派）。卫生部有突出贡献中青年专家，享受国务院政府特殊津贴专家。现任温州医科大学副校长，附属第一医院肺科医学中心主任。

2000年破格晋升为教授，2003年获“浙江省有突出贡献的中青年科技人才”称号，省高校中青年学科带头人重点资助对象和省“151工程”入选者。2004年评为温州市突出贡献科技人才，同时被评为温州市拔尖人才。晋升为博士生导师。作为第一导师被列入2005年全国博士研究生招生专业目录；为浙江省重点学科内科学学科负责人、学科带头人。作为科研成果的负责人，多次获省部级科技进步奖。2002年获浙江省人民政府科技进步二等奖、温州市科技进步一等奖、浙江省高校科研成果一等奖、浙江省医药卫生科技创新一等奖、南氏科技一等奖。科研成果在全国推广应用，并被编入全国高等医学院校规划教材（《内科学》第五版、第六版）。作为科研项目的负责人，承担2项国家自然科学基金课题和3项省部级课题及多项省厅级课题。

王靖高

王靖高，1964年1月出生。温州市瓯海区茶山街道人。英桥王氏二十二世（大派老四房）。1984年7月参加工作，1986年7月加入中国共产党。硕士研究生学历。历任洞头县人民法院院长、党组书记，温州市中级人民法院审判委员会委员、研究室主任，温州市环境保护局副局长、党组副书记，温州市人民政府法制办公室主任、党组书记兼市政府副秘书长，温州市人民政府副秘书长，市人民政府办公室主任、党组副书记。现任温州职业技术学院党委委员、书记。

王定福

王定福，温州市区人。英桥王氏后裔。现任温州大学瓯江学院党委书记、副院长。

王佳（女）

王佳，1968年12月出生。沙城街道七甲人。英桥王氏十九世（大派竹房）。1991年至1992年，就读美国佐治亚州堡垒谷大学，1992年毕业，中学教育硕士。1992年至1996年，就读于美国加利福尼亚大学洛杉矶分校（UCLA）攻读“社会研究法”。1996年获得博士学位，1998博士后学位。1998年至2006年担任UCLA太平洋沿岸研究中心办公室副主任，高级研究员。其间，兼任世界银行的统计顾问，世界卫生组织的统计分析顾问。现任UCLA美国国家评价、测试研究中心高级研究科学家和项目总监。2017年获温州肯恩大学荣誉教授称号。2019年获UCLA教育学院客座正教授。

王忠义

王忠义，1971年出生，永中街道新城村人。英桥王氏二十三世（大派西门六房）。特级注册税务师。现任温州港城税务师事务所所长。温州市第十一届政协委员，经济科技委员会委员。龙湾区第四届政协委员，无党派人士界别召集人。龙湾区第五届政协常委，科教文卫委员会委员，经济界别组召集人。浙江省知联会理事，浙江省注册税务师协会常务理事，温州市注册税务师行业联谊会会长，龙湾区新联会会长。温州市第十二届人大代表，预算审查专家。龙湾区第七届人大法工委委员。九三学社社员。曾荣获温州市第三届优秀中国特色社会主义建设者、龙湾区第四届优秀政协委员称号。

王远（女）

王远，1973年出生，平阳县鳌江镇人。曾祖王理孚。英桥王氏二十一世（隔浃派）。1994年，毕业于河北体育学院体育教育系。2001年获硕士学位。历任河北医科大学体育教研部教学秘书、第一教研室副主任、副教授、教授。中共党员。编著有《实用体育统计方法与STATA》，获全国高等教育研究优秀学术论文二等奖。此外，发表论文10余篇。

王挺（女）

王挺，1974年出生，平阳县鳌江镇人。父王孙旦。英桥王氏二十一世（隔浃派）。1997年从清华大学土木工程系毕业后，即考入清华大学研究生院，2000年获硕士学位，同年进入中国建筑设计院从事结构设计工作。2003年赴美国加州大学攻读博士学位，研究方向为钢筋混凝土结构裂缝控制。截至2005年，在国家级刊物或学术会议上发表论文5篇。

王禹

王禹，1974年5月出生，永兴街道沙园村人。英桥王氏二十一世（楼下派）。北京大学法学士、法学硕士、博士。2003年博士毕业后在澳门工作。现为中山大学粤港澳发展研究院教授、博士生导师。已出版作品20余部，代表性著作有《论恢复行使主权》《国家认同和制度建设》《“一国两制”宪法精神研究》《我国村民自治研究》及《澳门赋》《永嘉场赋并序》等。

王少波

王少波，1976年8月出生，永中街道新城村人。英桥王氏二十四世（大派底三房）。中国政法大学教授。

王琼瑶（女）

王琼瑶，1979年4月出生，永中街道新城村人。英桥王氏二十三世（大派）。温州技师学院工会副主席，高级茶艺师。1997年8月温州技师学院毕业后，留校担任班主任，从事学生管理及团委工作。2006年至2011年，在温州师范学院中文系学习，本科毕业。后返原校从事语文教学及工会工作。2015年度温州市优秀工会积极分子。2016年获浙江省教育厅“三育人”先进工作者荣誉称号。

王琼瑜（女）

王琼瑜，1980年12月出生，永中街道新城村人。英桥王氏二十三世（大派）。2000年12月入党。2003年7月，毕业于浙江师范大学英语语言文学系（本科，学士）；2008年7月，毕业于上海师范大学英语课程与教学专业（硕士研究生）。现任温州职业技术学院公共教学部英语教师，大学讲师职称。曾刊发论文数篇，编写教材两本、主持横向课题四项。

王茅

王茅，1990年4月出生，永中街道新城村人。父王大敏。英桥王氏二十三世（大派）。2013年7月，毕业于河北建筑工程学院（本科，学士）。2018年12月，毕业于英国斯旺西大学（硕士研究生）。现任浙江慧远工程数据技术有限公司（杭州）项目经理。

三、文艺体育界人士

中国文学艺术联合会暨下属各协会会员（含老艺术家）名录。

王会绍

王会绍，笔名艾田，1933年3月出生，永中街道新城村人。英桥王氏二十世（楼下派）。1952年考入北京大学中文系，自择新闻专业。毕业时自愿投身西北建设，1957年分配到甘肃日报社编辑部从事编辑、记者工作。历任经济部主任、编委、高级编辑和甘肃省文史研究馆馆员。

终身从事新闻工作，写有新闻、通讯、调查报告、评论、杂文、随笔、散文、诗歌等千余篇。新闻作品被当代中国记者丛书甘肃分册《祁连异彩》《阳关新曲》《陇原腾飞》所编录；也为《大潮奔涌》《播种希望》等通讯集收录。编著或合作编著有《蒙古族语》《谚海浪花》《甘肃风物志》《傅玄阴铿诗注》《民族风情》《丝路春讯》《丝绸寻梦》等书。业余爱好集邮，任中华全国集邮联合会学术委员会委员，编著的《民俗风情——邮票上的百科知识》，获第六届亚洲国际邮展银质奖。合作编著的《陇原邮华》获全国邮展奖。合作编著的《甘肃新县志便览》《我爱中华　我爱甘肃》均获甘肃省社会科学奖。

王学钊

王学钊，1936年出生，温州瓯海区茶山街道人，英桥王氏二十二世（大派西垟二房）。曾任瓯海区政协委员，浙江省农民书画研究会理事，瓯海区美术家协会主席。荣获“瓯海区十大民间艺人——农民书画家”“浙江省民间文化人才”等称号。创作和结集的著作有《王学钊书画作品集》《泉山砚语》《梅泉随话》《画梅新悟》《香山杂语》，参与编写《大罗山志》等。2000年9月，在温州市工人文化宫举办有史以来第一次农民画家个人作品展。81岁时，将创作的300件书画精品捐赠给瓯海区博物馆。

王珠润

王珠润，1942年出生，永中街道新城村人。英桥王氏二十世（楼下派）。1964年毕业于中国美术学院附中，师从潘天寿、诸乐三、马玉如、娄绍炎诸前辈。任职永昌中学美术教师直至退休。浙江省美术教研会会员，龙湾区美术家协会顾问。为永嘉场美术教育和艺术创作的领路人和铺路石。长期坚持中国画和钢笔画创作，作品曾获全国第五届钢笔画展优秀奖。由中国美术学院出版社出版著作有《王珠润绘画作品选》《王珠润绘画作品选·钢笔画》《青兰集·王珠润师生作品集》。温州市文化馆曾举办“笔绘珠堡，墨润罗山”王珠润画展。

王靖岳

王靖岳，1949年出生，永中街道衙前村人。英桥王氏二十二世（楼下派）。“永昌堡王家拳”非物质文化遗产传承人，著名武术家。十一岁跟随祖父王焕龙苦练“永昌堡王家拳”。1968年开始，被永嘉场及温州地区其他各县聘为拳坛老师。20世纪70年代末，拜无极门一代宗师上海纪晋山大师为师，学习“八形八式八卦掌”、武穆遗拳“岳家四把”。并担任纪晋山创办的“中华民强国术社”副社长，协助纪大师向学员传授“永昌堡王家拳”。在师门九年，深得纪大师真传。1987年返温，历任瓯海县武协副主席、中华无极门功夫研究会副会长兼温州分会会长、龙湾区武协主席、王靖岳武术馆馆长等职。为中国第一批传统武术特级教练，传统武术一级综合裁判。多次获得全国和国际性武术比赛金牌。著有《无极八卦掌》（人民体育出版社2004年出版发行）。

王会岳

王会岳，1949年9月出生，永兴街道康三村人。英桥王氏二十世（楼下派）。中共党员。北京人文函授大学毕业（大专）。小学高级教师。曾任永兴小学教导主任、永兴镇教办教学负责人、永中学区工会主席、永兴乡首届人大代表。现为龙湾区党史学会、历史学会、民间信仰文化研究会会员，永昌堡文化研究会副会长。曾多次被评为区、乡镇级先进工作者。著有散文集《云山逸鹤》，参与编撰《温州市非物质文化遗产普查成果汇编》（永兴卷）、《下垟街》、《罗山书院纪事》等书籍。

王一平

王一平，1949年10月出生，永中街道新城村人。英桥王氏二十二世（大派松房）。供职永强供电公司。中华诗词学会会员，中国楹联学会对联文化研究员，浙江省诗词与楹联学会理事，温州市龙湾区诗词楹联学会会长。永电文联名誉主席，永昌堡文化研究会会长。著有《蛙鸣集》。担任《古堡深处》《龙湾雅韵》《瓯飞挹韵》《诗韵海滨》《古镇永中》《翰墨琴韵》《罗峰诗音》等书主编。作品散见于《中华诗词》《诗词月刊》《浙江诗联》等刊物，并被收录于《当代律诗钞》《中华诗词大辞典》《中国百诗百联大赛作品集》等书。诗词作品10多次在全国各级诗词大赛中得奖。曾获“迎新春讲礼仪促和谐”温州市征联赛一等奖，“五水共治”全市诗词大赛一等奖，中国“诗之岛”全国诗词大赛三等奖，中华诗词学会举办的最权威的第八届“华夏诗词奖”三等奖。荣获龙湾区委、区政府颁发的第三届文学艺术最高奖“瓯江潮奖”。

王胜明

王胜明，又名王会进，1952年出生，永兴街道沙园村人。英桥王氏二十世。摄影技能高级职称。中国摄影家协会会员。曾任龙湾区摄影家协会副主席（第二届）。现任龙湾区摄影家协会顾问。作品《牧羊》获香港中华摄影学会第四十届国际摄影“银章”奖，入选香港大众摄影第二十七届影展；作品《牧归》入选英国第五十七届南希尔德国际影展；作品《收获》入选美国纽约摄影学会第二十五届国际影展。在各类报纸杂志上发表作品上百幅（次）。

王学元

王学元，笔名晨墨，号晨墨斋主人。1958年10月出生，永兴街道小塘村人。英桥王氏二十二世（四派）。中国书法家协会会员，中国教育学会书法教育专业委员会委员，浙江省书法教育研究会理事，温州市书法家协会理事兼教育委员会副主任，温州书画院特聘书法家，龙湾区书法家协会副主席兼教育委员会主任。小学特级教师。曾多次担任温州市教育局教师招聘考核专家和省市“教坛新秀”评选评委、区教师职称评审专家、市青少年书法比赛评委，全国书法教育先进工作者，全国书法教师现场上课大比武二等奖等荣誉称号。书法作品曾50余次入展全国及省市主办的重大展览。著作有《温州百家百集——王学元》书法集。

王靖华

王靖华，1963年12月出生，永兴街道莩芳村人。英桥王氏二十二世（楼下派）。中国摄影家协会会员、浙江省摄影家协会会员、温州市摄影家协会会员、龙湾区摄影家协会理事。中国民主建国会会员。作品《幽静》获中国摄影家协会举办的2014年“田园松阳杯”全国摄影大展佳作奖；作品《神奇》获大众摄影“相约中国廊桥之乡”全国摄影大展铜制收藏章；作品《群鹭鸶崖》入选《美丽浙江》画册；专题作品《乡村电影》参展首届温州市艺术摄影展。

王友新

王友新，1963年出生，海滨街道北新村人。英桥王氏二十二世（五派）。浙江省老年书画研究会龙湾分会秘书长、浙江省民间文艺家协会会员、温州市民间文艺家协会副秘书长、温州市政协书画院院士、温州市建筑文化研究会会员、温州市龙湾区民间文艺家协会主席。

王昕

王昕，1967年1月出生，永中街道城南村人。英桥王氏二十二世（大派庙上四房）。现为中国书法家协会会员、浙江省书法家协会教育委员会委员、温州市书法家协会副秘书长兼教育委员会副主任、龙湾区书法家协会副主席、温州市美术家协会会员。2007年，获评“浙江省青年书法二十家”之一，第七届温州市人民政府文学艺术创作“银鹿奖”，温州市首批优秀文艺人才，并被聘为温州市侨联文化大使（书画）、龙湾区慈善总会文化慈善大使、浙江财经大学“学涯”书法社团外聘指导师。书法作品曾获第五届全国楹联书法大展二等奖、第四届浙江省书法大展铜奖、第三届浙江省中青年书法篆刻展金奖。获评浙江省第一、二、三届中小学生“兰亭奖”书法大赛优秀指导师。曾出版《温州书法百人百集——王昕卷》《王昕楷书二体》《法度精微——褚遂良〈雁塔圣教序〉结构解读》。《书法导报》《温州都市报》《温州晚报》《今日龙湾》曾做专题报道。

王乐天

王乐天，1969年出生，永中街道新城村人。英桥王氏二十三世（大派松房）。供职于中国银行温州市分行。现为中国金融作家协会会员，浙江省作家协会会员，浙江省散文学会会员，温州市作家协会会员，温州市民间文艺家协会会员。曾获中国金融文学散文奖、全国散文奖。出版

《乐天笔记》《乐天新曲》二部散文集。

王勤福

王勤福，1970年出生，龙湾区永兴街道萼芳村人。英桥王氏二十四世（大派底三房）。中华诗词学会会员、浙江省作家协会会员、浙江省散文学会会员、温州市作家协会理事、温州市音乐家协会会员、龙湾区作家协会主席、永昌堡文化研究会副会长兼秘书长。主编《龙湾老行当》《龙湾老街巷》《龙湾老地方》《东瓯海潮》等十几种书籍；参编《永嘉场丛书》等二十几种书籍和杂志。著有《民间姿态》《民间丰韵》等。《锦绣萼芳》获温州市首届村歌大赛创作金奖。曾获政协龙湾区第四届优秀委员、温州市首届民间优秀文艺人才称号。

王剑武

王剑武，男，1974年出生，永中街道新城村人。文学博士。现为中国美术学院教授、博士生导师，浙江省美术家协会连环画插图装帧艺术委员会副主任，浙江省美术家协会会员，中国美术家协会会员。

2004年作品《太空漫步》获“第十一届浙江省美术作品展”铜奖，并入选“第十届全国美展”，作品收藏于浙江美术馆。2009年作品《节日歌声》获“第十二届浙江省美术作品展”优秀奖，并入选“第十一届全国美展”。2015年作品《放歌青藏高原》参加中国美术家协会“水墨彭城·全国写意中国画作品展”，并获优秀作品奖。2016年参与中华文明历史题材美术创作工程《黄巾起义》（国家级），作品收藏于中国国家博物馆。2019年主持文化和旅游部国家主题性美术创作工程《乌兰牧骑》，作品于次年收藏于中国美术馆。2020年，作品《2020快递小哥记》参加“以美脱贫——中国美术馆脱贫攻坚美术作品展”。2021年完成“红船颂”庆祝中国共产党成立100周年全国美术精品创作工程委托创作暨作品——《澳门回归祖国》。2021年完成“红船颂”庆祝中国共产党成立100周年全国美术精品创作工程委托创作暨作品——《西湖峰语》。2021年完成作品《建设清廉浙江》暨“百年追梦”浙江美术创作精品工程（四期）。

王新雨

王新雨，1975年出生，永中街道城南村人。英桥王氏二十世（楼下派贤望房）。中国书法家协会会员。曾任温州市书法家协会文史与学术委员会主任，温州博物馆馆长。温州市第十届政协委员。现为上海韩天衡美术馆书记、副研究员，中国博物馆协会理事、陈列艺术委员会副主任，上海工艺美术职业学院客座教授。

王艺娴（女）

王艺娴，永中街道城南村人。英桥王氏二十三世（大派庙上四房）。浙江省书法家协会会员兼教育委员会委员，温州市书法家协会会员，温州市女书法家协会会员。作品曾获第四届浙江省大学生规范汉字书写大赛一等奖。入展浙江省第六届中青年书法作品展。2017年在浙江省中小学教师书法比赛中获书法一等奖。作品被温州市教育教学研究院收藏。

王斌

王斌，1977年7月出生，永中街道新城村人。英桥王氏二十四世（大派松房）。小学高级教师。浙江省书法家协会会员，温州市美术家协会会员，龙湾区美术家协会副秘书长，龙湾区书法家协会副主席。曾任龙湾区永昌第三小学校长、书记，龙湾区第二小学教育集团副校长。现任龙湾区状元第二小学校长、书记。

王洁炜（女）

王洁炜，1986年1月出生，永兴街道沙园村人。英桥王氏二十三世（楼下派）。浙江省书法家协会会员、温州市书法家协会会员、温州市女书法家协会理事、温州市书法家协会篆刻委员会委员、龙湾区女书法家协会秘书长。作品曾入选全浙展，浙江省首届女书家篆刻展，浙江省第四届青年书法选拔赛展，第二、三届浙江省书法村联展，浙江省女书法家百家精品展，温州市80、90书法精英展，《惊鸿清影》获温州女书法家优秀作品奖。

四、工商经贸界人士

本条目收录当代工商经贸界人士20余人简介。

王会钦

王会钦，1949年10月出生。永中街道衙前村人，英桥王氏二十世（楼下派）。现为福鼎永强合成革有限公司董事长，福建永强合成革有限公司董事长，福建省永强无纺布有限公司董事长。

王会钦木匠出身，1992年自办电器厂，1996年创办温州永上合成革有限公司，任总厂厂长。2005年在福建创办福建省福鼎永强合成革有限公司，任董事长。2010年再创办福建永强合成革有限公司，任董事长。2020年又创办福建省永强无纺布有限公司，任董事长。三家企业均为独资民营企业，无贷款运作，经营效益良好。

在当前皮革市场日益激烈的竞争形势下，他带领三家公司，坚持改革开放，克坚攻难，保持企业长期稳定健康发展，成为年产值3亿元，纳税500万元的中型企业。福鼎永强合成革有限公司三次被福鼎市政府授予“功勋企业”称号；福建永强合成革有限公司连续10年被尤溪县政府授予“纳税大户”称号。

王会钦还热心于公益事业。为龙湾区坦头村大罗山步行道建设捐资118万元，为地方公益捐资20万元，为《永昌堡志》出版资助28万元等。王会钦是一位具有爱心的企业家。

王迪

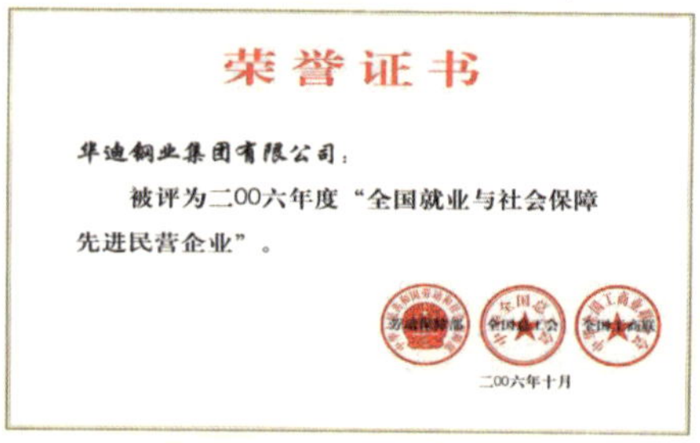
荣誉证书

华迪钢业集团有限公司：

被评为二OO六年度“全国就业与社会保障先进民营企业”。

二OO六年十月

王迪获全国钢铁工业劳动模范证书

王迪，又名王会银。1945年出生，永中街道衙前村人。英桥王氏二十世（楼下派）。浙江华迪钢业集团有限公司董事长、总裁、党支部书记。高级经济师，高级经营师。历任村党支部书记、永中街道人大主席团成员、龙湾区不锈钢商会会长、中国特钢协会不锈钢分会副会长、浙江省冶金行业协会钢管委员会主任、温州市不锈钢行业协会会长、温州市第十次党代会代表、龙湾区第二、三届政协常委、龙湾区工商联副会长、龙湾区慈善总会副会长、龙湾区企业联合会企业家协会副会长。

1992年开始自筹资金创建浙江华迪钢管厂，当时年产量不足1000吨，只生产半成品。经过1995年、1997年、1998年的三期技改工程，扩大生产规模，年产量达1万吨，年产值超1.8亿元，上缴国家税收500多万元，成为瓯海区“纳税大户”，行业龙头企业，温州市“三星级”企业。公司产品远销东南亚及世界近20个国家。2001年，取得自营进出口权，创汇50多万美元。2001年，进入世界不锈钢制品制造业500强并排名中国入选企业第一名。2003年起，无缝钢管产量连续多年全国排名第一。

2006年，成为龙湾区首家年产值超10亿元企业。成为中国民营企业500强之一。2007年，被龙湾区评为“功勋企业”。个人获浙江省乡镇企业创业功臣、温州市劳动模范、温州市十大优秀经理（厂长）、温州市优秀社会主义事业建设者、温州市“功勋企业家”等光荣称号。2008年12月，被评为龙湾区改革开放30周年十大风云人物。2009年3月，被中华人民共和国人力资源和社会保障部授予“全国钢铁工业劳动模范”荣誉称号。

王小伦

王小伦，1957年出生，永中街道新城村人。英桥王氏二十世（楼下派）。1996年毕业于浙江大学。工程师、医药工程研究员。鹿城区第五届政协委员，鹿城区第六届人大代表。

曾在瓯海矿山机电厂工作，挂靠瓯海阀门机电厂专业生产德式球阀。后自筹资金创办温州制药设备厂（任厂长）、温州小伦包衣技术有限公司（任董事长），澳大利亚中尔达伦国际投资集团有限公司（任董事长）、深圳中联大药房有限公司（任董事长）、上海上上不锈钢管有限公司（任副董事长）、浙江小伦制药机械有限公司（任董事长）。中国制药装备行业协会理事、全国制药装备评审专家委员会委员、浙江省制药装备行业协会常务理事、温州市专利权人协会副会长、温州市机械工业联合会理事、温州市鹿城区机械工业协会副会长。个人拥有30项国家专利。1995年荣获中国专利成就展银奖。多年获鹿城区科技进步一等奖和温州市暨浙江省优秀新产品奖，科技进步二、三等奖。1997年被评为省首届优秀发明企业家和市优秀青年专业人才。2000年、2001年又被鹿城区、温州市分别评为专业技术拔尖人才。2002年荣获鹿城区劳动模范称号及第七届吴阶平医学研究奖、保罗·杨森药学研究奖。

创办的温州市制药设备厂现为浙江省高新技术企业，“三型”骨干企业，浙江省专利示范企业，温州市信用优良企业、温州市“纳税大户”、温州市A级纳税信誉企业、鹿城区明星企业；是浙江省重大高新技术产业化项目实施单位，是国家火炬计划项目承担单位，又是国家星火计划项目承担单位。生产的高效包衣机和多向运动混合机获“国家级重点新产品”“制药机械替代进口产品”等称号。产品出口美国、日本、加拿大、韩国、新加坡、俄罗斯、缅甸、埃塞俄比亚、塞浦路斯等国家和地区。

王成东

王成东，又名王会东，1951年出生，温州市龙湾区永昌堡人，英桥王氏二十世（四派）。毕业于武汉大学机械工程系，教授级高级工程师职称，是温州市第五轮技术拔尖人才，拥有发明专利六十余项。

在担任永强农机厂总工程师期间，在简陋的条件下，用最简单的工具制造出高精度的C6201车床等先进机床及农机产品。

改革开放后，于1983年创办了温州市成东药机有限公司，开发出系列先进的中药制药设备，成为中国制药装备的先行者，为中国中药现代化做出了贡献。开发的数字化中药成套设备生产线、超临界CO_2萃取装置达到世界领先水平，产品遍布全国各地，远销世界数十个国家和地区。

2010年在上海市金山区成立上海成东科技有限公司，公司占地八十余亩，拥有现代化厂房近3万平方米，年产值达2亿元。公司取得A2类高压容器设计制造许可证、压力管道安装许可证，被认定为国家级高新技术企业。

致富不忘回馈社会，王成东、季秀兰夫妇于2000年注资5000余万元创办了温州市越秀学校、龙湾外国语学校，为当地的教育事业做出了贡献。

王忠芳

王忠芳，1955年出生，永兴街道沙园村人。英桥王氏二十三世（四派）。上海金机集团凯科阀门制造有限公司董事长、中国民营企业国际促进会副会长、上海市浙江商会会长、温州市泵阀协会副会长、温州市龙湾区政协常委、温州市龙湾区工商联副会长、上海市嘉定工业区商会副会长。多次荣获市、区功勋企业家、优秀企业家称号。

1981年，向人借贷300元，带着温州阀门样品，开始闯天下。整整四年，积累了第一桶金，也积累了人脉。1985年，创建温州瓯海阀门一厂，产品销往东北三省和其他地方。1989年，由于质量优服务佳，产品占领上海石化市场和宝钢集团。1995年，建立温州石化机械阀门厂，优质产品供应天津化工厂、塘沽化工厂、渤海石油公司等十几家国家大中型企业，并在天津建立第一个温州本土外的生产基地。1996年，成立上海金机阀门管道制造有限公司，承包上海石化生产、维修和基建项目阀门供应业务；同年，收购昆山阀门总厂，扩大生产合作伙伴关系，向欧美及全球市场提供200多种工艺精良、技术先进的阀门产品。2008年，企业形成阀门、管件、化工、法兰、物流及仓储等产业链集团化经营格局。2008年12月，被评为龙湾区改革开放30周年十大风云人物。

王学照

王学照，1963年出生，永兴街道小塘村人。英桥王氏二十二世（四派）。苏州大学经济管理EMBA。江苏山河置业有限公司董事长、江苏天下投资发展有限公司董事长、江苏美通投资有限公司联合创始人兼总经理、昆山杰尼尔育英幼儿园创始人。1989年王学照独闯江苏，在昆山市创办“永欣陶瓷经营部”。从1999年开始，先后创办江苏山河置业有限公司、江苏天下投资发展有限公司、江苏美通投资有限公司，事业蒸蒸日上。2003年，开始进军房地产业。十多年来，先后在昆山市范围内，开发建设了君悦花园、中市商业广场、淀辉锦园、阿里巴巴商务大厦、赛格公寓、赛格电子市场、智慧城等楼盘，合计近100万平方米。2009年，公司事业拓展到加拿大，主要涉及房地产业和高尔夫球场等休闲娱乐业。先后担任第一届、第二届昆山市温州商会会长；昆山市第十一届、第十二届政协常委；苏州工商联执委，加拿大温哥华温州商会副会长。

1998年，投资创办杰尼尔国际育英幼儿园，成为昆山周边地区单位规模最大的私立幼儿园，现有幼儿1000余人，教职工200余人。2008年汶川地震，公司及个人向灾区捐款400多万元。

其父王竹巧，1939年8月出生，永兴街道小塘村人。1959年参军入伍。1968年在温州市建工局下属企业工作，2005年任小塘村老人协会会长。2012年参与发起英桥王氏小塘宗祠重建工作，带头捐资16000元。2018年担任英桥王氏四派王叔果、王叔杲古墓修缮小组负责人之一，捐资3万多元。现任永昌堡文化研究会副会长。

王岩雄

王岩雄，1965年出生，永中街道度山村人，英桥王氏六派。18岁开始创业，2008年，担任北京龙湾企业商会执行会长，2011年担任商会会长至今。现为北京爱特卫普医药用品有限公司董事长，温州龙湾汤臣一品酒店管理有限公司董事长。是“龙商回归”带头人。

北京爱特卫普生物科技有限公司在德国建立了研发中心，坚持世界最先进理念和技术，生产一系列高科技消毒产品和医用辅料，获得国家两项专利，中关村高科技产品创业证书。产品远销全国20多个省市自治区。

他主持北京龙湾企业商会，在北京市民政局注册登记，并被评为四星级商会。

不忘家乡，回归家乡，在龙湾投资三个亿，创办了温州爱特卫普医药用品有限公司，温州汤臣一品酒店。为永昌堡修建和文化研究捐资60万元。

王永明

王永明，1937年2月出生，永中街道新城村人。英桥王氏二十二世（四派）。1953年在永昌小学毕业后便在家务农。1957年开始进入队办企业，相继担任永强渔网加工厂、青山陶瓷厂、白水农具修理厂、电木厂会计和厂长。1970年受瑞安县二轻局招聘到面临倒闭的梅头服装厂任厂长。由于开展一系列改革调整措施，开拓销路，当年便扭亏增盈，且连年产值翻番。1978年企业更名为瑞安县电器开关厂，被列入县重点企业。1982年获温州市“先进生产（工作）者”称号等。

王步弟

王步弟，1942年4月出生，永中街道新城村人。英桥王氏二十世（楼下派）。1957年参加工作，从事水利水电工作四十余年。1991年荣获水电部“为水利勤奋工作荣誉证书”。1991年任永强电站站长；1992年永强电站改制为永强供电公司，任公司总经理，直至1998年退休。曾当选为温州市第六届、第七届人大代表，瓯海区第二届、第三届人大代表。

王德法

王德法，1949年1月出生，永中街道新城村人。英桥王氏二十一世（大派梅房）。工程师。1968年后一直在建筑工程行业拼搏。自学成才，曾分别参加天津大学、同济大学工程造价管理、工程监理专业学习。历任瓯海房地产开发总公司、瓯海建设开发有限公司副总经理、副书记、工会主席，被聘为温州市小康住宅开发有限公司总经理等职。1995年被中华总工会评为全国优秀工会积极分子，获建设部、科技部授予的“突出贡献”荣誉。2001年至2002年度被评为瓯海区劳动模范、温州市劳动模范。曾任瓯海区第五、六届政协委员，温州市建筑学会第八届理事；温州市老科协第五、六届理事，温州建设工程招标评审专家，省工程招标评审专家组成员。

王岩峰

王岩峰，1950年出生，永中街道新城村人。英桥王氏二十一世（大派西垟二房）。企业家，中共党员。1969年在北京某部队服役。1982年任瓯海县印刷二厂党支部书记。1998年任温州市正得利合成革有限公司总经理。2002年创办辽宁省本溪市南方革基布有限公司并任董事长。

王会高

王会高，1955年11月出生，永中街道新城村人。英桥王氏二十世（大派老六房）。企业家，机械工程师。80年代在上海经商，现为浙江温州圣大利皮革有限公司董事长。温州市人造革商会会员。该企业生产的产品销往全国各地，部分产品销往东南亚各国。由于该企业业绩突出，信誉度高，连续被评为区级“纳税大户”、三星级企业、资信级三A企业。

王爵崇

王爵崇，永中街道新城村人。英桥王氏二十一世（四派）。浙江健牌机械科技有限公司董事长、总经理，中国医药工程设计协会理事，温州市食品制药机械行业协会常务副会长。硕士学位，高级经营师、高级工程师。

企业曾获“浙江省最具活力小微企业”“全国十佳制药装备民族品牌企业”等荣誉。个人多次被评为省、市先进工作者、优秀企业家。

王秋麟

王秋麟，1960年出生，永中街道新城村人。英桥王氏二十世（楼下派）。企业家。浙江爱麟斯鞋业有限公司董事长。龙湾区政协委员、个私协会常务理事、永中个私协会副会长。1994年开始从最初的家庭作坊改制为浙江爱麟斯鞋业有限公司。公司被评为省优秀企业、省文明企业、省明星企业、区先进企业。

王晓峰

王晓峰，又名王忠权，1962年11月出生，永中街道城北村人。英桥王氏二十三世（六派）。1981年7月，在温州市劳动技校（高中专）毕业后，分配到国营温州船用挂机厂工作。1990年9月，辞公职去西班牙落户，1998年创办“梅花酒家”，营业至今。身在异国，不忘家乡，永昌小学百年华诞，特汇2018欧元（折合人民币20180元）表示祝贺。

项军炎

项军炎，又名武弟，1964年9月出生，永中街道新城村人。企业家，中共党员。1991年创办温州市新城无缝钢管厂并任董事长。该厂专业生产不锈钢管、不锈钢方管、短型管，不锈钢毛细管，产品广泛使用于石油化工、电力、制药、造纸、食品、机械、装潢等领域。

王中益

王中益，又名忠益，1965年8月出生，永中街道新城村人。英桥王氏二十三世（大派松房）。企业家，高级经济师。1992年，创建温州市宁城钢管厂。1998年至2000年，先后在宁夏、内蒙古创建4家公司：宁夏一洲不锈钢材料有限公司、包头市益昌不锈钢材料有限公司、内蒙古益达不锈钢材料有限公司、银川万顺昌不锈钢材料有限公司。2007年返温，创建温州市博盛钢管制造公司，2009年创建浙江博盛不锈钢制造有限公司，2019年创建浙江博盛钢业集团有限公司，2020年5月创建浙江博盛特钢有限公司。现任浙江博盛钢业集团有限公司董事长。

王成德

王成德，1965年10月出生，永中街道新城村人。英桥王氏二十二世（大派老四房）。中共党员。现任浙江东方巨龙车辆有限公司董事长、永嘉德城汽车贸易有限公司董事长、永嘉东方巨龙餐饮有限公司董事长、温州市机动车流通协会会长、永嘉县机动车维修行业协会会长。曾担任温州市人民检察院人民监督员、永嘉县工商联第十届副主席。曾获温州市年度车市突出人物、温州市汽车流通行业协会优秀会长、永嘉县十佳青年企业家、永嘉县优秀慈善家、为温州市教育事业做出贡献奖等荣誉称号。积极参与各类慈善活动，多年来对各类公益事业捐资达800多万元。

王成达

王成达，又名靖达，1966年4月出生，永兴街道沙园村人。英桥王氏二十二世（五派）。企业家。民进会员。1993年下海经商，先后创办温州沪江电子电器公司、上海晟泰箱包配件有限公司、嘉兴沪江塑料制品有限公司、平顶山沪江陶器有限公司、河南罗山县粤特陶瓷有限公司（收购）等企业，现在仍担任这些企业董事长或总经理。曾被推选为平顶山市第八届政协委员、石龙区第四届政协常委、石龙区第五届人大代表、石龙区工商联副主席。曾被平顶山市人民政府授予“平顶山市荣誉市民”称号。企业曾被评为平顶山市50强高增长企业。个人曾获民进河南省经济界联谊会优秀会员称号。

王均瑶

王均瑶（1967—2004），苍南金乡大渔镇渔岙村人。英桥王氏二十一世（四派）。王均瑶与胞弟王均金、王均豪，未及18岁，就“闯荡江湖”，一起打拼，从渔村走向温州，走向上海，走向全国，成为闻名中外的民营企业家。

1991年，年仅25岁的王均瑶开辟了第一条私人承包的温州到长沙的航线，被誉为“胆大包天第一人”。随后，全国200多个航班被王氏兄弟包下，全国第一家私人包机公司——温州天龙包机有限公司诞生。1994年，在王均瑶带领下，三兄弟进军乳业。1995年，温州均瑶集团有限公司成立。2000年，均瑶集团总部迁到上海。同年，积极响应国家号召，参加“光彩事业库区行”，在三峡实施“万头奶牛养殖计划”，创新支农方式，投资建造宜昌两个乳业加工基地，盘活国有资产数千万元，安置就业人员近千人。2003年，经中国民用航空总局同意，均瑶集团作为首家民营企业试点，对三峡机场进行重组。2004年，以18%的股份入股东方航空武汉公司，开了民营企业进入国家民航主业的先河。此外，投资5.5亿元打造的“上海均瑶国际广场”，以其优质定位获2003年中国写字楼100强，成为上海地区首座以民营企业冠名的5A级商务楼。

2004年1月，王均瑶不幸英年早逝。获荣誉无数，2001年获中国光彩事业奖章，2003年被评为上海市十大青年经济人物，2003年获国务院“三峡工程建设先进工作者”称号，2003年度中国十大并购人物，2004年第十一届上海十大杰出青年，2004年首届优秀中国特色社会主义建设者等。

王芳

王芳，1967年9月出生，永中街道新城村人。英桥王氏二十四世（大派底三房）。现任湖南省舜天恒禾农业科技发展有限公司总经理。其父王金麟，永昌博物馆原馆长。

王晓超

王晓超，1967年出生，永中街道城北村人。英桥王氏二十一世（隔浃派）。喜引力公司董事长。

喜引力公司是一家专业生产不锈钢输送管及管配件企业。产品广泛应用于造纸、造船、石油、化工、电力、天然气、污水、建筑等行业。企业有完善的ISO9001：2000国际质量保证体系。产品远销荷兰、比利时、德国、芬兰、意大利、西班牙、马来西亚及中东等国际市场。

王品海

王品海，1968年5月出生，永中街道城北村人。英桥王氏二十五世（六派）。1991年7月毕业于温州大学，后又取得浙江大学本科、武汉大学工程硕士。全国甲级资质浙江华瓯建设项目管理有限公司董事长、总经理。高级工程师、国家注册监理工程师。瓯海区首届十大青年企业家，温州市青联委员。

王均金

王均金，1968年12月出生，苍南金乡大渔镇渔岙村人。英桥王氏二十一世（四派）。工商管理硕士。王均金16岁就跟哥哥王均瑶“闯荡天下”。2004年1月，王均瑶不幸英年早逝，王均金临危不乱，接过庞大的“均瑶”王国的帅印，实现了平稳过渡。

1993年至1994年，担任温州天龙包机实业有限公司副总经理；1994年至1995年，担任均瑶天龙包机实业有限公司总经理。1995年至2002年，担任均瑶集团、均瑶集团航空服务有限公司副总裁兼总经理。2002年至2004年11月，担任均瑶集团副董事长兼总裁。2004年11月起担任均瑶集团董事长、吉祥航空有限公司董事长、奥凯航空董事长、江苏无锡商业大厦集团有限公司董事长、上海市外国语小学及中学董事长。同时担任许多社会职务：中华全国工商联第十届执委，上海市工商联第十二届执委会副主席，上海市浙江商会执行副会长，中国光彩事业促进会理事，上海市各地投资企业协会副会长。并于2008年当选第十一届全国政协委员，上海市第十届政协委员。

王靖来

王靖来，又名成领，1969年9月出生，永中街道新城村人。英桥王氏二十二世（大派松房）。近年响应并参与“一带一路”建设，2019年5月在沙特阿拉伯创办宝迪包装有限公司，担任总经理，是“一带一路”建设积极贡献者。热爱地方公益事业，2003年至2020年多次组织重修松、竹、梅三房九世至二十世祖墓和重建小宗，兼任永昌博物馆馆长。一直来致力于宗族文化研究，对英桥王氏有深入研究和独到见解，是温州市民间文艺家协会会员、龙湾区历史学会会员。爱好书画艺术，从事民间文物和书画收藏，是知名的篆刻艺术家。

其父王培贤、伯父王培生为英桥王氏祭祀文化传承人。

王靖敏

王靖敏，永中街道衙前村人。英桥王氏二十二世（六派）。桐乡市强隆机械有限公司董事长、总经理。

企业荣获“国家高新技术企业”“安全生产标准化企业”“嘉兴市名牌企业”“桐乡市专利示范企业”等称号。个人曾荣获“嘉兴市十佳设计师”“优秀设计师”“工人发明家”等称号。

王均豪

王均豪，1973年1月出生。苍南金乡大渔镇渔岙村人。英桥王氏二十一世（四派）。1995年至1999年，担任温州均瑶宾馆总经理。1999年至2003年，担任均瑶集团乳业股份有限公司总经理。2003年担任均瑶集团副董事长。2004年起担任均瑶集团置业投资公司董事长、均瑶集团航空投资有限公司董事长及均瑶集团乳业股份有限公司董事长。曾任湖北省工商联副主席、浙江省青联常委，中华工商联农业产业商会副会长，中国乳业制品工业协会副理事长，浙江省饮料协会副会长，温州市企业家协会副会长，上海市徐汇区各地在沪企业协会会长，上海市徐汇区人大代表。2003年后连续两届当选为湖北省政协常委和第十届湖北省政协文史委副主任。曾荣获湖北省青年五四奖章金奖，湖北省光彩事业特别贡献奖，中国光彩事业突出贡献奖等。

王芳（女）

王芳，1973年5月出生，永中街道新城村人。英桥王氏二十三世（大派底三房）。父王振成。

1994年毕业于杭州大学英语专业，曾在永昌中学任教。2000年开始，协助丈夫陶思忍（现为维琅电器有限公司董事长）办厂。2010年考取上海交通大学研究生（全日制），2012年7月取得工商管理硕士学位。现担任维琅电气有限公司副总经理，从事人才引进和人事管理工作。

维琅电器有限公司前身是温州天时电器公司。经过近20年的发展，现已成为一家集研发、制造、贸易于一体的现代化小型企业。总部设在上海漕河泾开发区浦江高科技园区，下属企业有浙江天时电器有限公司、维琅英国有限公司、维琅贸易中东有限公司。产品系列涵盖墙壁开关、插座等电工电气产品，建筑电器，灯饰照明，智能楼宇、家居、照明控制管理系统等产品及网络科技领域。产品远销全球30多个国家和地区。公司和产品曾荣获“国家高新企业”“中国电工十大驰名品牌”等称号。

王任

王任，1975年8月出生。海滨街道沙村人，英桥王氏二十一世（隔浃派）。浙江大成工程项目管理有限公司董事长兼总经理、民主建国会温州市第十一届委员、温州市民建企联会副会长，温州市建筑协会监理学术委员会副主任。双硕士、高级工程师。

【专记】

永昌堡党组织建设与革命斗争

永昌乡依山临海，是中国共产党早年开展革命活动地区。1986年，经浙江省人民政府批准，认定永昌乡为第二次国内革命战争时期老革命根据地。

1926年，陈启明以做裁缝名义，走村串户，在瑞安县接触了共产党人。1927年，在丽呑地方由中央农运特派员王国桢和胡允中介绍，参加了中国共产党。1930年参加瑞安东区会议，与会的还有胡允中、叶仁虎、童伯吹、蔡玉、王顺友、光西、陈启明等人。会议决定陈启明为农运委员，在当地创办农民夜校，宣传“实行耕者有其田”的土地革命口号，后被国民党发现，学校停办。同年受党组织的委派返回永强从事农运工作。1932年，发展陈福尧、王标云、李达心、王玉明、王兆勋入党，成立新城中心党支部，确定天柱寺为中央地下党的联络点。这时期地下党的主要任务是发展组织，1933—1936年，相继建立了前街、衙前、白水等3个党小组。随着革命形势发展，又分别建立了新城、城北、庙上、殿前、度山等5个党支部。同时到外地发展地下党员，建立了永兴、天河等地的党组织。地下党组织力量不断壮大，其间主要开展以下活动。

土地革命时期，组织农会，实行减租减息

组织农会，主要是掩护地下党开展活动，把经济斗争与政治斗争结合起来。新城、前街、衙前、度山等党组织抓住农会问题的要害，是党是否掌握领导权的问题，从当时4个村农会17名成员看，地下党员占7个，3个村的农会干事长都是地下党员。其次，开展减租减息。实行“二五”减租对农民来说是来之不易的，有了地下党组织撑腰，农民敢于与地主作斗争。新城村地主王某某，听到减租风声，将佃户王金华兄弟的三亩半租田转卖给了保长王某某，侵犯了租田户权益。农会干事长坚决支持王金华兄弟行动，在秋收时把三亩半田稻子收为己有。事后地主控告，农会积极应诉。在事实面前，结果地主败诉，仍将租田还给原佃户耕种。这次迁佃与反迁佃斗争的胜利，有力地推动了“双减”运动的深入，并扩大了影响。

抗日战争时期，地下党组织战青团，积极开展抗日救亡运动

“八一三”战争爆发后，抗日烽火燃遍全国。在中国共产党抗日民族统一战线的号召下，温州广大学生和各方青年组织了战时青年服务团（简称“战青团”），开展轰轰烈烈的抗日救亡运动。当时新城地下党支部王兆勋依靠进步知识分子小学教师胡明祥、孙汝康组织先进青年50余人参加战青团，创办民众夜校。王兆勋曾多次去温州战青团分团，与王震之取得联系，领取《老百姓》《游击》《抗战画刊》等进步书籍，传唱《义勇军进行曲》《大刀向鬼子头上砍去》等进步歌曲，唤起民众抗日。1938年上半年，由衙前、度山、前街等地群众200余名进行示威游行，打着“坚持团结，反对分裂”的横幅，喊着“打倒汉奸卖国贼”的口号，从新城北门小学出发，经三都、沧头到寺前街，演出《放下你的鞭子》独幕剧，宣传抗日救亡，启发群众关注时局。

1942年7月11日，温州沦陷前，国民党永强区公所组织应变，把队伍拉到大罗山。这所谓应变，实质上是控制地下党活动，被党组织识破。当时新城党组织根据县委指示商量对策。同年7月上旬，在下六宅地下党员王则贵家召开会议，到会的有王兆勋、王林芳、王震之、范亦宸、林勃等人。会议决定组织应变会，范亦宸为主任，王震之为副主任兼军事委员，王林芳为组织委员，王兆勋为宣传委员，林勃为侦察委员开展活动。宁村二位党员打入伪区中队内部做策反工作。我地下党组织还发动王宝进等进步群众，准备粮食等生活用品，确定大罗山为据点，准备开展长期游击斗争，张贴抗日救亡标语。各地下党也抓住时机，组织群众采取防范措施。如衙前地下党支部组织群众30余人，手持棒头刀站岗放哨，夜间巡逻一年之久。前街、度山等地在党组织领导下，有70余人手持刀棒，边生产，边训练，边斗争。有一次国民党散兵到地方抢劫，被群众武装所制止。

地下党组织的广泛活动，引起了国民党反动派的注意，他们派特务四处活动，追捕中央地下党组织。在敌人高压政策与利诱下，1943年下半年，永嘉中心县委书记范亦宸背叛革命，出卖了组织，将102名党员暴露在《浙瓯日报》上。永嘉纸山70多名党员被杀害，新城王兆勋被捕入狱。王兆勋在敌人严刑拷打下，坚强不屈，没有供出组织出卖同志，使新城、永兴、天河等地下党组织隐蔽了下来，但整个永强地下党组织失去了同上级的联系。王兆勋释放后，同王林芳、陈启明等人一起积极筹集活动资金。王兆勋变卖自己一间房屋，作为活动经费。同时他们仍以做裁缝为掩护，跋山涉水到瑞安寻求党组织。1945年1月，中共瑞安县委派陈文征、叶仁虎二同志到永昌，在前街陈福尧家召开会议。参加人员有王林芳、陈福尧、王兆勋、陈启明、项金生、叶天久等，会上陈文征同志代表瑞安县委宣布浙南特委指示，恢复永强地下党组织，宣布王林芳为书记，陈福尧为农运委员，王兆勋为工运委员，项金生为交通委员。从此，永昌乡的地下党组织正式恢复并积极开展活动。

解放战争时期，开展了武装斗争，有力地推进了温州和平解放

袭击敌警察所。1948年3月15日傍晚，瑞安武工队由张金发同志带领10余名队员，从瑞安梅头出发，冒雨抄小路走了3个多小时，星夜赶到新城地下党支部陈福尧家。翻墙进入并用暗号联络，对上后开门入内。当夜就在他家柴仓、门角就地睡觉。

次日清早，队员们忙着战前的最后准备，有的化装算命先生，有的化装商贩，有的扮作下田农民，然后陆续从陈家出发，由本乡地下党员王光眼引路，前往寺前街。当时，寺前街是贯穿永中镇的一条南北大道，警察所就驻在街西面的乾元寺。寺院坐北朝南，西南角有一个碉堡，年久无用。碉堡西边有条大路，通向青山至瑶溪，直达大罗山。寺院两厢间是警察的寝室，左边架设铺位，枪支摆放在右旁，正门口设有岗哨。上午8时，值雨，庙里警察刚起床，此时，七八个同志借口躲雨来到庙宇旁，占领了有利位置。行动开始，首先摸掉岗哨，武工队员如天兵降临，冲进庙里，吓得伪警目瞪口呆，一个警察突然醒悟，一边惊叫："三五支队来了！"一边跑去抓枪，企图顽抗，在窗外警戒的陈文征同志即刻瞄准他"砰"一声，将其击毙。并大声命令"不准动"，震慑敌人。武工队员迅速冲入寝室，收缴摆置在架上的武器，单独在后房的警察所长闻声，顾不及带老婆，就翻墙逃走，余下警察全部俘虏，袭击战斗胜利结束。这次袭击永强警察所，缴获长短枪42支，子弹上千发，震惊温州驻敌，打击了反动气焰，有力地牵制敌人向革命老区进犯。

五显殿缴枪行动。五显殿驻有敌温州独立团永强自卫队第一中队。1949年4月上中旬，解放大军渡江南进，敌兵军心动摇预谋逃跑，遂三五成群，以催粮为名，到处敲诈勒索。新城中共地下组织领导人王林芳等决心为民除害，派交通员项金生向中共瑞安县委报告，要消灭这股企图从海路逃跑的敌人。未待上级指示，这里党员群众自发开展活动。

4月24日上午，敌自卫队中队长杨楚兴带着4个士兵，着便服下村劫掠，并带短枪壮胆助威。途经下垟街，被中共地下党员叶乃法发现这个不速之客，他立即向党组织汇报。尔后，王林芳带领陈福尧、王兆勋与闻讯赶到的张崇岳、叶志廉等10名地下党员及自发组织起来的群众缴了敌中队长杨楚兴等人的枪支，将他们押到下兴村。这时，中共衙前支部联络员王亦文也赶到，他一边给杨楚兴包扎伤口，一边开展政治攻势，人民解放军将打到江南，蒋家王朝大势已去，很快灭亡，只有投降才有出路。杨意识到大势已去，贸然问："你们是何部队？"王林芳明白杨的试探意图，厉声回答："我们是浙南游击纵队！"杨表示愿弃暗投明率部缴枪投降，但提出要黄金换取，遭中共地下党员怒斥，并要他去劝降部队。王林芳、王亦文反复宣传我党的俘虏政策，杨终于答应缴械。

王林芳等人立即研讨五显殿缴枪行动。决定将杨楚兴的兄弟和妻舅留着当人质，交由叶乃法、张福鉴看守，杨楚兴由王林芳扣押，挑选力气大、个子高的方福贵、张则鹏等十余人负责前卫行动，郑宅、度山、前街、殿前、新城等地的中共地下党员和部分群众百余人跟随行动。晚上9时许，王林芳带杨楚兴到五显殿叫门，岗哨听是杨队长喊声，便打开大门，张则鹏等人见中堂架着两挺机枪，迅猛扑进，撂倒门卫，端起机枪，大喊："缴枪不杀！"熟睡中的士兵乱成一团没有反抗。殿外的中共地下党员和群众立即涌进殿门，有的扛枪，有的搬子弹，武器全部收缴完毕并把他们集中起来，宣传解放战争形势，宣布优待俘虏政策，申明愿意留下的欢迎，凡要回去的发给路费和10公斤大米。

这次行动，不费一枪一弹，没有人员伤亡，共缴获长短枪64支、轻机枪2挺、手榴弹170个、子弹4000余发、电话机1台，在浙南武装斗争史上写下光辉的一页。

（王国恩提供资料）

【附录】

市级（含县级市）以上劳动模范、省级以上先进人物一览表

表6–1

姓名	所属地区（单位）	级别	时间	荣誉
王建南	温四中	全国、省级	1985年	五一劳动奖章、劳动模范
王震之	新城村	市级	1950年	劳动模范
王忠良	城北村	省级、市级	1986年、1990年	劳动模范、劳动模范
王庆丰	城北村	市级	1988年	劳动模范
王　迪	华迪集团	市级	1999年	劳动模范
王月姝	新城村	全国	1989年	优秀教师
王　璋	曙光综合高中	全国、省级	2002年、1999年	改革开放风云人物、十佳校长
王　忠	衙前村	省级	1998年、2000年	优秀共产党员、优秀共产党员
王建中	瞿溪镇	省级		优秀年轻乡镇、党委书记
王德法	新城村	市级	2001年	劳动模范
王仁勇	城南村	省级	2018年	"美丽浙江建设"突出贡献个人

市级（含县级市）以上党代表一览表

表6–2

姓名	级别	时间	职位
王则信	全国	1969年、1977年	中共第九次全国代表大会、中共第十一次全国代表大会
王国良	市级	1983年	中共温州市第六次代表大会
王身康	市级	1998年	中共温州市第九次代表大会
王　迪	市级	2003年	中共温州市第十次代表大会
王筱兰	市级	1963年、1983年	中共温州市第五次、第六次代表大会（温州市委候补委员）

市级以上人大代表一览表

表6–3

姓名	级别	时间	职位
王国松	全国	1954—1958年	第一届人民代表大会
王则信	省级	1977—1983年	第五届人民代表大会

续表6-3

姓名	级别	时间	职位
王莲莲	省级	1977—1983年	第五届人民代表大会
王建南	省级	1983—1988年	第六届人民代表大会
	市级	1956—1988年	第二、三、四、五、六届人民代表大会
王晓梅	市级	1949—1952年	第一届各界人民代表大会
王震之	市级	1949—1952年	第一届各界人民代表大会
王思本	市级	1954—1956年	第一、第二届各界人民代表大会
王达生	市级	1958年	第三届人民代表大会
王步弟	市级	1988—1993年	第六届、第七届人民代表大会
王建中	市级	1993—2003年	第八届、第九届人民代表大会
王忠良	市级	1993—1998年	第八届人民代表大会
王桂萼	市级	1993—1998年	第八届人民代表大会
王顺吉	市级	1993—1998年	第八届人民代表大会
王振成	市级	1998—2003年	第九届人民代表大会
王身康	市级	2007—2012年	第十一届人民代表大会
王忠义	市级	2012—2017年	第十二届人民代表大会

市级以上政协委员一览表

表6-4

姓名	级别	时间	职位
王思本	省级		第四、五届政协委员
王庆丰	省级	1998—2003年	第六、七、八届政协委员
王晓梅	市级	1956—1962年	第二届政协委员
王　烈	市级	1962—1988年	第四、五届政协委员
王建中	市级	1988—2007年	第五、七、八届政协委员
王镇南	市级	1993—1998年	第七届政协委员
王大敏	市级	2003—2017年	第八届、九届、十届政协委员
王新雨	市级	2012—2017年	第十届政协委员
王友杰	市级	2012—2017年	第十届政协委员
王忠义	市级	2017—2022年	第十一届政协委员

民国时期县团级以上人士一览表

表6-5

姓名	职位	所属地区
王　溥	某师师长（少将军衔）	新城村
王步珍	某师副参谋长	新城村
王鸿初	中校参谋，长兴县长	新城村
王肇龙	南京督察厅督察长，寿昌县长	新城村
王兆新	粮食部财政司司长	新城村
王千里	苏州警察厅厅长	新城村

说明：以上“名录”均不包含英桥王氏子孙居住在外地外省人士

第七章　艺　文

永昌堡及其英桥王氏一族自明清以来，人物风流，诗文荟萃，为后人留下了宝贵的文化遗产，清陆进《东瓯掌录》中有这样的话："永昌堡王氏，子孙繁衍，科名辉映，其风雅也代有闻人。"

清曾唯汇编《东瓯诗存》，经查证，明确为英桥王氏家族的有59人（明42人，清17人），占温州地区王姓诗人的70%。比例如此之高，足见英桥王氏为当时温州望族，堪称"温州王氏之王"。诗风鼎盛。从先贤的诗文中，能读出当时社会现象、农耕生活轨迹以及交游特点。特别是英桥王氏文化精英，酷爱家乡山水风光，并以家乡的山水风光，作为自己人生精神寄托，理想情怀，生态审美，来表述自己内心世界的丰富情感。

他们的诗文反映了当时的社会现实、个人际遇以及对家国的情怀，尤其是借景抒情，体现了较高的思想境界和艺术水准，如王毓"鸟啼春色老，花落雨声多"，王湖"竹暝气逾静，鸟寒归独迟"，王叔本"鸟去烟光暝，帆飞云影低"，王光美"烟萦空翠侵征旆，风卷飞花散酒垆"，王至章"一榻清风高士卧，半窗明月故人心"，王至彪"辞云山色来歌席，挟两河声入成楼"，王锡琯"寒光近接云千树，夜色遥分月半城"，王臣法"枫林坐爱吴江晚，柳色行看上苑春"等等，皆为佳句，尤为绝妙。除了诗作之外，许多著述也颇具特色，事明理透，文采风骨俱佳。

艺文篇包括诗文内篇、诗文外篇、书序、传说故事、宗祠对联、媒体报道与专家论述、书画等。其中诗文内篇主要选录本籍人士相关诗文，诗文外篇主要选录外籍人士涉及永昌堡的诗文作品。相关作者作简要介绍，部分作者简介可见"人物篇"，个别作者不再作简介。

第一节　诗文内篇

古代诗文

诗选

王毓（1360—1426），字尹成，号樵云，英桥王氏四世。著有《槐阴集》等，诗风清新，通俗易懂，山水田园诗作颇具地方特色。开英桥王氏艺文之先。

野寺烟霞

极目溪南原上村，繁阴掩映梵王门。晓云绚彩笼金刹，夕照流光庵绀园。
宝树参差宁有相，琪花缭绕本无痕。缅怀佳趣时游赏，那得相从咏考槃。

溪桥风月

石梁千尺跨清波，散步其如良夜何。四望山川开宝鉴，一川雪浪动银河。
月明榆巷鸣砧杵，灯影渔舟发棹歌。追忆坡仙多逸兴，满船诗梦鹤飞过。

池塘草色

傍舍新开水一泓，碧沙芳草映檐楹。葱芊带雨含春意，滟潋凝烟弄晚晴。
南浦欲消离别恨，西堂陡觉梦魂清。劝君多觅琼田种，继美还看粲玉英。

白水漈

灵岩巉嶭几春秋，倒泻银河落斗牛。饮涧白虹岚气湿，倚空寒剑玉光浮。
明珠万斛随风散，素练千寻带月流。愿作甘霖济枯槁，何须更探老龙湫。

龙湾井

泉脉澄清一镜开，六龙此地旧盘回。共承渤海风云会，远带东溟霖雨来。
天影倒涵波底月，潮声时应谷中雷。由来一滴仙瓢水，霈泽还教遍九垓。

王由（1406—1483），字秉璠，号梦竹。英桥王氏五世。王毓子。倜傥仗义，有古烈士风。

寄商素庵先生

把钓桐江畔，烟波尽日看。荣名膺上第，直谏忤中官。
泉石娱身老，松筠耐岁寒。今皇新御极，耆旧庆弹冠。

次魏侯游江心韵

一水澄鲜自不波，从游永日惠风和。菱花影里飞幽鸟，贝叶声中响法螺。
敲字僧忘旌节避，济川人驾画船过。凭高遥见经行地，喜长桑麻雨泽多。

王澈（1473—1551），字子明，号东厓。英桥王氏八世。王激兄。正德八年（1513）乡举，嘉靖五年（1526）任春官司务，十年转车驾员外，十二年迁晋武库郎中，十四年补福建布政司左参议。著有《英桥王氏族约》等。

同竹岩弟过陶成洞

试览罗东胜，游筇喜共支。陶成存古洞，题咏有新诗。

海日光先射，山云影乍移。何当谢尘鞅，长向此栖迟。

孤屿

由来孤屿郁双林，争媚中川自古今。潮汐何心凭上下，江山无恙任登临。

谢公亭畔晴云敛，文相祠前翠柏森。况复襄阳遗迹在，楼台夜月思难禁。

江心寺

桑田海水渺难凭，孤屿由来自古今。潮汐无端空叹息，江山有待几登临。

谢公亭草还春色，文相祠云起夕阴。吊古却怜声韵在，萧萧幽思更谁禁。

王激（1476—1537），字子扬，号鹤山。英桥王氏八世。通政司右通政、国子监祭酒兼经筵讲官。诗风旷达，刻意学杜、苏，七律尤其工致。著有《鹤山集》。

登半山

山头嘉树落清芬，山下古岫生白云。磷磷嶂巘出天外，阵阵甲仗来河滨。

青牛下傍赤松卧，天马北向苍曼奔。男儿堕地抱意气，笑拂青萍看斗文。

归白鹤书院

谷口归来郑子真，青松还作草堂春。眼看世事总成迷，长啸天风来拂尘。

守拙自怜庭伏骥，安贫不顾突生鹑。西湖烟水东山月，一两芒鞋自在身。

冬日闲书

石衢寒涧小桥东，吾爱吾庐竹树丛。禅榻久谙嗔喜性，世途不问马牛风。

窗虚斜日光窥砚，客散疏篱雀啅空。落叶满阶诗欲就，不妨身在寂寥中。

雄溪舟中

幽居十日闭茅堂，偶著纶巾问野芳。细雨斜风吹客鬓，白鸥画桨共湖光。

叶枝作旆村醪熟，土鼓迎神社饭香。小晚诗成云水暝，高歌击柝和鸣榔。

四月八日书怀

墙北墙南柳絮飘，困人白日正难消。小檐乍暖蜂脾熟，华屋新晴燕垒高。

闭阁不妨逋酒债，登山只恐失花朝。青钱去买穿云屐，鸥鹭相期五里桥。

王鐳　字仲开，号南村。英桥王氏七世。明嘉靖初处士。

送子扬侄之任吉水

仙郎行色动江天，剑佩光寒破暝烟。纱帽浅笼忧国鬓，锦囊深贮读书毡。

舄飞文笔人瞻斗，地近琴亭水奏弦。遥想公余多好咏，归鸿应为寄新篇。

王湖（1496—1587），字崇泗，号西涧。英桥王氏八世。工诗文。著有《樗散集》等。

晚过醉筠亭二首

振衣历林莽，落景正参差。遥霞有余映，飞萝含碧滋。

竹暝意逾静，鸟寒归独迟。吾生信有涯，役役空尔为。

闲居

清溪花落雨连村，穷巷桑根带水痕。返照寒皋共篱落，前峰瀑布对柴门。

逃名渐觉朋游少，处世元知静者尊。怅望瀛洲芳草绿，空令回首忆王孙。

秋日仙岩

木落风高山气清，疏林花鸟快新晴。微微天影岚光白，漠漠虹标水照明。

爽籁远依仙梵度，闲心杳与暮云平。凭虚更上双峰顶，自觉浮生梦里行。

王诤（1508—1581），字子孝，号竹岩。英桥王氏八世。嘉靖十八年（1539）举人，二十九年进士，三十一年补溧阳令，三十四年巡按云南；隆庆元年擢大理寺左丞，三年升都察院，四年巡抚贵州。著有《大学衍义通略》等。

积谷山下作水月亭

台榭喜新成，翛然水石并。湖开霜镜晓，壁立玉山横。

谢客岩犹在，元规尘不生。昂藏双白鹤，亦解此间行。

江心寺

我爱江心寺，凝然在急流。波摇双塔影，石锁九山头。

楼阁空中起，樯帆镜里游。凭高一搔首，何处是蓬丘。

春日诸兄弟集江心

芳榭俯中川，登临意豁然。繁华一水隔，形势九山连。

古树浮江动，清风拂座偏。谢公遗韵在，春草正堪怜。

江心重新门楼志感

中流宝刹似仙槎，西竺浮来亘海涯。一自诸天停玉辇，俄然孤屿拥金沙。

云楼幻现三千界，烟树平分百万家。只此沧州足栖隐，谁怜城市老年华。

王叔果（1516—1588），字育德，号西华。明嘉靖庚戌（1550）进士，历官兵部职方司员外郎、武选清吏司郎中、湖广布政使。为人整肃，而诗风雅丽。著有《半山藏稿》等。

春日诸兄弟集孤屿

芳榭俯中川，登临意豁然。繁华一水隔，形势九山连。

古树浮江动，清风拥座偏。谢公遗韵在，春草正堪怜。

菊下小酌

种菊蔚成林，花时足赏心。云笼千榭锦，日耀一丛金。

引酌依芳藻，闲谣托素琴。东篱随啸傲，千载仰知音。

京口夜泊

地迥风声震，江空月色微。栖乌惊不定，旅雁欲何依。

岁暮思弹铗，天寒念卷衣。家山千里隔，几在梦中归。

东园青旭楼

层楼高耸拂云苍，玉栋谁题翰墨光。夜按银河临斗极，朝迎初旭影扶桑。

时当朱夏浑无暑，径扰青萝自有香。环郭九山兹甲胜，宛然如对画图张。

王德（1517—1558），字汝修，号东华。英桥王氏九世。嘉靖十七年（1538）进士，初授东昌府推官，后出为广东按察使司佥事。嘉靖三十七年抗倭遇害，诏赠太仆寺少卿。

宴仙岩

（一）

碧莎绕径笋舆轻，冈矗峰回见化城。香积空林风露冷，旃檀小洞薜萝清。

枫间僧指前王冢，壁上苔封异代名。歌罢无言倚修竹，落霞遥映酒樽明。

（二）

天际群峰簇晚霞，共夸祇树冠东嘉。繁阴拥盖看双树，飞瀑当筵见四花。

新抉榛芜通鹫岭，试浮觞酌藉鸥沙。渊明已作归来赋，欲向东林问法华。

江心寺

丛林面面抱江幽，客至真如镜里游。涨合千峰天欲动，浪摇双塔寺俱浮。

凭栏俯瞰蛟龙窟，得句先惊雁鹜秋。最是中流惬清赏，人间原自有瀛洲。

游宝严寺

山溪行几曲，小憩是云林。望入青峦迥，谈从白社深。

携壶无俗客，学语识幽禽。忽尔逢渔者，谁知坐钓心？

王叔杲（1517—1600），字阳德，号旸谷。明嘉靖癸卯（1543）中举人，壬戌（1562）进士。历官靖江、常熟县令，兵部武选司署郎中，出守大名府，苏、松、常、镇四郡兵备副使，福建布政使右参议。素负文名，与当时文坛巨子王世贞、焦竑、茅坤、李维桢等交契。著有《玉介园存稿》等。

登大罗山顶

选胜跻名岳，千峰人望来。江流盘作带，山翠簇为台。

仙掌连云湿，青莲映日开。相将扪斗近，直欲御风回。

半山濯缨岩

潜虬媚幽渚，丹磴俯清澜。静和沧浪曲，闲簪紫箨冠。

秋光泻波影，晴雪洒春寒。翛然谢尘垢，散发弄云端

江心寺（四首选一）

形胜归东越，双洲负上游。中流闻羯鼓，沙岸系龙舟。

浪吐中原愤，山含故国愁。文山祠庙在，千古大江流。

读季父仁山翁《褒忠录》

江左衣冠奕世传，季翁壮节老弥坚。东山雅望推安石，淮水长驱慕谢玄。

一旅敢支濒海难，孤忠独荷圣朝难。只今香火遗祠在，仪像瞻依信怜然。

王良心（1537—1579），字性德，号存吾。英桥王氏九世。隆庆五年（1571）进士，次年授增城令。万历五年（1577），擢南京兵部给事中。才识明敏，而诗风俊逸。

仙岩

名缁开法界，丹洞俨仙群。想象升云驭，霏微集绛氛。

林端浮瑞霭，石罅閟玄文。妙有飞腾意，将因解俗纷。

游孤屿

海上浮来第一丘，仙舟频结白云游。蜃楼晴吐双林曙，鲛室寒生孤屿秋。

姑射登临疑北固，谢公题咏遍东瓯。眼中自有蓬瀛境，何用乘槎探十洲。

游中川寺

弃闲远过中川寺，孤屿亭前落照时。漫策枯藤寻往事，叹摩苍藓读浅碑。

江涵北阙天初霁，草绿西堂梦已离。惟有风流消不尽，海天空阔鸟飞迟。

王叔本（1524—1589），字立德，号后桥。英桥王氏九世。王沛子。庠生，隆庆五年（1571）补光禄寺丞。

江心避暑

寻幽来古寺，露顶坐蒲团。云散诸天净，江空六月寒。

丛林开雪窦，曲槛落风湍。一人清凉界，顿令心地宽。

灵峰洞

洞天虚敞净烟氛，望里诸峰秀不群。翠壁玲珑含旭日，丹梯峻绝挂晴云。

隔林霞彩空中变，近寺钟声象外闻。欲驻颓龄问栖隐，千年石髓若为分。

登浩然楼

高阁凭虚豁醉眸，东南形胜望中收。城环山色天如洗，石撼涛声地欲浮。

浩气崚嶒摩日月，壮怀慷慨俯江流。到来风物超尘界，何处还登十二楼。

王叔懋，号见鹤。英桥王氏九世。王激子。嘉靖三十六年（1557）补光禄寺丞。

游仙岩

几年踪迹隔江海，每忆空山得自娱。雨后瀑喧芸阁湿，夜长僧定佛灯孤。

钟声百八谁虚枕，世界三千压道途。他日重来寻胜事，禅关应许共踟跌。

王光蕴（1540—1606），字季宣，号玉洞。英桥王氏十世。王叔果长子。乡贡进士。曾任宁都令、宁国郡丞、衡府长史。著有《温州府志》《太玉洞斋近草》等。

秋日入半山

夙昔耽幽僻，山中穷冥搜。书台并吟榭，选胜罗青丘。

岁久蔽榛莽，峰泉含深愁。吾生秉微尚，眷此复何求。

子真栖谷隐，向平怀岳游。秋阴翳丛薄，四壁松云流。

愿托杯中物，聊以写我忧。

庐山道中

竟日庐山道，驱车历翠岑。浮岚含树暝，飞瀑落峰阴。

径转迷樵采，林深出梵音。悠悠此行迈，未可足幽寻。

江心寺同诸昆酌月次韵

乘月跻孤屿，澄江渺素秋。烟浮疑岸接，浪阔合天流。

对镜心如洗，听歌思转幽。同怜今夜梦，春草满芳洲。

凭虚阁宴集

岧峣杰阁俯瑶京，碧树飞甍拂曙清。缥缈丹青天外合，空濛苍翠坐中明。

尘超万劫开龙藏，云起三山绕凤城。日暮凭阑共仙侣，却疑身世是蓬瀛。

入仙源

翠微环绕带青霞，路入仙源境自嘉。曲涧传杯通净水，丛林卓锡散天花。

钟声度壑风生树，塔影凌空月印沙。摩诘幽情何所寄，卜栖拟傍远公家。

王继明（1544—1607），字用晦，号东野，又号省庵、慎斋。英桥王氏十世。隆庆元年（1567）举人，万历二年（1574）进士，四年补当涂令，十四年（1586）擢行人司副，十五年升兵部员外郎，十七年升郎中，十九年守镇江，二十三年调守襄阳，二十五年调守太平，二十八年升四川按察使司副使，三十年升四川布政。著有《偶然集》等。

蜀中寄所亲

杜鹃啼处是东川，北斗遥看思惘然。盛事无才惭窃禄，衰颜何计觅真铨。

少年几醉星霜下，此夜还疑笔砚前。莫漫题诗怀旧侣，春来归思已翩翩。

江心寺

水殿逶迤落蝸丝，满前风物总生悲。烟波渺渺还如旧，禾黍离离欲向谁。

过化声遗怜往迹，休明天启属昌期。只今千载余生气，底事游人泣断碑。

王光美（1556—1632），字季中，号玉苍。英桥王氏十世。王叔杲子。万历时例贡。后任鸿胪寺丞。诗赋用力尤多，与龙膺、何白等结“白鹿诗社”。著有《王季中集》。

雨中度芳林岭即事

寒飙衰柳度江城，客路冲泥列骑行。海抹岚光天外合，林含枫色雨中明。

花村渐觉秋容暮，风磴时闻落叶声。不辨巃嵸云里影，几逢樵父问山名。

霉雨岩观瀑

瑟瑟寒飙万壑松，奔泉直上最高峰。平分斜日摇飞蝀，半洒青天起卧龙。

石绣苔纹埋赤字，云开山影堕芙蓉。长歌罢酌扶筇去，回首烟霞信几重。

集东山凝翠亭

水色峰阴爽气通，良朋欢聚一尊同。杯倾绿醑浮青霭，琴韵清商坐碧桐。

泛泛新荷能溜雨，嘤嘤好鸟惯鸣风。东山啸傲堪忘世，棋墅于今有谢公。

咏水中月

桂魄流青汉，圆轮映碧浔。佳人疑镜落，鲛室讶珠沉。

风浪空相激，鱼龙不可侵。何如谪仙子，醉眼向波心。

湖上泛月归

惊雷开骤雨，倏忽幻晴空。游子淹清眺，归舟逗晚风。

山光辉远雾，海气亘长虹。无限澄湖景，新蟾照短蓬。

横塘夜泛

宗枋当水国，渤澥枕山城。仙客星槎泛，姮娥桂魄明。

峰高遥入望，川暝不知名。倘藉抟风翼，扶摇凌太清。

王至京（1583—1642），字昭玉，号抱璞，晚号执如。英桥王氏十一世。王光美次子。明万历四十五年（1617）例贡。天启元年（1621），授殿中舍人。著有《南游草》等。

金山

拳石当空立，烟波一镜分。焦山门对寂，碧水槛回纹。

梵宇摇华日，雕甍拥彩云。跻攀探古胜，鉴赏属苏君。

姑苏怀古

城外钟声晚，随风到客船。江村悬片月，吴越共长天。

彩鹤波心漾，兰桡溪渚连。乌啼空彻夜，西子向谁怜？

驿路梅花

寒枝才破萼，香气袭征衣。踏雪非乘兴，逢春促远归。

茅檐茶灶湿，村店酒旗飞。取醉留貂佩，寒威苦力微。

过桃叶渡

渡头桃叶因风舞，桂楫轻移向晚过。曲槛凭波开倒影，画楼隔水奏清歌。

佳人犹忆芳名旧，才子曾留翰墨多。晋代衣冠乌巷月，风流当日奈君何。

王文东，字木德，号瓯川。英桥王氏九世。庠生。

漫兴

孤心原不厌藜蒿，岁晓寒光入缊袍。映月芦花和岸白，翻风石竹出墙高。

乾坤消长看周易，身世浮沉寄楚骚。多道元龙成落魄，醉来何事气犹豪？

王文冠，字明远，号葆光。英桥王氏九世。明万历间诸生。

寄项梦湖

故人音问近何疏，闻道清秋正索居。沉醉有怀非中圣，穷愁无赖只耽书。

漫同太白歌天姥，敢拟相如赋子虚。抵掌荣枯成一笑，浑忘尘世是蘧庐。

王煦，字景旸，号西轩，永嘉诸生。英桥王氏十世。王叔杲侄。

超览亭

凭虚嵌壁敞闲亭，坐望诸天法界清。檐拂萝丝当昼暝，座依松盖度云轻。

重新古塔灵光现，遥列奇峰爽翠明。不有维摩能决胜，谁令福地更峥嵘。

送玉沙弟北上谒选与致虚弟偕行

联骑翩翩入帝京，离亭话别一樽清。波摇彩鹢光初媚，草映青袍色倍明。

长路雁行堪作侣，故园花萼不胜情。东风暖拂烟台柳，好听宫莺满禁城。

王如珪，字景瑞，号肖华，又号任斋。英桥王氏十世。王德长子，王名世父。嘉靖四十三年（1564）举人，官溧阳知县。

游仙岩

翠微环绕带青霞，路入仙源境自嘉。曲涧传杯通法水，丛林卓锡散天花。

钟声度壑风生树，塔影凌空月印沙。无限幽怀何所寄，卜栖拟傍远公家。

江心寺

滚滚长江日夕东，何年浮至化人宫。擘开波浪鳌簪出，别启楼台蜃气通。

欲问清辉怜废址，每歌正气肃遗忠。登临谁使山灵重，目尽斜阳两岸峰。

王光荐（1542—1619），字季贤，号玉淙。英桥王氏十世。王叔果次子。庠生。万历十年（1582）补光禄寺丞，十八年（1590）升解州丞。

次文山先生韵

遗词读罢泪如丝，一字真成百世悲。航海文山新拜相，遁居青岙旧臣谁。

铜驼沉棘何能起，精卫填江未尽期。祠外潮声互呜咽，天留砥柱为公碑。

游仙岩

香台耸构倚青岑，此日登临惬素心。玄洞云峰疑虎伏，灵岩瀑泻讶龙吟。

祇园花木经寒雨，翠岭烟霞接晚阴。阅世谁能超累劫，偷闲且喜就丛林。

王光普（1545—1620），字季仁，号玉沙。英桥王氏十世。王叔果三子。庠生。

游仙岩

松老祠宫袅兔丝，南枝不改撼风悲。睢阳力尽还为厉，诸葛身歼欲报谁。

江海朝宗如有意，汴杭回首怅无期。洲前苹藻秋堪荐，泪洒当年纪事碑。

王如璧（1548—？），字景完，号仰华。英桥王氏十世。王德次子，袭锦衣卫百户。历升江西都司。

游江心

中川由来两山夹，相传有僧此说法。双峰中断忽复联，鳌负恒沙势如压。

一时闻见举竦然，争输金粟营诸天。陵谷幻迁几千劫，神呵鬼护凄寒烟。

宋跸当年值艰否，航海文山此栖止。摩文配卓表双忠，英烈江山并流峙。

犹余廿载辞中川，归来风物良非前。丛林宛转奂伟构，金波碧巘相新鲜。

上方宝宇渺崒嵂，楼阁参天丽朝日。浮屠逼汉俨朱轮，回塘偃卧邻鲛室。

秋江水月荡层阴，玻璃万斛浮珠林。天香梵语隔城郭，蛟门一色空人心。

象外棹歌动寥廓，镜里帆樯徧错落。蓬瀛仿佛路非遥，满眼流光看不足。

王继庄，字用敬，号致虚，又号了真。庠生。英桥王氏十世。

咏爽阁

野色凭栏满，山光逼坐来。农谈终日有，客到一尊开。

隐几过云细，摊书飞鸟回。清吟怀谢朓，搔首独徘徊。

过双溪寺和何无咎韵

岧峣千嶂列溪南，溪上双林胜日探。钵散昙花流宝地，瀑摇晴雪落澄潭。
翻经室静虚生白，拄杖天空远送蓝。偶尔招携寻法侣，喜闻仙梵出珠龛。

仙岩

水边云石丽晴寰，岩际烟光薄远山。闲鸥独立在尘外，老鹤自得松之间。
梅潭百丈飞晴雪，枫林万树摇琼丹。揭君高佩倚姑射，吸风饮露留枯颜。

王孟晫，字景耀，号右山。英桥王氏十世。郡廪生。

武昌晚泊

遥指春红满敝庐，故山望断万山余。舟前日夜闻吹笛，梦里逢人说寄书。
赤壁月明飞一鹤，武昌水暖跃双鱼。相如多病还为客，懒散无心赋子虚。

观荷和韵二首

（一）

一水盈盈花乱开，追凉亭畔漫徘徊。移尊莫道无幽侣，隔叶俄闻笑语来。

（二）

十里芙蕖艳色同，波光潋滟泛长空。清歌听罢归来晚，一棹浮香水月中。

王至言（1560—1630），字昭文，号夕庵居士。英桥王氏十一世。王叔果孙，王光蕴长子。万历二十八年（1600）副贡，以纂修玉牒于万历四十四年（1616）授太常寺典簿。著有《笙鹤轩诗集》等。

集鸡鸣山凭虚阁

岧峣虚阁俯瑶京，引露新桐拂曙清。佛国楼台从地涌，帝乡日月入檐明。
风生壁水摇龙藏，云起钟山绕凤城。薄暮凭栏共仙侣，恍疑身世是蓬瀛。

登永宁山

东瓯海上最高峰，结伴来登仗瘦筇。山控孤城封薜荔，潮回双塔出芙蓉。
平原绿映千畴稼，邃壑声旋十里松。一啸长风招玉羽，相将此地觅仙踪。

西湖堤上走马

匹马长嘶带夕阳，春风何处不垂杨。闲寻野寺穿花去，醉调何姬索酒尝。

王名世（1568—1646），字时可，又字翼宇。英桥王氏十一世。王德孙，王如珪子。万历十四年（1586）袭锦衣千户，二十五年（1597）顺天武解元，次年中会元、状元，成为“武三元”。四十年补锦衣指挥，升东宫侍卫。武艺超群，工诗善书，时称“文武才”。

同冯太史游小西天

翠微处处自氤氲，杖屦春风尽日熏。古洞有龙常锁雾，长林无木不栖云。

拾囊应得诗千首，携榼从拌酒十分。最是平生丰草性，愿因麋鹿结为群。

秋日江上

乍晴乍雨气森森，江上烟波万顷深。山畔白云迷去客，溪边红叶解留人。

江心寺

中川古寺即扁舟，画栋雕甍水面浮。龙护法门云拥座，鲸吞影塔月窥楼。

排空雪浪沿青嶂，拔地冰厓障浊流。却笑萍踪方万里，钓游何日复兹丘。

秋日游仙岩

宝地幽幽绝世纷，行来但狎野鸥群。满林霜叶绿溪映，一树寒蝉入寺闻。

岩挂玉虹晴亦雨，山连碧汉昼常云。胜游欲佩忘归草，可是前村日又曛。

王光经（1570—1626），字景济，一字雨金，号黄石。英桥王氏十世。万历二十五年（1597）举人，三十五年（1607）玉殿传胪，三十六年补礼部主事，三十八年改祠祭主事，钦差持节淮府，三十九年升刑部员外郎，四十年升郎中。泰昌元年（1620）奉鞫钦案恤刑山西。天启三年（1623）升陕西参政，分守关西；六年赈济商州，升广东按察司副使，奉旨整饬岭南道。

东谷庵

古刹藏幽谷，林深何处通。午风松谡谡，晓露竹丛丛。

鸟迹疑无径，梵音觉有宫。客来层嶂外，僧定密云中。

草长缘阶碧，花飞入座红。晨昏钟磬响，静悟得真空。

咏游南亭

时竟夕澄霄，云归日西驰。密林含余情，远峰隐半规。

久痗昏垫苦，旅馆眺郊岐。泽兰渐被经，芙蓉始发池。

未厌青春好，已观朱明移。我志谁共亮，赏心惟良知。

王士伦（1572—？），字明甫，一字培竹。英桥王氏十世。万历四十年（1612）举人，任遂昌教谕，后知山东禹城。

游江心寺

临江一以眺，拨棹涉灵区。四野群峰耸，中流一屿孤。
胜非霜剑比，名与海珠殊。到此堪忘世，吾生已悟无。

送昭玉侄应试之金陵

翩翩大雅茁金茎，赋就南都卓有声。握底明珠光照乘，怀中白璧重连城。
秦淮月色余清梦，王谢风流忆旧盟。秋仲三山森桂子，知君一往有深情。

王士孚，英桥王氏十世。

贺尧民侄新纳佳宠

脂凝玉暖暗生香，婉艳娥眉巧自妆。琴瑟同心欢夜永，桃梅结子爱春阳。
杯交玉液飞鹦鹉，乐奏璃萧引凤皇。闻道阿咸能作赋，东莱未许独成章。

王士光，字昭甫，号抱玄。英桥王氏十世。庠生。

题爽阁

飞阁俯平畴，登临翠欲流。天开山似画，雨过树疑秋。
极目遥青入，高歌大白浮。壁间何所有，寒气隐昊钩。

王维夔（1574—1653），字邦佐，号龙友。英桥王氏十一世。万历四十年（1612）乡荐，四十七年进士，曾任江西布政使、兵部郎中、湖广按察、江西布政使右通政等。

同董达父、翁克生家弟昭会，夜度虔南第一关，因同用为起句

夜度虔南第一关，层峦隐现绝跻攀。暗尘驱马青山外，古驿悬灯绿树间。
遥听哀鸿声呖呖，近聆清韵水潺潺。漫言九折王阳坂，行路惊心步转艰。

游仙岩禅寺

长怀屏迹卜深山，胜地招游一往还。落照荒荒留古塔，清阴寂寂扃禅关。
流觞亭畔松皆老，积翠岩前鹿自闲。欲借远公劳伫望，虎溪云断话谁攀。

王至章（？—1652），字昭宪，号仙源。英桥王氏十一世。王光蕴子。万历三十六年（1608）岁贡。任云南建水知州。

咏怀和韵

庭槐谁植旧时阴，遁迹墙东恐未深。一榻清风高士卧，半窗明月故人心。

浮名无复尘中扰，幻境应从梦里寻。净土由来多慧业，试将妙果涤凡襟。

王至充，字昭夏。英桥王氏十一世。

谒卓公祠

灵祠依宝地，桑梓肃英风。驯虎徵纯孝，批鳞感愫忠。

徽音存仰止，锡典慰褒崇。想象文山在，神游万古同。

王万珏，字两玉，号退庵。英桥王氏十一世。崇祯三年（1630）庠生。

江城新霁

高树留残雨，轻烟散曲阿。沙明池作镜，风暖草生波。

地僻来鸿少，天空飞鸟多。不知今夜月，千里定如何。

舟次别戴亦韩

乍向残春话别离，江干云物赠凄其。桃红落艳随流急，柳线牵情解缆迟。

送目慵瞻南浦月，悲歌还诵芜城诗。山阴夜雪难乘兴，对尔魂销在此时。

王弘性，字钦夫，号静生。英桥王氏十一世。处士。

客中野渡

溶溶秋水接天涯，半浸云光半浸霞。何处乡关堪极目，孤帆独挂夕阳斜。

东林寺赠昧上人

久羡匡庐胜，登临忆远公。钟鸣云雾外，人入画图中。

邂逅高僧话，依稀旧社风。山灵如有约，共笑野桥东。

王弘化，字敦夫，号水如。英桥王氏十一世。

章门遇郑君

同为五岭客，一别十三春。意气君犹在，肝肠我自真。

乍逢惊短鬓，相问借余身。不涉江湖险，谁甘故里贫。

玉苍山赠隐上人

偶来寻古寺，十日为林泉。雾重长疑雨，云开别有天。

疏钟清短梦，皓月印深禅。几许烦师意，茗香动自煎。

罗峰寺

溪流急杵乱秋声，迢递峰阴入化城。五美自为方外赏，一尘不到世间情。

蝉随堕叶吟风湿，树隐澄潭逗日明。安得坐忘深竹里，山门长倩白云横。

西林庵

夕阳沉翠半山霞，小径门深一院花。清兴况逢林有竹，闲游何事酒为家。

黄鹂对语娇犹涩，碧树分阴静自斜。独向春风吟转剧，片云扶杖上西华。

王钦彝，字予性、与性，号蹇翁。英桥王氏十二世。王光蕴孙。万历三十九年（1611）庠生。

钱塘江上闻箫

钱塘江上南归客，夜泊孤舟江月白。谁家五夜忽吹箫，万籁无声人寂寂。初闻似奏《梅花落》，须臾响彻浮万壑。推篷细按转呜呜，秋寒杨柳霜消索。何人不起故乡情，我悲老大重飘泊。君不见、浔阳江头司马泣，琵琶亦向青衫湿，千古伤心共于邑！

吴山伍子胥祠

吴山游历下肩舆，吊古情深泪有余。积怨消沉留剑佩，霸图零落怅丘墟。

伤心怕说吴宫沼，往事空传《越绝书》。到底难酬亡国恨，潮声夜夜泣包胥。

孤山林和靖墓

高士千秋隐草莱，孤山凭吊思悠哉。黄昏香暗寻梅去，白日云飞放鹤回。

王钦望，字与周，号鹤巢。英桥王氏十二世。钦豫族弟。庠生。

饮陈氏园亭歌

今年花比昔年好，谁道今年人便老。会心方是赏花人，白发童颜岂为槁。

沧海桑田凡变迁，青山相对舒怀抱。扫地焚香即列仙，莫嫌长把金尊倒。

飞花

一春花事满墙东，乍点珠帘逐晓风。蝶翅翻时香片片，蜂须粘处锦丛丛。

飘零已失金铃护，标榜还留玉篆工。拾得芳英重自惜，不教夜雨怨残红。

王钦豫（1596—1658），字予谦、与谦，号樵贵山人，晚号樵野、海野。英桥王氏十二世。王光蕴孙。天启三年（1623）庠生。著有《一笑录》。

秋夜读书

唧唧蛩音四壁鸣，凄凄如和读书声。寻常一样秋来月，为照书窗分外清。

读竟韦编夜未央，爽然四壁动秋光。遥思太乙燃藜处，一片清心近玉皇。

对月咏怀

金波激座隅，皎兮自沧海。沧海时复变，月明终不改。

皓质凭太虚，贞心贲幽彩。岂不耀华堂？富贵不长在。

小斋美清夜，时为幽人待。万籁渐归寂，四顾绝微叆。

晶晶人外境，涤涤胸中垒。澄澄映此心，炯炯见千载。

千载岂云远？孤征莫惶怠。明晦勿复问，但期志靡悔。

王鸿宗，字幼明，号渔山。英桥王氏十三世。崇祯九年（1636）庠生。

过川子叔斋头题侯嗣宗所画《西庄种竹图》

为爱幽偏结数椽，绿筠深处足高眠。裁诗宁让溪边逸，命酒应齐林下贤。

自是烟霞成性癖，却教丘壑倩园传。况然坐对萧斋里，恰似秦生阅辋川。

王鸿京，字幼学，号亦西。英桥王氏十三世。崇祯九年（1636）庠生。

送林弱仙游吴

骚客逢秋作远游，登山临水思悠悠。丹枫未落吴江畔，碧柳先攀越海头。

莫问鼓鼙惊旅梦，但怜砧杵动乡愁。苏台烟月多佳致，一任奚囊句好收。

送傅丽三归武林

一樽郭外送归舟，司马于今故倦游。片片岩花萦客思，声声谷鸟唤人愁。

帆飞江上春潮急，棹返湖滨夜月悠。此后相思凭尺素，题缄莫待雁鸿秋。

王起元（？—1640），字邻喜，号皋东。英桥王氏十三世。与族叔王钦豫年相近。天启六年（1626）庠生，崇祯十二年（1639）副贡。

梅冈夜眺莫

风挟霜为骨，江枯沙欲流。披衣留瘦月，恰已到江头。

式米容中秋夜偶作二首

（一）

闻香知桂发，引坐近西清。木叶天俱寂，山阿露有声。

（二）

凄清风复露，俏眇水和烟。只此送明月，幽人苦未眠。

竹枝词

江南春雨正濛濛，郎在兰船莫挂篷。二十四番花信里，岂无一日石尤风？

王至嘉，字昭会，号辛人。明弘光中选贡。

北征道上忆得江南春

（一）

蹇驴笃速走黄沙，三月荒村无野花。忆得江南春事了，细香过处焙新茶。

（二）

风欺客子薄衣裳，四野飞尘日影黄。忆得江南春禊后，画船轻系浣花塘。

过翁克生斋头分得难字

寂寂高斋翠影团，清尊竟日共盘桓。帘飞花雨春争媚，户拂松阴午亦寒。

浪说紫芝犹负汉，却怜黄石仅留韩。相看莫问生涯事，醉后长歌行路难。

王至彪（1596—1677），字文虎，号积石。明崇祯元年（1628）选贡，历官平南知县。孙诒让评其诗："古直悲凉，自足觇其志节。"著有《玄对草》。

黄石夕照

黄石高峰枕海隅，夕阳返照满山区。吹来牧笛江村暮，集遍渔舟野渡孤。

石壁倒翻云影杂，炊烟乱起日光晡。柴扉徒倚空搔首，门柳萧萧噪晚乌。

双溪夜月

澄潭碧水落双溪，寺处藤萝月上栖。松际筛光光隐现，池中荡影影高低。

一行雁度秋声咽，四壁蛩鸣夜色凄。还倚书窗深静对，中天皓洁未流西。

避乱宝严偶归上丘，晓起书感

乱离暂得返林皋，愁听霜天戍角高。野竹惊风寒犬吠，山枫落月晓乌号。

绕篱空发渊明菊，满径惟深仲蔚蒿。相看归人都掩泪，那堪时日几奔逃。

王锡瑄，字玉伯，维夔长子。官刑部司务。

积翠楼落成共天目和尚茶话

缥渺珠宫近赤霄，谈禅顿觉俗尘消。红楼乍歇千山雨，丹壑惊回万里飙。
戴笠自甘长避世，鸣珂宁辨再趋朝。相逢只合忘羁绊，况复东林此见招。

王锡琔（1607—1666），字玉仲，维夔次子。庠生。任青田司训。

前题

依山高阁厂，梵磬枕边听。疏沼通泉脉，为楼借地形。
薜萝仍旧径，翠石得新铭。莲社多同调，茶炉烟正青。

王锡琯（1609—1687），字玉叔，号又典，维夔子。清顺治壬辰（1652）进士，累官礼部主客司主事。著有《王玉叔诗选》等。

焦山和石壁间韵

佳气犹从叠嶂生，留饮禅阁一樽清。寒光近接云千树，夜色遥分月半城。
名胜地居吴会僻，中流潮带楚江平。幽寻欲问高人迹，笑负当年水石盟。

望湖亭

鸡鸣山上望湖光，耿耿烟波惹思长。梁帝不归城寂寞，志公一去塔荒凉。
远山蘸水鱼纹乱，深岸平沙鹭影翔。为问苍生存几许，版图鳞集正堪伤。

王金言，字兆伦，号栗生。顺治十七年（1660）岁贡。

春日同诸友过李氏园亭见李花盛开留饮赋赠

万朵苇绡敞画楼，名园命侣兴偏幽，亭亭玉立迎风笑，滴滴珠悬带雨愁。
席上欢凭红友尽，坐中香倩白衣留。停杯属咏还烧烛，可是青莲卜夜游。

王相，字昭傅，号唐园。康熙岁贡。

川子侄城南雅集迟梅赞臣

凭将书札报，有约访城南。曲径花频扫，方池月乍涵。
屐声才入听，坐客已无谈。林下诸贤在，风流忝独惭。

王涵，字南永，号龙川。乾隆岁贡。

游陶成洞

山腰疑结化人宫，岩窦常留鬼斧工。檐外星辰窥碧落，洞中日月问鸿濛。

到来心地清如水，行踏游丝澹若空。丹灶定知流石髓，谁教迷道似空同。

秋思（四首录一）

寂寂柴门暮景凉，一庭月色泛瑶觞。瓮边高卧游魂栩，花下闲吟齿舌香。

含露银河微见影，趁风萤火细流光。更深横笛楼中啸，乱落梅花带晓霜。

王梦篆（1737—1820），字文沙，号秋雨，又名窥园。浙江遂昌人。英桥王氏世。乾隆五十九年（1794）岁贡。是遂昌乾隆嘉庆年间著名诗人。著有《窥园诗抄》。

飞霞洞

半壁飞霞洞，临河背女墙。高楼争雉堞，老树出僧房。

桥为游人设，船看过客忙。凭栏资咏眺，得句已残阳。

江心屿谒文丞相祠

江心孤屿郁嶙峋，信国文公此问津。潮汐英灵通海澨，馨香士庶存蘩苹。

身羁北地归无日，魂返西台哭有人。一昔停骖遗迹在，徘徊庑下叹劳薪。

春深

送雁寒偕去，听鸠春已深。密云开暝色，宿雨积城阴。

麦陇摇新颖，秧田茁细针。潜移看物候，惆怅野人心。

王玉（1804—1854），字温如。清道光丁未（1847）进士。曾官山西即用知县。

青玉案·寿董孺人

绮筵开处红斟酒，说壶仪，推贤母。节矢冰霜今罕覯，牛眠卜筑，熊丸课读，辛苦君知否？果然松柏称凋后，共向华堂介眉寿，佳妇佳儿相左右。菊花罢，萸杯分递，人是神仙偶。

清江引·炎凉任凭斯世易

炎凉任凭斯世易，粗筑复真宅。奇延三百年，定滕公室。尽堪知累世，清华能积德。

步步娇·题《吹台生圹图》

竹史先生多元识，金篆参朝夕。会当胜日时，桐帽棕鞋劳跋涉。福地果难求，假天缘，指点王乔台侧。

王万昌，字得人，号澳瞻。清顺治岁贡，授训导。

怀人

湖烟漠漠雨漫漫，一水相思问渡难。总是醒时犹似梦，无非愁处不成欢。
疏钟晚度林阴寂，素壁宵分烛影寒。满径落花犹可聚，联茵那得重盘桓。

王臣法，字盖公，号王屋。清康熙丁巳（1677）岁贡。

送邹文江还金陵将游燕都

几年联袂钓瓯滨，忽听歌骊别恨新。一水浮云迷去棹，千山明月映征轮。
枫林坐爱吴江晚，柳色行看汉苑春。他日黄金台畔客，可无重念旧游人。

初度寓湖心寺，同杜诸君子移尊见访，因就水轩畅叙

作赋年来愧未工，暂依萧寺学谈空。半帘树影双峰外，满座湖光一镜中。
佳节恰逢元巳日，群贤更见永和风。却忘垂老韶华逝，喜有芳尊到处同。

王咏，字川之，号竹居。清康熙诸生。

孤屿对月

孤屿双林郁，中川一水潺。溯流扬桂枻，乘月叩松关。
目断烟云外，身疑霄汉间。波光浮玉魄，塔影倒银湾。
淡远江边树，微茫海上山。昔贤留咏处，吾辈复跻攀。

王沄孙，字长云，号自怡。清康熙例贡人国学。

张处士窗前美人蕉

杪春沿径出，长夏蔽檐高。愿匹文君竹，甘依仲蔚蒿。
丹心常自剖，绿鬓若为搔。夜雨潇潇下，疑弹凤尾槽。

秋夕过鹅湖

日落千山紫，湖光写春秋。浮屠灯影乱，断岸棹歌收。
苔满稀人到，荷残动客愁。联吟犹未已，新月又窥楼。

王德馨（1819—1888），字玉才，号仲兰。英桥王氏十六世楼下派五房。其孙王起（王季思）。今辑有《王德馨集》《雪蕉斋诗话》。

湖滨即景

天为平湖作好春，淡妆浓抹乍调匀。景随气候时时变，山似画图幅幅新。

沿路花香熏醉客，夹堤柳色护游人。我来不尽题诗兴，愿与黄鹂结此邻。

春游即事

阳回遍地景翻新，随意寻芳步履频。醉卧落花书作枕，困临流水草为茵。

须知少壮无多日，况值芳菲是早春。为语游园桃李树，好留颜色待游人。

蝉

蝉蜩嗓於夏，其声清似琴。试问热中客，谁是汝知音。

王理孚（1876—1950），字志澄，亦作志澄。人称“海髯先生”。英桥王氏隔洪派第十八世后裔。曾任浙江省都督府秘书，鄞县知县。鳌江开埠先驱。今辑有《王理孚集》。

南麂八咏（选四）

（一）

驰骋中原愿已虚，更从海外觅扶余。英雄倘厌弹丸小，底事虬髯老畋渔?

（二）

草堂南北两高峰，手植青青十万松。近海多风能几活，仅存鳞甲渐成龙。

（三）

海山海水两苍浪，风雨无端仆草堂。门户台澎依旧在，不堪晓日见扶桑。

（四）

乘桴浮海意堪伤，错被人呼作“大王”。虚牝黄金庸计左，千家渔稻已成乡。

王统（1884—1957），字竞飞，号晴川。清光绪二十八年（1902）东渡日本留学军事，追随孙中山从事革命，曾被委任为中华革命党海军总司令。1955年年初，协助筹建民革温州支部。

自叙并呈居觉生

落拓革命将，孤忠五十年。少加永嘉役，身几为民捐。

复随唐烈士，振臂大江边。江流烈士血，泣别荒丘前。

辛亥江宁战，决死入朝阳。金陵复汉业，白日青天扬。

先生承尧德，袁氏乱无章。义师白下北，侍驾扶桑亡。

建业灵南坂，中华本党创。同志穷衣食，异地困彷徨。

王子说久原，助我百万洋。献之于总理，士气从此张。

肃命袭敌舰，率艇吴淞航。策电白刃斗，钩和赤手当。

晨曦为我怒，潮汐为我狂。洪涛飞赤火，浦树尽焦黄。

小舟冲覆没，士卒随流丧。天帝何怜悯，济我乎东塘。

农人裹我创，渔夫餐我鲂。总理登元座，虽传伤未行。

功成愧受禄，白首甘冯郎。

淞沪之役二首

（一）

人情多变诈，耿介委荒林。夙夜三方契，一朝各异心。

独逢淹没苦，谁白含忠深！陈志既无道，忳忳痛至今。

（二）

江离虽寂寞，辟芷亦无成。徒耻三秋献，空违知己情，

易初羞士节，改忿谢先生，自抑江湖去，孤帆万里征。

春日侍孙中山先生赴隅田川大仓宴

侍驾隅田畔，春风开晚霞。樱红流日夜，景昃逐清华。

一盏临川醉，三弦并席歌。佳人情脉脉，绝国意如何。

文选

游巽山记

（明）王激

出城南五里许为巽山。按瓯土在巽吉之地，故山以巽名。群峰峻削，岿然具瞻，草丛林薄，未尝有游观之具也。

正德乙丑，为郡守陆公莅治之三年，官无殷政，民端物轨，废兴坠举，无所事事，百姓奉期出租税而已。春三月，公因诸生之请，修平芟剔，构屋数楹，政暇则觞其工，而瓯人多一游地矣。仲秋望日，群载酒以修盛会，激亦滥厕几杖之后，芒履布袜，泠然独登。石径逶迤，下俯枯涧，稚松种种，缘壑不绝，履丰涉虚，蓁荆啮足，由旁麓四五绕，始达峰顶。既而群公酒酣，纵观寥廓，乱山怪石，乔木奇屿，如驰如涌，如立如拱，如奋而怒，如畏而恭。江远帆没，村暝鸟归，落霞满川，波光如绛，牧唱渔歌，杳然空蒙潋滟之外。薄暮，云收烟灭，明月在杯，然雅怀似出尘劫。因思游观，虽一时假聚暂合之乐，然亦有数存焉。我朝御宇百余年来，皇天示警以固盈成之运。中外多事，四方颇惊，政冗官烦，民忧吏垢。唯瓯之民沾洒守臣之泽，田不芜，林不伐，黍禾鸡豚，可以伏腊，食饱则澡手而嬉，无所于惧。斗城九山之灵，亦得与群公相忘于形骸之外，乃知游观亭榭无预于天下之治乱，而天下之治乱常于游观亭榭之修废焉见之。虽然，兹峰

在瓯土不知几千百载矣，藤梢棘刺之所没，狐狸鼠兔之所嗥，樵儿牧竖亦未尝憩息啸歌于其上，今而陟然得接冠剑仪卫之荣，而复有峨冠长佩、山衣道服、不可物色之人周旋尊俎以助高致，是知山林丘壑无干于世，亦俟数遇而后显，然则天下之英雄豪杰困伏于草莽山泽之间者，其遇不遇未可遽为前却也。

激重有感于兹焉，作《巽山游记》。

仙岩寺记

（明）王叔果

永嘉之山唯大罗最巨，磅礴数十里。其西麓为仙岩，乃天下二十六福地，界永、瑞二邑境上。其寺建自唐贞观僧慧通者，后废。至宋，有富民陈氏者宅兹村，忽闻地下有钟鼓声，复舍宅为寺，时有楞严（遇）安禅师常骑虎出入，别号伏虎禅师，大兴法场。宋儒陈止斋先生读书其中，朱晦翁亦常来游，大书“溪山第一”四字。

兹山三面环抱，唯空其西面，外通大河，内有小溪环绕，梅潭水由此出，入河，往年可通小舟，今沙石淤塞矣。寺前石坊旧额，僧鉴空“伏虎”二大字已失去，今中书舍人赵性鲁，直匾书“仙岩”，横匾书“天下二十六福地”。由石坊转入为虎溪桥，覆以亭，亭有系虎石桥之南，屹然而耸者为慧光塔。昔传有银汉飞灯之异。其东畔列石幢十余座。故有僧舍、名外庵，今废渡桥而北，则止斋祠在焉，乃瑞邑前尹刘公畿重建。祠前有亭，匾曰“流芳”，僧道熹为刘公作也。祠后高峰数十寻，系以萝蔓，望之郁然为积翠峰。

由止斋祠东行，有沙门，有佛殿，则国初一镇守内臣重建者，甚宏伟，岁久敝坏，今乃肇新焉。而狮子峰、卧象山则相与环抱左右。往大殿东行数十步，僧道熹新创一庵，门匾“丛林佳趣”。前为方丈，西为清虚楼，楼后骈植花卉。亭面之，曰“艳芳”，瑞、平尹朱、文二公捐资所构，改曰“超览”。庵门外有亭相值，坐其中，则云峰森列，予题曰“参云榭”，左方有旧庵今改为安禅之所。由旧庵东折而北，有门翼然，悬晦翁所书“溪山第一”匾。前行数十步为嘉树台，以古榕树根盘崖上，重荫交翠其下，甃石为台。台之东为流觞亭，亭八角，水环绕流觞，仍注于池。周围数十寻，多植白莲，名曰白莲池。泰顺尹区公益资寺僧作亭池中，而问名于予，予命曰“憩莲”区公别号两莲，用以名亭，盖甘棠之意云。

出流觞亭循崖北行，蹑级而上为翠微岭，岭侧有石如屏，刻宋（按，应为唐）吏部侍郎姚揆铭岭下俯见澄潭，志载有三仙姑谒（遇）安禅师，一语而悟，入潭化去，因以名潭。潭前为仰止亭，以仰而望之则止斋读书台在焉。台表西，崖高处有石如砥，方数十丈，旁凿小石盂，注水盥手，则止斋旧迹也。由仰止亭北行，乃梅潭正踞。又折而东，崖谷甚异，有洞如室，盘旋而通梅潭，名通玄洞。洞之背有亭，少师张文忠孚敬建，名泽润亭。亭之前即梅雨潭，潭之胜在此山为最。四面岩壁削立，瀑水飞洒潭中，空蒙若细雨。然潭口两巨岩相倚，中开一空，向皆乱石堆塞。砌石为矶，正面飞瀑，名曰喷玉矶，可列二桌，坐数人在矶上对瀑，如处灶门引首自内观天也。潭之四周，岩壁奇绝，昔传有飞仙其上者为升仙岩。又有振玉亭在潭上近西，与飞瀑相对，乃今瑞邑尹余公世儒新建也。

越潭之东，岩稍循涧，高陟为三皇井、炼丹井、黄帝池，其义未详，盖幻迹云。再上为雷潭，潭深邃莫窥其度，以巨石投之，若雷鸣。又有龙须潭，在雷潭之上，水循岩而下，如悬布，或以黄帝乘龙飞升时有须髯坠，故名。由潭西登，则有白云上方庵，乃僧道熹所构，即伏虎禅师庵故址。庵仅一楹，望之如斗大，而迎宾礼佛各有其方，至庖厨滔库属，亦罔不备，熹上人之经制巧矣。初上人在此入定，三年不出户，予命其住持仙岩寺，始下山。庵之上为玉函潭，去梅潭约二三里，游人率至此而返。山渐高峻，为仙岩绝境矣。

寺故有田七十亩，水碓凡数座。嘉靖初田为地豪家所有，而碓亦废去，游人至，无驻足之所，览胜吊古，罔不兴嗟。予兄弟命僧道熹主之，资其稍葺坠绪，仍理诸胜。兹山本为妙境，无攀陟之劳，有幽邃之美，今润色有加，而宴憩登眺之所不一而足，殆如人有颖质，益以学问之功，而才美立见矣。但寺中故业无存，今仅有三四座，日取其税以资香灯饔餐之给。先是，寺僧废戾，时移世变，所遗碓基又为本乡豪民所据；盖豪民率捏伪夺以为售之寺僧，遂沿溪竟架诸碓，自上流邀激梅潭水助舂，而飞泉为之或竭。比兵宪袁公祖庚，廉知其情，下令尽拆诸豪民碓，惟寺僧者许留，仍给帖为照，以预防将来。夫自唐迄今，殆将千载，其间或废或兴，不知几变矣，而湮落狼藉之余复能振举，是固关于天数，由于人力，其亦山川之灵有以致也。

玉介园记略

（明）王叔杲

先大夫崖翁自乡徙居郡城之墨池坊，南环清渠，东包华盖山。山之麓有太玉洞天，乃晋容成子修真所，予购隙地为园，介在太玉之西，因名玉介园。广十亩许，故多植橘。嘉靖己未，予即园翦辟榛莽，改葺垣除，筑轩面华盖峰，署曰挹华轩。后逼委巷，市舍嚣杂，复渐购益园之左隅。友人东泉程君雅嗜花卉，尤善种菊，予因以园属之，于垣之四周遍植松竹槐柳，预除营布。明年辛酉，予偕计北去人仕途，丁卯以使事过家，复理旧业，稍稍就绪，随复北去嗣守魏博，备兵三吴先后凡八载。丁丑幸谢政归，睹前所植松竹花卉蓊然成阴矣，滋培则藉程君力也。乃亟命工肆力营葺，起自敝庐之门，前夹丛槐引道东向，于垣西辟门以入，甃石为曲径，长数十丈，旁结花篱，苍翠交加，日中常如暝蔽，名团云径。径侧列海岩，又设石列坐，覆以蒲团。由径折而东过半，编竹为小门入橘圃，署曰最景园，取苏长橙黄橘绿句也。门内结双桧为亭，通小径两傍引杂卉为篱夹以松，林林如盖。振步而上，为爽然台，台后有方池山泉澄湛，畜金鲤鱼数百尾。登台以望，则海上远山四出，而附郭海坛诸山，拥翠屏列于园之后，橘柚松桂，秀色相接，凭栏周视，爽然如御风矣。

出最景园，而东为小门，墙四周之，中多植片竹数百竿，杂以嘉树，芳荫交覆，而编竹阑其四傍，森涓幽雅，炎暑不到。亭其中曰苍雪坞，亭后复辟小门入丛兰馆，馆中置幽兰数十盘，修茂殊甚，而众卉间焉。馆后有静室，槛临小池畜花色鱼百余尾，室四壁多置古今名家书画器玩。由馆折而西有庭，北当海坛山，左右松竹交荫，署曰华麓山房。庭前结山茶为屏，屏后横列石坞，植各色牡丹数十本。稍西旋入小门，多编宝珠茶，夹径为篱，中植古桧蟠结三星，庭面这挹华轩则直其中也。兹轩东向，去华盖峰二百步许，举目可挹，岚光霭翠，常侵几席间，盖园中之最胜也。轩侧有古槐夹立，夏时垂荫蔽坛，轩后为石坞，广数丈，置太湖应德、锦川诸奇石，覆以栝松。又植奇花若玉兰、海棠、射豹、川娟、紫薇、石榴、山茶、丁香诸种百余树，四时花不歇。由轩右侧径为门，东望华峰，云阴飘袭，署曰翠云扉。人翠云扉折而南为堂，堂前岁种菊数百本，森秀盈除，花时云锦烂然，结宾朋宴赏，署曰餐英馆。北为楼，楼东面橘圃松径纡青，远山浮翠，引眺华山，绀宇峨峨松霭间，至是尽收园中之胜。而初阳从海东升，光闪翠丛中，朝景尤丽，因署曰青旭楼。下为室，中置古书图画，为偃息所。

楼侧有池，为晋王右军墨池，盖守郡时尝临池作书，故址犹存，志所称墨池坊以此也。今重辟而轩其上，环以朱栏，题为右军洗砚处。池轩之后有曲房十余楹，为庖溷及宾从信宿所。左侧有小门，仍入团云径达苍雪坞。坞东重门而出，有径百余步，夹植桂柏，循此登华盖山，曰通华径。折而南，有门翼然，榜曰太玉洞天。由门陟岭，有泉出石罅间，亭其上，曰蒙泉亭。岭折而东数十步，又折而北有泉涓涓出石龙口，甚甘洌，足供一方之汲，虽旱不竭，志称一清泉。郡卒马公亭其前，曰清泉亭。其下为东瓯王庙，宏伟壮丽，与帝居埒。又为王谢祠，以右军康乐二贤治郡流声合祀焉。

岭又折，而南百武，望东蹑级而上为资福寺，宋林灵素修真故址也。华盖为郡主山，屹立屏扆，寺门正据其胜，俯视城中，官廨民居，万井鳞次街渠弦布，左带长江，右环诸溪，四山列绕数十重，登眺间令人应接不暇，真一方伟观也，榜曰江山胜览。寺久废，予既葺东园，藉兹山为胜，因命僧重构，颇增壮丽左畔有隙地，为灌莽所翳，余芟夷之，得平址亩许，面南筑小堂由回廊而入，周以矮垣，正直巽山塔，尽收郡城远近东南诸景，榜曰华阳净宇。寺之右，故逼岭。予移岭稍北十余丈，辟其址为楼五楹，俯临江流，如在足下江心亭中浮海面，双塔刺天，云帆来往，四顾若图画，其胜不减吴山西湖，而松竹交翠，拥匝奥区，不见阛闻，榜曰凌翠楼。寺后有僧舍旧址，稍夷之，结上方庵九楹，可为禅定所。出楼达沙门折而北，有径绕楼，外坦之下，古木丛覆，其荫茂甚，径穿荫而上，凡数折，陟华盖山巅，为亭曰冠华。郭外之江山川原，望中可尽。盘旋而下，指视玉介园，绿荫环接林麓，则若跬步间矣。

昔谢安石居有东山，所至筑丘象之。予居邻华盖山，志称东山山人自家食至人仕，寐于兹园之培植布置，率预于数十年之前，乃今亭台池馆次第幸成，而华盖上下诸景亦烂然易观，其徽惠于兹山者，岂一旦夕一手足力哉！园密迩居室，望华盖山如家山，朝昏风雨，予尝憩其中，昆弟朋友笑卒岁，是娱晚景而乐天伦，咸属于兹园也。非得命世作者告于草堂之灵，何以托于不朽。谨述梗略以请云。

重修江心志记

(明)王光蕴

予读《水经》，凡江海类称奇观，而江中有灵。区浮巨浸如仙山者，若京口金焦、南粤海珠及吾瓯孤屿。三山则尤奇已，三山皆以寺名。金焦峭立，俯瞰惊涛，多异状而地不夷展；海珠丽平，厓而浅隘，四远鲜山；孤屿则深广明秀，百雉屏列，千峰掩映，西塔盘危，磴而上下。视江流殊崄，东塔踞大阜，复殿繁阴，靓丽为丛林冠，梵宫楼阁，金碧相辉，引望九斗，山如掌上，潮平月午，空明无际，灯火起郭外，错若繁星，游人率载月而渡，四时朝昏之观，变幻具美。视金焦、海珠，甲之不啻方壶绝境也。

顷从同志游，家参政旸谷公语不佞蕴曰：兹山标灵寓内，且忠贤俎豆在故建置，吾相诸大夫新之矣。迩会二三使君，览胜孤屿询无志，惜为缺典，尔其图之。不佞无似，乃稽古迹，裒辑古今诗文，为志六卷。夫金焦当要津，缘处士焦光以名孤屿，虽在僻壤，而宋文信公与我明卓忠贞树之风声，大地诸天，托以不朽。然则是志也，庶几永传哉！匪徒侈名胜，资谈美已也。

募修江心寺疏

(明)王锡琯

吾乡之有孤屿，犹南中之有金山也，两山浮于江面，峰悬石矗，吞吐云潮，殆非兜率天以外世界。回忆十五载前，仆羁宦京口，日与妙高诸胜相酬酢，顾吾孤屿方之则夫金山者，亦徒修饰其衣貌，炫媚尘俗，未免为小巫之走矣。

吾读“乱流趋正绝，孤屿媚中川”，则康乐之履屐如新；吾读“众山遥对酒，孤屿共题诗”，则襄阳之楼阁不改；迨流览“清辉遗额觉，往朝之驻跸”，尚有余光低徊，文卓废祠，见近代之孤忠，肃然起敬。名山古迹，历历可稽，固不第维摩十笏，志公一锡，称胜曩时已也。迩来兵火叠樱，座下僧徒皆如飞鸟之远去，檀像梅林颓落于烟波浩淼之中，吁其可惜也已。

仆廿载浪游，世途惯烂，今老矣，泡影之悟耿耿于中常，欲于灵山会里，少林寺中，讨一生活便宜计。岂料两塔空崤，一川自汇，苔青藓碧，绣座涂阶，借使达摩西来，竟面何壁；抑令迦叶北向，欲笑无花，有心世道者不能不为之弹指而三叹也。住持僧佛锡元奇法沼，寒山破衲，束手怆怀，既一篑之难施，亦合尖而无计。幸赖当道护法，各捐清俸，弘起发扬，伏望四方善信檀那睹兹盛举，合力踵成，毋令金山弥陀哑然我笑，为孤屿者，不可借大有道以解嘲也。

乞简辅臣广录用疏

(明)王德

臣惟自古帝王致治之盛，必资于辅弼之臣，而咨询博采，当慎于任用之始，故尧、舜、禹、汤、文、武之为君，必求皋陶、伊、傅、周、召以为臣，而其致治之隆，有以参天地、亘古今，立极垂教，万世咸取则焉。

洪惟太祖高皇帝继天出治，稽古建官，始责成于六卿。列圣继体守成，因时立政，复委重于馆阁。逮我皇上轸念政本，益重辅臣，简择之命，屡形诏旨，圣虑渊深，思得真才以为夹辅，至慎切矣。近核大学士严嵩，题为内阁缺人办事，奉旨会推来看。臣仰见皇上忧勤惕厉之心，用贤图治之急，是即尧、舜、禹、汤、文、武之所以为君者也。顾安得命世之佐以副侧席之求乎？选用之精，任用之当，正惟其时。敢沥愚衷，少备采纳。

窃惟大君者，天地之宗子；大臣者，宗子之家相，阴阳赖之以燮理，臣工视之以师法，四裔观之以宾服，万物因之以咸若。其职任诚隆，其关系诚大也。故必行履忠贞以尽其德，器识宏博以充其材，朝野具瞻以隆其望，然后足以当其任而无愧。乃若文言饰貌而迂疏不适于用，强学博辨而执拗不通于时，外饰廉隅而中藏贪诈以济其私，阴怀虿毒而阳为脂韦以保其禄，此天下之大怼也。有一于此，皆足以妨贤而病国，蠹治而殃民，稔恶于穷，流祸于后世，非特一时一事之失而已。使非辨之于未用之先，而悔之于既用之后，以致上孤圣明，下丛群议，虽谴斥有加，而伤败已著，竟亦何益于朝廷之万一哉！但知人则哲，惟帝其难，几微疑似之间，诚有不容于不慎者。臣尝考宋儒朱熹有言曰：天地之间有自然之理，凡阳必刚，刚必明，明则易知。凡阴必柔，柔必暗，暗则难测。故圣人作《易》，遂以阳为君子，阴为小人。凡其光明正大，疏畅洞达，如青天白日，如高山大川，磊磊落落，无纤介可疑者，必君子也。使其依阿澳涊，回互隐伏，纠结如蛇蚓，琐细如虮虱，如鬼蜮狐蛊，如盗贼诅咒，闪倏狡狯不可方物者，必小人也。此固取舍之极则而观人之法也。简择辅弼之方，亦岂有逾于此哉！惟我皇上精察而慎用之耳。昔唐肃宗用杨绾为相，一时大臣声乐驺从，率皆减撤，俄顷转移，中外翕然。宋英宗相司马光，而辽人戒饬边吏慎勿生事开衅，远人畏戢甚于诛伐，此固得人之证也。夫二君皆中才之主，慎用二臣，犹足致效。况我皇上以大有为之君，忧勤惕励之心，用贤图治之急，如此岂无若人以应其求者乎！此臣所以望皇上精察而慎用之也。臣又闻千金之裘非一狐之腋，大厦之构非一木之材，故国家治化必贤才汇征而后可成。昔虞周之际，百揆庶牧，悉赖忠良，先后疏附，奔走御侮。罔非吉士，用能同心共济，以成雍熙永清之治？仰惟皇上《棫朴》之化，三纪于兹，宜乎人才辈出，比隆前代。顷者每遇廷臣员缺，辄患得人之难，岂生才有古今之异哉！良以进用之途未广，而遗佚之贤尚多，固有志节足以表世而嘉遁自肥，才猷足以底绩而论议未及，或以一眚之微而遂捐其终身之用，或以东隅之失而难收其桑榆之功，又岂皇上爱惜长养曲成造就之心也哉！臣愿皇上俯念机务重地，简自圣衷，敷求正人，以充任用，仍乞敕下吏部，将节年荐举遗佚人材公论共惜者，尽数疏名上请，特赐超擢；或遇缺填补，辅臣不得擅其予夺，铨曹不得专其意见，台谏不得私其亲识，无使庸流下品得以乘机滥进；如有推举不公、徇情偏执者，容臣遵例纠劾，务求允协，则股肱惟人而朝无幸位，功过并使而野无遗贤。隆古之盛，有道之长，可坐而致矣。

请修德业光大孝疏

（明）王良心

窃闻孝也者，治天下之至德要道。人君宰制六合，统理万机，任大责重，而化理之原莫先于孝。古帝王以孝治天下，始终宫闱而风行海宇者，用是道也。

我皇上冲龄嗣位，六载于兹，敬事两宫，孝养弥笃，抚绥万姓，仁泽覃敷，天下熙熙然享太平宁谧之福，有由然矣。顷者皇上嘉礼告成，荷蒙圣母慈谕，劝勉皇上修德保身，复敕元辅张居正纳诲辅德，又戒谕夫人婢子及太监冯保等，调护辅导，薄海内外咸举手加额曰：圣母之爱皇上也至，故训皇上也切。洋洋圣谟，昭法则，垂训戒，真社稷无疆之休也。及辅臣上请宣付史馆，皇上心圣母之心，必欲服膺匪懈，而尤勉辅臣以左右匡辅之益。虽虞帝大孝，曷以加焉。臣窃庆遭逢，忭跃无已，夫复何言！但臣待罪谏垣，谊当先事献纳，况恭睹慈旨谆复，皆臣子所欲言而未能者。陛下大婚肇举，方且以道御情，仰承懿训，臣安能无言以扬圣谟，而赞成陛下之大孝哉！臣庄诵慈谕，深思远虑，曰向学，曰勤政，曰听信老臣，曰戒匪人。至于慎起息，节饮食，尤深致意。孟轲氏有言曰：孰不为事？事亲，事之本也。孰不为守？守身，守之本也。皇上欲求事亲，必以守身为本，能守其身则不溺于嬖幸，不移于近习，而惟贤人君子之是亲，老成忠告之是听。迩者皇上勉留元辅，正虑学之未成，志之未定，而倦倦于调元赞化之计，意至殷也。故好学而理有未明，勤政而事有未达，皇上尤宜悉心咨访，始终优礼，庶几任贤勿二而治功可成。至于部院大臣，则朝廷之股肱也，引见而咨访之，所以明一体之义；台谏诸臣，则朝廷之耳目也，言事而优容之，所以作敢言之风。民困不可谓不恤矣，然东南水灾，边陲地震，呻吟憔悴之民可置之度外而莫之省忧邪？财用不可谓不节矣，然赏赐馈饷，费用不赀，当公私困竭之时，可任其滥觞而莫之裁抑邪？自宫闱以至外庭，其事不可以枚举，而惟以圣母之训念兹在兹，则心存寅畏，而事皆合宜。遇燕居则思撙节，不以隐微而或忽；遇老成则思优礼，不以人近而或疏。横经问道，虽终日而忘倦；恭默思治，虽日昃而不遑。存之念虑，不忘圣母之忧思；措之施行，俨乎纶音之告诫，则德业日新，上为天心之所眷，下为民心之所归，禄位名寿之全，其永保之矣。

臣又闻古圣王之事亲也，常朝者三而问衣问膳必安而后色喜。今圣母虽还本宫，其心必有不能一日释者，臣愿皇上定常朝之仪、孝养之礼，视昔益隆，则进见以时，可遂天伦之乐，而定省不旷，益伸孝子之情。燕间之暇，圣母亦得以从容讽谕，而皇上之日进无疆，永有所赖。所以慰二祖列圣在天之灵，为国家永久之计，端在是矣。

三教辨

（明）王钦豫

三教之沿传久矣，必欲以臆见苦排之，予哂也。顾异流倡之，而世之自立丈夫、血性男子亦从而和之，予更哂也。和之而弗察则亦已矣，而乃更有非君子之崇正者，则安得不破其说以药之，且夫所谓教者，何义哉？原天之谓教，完人之谓教，又必其孤行无耦而后可以为教。教者一而已矣，可以两立焉？是尚谓之教也乎？彼且肆然立为三者，夫亦以有儒遂有释有道，而李耳、释迦又与孔子同时耳。夫教一而已矣，于何有三？如有三，则必孔子为创儒之人而后可，孔子而创儒也哉？一画肇开，儒端已剖，韦编之绝，儒道大明，以予观之，孔子殆儒中首功之臣，而儒之道则偕天而开者也。若夫释与道何昉乎？不闻柱下之先，就何祖述，与夫牟尼之始，谁可宪章？而第炫然用私术以煽天下，其言道言德，不过傍儒以起教，其戕仁贼义则又立异以创儒。纵曰操彼道而登彼岸，精光亦无可扑灭，然而井天之见，空寂之方，犹之紫色蛙声，而顾并圣道而三之，吾不信也。夫人亦有言，学仙不成，魔高千丈。道之为教，固已荒唐无当矣，而况佛者，夷狄之教乎！间尝闻之，儒者之道为布帛，为菽粟，而人需之，仙则山人，佛则弗人。今天下丈人男子各夸自立，各负血性，言及释道，辄降气弭心，若见为当然而无所怪。此无他，皆由沿三教之名，而不穷三教之本末，无惑乎其比非类而不知也。虽然，使儒自孔子创也，将遂可夷而等于二氏乎哉？吾意大圣建宏猷，即以一身原天，而完人应无不可孤行，矧夫未有孔子，而儒已偕天而开。奈何贬儒于戎貉以滓太虚之天，奈何弭异于门墙以愚直道之人，诚不可识李耳、释迦，忽比高于庖牺诸圣人，能无颜甲否也！

然则三教之称也，孰始之？曰：非古也，殆魏晋以后佞佛者之为之也。何以明之？马记九流，班志十索，有其称之，示尝遗也。使三教之名果有之，当金人入梦之后，汉史何所讳而不言乎？此其为后起明也。且始焉托雁行以攀附，终焉据鼎足而相持。首儒而次释，姑让以空名；先释而后道，固居其上位，又非释流之私智，而何独怪夫学者于传不征，于古无验！猥以后来妄立之名，强诬生民未有之圣，不知其何所信而执之乎！由是观之，诚不可谓老氏、释迦之罪也。然则以今之群而好之，群而尊之也，曷不可并儒而抹之，仅以二教夸炫天下哉？顾何以力不能，势不可，其心神丧却，瞻顾而不敢为，则固理之不容没也。人试穷三教之根源，而并求三教之称之所自起，当必焕然雾释。夫将没也，人试穷三教之根源，而并求三教之称之所自起，当必焕然雾释。

夫将自哂不暇，又何暇为异之翼乎？此古今羽翼道真者涕泣道之而不醒，而吾不得已以谈笑道之者欤！

雪蕉斋诗话三则

（民国）王德馨

吾色诸生彭光璧，自幼以古学名。所为诗多散失，殁后，余从其侄孙彭振镐处，拾得遗诗一册，字皆蠹余，余为谛认详校，得佳句几联云："竹叶扫愁嫌翁浅，杨花约梦绕帘飞。""弦管绮罗湖上舫，诗瓢蜡履雨中山。""渔舍每多红树绕，僧楼时倩白云封。""鸦带夕阳归远树，虹收残雨跨高城。"五旬自述云："心为浮名还似火，眼缘多病欲生花。""人情冷暖贫方觉，世事生疏拙可知。"皆可诵也。

杨公济（蟠），宋绍圣间守温。为政简易，而胜喜山水游。每遇良辰美景，城中父老必问太守今日出游否？其得民心如此。有咏永嘉律云："一片繁华海上头，从来唤作小杭州。水如棋局分街陌，山似屏帏绕画楼。是处有花迎我笑，何时无月逐人游。西湖宴赏争标日，多少珠帘不下钩。”去郡日，士女倾城出饯，至有泣下者，余亦憔于温州最系恋，故去后复为诗云：“为官十一政，宦游五十秋。平生忆何处，最忆是温州。”

潘濂，高其里籍，余曾于蕉鹤楼家壁上，见其《赠女录事香媚》四绝云：“好梦难成悔已迟，客中无物解相思。全凭一管生花笔，写出生平懊悔词。”“我本天怀谈荡人，无端孳海误沉沦。闭门羹与迷香惘，总是前生去了因。”“忆昔秦淮载酒过，风量两字胜人多。而今滕有飘零恨，悔煞当年受折磨。”“只为罗敷自有天，憎人欢笑强人扶。当筵赠尔凄惶泪，未识卿心似我无。”读之觉悱恻动人，想其人殆亦风情不帘者耶！

跋文五则

（民国）王理孚

《黄石藏稿》跋

右《黄石藏稿》一卷，永嘉族祖光经公著。公字景济，号雨金，又号黄石。明万历丁未进士二甲一名，官至广东岭南道副使。生平无他玩好，止藏书万卷，手不费简，尝曰：“士大夫一日不读书，则性情疏散，义理荒错，致君将凭何术？”时以为名言。此本依家祠抄藏本录出，所为文多在商州作，当非全本，而典实高华，处处足以见真性情。最后祭文数篇，刻时宜量为删去。抄本不载集名，今依家录定名为《黄石藏稿》。

《槐阴集》跋

右《槐阴集》一卷，永嘉祖族公著。公字尹成，号樵云，生于元季，以孝义称，吾族子孙蕃衍自公始，文章著作亦自公始，此集资足宝也。惟西华公书后言公著诗三百篇、乐府二十六阕，此本仅得诗二百八首，乐府如旧，当系西华公于散亡后重刻之本。孙徵君籀庼谓公著有《蛙鸣鼓吹》即乐府二十六阕，西华公重刻时并为一书，故不另目标，有见也。此集先后两刻，均无传本，孙徵君亦未之见，故《温州经籍志》仅据《千顷堂书目》存目而已。兹从家祠抄本录出，以冠族哲诸集之首。

癸未初冬，得族人希逸藏本，再校一过，得诗四首，并有所考正，致足乐也。

《玉介园存稿》（十八卷本）跋

右《玉介园存稿》十八卷，永嘉王叔杲著。《附录》四卷，其子光美编辑名公赠言附刊以行者也。叔杲，字阳德，别号旸谷。明嘉靖壬戌进士，官至福建参政。《浙江通志》《温州府志》《永嘉县志》“循吏”有传。《明史·艺文志》作《玉介园稿》二十卷，《千顷堂书目》作《玉介园集》二十卷。光美《先参政公行状》，焦竑《参岳王公传》，亦作二十卷。而李维桢《墓志》，冯时可《神道碑》，王稚登《墓表》皆作二十五卷。同时纪载已不能尽同。余从永嘉宗祠藏本抄出，仅志铭诔辞及杂著三十余首，即《温州经籍志》所据王氏家藏阙本也。亟图校补，苦无存本。去岁孙君孟晋赠阅《玉海楼收藏乡先哲遗著目录》，知北平图书馆存有明刻孤本，因命三子栻向馆抄出。名称、卷数又与前举各家不同，较之原抄本则多至四倍而强。惟中有阙页及破损之处实无法以补之矣。永嘉之王，在明世为文学世家，族人撰述著录于《温州经籍志》者三十余种，以叔杲此作及其兄叔果《半山藏稿》为最，《半山》沈实，《玉介》高华，各极其妙。今春永嘉区行政督察专员许公征求乡哲遗著甚勤，因倩何君子舒重钞奉存。《玉介》一稿从此海内有三本矣，虽不孤，亦庶几哉。

《王氏族约》跋

右《族约》一册，永嘉族祖澈公著。公字子明，别东厓。明正德癸酉举于乡，官至福建布政司参议，与兄鹤山公并负时望，以母舅张罗山方秉国钧，退然敛抑，阴扶善类，以亲老乞养林居，致力于宗族乡党者二十年。此册为公创建宗祠后，立约以资族姓永守者。敦礼举义，卓然大家，英桥王氏之得为永嘉望族，实公有以启之也。今依家祠抄存本录出，间有阙文，挨得善本再为校补。

《竹居集》跋

右《竹居集》一卷，永嘉族祖咏公著。公字川子，明诸生。入清后与城南七子梅调元、林占春、徐凝辈结社唱和，诗宗盛唐，周樗翁称其丰神似逸少，诗句又似右丞，盖不诬也。孙籀庼先生《温州经籍志》著目而未见其书，今依家祠抄存本录出，然已非完本矣。

近代、现当代诗文

诗

王晓梅（1896—1968），英桥王氏二十世大派老四房。“民众教育”推广者。

战时民歌一百首（选五）

（一）

一条瓯江弯又弯，瓯江当中有沙滩。北面有磐石，南面有龙湾。两岸有兵守，正是铁桶山。大兵舰，驶不进，小汽艇，不过关。日本贼儿要登陆，实在难上又加难。

（二）

永嘉场，好地方。田里种稻麦，不怕年头荒。山上种番薯，当粮也无妨。咸水好晒盐，甘蔗好做糖。鱼鲜样样有，多的不可当。这样好地方，谁人舍得抛。日本贼儿要登陆，捏起拳头把他打打亡。

（三）

丁当丁，丁当丁。好铁才打钉。什么钉，螺丝钉。用途大，真出名。什么兵，志愿兵。打日本，打出名。地方上，传遍你大名。

（四）

猪头三，猪头三，好人不做做汉奸。肚底只想捞钱赚，背起红旗去投番。去投番，去投番。害得阿爸娘亲被人骂。老婆儿子讲你肚肠烂。

（五）

阿二背犁头，阿三牵黄牛，犁起田园千百亩，种好冬季才肯休。种小麦当粮食，种油菜打菜油。黄豆点田角，芥菜种园头。自有吃来吃有用，敌人封锁也不愁。

王季思（1906—1996），名起，以字行。英桥王氏十八世楼下派贤望房。中山大学教授。曲学大师。

鹧鸪天·西楼

五丈原头野草秋，岘山片石亦无留。几行涎沫蜗牛过，一闪寒光萤火流。

微雨过，湿云收。闲携稚子上西楼。随身一把蒲葵扇，绝胜人间万户侯。

念奴娇·游览东坡赤壁

百战山河，淘洗出多少中华英物。一炬曹瞒何处也，长想东坡赤壁。笛韵悠悠，天风渺渺，吹起漫江雪。浩然赋就，千秋无此词杰。

因念年少清狂，登高怀远，意气因公发。头白亲临觞咏地，但见烟波明灭。一谪黄州，再投琼海，宁损公毫发？长吟归去，车窗还见眉月。

王璞（1911—2002），字纯朴，晚号微园老人。英桥王氏二十一世大派竹房。永兴沙园人。著有《芥轩诗文选》，辑有《王璞集》。

题天柱寺小集图二首

（一）

罗东九老翁，联袂到山中。天柱峰前坐，香山处士风。

（二）

松年妙笔世间无，曾写香山九老图。敢告诗人白居易，如今天柱亦临摹。

石胜观摹岩造像

摩岩古佛十三尊，千载尚存斧凿痕。百卷温州府县志，如今文管下定论。

王则礼（1933—2008），英桥王氏十九世楼下派。王则义仲弟。

虚年三十感

因害神经官能症，乘疗养期返家，恰值虚年三十，大姐为我作贺。有感，作闲吟三首。

（一）

幼攻经史苦寒窗，未道凌云家穷忙。

红旗招展康庄道，男儿挥翅飞四方。

党育英雄换天地，话古作吟美黄巢。

（二）

光阴荏苒三十春，门庭依旧人不同。

高堂花甲侍孙乐，同胞手足四方荣。

十里纵横古来儿，旭日东升满堂红。

（三）

古来男儿为何求，醉生梦死未知由。

横眉冷对金钗屋，终身随党分喜忧。

人乐我乐乐中乐，俯身甘为孺子牛。

王学钊，1936年生。英桥王氏二十二世大派西垟二房，住瓯海茶山。画家。著有《王学钊书画集》《泉山砚语》等。

题水墨桃花

寒食逢霖雨，山居处士家。先生心质朴，水墨写桃花。

题山水画

香山无俗石，罗岫有奇峰。我爱故乡美，丹青记旧踪。

王一平，1949年生，中华诗词学会会员，浙江省诗词与楹联学会理事，龙湾区诗词与楹联学会会长，永昌堡文化研究会会长。著有诗集《蛙鸣集》等。

渔家傲·慈溪吟

黄柳婆娑春又晓。烟溪拾趣青青草。水墨丹青情未了。波光钓。杜湖里外闻啼鸟。竹影横窗闾巷老，母慈子孝家风好。神秘青瓷千古宝。清平乐。桑田沧海桥城傲。

渔浦晚眺

云潮消长水横流，阅尽沧桑江上秋。旷我心胸知冷暖，问君身世识沉浮。

神仙诗酒空千古，明月渔歌狎一鸥。淼淼烟波归望眼，涛声有韵绕心头。

南雁行吟

竹筏长篙五色溪，爱山亭后步云梯。会文绳墨源伊洛，华表擎天撷彩霓。

唱和风檐仙洞外，浮沉野水石窗西。炎凉世态多虚幻，最恋深居听晓鸡。

王明杰，英桥王氏二十三世大派东岸四房，鹿城区双潮人。现侨居西班牙。

望相思

雨后日开天亦暖，笔端无韵对谁言。迢迢万里思乡路，别绪离情向酒樽。

忆相思

夜来倚枕细思量，独卧灯前计夜长。深虑无眠怀故旧，披衣对影读诗章。

王身康，1963年生。英桥王氏二十二世大派庙上四房。历任永强高新区党委书记兼管委会主任、永中街道书记、龙湾区执法局局长等，工商管理硕士。主编有《永中街道志》等。

永昌堡魂——写在叔果叔杲公诞辰500周年之际

（一）

东瓯双璧五百载，建堡抗倭势崔嵬，爱国护乡功德在，一方伟业咏贤才。

（二）

巍巍古堡戍东海，倭寇猖狂岂再来，簪缨相继魂犹在，英桥远景宏图开。

王会进，温州市、龙湾区诗词与楹联学会会员。著有《诗韵拼音检字》。

临江仙·修城堡续图强

御寇永昌民建堡，历经数世沧桑。保存侥幸未深创，全国文物保，壮丽我家乡。缅仰前人耕读志，迎来王氏辉煌。子孙更要自图强，传承高品位，一脉保芬芳。

王会恩，永昌堡文化研究会副会长，温州市龙湾区诗词与楹联学会会员。

观龙舟竞渡

五彩龙舟水面飘，咚咚号鼓令旗摇。同心击水桨齐力，竞渡健儿皆杰豪。

王金麟，永昌博物馆馆长，永昌堡文化研究会理事，龙湾区民间文学家协会顾问、理事。著有《奇梦楼杂文选》。

榕树

孤崖绝顶一棵榕，道路弯弯源水穷。众客赐吾甘露水，枝繁叶茂度寒冬。

深秋

孤村落日残风轻，烟老树黄落叶声。雁影悠悠青岭翠，果红泉白暮秋明。

王勤福，中华诗词学会会员，浙江省作家协会会员、龙湾区作家协会主席，永昌堡文化研究会秘书长。著有《民间姿态》《民间风韵》等。

永昌堡

古堡一明珠，幽姿胜帝都。喧嚣于此远，人醉忘归途。

明城堡吊古用陈琼老师韵

永昌城堡耸云空，抗击倭夷叔侄功。王氏宗祠依旧在，低徊向此吊英雄。

正月初一过永昌堡感赋

回首风云曾抑扬，怀贤登上古城墙。梅岗浴血垂青史，金岙捐躯捍梓乡。

九百庠生人世誉，十三进士盛名彰。焚香久祷神如在，永息兵戈保永昌。

王剑锋，中国诗歌学会会员，省、市诗词与楹联学会会员，温州市鹿城区档案馆馆长。著有诗集《火凤鸟》等。

临江仙·五十自遣

思撷心瓣何时了？遮沿峭立江头。平生已至半山陬。望游天险路，人物自风流。

明朝欢欣能禀否？百年勤厚消愁。且由万木等春遒。彼时书案上，但愿合长秋！

王小秋，龙湾区敏学培训中心校长，省、市、区诗诗词与楹联会会员，龙湾区作家协会会员。

永昌堡感怀

罗山高耸佑家园，古堡深深感大千。可恨东倭心未死，和平相拥志犹坚。

浣溪沙·畅游莲情谷

雾锁山头草色青，骚人绿谷赏莲情。芙蕖水面争鲜艳，不染污泥映日明。

王靖东，1954年生，主任科员，市、区诗词与楹联学会会员。

王铮故居都堂第（新韵）

大户人家宅邸深，朝南依水好温馨。脊梁塑凤饶清景，青瓦飞檐乃有神。

天井板石呈厚重，庭园花圃溢芳芸。铮公高尚名遐迩，御史清官励后人。

文

梦萦家乡城堡

王会绍

我多少次梦回家乡，那浙南海滨的村落，古老的城堡内外，思绪一直在游荡，走过稻田中长满野草的田埂，走过居宅小巷的石板路，走过用青砖侧面铺砌的南北大道。伴姐姐到河边，她洗衣物，我洗脚；跟父亲到桥头，坐在桥上乘凉，听人们讲新闻道古今；随母亲到西门城楼向陈十四娘娘献饭，到东门城楼参佛事，听讲经。背上了书包，我从三面田园围绕的五间农舍里走出来，踏着石板路，走过桥头，沿着青砖大道向北走去。道畔，一边河水荡漾，稻田铺翠，杨柳依依；一边有青石门台、御史巷、花园等雅致古宅。从世裔桥折向河西岸，就是设在王氏宗祠内的新城小学，操场北边就由古城墙围着。我们的家乡城堡，你是那么纯秀、古雅，透着迷人的韵致，你撩扰我的思绪，绾住我怀乡的情结。

小时，我就以家乡小镇有条古城围住而自豪。城里老少都知道，有这样传说：永嘉场有四条半城，我的家乡城堡是最后造成且保护完整的，人称“新城”。三都出了个张阁老，原打算在三都造条城，而二都的外甥抢先造了。那时，金銮殿只有五条城，永嘉场如果再造城，便超过五条，那就有犯上之嫌。张阁老只得放弃造城的计划，经考查，这个传说和历史事实不相符合。尽管如此，新城文风鼎盛，风雅、洁净、清新有了名，四邻村庄的姑娘都愿嫁新城里来。

我翻阅了有关的史籍，才知新城的来历及其文物价值。新城原名“永昌堡”。明朝嘉靖年间，沿海倭寇猖獗，永嘉场乡民惨遭焚掠。二都有英桥里王叔果、王叔杲兄弟倡议集资筑堡自卫。嘉靖三十七年（1558）冬动工，用石块斜垒城，历时一年建成。墙内外壁，中间夯土，城基宽约3.9米，高8米。城呈长方形，南北长778米，东西距445米，四周2688米，环以护城河。东南西北设陆门环海、迎川、镇山、通市，门券砌青砖，设防有闸、门二重，城门上设谯楼。城内开二渠，俗名上河、下河，引水入城，贯穿南北。上河向西开五浃：四宅、状元、三房、西门、上仓。下河向西开五浃：朴树、经魁、御史、板桥、圣门。上河置南水门、东门、东昌、北水门四桥，有梯式、虹式、坡式、蛀式、直通式等，造型各异，风格多姿。

通市楼（王珠润画）

城内河道纵横，小桥流水人家。沿河建街，依水修房，溢洪自流，灌溉有水，舟楫来往，饮用便利。倭寇围城，“筑指挥台以观堡内动静”，及见“堡内水田，遂退”。又流传：倭寇曾长期围城，城内食粮渐缺。有智者让舟船压巨石，满载谷糠，来往运载。倭寇见城内粮丰，遂退。

十多年前，我回家乡一趟，古城村镇已改变了原来的面目。绿色的稻田不见了，到处密密麻麻地造起了小楼房，沿街的铺面也纷纷长高变洋，旧时的青砖大道变成了水泥公路，原先的小河或淤塞或混浊，状元第、御史府、东贤桥等明清建筑物不知隐于何处，谯楼、庙宇、宗祠有的塌废，有的改建得面目全非，完整的城墙亦呈现一大段一大段缺口。我少时记忆中江南古堡如幻似梦般的人文景观和神姿仙态哪里去了?

2000年春节回温州探亲，住在离新城几里路的永中镇。我怕喧嚣的商业气氛更加破坏我记忆中舒缓恬美的城堡村镇美好形象，并不打算故地重访。友人项君对文物保护很是热心，说永昌堡被列为浙江省文物保护单位，又是你的故园，应当去看看是否已有所挽救。这样，我又一次回到我家原来所在的城堡。当然，比十年前变化更大了，现代社会的氛围更浓了。不过城垣、村镇的总体格局，一些明清时期的宗祠、民居等还是存在的。王氏宗祠正建设永昌堡博物馆，牌坊内的庭院里矗起明抗倭英雄纪念碑，正堂、门厅和陈列室已见到一些极有价值的文物。这透射出重视文物保护的一线曙光。

现代化不等于钢筋水泥做成的楼房和大道，还应蕴含着丰富的文化内涵。如果加紧抢救保护城墙谯楼、寺庙宗祠、府第民居、路桥河渠等，发掘永昌堡的文物资料，研究整个城堡内的建筑格局，在新建设中延续原来的水乡风貌，永昌堡仍会以明清典型村镇保留下来，存储大量历史信息，开发丰厚的旅游资源，成为无可限量的宝贵财富。江苏的小镇周庄以其明清府宅和水乡风光走向世界，正启示我们要守护家乡永昌堡这一历史名镇。

我期待着古堡的美好明天!

钓　虾

王则信

“六月河虾水面漂”是永嘉场从前民谣中的一句唱词，它形象生动地描述了当年遍布全境的大小河道水族之多，水之清冽。儿时能吟唱的歌谣还有几首，唯这一句记忆最为深刻，以至时至如今，每每踱着老步在西子湖畔徘徊低吟，眼前还会顿现孩提时钓虾的情景。

钓虾，这是怎样一种生机盎然的童趣啊!

永昌堡内有两条穿城而过的塘河，因得益于源头活水，城堡内百姓的日常生活与它须臾不离。清晨，河水经一夜缓流，清洁干净，汲之用来做饭做菜。白天的其余时间，洗衣、洗菜、淘米，样样依赖于它。至于傍晚——特别是夏秋的傍晚，农户们会在塘河（包括塘河两旁的十浃）边架起水车，给干涸的稻禾浇灌琼浆玉液般的河水，只需细心谛听，均能闻到庄稼丝丝入扣的欢歌声……

但是，塘河的功能远不止此，在它悠长而深沉的“腹中”还有难以算计的宝贝：漫游的鲤鱼、鲫鱼，蛰伏于河底的鳗鱼、乌鳢（黑鱼），出入于河岸小孔中的河虾、鲇鱼……难怪城堡内一位草木秀才赞叹道：“前河、后河，其实是新城底不少人家饭桌上的菜盘子。”所有这些水族，取之各有其法。但在诸多的“法门”中，我仅一手——唯钓虾耳。

一次去杭州武林门万寿亭菜场买菜，对着泡沫塑料箱内的河虾，探问价格。女老板掷地有声地回应说：“一百三十元一斤。”

“虾儿这么贵呀!”我咋舌冒出一句。只听得女老板颇为不屑地说：“野生的！当今野生的东西没有不贵的。不信，不信到别的摊位问问……”

我当然相信。当下的中国，人工催生、短期长成的东西多了，野生的东西自然弥足珍贵了。

可是老板娘不知道的是，站在他面前这个糟老头，当年可是钓野生河虾的能手哩!

上午放学了，我连蹦带跳地跑过楼梯桥，急匆匆用过那碗只见番薯干少见大米的中饭，一刻不停地从门后拿过事先准备好的钓虾工具和一只内装蚯蚓的竹筒藏于身后，兴冲冲跑向前河。我爸常说，甭说你妈大字不识一个，可脑袋瓜子灵着呢。母亲见状，知道我风风火火会去干啥。大声叫道：“钓虾，头顶太阳似火，河岸边石头烫得可煎豆腐，你不要命啦！”我应道：“我捡杨柳树下阴凉的地方……”

这话是糊弄我妈的。一到河边，蹲下身子细细一瞧，只要有虾儿在水下河坎上爬动，哪管腹下压岸的条石烫得快冒烟，立即趴下。

钓虾不像钓鱼，虾儿体小分量轻，钓竿只需尺许长的竹梢就行。钓钩是我自己做的，小小弯弯的，套上蠕动的蚯蚓，露出鲜红的一小头，依靠绕在钓钩上方二寸处的一小片牙膏壳做的坠子，下沉到水下。我轻轻地移动着水下的钓钩，慢慢向虾儿靠近。这家伙贼灵贼灵的，不知是尖头上的那对小眼睛特别明亮，还是不知藏身何处的鼻子嗅觉超级灵敏。总之，它已经发现前面有美食可以享用了，于是伸出那对异样灵活的钳子，夹住蚯蚓，将诱饵送入嘴中。

我凝神屏气地看完全过程，知道现在该是提钩的时候了，便轻轻一拉，竹梢做的钓竿低垂几下，一只河虾已在我手中……

我最期盼能够钓到老河虾。老河虾个头大，尾巴和两只大钳粘有绿色的河苔，但它不轻易外游，通常藏身于河坎的小洞里。我的高招之一，就是能根据小洞的形状，判断出洞内有无“猎物”，一旦发现“确凿无疑”的迹象，心中那个高兴呀，岂是“心花怒放”能形容的！趴在河岸上的我，迅速移动着套有蚯蚓的钓钩，放到“老河虾”藏身的洞口，上下左右有节奏地晃着，洞中的“老河虾”准是嗅到那淡淡、悠悠的腥味，试探性地伸出一对带苔的大钳，四下搜索，最后终于上钩了。

“老河虾”体形大，有时钓竿会深弯下来，颇有分量地晃了几下后，才能提上来。

小学中午休息时间有限。下午上课前提早几分钟摇铃。钓虾的地段与学校极近，一闻铃声，立即收起钓竿，快步跑回家放下“猎物”，急匆匆地去上课。

下午放学后，一则太阳将近下山，暑气渐消，塘河边的岸石不再火烫难耐；二则母亲见我中午“大有收获”，便降低了嗓门，仅说一句：“钓虾钓虾，别钓到河里去……”那意思分明是“法外施恩”，默许了。由于钓虾的时间比中午长，所以收获也多。饭桌上那满满一盘殷红的河虾，是小小年纪的我奉献给全家人的一份“厚礼”。

往事如烟。2014年早春，回乡参加英桥王氏第十二届圆谱庆典。时隔整整三十年后，蒙亲戚诚情邀请；又有幸在城堡内小住数天。盛典在王氏大宗祠举行。在过去好长一段时间里，王氏宗祠是王门子孙求学的永昌小学所在地。我跨进大宗祠左侧河上的楼梯桥，深感这座与古堡几近同龄的石桥，益显老迈和古朴。花岗岩砌就的桥面、桥阶，因踩踏的行人多，变得滑溜锃亮。但桥畔的河塘则是重砌过了。我真想俯身在重砌过的河岸上，重温童年钓虾的那一幕。虽然穿城而过的塘河之水不再像以前那样清澈见底，河中也少有漫游的河虾，但略显混浊的河水中毕竟沉淀着我童年快乐的梦，沉淀着永远无法回去的昨天、前天……

网上见故乡

王则光

我的故乡——温州永昌堡上了互联网了！若不是家乡的老同学告诉我并让我在网上确确实实地找到了它，我是不会相信的。我在键盘上小心翼翼地敲入了“永昌堡”，一点查询，一个图文并茂的永昌堡活灵活现在我眼前，那高耸的城楼、静静的护城河、鳞次栉比的古民宅……这就是生我养我的热土，这就是让人魂牵梦绕的故乡！

“在这古老的瓯越大地上，有一座迄今已有450多年历史的古城堡永昌堡，它坐落在温州龙湾区永中街道内，东临东海之滨，西倚大罗山麓，是全国重点文物保护单位，浙江省东海文化明珠。”“元末明初，我国东南沿海深受倭患，浙南一带更为惨烈。1558年4月永强抗倭首领王沛、王德叔侄相继在抗倭斗争中壮烈牺牲。后来族人王叔果、王叔杲兄弟为了保家安民，倡议捐资，率众筑堡，于1558年12月动工，1559年11月筑成。”

我不能不赞叹我们这个信息时代。你想一解思乡之苦吗？你想听一听故乡前进的脚步声吗？可以不作千里奔波跋涉了！这对于我们这些两鬓斑白而乡音未改的故乡游子该是多大的慰藉！

我更赞叹古堡的新主人，你们让这座曾经使敌闻声丧胆的古城堡插上现代别致的翅膀，去创造新的辉煌！据报道，永昌堡自2001年被国务院确定为全国重点文物保护单位以来，海内外游客纷至沓来。去年12月11日中新社以《欧盟三城市开发温州永昌堡为国际旅游景点》为题，报道了堡内一处1570年的古建筑“都堂第”吸引欧盟出资50万欧元资助维修的消息，而堡内类似“都堂第这样的古建筑群有18处之多。时下，古堡正有规划地整修开放，无须多久，这颗东海文化明珠将会更加璀璨。

城堡是我的家园。孩提时的印象仿佛城堡很大，现在才知道她四周才2688米，城高才8米。与北方许多古城所不同的是有两条河流从堡内穿过，并有十浹相连，形态各异，各有芳名的十一座桥梁跨架其上。河水发源于十里外的西部山区，清澈碧绿，不仅为人们提供了舟楫之利，更是“生命之源”。河的两岸由岩石砌成，街道由青砖铺就。沿路还有石条凳和茶亭供人们歇脚。堡内的古民居大多有二三百年历史，有的比城堡的历史还长。阁楼居多，坐北朝南，风角高卷，盘龙附凤，既图美观和吉利，又有抗台风的功用。大户人家的古宅都有二进甚至三进，庭院深深，层层相连。由于城堡地处亚热带沿海，气候湿润温暖，加上先辈们历来好植树种花，堡内数百年的大榕树仍然根深叶茂，从春兰、夏荷、秋菊到冬梅……一年四季艳丽不绝、芳香不断。尤其是那丹桂飘香的季节，整个城堡都沉醉在浓郁的芳香之中，沁人心脾，好不惬意。

环海楼（王珠润画）

城堡有四座主要门楼，以东门城楼最为壮观。它里外数层设有暗道机关，曾是当年先辈们抗倭寇的地方。河流穿过城墙的地方都设有水下城门，以防水路突袭。无论研究古军事政治历史，还是研究古建筑文化艺术，城堡都是难能可贵的活资料。

堡内的每条里弄小巷都被冠了名，民宅都有门牌号码。我家的祖宅贤房6号坐落在洞桥头花园底。它远不及“都堂第”豪华，是一座较普通的四合院，门台进去是一个大天井，中间的道坛由花岗岩大石板铺成，稍高于两侧，两侧由青砖铺成，稍低以利排涝。大堂摆有长长的八仙桌，是办红白喜事的地方，正上方挂着一块“勤朴堂”的大匾，为先祖遗训。东西厢房各三间。厢房的阁楼低矮，只能用来堆放杂物，正房楼上则可以住人。我父辈的房子在西侧，上阁楼能望得见河面和街景。房子的西侧墙外，一棵百余年的桂花，枝叶盖过了阁楼。十多年前我儿时玩耍栽种的一棵枇杷和一棵柚子如今都已挂果累累。父母作古之后，老屋无人居住日见荒朽，每闻故乡遭台风的消息，都不免担忧。现在看来，无须此虑了，有关部门已将它列入保护修缮之列。

紧挨城堡北门的王氏宗祠原本是宗族的祠堂，建于明嘉靖壬寅年（1542），占地十三亩，七间二进，中堂三楹，旁有两厅，廊庑七楹，环列左右，气势雄伟，镌刻精微，至今保存十分完整。清末以来，这里一直用于办学，至今已整整百年。祖宗爱听读书声，培养学子近万人。《瓯海新志·永昌堡》记载，明代以来，堡内中进士者13名，其中武状元1名，传胪1名，举人30多名，胶庠900多名，现存可查著作70部。近代的学者、名人更多。据悉，在宗祠办学百年之际，由政府与民间合力兴建的一座新校舍已投入使用，宗祠被改成了对游人开放的“永昌堡博物馆”，原来的运动场也被改建成苏州式园林风景区。

据民间史料记载，城堡的后裔现今约有五万多人，分布在世界几十个国家和国内几乎所有省份。人们忘不了1982年秋天那个最激情最辉煌的日子。近万名来自世界各地的后裔纷纷回到古堡祭祀为国捐躯的先祖。家家户户洒扫庭除，腾出最好的房间，拿出崭新的被褥，摆上美味佳肴，招待来自远方的宾客。故乡的城堡是狭小的，她无法容载四百多年来的繁衍发展，子孙们为了创业唯有早早冲出城堡，四海为家；但走出城堡的人们又无一不深深地怀念和眷恋着自己的城堡——那最温暖的襁褓。

时至今日，我仿佛越来越觉得当年离开城堡时，对她了解得太少太少了。而事实上，城堡本身便是一部耐人一读再读的教科书。如今，这部上了互联网的教科书的读者，将遍布全世界。

白象鹅湖王氏文化探古

王学钊

翠袖朱颜别样妆，晚云朝露湿衣裳。妖娇因倚东风立，富贵轻飘西洛香。

杂艳半栏争战魏，清平三曲已倾唐。鹅湖园内看花兴，对尔摇枝诗思长。

以上所录是诗人王至彪《己酉三月八日经玉叔宅赏牡丹》一诗，考己酉年应是清康熙八年（1669），第二年庚戌（1670），清朝下令沿海各地“展界”，“迁界”至“展界”，在短短十年内，王至彪在白象乡上丘村过着“一犁烟雨勤中趣，四地讴歌韵里襄”的农耕生活。春耕到秋天收成时感叹地写下“经春勤苦三时毕，克日丰登百室盈”的丰收喜悦。就在己酉这一年，即康熙八年春天古历三月八日，从白象乡上丘村来到白象乡鹅湖村族侄玉叔家里赏看牡丹，诗的末尾两句中的“鹅湖园”即指玉叔侄家园。这位玉叔即是英桥亲房王锡琯：“王锡琯，字玉叔，一字友教、又教，王维夔第三子，英桥王氏十二世，崇祯十五年（1642）举人，顺治九年（1652）进士，任漳州司李。十七年（1660）任福建乡试同考官，改镇江司李。康熙初年改任溧阳知县，后迁礼部主客司主事。著有《江上闲草》《白石山房稿》集。”事见乾隆《温州府志》、光绪《永嘉县志》。

康熙四年（1665），王锡琯升任福建乡试同考官，改镇江司李，他正是官场得意。他家在1661年“迁界”时从永昌堡英桥迁居到鹅湖村。鹅湖村坐落在瓯海区白象乡南面，西面倚山，东面是温瑞塘河，因从前西面这座小山麓像一只天鹅的形状将头颈伸向塘河，故老地名称为“鹅颈头”，文人雅其名为“鹅湖”，村名“鹅湖村”。西北近邻建于北宋崇宁年代的白象塔，耸立在塘河之上。东南向邻近兴建于五代时的玄觉大师祖庭密印寺（即陀头寺）。鹅湖村依山傍水，风景秀丽，明王光美（1556—1632）是王叔杲的儿子，他家在温州建有“玉介园”，在旸岙建有“阳湖别墅”，在鹅湖建有“鹅湖别墅”。王锡琯在南京做官时，他家早年从英桥永昌堡迁居鹅湖，当年他父亲王维夔尚在家养老。

王维夔（1574—1653），字邦佐，号龙友，万历四十七年（1619）进士，官至兵部主事，崇祯三年（1630）升宪副转任江西督学，后任晋湖广按察使，分守湖东，九年调荆南，十二年改任广西布政使，十五年调江西布政使，十七年晋通政，后致仕归。事见乾隆《温州府志》、光绪《永嘉县志》。

现在密印寺（头陀寺）有青石古碑亭，立有清周应期撰《重建头陀密印禅寺碑记》，碑阴本寺所置田地山园、碓屋喜舍名单中刻有乡绅王龙友施山一片。

据永昌堡地方文献资料《王氏续录》载："世进士祠在白塔祀龙友公父子。"（白塔即白象）这座古祠坐落在白象乡鹅湖村塘下地方，从前属英桥王氏西垟二居所有，1949年中华人民共和国成立后由白象乡政府出资收买改建为乡政府办公用房，后乡政府乔迁新建办公大楼，此屋租给企业办厂至今。以上碑亭古迹和世进士祠遗址，可证当时王锡琯宅曾在鹅湖，不过相隔几百年，时过境迁，旧居已无处寻踪了。以我个人看法，或是王锡琯家下代子孙发展外迁，故居改为宗祠作为敬祖祭拜，由此以待证实。2016年龙湾文史专家孙建胜先生邀我同去白象乡鹅湖村寻访王氏古迹，虽寻不到当年宗祠、鹅湖别墅和王玉叔宅的遗址踪迹，但还保存着好多老地名，如花园浃、水仓、芝麻桥等；还寻访到王旸谷家族的子孙，他们作为青年已外出上班不在家，只有八十岁的老人守在家，他也记不起很多故事，只知道这座像天鹅的小山由于104国道扩建多次，这个鹅的头颈被开凿运石搬移成平地了。王氏宗祠改建的高楼也旧了，人们也讲不出当年宗祠的形貌，但是老人说每年清明节依旧带领着子孙们去祭扫先祖王光美墓。我们问起他还记得住民间传说王旸谷的故事否，他说自己还记得一些，但老祖宗的来龙去脉历史记不清了。王氏子孙后住在鹅湖、上丘、茶山的人数也很多，他们也分不清王光美、王至彪、王锡琯是英桥王氏第几世，老人家藏有自己的家谱，每年清明子孙们也派代表去永昌堡祭祖扫墓。我和建胜开车去密印寺看碑亭古迹。我说仙岩寺在明代由王叔杲家出资修建，还保存有很多石碑和古迹，大雄宝殿前面梁上还保留着大檀越主王维夔子王锡瑄、王锡琁、王锡琯及孙演沛、演霖等字迹（因我家是王维夔公的后裔，年幼时常听长辈们讲述传说故事）。

总之，白象乡及其茶山一带英桥王氏的遗迹不多，比不上永昌堡英桥王氏古迹处处皆是，但是，我们在这少数零星的遗迹中回顾社会历史的不断发展，欣看今日祖国的昌盛与繁荣，觉得满足和欣慰。

今录王光美诗一首《同诸君子观清渎桥作》，作为此文的结尾，与诸君分享：

红桃落尽花满溪，清渎桥边烟树迷。水色净涵空翠含，山光遥接海应低。

野夫邀客烹葵饷，好鸟窥人傍柳啼。载酒行游多选胜，停桡宁向日沉西。

注：清渎桥，即白象乡芝麻桥，王光美建造，桥名由王旸谷题字。今已改建为公路桥。

两位清官的忘年之交

王会岳

王良心（1537—1579），号存吾，永嘉二都人。他在广州增城任知县的六年中，和当地年龄比他大三十岁的胡庭兰，关系十分密切，感情相当深厚，结成了忘年之交。

广东增城1991年新评定的八景中，有"凤台揽胜"与"雁塔长虹"。此二景在明代称之为

“凤台凉月”与“夹江耸塔”。这两处景观均和明代历史名人胡庭兰、王良心有关。胡庭兰早年在凤凰山“凤台书院”讲学时，曾多次倡议在增城江西岸的豸山上建造风水塔，他的夙愿直到王良心到任时才得以实现。

增城雁塔

明隆庆辛未（1571），王良心中了进士，即授广东增城知县。为了制定行之有效的施政方案，王良心对当地的政治、经济、文化、地理环境和社会民情等，进行了认真的调查研究，并会面当地具有影响力的社会名流，广泛听取他们的施政建议。

通过一段时间的交往，王良心对胡庭兰先生清正为民、刚正不阿的铮铮风骨十分敬仰。当胡先生提议在豸山建造地方风水塔一事时，王良心欣然应许。后来两人一同去现场考察选址、设计方案，并派专人监督建造。“豸山雁塔”历经四百多年的风雨沧桑，至今仍耸立于增城江西，成为闻名全国的名胜古迹。

王良心对胡庭兰的敬重，基于胡先生高尚的品质、渊博的学识和不平凡的经历。胡庭兰，字伯贤（1507—1581），明正德二年生，增城胡星人（今荔城镇）。他才华横溢，嘉靖二十二年（1543）乡试第一，因其策论中语涉讥讽朝廷，被御史罢去举人资格。六年后中解元，翌年中进士，官授南京户部主事。因办事能干，不久擢升专管扬州税务。繁华之地扬州，每年税收有盈余数万，按惯例均可归入税官私囊，但他将所有盈余全部造册上报，助地方官员应兵饷之急，以抗倭寇。1556年胡庭兰出任福建学政。1559年倭寇从浙江转犯福建，围攻福州。敌强我弱，胡庭兰审时度势，组织官兵坚守城池。城外避难的乡民扶老携幼涌至城下，巡抚阮鹗竟下令不准开门纳众。胡庭兰仗义执言，但阮鹗仍固执己见。胡庭兰果断下令打开东门，让难民入城。虽然胡庭兰使大批民众获救，但阮鹗因此事失去民心而记恨胡庭兰。为了消灾，怯懦无能的阮鹗，竟用六艘大船装满粮食、丝绸、金银等财物行贿倭寇。贪婪、凶残成性的倭寇并不满足，绝不领情，仍然围城不退。胡庭兰怒不可遏，当场斩杀两个被抓的倭寇间谍，悬其首级于旗杆。由于胡庭兰守城指挥得当，倭寇无计可施，只得退遁。

事后，巡抚阮鹗为了公报私仇，竟指使别人上书朝廷，诬劾胡庭兰擅开东门，几致城池失守。当时朝廷认为胡庭兰守城有功，不动其职。但阮鹗总是消除不了内心的芥蒂，又勾结朝中几个权贵，不断制造舆论诬陷胡庭兰。最后朝廷将胡庭兰降职，调任贵州参政。他拂袖回乡，并不赴任。

胡庭兰为官二十余载，不染指俸外一分钱财，清正为民，为世人爱戴。回乡后于1565年始，便在凤台书院讲学，为家乡培育人才。

王良心在任增城知县的六年中，和胡庭兰关系十分密切。在胡庭兰等社会名流及百姓的全力支持下，王良心在增城做了大量善事。根据《增城县志》记载，王良心“严武备，饬边城”“挖深城濠，加强防卫”；“重教化，省刑罚”，“建养济院行善”；“建学宫、雁塔，倡导文化”。王良心“为官清廉，为人庄重，不苟言笑”。“平日生活仅青菜淡饭而已”；“管制下属很严，一些不法官吏惧其法度而自请解职归农”。

增城学宫大殿

明万历四年（1576），王良心登门拜访年及古稀的胡庭兰，敦请他主修增城县志。胡庭兰虽然年事已高，身体状况不如以往，但友情为重，盛情难却。于是，胡庭兰会合邑中数名有才之士，“取旧志厘正其繁芜，补四十余年之史事，阅数月而成志”。王良心认真阅读后称：“是可谓信史也！”可惜此志今佚。

由于王良心在增城政绩卓著，明万历五年擢升为南京兵科给事中。离任时，地方百姓夹道相送，与王良心依依惜别。胡庭兰紧握王良心双手，互道珍重。但谁也料想不到，在离别后的短短四年里，两颗巨星相继陨落：王良心英年早逝，年仅四十三；胡庭兰享寿七十五。

星移斗转，光阴流逝。虽然四百多年时间已经过去，但王良心主持建造的学宫、雁塔至今仍在，犹如王良心、胡庭兰两位清官的历史丰碑，永远矗立在人民的心中！

塘河流韵

王一平

永强塘河发源于十里开外的大罗山，它清澈碧透，款款而来，水波荡漾着绿草的清香。水面虽然不宽，但昼起云霭，夜映玉轮，鱼翔鸥翱，舟横人语。两岸稻谷生香，勾起我无限记忆。

清晨，轻纱似的薄雾从平静的河面上缭绕掀起，沉睡了一夜的河水冒着热气，以它的恬静迎来初升的太阳。早起的男人们挑着各自的水桶打碎了镜子一样的河面。揭开了轻轻的面纱，把甘洌一桶桶挑回自家的水缸。你来我往，把清澈见底的塘河水拨弄得激起一圈圈涟漪。

赶早市的家庭主妇回来了，新鲜的蔬菜鱼虾全拿到河边去洗，河水中带有一点腥味，混浊的淘米水诱来了贪嘴又胆怯的白龙鱼。成群结队地与人们玩起了游戏，一会儿张开嘴巴吐出串串泡沫，一会儿又扭摆着尾巴，一哄而散。

太阳爬上了都堂第的粉墙和风脊上。女人们总有一堆衣服搁在河埠头的石阶上，搓呀洗呀，响起一阵阵噼里啪啦的捣衣声，妇人们凑在一起又笑又闹，没过多久，被竹制三脚叉撑起的湿衣裤就会在风中飘荡了。

晚霞映红的黄昏，特别是夏收夏种农忙季节，未来得及打下的稻谷从田头满载而归，船舷贴着水面慢慢靠埠。柳岸边店铺、农家发出隐隐约约的微弱光芒，街巷熙熙攘攘，人头攒动。劳作了一天的男人们纷纷来到河边，掬起清冷冷的水往身上泼，洗去一身的汗泥和疲劳。有的男人干脆跳到河里，游了一圈，图个痛快。消除一天的烦忧和疲倦，尽是惬意。

逢上艳阳高照的吉庆良辰，也有不时划过水面的迎亲花船，花船在塘河的轻轻微波中一悠一悠地前进，桨声带有节奏地吱呀吱呀地响着，船儿摇摆着身子，擦着水浪，好像在轻声唱着歌："小平桥接大高桥，近水楼台红绮寮。笑倚栏杆盼娘子，花船来往慢停桡。"河面上阵阵鞭炮声、唢呐声，不免勾起我对当时娶亲情景的回忆。

"云日相辉映，空水共澄鲜"，塘河是美丽的，纯朴的，河两岸的风荷彼此连成一片，鸭鹅在水面上嬉水来回，偶尔还可见野鸭凫出水面。头戴竹笠垂钓的人们放下鱼钩，静候鱼儿上钩，其乐融融。河面上时有三五成阵的鸬鹚船儿过来，狭小的船只上一般有鸬鹚五六只，随着渔夫一声声急促的吆喝，鸬鹚似箭一样潜入水底，钻来钻去，捕捉一条条鳞鱼。鸬鹚捕鱼别有特色，也够刺激。呈现出水乡多姿多彩的风貌。

我家门前的这条河，也是抓鱼虾摸螺蛳的好去处。小时候我们顺着河边的石壁一手伸下去，少则二三个螺蛳，多则一大把。有时我在水里一待就是两个多小时，可以把随带的鱼篓装得满满的。河边的石窟窿里还有虾，有鲫鱼，一手伸进去，搞得虾儿噼里啪啦地跳将起来。这虾全身透明，长着两条须，有的河虾长着两只大脚像钳子似的，真刺激。

塘河也流淌着童年的快乐，河边的石缝里倔强地生长出野菊花、刺梅等。开着黄白色的小花，星星点点地装扮这河岸。夏日，低飞的红蜻蜓落在小花上，我们这些顽皮的孩儿便趴在河岸边伸手去逮。大人们说这是河水鬼变的，孩子们也惊出了一身冷汗。有时候，我们小孩也玩起了打水漂，用碎瓦片一打，瓦片不断地在河面上跳跃，激起数个涟漪，远远地漂去，也挺有玩味的。

枕水人家，也别有一番乐趣。夏日，太阳西坠时，便有好心人去拎水浇桥了，把日间晒得火烫的桥面浇个通凉，夜晚乡亲老少坐在桥边石阶上，在榕树下望着满天星斗，听乡间秀才和草根艺人谈天说地讲古论今，就这样度过一个个难忘的夜晚，也算是当时一种难得的娱乐享受。

塘河的美是一种天然的美，深深地留在我的记忆里。我曾写了一首《塘河》诗："几许烟云笼柳岸，东嘉风物画难如。斜阳古埠舟归晚，细雨渔翁鱼钓舒。鸥狎双溪时隐现，稻香两岸乐耕锄。

小桥流水圆荷艳，青石门台是故居。”确实，山水空蒙，波光潋滟是一幅百看不厌的山水画。

随着时间的推延，时代发生了变化，生活节奏加快了，塘河风光不再，留下太多的遗憾。小河的两岸再也难觅淘米洗菜的、洗衣挑水的，再也不见轻舟上红装绿裳少女弄棹戏水的倩影了，只能凭历史的记忆去品赏河中水面那健魄壮汉冲浪掠波的激昂情景。夕阳中渔歌晚唱的乡音也只是梦中的幻影。人们都说桥是水乡的标志和象征，过去塘河上古石桥遍布，石拱形的、梁柱式的，古色古香，成为塘河上一道亮丽的风景线，如今古桥已远离我们而去，取而代之的是水泥拱桥，虽这是历史的发展和社会的进步，但我们总觉得失去了什么，是人文价值的失落抑或是历史的哀伤，总之有一种莫名的惆怅。

由于经济社会的发展，环境也付出了沉重的代价，河面上出现大团大团的吐着刺鼻气味的浊水，往日清澈见底的小河变成“黄河”“黑龙江”，急于致富的人们汲取母亲河的乳汁，用废水来回报，母亲河在哭泣。“人们啊，救救母亲河。”我的心底在呼喊，是无奈，是惆怅，还有阵阵的酸楚。但我相信：鸬鹚放舟，渔翁垂钓，顽童戏水，河埠搓衣等水乡泽国旖旎风光一定会重新呈现在人们的眼前。

注：此文刊发于《温州晚报》2018年4月8日。

永昌堡咏叹调

王勤福

夕阳垂地，晚霞似锦，大罗山上晚归鸟儿的羽翼和朦胧的夜色，即将融合。穿过喧嚣嘈杂的闹市，天边的余晖已遮遮掩掩地将街边的楼房投影拉得很长。夕阳似乎不忍匆匆离去，留恋地将它的最后一束光线洒落在永昌堡上，即刻的永昌堡更加显得庄重古朴、静谧安详。在疏淡的色调里，映衬着那抹河水，浑如一幅水墨画。我站在永昌堡的城墙上，端详城墙拱卫的万家灯火。瞧瞧这座城堡，无比的高大雄壮：硕大的砖石构筑了坚实，那城墙的垛口旁有威猛的士兵，角楼上耸立着绚丽的旗帜。

环海楼（王珠润画）

这古老苍劲的城墙，堞留晚照，光映垛口，想象那是一张古老的琴瑟。在茫茫的暮色中，永昌堡城墙，弹奏着它对时空流转、史实代谢的咏叹。永昌堡的城墙刻满了风霜与沧桑。可以说，古城墙上的每一块城砖，犹如古书函般，排列成了解读这部450年的典籍。站在城墙上听风吟唱，世人会很容易理解永昌堡这座城的厚重与悲凉，因为这样的声音，能将人轻易吹入历史之中，历史刹那间无可言说。

历史的细节已消弭于时光之海，但那些还没有沉没于时间海底的城墙遗存，可以让人追忆起许多史实——明代中国东南沿海倭寇猖獗，尤其是温州，经常成为海盗的袭击目标。公元1553年至1563年的短短11年间，温州遭倭患28次之多，每年因此而死的人不少于3万。当时温州有一对叔侄王沛和王德，叔叔王沛为保卫海防，号召乡人进行抵抗。其间，他组织起一支千余人的抗倭队伍，在战斗中身先士卒，第一次阻止了倭寇的进犯。不久之后，侄子王德从广东解甲归来，加入了叔叔的抗倭队伍，又帮助招募了千余名战士。他们率领的义兵纪律严明、士气高昂、战斗力强，吓得倭寇一连4年多不敢进犯温州一带。

1558年，倭寇再次入侵，时已70多岁高龄的王沛率义兵迎战，不幸在视察敌情时陷入倭寇的包围，因寡不敌众壮烈牺牲。而王德为援助温州府城官兵抗倭，在途经龙湾金岙时遭伏击身亡，时年只有42岁。当诸义兵抬遗体归城时，乡亲们无不流泪，哀震闾里。温州人民在郡城内兴文街、康乐坊分别建立褒忠祠和愍忠祠纪念这两位抗倭英雄。

王沛牺牲后，他的侄子王叔果、王叔杲两兄弟继承了抗倭事业。二兄弟变卖自家田地财产计金4000两，再向王氏族人募捐3000两，共计用金7000两，不分昼夜、不畏寒暑历时11个月建成。迄今有450余年历史，是全国唯一一座由民间个人出资兴建的具有较大规模的古城堡。这便是我们今天看到的永昌堡，现为全国重点文物保护单位。

永昌堡雄伟壮观，南北长778米，东西阔445米，城墙高8米，周长2688米，内外壁均用块石斜垒，中间夯土，陆门自东至北，依次名“环海”“迎川”“镇山”“通市”。门券砌以青砖，设防有闸、门二重，城门谯楼面阔三间，砖木结构，歇山顶。城内凿二渠，引河水入城，贯穿南北，以利灌溉及舟楫，两岸用方块石斜砌，上架左昌桥等五条石桥，造型各异。民居、店铺分列两岸，井然可观。其后，倭寇围城，“筑城指挥台以观堡内动静”，及“见堡内水田，遂退”。可见当年设计之周全，筹划之妥善。

城外四周有护城河环绕；城内凿有上渠（俗名上河）和下渠（俗名下河）引河水入城。南北各设二水门，水门上架内外石桥，下置水闸防卫。上河宽13米，下河宽8米，以利水陆交通，灌溉、浣洗。上河置桥七座，由南而北，曰：南水门、会秀（坡式）、联方（蛙式）、囱头（直通式）、左昌（虹形式）、世裔（梯形式）、北水门；开五浃，曰：四宅、状元、三房、西门、上仓。下河置桥四座，由南而北，曰：南水门、东门、东昌、北水门；开五浃，曰：朴树、经魁、御史、板桥、圣门。城外有东西流向二河：南曰李浦，北曰林渎。

“永昌堡”与洪武二十年（1387），信国公汤和在浙闽沿海设立卫所时修筑的“宁村所城”，嘉靖三十七年（1558），巡盐御史凌儒在二都海口盐产地修筑的“永兴堡”，三城成鼎足之势，彼此呼应，联合防御，形成了坚强有力的抗倭堡垒。其设防的密度在祖国的万里海疆上也属罕见，充分表现了温州人民坚决抵御外侮的民族气节！现在宁村所城和永兴堡仅留残迹，唯“永昌堡”独存。

永昌博物馆（原英桥王氏宗祠）始建于明朝嘉靖二十一年（1542），占地面积13余亩，其规模之宏大，气势之雄伟，结构之严密，镌刻之精微，保存之完整，确系江南所罕有，整个格局尤似故宫，因此有“江南故宫”之美称，馆内有抗倭筑堡纪念展览厅，二战革命老区展览厅，左边塑造了明朝抗倭民族英雄王沛、王德公塑像，右边有瞻仰亭。文化教育公园里九峰峥嵘、华阳古洞、古堡炮台、吉祥金鱼等景点，为这座美丽的小古城更增添了艳彩。公园南首有一幢仿古式的藏书楼，收藏了晋、宋、明、清民间文物100多件，并藏有永昌历代以来的进士举人所著的70多部明版著作，其中《玉介园存稿》《半山藏稿》《槐阴集》，尤其著名。

博物馆内一块块牌匾高高悬挂，苍劲有力的笔体映射着历史的沧桑。一座座古老的建筑，刻画着时间的年轮。飞檐斗拱、雕梁画栋中的晨钟暮鼓仿佛又奏响了昔日的壮观。

堡内御史巷1号都堂第建于明代隆庆年间，是当时都察院佥都御史王诤的故居，两面临水，被专家称作“典型的明清东南沿海水乡人家布局”。今天我们仍可看到，都堂第的檐廊、窗棂等都按“修旧如旧”原则，恢复原有格局，保留了明代“明”风“明”韵，十分简洁明了。

永昌堡内人文鼎盛，明朝以来，人才辈出，历数百年而不衰。据永强乡贤王璞先生统计，英桥王氏一族，自明弘治（1488）至道光（1850）的360多年间，科甲仕、进士及第13人，中举人30人，入胶庠900多人，为浙东之最。现可查著作70多部，其中《槐荫集》《半山藏稿》《玉介园存稿》《鹤山文集》《三吴水利考》《永嘉县志》《江心屿志》《白鹿诗稿》尤为著名，名冠浙南。

永昌堡是一座爱国主义的丰碑，是我们民族保卫战的历史见证物，是瓯越文化的宝藏。悠悠的岁月，如一把古老的刻刀，刻下了岁月的年轮，刻下了艰苦，刻下了令人难忘的痕迹。每当看到这残损的城墙时，我就联想到这古城墙所经历的风风雨雨，岁月峥嵘，古城墙好像时时刻刻都在向人们倾诉着人世间的沧桑。

落日已将最后一抹余晖恋恋不舍地收回，天空在刹那间白亮以后渐渐暗淡了下去。站在古城墙上，我极目远眺，田野里有几处绿油油的麦苗，随着傍晚的微风轻轻荡拂，卷得均匀而富有韵律。我刻意搜寻那深藏记忆里的“荷把锄头在肩上”“牧童骑牛吹笛”的暮归画面，可惜哪里还能找得到呢？恍然想起已经有好几年没有看到这幅炊烟袅袅、负锄归家的情景了。

当我踱步在永昌堡古城墙上，月光下的荒草发出飒飒的风声，古老的城墙开始游动的时候，我触摸着城楼的一块块经过450年风雨的石头，沾着先祖灵光的青苔，在月色下，仍然绿莹青翠。只有这一股股灵气才能使我跟当年组织抗倭的王沛、王德，还有王瓒和大名鼎鼎的张阁老等先辈，拉近时空的距离。他们的智慧、人格、学识，他们的全部生命精神细节的空间，等待我们去理解、感受和领悟。

如今改革了，开放了，永昌堡的旅游业大大发展了。“打开城门，迎接八方来客”，这是永昌堡经济腾飞的标志，这是永昌堡人民的心声，这是时代的强音，这是永昌堡人民在新时期的新观念。

站在城墙上，似乎第一次发现永昌堡原来如此美丽，如此青春年少，犹如豆蔻年华的少女，撩开了那迷人的面纱！永昌堡真美，高高耸立的几座现代建筑代表了科技的光彩，层层瓦砾，古韵满怀的那些是历史遗留下来的足迹，见证过去，对比现在，展现未来。除却历史，现代的风景也杂糅其间，文化与时尚也相互交融。

我愿永昌堡更潇洒，我愿永昌堡更风华。

奇特的蛙形桥
——永昌堡里的明代联芳桥

王乐天

联芳桥（王珠润画）

龙湾永昌堡古城内上河状元浃北侧，有一座建于明宪宗成化元年（1465）的联芳桥，往西一百余米就是明武状元王名世故居。石桥为单孔梁式结构，呈东西走向，两侧梯步设计不同，东侧桥面往下四级踏步至一小平台，小平台南北各设踏步五级到路面，形似青蛙两腿，行人可在两侧上下走动。而西侧桥面往下踏步九级直接到地面，其形制别具一格，宛如一只青蛙横跨在河道上，被当地人昵称为“蛙形桥”。

这座石桥就在我老家门口附近，横跨上河的两岸，隔开了对岸的喧嚣，也连接起两边的热闹。如今，桥梁上花岗岩条石的花纹早已漫漶，桥墩周壁风干的苔屑开始脱落，南北桥板侧还可依稀辨认刻有“联芳桥”及“大明成化乙酉王廷善建”字样的碑文，显示出石桥的岁月沧桑和悠久的历史。

龙湾是一个典型的江南水乡，河流纵横交错。为方便交通与生活，先民们修造了各种类型的桥梁。大罗山丰富的石材资源为先民造桥就地取材创造了先天条件，乡亲们更是把修桥铺路视为积德行善之事，故自古以来造桥之风盛行。单在仅有0.3—0.4平方千米的永昌堡内，就静卧着形态各异的十三座明清古桥，联芳桥就是其中的典型代表。

据史书记载，当年，英桥王氏五世大派祖宗自足翁长子王廷方和三子王廷善儒雅友让，敦信乐施，他们继承了祖辈行善积德的优良传统。由于所居之地东部耕田千余亩，因上河、下河的阻隔，使得农业耕作以及交通来往非常不便，兄弟俩决定出资在下河、上河同时建造两座石桥，由已患病在身的王廷方带病监理造桥事宜。后来，当地百姓为纪念同胞兄弟同年联合建造业绩流芳之意，取名上河西桥为“联芳桥”，当时，耕田千余亩按里法折算，约为三里，故下河东桥名为

"三里桥"。现联芳桥仍保持原状。

石桥是水乡交通网络的连接链，是我们乡情的纽带，坐落于故乡的联芳桥就像一位饱经风霜的老人，见证并记载着家乡的岁月变迁。

小时候，出门不到50米，便见这座石桥，我与伙伴们常在上面一起玩耍，走熟了，自然对桥上的一石一草了如指掌。夏天，石桥就成了我们玩耍的天地，大家坐在石阶上钓鱼、玩牌、下棋、做游戏。傍晚时分，调皮的伙伴们还在桥上比试着"高空"跳水，看谁跳得远跳得多，他们站在桥上，双臂一举，"扑通"一声，跃入水中，溅起一片片水花，"跳水"的英雄壮举还引来一片片喝彩声。到了晚上，我们就坐在石阶上乘凉聊天，听着大人们给我们讲述着一个又一个动人的故事。石桥曾给我的少年时代带来诸多的快乐和幸福。在桥头，我无数次盼望从学校晚归的母亲；在桥上，我和小伙伴们并排而坐，探头俯视着小船从下面划过，鸭群从桥下快活地游过，我将手里的馒头碎块丢进水中，引来了一群贪馋的小鱼……

如今，时光已过去了五百多年，古桥负载过多少行人货物，谁也说不清楚，历经了多少次台风无情的肆虐，多少次河水暴涨漫过桥面，可它依然挺直着脊梁，从不屈服。

石桥桥面由三块厚厚的长条石板构成，八米多长，两米来宽，横架在两岸由块石垒砌的桥墩上。那三块石板呈淡红色，严丝合缝。因桥既陡又有台阶，只宜步行不能通机动车，渐渐地被人们冷落。时人越显娇贵，就在附近修建了一座崭新的钢筋水泥铸成的平桥，汽车、摩托车可在上面来来往往，通行无阻。但人们并没有抛弃联芳桥，作为全国重点文物保护单位永昌堡内现存的最古文物，现在，终于得到了政府部门的重视，人们知道怎样去尊重它、保护它。

只要我有机会回老家，都喜欢在联芳桥上面走一走，就当是和一位老朋友叙旧吧。因为桥石上蹒跚过我童年的幼稚，也偎依过我青年的幻想。即将跨进知命之年的门槛、喜欢旅游的我走过国内的不少地方，有幸见识了很多座著名的古桥：永定河的卢沟桥、颐和园的十七孔桥、瘦西湖的五亭桥、周庄的永安、世德双桥……它们虽各具神韵，光彩夺目，但仅在记忆的雪泥里印下浅浅的鸿爪。在我的心目中，故乡的联芳桥才是我最爱的古桥，它让我魂牵梦绕，没齿难忘。

乡村文化薪火传播者竺胜忠

王一平

摆在我桌上的是一大本厚厚的《塘下乡村文化》第二辑。该书共11章，分为地域、农渔、工商、人物、艺文、民俗、山川等篇章。该书主编是竺胜忠。他1957年生，年过花甲。这位塘下镇韩田村的"傻老汉"自费收集编辑出版了塘下镇志书，这里有一段难忘的故事。

竺先生是英桥王氏后裔，后过继到瑞安塘下，认竺王双姓，同我一起从事永昌堡文化研究、竺兄文化程度不高，小学未毕业，早年曾务农打工，现自办企业，为鑫田集团下属企业。他热心公益事业，修桥补路，建寺筑亭。曾修建了吴岙至尖山岭垟大道、韩田怡寿园、尖山寒山寺、韩田文昌阁、尖山公路硬化等工程。

2000年开始，竺先生做出了一个“傻选择”，自费收集编写塘下镇志。这个小学未毕业的老汉，以夸父逐日、愚公移山之志，踏遍塘下镇各村各地，登门求稿，拜师学艺，搜集资料，组织整理。2013年12月，终于编辑出版了《塘下乡村文化》第一辑，深得大家喜爱。2013年，《瑞安日报》“今日塘下”为他刊发了一整版大幅报道《〈塘下乡村文化〉的书里书外》。报道中提到他从2000年开始踏上艰难编书之路，到2013年出书，这一路，竺老走了十三年，只为一梦一颗心，一卷一古镇。了却心愿，已然无憾。然而事情并未终结，在村民鼓励和家人支持下，他又发宏愿，决定出《塘下乡村文化》第二辑。第一辑侧重介绍韩田村文化，第二辑介绍的是塘下镇文化，面更广、量更大。为了节省开支，他自行搜集资料，自行拍摄照片，文字部分交专业人士修改定稿。第二辑从2016年开始整理到2019年面世，全书共560页，34万字，由中国艺术出版社出版。

十九年来，为编书，若算上购置电脑打印相机等硬件设备、差旅费和必要交往费用、打字印刷、书号等共花费近100万元。

十九年耗费百万，十九年风霜雨雪。他暗暗守望，默默坚守，将梦想变为现实。他扛起的不仅是一卷书，更是一座乡村文化大山，作为乡土文化热心传播者，这种坚韧不拔的精神，真可谓功德无量，吾等诚心诚意为之点赞。最后以一首小诗结尾：

香飘翰墨韵清新，乡土民情曲曲珍。

十九年间磨一剑，风怀可敬颂精神。

第二节　诗文外篇

历代诗文

选录外籍人士涉及永昌堡人和事的诗文作品。

诗

黄淮（1367—1449），字宗豫，号介庵，明永嘉人。累官至少保户部尚书，谥文简。

宿三桧堂赋赠

三桧罗堂阶，苍然太古色。樛枝走潜蛟，密叶沁香液。

眷此岁寒姿，幸與君子即。庭槐接青阴，兰玉荫嘉植。

百世绍芳华，滋培在树德。

章纶（1413—1483），今乐清市南阁人。明正统己未（1439）进士，官至礼部侍郎。

寄王梦竹

忆君访我过茅庐，常若门听长者车。

愿得重来抱琴至，胜如尺素寄双鱼。

次王梦竹韵（二首）

（一）

昔别沙头注玉瓶，相违虽久不忘情。

鱼书兼遗王宏酒，独酌思君对面倾。

（二）

独酌思君对面倾，戊经已岁又将庚。

长期一笑相逢日，携手瓯城斗口行

王世贞（1526—1590），字元美，号弇州山人、凤洲，太仓（今江苏）人。明嘉靖丁未（1547）进士，授刑部主事。著有《弇州山人四部稿》等。历官浙江右参政、山西按察使、南京刑部尚书。文名列后七子之仲，独领文坛二十年。

怀王大参旸德有寄

（一）

钟楼面面是横塘，每见双旌度夕阳。错唤小桃垂柳字，那曾一树不甘棠。

（二）

弇山事春日争新，辙迹从多不畏贫。所恨子猷看竹复，几曾真遇赏心人。

（三）

赏径别墅记新图，今日阳湖即鉴湖。自是兴王多物色，可能长作客星无。

宪使西华公七十，乃弟旸谷公亦大六十九矣。子念乞言为寿

西华山头西母过，喜君花萼媚烟萝。从知啖蔗流光美，况复分柑乐事多。

门有鉴湖堪贺季，室无夫女胜维摩。埙篪别是千年曲，不唱平原奈乐何。

屠隆（1367—1449），字长卿，号赤水，浙江鄞县人。明万历进士，除颍上知县，后迁礼部主事。明代文学家、戏曲家。

寄题王阳德先生园墅二首

（一）

古洞天然太玉奇，往来时与列仙期。寒烟长护烧丹灶，春水新添洗墨池。

柳外酒船能自至，花间茶具不须移。更闻咫尺通华盖，屐齿何妨磴路危。

（二）

无数鸥凫几席前，蒹葭遥傍钓渔船。天开宝界千峰碧，水满琉璃一镜悬。

半壁松杉翻夕照，夹堤楼榭起秋烟。垞南垞北皆堪画，绝胜君家旧辋川。

魏允中（1367—1449），字懋叔，明河南南乐人。任太常博士、吏部主事。为政与顾宪成齐名，为文与李维桢、屠岸、胡应麟齐名。

寄旸翁老师山中

扁舟长遂越溪东，一第悠悠汉署中。衔璧未酬知己日，挥金犹忆昔人风。

月明禁夜砧声满，霜下江天木叶空。颜色此生还见否？登楼双泪堕征鸿。

寄旸翁老师吴中

宾客何由北海樽，迢迢双鲤出吴门。青云自领诸生捷，白首谁酬国士恩。

帐外笙歌长日沸，秋来波浪大江吞。朝廷近忆观风使，丛桂无烦问故园。

寄旸翁老师

伊君双鬓未曾丝，况复三江罢出师。尊酒倘能北海日，登临存莫忆东山时。

离心尺牍题应遍，险路扁舟去故迟。同舍诸生半附霄汉，青山犹有白云期。

谢暹（1424—1493），字茂升，号万山。明永嘉人。明天顺六年中乡试，任衡州临武教谕。

题三桧堂

昔人植三槐，今人植三桧。三槐余夏阴，三桧足冬翠。

槐也桧也同，也无槐其三。公桧三孤品，题况是台铉。

笔政與昔人，同德符雷风。喧腾云雾滋，罗列堂阴如。

鼎力盘根啮，地互缠绕古。幹凌霄竞苍，碧贤孙嗣此。

厚栽培百世，三槐绍芳迹。

侯一麟（1517—1599），字舜昭，号四谷山人。明乐清人。侯一元弟。

林下一人为旸翁赋

本是朝端第一人，竭来林下得琮身。从他紫阁称公辅，还我青山作主宾。

玉介园丁司马客，阳湖渔子武陵春。试看驰道纷纷者，头白何曾解佩绅。

张嘉胤（1526—1588），字肖甫，号崌崃山人，铜梁人，明嘉靖七子之一。嘉靖年间

（1522—1566）进士，曾官浙江巡抚，太子太保。著有《岧峣山房集》。

寄题永嘉王阳德旸湖精舍

招隐岂在深，智者秉微尚。伊人臣旸湖，幽襟谢尘鞅。

丹霞递崇椒，南北两雁荡。万象厉景光，凌缅非一状。

鸱夷任所之，沧浪发高唱。扁舟就何时，逝将剡川放。

冯时可（1541—？），字元成，号文可。明松江华亭人。隆庆五年进士。历任广东按察司佥事、云南布政司参议、湖广布政司参议等，与刑侗、王稚登、李维桢、董其昌同称晚明“中兴五子”。

赠参知阳德王公

一从神武谢，寂寞道弥深。结宇青山下，疏泉碧树浔。

《素书》引《鸿烈》，金简诵琴心。莫更征王仲，云踪未可寻。

赵秉忠（1574—1626），字季卿。明山东益都人。明神宗万历戊戌（1598）科状元。历官翰林院编修、侍读学士，礼部侍郎，官至礼部尚书。赠太子太保。

寿旸翁俚语（二首）

（一）

春灵春日进华封，南极光联太玉峰。文振天雄亲士类，勋彪吴会勒彝钟。

圣朝有待惟黄发，身世无机亦赤松。令德止有歌寿铸，斑衣行且佐夔龙。

（二）

名园静处摄长生，一卷黄庭了惟情。丹鼎烟浓茶露湿，竹床梦醒道心情。

挂冠已解尘中网，对酒遥瞻帝王星。漫道蟋溪征钓隐，须知洛社有奇英。

陈栢，字子坚，明沔阳人。明嘉靖二十九年（1550）进士。选兵部职方司主事。著有《苏山集》。

送西华年丈行边（八首选四）

（一）

西山雨后似青螺，送尔遥从碣石过。会见胡尘先已净，洗兵宁用挽天河。

（二）

岁岁滦西苦被兵，天王拊髀忆豪英。帷中愧乏平胡策，塞上犹烦阅士行。

（三）

渔阳自昔多豪侠，一剑犹思保主恩。养士祗今过数万，何人誓取羯胡吞。

（四）

淮阳昨日捷书传，战罢犹闻血满船。为语单于须自保，射雕休近喜峰前。

赠曹长西华王先生阅边

（一）

几年借箸识才名，建节高秋塞上行。南牧胡儿犹自喜，不知天使请长缨。

（二）

东关烽火照幽都，杀气遥连碣石孤。共说行边王相国，龙荒直欲取单于。

（三）

双剑当秋气色寒，赠君落日下桑乾。边声何处传刁斗，明月千山夜未阑。

（四）

西风吹断黄金台，万里胡云黯未开。封事知君能报主，边城好击郅都材。

俞允文（1511—1579），字懋叔，字仲蔚，明昆山人。诗文书法俱佳。有《俞仲蔚集》。

和肖甫司马题旸德大参东园五言绝句（十首选五）

最景园

归伏日月余，细割湖山胜。未论帝释园，人间许谁并。

团云程

白云滃作团，回风吹不散。截置一钵中，舆作山僧饭。

苍雪坞

团云变晴色，古木郁苍苍。未酬郢里唱，且奏梁园殇。

叶兰馆

幽馆寻欲迷，赖尔同心引。任是当门生，欲锄还不忍。

挹华轩

水木旦夕华，兹轩巧相挹。为怜眉宇清，不惜琴樽湿。

和张肖甫司马题王阳德使君阳湖别墅（十咏选五）

知乐轩

鲸口初分玉涧余，金鳞点点跃清渠。欲知鱼乐无如子，曾向澄江梦作鱼。

清凉界

从他赤日也清凉，舍利南来是道场。不似石家金谷地，热心偏向绿珠忙。

纡青阁

小阁疏帘面面开，不知何处送青来。佛螺欲傍斜阳敛，那有朱丝系得回。

红雨溪

天花争坠不沾身，下作东邻红锦裀。却恨酒醒眠起后，悄然无计一留春。

浮碧台

千寻碧皱倚空濛，湖眼山眉态不穷。错讶楼台绿蜃气，中天涌出化人宫。

皇甫汸，字长循，长洲人。明嘉靖进士，以吏部郎中左迁大名通判。工书法。著有《皇甫司勋集》。

海上铙歌上宪使王公

（一）

图经海外序倭奴，七道分州示大都。内属一朝更日本，跳梁频岁捍天吴。

（二）

将士宣威藉宠灵，先皇神武悉来庭。阵开鱼丽云犹黯，血染鲸波水尚腥。

（三）

谁云五月渡泸寒，不似三沙犯热湍。夜据上游应出险，朝看制胜下楼船。

（四）

君王端拱坐云台，报道江南献捷来。殿上侍臣传向说，扆前亲见睿颜开。

赵用贤（1535—1596），字汝师，号定宇，明江苏常熟人。隆庆进士，万历时官检讨，仕至吏部侍郎，谥文毅。有《松石斋集》。

海上铙歌上宪使王公

初日照沧海，春深云不流。孤帆下三岛，蛟蜃一时收。

万里春波阔，云流风不生。天边一帆至，忽棹凯歌声。

蒋以忠，字伯孝，常熟人。明隆庆进士，官至广平知府。著有《清权山人集》。

海上铙歌上宪使王公

海门东望接蓬瀛，万顷汪汪一掌平。暖浸桃花春濯锦，静涵星斗夜推枰。

云开三岛日初浴，月满十州门不扃。父老争携筐篚至，麟台勋业太常铭。

王鼎爵，字家驭，明南直隶苏州府太仓人。隆庆二年进士。授刑部主事，官至河南提学。

海上铙歌上宪使王公

仲宣感赋美登楼，大府仍开海上州。兵气渐消知罢警，鲸波初息见安流。

幕中每许诸生至，花下常招客客游。更是功高增宠秩，天声遥震日东头。

傅逊，字士凯，太仓人。明万历间以岁贡授建昌训导。著有《左传属事》等。

宪使王公衙斋宴菊

雄略震天声，时艰出大名。和门旋罢警，关堠欲销兵。
燕寝乘丰暇，禽华集异英。披襟开古道，置醴洽诸生。
潇洒惊尘目，欢娱动物情。才微惭颂德，牵率自征营。

顾允默，字懋仁，明昆山人，顾梦圭之子。生卒年均不详，约明穆宗隆庆末前后在世。与弟尤焘、妹采屏均以善作曲名。著有《五鼎记传奇》一本，《曲录》传于世。

宪使王公衙斋宴菊

（一）

花应金飙发，柯凝玉露清。谁知台里客，偏有径中情。
衙散娱良夜，樽开引列卿。自惊蒙折节，亦许得餐英。
紫羡袍俱灿，黄看带共明。何能康乐咏，空待宋公行。

（二）

看花趋柏府，临槛醉兰卮。芳气深秋满，贞心晚节持。
雾余繁黛叶，霜后密缃枝。散彩疑层锦，长年胜五芝。
幕中幽赏洽，灯下雅歌随。相顾皆英妙，偏惭鬓欲丝。

顾允焘，明昆山人，顾梦圭之子，顾允默之弟。善作曲。

宪使王公衙斋宴菊

（一）

幕中开谯有风光，茂叶丛英吐碎黄。栽护几看施武帐，分移犹似列戎行。
芳添雨后同春色，节傲霜前正晚香。此夜莫言陶令径，当年元拟魏公堂。

（二）

海上烽烟此正销，东南闻已遍民谣。投戈不问穿杨试，折简还因赏菊招。
门艳祇宜挥玉斝，浮香偏喜泛金翘，始知逢掖能令贵，千载风流有度辽。

张文柱，字仲立，明昆山人。万历举人，官临清知县。有《湨池集》。

宪使王公衙斋宴菊

（一）

东南开府自名流，坐见烽烟海徼收。指顾正回霜后节，啸歌曾上月中楼。

心将白醴情千载，居为黄花傍九秋。不是传经逢假日，诸生何以奉清游。

（二）

建牙回舆白云期，别馆花开亦不迟。芳意已随秋雨足，清编还向夜灯披。

人同北里题诗日，径似东篱载酒时。解道坐深多异采，台端常有八风吹。

王世懋（1536—1588），字敬美，号麟州，明江苏太仓人。累官至太常少卿。王世贞弟。

别参知旸谷王公

踟蹰尊酒袂难分，地主风流自右军。却恨冰霜驱俗吏，忽从桑梓别神君。

到时栗里无黄菊，忆处匡庐有白云。倘过山园为寄语，草堂休勒稚圭文。

寄王大参旸德时公初归永嘉以黄柑见贻

但作归人事事堪，永嘉名胜擅东南。吹笙雅称王乔岭，著屐偏宜谢监岩。

客至风前饶白苎，书来霜后有黄柑。只愁行乐燕京妒，不怕中山谤一函。

感怀寄王大参旸德

六代三山妒客踪，犹余五岳可扶筇。应来我马元非马，悟得人龙有似龙。

祭酒偶叨诗社长，通侯仍傍醉乡封。烦君寄与何曾道，到老还输阮嗣宗。

王叔承（1537—1601），初名光允，字叔承，晚更名灵岳，字子幻，自号昆仑承山人，明吴江人。喜游学，太仓王锡爵是其布衣之交。其诗为王世贞兄弟所推崇。著作有《潇湘编》《吴越游集》《宫词》《壮游编》《芙蓉阁遗稿》等。

西湖桃花下因曹子念寄寿永嘉王使君阳德

西湖千树红桃花，东风吹作江天霞。明霞可餐骨可化，把酒忽思王永嘉。

永嘉使君七十翁，两颊桃花映酒红。当年醉我雁宕水，至今五内横千峰。

千峰万壑君独领，南国山川秘仙景。家住白鹿城，门临华盖岭。

谢公岩洞右军池，金鱼乱跃丹砂井。可知寿星生福地，一官老隔人间世。

岚光翠拥阳湖庄，瀑声雪喷仙岩寺。白粟偏绕缁袖缘，黄金半向青山废。

山中种菊矜老手，五色秋英泛玄酒。黄柑如斗蟹如盆，四季常烹鲜石首。

富贵能归归解乐，善享清闲自天受。万卷缥缃投子孙，十年泉石谐宾友。

衙齐别墅两招游，瓯东江左传风流。剩有丹书示王烈，更余侠气扬曹丘。

曹生寿君三月半，题诗为寄春江练，天台杖得万年藤，苍龙直抵桃花宴。

舒化（1539—1589），字汝德，号继峰。江西临川人。明后期诗人、刑法专家，补充完善了《大明律》。官至刑部尚书。

寿旸谷王翁八十

计算人生若电流，古今转盼几千秋。同官泽国犹青鬓，归卧山林并白头。

遥忆江心仙子宅，独怜龙阁隐人游。欣逢耄耋夸眉寿，海屋还添百十寿。

徐作，字汝念。明嘉靖四十一年（1562）进士。

寿旸谷王老年丈八帙

早辞簪绂驻年华，自爱长生语一家。发任婆娑娱杖履，尊开烂漫惜莺花。

为园曲傍城隅水，辟谷朝餐海上霞。应愧五陵车马客，从君欲问钓鱼槎。

汤日昭，丹阳人。明万历八年（1580）进士，二十年（1592）任温州知府间倡议修纂《温州府志》，后由陈留刘芳誉继任，于万历二十五年（1597）延聘王光蕴开局修志，纂成《温州府志》。

寿旸谷公祖八十时新第落成小诗二律

奕叶勋名霄汉边，为耽泉石早归眠。韬真久悟长生诀，驻世旋登大耋年。

习氏池亭原洞府，谢家芝玉自蓝田。况逢此日开新筑，绿野春深乐事便。

相逢意气结林泉，扫径时迎俗吏鞯。共出囊时常问字，交欢杯酒且忘年。

曾看旧业槐阴绕，遥忆新堂燕子翩。翘首南天多紫炁，应知海上集群仙。

魏允贞，河南南乐人，万历五年（1577）进士。官御史，陈时弊四时，累迁右副都御史。以守边防，即家进兵部右侍郎，卒溢介肃。

寿旸翁老师八十诗五首兼谢吾翁九十之赠（选四）

（一）

先帝亲分铜虎符，春风日日坐吾徒。黄堂兼设纱为帐，赤子曾看鞭是蒲。

不尽去思同召友，何因报德有隋珠。遥闻此日无疆祝，半在天雄半在吴。

（二）

主人卜筑近天台，流水仙源有路来。琪树开花常五色，春江变酒日盈杯。

青衿曾是登龙客，赤牍虚凭过雁裁。白发旧恩犹有忆，岗陵作颂愧非才。

（三）

晋阳江左总天涯，来往深情幸不乖。汉吏循良多五马，王家门第自三槐。

珠从照夜兼收魏，人有愚名不弃柴。化蜀文翁耀青史，美新其后愧吾侪。

（四）

八十临风手自题，鱼书花绮到山西。老年鹤发欢相比，薄命鸰原飞不齐。

游子新裁斑作服，明王三锡紫为泥。春秋倘问行藏处，暖日晴云侭杖藜。

于若瀛（1552—1610），字文若，一字子步，晚号念东，山东济宁人。明万历十一年（1583）进士，除兵部主事，历郎中，后为河南佥事、南尚宝少卿、太仆少卿等，以右佥都御史巡抚陕西，卒于官。著有《弗告堂集》。

赋得粲粲三珠树

粲粲三珠树，寄根天都岑。夕雾蔚相属，朝霞郁为林。

榆星延万照，扶光映千寻。玄鹤鸣其阳，青鸟翔其阴。

沆瀣良足滋，霜霰讵能侵。清澄祛宿氛，练心存正灵。

微润液贞貌，惠飙振瑶音。逍遥享遐纪，积岁永不零。

陈其志，东莞人。明熹宗天启贡生。明思宗崇祯二年（1629）任灵山县训导，后任高州府教授。

赋得太玉篇寿旸谷王公八十

太玉嵚岑东海旁，阳乌残夜升扶桑。圆峤方壶渺可接，赤城华盖遥相望。

珠幢绛节纷婀娜，芝检金泥隐洞章。古洞曾栖紫烟客，灵閟千秋犹吐色。

王翁苗裔出缑山。姓名已挂丹台侧，云琳玉管相徘徊。

尊斟琼液三时熟，手种桃花千岁开。清浅从君问蓬海，日余夙忝蓬莱宰。

石髓曾烦王烈分，金膏每共康公采。十年回首隔风尘，梦里容辉见精彩。

聊寄仙家碧落辞，好攀玉树长相待。

戴宗璠，字瑞乔。明永嘉人。有文名，以贡授学博。万历间参修《温州府志》。

寿旸翁八秩

辞荣高枕向沧州，南极光芒逼斗牛。少伯名成会霸越，太公望重合归周。

书传青鸟瑶池降，曲度鸾笙缑岭留。奕叶庭前看玉树，谢家真可斗风流。

送昭玉世兄王楠畿试时余将趋都下俟为北道主云

片帆摇漾发江皋，佩处光芒见吕刀。咄咄稔知鸿鹄志，翩翩争赏凤凰毛。

探骊辟水声名起，走马长干意气豪。为买一尊燕市酒，春风迟尔拭尘劳。

徐元太（1536—1617），又作元泰，字汝贤，号华阳、华阳子、华阳山人、华阳主人等，宣城人。与兄元气（官至南京右通政使）俱有名于明末政坛。

初春玉洞王公偕诸使君见过投以诗赋答二首

（一）

使君临予种药畦，夜分犹自照然藜。功曹壑共玄晖赏，处士齐留杜牧题。

溪口北瞻山是敬，洞天东望地为稽。闲身久荷君恩许，敢怯时迎五马蹄。

（二）

孰领东风到茂陵，暇多高阁谢公乘。林连晋寺清浮磬，节傍元宵彩逼灯。

春縠菜聊磐内荐，敬亭梅與笛中应。良辰喜是三阳会，秀句飞飞更右丞。

王母陈太恭人七十寿诗

九霄南极现瓯东，日瞩长辉丽阆风。牛斗宿文开织女，凤笙韶吹和仙公。

飞霞岭媚玄时圃，待月台森碧树丛。西岸石高千丈玉，对看王母紫微宫。

梅鼎祚（1549年—1615），字禹金，号胜乐道人，安徽宣城人，明代文学家、戏曲家、小说家。著有《历代文纪》《汉魏八代史乘》等。

郡君侯王公季宣先生归养东嘉敬赋十二章以赠

（一）

陵阳春色自年年，郡阁秋风已飒然。左吏新衔颁汉国，右丞旧业忆蓝田。

（二）

王门醴酒未经尝，使者河堤报荐章。曠里倾城无定色，蛾眉不扫入时妆。

（三）

乡里儿童纷顶领，邻封期会缓催科。掉头往事何劳顾，归梦频年属薜萝。

（四）

缭碧家园信所如，潘兴喜御赋闲居。三朝问膳犹多暇，东部新裁越绝书。

（五）

仙舟秋拥浙江潮，桂子天香云外飘。殊有凤毛分丽采，正看鹏背上扶摇。

送昭文丈省觐宣郡还东嘉

（一）

东来千里为宁亲，浊世翩翩定可人。双落彩虹怀李白，一闻雌蜺赏王筠。

（二）

郭外昭亭快独游，就中云鸟坐相酬。留题小谢惊人句，始识君曾到上头。

（三）

到日梅香雪作花，别时桃艳绮成霞。西湖千树春应晚，归及新尝雁宕茶。

（四）

新构玄齐紫翠层，府曹清澈玉壶冰。知君不问胡威绢，一骑萧萧出宛陵。

（五）

寻君不惮恶溪恶，送客才过三月三。几牒吴山还越水，相寻相送总江南。

朱之蕃（1575—1624），字元价，一作元介，号兰隅、定觉主人，祖籍金陵，明代大臣、书画家。万历二十三年（1595）科举状元，官终礼部右侍郎。工书法，善画山水花卉。

赠王昭玉词兄应试留都

多君世业重词坛，琼树新枝绝代看。适性自甘兰茝佩，致身须整鵕鸃冠。

天香泛月秋先到，玉漏穿花夜未阑。骥足只今逢乐顾，康庄千里入长安。

赠王昭玉词兄四首并和来韵

（一）

晓月流辉夜雨余，桂丛春露袭幽居。耽从静适机全息，渐觉尘劳味转疏。

万里高骞瞻野鹤，一泓真乐俯鲦鱼。翻来散帙时供枕，酒谱茶经种树书。

（二）

懒从生业问赢余，粗粝时供竹树居。舒散襟期随地可，拘牵礼法向人疏。

栖梧振翮凭威凤，纵壑扬鬐任巨鱼。惟有清忙除未尽，诗成频就绿蕉书。

（三）

不向残编拾唾余，常亲香茗类禅居。病根易触医王禁，饮舆难容酒伴疏。

真境偶然通梦寐，化机纷若现虫鱼。苔痕屐齿园林遍，尘积陶琴邺架书。

（四）

蓬门遁迹十年余，再接芝眉慰索居。泉石共矜幽舆满，诗筒未遣淡交疏。

多君游屐来宾雁，愧我持编老蠹鱼。谋醉莫嫌生计拙，右丞图画右军书。

裘成德，明万历三十一年（1607）癸卯科举人，任兵部司务。

送昭玉契丈之南都应试

黄金高筑进贤台，才子横经虎观来。正是骅骝争路去，却看鹏鹗掣云回。

潮生铁瓮飞乡梦，日照钟山落酒杯。得到乌衣君故里，徘徊千载霸图开。

柯荣，永嘉人。明万历间诗人，“白鹿诗社”社员。

赠昭玉世丈之金陵二首

（一）

长淮烟水木兰舟，有客翩翩赋远游。踏尽乌衣深巷月，可知家世本风流。

（二）

轻肥不入少年场，鼓箧天南望帝乡。槐市秋来花满树，好将彩笔赋长杨。

文

梦竹轩记

（明）蒋德璟

王君秉璠读书博雅之士也，世家永嘉之沙城，为邑钜室。天池洒落，独嗜竹，号苍雪道人。尝筑室为燕休之所，环植以竹，苍阴郁然而秀，翠色粲然而荣，峭拔蔚茂，最为奇胜。秉璠日寄傲其间，但觉清风生乎两腋，雅韵发乎心志，虽将诩三经之乐，亦不过乎此也。

今年冬，膺郡太守荐为阴阳正术，侨寓京师，起居饮食尤不忘乎竹，梦寐之间如或见之。太常少卿郑公雍言因篆其扁，曰梦竹，征予记之。

夫人莫不有梦生于思，思之所在，梦之所形也，故圣人志欲行周公之道而梦见周公，是梦生于思也。或曰叔孙穆子梦童牛之貌于牛未至之前，曹人梦公孙强之名于强未生之先，又非生于思也。周官掌六梦而三思，曰思敦，谓梦非生于思

乎。天下卉木至不一也，曷为而梦夫竹哉？取其德也。其德何如？中虚道也，有�文也，直而不屈，理而有析，勇与义也。故君子怕爱之矣，爱之而弗忘，则思之矣，思之而弗置，则梦之矣。然则曲肱隐几，吾之梦竹也；放情遗形，此吾之不梦竹也。吾之梦竹得于己也，吾之不梦竹得于天也；得于己者既与竹俱得，夫天者又岂舍夫竹哉？

秉璠归也峨冠博带，朝暮盘桓乎竹林之所。百知其身，耳之所闻者铿然锵然之音，目之所接者温然苍玉之色。于斯时也，竹之清固足以供秉璠之清，秉璠之清亦足以配竹之清。将见清兴悠然，形诸吟咏，其自得之趣，奚可以言语形容哉？虽然君子之于竹岂第娱其心志而已，亦曰比德云尔，于是又有以见秉璠之益修其德也。吾故为之记。

景泰六年乙亥十月下浣，赐进士及第通议大夫兵部左侍翰林学士兼左春坊大学士知制诰经筵官淳安商辂书。

槐阴堂记

（明）章纶

鹿城东南行六十里，其地曰英桥，有旧族王氏裔出宋晋公祐，积善传家，代产贤哲。有樵云

处士者尝景泰晋公三槐遗泽别构一堂，植槐其前，自号槐阴遗叟，因以之名堂焉。

其子由，字秉璠，干蛊继志，景泰中用司荐之京授郡阴阳正术。其来也，适值吾以言事系狱，连坐之势方炽，虽亲友皆屏迹远去。秉璠则不为惧，且素不识吾面，因舍敝止之傍，朝夕怜吾妻子而周其急。及闻吾廷杖，璠则不为流涕，谓吾臧获来兴曰："尔善为而主，馈饷使不失所。吾归当置田数亩以偿尔劳。"仍有彷徨不忍去之意。当时人皆谓吾无复生还，秉璠非有所为而为之也，直以秉璠之心激于公义，有不容于坐视尔，此岂世所易得哉？比吾蒙圣恩录贰礼卿，归其庐慰谢于槐阴之堂，秉璠因以记为请。

夫种德犹种树也，种树者取树于将来，种德者食报于身后，其培植之理一而已矣。王公自宋望于兹乡，樵云处士与其父乐善翁世济隐德。秉璠又善承之所以培植其根而使枝之日达，以蕃者固未艾也。

苏长公铭三槐堂谓封植之勤必世乃成，处士名堂之意亦有在于斯乎，是为记。成化六年庚寅冬十月望，赐进士出身正议大夫资治尹南京礼部左侍郎乐清南阁章纶大经书。

沙城记

（明）罗洪先

温之鹾出于海沙，而永嘉沙场东垫于海，土不能堤，思易以石旧矣。

嘉靖甲午，罗山张公入相里，有王瑞者以溪桥王公钲指引疏于朝。有司畏其难。又若年，戊申，诸生张玪与里人王九庆、郑守林等复请于巡按御史鄢公懋卿，公曰："是为吏者之所避难也！虽然古之治水也肤发无爱，而况其他乎？且吾辞其难，谁复当之者？"乃与瑞安丞曹龙兴、义士王崇教、陈守岳、王宗德、周公祐、季承宠等议，城南起一都长沙，北至村寨，以丈计之，至二千六百一十有九石之长。丈方尺者十之以为，高五之以为，厚采输崇筑之，直总为金以两计之至五千四百有奇。石之厚而广与高称，畚土辅石具樵引渠役之民金不与焉。金出郡邑之羡足，以私鹾没入市之官民不与焉，凡役民散金视所分地。总义士项世习等四十余人分地五十丈有奇，议且行，近淮董公威来受代，代董者槐庭宿公应麟皆以事有可，固而吾不可以独后也，于是助之罚而致其期，而分守参议。火媚潭公则为简徒御相远迩。择地之宜程人之能授三通判。南川何君洛以督责之。始于戊申三月，至庚戌二月而城矣。

夫鄢公决十有五年之谋，于二三十里之间，而民不知劳，岁不再阅。内之足以固斥卤而□溉泻，外之足以谢震啮而遏寇略，是有大惠德于永嘉也。永嘉之民既谋尸祝之，而乡大夫王东厓氏、项瓯东氏砻石谒文于余，俾记其功。

余观先生之辩，土物既教之以稼穑矣，其于下地又必为之猪防，遂列浍而不以病民，此皆在郊遂之中，非险远悍激之区也。将以为旱涝不测之备，非旦夕必至之矣也。至若川泽之远？鸁之微，宜无所用其力矣，然亦岁有禁属属之。有司其意以为成于人者不可不辅其不足，而取于人者不可不节其有余，故其持己也恒劳其心而不欲逸其力，其为民也恒厚其施而不忍责其报，上下相与之情亦可以想见哉！

当是时，海王之说未出则牢盘之法固未闻也，沟洫废而□榷繁，鹾政起矣民之从事者冒潮汐、履涂淖，终岁勤劬犹虑不给，而又日有荡析之危，以至于呼号而求援，可谓困踣无聊矣。为之吏者汲汲于赋余之增，以选殿课于灾之所必至，与人力不足者辄自诿曰：“吾不能以身逸也。”不然，则曰：“财有限而请无已也。”然岁月之内，交际、馈遗、游观、供亿百出者已不知纪极矣。既一不以自检而谤，亦不兴此无化。古之赏罚听于民，而今之赏罚间于已，以其赏罚之可间，则利必归于己，而害之不急于民，何足怪也！有能举赏罚之遗，当谤怨之丛而推先王之意。以无告之民御旦夕必至之灾，以遗穷海不訾之利，则其颂而传之祠而祝之，以此于古者农啬坊庸之祠，斯固报施之相从，亦劝惩之嘿寓也。乌可已哉！

永嘉场于鄢公是已，嗣鄢而终事者功固不可泯，而首事与御众尤若不易。方是役之经始也，从而阻之者哗然，乃东厓王公翼承厥考之志，力持前议，而瓯东项公更左右赞襄。缘是里若聚讼而势卒不胜，会议城者故浮其直以偿有司，有司益骇。自鄢公内断于心而崇教等之议，公私相侔莫可疑间，何公之督责其下有不堪者矣已，而哗曰：“使公而后，则吾有偷力；使公而墨，则吾有玩心。”夫不疑明也不懈刚也。《诗》不云乎：哲夫成城。《书》不言乎：威克允济。余尝愤今世之所以为，而未尝得试于吏，既幸永嘉之有遭，又因兹事而知古道之可复也，遂次第其事，告之将来。

项瓯东氏名乔，与余同举进士，为广东参政。王东厓氏名澈，以福建参议致仕，即溪桥翁之子。溪桥翁以子参议，澈祭酒激贵为封君而始终。兹事则其父子之功居多。翁素以厚德为里人所推裁，殆与古之乡先生相应。后之配鄢公而食者，其将舍诸义士差，其劳列之碑阴，亦曰无征不著者劝也。

重修江心孤屿东塔记

（明）王典尧

佛氏谓离幻即觉，又曰：一切有为法，如梦幻泡影，故山河大地名像能所悉皆消殒，而善学佛人又谓能空诸所有，直超彼岸，此上根开士。而四众蚩蚩，触目警中，则又有象教焉。故庄严之土，幽胜之区，架琳宫像诸天宝盖金轮，种种端好，浮屠七级，卓立霄汉，夜则篝灯，骊珠层层，放大光明，来游者，盱瞩者，油油欣悦，翼翼肃恭。即戾夫悍卒，亦莫不瞻像而改容，如见如来，顿生善念，是谓无量无边，不可思议功德。顾缔造功巨，多藏之家，愈益纤啬，即有挥斥盈余者亦只饰平泉之花石，辟金谷之台榭，而结念佛庐者，几何人哉！

东瓯江心孤屿，古名胜也。肇自东晋，渐次除治。中有正殿，两庑翼如。钟鼓二楼暨澄鲜阁，年久荒落。西塔创自唐咸通，而东塔则自宋开宝。岁久攲倾，才一计工，蓄缩莫有任者。参知旸谷王先生雅抱卓朗，捐赀缮修孤屿，揭为龙海珠林。殿庑、门庭，以次鸠工。使者行部，赞风教于游观，仍祠文文山、卓忠贞，而浩然楼屹立中央。睨霄俯江，千百年勃勃犹有生气。诸名公如吴宪台、刘文宗、卫郡伯、刘二守、焦殿撰，先后协赞，捐俸摛词，以增壮江山之胜概，而旸谷先生之劳费多矣。又谓澄鲜阁境愈胜东塔，年愈久，工愈钜，慨然复自任之。召工计费，千金有奇。工匠展力，澄鲜阁先就葺理，而并力于塔，凡造塔自下而上，修塔则自上而下。予时寓寺中，朝夕坐竹院睇之，万木缔构，斤斧纷纭，蚁旋于风檐月牖之上，时时嚄啃，益叹其观之美而又念其工之钜也。经始于辛卯孟秋望日，落成于壬辰冬月某日。寺僧道充谓宜有记勒石，以予亲见植功，而与旸谷先生通家艺林，乃以属予。

予闻西方圣人以造塔为一大善缘，而明觉大圣建泗上塔，及化去，犹以杖揭之，云中形见，万众欢呼，面作礼。彼虽异教家而演法导愚，亦与超名像者异用而同功矣。夫为塔必于庄严之佛土，则敬心生，必于嬉游之胜境，则喜心生。敬心与喜心合，一切烦苦多生业念，不显而自消，不摧而自伏矣。心本无形，对镜而照，如饮恒河，随量充满。造塔功德不可思议，亦复如是。孰真孰幻，孰起孰灭，总归大觉，何必执为名象，而日此非所以见如来也哉！士大夫悬车，不忧贫，惜余财，则沉酣尽余日，而先生结念若此，法身当永作人天之主，固靡可得而魔娆也。先生长君玉苍君，尤父子同心，殷殷扶义，为东瓯世德世家云。

万历二十年岁在壬辰夏仲，淮阴王典尧载甫书于武林佑圣观中。

半山樵云庵记

（明）林贵兆

予与永嘉西华、暘谷二王子同上春官，联舟南返。一日将言别，二王子语予曰："子归，有石梁天姥诸胜，曰可游息于旧楼半山，兹归仍托迹耳。"因谈半山幽胜，属他日记之。余诺而别去。

二王子以书来曰：吾永嘉自大罗山峻拔雄特、别蟠礴百余里，其东北一干龙融结为半山，盘旋而耸秀宅中如奥焉。先太祖樵云公葬父乐善翁，选胜卜兆已，乃结庵墓左，自号樵云居士，因以名庵。日家大人参议公营先大父母及先母丘垅，以旧庵隘且逼祖茔，乃改辟墓右地，秋垣树芳坊，前移旧宇，后创飨堂，制颇靓敞，乃匾'樵云庵'。因语果兄弟曰：'庵兹，高祖樵云公庐墓作也。汝祖、汝母宅于斯，尔兄弟盍践修故事，结侣肄业其中，旦夕便瞻扫且屏谢纷杂。'果辈遵奉教令，乃偕族弟侄负箧入山，相与切磋讲习。家大人每来展墓，间留宿考业焉。居数岁，学稍有得。又念无游息处，因引泉为觞咏亭，筑钓台，辟缭碧园诸景。读书级文之暇，偕诸同志憩叙于中，倏然埃竭外。自弱冠至今凡十余载，藏修游息皆托于兹山也。子向诺我记，愿缴终惠。

予尝接舆堪家，谈王氏半山祖垅。谓王氏大要性灵发之，严于钜尺，绝无虚华荡肆之态，似代之争工于形似者。初先生投稿箧中，曰："吾无意于文，何以示人？"夫古之论文非能为之工，乃不能不为之工。而弇州之铭先生也，亦曰几不尽秘，乃有文，言深于先生之意，可以知文矣。先生连代为贵人世其学，登第四十年，居官仅八岁，退而老于半山，故所读书处蔬食布衣吟诵不废若诸生。先生之取于世盍多所不尽之思也！郡大夫为廉吏一介，不取三代之长。此物此志尔，众之论先生也以行以文，余之论先生也。以意夫意有所不尽取者，君子之所以还造物而治后人也。

当代诗文

诗

郭星明，1962年生，杭州人，浙江经济职业技术学院教授。浙江省诗词与楹联学会副会长。

访永昌堡

皋埠平桥古浃溪，来寻胜境一时迷。抗倭敌忾英雄气，及第同年高士霓。

明月曾经归代北，瓯风早已过辽西。永昌门外无茅店，人迹先于报晓鸡。

祝瑜英，1948年生，女，衢州人，浙江省诗词与楹联学会副会长。曾任衢州市政协副主席。

永昌古堡

登楼欲念抛，耳咪地萧萧。倭寇死余孽，将军拭义刀。

金汤机巧筑，家国赤旗标。平治修齐德，仰瞻王氏高。

刘周晰，1953年生，温州人，中华诗词学会理事，浙江省诗词与楹联学会副会长，温州市诗词学会会长。温州市政府原副秘书长，市外经贸局原局长。著有《雁影萍踪》等。

再登永昌堡

环海楼头悟自强，从来狼虎虐羔羊。敬香再拜英桥去，击鼓犹闻倭寇狂。

御敌城垣存史迹，励人堡垒谱新章。意中通好珍文保，我执羊毫促解囊。

郑小绰，1944年生，永嘉人，中国楹联学会会员，温州市诗词学会常务理事，《温州诗潮》副主编，著有《飞花集》《原草集》等。

念奴娇·永昌堡怀古

登城遥望，极天际，海浪吹风如雪，雉堞勾连三百丈，筑起铜墙铁壁。号角嘶风，刀枪夺日，倭寇凶旗折，英雄碑立，隐然犹染殷血。

烟远春满龙湾，尽虹桥漾影，华楼林立。又是升平，能忘却，彼岸死灰仍热，神社啼鸣，钓鱼荒岛，冷雾愁涛谲，茫茫东海，何时还我明月。

朱汝略，1952年生，中国诗词与楹联学会理事，浙江省辞赋学会副会长。著有《昆仑颂》《台州星座》。

菩萨蛮·永昌堡

围城石堡鱼鳞屋，铜墙铁壁民心筑。严阵为谁开，请君入瓮来。

谯楼瞻异采，胸次襟东海，纪效见新图，英桥卧二都。

陈琼，1959年生，台州人，中华诗词学会会员，浙江省诗词与楹联学会外联部副部长。

[仙吕]后庭花·明城堡即景

入门云鸟啼，二渠杨柳依。城堡渔歌唱，儿童放课回。正夕晖，永昌古寨，游人笑语飞。

王鸿彬，1940年生，浙江温州人，曾任学校校长兼党支部书记。温州市诗词学会理事，《温州诗词》编委。

游永昌堡感怀

堡号永昌百载存，峥嵘岁月海滨屯。奔狼突豕倭者寇，秣马厉兵虎士贲。

疾雨横风金汤固，清天明月竹马喧。中华百姓群居聚，和谐相处大家园。

黄有滔，1946年生，乐清人，中华诗词学会会员，曾任乐清市诗词学会会长、柳川诗社社长。

永昌堡

危城薜荔拽寒云，刁计光摇密船侵。王府儿郎无孬种，同声喊杀震江浔。

陈若曼，女，1941年生，温州十六中学退休教师。现为中华诗词学会会员、浙江省诗词与楹联学会理事、温州市诗词学会副秘书长、温州市老干部长青诗社社长。

忆江南·参观永昌堡

城堡古，高堞固家园。贼寇逞凶屠族姓，德公举义荫儿孙，护寨证民魂。

陈其良，1942年生，字雅正，号梧冈斋主。瑞安人，退休教师。中华诗词学会、中国楹联学会会员，浙江省诗词与楹联学会会员，温州市、瑞安市诗词学会理事。著有《梧冈汇墨》等。

西江月·游龙湾永昌堡

古堡悠悠蕴梦，新城历历环河。高楼旧舍布星罗，庇护百家烟火。

胜友携来访古，残垣诉说平倭。王家业绩谱高歌，异代文明续播。

吴在毅，1946年生。中华诗词学会会员，浙江省诗词与楹联学会理事、苍南县诗词学会会长。《苍南诗词》主编。著有《漆林吟草》《漆林诗存》等。

过永昌堡

古堡停车肃进门，凝眸陶醉武陵村。成千居户民风美，四百余年业绩存。

罄竹难书倭寇罪，卫疆岂忘昔贤恩。当时激战思如见，城上斑斑遍炮痕。

张瑞雯，女，1947年生，宁波人，温州诗词学会原副秘书长。著有《对联趣谈》。

满江红·永昌堡

重舻轻舟，扰海日，安宁时节。倭寇乱，盗疆侵岸，剑霜刀雪。

烧杀疯狂庐垣破，掠财狠毒人头列。烽火愤，貔虎怒中华，同心结。

鼙鼓响，心胆热，飞马发，男儿杰。率乡团屡拒，砥流如铁。

沛、德捐躯殉义士，二王筑堡驱山侠。枪炮急，生死守家园，千秋烈。

周崖冰，1941年生，瑞安人，浙江省诗词学会原理事，瑞安市诗词楹联学会会长。

永昌堡怀古

（一）

世事沧桑迹未消，登楼望海话前朝。挥金筑堡防倭寇，功业千秋赋大招。

（二）

鼙鼓金戈靖寇烽，铜笆铁板颂二公。时空不泯义师血，化作朝霞托日红。

胡定生，1950年生，乐清柳市人，中学高级教师，柳川诗社秘书长。

永昌堡观感

（一）

古堡悠悠五百年，村人齐力可回天。至今环海楼头立，史上风云到眼前。

（二）

嵯峨城堞指蓝天，古堡悠悠五百年。饮水思源情未已，永昌报国忆前贤。

（三）

英桥代有能人出，王氏宗支光梓里。古堡悠悠五百年，丹心闪耀汗青笔。

薛行淑，1946年生，瑞安人，中华诗词学会会员，瑞安市诗词楹联学会副会长。

永昌堡怀古

（一）

每以堡石觅残烟，血雨腥风呈眼前。过往少年谈笑里，谁能驻足说先贤。

（二）

昔年寇犯太猖狂，喋血英雄赞二王。心底烽烟长不灭，仓皇终必在扶桑。

王春，1958年生，永嘉人。中学高级教师，永嘉县诗词楹联学会会长。

过永昌堡

平川古堡筑长城，环海镇山扬戍旌。应是芦芽吐新绿，果然畦亩备春耕。

嘶声雷动倭魂丧，剑影风生寇殍横。岛贼狼心今更野，兴邦犹唤再强兵。

谒王氏宗祠

斗拱飞檐似故宫，三元及第挂堂中。仰瞻先辈多勤勉，诚秉王家儒子风。

王安仁，1967年生，瑞安人。瑞安市诗词楹联学会副会长。

永昌堡

呼山应海四围墙，血染旌旗号永昌。城阙三千尽灰土，春秋五百若金汤。

旧居历历状元第，深巷幽幽榜眼坊。舟过拱桥登柳岸，一行红袖挥墨香。

王国乾，1937年生，龙湾永中人。工程师。中华诗词学会会员，龙湾区诗词学会原秘书长。

永昌堡

虽有家乡多景点，明时古堡未忘游。刀枪烽火云烟散，营垒城墙旧迹留。

庭院春深遗墨宝，小桥流水世居楼。门台石柱依然在，王氏丰功日月讴。

王建成，1948年生，龙湾人。王瓒书院院长。龙湾区诗词楹联学会理事。

古堡情思

石墙泥瓦水晴柔，岸柳长廊景色幽。胜迹重光招墨客，文坛再起论春秋。

日柔紫槛辉都第，月映清波望海楼。无穷造化繁华市，深深古堡共谋筹。

董士熔，1949年生，龙湾人。中华诗词学会会员，龙湾区诗词学会副会长。

《古堡深处》书成志贺

古堡深深庭院幽，功成鸿秩献勋猷。广罗民俗图文茂，远播先贤仁德稠。

旧韵新声舒雅操，龙韬虎略掩荒陬。豆灯倦捻无寒暑，罄竹续穷多事秋。

王炳梁，永中普门人，福建双祥化工助剂公司董事长，中华诗词学会会员，浦城县诗词学会副会长，龙湾区诗词楹联学会顾问。

谒都堂第即事

祈盐祷雨责神时。嫉恶诛奸只手持。善政苍生横有意，髯翁铁笔捺无私。

雪松贞操霜风劲，冰蘖清声草木知。怿我民心勤致此，金瓯永固绍丕基。

王美伟，1971年生，文成人，中学一级教师，浙江省诗词与楹联学会会员，文成县诗词楹联学会副会长。文成县作家协会会员。著有《滴墨留香》等。

古堡印记

古镇锦旗飘，眸前现勇骄。倭军强肆虐，王将怎躬腰。

国破家何在，墙围兵马招。刀光藏剑影，烈火凯歌嘹。

黄兴龙，温州人。中华诗词学会会员，中国楹联学会会员，高级摄影师。主编《温州市邮电志》。

永昌堡邮驿

永昌古堡似龙虬，众志成城壮我瓯。入寇倭奴烽火急，流星示警羽书投。

王叔杲与华阳洞

龙岗古寺实非凡，袅袅烟云峭壁间。幽洞华阳多碑刻，半山庐舍隐松杉。

林光荣，1963年生，瓯海人，潘桥中学校长，瓯海区诗词与楹联学会副会长。

永昌堡

古堡城垣遍彩旗，依稀云暗认前时。河山曾丧倭奴胆，日月永光条石基。

碧水有声王氏第，东瓯无匹族群诗。文魁武略功勋著，五百年间景仰之。

叶倩，1969年生，龙湾永中人。中学高级教师，龙湾区诗词楹联学会副秘书长。

永昌堡

石砌城墙御敌酋，登高瞭望镇山楼。文韬武略英才济，塑像跟前悼亦讴。

叶宝义，1948年生，龙湾沙城人。浙江省诗词与楹联学会会员，龙湾区诗词学会副秘书长。

永昌堡怀古

倭奴肆虐甚猖狂，太仆挥师剿恶狼。不惧牺牲伸正义，甘将汗血洒沙场。

古城屹立雄姿在，王氏流芳世胄昌。报国效忠功赫赫，长河历历载文章。

梁韶，女，中华诗词学会会员，浙江省诗词学会会员，温州市诗词学会原副秘书长。

永昌堡

（一）

面海环山古堡雄，百年天职瞰瓯东。威严着意防流寇，华丽存心佑大宗。

历雨经风依旧窈，改朝换代俨然崇。英桥二王遗奇迹，国宝宏扬再展中。

张维庚，1944年生，龙湾永中人。中华诗词学会会员，龙湾区诗词楹联学会秘书长，张璁文化研究会会长。

西江月·永昌堡怀古

追溯明朝烽火，还原古堡城墙。都堂第内染风霜，任您骋怀畅想。

折戟梅岗渡口，挥师金岙沙场。时光难没业辉煌，凝目英雄塑像。

史从忠，1969年生，瓯海人。中国楹联学会理事，浙江省诗词与楹联学会理事，瓯海区诗词楹联学会会长。

登永昌堡

城铭倭患史，拾级觅尘痕。天接瓯潮雪，风开士气幡。

残阳明古堞，芳草没青墩。荣辱情何极，看云自简繁。

巫高清，1959年生，瑞安人，中华诗词学会会员，瑞安市诗词楹联学会副会长兼秘书长。

永昌堡漫游

趁得酒余兴，环城看旧颜。灯急女墙外，舟泛故居间。

风物此同拾，水云相与闲。轻歌听未醉，车笛促吾还。

张学智，1954年生，泰顺人，竹韵诗会浙江分会会长，泰顺县诗词楹联学会原副会长。

永昌堡怀古

英桥王氏浩然风，古堡深深傲碧穹。我自慕名来仰拜，对天无语酹三盅。

刘碎宣，1942年生，文成人。中华诗词学会会员，浙江省诗词与楹联学会会员，温州市诗词楹联学会会员。著有诗词集《仙人掌》。

念奴娇·永昌堡感赋

护城河绕，永昌堡，东海之滨昂立。两道大渠通外埠，四面戍楼灯熠。

历尽沧桑，墙门基石，犹见硝烟迹。遥思先辈，抗拒无数倭贼！

王沛王德双雄，率领义兵。激战梅头侧。杲果弟兄家产献，筑起铁毅坚壁。

日寇攻城，居高反击，丧命仓皇北。森严古堡，永铭豪杰功绩！

陈一冰　1956年生，温州鹿城人。中华诗词学会会员，长青诗社副社长。

访永昌堡

永昌云树色苍苍，吊古人来仰二王。拼掷头颅全祖业，誓驱倭寇护家乡。

瓯潮汹涌乾坤换，朝日升腾岁月长。独有旧时城堡在，百年风雨感沧桑。

郑文卓，温州龙湾人，中华诗词学会会员，浙江省诗词与楹联学会会员，龙湾区诗词与楹联学会副秘书长。

思帝乡·永昌堡有寄

何处安，所期平匪端。

古堡依然雄立，话当年。

四面扬旌秣马，保家园。

剑影刀光处、望长川。

陈丽梅，温州龙湾人，浙江省诗词学会会员，龙湾区民间文艺家协会秘书长。

步韵王一平会长吟秋诗

晓梦临窗月满林，秋风已复觉萧森。欲残飞絮荒山径，尽殆芳华负寸阴。

流水空回难有迹，落花相逐总无心。登高几度寻幽静，此地唯闻夜捣砧。

蔡永森，1951年生，瑞安人，瑞安市诗词楹联学会顾问，瑞安市政协书画院院长。

永昌堡行

探幽登古堡，游罢不胜情。旧墙四围在，濠河腊月清。

故居财积厚，往事血凝成。放眼看天下，抗倭谁筑城

周再权，瑞安人，1950年生，中华诗词学会会员，瑞安市诗词楹联学会副会长

游永昌堡谢龙湾王一平等诗友

春风送暖喜登临，犹喜诸君倒屣迎。心逐护城流水动，步随惬意踏歌轻。

深谈交友论三益，促席开怀乐四并。倾盖方欢又分袂，频传鱼雁可酬赓。

王思雅，1943年生，瑞安人，瑞安市诗词楹联学会理事。

步一平先生韵永昌堡行

高垣堡堞葺相同，倭寇侵乡扰浙东。环海观澜思戟影，驱夷克敌记豳风。

先贤护土谯楼上，胜迹幽怀画卷中。吟社王兄亲作伴，都堂蕴古意融融。

李鸿楷，1947年生，瑞安人，中华诗词学会会员，瑞安市诗词楹联学会副会长。著有《旅窗吟草》。

永昌古堡

古堡巍然立，雄威镇八方。抗倭传叔侄，率众杀豺狼。

浴血功垂世，捐躯名耀光。祠堂瞻懿躅，城头忆沧桑。

潘可法，1951年出生，龙湾海滨人，浙江省诗词与楹联学会会员，温州山水诗研究会理事，龙湾诗联会理事。

永昌堡怀古

古堡沧桑古迹留，旌旗猎猎舞城头。狼烟散尽边尘静，釜鼓声消山色幽。

通市门墙增岁纪，英桥王族续春秋。清波虹影景依旧，御史檐高月似钩。

金上进，1958年生，龙湾人，中学高级教师，龙湾区诗词楹联学会副会长。

贺《永昌堡志》面世

英桥翰墨最纯真，王氏诗文可指津。伏案常编连日月，临窗每至忘昏晨。

情牵故里家风继，梦系篇章意气新。典籍煌煌流奕世，功夫不负苦心人。

丁欣华，温州龙湾人。龙湾区新闻中心副主任。

王氏祠堂上空太阳热烈

王氏祠堂上空
太阳热烈

永昌堡城墙的
每一块石头
护城河的
每一片水波
把收藏四百多年的热情
一并地释放

城堡里的子民们
他们自己也是发热体

每一次的鼓掌
每一次的锣鼓声响

特别是孩子们
虎虎生风的王家拳
一招一式
有祖上抗倭的风范

久唱不衰的永强撞歌
土生土长
它声声相撞
撞出了
永嘉场这片地方
生活的绚丽多姿
撞出了榜眼王
撞出了张阁老
撞出了永远的最强音

一章章一页页的
王氏家训
它们，集体喊出的口号
“振举族约，以敦家风”
“为官体国，在乡惠里”

至今还，掷地有声
振聋发聩，声名远扬

熊国太，江西上饶人。现任温州大学瓯江学院中文系主任。

永昌堡抒怀

雨冷，风狂，云低沉。而我在温州
龙湾区永昌城堡里遇见了：王
明朝的倭寇曾在这一带猖獗，也试图
在这里称王。但真正的王

是抗倭首领王沛、王德叔侄两人

他俩不仅是抗倭之王，而且是
聚拢民心之王。倡议集资筑堡自卫
抗倭牺牲后，叔果、叔杲兄弟接过了王位

盐是生命的结晶，王就在这守护着盐场
河流是生命奔腾的隐喻
王在这开辟了两条宽敞的河流

这里的一百多亩水田是王的家业
这里的都堂第、状元府第、圣旨门巷
是王的荣耀，是守卫城堡的护身符

这里的王氏祠堂、古朴桥梁
这里的青石门台、花园古井
是王休养生息和繁衍子孙的风水宝地

在永昌堡，抗倭的炮声也没影响到
王的子民人才辈出：几十个进士和举人
九百名胶庠，进出城门内外风光无限

雨丝风片中，我在永昌堡的三座桥梁上
分别站了一会儿。我不知道
桥下缓慢的流水究竟能流向何方

但我在城堡的垛口上明白了一个道理：
体恤了民之苦乐的人就是王
而任意宰割人民的王者实则为粪蛆

逸云，安庆人，寓住杭州。中华诗词学会会员，中国辞赋学会会员，副主编。

行走永昌堡

两日三至龙湾

前一刻在嘉靖的永昌堡里抗倭
后一刻与星球大战的绝地武士起义
一把油纸伞
挡了江南的烟雨冷冻
踩着历史的脚印
走笔天涯

御史巷里都堂第
一卷残画泼墨干
王氏脚下，一门炮
烽烟起倭寇远
晃一晃酒杯
五百年的宗祠
便化为指尖的一枚图腾

马佳威，嵊州人，温州市作家协会会员，供职于温州报业集团。

永昌堡

在永昌堡，我没有估出城墙的厚度
藤蔓爬上曾失火的城门，雨水冲散抗倭的烽烟

我在寻觅，寻觅一位明代老人的身影
他不抗倭，也不晒盐
从他的笔尖，长出了一抹又一抹绿
君子爱香满四溢的花，他却爱上了一株草

月光洒到了都堂第前的“门当户对”
洒进了“植德堂”，一轮明月
映照侧房前女眷的盥洗池
又伸到了书房里“冰蘖”牌匾上

借着月光，我探明了那段历史
“冰蘖”原名冰叶日中花，味苦涩
这种小野菜成了御史的座右铭

也成为御史寒苦而操守最好的象征

书房的王诤塑像，目光里流出忧郁
当年落在河东盐池的汗水，滋润了历史的沃土
四百多年前一位巡盐铁御史千里骑驰
卷神之像，锁神之宫
一个决绝的灵魂扫落满朝多少尘埃

四百多年过去了，人间变换
盐场不再是盐场，倭寇依然四处横行
瓮城和炮筒被岁月腐蚀
坊间依然流传着一株草的陈年故事

只是，我们再也没见过喜食冰叶
为人间疾苦问神责神自我责罚的人
只有都堂第的御史塑像，眼睁睁地
看着游客进来又离开

林新荣，20世纪70年代出生。中国作家协会会员，瑞安市作家协会主席。

永昌堡

这真是私家古堡吗
它的庞大
像漫坡的桃林
让人心情潮湿

走进古堡
定格在城堞上
义兵早已把弓箭和大刀聚合
隐身为堡中勤耕的农人
火炮被童子尿弄哑后
在南方迷离的眼神里
磨剑的老者和徘徊在
小径的那一个佳人

何尝不是同一个意象
——在落叶与明月的天幕下
如今飞过时间的窗格
古堡独自耸立在
都市的繁华之外
夜越深沉
越能听到历史的回声

瞿炜，1969年9月生。中国作家协会会员。鹿城区作家协会主席。

永昌堡颂

庇护者，那耸立在东海之滨
历五百年而依旧雄伟壮丽
守望着这片安详大地的堡垒
多少赞美的颂词，不足以向你致礼

我曾经流连于你幽深的街巷
用温暖的手，抚摸着你的残垣断壁
在秋风中遥望城墙下萧萧的芦草
叩动古老的门环，聆听历史的考稽

为众人的安宁，为庇佑这方水土
你是所有抗击倭寇的城堡中的唯一
没有朝廷的拨款，真正属于“众志成城”
你昂首在东海之滨，一身正气

呵，和平庇护者，东海之滨数你最为明亮
无论英雄与平民，无论荣耀与妒忌
有人为你献出生命，有人为你彻夜守望
也有人将你偷偷伤害，留下耻辱的印记

慕白，原名王国侧。文成人。中国作家协会会员、中国诗歌学会会员，文成县文联主席。

永昌堡

小桥、流水、人家

五百年后
温州有堡名字还叫永昌
多好呀
我祖先的另一支后裔
在这里结庐隐居
临水垂钓
看看天上的云
听听天柱寺的钟声
在一马平川的江南水乡
娶一位美丽贤淑的渔家女子
种竹养鸡，捕鱼晒盐
生儿育女
关上门过好自己的日子

当今政通人和
世道太平政治英明了
就学学祖先兼济天下
如果哪天天道不公
也学学祖先洁身自好
远避山水，穷就穷点
到包山底找一块荒地
刀耕火种，诗书自娱
永远记住王氏家训：
穷也不盗富则为仁
造福百姓泽被乡里
世世代代永昌永强

毕廷娟，温州市作家协会会员，温州市诗词与楹联学会会员。

永昌堡之歌

龙湾有个古老的村庄，
那是闻名遐迩的永昌。
永昌堡的人们世代不忘，
抵御倭寇的热血儿郎。

龙湾有个美丽的村庄，
那是风景秀丽的永昌。
城堡内二渠日夜流淌。
传颂着四百年的礼仪之乡。

英雄的永昌堡啊古朴村庄，
抗倭故事铸就铁壁铜墙。
多少人为你心驰神往，
我就爱你这英勇顽强。

文选

永强的城堡

曹凌云

陌生的朋友来到永强，目光常会被工业厂区、商业横街和钢材市场呈现出的活力所牵引。其实，永强最值得注视的是它的幽深与厚重，它的韵味在于访古探胜。单一个永昌堡，就是举世瞩目的大古董，当我们轻轻地去触摸永昌堡这根历史的神经而感到悲壮与凄迷时，岁月已经飞逝了四百多年。

历史的细节已消弭于时光之海，但那些还没有沉没于时间海底的城墙遗存，可以让人追忆起许多史实，明嘉靖年间，倭寇经常侵犯我国东南沿海，温州是倭患惨重之地。自公元1552年到1563年的11年间，倭寇入侵温州多达28次。当时，永强地方以王氏族人为骨干组成的“王氏义师”连续7年打击来犯倭寇后，于1558年不幸连遭两次惨败，义师首领王沛、王德在战斗中相继牺牲，震动京城。在京任兵部车驾主事的王叔果奏请朝廷要求修建防御工事永昌堡抗敌，获准后由其弟王叔杲担负起建城任务。建城需7000两金，却没有朝廷的“投资”，谈何容易？王叔杲和众乡亲们变卖田地财产凑足资金，又不分昼夜寒暑，抵住倭寇骚乱，用了十一个月的时间建成了这座垒石填土达10万立方工程量的雄伟建筑。

建城人有很强的防范意识，城堡四周有护城河环绕，城堡内开凿出两条河道，各与城外河道相通，这样一旦战事发生，城门闸落下，既抵住了倭寇，城内的河道也可供生活、生产和消防用水之需。还有，城堡内留有100亩地，这100亩粮田保证了城堡内的人民在遭到敌人长期围困时能生产自救。这种“城堡内可种田”的特殊设计据说全国独一无二。

在永昌堡的东城门，现在还留有当年倭寇用大火烧城门留下的痕迹。在永昌堡的南门、西门，一些破损的基石，是当年倭寇用炮火围攻留下的罪证。永昌堡两千多米的城墙，曾经让倭寇望而生畏，因为城墙上的弓箭、石块、砺灰随时可以倾泻而下，让他们在城下披靡。在二百年断断续续的抗倭斗争中，永昌堡就有8次成功抗击倭寇大规模进攻的历史记载。至今，永昌堡的几座主要城楼没有倒塌，几千米的城墙虽然有被田野里的庄稼、荒地里的蒿草及村庄里的农舍所掩没，但坍毁的也不多。它是那么倔强而顽强地生存着，仿佛是对历史与家园的忠实。

这就是永强的城堡——永昌堡，一座有2688米城墙、面积达0.34平方公里，全国唯一属于民间筹资修建的城堡；一座杀敌无数、战士牺牲无数而曾经浸漫在血泊中的城堡；一座可以纪念历史、可以凭吊怀古，可以科学研究、可以教育后人的城堡。它凭借守城人的英勇，抵御了强敌的入侵，它又凭借着方砖的厚重和垒石的坚强，抵御了时间的入侵，在温暖的家乡，在后人的呵护与泪眼中，站立着，延伸着，存在着。

历史曾一幕一幕地上演。那一段血海滔滔、壮烈激怀的历史只剩下一抹淡淡的影子，在潇潇血雨中显赫了几百年的永强城堡带着满身的尘土静静地居于江南水乡的一隅。城堡里的舟船自由地开动着，炊烟慢慢地升腾着，人们匆忙地行走着，孩子们无忧地戏耍着，少妇们时尚地打扮着……多么美好的景色，多么安宁幸福的生活，这是给永昌堡烈士英灵的最好慰藉。

是的，我们如果以旅游者的身份走进龙湾，进永强，当然要去看看永强的城堡——永昌堡。

注：曹凌云，温州市文联秘书长。

永昌堡里的老三届诗人——读《蛙鸣集》

沈绍真

当我拿到王一平诗集《蛙鸣集》的书稿时，思绪将我带到了近50年前的“文化大革命”岁月，带回到1967年初“复课闹革命”时的一堂语文课……

“复课闹革命”将疯狂的红卫兵小将们从已进行了大半年的“破四旧”“革命大串联”中召回课堂。我与王一平是温州中学高一（2）班的同班同学，可能是老师还没有全部到位，那天原教政治的叶老师来上语文课，他给我们讲鲁迅的《自题小像》，老师在黑板上写下这首诗：灵台无计逃神矢，风雨如磐暗故园。寄意寒星荃不察，我以我血荐轩辕。

我清楚地记得，当他转身正准备讲解时，王一平突然举手发言，他以怯生略带游移的语气说：老师，那个“盤”字错了，下面应当是“石”字不是“皿”……叶老师看了看，投以赞赏的眼光，面色尴尬地改了过来。

课堂上没有声音，同学们向王一平投去钦佩的目光。此时我也不禁心中一动：真不愧是语文课代表啊！老实说，我没有发现这个字错了。

在之后知青上山下乡的大潮中，语文课代表王一平回到了他农村的老家永强。那时交通不便，永强在我们市区同学心中已是十分遥远的地方。

也许是因读书时都喜欢语文之故吧，他成为我最要好的同学之一。“文化大革命”使我们老三届的人生旅途沉重而艰难。之后的几十年，我们都面临着生存压力：结婚，生子，忙于工作，不甘沉沦……各自都在为生活打拼，基本上没有联系，我只知道他在永强电站工作。建于1958年的永强水电站曾是国务院表彰的全国农村社会主义建设先进单位。

几年前，我看到一本永强电站50周年纪念册，意外发现主编的署名是王一平，我猜想这必是我的同学王一平了。后来，我看到《古堡深处》、《槐阴集》（永昌堡诗文选编系列）的编注者是王璋、王一平，《古堡深处》收录了王一平的《古堡随笔》《永昌堡先贤遗韵赏析》《老井的记忆》等多篇文章，于是我想，同学王一平应是永强文史界的重量级人物了。众所周知，英桥王氏是永强乃至全市最知名的望族之一，人才辈出，簪缨相继，我想王一平也该是英桥王氏后裔吧，虽然时世艰难，但时代毕竟没有埋没我这位老三届同学的才华。

后来，老三届同学会使我们重续学生时代的友谊，我也得知，他退休后成为中华诗词学会会员，还担任龙湾区诗词学会副会长兼秘书长等社团职务。我当时还知道他很忙，热衷于写诗，近年发表诗词作品300余首，正准备出一诗集。

这便是《蛙鸣集》。

诗言志——当我看到《蛙鸣集》时，我对老同学的思想情怀有了新的、更多的了解。

首先是他具有关注时政、放眼世界的广阔视野。从神六飞船到航母试航，从马英九竞选到阿扁被羁，萨达姆被绞与拉登毙命，寺前街永昌堡梅雨潭池上楼及沈园景德寺南湖烟雨楼……当今国内外政治、经济与文化生活，新闻时事热点的方方面面，《蛙鸣集》无不涉及，题材的广泛让我看到了王一平广阔的思想视野。

其次是他具有关注社会、关注民生的强烈现实主义精神。《赠某人》《为某公仆画像》等抨击了人们深恶痛绝的腐败现象；《老板拖欠农民工工资》等触及了当今最为人们关切的重大社会问题；《三鹿奶粉事件》等则抒发了作者对近年食品安全等社会热点关注；《免征农业税感怀》可说是为农民代言……白居易在《与元九书》的诗论名言“文章合为时而作，歌诗合为事而作”，被视为中国诗歌现实主义精神的圭臬，《蛙鸣集》中闪耀着现实主义光芒的大量感怀诗，反映了诗人对诗歌传统的继承。

除这些有感怀时事的题材外，《蛙鸣集》中也还有许多咏物、纪游、赠答诗作，有许多轻松清丽的小品佳作，如《咏知了》《老牛》等。在诗人眼中，不仅风花雪月可以入诗，鞋子、钢筋、泥鳅、腌菜、桑拿也是诗作题材；他不仅“寄赠少年同学”“寄童年老朋友”，而且对“三轮车夫”也同样充满情愫……凡此种种，表现了作者的广博的人文主义精神。

《蛙鸣集》中不仅有诗词，也有对联；不仅有大量的七言绝句，而且也有许多七律诗。不同体裁的娴熟应用与七律对仗的工整，显示了王一平的才气与诗词写作功力。

注：于此文刊发于《温州日报》2012年9月24日。

沈绍真，《温州日报》记者、编辑、部主任。

半山爰结白云庐——王叔果的半山情缘

朱继亮

在大罗山东麓龙湾区瑶溪街道永胜村，龙冈山南坡和蜈蚣山北坡之间的半山，为龙湾先贤王叔果（1516—1588）、王叔杲（1517—1600）少年读书处，又是王叔果50岁辞官后隐居之所。王叔果的存世诗文集，名为《半山藏稿》，而《半山藏稿》卷一的第一篇就是《半山赋》，其晚年号西华山人，这些均倾注了深厚的感情。由此可见，半山与王叔果有深深的情缘。

一

据林贵兆《半山樵云庵记》载："因语果兄弟曰：'庵兹，吾高祖樵云公庐墓作也。汝祖、汝母宅于斯，尔兄弟盍践修故事，结侣肄业其中，旦夕便瞻扫且屏谢纷杂。'"王叔果高祖王毓（1360—1426），字尹成，号樵云。性至孝，少事父王珍谨甚，在家时每日饮食必亲自烹调，后衣冠端正侍膳父旁。后父过世，葬于瑶溪半山，结庐墓旁而居三年，匾曰樵云，人称为樵云公。又辟书院半山草堂，招子弟上山读书，请名师执教。另，王叔果祖父王钲（1450—1536）和祖母张氏夫人（张璁胞姐）"王通政张恭人之墓"也位于半山。现墓前列各有1对明代石马、石羊、石狗等石雕。神道门就立在龙冈寺外的山口，高4—5米，门额正面、背面均横刻阴文"敕建诰封王通政张恭人之墓"。半山一带，还是英桥王氏家族祖墓之所在。占地面积约2000平方米。这一批明代古墓群，结构完整，用料考究，颇有石建筑特色，人称"七房坟"。王氏后人于近年已按明代原貌修复完成。据统计，有墓碑可考并已修缮的明代墓葬11座。

据《王叔果集》载，嘉靖十三年（1534）五月十四日，王叔果之母潘氏卒于京城。是年冬，扶榇南归，葬于半山，庐于墓，攻苦修业。"果辈遵奉教令，乃偕族弟侄负箧入山，相与切磋讲习。家大人每来展墓，间留宿考业焉。居数岁，学稍有得。又念无游息处，因引泉为觞咏亭，筑钓台，辟缭碧园诸景。读书缀文之暇，偕诸同志憩叙于中，倏然埃𡋯外。自弱冠至今凡十余载，藏修游息皆托于兹山也。"（林贵兆《半山樵云庵记》）王叔果作《癸卯春日山居》："卷幔春归燕，焚香昼掩扉。斋居忘世虑，静悟识天机。雨积滋苔藓，云深长蕨薇。蹉跎时序改，徙倚惜芳菲。"（《王叔果集》）

嘉靖二十四年（1545）秋，缭碧园建成，改筑山池成，中有山堂、梅轩等建筑。耽寂忘年，寤游抉胜。泉壑幽邃，亭之，台之；林麓榛莽，径之，圃之。丛荫芘于灵区，芳声振于空谷。读书山中，寒暑十五年。培滋松竹，治溪上亭台诸景，稍稍成名区。但王叔果入仕后，林境荒寂，墓庐间戒修葺，而诸景湮废。待万历十二年（1584），王叔果之子王光蕴重新半山墓庐，修治亭台径路。王叔果作《重新半山墓庐及修治亭台径路竣工志感》等诗。十三年（1585），山中缭碧园亭修复竣工。为门为径为洞为湖，中罗之境易观，考槃之乐可托。缭碧园修复完成，王叔果邀亲朋戚友，诗酒诚意贺，并亲作《半山赋》叙其经营缘起。"先生连代为贵人，世其学，登第四十年，居官仅八岁，退而老于半山，故所读书处蔬食布衣吟诵不废若诸生。"（林贵兆《半山樵云庵记》）十五年（1587），王光蕴于半山作"静宜阁"，王叔果作《静宜阁记》，并作《静宜阁听雨》《半山静宜阁成》等诗。

二

缭碧园是半山别墅园林风景区的主要建筑，是利用高山、峡谷、溪流、岩石等，来点缀亭台楼阁，是“大罗磅礴成奥区，半山爰结白云庐”。想当年，王叔果聚集诸友，在松林竹篁间，读经吟诗，谈论理义，是潜修考古与永嘉名流荟萃觞咏的“世外桃源”。此处有一亭名觞咏亭，亭前原来有水池，清溪环绕。小溪曲绕亭前，当时王叔果遍邀当地名流，荟萃于此，仿兰亭曲水流觞以吟咏诗赋，故名觞咏亭。王叔果作《同儿辈集觞咏亭》等诗。原留四个柱孔，2005年恢复修建了石亭，古色古香，汪廷汉题写亭名，吴明哲题联：“云林双短屐，天地一虚舟。”（王叔果诗句）。

现在缭碧园仅存遗址，它的主体建筑就建在现龙冈寺内。龙冈寺前有三个荷花池，这三个池塘排列的形状与镬灶相似，俗称“仰天镬”。近年来，仰天镬得到修复，淤泥被清理，修了塘，蓄了水，种了蕖，面积大了，足足有3200平方米。仰天镬分为里镬、汤罐、外镬三部分，里边那个最大的叫里镬、中间那个最小的叫汤罐、外边稍小的叫外镬，在山巅之上居然有这么三个天然而成的大水潭，真是好奇异好玄妙。仰天镬是当年缭碧园的莲池，古有诗咏之：“云泻朱栏净，波萦锦石联，凝流浮碧玉，浴景倒青莲。”可见仰天镬当年风飘莲香的美好景致。

缭碧园还有华阳洞、半山草堂、修竹厨、觞咏亭、莲池等多处园林建筑，现已大部分被毁。现只能从王叔果《半山赋》和王叔杲《半山四咏》等诗文中，可见当年规模。《濯缨岩》：“潜虬媚幽渚，丹磴俯清澜。静和沧浪曲，闲簪紫箨冠。秋光泻波影，晴雪洒春寒。翛然谢尘垢，散发弄云端。”《振衣台》：“濯缨挹清流，揽衣上平麓。晚霞水底明，远岫云端绿。淄尘染素衣，薜荔忆初服。结兰临高台，清风振遗馥。”《修竹厨》：“石圻烧丹灶，云房开竹厨。紫烟凝翠篆，芳酯媚金壶。滴露煮新茗，攀条烹玉鲈。休惊酒尊冷，湘女正当垆。”《觞咏亭》：“褉筵传彩帖，兰榭结群芳。径转通幽谷，川回抱曲塘。得句依岩勒，浮花逐酒香。载赓沂水咏，一引永和觞”。（《王叔杲集》）

三

王叔果留迹山崖的半山摩崖群尚在，约在明嘉靖辛丑（1541）至万历丙戌（1586）之间刻制，1985年8月21日被列为温州市第二批文物保护单位，其内容丰富、情趣盎然，读之不免令人油然而生怀古之情。这些摩崖石刻散落在山坡和峡谷，或潭边和溪流之中，它们是不可再生的，一旦损毁，其损失则无法弥补。我们细细品尝摩崖书法与篆刻交织的韵味，从模模糊糊、斑驳陆离的遗迹中体会摩崖体势的苍劲挺拔，笔法的雄浑遒劲，书刻的圆润洒脱，刀功的古朴凝重，享受传统文化的人文内涵，感受中国文化的博大精深。

华阳洞洞口二嶂屹立，上覆巨岩，岩上横刻楷书“华阳洞”三个大字，大小各有0.29×0.21米，字体行草，劲健而又清秀。洞内一方花岗岩底座的青石碑，碑上刻有五律二首《山居纪旧》《辟华阳洞成》古诗，自左至右，直书阴刻，行草字体，末署“明万历丙戌重阳日，西华山人书”，碑宽0.9米、高0.53米，这就是华阳洞诗碑。诗碑碑文：《山居纪旧》：“华阳二王子，曾向此藏修。宦就归来日，相将五十秋。云林双短屐，天地一虚舟。千载兹山胜，还应续旧游。”《辟华阳洞成》：“烟萝埋古洞，剪辟竦奇观。窈窕连觞咏，优游足考槃。径穿清涧合，松偃翠云团。眷此标题处，灵岩共不刊。”明万历丙戌年为1586年，诗碑距今已四百余年，仍完整无损，字迹清晰，很有历史艺术价值。

在华阳洞东边20多米处，就是半山草堂遗址。半山草堂早已毁去，但半山草堂诗仍在。大幅摩崖题刻《半山草堂诗》就在遗址一小平坛前的大石壁之上，面朝北，宽1.95米、高1.20米，字径长0.13米，宽0.39米，自右至左，直书阴刻，行楷书体，末署“右箕仙李太白觞咏亭诗时嘉靖辛丑冬日书于半山草堂”，但内容已模糊残缺，无法全部辨认。

在“半山草堂诗”题刻前的巨岩上，朝东偏北有“山高月小”四字题刻，横书阴刻，字径0.36米×0.24米。与“山高月小”题刻隔涧相对的是“云静渊澄”题刻，在此岩朝南峭壁之上，上瞻晴空，下临清流，横书阴刻，字径0.32米×0.31米。“修竹厨”题刻，在华阳洞东面约30米处朝西北的巨岩上，横书楷体阴文，框径0.33米×0.85米，字径0.23米×0.21米。华阳洞前对面的岩石上有“濯缨”题刻，朝南，横列阴刻，字径0.41米×0.34米。与“濯缨”题刻隔涧斜对岩壁上从西到东楷书阴刻“罗阳洞天”四大字，末署“明嘉靖□子春勒”，框径1.94米×0.49米，字径0.36米×0.25米。“龙冈”二大字题刻，位于华阳洞西隔涧龙冈山背脊岭边、龙冈寺南侧巨岩上，此处原有200余米长的龙骨状石岩。字径0.94米×1.24米，行草横书，笔势浑朴遒劲，为王叔果亲笔书写。据老人说，这两个字很神奇，会随着天气晴雨变化而产生明暗变化。日晒雨淋，两字的凿刻痕迹已冲淡，但冲淡不了两字的神韵和其身上所凝聚的文化蕴涵。我们在这个两字前驻足，细细品味其文化的魅力。

此处山水清幽、茂林修竹、长溪连绵、流水潺潺，是一处山水清音、自然宁静的读书明理好地方。王叔果在半山留下了众多的文化遗迹，以其特殊的历史文化魅力，得以流传，让我们这些400余年后的人们有机会细细品味独特的半山文化，时刻感受王叔果的半山情缘。

作者：朱继亮，龙湾区作家协会副主席，龙湾区历史学会副会长兼秘书长。

第三节 书 序

王毓《槐阴集》序

（明）金原祺

诗者，志之所发也，故曰：“诗言志。”志有不同，而辞亦随之。通显之人，其辞侈；困厄之人，其辞抑；隐逸之人，其辞适了；旷达之人，其辞放，皆所以其志也。永嘉之俗，昔称邹鲁，比染胡元遗习，华宗巨族，率上气势豪侠，视行谊文学左甚。惟处士王尹成氏，拔于流俗，读书学古，乐于贤士君子游，好扬榷古今人物得失，尤善于诗歌，不事险涩，不求奇巧，惟心所适，矢口成章，而兴致高远，可谓隐逸旷达之辞矣。即其存稿自题曰《槐阴集》，属予序。予托交于处士，稔其行仗义疏财，能周人急，倜傥轩豁，素以豪杰自命，而著作翩翩，情澜涌发，又能写其隐居之乐信为一世之高士也已，槐阴名集，王之业其将与魏而俱萌哉！处士名毓，号樵云，尹成其字也，世居永嘉英桥里。邑人金原祺撰。

金原祺（1365—1435），名祺，别号梅窗，永嘉人。洪武二十六年举人，除吉安教谕，升襄阳府教授，改任常州，召赴文渊阁点《永乐大典》。著有《梅窗稿》。

刻《槐阴集》序

（明）章纶

士有抱负而不遇时者，其所蕴蓄必于诗乎！发之诗者，言之精，心之声，而志之所寓也。《康衢》之谣，《击壤》之歌，《考槃》《伐檀》诸篇，莫不有天然之响，皆所谓人心之感物而形于言者。汉、魏、晋、宋以来，五言选诗，乐府古风，独擅一时。由唐迄今，律诗绝句诸体为备。自朝廷至闾巷，莫不有作，而高隐骚逸之士，尤有感发。而写人情之所难言，愈穷而愈工者，若永嘉英桥樵云王处士之《槐阴集》，其一也。处士生于元季，长于我圣祖开泰之期。颖异敦笃，好诗书，深造力践，蔚然有抱负，不获用于时，而其生平蕴蓄悉于诗乎发之。五言古选则婉顺简淡，七言古风则清丽雄峻，五七言近体则律严韵谐，语工情备，有雍容温雅之风。绝句蹙繁就简，其意含蓄不尽，乐府比音叶节，其词委曲有伦，彬彬乎大雅遗音矣。其子阴阳正术由秉璠甫录其遗稿，就予校选谋梓，因以序见属予，惟显扬先人所以崇孝也。《传》曰："有美而不知，不明也；知而不传，不仁也。"处士有遗集，而秉璠能著之不朽，可谓显扬其美，知而传之，为仁且明矣。后世子孙其尚懋笃学行，益图所以光大之，俾二槐庆泽日宏以远，庶不负先公名集之意云。景泰间，予尝抗疏逮系，秉璠以职事来京师，念恤备至，盖雅尚信义，尤笃于亲者。故因其请，而乐为之序。皇明成化七年岁重光单阏秋九月重阳日吉，赐进士出身正议大夫资治尹南京礼部左侍郎乐清章纶书。

章纶（1413—1483），乐清南阁人。明正统己未（1439）进士，官至吏部侍郎。

王澈《王氏族约》序

（明）洪垣

浙之称大家者，惟浦江郑氏，盖以义规为可尚云，其谨朴循礼，制度严密，虽为一家之训，而国脉民风系焉。然民风之正，以士风倡之，予叹不可复见矣。今少参东厓王公，推予民范之意，广宗约，首诸乡邦，以祀事联族党，以族党修礼义，以礼义闲内治，以内治施有政，以有政措官刑而棐国宪，率皆约乎体要以循吾衷，洽诸人人而不可倦，岂非重士以为国俗倡也。夫古者宗法立则风俗淳；忠义出而朝廷尊。至唐颜氏犹以《家训》维大节，成社稷之勋。今兹约之行也，其古宗法之遗与！简而易从，曲而可则，故不出家而天下平者，用此道也。岂独吾郡乎哉？昔宓不齐谓孔子曰："自予得五人而单父治。"张咏之守益州也，亦因张逵、李畋辈之学行而一州之学者知劝。今予得王氏，而民范有不行者哉！予兹试矣。

洪垣（1507—1593），字峻之，号觉山，明婺源人。嘉靖十一年（1532）进士。授永康知县，征授御史，出按广东，升任温州知府。

王激《鹤山诗文》序

（明）张时彻

鹤山先生者，永嘉王子扬氏也。少负奇质，于书无所不读。方头朱角也，而骋骛艺林，傲睨宇内，学士先生已心下之矣。正德丁卯，发解有司，已乃五诎春官，众咸异之。嘉靖癸未始举进士，诸阁部元僚以至俊髦新进咸动色相庆曰："王生其遇乎！"时余甫弱冠，未有闻也。一日公骑马过之曰："子知所以来乎？激平生无泛交，若殷近夫、朱守忠、许台仲、高汝白、应邦升，则所尝与出肺腑者也，自余盖指不多屈矣。今众中望见吾子非碌碌者，特来定交耳。"余逊谢不敢当，自是数相过从，翼所未至而恤其私，即雷、陈不啻也。而公乃出令吉水，谓余曰："余仕且有禄，而子犹窭困，奈何？"则为贷金于潘亨甫氏以佐炊赁，又尽捐衣服器用畀之。曰："为不足君所，非以相溷也已。"余守南礼曹，数以尺牍相劳苦，且曰："潘金已偿，可无念也。"乃公以治行高等擢天官郎，欲引与俱北，余固谢非愿，辄复推毂为江西提学副使。余时盛年劲气，锐于学识，颇多所批绳，遂为妒者所中，皇恐待罪。公曰："无伤也。奏黄钟者无缓节，驰千里者无安行，亦行子之志而已。"已，余蹶而复奋，期以不负知己，而公遂不禄矣。呜呼！罕生逝而国子悲，钟期死而牙弦绝，余复何心，能不悲乎？昔宣尼疾无称于没世，穆叔谈三立为不朽，公之伟义旷度，既不得长生范世，而玄言懿撰，犹往往流于人间，辑而传之，非吾后死者之责哉！不然，又何称乎石交也？乃兹得遗稿于令子叔懋，披诵者久之。盖存者半而佚者半。夫公方为白衣，而所与游者，非尊贵人则海内名流也，此其风概岂易哉！既其解褐，陟膴处要，岂其不宜，而谓有因缘于宠戚其然乎？观公诗文以万物为刍狗，以生死为幻化，以富贵为牢笼，以山林为乐国，彼岸先登，缁尘不染，视彼娓娓名利，据腐鼠以吓风，工舐痔而多车者，何如哉！公尝自言曰："鹤山之胜，烟霞在榻，松栝流荫于尊前，莺燕弄声于几上，繁花杂卉，四时不歇，游斯息斯，可以忘老。"每下第归，则倒橐中金，买鹤扬州以归。苍头报至，乃翁未之见也，辄曰："吾儿又载鹤来乎？"故自号白鹤山人，因题某集曰《王鹤山集》云。诗凡若干篇，文若干篇，要之体物陈方，纾旨通意，非刻肾雕肠，与骚墨长雄者比也。览者当自得之。公由选部郎转右通政，终国子祭酒。明州张时彻撰。

张时彻（1500—1577），字惟静，号东沙，又号九一。明鄞县人。曾为福建参政，官至兵部尚书。

王诤《大学衍义通略》序

（明）宋国华

夫剽圣学之绪而谓握奇珍者众矣，然售于用者鲜。有宋西山真氏，以忠君爱国为心，以兴起斯文为任，其所称说著之廊庙，其大曰《大学衍义》，且曰“君天下者之律令格例在焉”。嗟夫！西山深识治体，而志在天下国家哉！我邱琼山以西山之心为心者，仰明主知眷，欲效其愚，又扩治平之旨为补以献，法以镜古，事则准今，庶几大雅之陈，抑亦忠爱之积，岂曰虞卿之穷愁乎？迩侍御竹岩王公省方之三月，出所尝著《衍义通略》，读之乃镠轕两家，间附以杨月湖之论，参以独见之精者，噫！是岂可与拘学曲闻语哉？夫公又以二公之心为心，而雅意古道古文者，故于是书独加好而乐辑之，搜讨编摩，不遗余力。往之典谟子史异同盈缩之辨，今之制度典则损益因革之中，与夫匡主庇民之范，砥心砺性之端，靡不仍其条贯而崇其简要，所期帝王清本致治之道焯明于世，以孔氏之言为必可师，如火之必热，水之必寒焉，所期二公献纳之义不托空言，大道之要瞰在心目，如扃之不无键，网之不无纲焉，斯公辑《通略》之志也，噫！亦约矣。国华学寡师承未闻道、未知约也。然尝睹于鉴矣，鉴体无厚而藏不测之形约也，欲鉴者握以照之云尔，非反而索之云也，请以是质于说约君子。人有食芹美且不自私；况美有钜于此者乎？二公往矣，书在也。书所从言，非异路矣，道之一也。力而行之以致用，合而传之以广忠，无他，食美不敢私也。请以是播于好古君子。嘉靖四十三年春正月望，云南布政使司右布政使奉新宋国华撰。

宋国华，明江西奉新人，嘉靖十六年任云南左布政使。

王叔果《半山藏稿》序

（明）汤宾尹

富贵、寿考、文章、功业之类，物之美者，人争取之矣。夫美物必有神焉司之，物忌完，取忌多，天之数也，人之情也。孤庸之子，愤其独立，争之旦暮之间，于数者偶取一焉，而沉顿岁年，剉刻筋力，精已耗矣，遑及其余，故欲尝易足，而取于天者尝寡。开敏贤智之士，饶姿才，广方略，其意气无所不之，造物之内苟有以为美者，则高才先之矣。且世开敏之士，多世族焉出也，富贵所自有矣。宫庐、服舆、食饮、声色之奉，宜有以过人，孰非天之宠与既已饱此，又侵彼焉，生人之情，曷有已乎？与者忘少，取者忘多，不让人以赢，而留鬼神以余所得滋多，其损也滋甚。夫贵官显爵，殊功伟伐，高才能文章，名誉惊绝，皆造物之忌也。有道者之所不兼取也博物多才，美词华，剽剥今古，又文章之忌也，作者之所不出也。苏子瞻云："扬雄好以艰深之词，文浅近之说。"夫扬氏之学，亦复不浅矣。露文白意浅而出之，即子瞻亦当引心，自负奇博，不肯舍置，千载而下，犹未免为人所窥诮。才胜而不能降，学博而不能割，斯亦多取之报也。

郡大夫王君，刻其尊人西华先生藏集于衙斋，余得以观焉。所为诗若文，大要性灵发之，严于矩尺，绝无虚华荡肆之态，似代之争工于形似者。初，先生投稿箧中曰："吾无意于文，何以示人？"夫古之论文，非能为之工，乃不能不为之工。而弇州之铭先生也，亦曰："几不尽秘，乃有文言。"深于先生之意，可以知文矣。先生连代为贵人，世其学登第四十年，居官仅八岁，退而老于半山故所读书处，蔬食布衣，吟诵不废若诸生。先生之取于世，盖多所不尽之思也。郡大夫为廉吏，一介不取，王氏之长，此物此志尔。众之论先生也以行以文，余之论先生也以意。夫意有所不尽取者，君子之所以还造物而诒后人也。

明万庚子春季吉翰林院编修宣城汤宾尹撰。

汤宾尹，字嘉宾，号睡庵，别号霍林。明安徽宣州人。万历二十三年榜眼，授翰林院编修。

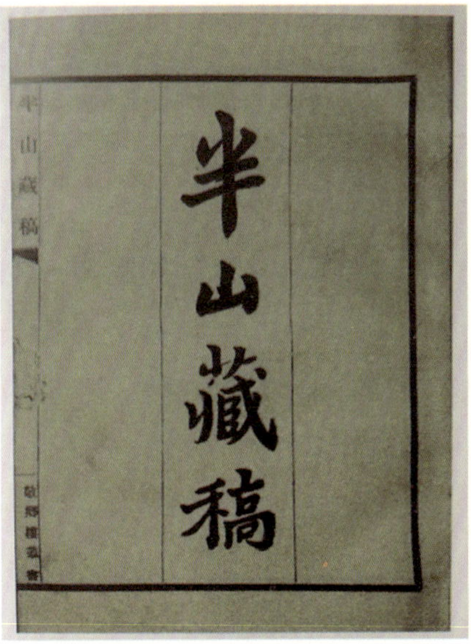
半山藏稿

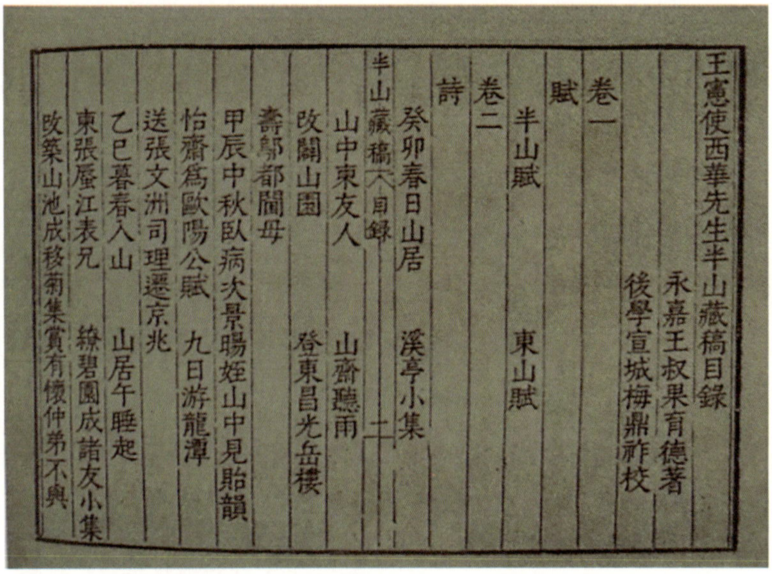
王憲使西華先生半山藏稿目錄
永嘉王叔杲育德著
後學宣城梅鼎祚校
卷一
賦
半山賦　東山賦
卷二
詩
癸卯春日山居　溪亭小集
山中東友人　山齋聽雨
改闢山園　登東昌光岳樓
壽鄔都閫母
甲辰中秋臥病次景暘姪山中見貽韻
怡齋爲歐陽公賦　九日游龍潭
送張文洲司理還京兆
乙巳暮春入山　山居午睡起
東張壓江表兄　綠碧園成諸友小集
改築山池成移菊集賞有懷仲弟不與

半山藏稿

王叔杲《玉介园存稿》序

（明）王世贞

此为永嘉王公阳德之诗若文也。始公少壮而举乡试，一再困公车，即谢不应，而读书旸岙中。其书自经史外，诸山经地志，以至星历堪舆之学，亡不渔猎大指，而不欲以雕虫一技名其

玉介园存稿

家。此为伯氏所强，射策收上第，两令剧县，入郎尚书兵部，出典三辅，晋领江南节，所至赫然有循能声。其在江南日，而余罢郧镇，间谒公与谈，所及兵政、漕饷、国家大策、朝廷典章，便皙若指掌也。已，谈前辈风猷节概，则隽永芬馥齿颊间。已，又谈丘壑名胜，则令人鼻端拂拂出烟霞想。稍及《齐谐》《夷坚》瑰怪事，亦自傲浪忘倦。而至搉量文章诗歌，昔人以为不朽之业，虽微指好之，而间若为不能尽者。然其所善，于乡则康从理；所识赏，于魏则魏懋权，于吾州则曹子念；所重，于吴则俞仲蔚。非精深其道，不易鉴也。

及公去，而子念始手一编而授余，得所谓诗若文者而卒业焉。乃知公非不善文也，又非于搉量不能尽也，大指又不欲以雕虫一技名其官。夫读公诗，必欲程之以六季、初盛唐之格乎哉？顾类多调畅和适，与吾之性情会，间有籁发而精诣者，其不以为嘉、随二州之语鲜也。公文又不规规于古，然本之蓄而财之识，剀切详到，昭然出于天则者，固非镂肝效颦之所敢望也。于是子念以为然，谓余序之。

公功既高，忌者不能胜，乃诬以为耽诗酒而忽忘正事。公笑谢："诸公龁我固当，第我不能诗，又素不食酒。夫簿牍之晷，自鸡鸣而起，乙夜而不休，酒至，我辄瑟缩欲遁，竟日而不能毕一叵罗，我固甘之，然吾何以诬诗酒？"余谓子念，公集行，得无天下复以公洪于酒也耶？第公且出不出，而又不食酒，其日皆公诗与文之日也，即雕虫之技，亦不为负公矣！

万历丙戌春，嘉议大夫南京刑部右侍郎予告、旧部人吴郡王世贞顿首撰。

王叔杲《家礼要节》自序

（明）王叔杲

余家自先世敦行族约，其所以节文之者，实惟《文公家礼》。因删繁撮要，稍稍损益，俾简而易从，总为一帙，曰《家礼要节》。曩余令吴时，曾携刻焉。顾吴俗尚奢而入于靡，顷领郡魏博，魏俗则朴而近于陋。夫奢则荡而难挽，朴则俭而易循。古称忠信为礼之质，魏俗其殆近之。余见今之为政者，率以乡约为首务，自监司以至守令，往往申饬，顾于四礼则缺而未讲。夫所谓约者，约之以礼也，舍礼则奚约哉！夫礼非强世，因人情而为之节文，以为民防者也。故能止邪于未形，使民日徙善，远罪而不自知。孔子之论政曰："道之以德，齐之以礼。"余诵法孔子者，躬行君子，余实愧焉。乃若防民之淫而挽俗之陋，诚不能舍礼以有事矣。既以申明乡约，因刻《家礼要节》，颁之州邑，愿诸大夫相与共成之。

原载国家图书馆刊刻本《家礼要节》卷首。

王继明《偶然稿》自序

（明）王继明

余初学时文不能工，幸叨一第，辄刍狗视之，若古文则绝未尝学也。已而，奔驰于外十余年，更置笔砚弗事。迨壬辰丙申，叠遭二人大故，前后读《礼》家居几十年，缘吾乡寡缙绅文士，偶有就予索赠言者，则操笔一作，或亦为长牍、为奠辞、为杂说，大都率意而谈，不蹈绳尺，不务藻缋，每奏成一篇，其稿或存或毁，不复省。己亥夏，奉命守姑孰，束装戎行，于敝箧中见存稿百余篇，污漫残缺，艰于收拾，乃择其稍工者，得十之四五，念系一时神情所注，不能舍，遂载入行李，暇时出与婿戴生共览，戴生因请曰："斯稿工弗工，曙云弗敢言。然析理揆事，颇多中窍，且直抒胸臆，无少回护雕琢之态，观斯稿亦足以见志矣。盍付之剞劂，贻诸同志，以资商榷，不亦可乎？"余始弗许，既而笑谓曰："当世作者握珠抱璞，固不乏人，然灾木覆瓿亦不少矣。苟可用以就正，吾奚必藏拙。"于是仍汰其无当事理者十之三四，仅得如干首梓焉。以其偶然作之偶然存之，而偶然梓之也。题曰《偶然稿》。

王光美《赤城草》序

（明）吴稼竳

今春三月，予过永嘉，为姨母王夫人寿表兄季中，欢然道故，酒间出所谓《赤城草》者见示，盖游天台、雁荡两山诗也。两山瑰奇秀异，雄于震旦。天台仅有兴公一赋，而雁荡纪载缺然，即康乐好奇，当其出守永嘉，伐山翦□，虽石门、绿嶂小胜，皆见诸标咏，独不能竟两山之胜，而收之屐底，而置之笔端，他又何论？今季中一游而兼两山，且皆有诗，一何奇也。大都季中之诗，才清而思幽，格正而调雅，居然不失辋川家法，而间得储、韦之致，且性耽泉石，无游闲气，故其生平为诗无所不工，而于登临乃有独致。夫名山与名士两相待者也，士非搜奇探胜，无以消其胸中嵚奇磊块之气；山非奇篇数语，无以写其林峦洞壑奇诡拔异之状。今域中岂乏名山，乃霜蒙雾翳于荒榛断莽，为樵青牧竖所攀践，而不得胜侣一品目，亦岂乏名士，尘心未冥，才媒利禄，酬献则长，临眺则短，不然亦徒噪于飞觥腾爵，而工为蠓蛾挑寄调谑之语，求其深情独往，尽抉山灵之秘，而山灵亦不惜抉其秘以卑其口吻，如季中之于天台、雁荡者无几也。余时甫从燕归，箧中携有《北征草》，季中亦亟请观。第游于酒人，虽多悲歌慷慨萧萧易水之致，而先世累仕，多通好，势不能尽谢缨弁，车尘飘瞥，目精尚翳，视季中之寓咏山水，油然自足，余有愧多矣，余将焚兹草矣。万历甲辰吴兴吴稼竳撰。

吴稼竳，字翁晋，万历间浙江孝丰人。吴维岳子。以例除南光禄典簿，累迁云南通判。

王光蕴万历《温州府志》序

（明）汤日昭

东瓯为郡，内错万山，外连大海，重冈复岭，蓊荟盘郁，而风涛迅速，倏忽千里。海上诸夷，若在门户，戒心叵测，桴鼓时闻。瓯虽僻在一隅，实当东南要害。其牵缀弹压，关系十倍它州也。历观往牒，东瓯君长，七闽南越，皆据有疆土，南面称孤。宋季播迁，于焉驻跸，遂议迁都，事虽不果，而地重可知已。且也林木刍粟鱼鳖之饶，牢盘之利，甲于他郡。其民无不衣被文绮，吹竽鼓瑟，六博蹴鞠，呰窳不事事而好游闲。往时岛夷蚋集，毋亦醢以致之。以地则重若彼，以民则饶且怠，若此，惕侮予之咏，待暴客之来，海波虽扬，户牖不撤，甚哉！瓯之不可忘备，自宋元而已然矣。我国家特设重兵，牙制棋列，藩臬大吏建旄开府其中，饬防训士，厥有司存，盖巍然一重镇也。经制备矣，而纪载缺焉。余不佞，向守是邦，怅旧志之阙佚而思一编辑之。鞅掌簿书，不遑咨访，则贻书王宣州若其弟宪副君，请受简。无何，不佞迁秩浙西，则又贻书守刘君若林君请决策。无何，而不佞以右辖复治兵东瓯矣。于时王君适谢宣州，宪副亦以入蜀还里，于是守陈君继至，慨然董其事，相与分局编摩，殚心校核，而宣州君实载笔于兹，期年而告成事。弘治以来九十余年之蔀覆，一朝具发。不惟观法备，而诸所沿革悉陈，鸿钜并列，足称信史。真千载之一时矣！按郡故有《志》，顾或详于民事而略于兵，或分志于五邑而略于郡。不佞卒业是编，则舆地幅员之广狭，建置祠事之废兴，户口食货之登耗，官师文献之污隆，犁然具焉。至若尺籍应募之士几何人？峙储之粟支几何岁？艟艨艅艎几何具？弓橐之张，刀剑之镡，钺戣之紧，其厉何若？水陆犀甲，布列何所？地图轘辕之险，可以绝道、扼关、设伏以裨金汤者何在？岁时简校步伐、驱驭兵将之术何施？烽燧一举，援枹而前，直可以按籍而稽，借筹而算。余不佞，职在疆场，故于此篇三致意焉。后之人求折冲于樽俎，则方策具在矣。是役也，郡邑大夫及乡缙绅，佥谓不佞实始终之，若天假其会也，而属余序诸首简。余惟采摭笔削，实三太守及乡先生之力为多，余何敢独掠。然予从事兹土，前后十许年，经画兵民粗有绪理，不敢矫附削草之声，而自托于赵营平不嫌伐劳之义，其亦可藉以少报塞乎？则不敢让，因诺而为之序。

万历三十二年夏四月上澣之吉，赐进士出身、通奉大夫、浙江布政使司右布政使兼按察司佥事、奉敕整饬浙东兵备、前温州府事、丹阳汤日昭撰。

汤日昭，明万历八年庚辰科进士。万历二十年（1605）浙东兵备道丹阳汤日昭倡议修纂府志，延聘王光蕴开局，至万历三十三年（1597）纂成《温州府志》18卷。

王叔果嘉靖《永嘉县志》序

（明）程文著

古者列国各有史官，皆茂选时献，如晋董狐、楚左史倚相之伦，是以《春秋》之书概多实录，仲尼得因为经，以垂教戒。自郡县之制兴，始咸总于朝廷，而外史无专职，硕人、瑰士乃始因汉《八志》为省郡州县等志，职非世守，任不尽贤，于是有萎蔓纷华、朴陋无彩，制作纷纭，而丑好始多类矣。

著承乏水嘉，至则求旧典而考民风。时乡先生宪使西华王公适有新编，既三阅岁，始得受而卒业，则叹曰："秩然有序，粲然有文。若斯志也，可以语不朽矣。"夫志以地肇，故首舆地：地有制治，故次建置；治以生民，故次食货；民非神莫主、非官不治也，故次祠祀、次秩官；于是乎制科立，而贤俊兴焉，故次选举、次人物；即复有当志而非其正者，则以外志、杂志终焉。

夫序者，申厥绪者也，非叙则端弗明；论者，阐厥义者也，非论则微弗显；赞者，敷厥善者也，非赞则美弗彰。九志陈而三制备，夫然后故实明而鉴省昭矣。故曰：若斯志也，可以语不朽也。虽然，予窃有大惧焉，夫志莫非予事也。今既三年矣，风俗增偷则愧舆地，学制不宏则愧建置，催科政拙则愧食货，民福未臻则愧祠祀，宦迹不著则愧秩官，若其选举人物之彬彬者，固山川之毓奇而昔贤之教在也，曷足以逭余责哉！予行有日，弗可追矣。谨序刻之以俾后之君子。

嘉靖丙寅冬十月朔旦，赐进士第、知县事、升户部云南清吏司主事、新安程文著书。

程文著，婺源人，嘉靖四十一年（1562）壬戌科三甲进士，与王叔杲同科。

王光美《雁山集》序

（明）龙膺

永嘉山水，率多名胜，以王、谢称，而雁山则称最胜云。不佞将与白鹿社诸子订游，王生季中谓不佞曰"乡丙戌岁，业已偕何生游甚奇，且出所为记视不佞"。不佞卒业，信雁山之为奇，及偕刘生忠父、何生无咎、梁生进父游，而益奇季中之所为文若诗也。夫天下之物，有与目遇者，有与神遇者，神与目两相遇，而遇始奇，始吾读季中文，毋论气吞云物，字挟烟霞，而其磊落砻崟，嵋嶙峪岈，如所称天窗、龙湫、矍弯、五老及石梁、灵峰诸洞，恍若置之几席而成卧游。迨夫杖策扪萝凭虚纵目，则所应接不暇者，悉为王生涵濡毫楮间，描写殆尽，按图选胜，若左券然。命酒诵季中诗，如《片月千峰》"重云万壑初落眩，冰玉半酒落苍烟"诸语，令人神飞，卒难为和，讵不称奇哉？昔李供奉登太华，谓恨不携谢朓惊人句“搔首问青天”，乃吾得季中文若诗，以佐胜游，神与目遇，目与神遇，奇矣！奇矣！嘻呼！山水名胜，游者不知何几，而能操觚染翰为山灵重者，十不一二观，乃若肆力词章，耽情丘壑，如右军、康乐，并剖竹东嘉，而曾不于此中一托迹焉，则山灵之不遇也。今雁山得王生以张大其胜，王生得雁山以含咀其华，此又两相遇哉！益奇甚矣！予游亦有纪，与刘、何二生各得诗若干，亦以是游为生平一奇，王生则其嚆矢也。时万历己丑秋日，武陵龙膺君善撰。

龙膺（1560—1622），字君善，一字君御。武陵人，万历八年（1580）进士，官至南京太常寺卿。晚与袁宏道相善。著有《九芝集》等。

王至言《笙鹤轩杂著》序

（明）李维桢

永嘉王氏，阀阅冠云霄，而优者龙风为昭文文学。余见其时义古文辞，无不合作。然觚墨士流，犹可庶几，至于《杂著》，则学识过人远矣。其论人事，惜季札不践兄弟继立之约，病卞和献玉躁进辱身，寺人孟子为诗自名，不欲使人受疑似嫁祸；范少伯为有道之士；淮阴侯误蒯通邪谋，杀历下已降卒，受阴报以反诛；平津侯为救时相，未可尽非，直信侯不能知同舍郎，失定交信友之道；诸葛孔明独以关壮缪与吕蒙相持，不为后继，又失于马谡、姜维。盖按据事理，不随人口吻轩轾，其论学术，则以老子与吾儒相出入。特其愤世疾俗，词或有过，而以申、韩之刑名，苏、张之捭阖，与养生服食家所附会，皆失老子初指；论王文成良知之说本于孟子，识其体。而瞬养息存，虚明寂照，昼夜如一，内外两忘，足以括摄老之玄、释之觉，而超乎涅槃常乐、化形而仙之上。士不必讳好名，春秋褒贬，非名而何？是厉世之术也。至于戒忌崇谦，美许武之友兄弟、杨伯起以清白吏贻子孙，范希文义田，苏子瞻还宅，乃其家法，世德同符，古人所服习，殆非一日。谓桑国侨铁砚，志士当如是。谓韩昌黎原本六经，创以己意，扶衰济弱，有功于文事为大。是则昭文所自道，而其学识远过人有由然矣。其自叙曰：“古之君子，得志则以其所行者纪载之，不得志则以其所欲行者著明之。”夫昭文年与志俱未艾，苟有用我，执是以往耳。《易》之《潜龙》曰：“君子学以聚之”，“日可见之行”，“见龙在田，时舍也”。然而天下文明在焉。昭文勖哉！潜见可无论已。

李维桢（1547—1626），字本宁，湖北京山人。隆庆二年（1568）举进士，由庶吉士授编修。

王至彪《玄对草》序

（明）王之骧

之骧年五六岁时，辄闻吾族有积石伯父者，非一家之士，天下之士也。嗣而徙居泉川，受业张勿庵先生之门，伯父过访先生，见之骧讶曰："是谁家小鬼，为言父名。"伯父惊喜曰："然，吾固疑之，是大类吾宝符叔。"宝符叔，之骧王父也。已而别去。时伯父方游京口，览金焦、鹤林、八公洞、万岁楼诸胜，盘恒久之，未得归，以故数年弗获见。

尝从先生所取伯父诗若干首、文若干首读之，不甚解。既又取举子业若干首读之，始大惊以为真天下士也盖伯父祯朝曾以制义受知于陈明卿、方书田诸巨公。丰城之剑出而复埋，荆山之玉剖而犹泣，海内知与不知，无不为之扼腕太息。中夜篝灯读之，为之拍案起舞，仰天于邑。盖伯父不藉是以不朽，而亦足以不朽伯父矣。已而伯父归，之骧偕族侄尔先、仔先，谒伯父于上邱，伯父又以时过斋头，因言与父为性命之交，盱衡时事，上下今古，士分优劣之论时定上中之评，莫不言之有以质焉。出所著诗文属之骧论次，惊谢不获辞，因不自揣，丹黄甲乙，有不如意者辄汰去之，论定呈上，伯父亦笑而颔之。嗣后相见必极欢，赏奇析疑，钩玄领致，典型不坠，精神为新。总之伯父之文，刻意昌黎，时似苏氏，诗则古体仿佛齐、梁，近体希踪王、孟。俟稍有成立，当付之剞劂以公海内。惜乎有志焉而未之逮也。

侄之骧晋龙氏拜题。

王之骧，字晋龙，号改庵。英桥王氏十二世。其父王尔椒。康熙二十年（1681）庠生，后岁贡。

王钦豫《一笑录》序

（明）王钦豫

慨夫谀墓成风，虚诬殆甚。尝思效颦五柳，自以存真，顾非其人且不能文。间窃仿年谱之例，聊识夫生平。而意之所存，交游之所及，并详次之，足见志焉。即又念身死后，形神都尽，虽复知我，我宁知之？不觉一笑，遂题曰《一笑录》。初成于崇祯庚辰，积今复十余载，沧桑倏变，甲子亦周，附览之间，徒深感慨。几欲焚弃，徘徊又止。其间参差续笔，抑多潦草厌观，因取重录，以示来许。噫嘻！即此恋恋，更堪自笑甚矣。但使后之览者，忾若见余，或无失予教诫之意，予于笑又当何如？

顺治乙未季冬月，海野遗民与谦氏识。

王钦豫（1596—1658），字子谦、与谦，号樵贵山人，晚号樵野。英桥王氏十二世，王光蕴孙，庠生。应贡入成均。

王至言《论草》序

（明）梅守箕

迩者中外多事而群议纷，或多无当于情实，胶一偏固，拾细暗大，为有识所姗笑。此无他，不通于史学之故也。国有取士，先以经，次以史，终以时事，亦按史而成篇。总之，令仕者会圣贤之精，通古今之变，得其理，适于用而已。近年典士以捷取俊，而不暇及史，诸生以捷徼进，而可以无庸力于史，于是腐伧贱侩之流，荧乱书肆，俚词剧说窜入，而举世昧所谓正史。故号为儒绅而有不能举诸朝之姓族者矣。吾友王昭文，永嘉名士也，才识骏敏，问学该博。其大父通议公、尊大人朝列公，俱以经术起家，理奥儒行，为东越支颓流。故耳目所习，家世所贻，受一切于正。而昭文又少年孟晋，日讨三箧之藏而训督之，前典誓而后获麟，上迁、固而下欧、宋，内秘函而外稗官，碎诸家而总涑水，无不揽其界经而据其要领，考其行事而撮其宗归，程其义而广以术。其笔势遒劲，锋颖铦利，意既微而足以发，即此《应校》等篇，出自仓卒间，而思若云流，气如泉涌，虽令眉山氏操觚，亦当为敌手，章章乎其可传矣！昭文既淹久于乡序，而今游太学，已将出而试之。贾生之通达治体，陆贽之经炼时政，是编也，岂徒托诸空言，其见诸行事之实乎哉！

梅守箕，字季豹，号文岳。宣城人。王光美、茅坤诸先辈交相推服，惜年不永。生平疏放，著作散佚居多。仅存《居诸》前后二集行于世。

释越静《石室稿》序

（清）王锡琯

盖闻胜迹留题，名山志盛，虽扬历不减夫金界，而经营必极夫人工，未有天造地设、自然佳丽，如吾里罗东之天柱禅寺者也。寺创自晋，诸山环绕，势若星拱。中有十六佳景，俨然秀峙，惟天柱峰为最，巍峨万丈，插干汉霄，欲称谓之百家尖，而寺亦因之为名。寺之右为西漈潭，水碧沙明，澄清见底，浮光跃金，静景沉璧。窥色相，惟见片石孤云；照禅心，更有清波皓月。潭之深，峰之高，两相辉映者，舆地如梯云乘风，降龙伏虎，瀑水悬白，溪桥锁翠，无不秀绝，入区为逸客骚人游息之场。至于琪花瑶草，挹露留香，翠竹苍松，迎风竞秀，其以缀景中之景者，又可胜概耶！世传武夷桃源，此其是与！时王右军、谢康乐二公，凭轼东瓯，刑清政简，常以政暇道遥游咏于其间，世称儒雅风流焉。下迄唐宋，寻芳拾翠，代不乏人，第求其真迹，鲜有存者，余亦不敢妄为传述。若夫前明吾乡先达如月川李公、文忠张公、文定王公瓯东项公、仰山叶公、元谷周公、越凡沈公，本家东厓、鹤山、西华旸谷、东华、省庵、存吾、黄石诸公暨先严方伯公皆游适于此，而天柱之名益著，乃知名山大川在额之者有焉耳。余族侄无文和尚，幼通三教，馆学五年。今以派衍仙岩成天柱，仙先贤之故迹，标胜地之踪影赋诗见志，即景摘词，汇成一编，不以余衰迈，独出其帙相示，宝墨淋漓，琼篇灿烂，读之不忍释手。余初游天柱，每低徊留之，四十年来，仕宦风尘，诸景不能尽识；披览之余，历历更在目前，恍如登烟霞法界、水月香台而谈妙绪也。夫以余偶然读之，而赏心乐事犹如此。况乎行吟啸歌其间者，其乐当何如哉！呜呼，山水固可乐，而乐山水之乐者，乐固不在山水也。学读郁堂、石屋、佛印诸诗，无不得山间明月，林下清风之致，则知山水之乐得之心而寓之诗耳。夫诸景虽奇，使不有诗以传之，其如层峦叠嶂芜没于空山何！所以诸景得无文之诗而益著，无文得诸景之诗而名益彰。世之览者倘谓是编之作，仅穷葩斗艳，等诸陌上之吟，则所以知无文者浅矣，聊赘数言，以助赞叹耳！呜呼，金谷名园，徒伤心于财累；平泉草木，亦遗恨于忧谗。彼造物之忌盈，虽英雄乎不免，惜乎不闻教渊明也。予自撄尘累，每于忧来之间，辄诵其诗以自豁，向固好之，近者若益有得焉，故更取言以名齐盖，庶几顾湜常存乐焉，无改酌被黄花，相对岁寒，渊明其许我耶！然使颜、闵诸子见之，将毋曰：恶用此芬芳满目者为哉！予又愧矣。赐进士第、承德郎、礼部主客清吏司主事、七十八老人英桥王锡琯题。

释越静，字无文，住天柱寺，英桥王氏十三世孙，王锡琯族侄，著有《石室稿》。王锡琯，永嘉人，礼部主事，清顺治九年（1652）进士。

王德馨《雪蕉斋诗话》序

王季思 王国桢

余兄弟之祖父仲兰公讳德馨，世居今温州市梧埏区金田乡上田村，少从瑞安孙衣言太仆习诗书，以诗鸣一时，所居名雪蕉斋，有《雪蕉斋诗钞》与《雪蕉斋诗话》传于后。

光绪初，太仆解组归田，先祖及先父复从游门下，深得讲艺之乐，迨祖父下世，先父乃将二书送请太仆审阅，深得太仆嘉许，为之作《雪蕉斋诗钞跋》，并指出“……至其论诗数卷，则又能搜罗放佚，表著幽潜，其用心盖异于人矣！”认为：“则斯二集固王氏青箱之业，亟宜刊而传之，不使乾淳诸君子专美于数百年前，诚予之厚望也哉！”以南宋乾道淳熙间诸乡贤许、薛、陈、蔡相比拟，推崇甚高，师门之奖掖可谓备至矣。

《雪蕉斋诗钞》为先父廷玉讳朝瑞所编集，刊刻于光绪十六，迄今已百年，传世极少，仅温州市图书馆藏有一部，为发先人潜德，近梧侄则左托温州市图书馆影印数百部，分赠各图书馆及宗族戚友。《雪蕉斋诗话》手稿，未曾刊印；历经一百多年，篇叶散乱，多漫漶虫蛀。余兄弟因聘张宪文先生为之校录整理，费时数月，始得诗话四百五十二则，分为五卷，刊印出版。

余等今刊印此书，实亦为继祖、父两代遗志，使不负师门之“厚望”也。温邑为文物之邦，四灵八俊之后，代不乏诗酒风流之士挥洒文翰诗章，唯文献少载，以至风骚沉埋无闻。先祖此作，诚如孙氏所言，实为搜罗文采诗韵，以发幽光潜德。昔仲容先生为先祖、父师门兄弟，编纂《温州经籍志》时，慨言吾温宋季以后，乡人遗著恒十不传！今此书刊印，亦可为乡邦保留文献，以供研究温州文化史之学者参照也！

王季思（1906—1996），学名王起，祖籍永昌堡，著名戏曲史论家、文学史家。

王统《晴川集》序

何诵敏

尝读文学史料，觉诗之宏扬美嬗，代有前贤，秦汉之简朴雄浑，两晋之绮丽温雅，洎唐宋则格律渐紧，诗之形态愈固，皆后圣所作拾前人之遐举，成继绝之良谟，或以俊逸蜚声，或以清新独步，或则优客博大，同宇宙之包罗，或则精察深玄，等痌瘝而留绝唱，宜乎其家传户诵，为文学中之最能深入人群者也。

呜呼！周道崩携，诗术渐改，诗之六义已不衍流传，唐宋以下虽代加整饰且列于取士之科，亦终以酬应庙廊，言无衷发，等而上亦不过应声之虫，雅颂精神已不可几及，矧望其能以风讽上为修明政治之助欤？是故今有人焉，学则博达中西，行则风标耿介，而薄睥朱紫，于泉林之下自留啸咏田园，不避强暴，不务阿谀，发抒社会上之时代产物，为下层阶级之同情者，片羽吉光过后亦为文献，文坛之上又乌能任其散佚者哉？

本校前辈晴川王老先生，家学渊源，留学海外，足遍寰宇。早岁复任中华革命党海军总司令职，襄赞革命，累着勋劳，民国功成，息影泉下，举凡哲学、文学、历史、用兵学、物理学、天文学、航海术等靡不研习，故其学识广博，于杯觞讽咏之间，犹能摭集东瀛数据，合欧美古今文学同冶于一炉，故其为诗亦不尽拘泥于小道，而秀丽天成，气宇磅礴，意旨遐深。某以人微才朽得获从游，读其成诗，常觉萦迴终日，则其感人之深、移人之速者非积学又孰能致之哉！

然先生虽夙耽讽咏，吟集等身，独惜于桂林敌机空袭及黔南撤退，诗稿皆先后毁于兵火。某不忍先生诗稿再散漫零落，因集其残存及最近成章二百余首，辑之成帙付梓，藉广流传，则千里之外百岁之后必有人焉读其诗而兴怀，慕其风雨向往者矣，是为之序。

番禺何诵敏三十七年（1948）序于汤山炮兵学校。

《槐阴集校注》序

王一平　王振成

明初以来，永嘉场二都这片神奇土地，英才辈出，簪缨相继，延续至今。作为巨姓大族、官宦世家的英桥王氏，有记载的古籍达70多部，其中《槐阴集》、《半山藏稿》、《玉介园存

稿》、《鹤山集》、万历《温州府志》等尤为著名。《槐阴集》为英桥王氏四世祖王毓公所著，是英桥王氏诗词创作中的开山之作。

王毓公，字尹成，号樵云，生于元顺帝至正二十年（1360），卒于明宣宗宣德元年（1426），享寿67岁。据史料记述，王毓公身材魁梧，仪表端庄；敦行谊，性明敏；好读书，不善佛老学，于礼义事勇于力行，以刚直任之；家富饶，好周恤族里，并以诗词乐府著名于世。明洪武间汉府纪善、诗人金原祺在原版《槐阴集》序言中云："惟处士王尹成氏，拔于流俗，不以气势豪侠为尚，读书绩学，乐与贤士君子游。好扬确古今人物得失，尤善于诗歌，不事险涩，不求奇巧，惟心所适，矢口成章，兴致高远而志趣深长，可谓隐逸旷达之辞矣……稔其行，仗义疏财，能周人急，倜傥轩豁，素以豪杰自命者，而著作翩翩，情澜溢发，又能写其隐居之乐，信为一世之高士也已。"

王毓公事父母至孝，在家时每日饮食必亲自烹调，然后衣冠端正侍膳父母旁。在其父八十多岁时，王毓公从外地重金购桧树三株，并建"三桧堂"，作为其父九十岁诞辰大礼。不料其父于明永乐二十年（1422）溘然离世，享年八十九岁。邑人少保大学士黄淮写有《宿三桧堂》诗，诗云："庭槐接青阴，兰玉荫嘉植。百世纪芳华，滋培在树德。"当时礼部侍郎章纶（乐清人），曾在《三桧堂诗卷序》中对三桧来历和三桧的名称均作了详细的注解。三桧各有其名：一曰"神龙昂首"，一曰"祥凤展翅"，一曰"威虎出林"。后将三桧移到王氏宗祠内，直至"文化大革命"时被毁。其父死后，葬于半山。王毓公结庐墓旁，守孝三年。期满改为半山草堂，辟为书院，招子弟上山读书，请名师执教。从此，英桥王氏，文化昌盛，科甲蝉联。

王毓公的诗集自题《槐阴集》，取自峙川所居"槐阴堂"之名。原版著诗三百余篇，乐府二十六阕。五世族祖梦竹公曾刻置家塾，当时已散失过半。后西华公得到旧藏本，又命儿校录重刻。待到清末王海髯先生刻印时，诗只有214篇，少了100余篇，词曲仍有二十六阕，即《蛙鸣鼓吹》。现遗留的见于温州市图书馆保存的有四种版本：瑞安孙氏玉海楼抄本（孙本），民国永嘉黄群敬乡楼抄本（敬乡楼本），民国永嘉区征辑乡先哲遗著抄本（乡著会本），英桥王氏家族十三世王赓尧（字幼陶，号褒真，群庠生）抄本。以王赓尧母本为基础，参照了孙本，市图书馆古籍部陈伟玲女士予以校注，并入《明代英桥王氏诗录》，于2010年由中国文史出版社出版发行。这为传承古堡文化做了一件有益的工作。

《槐阴集》是五百年前明初的诗作。诗集中有描山河之美，写天地之奇，叙天伦之乐，怀故土之情，记友朋兴会，念喜庆哀戚等。诗集通过人生体验，反映了樵云公的思想、品行、情感和追求。明代章纶对樵云公诗给予很高的评价："其诗五言古选则婉顺简淡，七言古风则清丽雄峻，五、七言近体则律严韵谐，语工精备，有雍容温雅之风。绝句蹙繁就简，其意含蓄不尽；乐府比音叶节，其词委曲有伦，彬彬乎大雅遗音矣。"王海髯先生（王理孚，英桥王氏后裔，其先迁居平阳，师事刘绍宽，主持修纂民国《平阳县志》）说："吾族子孙藩衍自公始，文章著作亦自公始，此集滋足宝也。"王毓公诗词清新、淡雅、自然，初看通俗易懂，但深入探讨却不失深邃、高雅，引用了大量的典故，韵味无穷。

王毓公一生未入仕途，一直从事农、牧、林、盐等业，并奔走于各地谋事，时有代表地方事务远赴京城，暇时结交朋友饮酒赋诗，筚路蓝缕，以启山林，以其善于经营之道，从中拓展财富。王毓公在《槐阴集》中多次提到自己是"樵渔""樵牧"，即山中樵夫。诗集中对田园生活给予了诗画般的描写。如《南田农耕》篇，写到向南望去农田辽阔，"一犁春水田园足，万顷秋云稼穑丰"。《峙口》"青翻麦浪春风好，绿漾秧针夜雨余"。《北山牧唱》中牧童"野歌带雨过青丘"。王毓公从事农耕事业，"春深随队修农业"（《雨后即事》），"生涯唯稼圃，身世半驰驱"（《初度复杨君》）等等，不一而足，充分表达了诗人对田园风光的赞美和在幽静环境中怡然自得的农耕生活情趣。

在《槐阴集》中同时也表达了诗人淡泊、恬静的襟怀，不追求名利，安贫乐道、潜心治学，甘愿隐迹林泉的通透豁达的人生态度。这对物欲横流的浮躁喧哗之现实仍有警醒作用。如《赠黄星士》诗中就透露出这种心态，诗云："子言固足信，利达非我谋。动静理在天，富贵焉可求？我生遘明圣，抗志企前修。抱璞不自售，遁迹甘林丘。居易以俟命，乐道能忘忧。"但是在他心中另一角落里，也有一种对朝廷征辟的羡慕和对自己樵牧身份的自卑和莫名的惆怅。如《寄宋惟畴》："多君赴高选，愧我终淹留。"又如《送黄仲刚应选》诗："十年黉舍一儒冠，此日征书下日端。沧海风高鹏鹗奋，秋原霜重鹡鸰寒。行看姓字标新榜，可耐京尘拂绣鞍。清世正抡廊庙器，却怜樗散老江干。"字里行间明显流露出失落情绪。

王毓公这种超然的人格魅力和矛盾的心态，实际上也是对自己年华已逝和客观环境的无奈。因此对于功名利达的追求只能寄托在下辈身上。《勉儿瑀二首》："负笈入芹宫，蹉跎觉岁终。阿蒙三日别，大禹寸阴功。玩惕终沦落，精勤始贯通。""青衿须自爱，白日莫虚过！大器犹陶铸，良珪在琢磨。云程看奋翼，吾已老岩阿。"《谕子瑀秋归》："灵椿只待燕山秀，努力灯窗莫自违。"告诫儿子珍惜光阴，不要碌碌无为，只有奋发向上，谦行精勤，才能全面贯通，总有一天会振翼高翔，云程无量。这是一种传统的耕可致富、读可荣身的家庭教育观。英桥王氏科甲蝉联，人才辈出，艺文繁荣，数百年不衰，与整个家庭的"世业诗书"的传统密切相关。

《槐阴集》中有不少关于乡情亲情的诗，如"独上高楼更愁绝，故园望断白云飞"（《客中思亲》）。"到处栖迟皆作客，无时梦寐不思亲。恨此飘蓬归去后，彩衣常侍百年人"（《客栝苍》）。"登楼王粲久思家。归来正及重阳候，献取蟠桃实似瓜。"（《中秋母寿，客中作》）。“岁岁堂前戏莱彩，春秋应见八千强”（《寿椿堂》）。“驰驱作客三千里，展转思亲十二时”（《缴勘合赴京》）。“人生骨肉情相亲，家园聚话怡天伦。槐阴满院舞婆娑，彩衣犹侍高堂侧”（《京回逾月复客栝苍梦后作》）等等。有关亲情诗不少，不能一一列举，处处透露出樵云公思恋故土的情结和思念亲朋的绵绵之心，那种合家幸福、共叙天伦的中国传统的伦理道德，脉脉情思跃于纸上，萦回于字里行间，不禁为之心动。

王毓公写的诗，大部分是田园山水诗，朋友之间唱酬诗，凭吊、咏物诗，但也有反映民生疾苦诗。如《客溪上值旱》：“焦熬赤日当长天，大江欲沸山欲燃。连畴禾黍待甘雨，苍生日夜心忧煎。安得潜龙起寥廓，雷门震动甘霖作。九垓万里俱沛然，明月中流逐飞鹤。”这首古风既反映了诗人热切希望苍天降下甘霖，解除旱魔的焦渴心情，但从另一层面上也可以看出作者对黎民百姓贫穷生活的深切同情和渴望改变的心态。

《槐阴集》还向世人展示了当时永嘉场的自然景观和风土人情。诗集中三组八咏风物诗，全面咏唱了家乡的山水风物。《玉泉山房八咏》赞美了野亭烟霞、溪桥风月、池塘草色、涧溪松声、东浦春帆、西岭晚笛、南亩农耕、北山牧唱。《林居八咏》抒唱了南阜楼、天柱峰、卧龙潭、白水漈、石夫人、黄石浦、马鞍岭、龙湾井。《峙川八咏》歌吟了水争潭、峙口、陈山、何屿、长潭、黄坡岭、禅庵山、上荡。从中可以看出诗人笔下的家乡是一幅多么美好的山水画卷。

《槐阴集》是珍贵的地方历史文献，整理重印是英桥王氏后裔的职责。为了更好传承和普及先祖著作，我们借助永昌堡文化研究会平台，历经两年多时间，查阅了大量历史资料、典籍和工具书，依照市图书馆翻抄过来的几种版本并参照陈伟玲女士校注本，认真深入细致地进行注释，并把古文译成白话文，为大家提供一种通俗易懂的大众化的普及本，便于普通人群阅读。但未对书中创作背景、人物关系、事发地、中心主题、创作艺术、诗词格律等方面进行深入解读和考证。这次整理和注释，进一步拉近了我们同先祖的情感距离，领略了作品的意境之美，心灵受到震撼，体会到传统文化博大精深。能为永昌堡文化的传承做点实事，我们深感欣慰。衷心感谢有关领导、社会各界、广大宗亲的大力支持和帮助。限于水平，书稿之注释或嫌琐碎，或多疏略，间或有注释不当，误导读者，亦惟有歉憾而已。望方家和读者指正。

《王叔杲集》序

张宪文

明代自中叶以后，永嘉永强这片土地，英才辈出，二都英桥王氏，簪缨相继，号称文学世家，王澈、王激、王叔果、王叔杲、王光蕴、王光美等为其尤著者。

王叔杲（1517—1600），字阳德，号旸谷，明福建布政使司左参议王澈次子。其先于宋末由台州黄岩迁来永嘉，世居华盖乡二都英桥里。他自小聪颖好学，自经史外，凡山经、地志、星历、堪舆之书，无不旁窥心领。嘉靖九年（1530），年十四，其父澈在京师官兵部郎，遂偕兄叔果随父至京就学，学业益进。嘉靖十三年，母潘恭人卒于京师，他侍父扶榇归葬半山，守庐墓。二十二年癸卯，年二十七举于乡。次年，应礼部试未捷。其后，居乡侍奉老父，淡于名利，久不赴考。会倭寇劫掠沿海，叔父沛、族兄德，均抗倭死。他认为战守不筑营垒，进退无据，难以立于不败之地，建议筑永昌堡，并董理其事，堡成，遂为一方屏障，使乡里获得了安宁。这段时间，他还钟情山水，在永嘉城郊阳岙修筑了阳湖别墅，又于城区华盖山麓营建了玉介园，莳花植竹，颇得泉林之乐。嘉靖四十年辛酉秋，其侄光蕴考中举人，第二年，他在久不参试的情况下，应其侄请，同赴礼部试，中式贡士。廷试时，策问安内攘外事。时严嵩当政，混乱朝纲，举世侧目，叔杲条对多指责时政，嵩大为不满，遂抑置三甲进士。嘉靖四十二年，授常州府靖江县知县，从此进入仕途。

叔杲为官，以洁身、亲民、重教、务实自励。靖江环江阻塞，素为盗贼渊薮，他拊以宽惠，导之从善，不事严刑峻法，顽固不化者始绳之以刑，于是盗皆慑服；复以振兴文教为事，捐俸重建儒学，使全邑学子弦诵不绝，风气大变。未及一年，邑大治，考绩以卓异闻，遂调宰剧邑常熟。到任，他首谒子游祠，建文学书院，置田供祀，并为诸生储会课奖励之金。邑有豪右，匿巨盗行劫，他立发其奸，萑苻为之肃清。其他如折冤狱，缉奸党，丈田地，平租税，兴利除弊，一无所私。才一年，当道即以考绩第一加以推荐。嘉靖四十四年遂内召为兵部车驾司主事、职方司员外郎、武选司郎中等官。隆庆四年（1570），以部郎出守大名府。下车即视察学务，谓大名文教不振，率先捐资重建元成书院，州邑诸学宫，俱先后修举。聘宿儒主持教学，选士子之高材者肄业其中，培养了不少人才，出为世用。在郡三载，行乡约保甲之法，均田赋征输，蠲免驿站加派、养马积逋等数十万金，民困为之大苏，治行为两河之冠。万历元年（1573），遂晋升湖广按察使司副使，整饬苏、松、常、镇兵备。时倭寇横行，沿海戒严，三吴素称富庶，倭寇尤为垂涎，而其地兵政久弛，无以为备。叔杲到任后，沿江自圌山至福山延袤八百里，要塞如金山之柘林、青村、南汇，吴淞之川沙，江阴之杨舍，太仓之刘家河，均躬莅视察，筑城堡以扼守宝山，储漕饷以供军食，分兵守水陆要害，使首尾相应。造大舰以坚水师，设轻舸务求便捷，而尤急于选将，勇敢多智略者，均拔之以为将领。万历三年，倭船结队犯内地，叔杲发兵御之，尽歼其众，俘胁从者数百人，浙闽参半，尽抚慰释归。嗣后倭多劫掠浙闽沿海，未敢深入苏南。朝议晋秩湖广布政使司右参政仍留镇三吴，一切漕政水利经略悉以属之。乃遍历河港，深穷原委，研究疏浚利导之法，著为《三吴水利考》。并开孟河，浚练河百余里。其时，吴地频年旱涝，处处告灾，他又兼管粮储事，遂建议漕饷可改征粮为折银，言行之有六利，可上下称便。疏上，户科给事中石应岳参劾他因难于转饷，假此以自遮掩过失，忌之者并诬以耽诗酒而忽政事，于是论坐降秩别用。叔杲闻之，以为"出我乎丛脞鞅掌之薮，还我于九斗二雁之间，诚德我也"，遂飘然南归。没多久，朝廷复其官职，就家补福建布政使司右参政，而叔杲已绝意仕途，坚不应命。他自嘉靖四十二年至万历五年，任内外官凡一十五载，为百姓做了不少好事。离开三吴时，地方为他建立生祠，春秋两祭，不愧为民之父母。

永嘉为山水窟，叔杲早岁为诸生时，即赞赏阳岙阳湖四山回护，三溪汇注，实为胜境，遂购地营阳溯别墅于岙之东麓。父澈移家郡城墨池坊，叔杲又于华盖山麓与太玉洞天之间建玉介园。这两处园林，经他去榛芜，植花竹，建亭榭，浚陂塘，经之营之，日见佳胜。他游赏其间，大有终老之意。后来，在外十五年，仍时时梦绕乡园。现在谢政归来，湖山如昨，而当年之手植已蓊郁苍苍，都成参天大树了。其时他“念河清之难期，抚榆景之可惜”，乃益大加整治，狭者广之，缺者补之，颓者复之，旧者新之，于阳湖别墅则有浮碧洲、湛然堂、众芳轩、纡青楼，或可矶而钓修鱼，或可坐而掬飞泉，或可撷而赏名花，松翠蓊然，可凭眺吹台诸山而长啸于其中。玉介园则初创于嘉靖三十八年，至万历五年叔杲归后始得落成，其时每日从事工匠不下百数十人。园分东偏、西偏，中央则是玉介的精华所在，亭台堂榭，罗列其中，爽然台、苍雪坞、华麓山房、翠云轩、飧芙馆、青旭楼、右军洗砚处、玉辉堂，其尤著者。园林之胜，甲于一郡。遇风日和畅，他便带领子侄宾朋，过园亭，登陟周览，时亦以灌花浇竹为课。乃复以东瓯诸胜地为题材，编为乐府新声，集童子教而歌之。兴至，携同郊游，驾画舫，载鼓吹，或远或近，兴尽而返。如遇佳胜，即流连信宿，不知疲倦，望之如神仙中人。家世殷富，而疏财乐施，所在名山胜迹，如东山、孤屿、仙岩、东瓯王庙、镇宁楼、镇东塔，均先后加以葺修，所费以万千计。他在官日，深为江陵张居正所器重，及家居，江陵屡勉之再出，他矢志终老林泉，置若未闻，无所报谢。晚年，神明不衰，能作蝇头小字。万历二十八年春四月，犹命舟遍览阳湖、岷冈、孤屿、仙岩、永宁山诸胜，归遂寝疾不起，年八十又四。其一生与山水结不解缘，不愧为高人逸士。

叔杲素负文名，当时的文坛巨子，如王世贞、焦竑、茅坤、屠隆、李维桢辈，都是他的文字知己。其中王世贞与之交往最深，除诗歌酬酢外，为他所做的文章，就有《送大参永嘉旸谷王公改任叙》《旸谷王公祖生祠记》《玉介园存稿序》《阳湖别墅前记》《阳湖别墅后记》等篇。这些与朋友交往的文字，都由其子光美集为一编附于《玉介园存稿》以行，可谓交游满天下，文名遍海内。他所作的诗文，五言近体冲淡自然，宗师陶、韦，七言古风或明白如元、白，或瑰奇如青莲、长吉，如《江淮歌》《云岩子歌》《李王尖行》《李王战场歌》等篇，均汪洋恣肆，读之神往。文则各体俱工，尺牍如晋人小品，言简意赅，馨逸可喜；祭文则至情流露，出自肺腑，《祭孙华山中丞》等文，声泪俱下，读之感人至深。有些文章，如《筑永昌堡始末》《玉介园纪略》《重修东瓯王庙记》《重修白鹿书院记》《重修蒲州海塘记》《重建陈止斋祠堂记》等等，则事关地方庶政，富有史料价值，是难得的历史文献。它若《沿海事宜》《水利事宜》等，都是他在海防和水利方面深入实际调查研究而得的精辟见解，如《水利事宜》言：“（温郡）蒲州外江内河，甃石为长埭，外御江潮，内蓄河水；自隆庆以来，河水靡岁不淹，塘埭靡岁不决，大为民害。访求其故，缘北山之西路，地势洿下，历岁居民培土壅沙，渐高至数尺，自是一值水潦，辄为拦障，遂汇而东冲长埭，埭故数坏。又陡门失于疏浚，底下积污泥，水失其就下之势，因而泛滥淹没。今每岁修筑塘埭，仅足防肤表之患，而不疏其淤塞，则心腹之病固在也。”足见其所作所为讲求事功，切于实际，有利于国计民生。这些诗文稿早年王世贞曾序之请结集刊行，而叔杲未许，藏之于箧。万历二十二年除夕，家遭回禄，遂成煨烬。一仆少掌书记，平日同或收拾他的文稿，儿辈遂取之编写成帙，但较之原作，仅存十之二三。越六年，复从掌记检收遗稿，得十之四五，子光美遂谋付梓人。万历二十九年秋《存稿》刊成，凡十有八卷，而叔杲已早一年下世，终未及亲见之。综其一生，在宦海而为循吏，居山林则为高士，处文坛则为宿将，是吾温明中叶以后有全国影响、值得纪念的著名人物，他留下的诗文作品，也是一份珍贵的民族文化遗产。

时移事易，到了清末，万历刻本《玉介园存稿》几乎绝迹。王氏后裔平阳王志澄理孚先生为蒐罗先人遗泽，从永嘉永强宗祠藏本抄出志铭、诔辞及杂著三十余篇，即孙诒让《温州经籍志》著录之“王氏家藏缺本”是。后理孚先生见《玉海楼收藏乡先哲遗书目录》，知北平图书馆尚存有明万历所刻孤本，遂大喜过望，命三子栻向馆抄出。其文字较王氏宗祠藏本多出四倍有余，虽书有缺页并多破损缺文，然有此篇幅，实属珍贵之至，因名之曰平阳王氏我屋抄本，藏之于家。后民国二十四年（1935）永嘉区征辑乡先哲遗著委员会成立，理孚先生因请何君子舒将家藏抄本复精钞一帙献之于会，并跋尾云：“玉介一稿，从此海内有三本，可谓不孤矣。”今王氏我屋抄本和乡著会抄本，均藏于温州市图书馆。

比较两种抄本，我屋本以抄录匆促，文字多有差错。过录之乡著会本则经理孚先生校过，误字多经订正，且楷书工整，自较我屋本为胜。而二书六十年来尘封于书海之中，未经董理，亦均濒于破败。温州市文献丛书整理出版委员会，将此书抄本列入抢救整理计划，改名《王叔杲集》，并于今年初委我进行整理。

我承命勉为其难，乃以乡著会抄本为底本，校以我屋抄本，保持原书的卷数、卷次，改直排为横排，改繁体字为简体字，各文均分段标点，以便阅读。并以校语明其文字之不同和讹误，以按语补其蠹蚀所缺显而可知之文字。对文内所用典故、语词和有关古代名物典章制度之类，择要作注，惟书内涉及人名甚广，为免繁复，仅注其族人和地方长吏之可知者。自冬徂夏，勉强终卷。而念及此书五至八卷缺字甚多，不可卒读，且按目，其文亦有整篇缺佚者，终非完璧，为之怅然。因思战前北平图书馆以华北危急，曾将善本南运，后辗转运往台湾，意者战前王氏在北平抄得之《玉介园存稿》，乃属残缺而留平者，其正本今或在台。思及族叔体福先生居台久，对家乡各项事业至为关心，多有贡献，遂修书请至台北图书馆一访有无此书及是否全帙。不久，承寄来明万历二十九年所刊之《玉介园存稿》复印本八册，乃先生查知书无所缺，遂拍摄全书而加复印者。奉书不胜雀跃，即据以补正抄本之缺失，计补诗卷一《李王尖行》83字，诗卷六补缺101字，诗卷七补364字，文卷八《序》十八篇补缺809字，又补文《东嘉遗爱编序》《编茗集序》《别舒继峰寅丈双像图序》三篇，复以之改正抄本之其他错字若干。于是，这一乡邦重要文献，由缺损之抄本得见足椠，缺而复足，残而复全，得以恢复四百年前之原貌，实为此次整理此书之一大收获，于心殊感欣幸。

我衰迟多病，益以手头藏书单薄，且行动艰难，又不能到图书馆查阅资料，整理工作，深感力不从心。用是屡欲息肩，希求别简能者为之，而主编珠生先生慰勉有加，终不许也。今工作勉强告一段落，我衷心感谢体福先生隔海之援手，为桑梓文化事业做出莫大贡献；也感谢族侄张索及其开元文化企划公司鼎力相助，为书稿之校对、打印，组织力量，日夜为之，倾注了许多心血，使我解决了不少困难；还感谢金辉、郑一增等同志之帮助，益我良多，其古道热肠，令人敬仰。至于书稿之注释或嫌琐碎，或多疏略，间有当注未注，无助解读者，凡此种种，虽不惬于心，终惮于补苴，亦惟有遗憾而已！

《王理孚集》序

张禹

王理孚，字志澄（亦写作“澂”），又名锐，号剑承；开发南麂岛时自称“海上虬髯”，因以海髯为号。1876年（清德宗光绪二年）生于平阳县江南区陈营里地方（今属苍南县），1950年病殁于永嘉县城（今温州市鹿城区），终年七十五岁。新修《平阳县志》（1993年版）第三十七卷《人物》有传。本书附录王来棣等审校的《王理孚先生年谱》和王栻文章《我所知道的父亲》两篇，对王氏的家世、履历、学术、事功和思想作了比较具体详备而且全面客观的介绍。两人均为王氏直系亲属，且都是专攻中国近代史的资深学者，他们所提供的资料和论断，具有高度的可靠性。本文试从更宽广的时空来观察和剖析王理孚和他的《海髯诗》所产生成长的过程、所达到和没能达到的境界，以及它们背后的某些因由。这也许可以让远去的历史为今人的现实生活提供或多或少的借镜。

王理孚幼时家贫，无力延师，从九岁起寄居张家堡（今苍南县龙港镇郊）杨家附读。十一岁时，邻村秀才刘绍宽应邀到张家堡杨家授徒，王理孚偕杨慕俦两人成了刘氏第一批门生。从此，刘、王的师生关系一直延续了五十余年。这一际遇对王氏的成长至关重要。

清代的平阳（包括今苍南全境）是一个闭塞落后的偏僻县份。据统计，自顺治四年（1647）到道光十九年（1839）近二百年间，仅一人中进士，五人考中举人（转引自胡珠生《温州近代史》第十九页）。19世纪40年代西方列强入侵后，清帝国国运衰败，科举教育自更无振兴之望。当刘绍宽、王理孚师生在张家堡杨家私塾开始携手踏上人生之路时，这一条传统的读书仕进之路几乎已无任何前途可言了。好在这时候先进的中国人已经渐渐觉醒过来，在19世纪末形成了变革维新的风气，邻县瑞安的一批中青年读书人受孙、黄两家高层人物的影响和支持，成立了讲维新求变革的地区组织——“求志社”，纷纷著书立说，并在社会上推动各种改革实验。尽管当时的许多新人物、新思想不免夹带着种种的幼稚、浅薄、偏颇甚至谬误，但对于身处困境的读书人来说，确实起了振聋发聩、鼓舞人心的作用。平阳县万全区人宋平子（名恕，晚年改名衡）从年轻时移居瑞安，融入求志社活动，19世纪90年代后活跃于京、津、沪等地，成了名倾一时的维新派理论家，与章太炎并称“浙江两奇才”。宋平子的崛起，是对几百年来笼罩着平阳的封闭落后状态的第一次有力冲击。

光绪四年（1878），即刘绍宽在张家堡杨家开始授徒的第三年，瑞安求志社社员金晦（原名鸣昌，字志曾，号稚莲，后号遁斋）也应邀到了张家堡，在另一家讲授经学。金氏追随孙锵鸣之后，极力倡导清初学者颜元（习斋）、李塨（恕谷）一派之学说，来平阳后立即吸引了一批年轻的士子，包括刘绍宽在内，均从金氏学；次年转到金乡狮山书院，从学者仍追随不舍，形成了江南区一次短暂的学习颜李学派的高潮。金氏认为清代学术以顾炎武、黄宗羲、颜元为三大宗，而颜氏最为“醇正”，继而经李塨之补充修正推广，遂成颜李学派，是最切实有用的“直接数千年君师学校之传”的一门学问。梁启超在《中国近三百年学术史》中称颜李一派为“实践实用主义”，是对两千年来的封建思想的“极猛烈极诚挚的大革命运动”。它讲求实学实用，反对一切空谈玄谈；强调人的主动实践，认为一切知识都来源于兵农、器物等社会实践。所以，梁启超肯定它虽然打着复古的旗号，其精神却是“现代的”，即与维新改良相一致的。刘绍宽说，他师从金晦后“始识求学门径”，并把以前所学的经学、考据、训诂、地理等统归之于“俗学”，要加以扫除。《厚庄日记》多次记述验听金氏诲导和阅读颜李著述后的心得和反思，其内容涉及立身、治学等多方面的问题，尤以自身在施教中所见所感为重点。直到20世纪之初，刘氏已在平阳以至全温州地区确立了他在教育界的很高地位，而金氏则完全退隐于平阳域城一家酱园的杂务劳作之后，刘氏仍经常往谒以前的老师，并与之作深入交谈。民国时期和中华人民共和国成立后两次修纂的《平阳县志》，都推崇金晦来平阳开导了学风转变。正是在这转变过程中，刘绍宽从一个普通乡村私塾教员逐渐成长为浙南地区的近代教育大家；在他门下，也造就了一批转型的知识者，其中包括许多平阳籍的杰出人才。其影响之深远又大大超出宋平子。

从笔者所掌握的有限资料看来，虽然在19世纪80年代王理孚因年少而未曾直接领受金晦的教导，后来也不曾对颜李学说做过认真研究，但经由其老师刘绍宽的言传身教，他不仅接受了梁启超所肯定的“实践实用主义”精神和思维方式，并把它运用于自身的实践。刘王师生间的终身情谊正是建立在这样的思想基石上，随平阳的学风转变过程而有新的进展，由于资料的缺乏，今人已很难具知百余年前刘王师生间教学的内容和方法，但从《厚庄日记》约略可见，刘氏师从金晦后渐渐认识到“时文”之弊害甚大，使人越学越无知无能，亟思废之不教，也思考过如何保障学童身心健康成长的问题，这都有异于当时一般私塾教师的传统理念和旧惯做法，让从学者少受些摧残和扭曲。王理孚出身于落后农村的贫苦家庭，因此，在他身上有一种自然地倾向于颜李学说反传统文化的冲动。也许刘绍宽正是敏感地察觉到这一点，才认定这个最得意的门生吧。也正是依靠良师的庇护、诲导和荐引，王理孚这个县生员才学有所成，逐渐走出平阳，成了省议会常驻议员、省都督府秘书，最后当了一任县长，走到了仕途的高处。

王理孚曾自谓“少年轻躁”。这“轻躁”从另一面来说就是勇于实践，敢闯敢干。他在宣统元年（1909）三十四岁时当选省谘议局议员后，虽然资望较低，却敢说敢为，深得同人赏识；在提学使司科长和都督府秘书任上，也以干练而获好评。他从刘绍宽那里学到的主要是一些文史方面的基础知识和有关当时政治形势的部分常识，加上在本地办学的点滴经验，单凭这么一点点本钱是不足以应对新局面新要求的，但他以开拓进取的积极态度，在实践中不断增长才干，不断超越自我，终于完成了一生事业上的一次重大飞跃，这种业绩，在他那一辈县学生员中显得很突出，更非为数众多的潦倒终生的“孔乙己”型腐儒所敢比拟。民国元年（1912），他筹资两万银元亲往南麂岛开垦，更是一件十分大胆的创举，温州诗人刘景晨在1949年为《海髯诗》作序时，特别推重王氏此一举措，谓其“能建非常之事功”，“足为诗人张目矣”。他自此以“海髯”为号，说明他自己也很看重这一举措。从思想史的角度来说，这种种事功同宋代永嘉学派注重事功的思想有较深渊源，也与清初颜李学说的实践观相契合。因此也可以说是金晦、刘绍宽等人共同开创平阳新学风以来所取得重大积极成果之一。

但是必须指出，产生于几百年前的颜李学说所强调的实践、实用、实学，都带有明显的局限性。这不是颜、李两人的过错。他们赖以生存的条件离梁启超所说的“现代性”太远了，在那里不论怎么实践，也绝不可能凭空建起一套具有近代民主和科学特征的、比较完整圆通的思想体系和方法论。他们的实用主义虽有朴素唯物论倾向，也不乏辩证法因素，但就总体而言，则带有极大的盲目性和片面性。因此，这种学说有时确实对某种对象有极大的破坏力，但有时却又极易于随机而变，甚至妥协投降，总之是服从于特定的实际情况和个人立场、利害关系、认知水平，而缺乏“抽象”的原则性。在孙锵鸣和金晦，以及同时代人梁启超眼中，颜李学说是为晚清的维新变法主张开辟道路的，那么，梁氏所说的“极猛烈极诚挚的大革命”作用就显得虚夸了。刘王师生的政治思想没有超越晚清维新派的水平，他们在民国元年（1912）参加共和党在平阳活动后退出政坛；刘氏后来主要从事教育工作多年，王氏则于民国6年（1917）辞去鄞县知事后就退隐在鳌江，结束了少年轻躁期的社会实践，也基本停止了早年的实用实学活动，这一年他四十二岁。

现在所能见到的王理孚诗文作品，多数是他四十岁以后所作。他自编的《文集》及其《日记》已毁于战火，所以只能看到部分散落在各处的文字，他的《万石山墓表》甚得刘绍宽的好评，可知他的文笔颇得师门的风范。据王栻教授回忆，他所自许的也是这一类的应用文。但在另一类文字中，即为他本人和家人都很重视的《〈南唐书〉校记》和《白沙刘先生年谱（未完稿）》中，呈现的则是别样的现象：他的决心很大，用力甚勤，结果却令人失望。《校记》里没有发现陆氏原书和周氏注释以及南唐历史上任何稍稍值得探究的问题。《年谱》未完稿只好算作初步的尝试。如果说在前一类作品中可以看到作者从容整饰、挥洒自如的气度；那么，在后一类文字中，所见的作者就是力不从心，甚至无心恋战了。民国4年（1915），刘绍宽主持修纂《平阳县志》时，聘请鲍铭书、周喟、夏绍俅等人分别负责各卷编写工作，而任王理孚为主管事务的“总理”，师生两人再次愉快合作数年。从这样的安排中可见，大家都认定王氏的志趣和特长在组织管理方面，而不在史志研究著述。以史学、考据闻名的刘氏门下出来的最得意门生，不仅没有承传师父的专长，而且最不屑于考据之事（参见王栻文章）。依笔者之见，这正是刘王师生两人顺应时势而实用实学之成功处。颜李学派第一代创始人习斋先生就是不愿著书的榜样，他有一次对门人说："纸墨功多，恐习行之精力少也。"在这一点上，王氏可谓青出于蓝而胜于蓝。

王理孚晚年自编《海髯诗》，请人抄写后自加校对。抄本和一些删余诗由其家族保存下来，至20世纪末由其子王载纮复印成册。此次出版的《海髯诗》就是根据这个复印件排印的。

《海髯诗》所收作品始于清宣统二年（1910），迄于1945年，但"删除"中保留的《三十述怀》是光绪三十一年（1905）的作品。此前是否作过诗，现已无从查考；又删去多少，也难考证了。"删余"中有一组《四十述怀》共二十八首，是集清代著名诗人龚自珍（定庵）诗句而成的七言绝句，晚清至民国初年集定庵句成诗的人很多，但像王氏这样一口气作了二十八首的人却不多见。由此可见王氏对诗歌这门艺术的执着追求和勇于实践的坚毅气魄，进入民国以后，他退出政坛，颇致力为诗，至1928年成立戊社，实际上成了平阳诗坛的盟主。不过这时候，传统诗歌在现实生活中的地位和作用已经丧失殆尽，只能在极少数老书生之间相和吟唱，聊以消遣了。王氏仍执着于诗坛，既可补偿他退出政坛后的心理平衡，也可作为他逃避尘世骚扰的一道防线。他的作品很少反映现实生活，与他前期奉行的实践实用主义适成强烈对比。不过他的作品仍然保持了一种传统士大夫的正气，而且力求在艺术上达到尽可能的完整无缺。他达到了他那一代平阳人所能达到的高度，具有一定的代表性

古人说"诗无达诂"，对《海髯诗》，后人自可作出不尽相同的评价，笔者只从诗外说了些话，也许可以供后人作些参考。还对诗中涉及的人和事略作注释，当否亦有待专家学者和广大读者指正。

感谢温州市图书馆卢礼阳先生和平阳县县志办公室陈盛奖先生的鼎力支持和帮助，附此致谢。

张禹（王思翔），平阳宜山人，现代知名作家、编审。

《清代英桥王氏诗录》序

陈伟玲

永昌堡英桥王氏是明代温州著名望族，仕宦、艺文上均取得了不俗的成就。详见笔者编《明代英桥王氏诗录》（中国文史出版社，2010）。然而明末清初鼎革之际动荡的时局，使该家族由盛转衰。具体表现如下：论科举，自明弘治元年（1588）至清道光三十年（1850），族中共出状元1名、进士13名、举人30名。明代就有1名状元，10名进士，举人20余名。嘉、万时期"一家两代三进士"（王激、王叔果、王叔杲）、"四大夫一英雄"（王激、王澈、王叔果、王叔杲、王沛）等更是将其推至鼎盛时期。而清代有名者，大概以王锡琯、王鹗、王德馨等较著声名，若论影响，是远远不及前人的。论著作，据清道光间编《永嘉王氏家录续刻》"书目"，总计收书60余种，只有10余种是清人所作。统计清曾唯汇编《东瓯诗存》，所收录的温州地区"王"姓诗人，明确为英桥王氏家族的有59人，明代42人，清代17人。可见，两代成就差距甚大。纵观该家

族的兴衰历程，明末清初是其发生急剧变化的关键时期。

明末清初瑞安朱鸿瞻（1620—1690）撰《时变记略》载温州地区当时之“五变”，即军民之变（起崇祯十七年，止弘光元年），鼎革之变（起隆武二年，止顺治四年），山寇之变（起顺治四年，止顺治七年），海寇之变（起顺治十五年，止顺治十六年）和闽藩之变（起康熙十三年，止康熙十五年）。此五大变乱对温州地区各地均产生了不同程度的影响。英桥王氏族人王钦豫（1596—1658）在自编年谱《一笑录》“顺治五年”中载，白头兵何兆龙兵至吾乡，永昌堡誓死抵御，严守八十余日，后又得官兵相助，何兵乃去，“自是不敢复窥我城，第犹然焚掠各处”。是役也，“远近携家入堡避乱者逾万人”。可见，永昌堡作为民间修筑的防御性建筑，起到了堡垒的作用，因此山寇之变并未对其产生人员和财产上的重要伤亡。当时的大形势是，“泰顺县、金乡卫、沙园所、永嘉场、新城、老城、海安所等城尽被夺踞”（朱鸿瞻《时变纪略·山寇之变》）。此处永嘉场指宁村所和永兴堡。王钦豫又记载了顺治十一年（1654）六月，海寇忽登，劫罗浮，男女弃窜。犹有稍迟被执者，富者索赎千金，真不测之祸也。是日，“次儿适往妻家，甫茶寇至，呱逃得免，固甚幸云。或言寇且眈眈吾乡，堡中因亦为防”。另据光绪《永嘉县志》卷八载，早在崇祯五年（1632），刘香等海寇率众寇温，闻永昌堡富庶，遂围攻永昌堡。后经把总王安国、武弁刘华等人殊死奋战而败退。这两处直接提及海寇对永昌堡的进攻或者威胁，跟朱鸿瞻记载的台湾郑氏“海寇之变”并不是一回事，实际上因为永昌堡的堡垒作用，也并未对其产生重要创伤。由此可见，永昌堡在明末清初温州地区普遍动乱的时局里，还是有相当的安全保障的。故英桥王氏十一世王至彪（1596—1670）在其诗集《玄对草》“哀永昌堡”诗中赞道“萦旋雉堞丽谯高，乡族藩屏先达劳。各事耕桑称乐业，屡经战守著雄韬”。

但是温州地区连年的战乱和饥荒，永昌堡周围的萧条景象，也预示着永昌堡自身的情况也不容乐观。顺治元年，“八月八日大水，冬天无禾。次年春，米价官斛一石银七两五钱，多村劫夺渐起”。（《时变纪略·军民之变》）顺治三年“温州饥，小民白日抢夺米谷”，“温州民苦荒，种不入土”。（孙延钊《明季温州抗清事纂》）顺治三年春“吾郡大饥，四五月间尤甚，米斗价逾五钱，饥民皇皇不能存活”，顺治五年“今年白头之乱，费益无算，岁既不登，征收复阻，两禾所入，以供食犹不给”，顺治六年“吾乡数月以来，比屋磬悬，日赖客米云集，故岁凶而民不饥”。（以上三处引自《一笑录》）能够在这乱世中保全性命、免于饥荒，已是一桩幸事。

五大变乱对永昌堡的影响，相对温州各地来说，是比较间接的、暂时性的。顺治十八年，清廷为了对抗台湾郑氏，下令“迁界”，强迫沿海居民内迁。永嘉迁三十里，平阳迁十里，瑞安迁五里，乐清弃地九十，存里四十二。康熙《永嘉县志》卷四《食货·盐法》：“顺治十八年，场灶全弃界外，灶丁迁徙四散，课银题蠲，场官奉裁。”永昌堡英桥王氏属于迁移行列。这次“迁界”对英桥王氏产生了巨大的破坏力。有关他们迁移的惨况，王至彪《玄对草》数首诗里痛心疾首地描写过。如《家乡祠宇庐舍焚毁殆尽，遥望心恻三首》：“极目罗山山以东，燎光四起闪天红。烟扬万井秋风里，野哭千家夜月中”，“悠悠我里最堪伤，身徙居焚变异常”，“萧萧离散近寒冬，华屋茅庐尽化烽。阀阅已墟谁鬼瞰，粉榆有社绝人踪。筑场未获收农稼，焦土犹催急上供。知是诛求民具烬，逃亡何处免租庸”。《哀祖祠》：“苦遭苛令焚庐舍，祠宇连甍一瞬捐。惨目烬余悲此日，痛心绵蕞想当年”。亦见《哀宗族》《哀乡党》《哀永昌堡》《失书叹》诸首诗。明代鼎盛时期英桥王氏先祖们所设立的祠堂、宗族制度、永昌堡等受到沉重打击，接下来的英桥王氏后人开始了各自向内地、山区分散移居的局面，却已难再现明代鼎盛时期的辉煌。

“迁界”对永昌堡所处的永嘉场盐业产生了重要影响。明代的永嘉场在温州地区是一个数一数二的盐场区。弘治《温州府志》卷七《盐课》载：“永嘉场，额办盐六千七百四十五引三百三十一斤一十五两二钱，该支工本钞一千三百四十九锭八百二十八文。”永嘉场盐产量居温州六大盐场之首，占近三分之一。万历《温州府志》卷五《食货·盐课》：“永嘉场盐课司岁办盐三千五百九十二引三百斤十五两二钱，该工本钞一千三百四十九锭。”仍有五分之一的产量。英桥王氏世籍灶户，盐业的发达，是他们家族兴旺的内在原因之一，也是较能反映该家族兴旺程度的衡量指标。清初场灶全毁，也意味着当地经济的衰落。顺治十八年（1661），康熙二年（1663）、二十一年（1682）三次裁撤永嘉场，划归瑞安双穗场，雍正七年（1729）复置。（《温州市盐业志》第71页，中华书局，2007）康熙九年（1670），“永场展界，族复徙堡中，重修城池，建庐舍”。（《东嘉王氏家录续刻》）“比康熙九年后，海界展，坛荡复，有盐可煎，而荡亩腴园复被煎灶各踞及军民杂占，不给与输课之灶丁”。（朱鸿瞻《空灶行》）这是“展界”时出现的一个社会问题，产生了诸多土地纠纷。康熙二十一年（1682），盐漕御史詹某颁布告示严查民占灶地、以体恤灶户。（朱鸿瞻《制亲灶病篇感盐宪詹公作》附《碑文略节》）惜“虽以詹盐院之严行，无奈还朝速而不竣其事”。（朱鸿瞻《空灶行》）还有一个现象是，灶户“迁界”后无盐可煎，从事其他行业，仍需按灶籍去课税，“灶免除，荡产没，今之士农工商名隶灶籍，便头会之指为灶丁，空供课役”。（朱鸿瞻《制亲灶病篇感盐宪詹公作》）可见五大动乱和“迁界”后产生的这些复杂而残酷的混乱局面，并不能让永嘉场英桥王氏恢复元气。而永嘉场盐场的衰落，即使经过复置，已经不可能像明朝时候如此兴旺。乾隆间，永嘉场“新分五廒，共配二十六团，煎灶九十八座，内正灶八十六座，附灶十二座”。（乾隆《温州府志》卷十一《盐法》）“同治二年开办官运抽收盐厘，仅存六团，计便灶九座。近因闽盐盛销，至光绪六年（1880），仅存便灶三座”。（光绪《永嘉县志》卷五《贡赋·盐法》）清末时，盐业已经一蹶不振。

“迁界”导致清初永昌堡的弃置。永昌堡，是王叔果、王叔杲在嘉靖年间为了抵御倭寇、海盗建造起来的自卫性建筑，王叔果《重修英桥王氏族题辞》：“始嘉靖壬子以来，倭扰海上，兵燹延熠，族属多涣徙。自吾兄弟缘族为堡，治第其中，居诸子，风气攸萃而众日收聚，望之者疑素封。斯族之昌未艾也！族者，续也，聚也。谱以续之，则溯往示来，合千百人如一人；堡以聚之，则出入友望，合千百人如一家。其于敦睦，不为无助已。”永昌堡将王氏族人聚集起来，让族人之间的关系更为亲密融洽。其中表现之一，是王氏子孙以本族中学殖深厚者为师，而王氏能为人师者并不少，族人之间互相研讨，以资进步。王钦豫自编年谱《一笑录》，载其读书、家庭、朋友交往等生活内容。六岁受蒙训于抱玄公王士光，十五岁受业实甫公，十六岁受业族伯龙友公王维夔。二十一岁和与性、与莱二兄事族兄芸复公，“风雨鸡鸣，花时月际，四人肝胆无不倾吐，师友之乐，近所希得。时宇桢兄、介夫叔同馆，文虎叔、王之臣公同会，一时激励，殊为多益”。二十三岁，同实甫公、笃思叔读书普济寺。二十五岁读书石林，“芸复公、与性、与莱二兄复喜相聚，并族弟蕃候同馆。自丙、丁二年之后，及此又一番振励，且复见读书之乐”。三十三岁，仍讲艺芸复公所，公时读书揽秀楼，同会与莱兄、以华弟、邻喜侄。三十五岁后，王钦豫的几个儿子开始受业，师者多与同族。明代英桥王氏艺文和科举能世代相继，是因为这些家族中的拔萃者能将文脉延续，同族之人互相受益，故能薪火相传。“迁界”，使永昌堡族人分散迁徙各地，堡内长久传承下来的文化氛围，随之瓦解。而“迁界”使英桥王氏流离失所，雪上加霜。长久以来，英桥王氏繁衍在永嘉场二都，后来聚居于永昌堡，“七子（指王毓的儿子，第五世）之子二十八，二十八子之子九十四，九十四子之子二百六子，二百六子之子三百五十，三百五十子之子四百九十（推算，即为第十世）”。（王世贞《王樵云公传》，《弇州山人四部稿》卷八四）从四世王毓到第十世，约一百五十年的时间，人口呈几何级数的增加，对于资源有限的永昌堡来说，势必导致人口与资源的紧张关系，而达到一定程度，就是贫穷。隆武元年王钦豫日记里记道：“自癸亥（即天启三年，王钦豫二十八岁）之累，始有称贷之举，其后相继日积，兼之食指益繁，所费益巨，田租岁饱侵渔，不足以赡所出，时复取贷偿息”。“自初夏以至岁终，得完（贷）十之八九，而所废山园田宅约四千金。呜呼！此四千金者，积几岁月而得之，而自余一日抛之”。王钦豫同年录其父遗笔：“某世承清白，无非义之财；一生兢惕，无一念之妄。近自廿载之间，债资丛积；十年之内，囊橐屡空。内为子女之经营，外为手足之牵绊。就目前之光景，尚可支持；计日后之事体，万难收拾。”抚养子女成长、婚丧嫁娶以及参与家族事业所需费用，都让一个家庭举步维艰。而乱世里的贪官污吏，更是将一个家庭推入深渊。“县公按乡征通逋，法令峻急，自六年至九年，七分无少缓者。贫民困迫不必言，诸大户积负既然，称贷旁午，犹不免追呼之扰”（顺治九年）。“冬十月，新册成。先是，里役一委之代拥，每届十年，亦听之造册者，无所问。自壬寅以至于今，奸胥狡役，日益从弊不可诘”（顺治十一年）。

明末清初的动乱和清初“迁界”政策的影响，不仅削弱了永昌堡的经济基础，甚至不得不四处迁移，寻找安居之所。清代英桥王氏的科举仕宦、诗文著作远不及明代之盛，时运是主要原因之一。

纵观英桥王氏在明清温州诗人群尤其是王姓诗人群里的地位，明清两代都具有举足轻重的地位。《东瓯诗存》收录的英桥王氏明清两代诗人分别占温州地区王姓诗人人数的约71%、68%。因此清代的诗录虽不及明代厚重，仍然也是研究英桥王氏族人的重要史料。

清代诗录共收入单独成集者三人和存零散诗篇者十九人。明末清初的诗人朝代划界以清曾唯《东瓯诗存》为准。其标“国朝”者，均纳入清代。王德馨（1819—1888），亦英桥王氏后裔，其诗已由《王德馨集》（《温州文献丛刊》之一）出版，故不录。

《玄对草》，明末清初王至彪撰。现存清末瑞安孙氏玉海楼抄英桥王氏《玉介园附集》本（下简称“孙本”）、民国永嘉黄群敬乡楼抄本（下简称“敬乡楼本”）及民国永嘉区征辑乡先哲遗著会抄本（下简称“乡著会本”）。校勘以敬乡楼本为底本，参考孙本（注：此集孙本未收全帙）、乡著会本。《东瓯诗存》收录十一首，曾唯将其划入明代。因明代诗录部分篇幅较多，且王至彪在清朝又生活了三十余年，《玄对草》关于“迁界”政策对永昌堡的沉重打击描写着墨较多，故列入清代诗录。

《竹居集》，清王咏撰。现存敬乡楼本、孙本及乡著会本。校勘以孙本为底本，参考敬乡楼本、乡著会本。《东瓯诗存》收录十三首。

《王玉叔诗选》，清王锡琯撰，为清初邹漪辑《名家诗选》之一家，上海图书馆藏清康熙七年刻本。卷端题“东瓯王锡琯玉叔著梁溪邹漪流绮选”，书口上端刻“王玉叔诗选”，下端“名家定本”。部分诗下有小字评语，当为邹漪所批，本书将以注解形式标出。邹漪，字流绮，又字西村，明末清初常州无锡人，师事吴伟业，著有《启祯野乘》《明季遗闻》等书。另收《东瓯诗存》录王锡琯诗十六首。

存零篇者，以辈分为序，模仿王咏编《永嘉王氏家言》，易名为《清代英桥王氏家言》。辈分不明者，附于末尾。

笔者于2010年接受龙湾区社科联《龙湾文献丛书》编委会委托，整理英桥王氏诗录，即付剞劂时，编委会因明清两代篇幅较多，计将清代部分搁置，以俟将来。时过境迁，承蒙永昌堡文化研究会抬爱，现将清代部分重新审读校对，于我也是完成一桩牵挂了多年的心事。

陈伟玲，原任职温州市图书馆古籍部，后调瑞安中学图书馆任馆员。

《古堡深处》序

章方松

吾邑永昌堡，为中国历史罕见之民建城堡，现为全国重点文物保护单位。城堡建于明嘉靖抗倭期间。缘由明代倭寇常扰东南沿海温州一带，永嘉场尤甚。英桥王氏沛、德诸公，为保一方平安，组织义兵，奋勇抗击倭寇，壮烈殉身。王氏叔果、叔杲诸公，力据向朝廷奏章，私家捐资，发动百姓，共建城堡，护乡抗倭。四百余载春秋，悠然而过，古堡仍在，城春意绿，内涵深厚，蕴含精神，流光传播，为世人所仰止。

欣逢盛世，永嘉场五百载人文精神，再显神采。政府重视文化，乡贤热心文化，青年营造文化，学子提升文化，一时复兴乡间文化，蔚然成风。为挖掘永昌堡文化内涵，传承先人文脉，英桥王氏乡贤王璋先生，率永昌堡民俗文化研究会众人，发扬敬祖爱乡之精神，光大乡间道德之理念，提升地域人文之意境，号召乡人，整理史料，搜集文章，寒暑两载，含辛茹苦，汇辑成书，名曰《古堡深处》。编辑者与书写者，精神可嘉，风怀可敬。一卷在手，洋洋大观，古堡渊源，时代风云，名流辈出，精神可敬；民俗故事，风土人情，淳朴明理，蕴藉人道；先贤文章，神采飞扬，古韵新声，蓄志抒情，皆可悦目，美不胜收。

众所周知，上世纪六七十年代，大革文化之命，文化断层，传统丢失，伦理颠倒。当今面临欧风美雨，狂风巨浪，重建精神家园，成为刻不容缓之大事。乡间文化重建，尤为重要。古堡文心千秋在，正道真魂传后人。永昌古堡文化意涵蕴深，耕读、宗族、科举、抗倭、建筑、武术……诸课题皆可探索其源流与含义。当前乡间文化，须提炼元素之精华，整合民间之资源，提升内涵之意境。文之化而曰：文化；文之明而曰：文明。文化促文明增辉，爱乡须知乡文化。乡文化为培植人生原始之智光，理性之美德，伦理之规范。做好乡间文化建设，真谓功德无量也！

悠悠古堡，城春草木新，一石一砖，皆蕴含祖先智慧与勇气。漫步城堡，抚今思古，缅古人爱乡之情怀，意境超迈悠远；念英烈之精神，千古浩然正气。巍巍罗山，峰青瑶溪流，一草一木，皆透露自然通灵与秀美。登山临水，仰俯天地，读先辈之诗篇，无私风怀澄淡；听瑶溪之清流，悟思濯缨洁美。文脉为地域之魂脉。吾情深意切，常思乡间文化之复兴，可敌当前世风日下、道德败坏之弊端。弘扬传统乡间优秀人伦人道之义，明晓为人致世人性人情之理，乃转变整个社会风气之关键。永嘉场历来民风淳朴，勤劳俭朴，耕读传世，文明礼仪，皆乡风所致也。

文化为人类精神之慧命。古今贯通，明晓大义，中外融会，意境超迈，为新时代之人生大观！谁为吾乡文化进步之文明，热心之关切，振兴之呼吁，吾诚心愿意，为之脱帽致敬！宇空朗丽，繁星璀璨，愿有识之士为永嘉场文化辉煌灿烂，集思广益，博采众长，无私奉献，共建家园。

章方松，著名学者，曾任龙湾区人大常委会副主任。

《古堡旧忆》自序
家住新城底——写在卷首的话

王则信

永昌堡当初叫新城，住在城堡内的人家自称“新城底人”。如今这样自称的青年人不多了，但

年纪在四五十岁以上的、依旧不无自豪地这样自诩着。

其实新城的“新”，只不过是一个相对的概念。老底子家乡永嘉场范围很大。据清光绪《永嘉县志》记载，永嘉场辖永嘉县一都至五都，北起瓯江口，南至梅头海卫所，方圆282.78平方公里，东濒大海，西依罗山，是一个相对富庶的地方。但也因其富庶，常常招致倭寇觊觎，武力侵扰；这种情况明朝中期尤甚。为抵御外侮，官府和民间纷纷筑城自卫，先后建造了四座城堡。建在下垟街莺芳村的永兴堡历史最悠久，人称“老城”。其余依次为宁城、沙城和新城。最近好友王振成先生告诉我，沙城并无实体，故民间有“沙城无城”一说。

明嘉靖三十七年，二都英桥王氏七世祖王叔果、王叔杲兄弟二人，为保一方平安，倾全家之资，带头倡议集资造城，共期两年，费资黄金七千两，建成永昌堡。据研究城垣历史的学者考证，以民间捐资形式建造城堡，在全国虽不能说绝无仅有，至少称得上凤毛麟角，十分少见。

更难能可贵的是，王氏祖先还有着超人的智慧和前瞻意识：既然建城的目的是御外患于城外，城内百姓就理应以农为主，在精耕好位于城堡东西二门外的一大片土地的同时，还应当好好经营城堡内的一百多亩田地，这样若哪一天战端一开，倭寇纵然围城一旬半月，城内百姓也不至于因缺粮而度日如年。所以在功能布局上，的确煞费苦心。

永昌堡南北长780米，东西宽445米，城高8米，基宽3.9米，周长2688米。两条源于双岙、白水、刘宅、郑宅诸村山根的塘河由南至北穿城而过，并在穿经城墙墙根的地方，建有水闸，一一放下闸门，舟楫无法入内；开启闸门，运载粮食和农家土杂肥的船只可以穿城而过。塘河分前河和后河（也称上河和下河）。前河东侧铺有城内唯一的长街；长街东侧建有一排低矮的民居。此外，城内还有十条短浃和东西南北四座战楼。十浃的主要功能是便于浇灌城内的田地，以确保一年四季五谷丰登。前河四浃两侧还有少量民居。前河上架有五座造型各异的石桥，将长街一侧的民居和四浃两边的人家联系起来。祖先们的初衷是一河一路不会成“市”。用现代话说，不可能形成集市贸易场所，城底百姓可以安心农耕生活。

在我幼时，唯一的长街上开着若干店铺，依次是城北段的宏泰南北果品店，阿照理发店，阿六面坊，家父的烧饼店，以及炳南师傅开的定做寿材（棺材）为主的大木店。长街中段则有一家布店和王云五先生经营的回生堂药店。新城底居民本来就不多，因此从不曾见过以上诸店有门庭若市的时候。只有一家可另当别论，那就是一旦令人谈之色变的霍乱病突然肆虐，炳南师傅家的大木店生意就会出奇地好了。

新城底住着上百户人家，以王姓为主，中杂别姓。王氏是永嘉场望族，仅明一朝，相继出过十三名进士，一名武状元，一名传胪，四名副榜，三十名举人，九百名胶庠。也就是说，其中不乏官宦人家。但多数人家以务农为生，也有个别做小本生意的。但是无论家境贫寒的还是殷实的，都崇尚读书；耕读文化在“新城底”有着源远流长的历史，底蕴可谓深厚。城堡里发生过许许多多的事，“新城底人”家家都有一本或顺境或坎坷的家史。

一九四〇年农历九月初一，我出生在城堡内一个贫苦的家庭，初长后，又在这里度过我一生中既艰辛又欢乐的童年。依托王氏大宗家庙举办的新城小学，是我接受启蒙教育的地方。在这里，我结交了一群聪明活泼，日后证明业有专攻、非常有作为的赤脚朋友。我和他们一起踩着城墙垒石的小孔，攀登过孩子心目中高得不能再高的城墙；在不足五百平方米的体育场上踢过皮球（类似足球），打过门球……当然，由于好奇、粗心，还打碎过学校仅有的几个花盘中的一盘菊花，受到老师严厉的训斥。当时泪流满面的狼狈相，至今犹在眼前……

二〇〇一年六月五日，永昌堡被批准列为全国重点文物保护单位，自此名声日隆。有关它的各种新闻报道，不时传入客居异乡的游子的耳中。犹如一张珍藏已久的照相底片，一旦重新洗印出来，展现于面前，忽地又勾起我对往事的记忆。于是，年逾古稀的我，顿发一种难以抑制的冲动：来日苦短，来日无多啊，如不从速拿起秃笔，写写我亲历过的那些事、那些人，恐将成为终生的遗憾！

于是，我在家人的支持下，坐在阳台的小桌前，不管春夏秋冬，也不分白天夜晚，只要来了文思，有了“文眼”，便紧紧抓住不放，一一记录下来。这样，不经意间，积少成多，遂有了案头这一叠文稿。

我已垂垂老矣，再不可能有青年人那种激情，那种文思如涌的最佳写作境界。但我的心紧贴在历经沧桑的城垣上，依然能听到当年天真烂漫的笑声，我的灵魂照样荡漾在穿城而过的河水中，倒映在仍然依稀可见的涟漪里。我期盼着用我苍老、低沉、浑圆的倾诉，让过来人重温当年，让青年人更加珍惜今天，让未来的“新城底人”，知道他们那些躬耕于田亩、经营于小摊、苦读于灯前、供职于各行各业的先辈，以往的辛酸，以往的艰难。能如此，我心满意足矣。

《民间姿态》序

骆寒超

勤福老师把他的散文集《民间姿态》打印稿寄给了我，希望我能写篇序。它刚寄到这里时我看过一部分，印象不错。但随即不少杂志——特别是两个会议拖住了我，不得分身，只能徒叹“长恨此身非我有”，继续读它和写序的事也就搁下了。从前天开始算有点空了，才重新拿它来读，竟然吸引了我，一口气把它读完，带给了我此刻写序的舒畅心情。

的确，此刻我的心情是颇为舒畅的，因为读到了一本对我来说特感亲切的书。

这是一本专写温州地区民间文化人的人物特写集。这批人大都是自掏腰包、百挤时间，投身于某项艺术文化创作的，所以才叫“民间姿态”。我之所以对这些特写特感亲切，除了我曾在温州这块神奇的土地上度过二十二个春秋，对书里所写到的那些为温州人独有的流风遗俗有出于本能的亲和认同感以外，更在于书里写到的人物所怀有的那种锲而不舍的传统精神我太熟悉，在心里留下的印象实在太深了。

离今天半个世纪以前，我在永强中学教书时，结识了一位英语代课教师沈克成。他没有固定职业，过着打工式的生活，但他自强不息，自学英语，翻译了一大堆英语文学作品，其中包括莎士比亚的剧本和诗。当然，它们是无法出版的，对沈克成老师来说，当年也绝无一种功利目的，妄想出版的，他只是怀着一股对艺术文化事业热爱的激情在干着。改革开放后他办企业，成了温州里仁电脑公司董事长。前些年生活安定后，他把这一大堆当年翻译的莎士比亚作品以《莎士比亚精品集》为书名，出版了厚厚一大册，在译界影响不小。如今他虽已是古稀之人，一直在研究汉字，几乎一年一厚本地出版着这方面的成果。他成名了，但有谁知道他曾经是从生活朝不保夕中挣扎过来的。现在流行把体制外的民间行为称为“草根”，克成老师就是极典型的“草根”文化人，而“草根”是了不起的！勤福书中写了39个“草根”，引起我对沈克成等“草根”友人的怀念，能不令我特感亲切吗？从这个意义上说，我就得谢谢勤福了。

更令我有亲切之感的还在于：勤福笔下这批“草根”文化人中，有几个还是我当年的学生。如章方松，真值得我引以为骄傲。他出了好几本书。如今我案头还放着他的《池上楼笔记》《大罗山笔记》《琦君与故乡温州》。这些书里的文章对温州地域文化作了多好的论述。方松的散文很有文采、有诗意，放在当代中国散文的大格局中去审视，也是不可多得的。又如翁美玲，她的先生是我学生，她也可算我的学生了。她的诗清丽而有意味，有一些诗还在我主编的大型新诗丛刊《星河》上发表。在追求抒情事业的路上，她是有前途的。我还想特别提一提王兴森，我做过他的班主任。20世纪60年代初他高中毕业后，在家里自学，我也刚下放农村锻炼了两年半后返回永强中学。师生情谊和共同的志趣，使他那时几乎隔一天要到我这儿谈诗论文。我发现他有古典文学基础，书法、篆刻都不错，直觉感到他在艺术上会有发展前景，曾一再鼓励他。可惜1963年他参军后，我们渐渐失去了联系。但我一直保存着他抄写的一本译稿，那是我译的诗人伊萨科夫斯基的诗集《巴尔干的繁星下》，还有我写的一篇长论文《M.伊萨科夫斯基的生平及其创作》。他抄得工工整整，字又十分漂亮。那时我命运未卜，却也舍不得丢掉这卷译稿，所以把它寄给了远在北方的一位老同学代为保存，这总算躲过了“文化大革命”的一劫。改革开放后我那位老同学把它寄还给我，我珍藏着。《M.伊萨科夫斯基的生平及其创作》后来还被收进《骆寒超诗学文集》的第十卷。这真得谢谢兴森。读了勤福这本书后方知兴森已成为温州知名的书法篆刻家，看来我当年对他艺术才能的估计没有错。我和这些老学生虽然都在浙江，但要见一次面也不那么容易。《民间姿态》好像是一个平台，让我和他们在书中神会了。

读完这本书也使我深深感到从事艺术文化要有所成，除了锲而不舍的精神，真还得有不慕虚名、杜绝浮躁，始终能安于寂寞的一颗心。犹记得十多年前，我曾受中国作家协会派遣，率领一个中国作家代表团出访欧洲，参加“斯特鲁加国际诗歌节”，其间代表还在历史名城奥赫里德市观光。该市市长为展现自己管辖的名城文化底蕴之深厚，请我们去参观该市一位最著名画家的画室，并派电视台现场直播。对中国作家代表团来说，这也算得上是高规格的待遇了，对那位与我今天年龄差不多的老画家来说，也该是殊荣——代表一个国家的艺术家接待国际友人。谁料得一大批人进入豪华的画室，出来接待的全是他的家人，自己竟在楼上，不出场，传话说：他想安于寂寞，不想见客人。这在国际交往中似乎有点失礼，但我能理解，且深为感动。所以，当我以代表团团长身份向媒体发表观感时就这样说：“我们中国作家不仅在贵国这座神圣的艺术画室中有了一场美好的艺术享受，还获得了一次教益：只有耐得住寂寞的艺术家才会有杰出的艺术创造。”现在我就把这句当年说过的话转赠给《民间姿态》的作者勤福老师，转赠给《民间姿态》中39位创造着地域文化价值的温州“草根”文化人！

因为，你们正是在耐得住寂寞中创造着艺术文化奇迹！

骆寒超，时任浙江大学中文系主任，教授。

第四节　传说故事

民间传说有值得重视的社会功能和意义，也有令人倾倒的文学艺术魅力。传说不等同于历史，但在民间广泛流传，具有一定的事实成分，也具有相当大的历史价值。永昌堡王梦竹卖杨梅干、始祖墓传说、砻糠斗等口头文学，深受百姓欢迎，流传至今。

章纶和王梦竹的故事

文妍

章纶在狱中大难不死，出狱后东山再起，除了张姓执刑官的感恩报德外，还有温州永强二都儒商王梦竹以乡情、道义为重，热情送饭，寻医调护，不惜重金，悉心相救，也是一个非常重要的因素。

王梦竹，温州永嘉场永昌人，出生于明永乐四年（1406），生而颖异，天性孝友，为人豪放仗义。传说他本是篾匠，以竹为生，整天编箩筐、竹席，技艺高超，在当地很走红。可惜喜赌，输得精光，生活窘迫，经济拮据。后来以卖杨梅干维持生计。走投无路之际，了解到京城瘟疫流行的信息，于是他编了许多箩筐，到杨梅山，大量收购捡来的落地杨梅，根据家传秘方焙制烘干后，乘船上京，去京都销售。他很懂销售策略，在木板上这样写着：

祖传百代秘方，杨梅干可治人瘟。

那些患者闻讯赶来，争相购买。吃了杨梅干，瘟疫果真神奇消退。一传十、十传百，很快，杨梅干就被抢购一空，供不应求。因此，连续几年，王梦竹在京城发了财，他靠卖杨梅干赚了几十万两银子。

一天，他坐到京城大饭店吃饭。他是海边人，喜欢吃海鲜，吃了一盆泥螺又来一盆。泥螺是东海特产，在京城，泥螺是稀有菜肴，非巨商和皇亲国戚，无人问津。哪知一算账，店家敲诈勒索要他付一万两银子。他觉得有被欺诈之感，忽然想起温州同乡章纶在京为官，王梦竹勃然大怒："怎么，你想敲我竹杠？告诉你，我们温州同乡章纶，在北京做大官！"店家说："我劝你少提章纶！章纶早已打入大牢。"王梦竹一听大惊，于是，他立即结算了饭钱，买了点礼物，辗转来到大牢探望章纶。他想尽办法，买通了狱卒，直接到了关押章纶的牢里。

王梦竹探监时，正是下雨天，目睹章纶的牢房多处漏雨，地上潮湿发霉，臭气熏天，不禁为章纶的恶劣处境而潸然泪下。他又花了一些银子，要求狱卒把章纶的床铺移到外牢。也真神奇，刚刚移到外牢不久，内牢就轰隆倒塌，满屋狼藉，章纶幸免于难。后来，王梦竹天天给章纶送来可口的饭菜，还约请了医生给章纶治病。章纶被王梦竹的豪爽仗义感动得热泪盈眶，他握着梦竹的手说："你我素不相识，你却对我那么好，你真是个大好人！有朝一日我章纶重见天日，一定报答你的大恩大德！"真是"老乡见老乡，两眼泪汪汪"。

明朝天顺元年（1457）英宗重归皇位，章纶冤案平反昭雪，官升礼部侍郎，感激梦竹送饭调护之恩，亲自登门致谢，问梦竹有何要求，梦竹说："我得救公一命，其愿已足。"这些在乐清南阁《章氏宗谱》中均有记载。后来，章纶还把王梦竹的事迹告诉皇帝，皇帝决定敕赏王梦竹，任其选择官职。不料，王梦竹在众多官位之中选取了微不足道的芝麻官，即七品散官。皇帝感其忠厚诚恳，仁义为怀，赐九曲伞一把，在当地设巡检司为其坐镇，令到巡检司时，来官不接，去者不送，文官作揖，武官下马。凡是新科状元、进士见到九曲伞，均要参拜。

关于王梦竹帮助章纶公的事迹以及他们的情谊，无可置疑，可以从以下三首诗中得到证实。其实王梦竹不像个农民，因为诗中的王梦竹会作诗、弹琴且善饮。当地有关专家根据资料考证，王梦竹不但识字，而且精通诗文，还通晓四书五经、医卜星相。现在看来，王梦竹可能是个有才有德的儒商：

寄王梦竹先生

忆君访我过茅庐，常若门听长者车。愿得重来抱琴至，胜似尺素寄双鱼。

次王梦竹二韵

昔别沙头注玉瓶，相违虽久不忘情。鱼书兼遗王宏酒，独酌思君对面倾。

独酌思君对面倾，戊经己岁又将庚。长期一笑相逢日，携手瓯城斗口行。

历史已经走过六百年，章纶和王梦竹的故乡情结已经成为温州大地上一曲感人肺腑的旋律，那动人的故事一直在乐清南合和温州永强传扬，两地的后裔仍结为亲戚，亲情历久弥新，绵延不绝。

注：据民间传说故事整理。

硬骨御史保黎民

谢新龙

明嘉靖三十九年（1560），山东连续三年大旱，马蜂在石头缝造窝，黄雀在滩头筑巢。赤地千里，阡陌荒芜，万户绝粮，饥民遍野，以盐业为生的河东百姓生活尤为困苦。

远在京都高坐于庙堂之上以“青词宰相”严嵩为首的京官们，身处歌舞之中，从不体察地方民情，只顾搜刮民脂民膏而不顾老百姓生死。一方面地方旱情严重，饥民四处逃荒，流离失所；另一方面以严嵩为首的官僚们为一己私利，多收取火耗银，仍按雨水充足丰收年份的税率征盐税。盐民得知税率不减，拖儿带女举家迁移，躲避繁重赋税。河东遭此天灾人祸，一时民不聊生。

这一日，时任山东道察院御史的王诤巡盐来到河东，征盐税榜文一贴出，闻者伤心，听者落泪，盐民举家逃往深山野林。

关注民情、注重民生的王大人了解到这一情况后，心如火焚，即刻起草奏书上疏圣上，陈述河东实情：河东天灾，民不聊生，若仍按常年税率征收赋税，其害胜于天灾大旱。上天有好生之德，望圣上减免今年赋税，救百姓于水火之中。

奏本尚未写成，王诤幕僚纷纷阻拦：赋税虽以朝廷名义征收，税收中火耗银大部分归当朝首辅严嵩掌管。是啊，严嵩在朝中结党营私，无人不晓。上疏减税保民无疑伤及严嵩收入的根本，得罪了“青词宰相”，自己就得告老返乡。但是不上疏减税，又如何面对河东这一方已经流离失所的百姓？王诤想到这儿，心头一震，我一人的荣辱于河东盐地民生计、大明基业而言是微不足道的。于是拍案而起：“吾等既食君禄，就应替圣上分忧，为大明基业设想，为天下黎民谋福祉，个人与苍生孰轻孰重，各位能掂量出轻重。”一席肺腑之言让众幕僚同心同德，一封充满对河东盐民关爱的奏本在王诤笔下一气呵成。

奏本一路快马到京城，果然落入了“青词宰相”手中，石沉大海般杳无音信。王诤寝食难安，心生一计，曲线救民，奏本先转交御史台再面圣。

五天过去了，十天也将过去，终于等到圣旨，是喜、是祸，王诤坦然面对，只要能救民于水火，自己就无愧于此生。等钦差念到“减免河东盐民赋税一年”时，整个山东道察院御史府的盐民高呼万岁，河东民众高呼万岁。压在王诤心上的石头终于落地。

王诤不惧严嵩、为民请命的举动，赢得了“硬骨头好御史”的美名。

谢新龙，龙湾中学教师。

“活包公”断案

林宇

明朝中叶，王光经被皇帝派到山西，专门负责案件审理。不管是什么案件，他都亲自审问，一一做好笔录，从不掉以轻心。一时之间，山西六郡三州，共有三百多人冤案得雪，老百姓交口相传，从此监狱中再无屈死之鬼。王光经被誉为“活包公”。最令人叫绝的还是囚郭时兴沉冤得雪一案。

王光经刚刚来到太原不久，就被一名妇女拦住官轿喊冤。王光经问那妇人有何冤屈，妇人满眼流泪，递上一张状纸，上书一个大大的“冤”。下面蝇头小楷，密密麻麻，一时难以细看。王光经叫左右把妇女带到堂上，自己细细询问，方知又是一桩奇案。

原来这妇人家住太原东城，丈夫叫郭时兴是当地颇有文名的秀才。这郭时兴生性风流倜傥，常自比唐伯虎，屡有拈花惹草之举。一日太原东城一美妇人王氏在家中被杀。现场只留下一柄扇子，上题有仿虎体作桃花诗一首，落款是刘小山赠郭时兴。刘小山是谁无人知晓，可郭时兴却是远近闻名的风流小子。王氏的家人马上拿着扇子到衙门状告郭时兴。

当时的县令一看，证据确凿，立刻吩咐捕快上门抓人。可郭时兴却矢口否认，大喊冤枉。堂上的素信“人是苦虫，不打不招”，再加上郭时兴也有几分狂态，更令人生厌。三木之下，何求不得。郭时兴难以忍受重刑，只得当堂招供。后来历任官员都曾复审此案，都认为此案是一铁案。

王光经复审此案，心中生疑。但又苦于无新的破案线索，一时也难以定夺。郭时兴将于秋后问斩，时间甚为紧迫。这一夜，王光经考虑案情又夜不能寐，他拿出那扇子反复观看，突然灵光一闪，觉得这扇上的笔迹似曾相识，再一细想，猛然记起刚到山西曾在城南某店避雨，看见墙上有题诗，而且就是这首，笔迹也依稀相似。

王光经马上派人把城南那店主押来。王光经厉声问道：“店家，你那店里的题诗是何人何年何月所题?”

店主人畏畏缩缩地道：“去年有两三个秀才到我那儿喝酒，喝得大醉，有个叫谢玄的就在墙上涂了一番，小的不知写的是什么，大人一问，才知是诗。”

王光经火速发签，差人把谢玄提上堂。王光经大喝道：“谢玄，你身为秀才，为什么要杀人？真是斯文扫地！”谢玄大惊，连连否认。王光经把扇子一掷，问说：“明明是你写的，为何假托刘小山之名呢？还不赶快从实招来！”

谢玄拿过扇子，细看了一会儿说：“大人明察秋毫，诗确是我作的，可字不是我写的。”

王光经又问：“那依你所言，字是谁写的？”

谢玄回答：“像是诗友李宗写的，那天我们几个人在城南举行文酒之会，他也在场。”

王光经又命人把李宗拘捕到案，李宗一看到扇子，心里有数，就吐露了实情："这扇面是同乡商人方诚叫我写的，他说刘小山是他表兄。"王光经把方诚抓来，方诚一看到扇子，就脸色煞白，双脚颤抖，俯首认罪。

原来，方诚无意中偷看到吴氏长得貌美如花，又知她丈夫常年从商在外，春闺寂寞，便淫心顿起，伪造诗扇，准备冒充郭时兴前往引诱吴氏。倘若春梦能圆，他亮出真名；若事不谐，就借机嫁祸于郭时兴。方诚抽空溜进吴家，见吴氏已睡，摸进去想偷袭行奸。不承想，吴氏枕下藏有一把利刃，惊恐之下竟操刀刺向方诚。方诚夺刀后想逃跑，却被吴氏拼死揪住，而且大喊救命。这下方诚可急红了眼，一刀杀了吴氏，扔下那柄扇子就仓皇而去。

经过一番抽丝剥茧，郭时兴的冤情终于得雪，被无罪释放。

大家对王光经佩服得五体投地，有人就向他请教破案的秘诀。王光经很谦虚说："我破这个案件完全是凑巧，如果我没有在南城避雨，碰巧看到那首诗，恐怕破案也不那么容易。但有一点，我是非常在意的，这肯定是一件冤案，郭时兴未必是凶手，肯定另有真凶。"

好事者又问为何作如此推断，王光经解释说："这是很容易明白的。吴氏是春天被杀，春寒料峭。依吴氏家人所言那天夜里阴雨绵绵，扇子根本是用不着的东西，有哪个傻瓜会在干那紧急匆忙之事时拿一把扇子当累赘呢！"

众人恍然大悟，都说王光经真乃神判也。

林宇，瑞安人，任职温州日报社，主任编辑。

智退敌寇

王金麟

明嘉靖三十一年，我东南沿海一带屡遭倭寇疯狂的掠夺，为免遭生灵涂炭，捍卫家乡安全，由叔果、叔杲二公发起筹集资金七千两金兴筑了永昌城堡。

巍巍一座城堡，屹立在东海沿岸，四门严守固若金汤，倭寇视为眼中钉、肉中刺，千方百计要将永昌堡城堡攻破，绝不让一块嘴边的肥肉丢掉，又据探子报称，城堡内储存大批黄金白银、粮食，更使倭贼垂涎三尺，辛酉年四月倭寇又调集精兵猛将二千余乘船经蒲岐、宁村登陆后，再次攻打城堡，他们在城外呐喊、射箭、放炮，耗了大量的武器，城门却丝毫未动，乡亲们在城内稳如泰山，敌寇又窥探了四周，苦无办法。

敌寇参谋献计说："首领，能否用火攻，或许能破城。"

"对，用火攻。"就在同年5月间敌寇搬来许多枯柴残枝，堆放在环海楼外，熊熊的烈火顿时在东城外点燃，滚滚的浓烟伴和着热浪冲向城头转向城内延伸，使这炎热的夏日更加热上加热。猛火在东门外燃烧一月有余，坚厚的东城门被烧了一个"大窟窿"，敌寇得意忘形，以为这下可攻进城里去，首领伸首向内一望，大吃一惊，只见里面还有一门。当时环海楼筑成瓮城，并设有暗道、炮窗，敌寇怕有埋伏，又不敢进入，首领垂头丧气叹道："退兵吧，我们烧了一个多月只烧一洞，难攻啊。"至今东城外墙脚还留有当时被火烧的痕迹。"火攻不下，死守困城，断其粮草必自乱"，参谋又献计说。

首领一听觉得有点道理，即将兵分城堡四周监视，并在城西筑了一座高台，窥探城中动静。

其实该事早在留守城中的智多星叔果公、叔杲公意料之中，他们早早布置好疑兵阵来迷惑敌寇，乱其心。动员了乡民把家中砻糠晒在路上、空坦上，远望似在晒谷，船上装上石块，把打湿的砻糠盖在上面，佯船吃水深，从远看去似满船稻谷，并派几人在河上划来划去，似送谷入仓；踏碓里的沙砻在空转，似乎隐约听到碾米发出的声音。站在高台窥视的敌寇连续几日都能看见这些境况，听到这些声音，就向首领报告说："城内储粮极为丰盛，足够几年粮食，天意已定，攻不下了"，敌军只得灰溜溜地退兵了。

敌兵退后，堡内乡民们又重振家声，恢复了生产，过着安居乐业的生活。许多近邻的乡民也躲在堡内避难，免遭倭寇贼的蹂躏，安全无险。

这个动人故事后人称为"砻糠计"，一直在民间流传至今。

王金麟，永昌博物馆原馆长。

小知县谏大丞相

朱茂昌

万历六年（1578），当朝首辅的母亲亡故。经皇帝恩准，首辅奉旨从京都扶灵柩归返老家楚地。离京之日，朝中文武百官都来祭送，皇帝也派礼部官员代为祭送。

首辅平时办事比较严谨，这次母亲归天，他作为孝子，也想替母亲风光风光。送灵队伍，就摆出首辅全副执事，前面旗牌铜锣开道，礼炮齐鸣，后面丧仪人事，丝竹乐奏，几百人的队伍，浩浩荡荡出京。

首辅是一人之下，万人之上，哪个官员不对他奉承巴结？灵柩所过州县，都摆路祭，结彩相候，许多地方都争送金银作为礼仪。

当时，王继明正在当涂县担任知县。

当涂县，是明代太平府一个属县（现属安徽省马鞍山市），是长江下游平原地区，土地肥沃，交通便利，南北来往客商都经过这儿，是当年比较富裕的一个大县。

王继明初当知县，觉得选上这个好地方，内心暗自高兴。哪知到了这儿事情全非他所想。原来这里紧靠南京，是交通要道，京地官员、派往的使节、邮车信差日夜来来去去，迎送礼节繁杂，接待费用开支又大。皂吏乘机捞点外快，增加赋税，老百姓负担重，富县比穷县过得苦。

王继明穷苦出身，平时生活简朴，看到这种情况，就坚决革除这些弊政，一切迎送礼仪简化。自己以身作则，刻苦清廉奉公，减轻百姓赋税。干了三年，制度建立起来，老百姓负担减轻了，全县繁荣起来了。

哪晓得，今年碰上这么大的事，首辅太夫人灵柩队要经过当涂。

当涂县的官吏们与继明商议，这回是权倾朝野的首辅奉旨而来，我们总要隆重接待。王继明说："首辅执掌朝纲，更应以身作则，倡导简廉办事，我们只管按平时已定的礼节安排，就不会错的。"官员听了都摇摇头："这恐怕不行吧！太轻便了得罪相爷，可不得了啊！"王继明见大家面露难色，就说："那天由我亲自去接待，出了差错就让我顶着。"

第二日，相府一个先导的旗牌官骑着高头大马来到当涂，他看见城外的官道上摆着一张供桌，上边扎着白布帐幔。桌上放着一只香炉，插着几支香，两侧放着一副烛台，插上一对白蜡烛，桌中央摆着几盘蔬菜果子，两旁站着几个穿戴青衣小帽的人，冷冷清清的。

那旗牌官一看就火冒三丈，他厉声喝问："你们当官的在何处？"

王继明从一旁过来："小官早已在此恭候。"

"你县就这样接待首辅太夫人灵柩队伍？"

"敝处小县，心诚为敬。"

"那你的礼仪呢？"

"白烛一双、金纸数束。"王继明捧将过来。

这旗牌官自出京之日起，一路过来，看到的是隆重结彩，听到的是奉承好话，塞到手里的是大包小包金银，哪有见过这样接待的。他抓去白烛银纸，一把摔在地上，骂道："你这狗官，好不识相，如此怠慢，该当何罪？"还举起手中马鞭，一鞭扫过去，祭桌上的东西，"哗啦哗啦"统统都被扫到地上去了。

这下，可激怒了王继明："我在此诚心专候，你是何人？竟敢如此无礼，狗胆包天，敢将我县祭奠首辅太夫人祭品打落在地。"接着他一挥手："来人啊！将狗才拖下去绑起来！"

相府旗牌官，是见过世面的，他岂怕一个小小七品官。听说抓他，反而骂得更响："你这狗官，胆敢抓我，你不要乌纱帽了？"

两旁正要上前的衙役，听到这句话不敢动手，只是拿眼睛看着王知县。

王继明道："首辅大人办事一贯公廉，手下哪有这样的人？这是假冒的狂徒，你们只管把他绑起来！"

听说是假冒的，一班衙役就拥上前，把旗牌官拖下马来，三下两下，就把他绑了起来。那旗牌官见王继明动真格的，也不敢骂了。继明吩咐下人："把这个人带上，我要将他交给相爷处理。"继明带人迎向前去，在邻县遇到了相爷这支浩大的送灵队伍，不禁摇摇头，自言自语起来："扰民，扰民，首辅大人这回是真糊涂了。"

听说当涂知县有紧要事来，首辅就传令下去，召见王继明。

王继明叩拜了首辅后，先将旗牌官交代：“此人冒名前来本县，敲诈勒索，非礼辱骂，还将本县祭拜太夫人一应祭品砸毁。恐是不法之徒，蓄意破坏贤相清名，特发送到相爷台前，请相爷发落。”

首辅听了，心中不悦，他晓得王继明是明知故作，但在众人面前不便发作，只是说声：“晓得了，此人由老夫处理，贵县请回吧！”王继明又接着说：“本县备办祭品全被捣毁，一时恐难以措办。请首辅……”，首辅说：“既已备祭，老夫心领，送灵队就不经贵县了。”“谢首辅恩免。”王继明又叩了一个头：“只是下官尚有一言，请相爷钧听。”

首辅心想，你捆了我的人，我不责你，还免了你的礼，你还有什么啰唆，真太不自量。他真想发作几句，但还是忍住了。自古道“宰相肚内好撑船”，再听他说说。

“首辅，太夫人仙归，朝野同恸，但相爷为国为民，自当节哀。理宜将太夫人仙柩早日入土为安，相爷好早日归政，日理万机，国家有幸，万民有幸也。”

王继明这话实际是规劝首辅，这么庞大的送灵队伍不要再这样拉下去，扰害老百姓了，首辅是何等样人，岂有不知，心里气炸了，只是挥挥手：“老夫知道了，知道了。贵县亦请先归吧！”

王继明走了后，首辅想了一下，觉得王继明讲得也对，送灵队这么走下去，迎迎送送，虽然风光热闹，但旷日时久，不免路上滋生是非，也不好。他到底是个首辅，想了一下，就下令送灵队伍，改乘大船，由长江水路直接回去。

王继明这番举动，不但免去了当涂县的烦扰，还免去了后来路上的州县许多祭仪品。首辅虽然觉得王继明敢说敢做，总觉得他对自己不敬，也觉得此人太张狂点，非教训一下，将来对他为官做事皆有好处。第二年，他借故将王继明降级调往江西任经历（同于县丞，副职）。

当涂县的老百姓都念王继明减轻赋税、办事公正，不舍得他走。临行时，送他一块匾额，上书“一念精诚，对天表日”八个大字。

王继明到江西后，曾连署兴远、瑞金、宁都三县事，由于他清廉能干，在百姓中很有威望。三年后，首辅想起了他，了解了他的从政情况，觉得此人确是个好官，又重新让他提任乐安县知县。过了几年由于政绩卓著，升迁为南京刑部广东司员外郎。后来王继明又当了几任知府，最后官至四川按察使。

朱茂昌，瓯海区三溪中学教师。

海南公传说

王步登

温州市龙湾二都英桥王氏（现永昌堡）八世祖海南公生于明正德十三年（1518），业儒设馆环海楼课徒，后弃而从贾，发家聚富，置田地九千七百亩，号称九千七老太公。富甲一方，平素好善乐施，曾捐资建浙闽交界六十余里路道、平阳坑南北岭及白楼下上码头。据《王氏族谱》记载，为大兴平阳某寺竭诚奉献全部家产。

在历史上曾流传着这样的传说：

早在仙岩建寺，为筹建资金，建寺至“三进”，设宴邀请地方上能人贤士，善男信女乐助缘银两。时到中午，寺院头门大厅，前前后后，人头辈齐，热闹非凡，人们都在观望哪一位富翁入座头桌头位。正在这时，英桥王氏八世祖海南公从福建收租路过此寺，闻听仙岩寺设宴助资建寺缘银，平素好善乐施不留名的他，就登上了宴会的头桌头位。宴到中途，赴宴者纷纷乐助缘银，并观望头桌头位客人的缘银数额。此时的海南公认为在建的“三进”寺院他一个人也能承受，再加上有这么多人的乐助，他在席上不假思索地站起来通报了自己地方、姓名后，说：建寺资金除此缘银外，不足部分由我资助。此时全场轰动起来，听说是永嘉场二都英桥王氏海南公，经济实力雄厚，田地九千七百亩，号称九千七老太公。故此，仙岩寺由计划“三进”发展到“九进”。后来海南公为了承诺酒席上的诺言，一时拿不出这样庞大资金，他许天愿报告天地，买卖田地完成建寺资金。寺院建成后，还买了大量盘碗、高级江西茶具，成船成船地运往仙岩寺供寺院做佛事和接待客人之用。

仙岩寺圆工后，在寺院第一幢正梁上用铜皮镶制他的姓名作为留念，并在寺院东侧盖三间轩房备有床位、茶具专供其来回住宿，还有专人招待。后来凡是二都王氏客人到仙岩寺都享受此等待遇，据说至今仍保留这种风俗。这个传说至今已流传好几百年了。

王步登，新城村仓坦海南公四房，英桥王氏二十世裔孙。

南城正气　我尽我职

阿青

万历四十八年，王维夔被授江西南城令。

南城是番王的封地，那番王人称益王，俗而奢侈，贪而慵懒，整日只晓得玩乐，不懂得如何治理。益王的手下只乐得他不管闲事，好浑水摸鱼从中得利，于是苛捐杂税名目繁多，只把老百姓肩头负担弄得很重。这天下的百姓，总是守本分的多，所以都是敢怒而不敢言，只图某日冒出个陈胜吴广来，把个地皮翻个身。维夔看在眼里，急在心里。他明白天下一乱，首先苦的便是百姓。于是数次面谒益王，站在国家社稷的高度陈以利害，摆明道理，使益王明白唯有持公理讲公平，社会才和谐平安。在王维夔的几番努力下，益王终于醒悟，让王维夔秉公办事，平息百姓的怨言。维夔得令，遂放手大干。第一刀，便砍向益王府中民愤最大的那个管事，拿下之后当庭鞭罚四十大板，并状其罪恶，公告于众。直引得方圆十里百姓无不欢呼称快。益王虽有不满，因令出己口，却也无奈。再说王维夔的所作所为也确实大公无私，益王也无话可说。

天启三年（1623），因王维夔管治有方，成绩斐然，列江右第一。朝廷念其功德，遂调令上京。行之日，地方士民纷纷前来送别，夹道而拥，执手而泣，并传王维夔自此可青云直上，飞黄腾达。

然入京后的王维夔并不得志。按当时风气惯例，或者讲官场潜规则，凡想在京城做官做得潇洒，必得去投靠魏忠贤，即使不投靠，也总得弄些贵重的礼品去朝贡一番。那魏忠贤可非一般的太监，他是太监的爷，虽不男不女的，可官场气势笼罩着整个朝廷，内外官员凡稍有一点儿私心杂念的，无不拜倒在其脚下。王维夔为人光明磊落，为事正气坦然，他可不情愿走此道。所以虽进得朝廷，却也只能落得一个无关轻重的兵部武库主事。

王维夔在京四年有余，却一直得不到重用。朋友圈中不少人为其惋惜，还有些劝他为现实着想，放下架子，投靠魏忠贤算了。路就在你的脚下，走过去，前途光明无限。

王维夔说："这是我的福分。今日炙手，谁知明日会不会成为齑粉呢！"又说："别人以为泰山，我以为是冰山啊。"朋友说："你如此固执，恐再遭压制。"王维夔说："我尽我职，他奈我何！"其胆识可见一斑。

后来魏忠贤事败，受其牵累的官员可谓成百上千。王维夔丝毫无损，反而更加赢得朝廷上下尊敬。至崇祯元年（1628），王升兵部武选郎中。两年后，升江右左参议，分巡河东。此后一直平迁，先后任江西布政司参政兼按察司佥事提督学政（1632）、湖广按察司按察（1635）、广西布政司布政（1638）、江西布政司布政（1642）。其间，受崇祯皇帝多次召见，询问地方利害、宗禄事宜及平乱策略等。尽管朝中士大夫们多有举荐王维夔留于京城，共商治国方略，然朝廷又迫于地方缙绅的强烈要求或纷纷请愿，要求朝廷遣王于南，以绥南方安定。朝廷权衡再三，最终未能将王维夔留守京城。

张阁老回避两外甥

王剑锋

话说张璁张阁老有两个亲外甥，出自永嘉场大名鼎鼎的英桥王氏，时人有"双凤"之喻。一者王澈，字子明，官至兵部郎中；一者王激，字子扬，后官至国子监祭酒。

张阁老年少失母，常年在二都王家姐夫那里，因同两个外甥年岁相当，一起读书、玩乐，也就特别投缘，彼此亲密无间。后来，张阁老官晋内阁大学士、首辅之职；两个外甥也凭借自己的才学，先后出仕进京履职。三人一同于京城做官，何其和乐融融。但身为皇帝重臣的张阁老却绝不利用裙带关系，带携他们，反而更加处处回避，时时警惕，生怕授人以柄，得以有欺君之罪，落下口实。

一日，嘉靖皇帝意外听闻张阁老两外甥风姿绰约，一表人才，学问渊博，才干练达，也一同就在京城谋事，就好心地提示，也想给他们两位办个更显要职位，光宗荣祖，岂不皆大欢喜！

"爱卿呵，朕闻你有两甥人品一流，是不世之才，何不召入内廷，处以宫廷筵讲，以备大用呢？"皇帝爽朗地说。

张阁老先是一惊，随即不慌不忙地答道：

"万岁有所不知，虽言臣两外甥高才敏事，应当引见以为国家谋忠，但为臣的思忖再三，还是觉得应当严守朝廷选用的回避制度，防止落得朝野风言风语，授人以裙带关系制造朋党的恶劣印象，而有损朝廷大政方针执行的严肃性！"

嘉靖帝一听，也认为不无道理。但是，他又有意想考验一下内阁大人的忠心如何，便继续问：

"国家正值用人之时，岂论朋党，休谈携带，分明还是你张罗峰以小人之心、度君子之腹罢了！"

张阁老觉得事出奇怪，但又不好表露心迹。可又转念一想，这不就是年轻的嘉靖皇帝对他有试探之心乎？于是，张大人三步并作一步，双膝跪地，高声言道：

"万岁呵！我张孚敬精忠报国，体察君威，岂不尽心辅佐，报答圣恩？"

喘一口气，继续说：

"窃以为，大丈夫谋大事不计小过，但如今我老臣为了大礼仪得罪了不少命官，因此，凡事还得从长计议为好，这一回避的官员选拔制度必须认真执行，应是为臣的本分。"皇帝只得颔首称善。最终，他同皇帝议定，王澈子明以父养为由，回乡供奉；王激子扬奉调负责讲学和学术研究的国子监任祭酒，相当于如今的国家社会科学院院长一职，而免去了朝野的闲言碎语。

这一场突如其来的惊喜，一美意、一推却、妥安排，使得嘉靖皇帝对于张阁老更加尊敬，也分外倚重。

致仕归乡的子明外甥——也即英桥八世祖王澈、东厓公，感悟首辅舅舅尽心谋国、立身清廉、见解高远的魄力和精神，全力造就桑梓，体现"为官体国，在乡惠里"的家国情怀，即具体化作1.2万余字的《王氏族约》。族约囊括祠仪、馂仪、简任、记考、汇训、冠婚、丧祭、内治、嘉言、善行等十部分，上合忠敬，下体孝悌，条分缕析，易于遵行，以为全族规范，引领社会风尚，从而造就了王家以后几百年的英明显赫。而子扬外甥——即王激、鹤山公专心学问，知识渊博，颇受时人推崇。

第五节　宗祠对联

王氏宗祠中堂联

槐荫树家声，礼乐衣冠开奕叶；
英桥绵世泽，箕裘燕翼振宗支。

鼻祖自闽东迁乔，始南宋宝祐以来，世代绵长年八百；
耳孙溯英桥发族，承燕翼贻谋之下，人文鹊起止无穷。

当烽火狼烟中，舍自家而卫海疆，叔侄奋戈皆殉国；
在死生顷刻际，除寇患以安社稷，弟兄抗敌俱成仁。

豁除灶役，卫卤更民，使流徒还归，宜配享东瓯俎豆；
潮汉无侵，沙城兴筑，随遏倭利溉，赖消除海域灾虞。

名题雁塔，宴集庶鸣，柴泥封报十三辈；
独占鳌头，雄魁虎榜，铁书工诗文武才。

俊才硕彦，籍书英桥，早年赴美进修，欧雨西风钦泰斗；
世界巨篇，瑰珍著作，执教中山大学，功名事业震万邦。

世大夫祠联

是父是子，方有羡于善继；
惟忠惟孝，尚无忝乎令名。
（明万历皇帝钦赐）

礼重崇光，祖有德，宗有功，从是本支联百世；
父遵合享，教所尊，爱所亲，在庭陟降永千秋。

先荣历昭，饬国纪，敦家伦，赫赫勋猷光志乘；
皇恩宠锡，褒新功，录厚德，煌煌诰敕焕门楣。

祖孙父子，簪绂相丞，踵誉乌衣，为东瓯第一阀；
岁时伏腊，俎豆斯在，贻谋燕翼，启后嗣忆万年。

永昌堡城门联语

环海楼头眺横塘，镇山巍峨贯双岙；
迎川门外引李浦，通市繁盛接英桥。

东门环海楼联

环海目极苍烟里；
倚栏人游画卷中。

南门迎川楼联

气衡天地能配天地；

志在春秋长享春秋。

西门镇山楼联

瓯东大地，万家欢乐望明月；

古堡城墙，四面风光照银河。

北门通市楼联

除折色，废徭役，盐民感德记庙祀；

筑沙城，固海防，乡里蒙恩传芳名。

永昌图书馆联

学贯东瓯，藏此地墨林书海；

李开崇实，读群贤事业名山。

第六节　媒体报道与专家论述

扬古堡文化，传先贤精神

——写在纪念王叔果、王叔杲诞辰500周年之际

东海之滨，大罗山麓，一座建于明嘉靖年间的王氏宗祠牌坊，不仅见证了雄伟壮丽的永昌堡从垒土积石到守护一方安定，更彰显王氏一族醇厚家风、绵长文脉的根基所在。当年，作为英桥王氏中的杰出代表，王叔果、王叔杲兄弟为抗击倭寇，率众筹资7000金筑建城堡“固营垒以待敌”。至此，倭寇小股于城外望而生畏，大股于城下止步而不前，人们安居乐业。

在王叔果、王叔杲500周年诞辰到来之际，今天，龙湾区举行纪念大会暨高峰论坛，邀请国内知名专家、学者济济一堂，共同纪念并深入研讨英桥王氏精神，以及新时代下王氏家风的现实意义和留给后人的重要启迪。

以地域文化为根柢，以家国情怀为先导，以家风建设为手段，润化一方民风，英桥王氏族人正是这一理念的生动践行者。

巍巍永昌堡　谱写爱国曲

永昌堡始建于明嘉靖三十七年，也就是公元1558年，当时温州沿海频遭倭寇侵犯杀戮，永嘉场一带是倭患重灾区。为抗击倭寇，明嘉靖三十一年（1552），英桥王氏抗倭首领王沛与族侄王德一起组织了一支以王氏子弟为主的“王氏义师”，开始了长达7年的抗战。嘉靖三十七年（1558），王沛与王德相继在梅头与金岙壮烈牺牲。王沛的侄子王叔果当时在京为官，听闻噩耗后，立马回乡与弟弟王叔杲一同号召族人，筹集7000余金，叔杲更是倾其所有，负担大半，筹建城堡以庇相邻，而自家宅院却隔在城外。

历时一年多时间，城堡于1559年11月建成，成为全国第一座民建的海防雄关，因为堡内人民曾数次胜利地抗击了倭寇的侵略，“永昌堡”由此得名。在此后的两百余年间，附近“官办”卫所都有失陷史录，唯独“民建”的永昌堡，成为“巍然屹立的地方长城”。400余年后，军事专家范中义观堡后曾慨叹：“将当时管形火器的先进性能同城堡防御巧妙结合起来，这是一大创举，是前所未有的。”

如今永昌堡依旧巍峨挺立，成为王氏一族心怀家国、舍生取义的最好证明。

王叔果、王叔杲还继承弘扬先贤革故鼎新、清正爱民的理念。嘉靖四十二年，王叔果出任湖广布政使右参议，分管承天、德安两府。这些地方都是牵涉到皇族权贵利益的，很难管理。镇守的内臣及皇亲侯伯颇专怙，长期作恶，诸下人搜刮钱财，民多苦之，王叔果不惧权贵，将其一一绳之以法。王叔果四十九岁辞官后，为家乡做了许多公益事业，兴水利、设义塾、置义冢等等。

变卖家产，捐资兴建城堡，保家卫国，庇泽一方百姓，英桥王氏家族传奇还不止于此。明清之际，英桥王氏仕宦者不下50人，却能始终保持清廉本色，并且耕读传家的良好家风世代传承，绵延不息，至今人才辈出。家族中，有数十位专家、教授服务于社会各个领域，如电机专家、曾任浙江大学副校长及代校长的王国松先生，著名戏曲学家、中山大学教授王季思先生等。

历经七百年　家风润桑梓

至今，永昌堡所在地、永中街道新城村内还流传着这样一句话：“王氏宗祠牌坊是穿草鞋的保下来的，王氏宗族声望是十三进士撑起来的。”那么王氏是如何让“穿草鞋的”与“着官服的”一样谨言慎行、遵规守法的呢？答案就在家族的《王氏族约》。当年，八世祖王澈致仕还乡后，为了敦伦子弟，振举家风，将“为官体国，在乡惠里”的家国情怀具化为一部12000余字的《王氏族约》，其中既有殷殷叮嘱，亦有深切期许，更有谆谆告诫。

《王氏族约》的开篇祠仪写道：“毋作非法，而犯官刑；毋恃富强，以凌贫弱；毋好争讼，而扰门庭。”对于族中精英，则提出更高要求：“凡生员，当敦行好礼，崇尚气志。”《王氏族约》施行之后，因其卓然功效，被县府两级举荐，上升为官方推崇的家规族约范本。这一族约精神绝不止于字面纸上，施粥舍粮、扶贫济困、铺桥修路、抗倭建堡等务实义举，正是王氏后人践行祖训的具体行动。

去年7月，龙湾区率先打造英桥王氏家风家训馆。家风家训馆以英桥王氏家风家训对永昌堡人民抗倭历史的长远深厚影响为背景，设置展板区、互动游戏区以及观影区等三大区域，将《王氏族约》所蕴含的“为官体国，在乡惠里”的家国情怀和“崇儒重教，勤俭守法”等家训，渗透在王氏家规和家风故事中展示。短短4个月内，来自全市各地的60余批次近1500名党员干部前往参观，其中还不乏从外省等地慕名而来的党员群众。

家风正则民风淳，民风淳则社稷安。去年11月29日，永昌堡英桥王氏家风家训故事还在中纪委网站头条刊发，并在“中国传统中的家规”专栏里整版推出。一则“浙江温州龙湾英桥王氏：兴古堡守卫家国，立族约丕振门风”专题，更是在社会上引起强烈反响。

铸文化品牌　实一方根基

“巍巍古堡成东海，倭寇猖狂岂再来。簪缨相继魂犹在，英桥远景宏图开。”这两天，英桥王氏后裔、永昌堡文化研究会顾问王身康，为纪念先人写下新作。近年来，永昌堡文化研究会作为龙湾区保护、挖掘、发扬先贤精神的民间力量，工作成效显著。研究会不仅利用博物馆、家风家训馆、图书馆等三馆平台，进行古堡文化、抗倭爱国文化的宣传教育，还积极开展“先贤廉政故事进校园”活动。同时，还刊发《永昌堡》小报，弘扬古堡文化。“《永昌堡志》编写工作已经启动，争取3年时间完成修志。”永昌堡文化研究会会长王一平对此充满信心。他说，编修堡志是一项史无前例的工作，他们一定要全力以赴，将先人留下的精神财富更加细致地铭刻下来，流传后世。

龙湾是我市经济发展的高地，也是极具文化底蕴的区域。近年来，在致力加快经济发展的同时，该区高度重视文化建设，区内宝贵的非物质文化遗产的保护、研究、传承力度进一步加大。去年，该区举行了张璁诞辰540周年纪念大会暨温州·张璁文化高峰论坛系列活动，邀请国内专家共同探讨张璁精神，以及新时期先贤佳风古为今用的意义和影响。在对永昌堡及其文化的保护、研究上，可谓“神形兼备”，该区既有序开展堡内文物维修、立面整饬、环境综合治理等工作，又成功申报永昌堡为国家级重点文物保护单位、省社科普及示范基地、省爱国主义教育基地和省国防教育基地，进一步打造古堡文化品牌，提升了龙湾的文化形象。

根据龙湾未来五年发展部署，将把打响包括“古堡文化”在内的四大品牌，作为该区国家历史文化名城建设的重要抓手之一，进一步夯实文化强区的根基。

（《温州日报》记者陈蜜、龙湾报道组李希赛，2017年3月3日）

纪念王叔果、王叔杲诞辰500周年研讨会上专家论述摘要

“新乡贤”文化应引领地方经济

张侃（厦门大学人文学院历史系教授）

王叔果和王叔杲作为历史名人，龙湾民众对其生平事迹耳熟能详，乡贤行为也毋庸详尽赘述。不过需要说明的是，与其他入祀乡贤祠的人相比，王氏兄弟的乡贤行为又略有不同。简要而言，他们的乡贤行为活动可以归纳为以“实学”为本，躬行乡贤行迹，以维护文脉，巩固乡土元气，以乐善好施，集结民间力量，以民生为重，沟通政府官员，以礼仪规范整束家族成员。

明代，龙湾文化是温州文化的最高成就，王叔果、王叔杲的乡贤实践，也代表了温州乡贤文化的最高成就，已潜移默化到了乡民的生产、生活、情感、习惯、信仰之中。与此同时，王叔果、王叔杲的乡贤实践，对于今天乡村治理仍具有独特的人文道德价值以及经济社会效益。

历史车轮转过了500个年头，王叔果、王叔杲的生活历史情境与当下社会环境已完全不同。但根据对王叔果、王叔杲的乡贤实践的历史内涵的粗略认识，可以对当下建设“新乡贤”文化提出几点浅见。

一是“新乡贤”应体现“公共精神”，以服务于以大众的主观意识，对“乡民”起良好的道德示范效应。二是“新乡贤”应顺应现代法治，从角色功能而言，“新乡贤”优势是借助非正式制度的民俗、道德、习惯、传统等资源参与治理。三是“新乡贤”应引领地方经济，面对现代化的飞速进程，“新乡贤”运用自己的学识、阅历、智慧和技能使自己和周边的人富裕起来。他们应利用其经济网络，撬动社会资本，选择正确行业，采取正确的方法发展经济。而以规模效应引导周边的人效仿跟进，促进本乡经济的集约化程度，大大地降低生产成本，促进基层经济重组与发展。

重视乡贤文化发扬的表率作用

洪振宁（温州市社科联原副主席）

王氏家族重视自身的率先垂范，所订立的家训家规，强调不论是穿草鞋的还是着官服的，都要勤俭持家，崇尚气志，清正廉洁，广交贤能，强调做人要敦亲和邻，戒贪去奢，以德养财，以利与人。乡贤文化的形成与优良的家风有密切关系。乡贤的一个突出特点是地域性和地方性。大多数的乡贤一辈子都在一个区域生活，或者在外任职又回到了家乡，对当地的贡献往往功不可没。因为乡贤富有善行义举，口碑特好，当地人往往乐于以身边的英雄为榜样，这对于引导一个地方的向上向善的社会风气，其功用十分明显。而王家兄弟，无疑是那个时段温州地区文明高地的代表人物，是一面旗帜，起到了领军示范的作用。

乡贤文化是地域中的优秀文化，传统乡贤文化是当代中国社会主义核心价值观极其珍贵的思

想资源，是当代社会社会主义核心价值观建设的重要文化资源。如何继承与现代性相通的文化遗产？如何传承乡贤文化？如何赋予时代精神的新内涵？近年来，国内各地呼吁“新乡贤”的涌现和“新乡贤”文化的重构。2017年1月25日，中共中央发出的《关于实施中华优秀传统文化传承发展工程的意见》，就提出“建设‘新乡贤’文化”的要求。为了推进文化的创造性转化和创新性发展，龙湾作为温州科学发展东部引擎，应走在温州地区的前列，需要通过“新乡贤”的评选活动，重构“新乡贤”文化。一方乡贤，在一方乡土中的人文道德方面具有重要的意义，当代乡贤是乡村治理、新农村建设中，能够起到引领作用的重要力量。

先贤成果均可被借鉴

方坚铭（浙江工业大学人文学院教授）

7
专家观点
扬古堡文化 传先贤精神
——写在纪念王叔果、王叔杲诞辰500周年之际

发掘永昌堡先贤文化，对当前的中国文化发展大业都有一定的启迪意义。“东瓯双璧”王叔果、王叔杲的出现，是温州、永嘉场地域文化长期沉淀的结果，他们是明嘉靖万历朝颇负盛名的仕宦，所到之处，皆有良好的影响。他们不仅成就了一番人生伟业，在文化方面，也取得不菲的成绩。可以说，他们将王瓒、张璁开创的文化大业更推进了一步。

先贤文化中的廉洁自律、踏实务实的从政文化和精神，利济乡邦的文化传统，城乡文化之间的良性互动，积德行善的道德传统，以淳正的审美趣味营造冠甲东南的园林等，均可为今日所借鉴。

2016年11月29日，英桥王氏家规在中纪委网站头条发布。这是继义门郑氏家规之后，《王氏族约》首次进入全国人民的视野。《王氏族约》达到了传统乡绅文化的高度，并作为乡约的范本，培育人才无数。而永嘉之学和阳明学的结合是其思想特色。时至今日，无论是永嘉之学，还是阳明学，都已成为中国宝贵的思想文化遗产，成为中华民族的重大思想资源。

对于如何发掘永昌堡先贤文化，我有几点建议，一是整理永嘉场文化及其研究成果，编写永嘉场文化词典，已迫在眉睫。二是永昌堡、大罗山作为温州的文化名片，应该加强与旅游社和驴友的合作，使之成为国内重要旅游观光的地方。三是《王氏族约》是古代乡约规训的经典。政府部门可以考虑吸纳古代乡约文化成果，编写一部简明易行的道德文化读本，使之成为地方文化宝典，为人人所学习所遵循，如此可凸显地方文化特色。四是广请名家，定期研讨永嘉场文化等。

（《温州日报》，2017年3月3日）

戏曲史论家王季思：一往情深在“西厢”

徐宏图

人物名片

王季思（1906—1996），名王起，字季思，室名玉轮轩。温州龙湾人。1925年考入东南大学中文系，师从词曲大师吴梅。20世纪40年代在浙江大学龙泉分校任教，潜心于元杂剧和中国文学史的研究。1948年夏，调任中山大学教授，历任中文系主任、古典文学教研室主任、校务委员会副主任、博士生导师，并被聘为国务院学位委员会文学学科评议组成员、大百科全书戏曲卷分编委副主任等。著有《西厢记校注》《桃花扇校注》《王季思诗词录》《玉轮轩曲论》《玉轮轩古典文学论集》等，主编《中国十大古典悲剧集》《中国十大古典喜剧集》《全元戏曲》等，为当代中国最有影响的戏曲专家之一。

今年是著名温籍戏曲史论家王季思和董每戡先生110周年诞辰，近日，两位先生曾任教的广州中山大学为此举办了隆重的纪念活动。王季思，是继王国维、吴梅之后我国著名的戏曲史论家与文学史家，成就卓著，尤其在《西厢记》的校注与研究方面，承前启后，开一代之先河，享泰斗之尊称。

注《西厢》，在国内外曾刮起“西厢旋风”

《西厢记》是金元间人王实甫创作的一部伟大的著作，描写崔莺莺与张生的爱情故事，讴歌在封建礼教束缚下青年男女追求自由恋爱，实现“有情人终成眷属”梦想的勇敢行为。它不仅是北杂剧的压轴之作，也是此前所有宋元戏曲所无法比拟的。然而，在上世纪上半叶，国人对这部作品的认识存在很大偏差，《西厢记》曾与《牡丹亭》《红楼梦》一样被视为“闲书”“黄书”。王季思先生曾回忆，他在中学时期开始看《西厢记》时就遭到家长的反对，只是他不听劝阻，他说：“奇怪的是他们越防范，我们越要看。我的爱好《西厢记》，并发愿替它作校注，是从这里开始的。”

可见他并非为校注而校注，而是有感而做，因此，尽管当时的环境十分恶劣、参考资料极端贫乏，困难重重，却丝毫没有动摇他的意志与决心。那时正是抗日战争最艰苦的岁月，浙江沿海一带大多沦陷，浙江大学也部分内迁至龙泉，王先生正好执教于龙泉分校。那里处于万山丛中，偏僻荒凉，没有像样的图书馆可供阅读，而《西厢记》的版本有几十种之多，到底选哪种为底本，是首先遇到的难题。当时最流行的是金圣叹本，王先生并不因此本流传最广而随大流。他通过四处寻访，终于找到了理想的凌濛初刻本。在具体的校注中，他全力做了三项工作：一是尽可能考查了从《莺莺传》以来有关崔、张故事的历史资料，厘清这个故事的演变过程；二是根据可能找到的版本，在文字上作了必要的校正；三是认真考查了前人的注释，根据自己的阅读心得，有所驳正与继承。其中用力最多的当然是注释，除解释难字难句、引证诗词典故出处外，还致力于方言俗语的考释，“从宋元通俗文学中求例证，纠正前人一些主观臆测”，“于类似的词性、句法中求义例，使读者可以举一反三”，“从明清戏曲小说和现代方言俗语中考察它们的演变，使读者了解现代汉语跟白话文学的先后继承关系”。

1944年，他终于完成全书的校注，取名《西厢五剧注》。关于这本书的出版，王先生回忆说，在国民党统治区，官方的出版机构是不会承印这种“闲书”的，他是通过一位在龙泉私人经营“龙吟书屋”的朋友郭莽西印了这本书的。郭莽西是一位具有民主思想的知识分子，他是冒着极大的危险出版此类禁书的，不久，他就因积极参加反蒋爱国运动被杀害。

这本《西厢五剧注》，是近现代第一本《西厢记》校注本。1949年后，王先生又多次修改，由多家出版社再版，印数达100多万册，除了国内刮起“西厢旋风”外，还一度在国外产生轰动，日本学者作了《王季思校注〈西厢记〉索引》，把它作为工具书备查。七十多年来，王注本在国内众多《西厢》注本中仍然被公认为最优秀的一种。其意义正如著名戏曲史家蒋星煜先生在《文坛艺林》中所说：“建国以后，王季思的《西厢记》校注本先后在中华书局上海编辑所、上海古籍出版社多次修正再印，基本仍保持了当年《西厢五剧注》的面貌，这使古典戏曲研究者尤其是《西厢记》研究者有了一个较可凭信的本子。”

论《西厢》，实现从文献学到文艺学的转变

王先生除了校注外，还在《西厢记》研究方面取得显著成就，出版了许多专著与论文，实现了自己从文献学到文艺学的转变。他在理论上的贡献主要表现在以下几方面：

一是厘清了《西厢记》的源流问题。这主要体现在他于1955年出版的《从〈莺莺传〉到〈西厢记〉》的专著中。全书分“元微之的莺莺传”“从赵令畤到董解元”“王实甫和西厢记”“西厢记塑造的人物”“西厢记语言的运用”“小结”等六章。把《西厢记》从唐代元稹的小说《莺莺传》、唐代李绅的《莺莺歌》及宋代秦观与毛滂的《转笑转踏·莺莺》，到宋代赵令畤的《蝶恋花鼓子词》、金代董解元的《西厢记诸宫调》等不同历史时期、不同艺术样式的发展与演变，最后产生王实甫的北杂剧《西厢记》的过程，作了详尽的表述。在“小结”部分还提及明人的改本与当代的演出本，前者包括李日华与陆采的《南西厢》，后者称越剧改编本《西厢记》“在全国戏曲会演里得到很高的评价”。王先生厘清了《西厢记》的来龙去脉，为《西厢记》研究者深入探讨这部元杂剧的巅峰之作打下了坚实的基础。

二是解决了《西厢记》的作者争端问题。这是一个长期未决的悬案，大致有关汉卿作、王实

甫作、关作王续、王作关续等四种意见。自从清金圣叹《第六才子书西厢记》流行后，王作关续几乎成了定论。例如杨公式在光明日报《文学遗产》上发表文章，称《西厢记》的第五本与前四本的风格迥然不同，应是另一作者手笔。连王季思的老师陈中凡也在《文学遗产》上发表文章，认为元人周德清的《中原音韵》称“关、郑、白、马”为元曲四大家，没有列入王实甫，因而怀疑《西厢记》的作者并非王实甫，而是比郑德辉更晚的一个作家。针对杨、陈等先生的观点，王先生根据钟嗣成《录鬼簿》和元末明初的其他有关史料，先后在《文汇报》《光明日报》上发表了《关于〈西厢记〉作者的问题》与《关于〈西厢记〉作者问题的进一步探讨》，认为《西厢记》五本都应是王实甫的手笔，通过这一场学术上的百家争鸣，终于使《西厢记》的作者问题获得接近解决，此后已罕见有异议。

三是采用前人主要是乾嘉学派治经的方法考证《西厢记》。他之所以采用这种方法不是偶然的，首先是受清末著名学者孙诒让的影响。孙是温州瑞安人，王季思与他有亲戚关系，在瑞安县立中学读书时，就住在他家里。孙家玉海楼藏书富赡，其中特别引起王季思注意的是一些经孙氏亲笔校勘、批注的本子及与同时代学者讨论问题的通信，王季思看后，非常钦佩孙氏学问之渊博与治学态度之严谨，自然受其影响，采用同样的方法校勘和考证包括《西厢记》在内的元人杂剧。为了做好考证工作，王先生做了大量关于元人戏曲的俗语方言卡片，不仅对研究《西厢记》有用，也为他后来研究关汉卿、马致远等其他元人戏曲打下基础。

对于王先生研究西厢记的成就，蒋星煜先生在《〈西厢记〉研究与欣赏》一书中作了高度评价：“中国学术界对《西厢记》的研究，无论就文艺学或文献学而言，今天已经有了较多的成果。……王季思则兼顾了这两方面。他们所取得的经验和教训，对于后来的研究都有重大的参考价值，都可以有选择的批判接受。”蒋先生的评价是公允而确切的。

游“西厢”，留下七绝两首佳话一段

因为与《西厢记》的情缘，《西厢记》故事发生地山西永济县普救寺，早就是王先生十分向往的地方，只是一直没机会成行。直至1986年秋天，中国古代戏曲研究会在山西临汾市召开，他才得以实现夙愿。这一会议主持者、山西师范大学戏曲文物研究所所长黄竹三是王先生的高足，他自然也成了大会的首邀代表，时年80岁。更令他惊喜的是，会间他还与明刊本《西厢记》研究的首席专家蒋星煜不期而遇，蒋先生是该所的唯一顾问，自然也在首约之列，时年66岁。这对《西厢记》研究来说，可谓是知音相遇，珠联璧合。除了会议安排参观洪洞县苏三监狱、关帝庙、鹳雀楼外，他俩迫不及待要去的自然是普救寺西厢馆了，因为他俩为研究《西厢记》付出了大半生心血，对当年张生与莺莺发生罗曼史的名山古刹是有特殊感情的。会议作出特殊安排，专车送他们去考察。尽管整个普救寺只剩下一座巍然莺莺塔，其余的殿宇楼阁均在历代的战乱或地震中化为一片废墟，但他俩仍然兴致勃勃。而永济县委为不让这两位重量级专家失望，还特地安排他们参观永济县委修复普救寺的蓝图与模型，并告知这座昔日曾经“神房花木深”的旖旎风光的古刹两年后将重现于世。

从普救寺回到永济县委招待所，县委的同志盛情请他俩留下墨宝。才思敏捷的王老或许在参观过程中早已诗兴大发，此刻只见他从口袋里掏出一张小纸片，上面题有《普救寺偶题》两首七绝云：

白马将军义薄云，书生笔阵扫千军。中条山色黄河水，长与莺娘驻好春。

青年心事慕崔张，曾继三王注乐章。老去尚余绮思在，自携海燕过西厢。

前一首写的是孙飞虎兵围普救寺，要抢莺莺为妻，张生写信给友人白马将军杜确领兵解围才得以平息。诗人感叹这里的好山好水，给莺莺带来美好的春天。其中“莺娘”二字，出自《西厢记》第二本第二折“红娘请宴”张生唱：“为甚俺莺娘心下十分顺？都则为君瑞胸中百万兵。”后一首是诗人称自己早在青年时代就开始羡慕崔莺莺与张生的真挚爱情，故继“三王”即明代注释或题评《西厢记》的王世贞、王骥德、王思任三人之后，重注这部名著。如今虽已是八旬之翁，却依然有一颗年轻的心，因而才偕同太太姜海燕来游这座因《西厢记》而闻名于世的古刹，重温一下这个美妙绝伦的爱情故事。王先生正要提笔题诗，突然发现自己的手颤抖了起来，怎么也不听使唤，便对蒋先生说：“手抖得很。劳你的驾，代我写一写。”蒋先生笑着说：“恭敬不如从命，那我只好写了。”末了，写下“王季思诗，蒋星煜书”一行清秀有力的毛笔字。

如今，这座闻名中外的古刹早已修复，坐落在永济市蒲州镇西厢村的塬上，远远望去，殿宇楼阁，廊榭佛塔，依塬托势，逐级升高，给人以雄浑庄严、挺拔俊逸之感。寺内建有张生借宿的“西轩”，莺莺一家寄居的“梨花深院”，白马解围之后张生移居的“书斋院”等一系列与《西厢记》故事密切相关的建筑，引人浮想联翩。王先生与蒋先生虽然均已作古，但他俩当年游览普救寺的这段佳话仍在当地流传。

（《温州日报》2017年6月28日）

永昌堡　古韵盼新声

随着农历最后一个节气——大寒的到来，龙湾永昌堡进入了春节前的淡季模式。这个坐落于龙湾永中街道一片民宅中的古堡，是明代嘉靖年间为抗击东南沿海倭寇侵犯，王氏先祖王叔果、王叔杲兄弟俩发起修建而成。走过了风雨450多年，如今的永昌堡仍依稀可见当年方正端庄的布局。

上周，记者探路永昌堡，漫步修复后的城楼古宅，拜访城里的老字号、网红店和“非遗”文化馆，体验古城新玩法。

都堂第、左昌桥　重现水乡旧时景

车驶入永中街道，远远就能看到方方正正的城墙，南北长778米，东西阔445米，城墙高8米，周长2688米。城堡四周有四座谯楼，东为环海楼，南迎川楼，西镇山楼，北通市楼。当地的永宁国旅导游胡熠介绍，如今大多数团队游客是从东门外的集散中心进来，第一站是登顶环海楼。

环海楼因面向东海而得名，虽几经修复，仍完整保留有瓮城、夹道、瞭望孔、炮窗等。斑斑驳驳的石墙外，已经望不到海，墙内传来隐隐约约的梵音。站在城墙上，可以看到四周环绕的护城河。“永昌堡的布局是一城二河十浃，环海楼这边是下河区。”小胡说，城内有两条南北走向的河流，俗称上河与下河，河道不宽，但古桥密布，有左昌桥、东门桥、联芳桥等等，多建于明清时期。团队游客一般从东门桥一直游览到北门的左昌桥，途中串联起都堂第、博物馆等多个景点。

踏过石桥，看两岸垂柳扶风、疏影横斜，别有一番韵味。河道两岸，在一片密密麻麻的民居中，仍保留有状元府第（王名世故居）、圣旨门巷、都堂第（王诤故居）、世大夫祠、布政使祠、青石门台、花园古井等多幢明清时期的民居。其中，位于御史巷的都堂第是堡内现存民居建筑中格局最完整、保存最好的一处。宅院三面邻水，七间两进，踏入古宅颇有曲径幽深之感。窗棂、引壁以典雅大方为先，却也不失雀替、栏杆的玲珑精巧，屋顶飞檐上立有吻兽，可见昔时显赫。

如今端庄典雅的都堂第是永昌堡古建筑修复的重要成果。自从2002年挂牌成立永昌堡修建保护管理委员会以来，龙湾通过持续投入资金，对古城墙、古宅、宗祠进行全面抢救维护，近期正在抓紧修复圣旨门巷3号王宅。除了对沿街、沿河建筑物进行修复外，当地还让上河区老街整排居民楼华丽“变身”——白墙黛瓦、飞檐翘角、木质雕窗，与古桥流水相映衬，还原水乡人家风情。

网红店、“非遗”馆　深巷里的老味道

从下河区漫步到上河区，你会发现沿街的店铺越来越多了。尤其是上河沿岸洞桥底路等老街，清一色的木质门匾招牌，檐下挑着红灯笼，茶室、餐厅、照相馆等应有尽有。其中，郑家园麦麦酒、广进祥高粱肉这两家老字号格外引人注目，甚至成为近年来的网红打卡地。

“麦麦酒”也称“月子酒”，旧时当地孕妇娘家有产前送“快便肉”，产后送“麦麦酒”的风俗。2014年，经过龙湾区有关部门牵线搭桥，郑家园麦麦酒入驻永昌堡，从此，古巷里飘出了麦麦酒的甜香，吸引了广大游客前来尝一尝麦麦酒，或是坐着分享一大碗炒面。“昆明、山东、沈阳的游客都有买，甚至回去之后还打电话过来的。我们还专门推出了新的产品套餐。”郑振晓是温州“非遗”郑氏麦麦酒的第三代传人。将“非遗”项目成功嫁接到永昌堡这个全国重点文物保护单位，并广受游客欢迎，让他信心倍增。据悉，龙湾区有关部门还免除了其场地租赁费用。

离开飘着酒香的老巷，转进临水的古街街角，古香古色的“广进祥”腊味铺独门独栋，格外显眼。据悉，该店于2016年入驻，按照明末清初老“广进祥”旧貌设计，甚至还从福建等地收购了不少旧材料、旧器物，让人仿佛穿越回明清的古街坊巷。走进店内，高粱肉、骨中肉的包装也是颜值颇高——黄褐色纸蓬包扎起的规整的盒子，上面贴着仿古年画，红底黑字，并在红纸的四边角绘以蝙蝠，麻绳系着轻松拎起，复古范儿十足，颇受游客尤其是小朋友的喜爱。

除了可以购买“非遗”产品，在永昌堡还可以体验“非遗”技艺。龙湾区永嘉场羽毛艺术馆位于隔泱派宗祠，于2017年底开放，相继开设温州剪纸、米塑、彩塑等项目课程，特邀“非遗”传承人指导。“目前一周4节课，每月组织两场大活动，去年接待了5万多人次。”艺术馆负责人马振忠介绍，他期待游客来到永昌堡旅游，不仅能感受到古堡内在的古韵，也能体验一把“非遗”带来的乐趣。

作为全国重点文物保护单位，永昌堡在保护的前提下还有哪些可以完善提升的点？在文旅融合的大背景下，永昌堡又该发挥怎样的作用？让我们听一听大家的说法。

（《温州日报》记者冉梦蝶 通讯员叶晓东 2019年1月22日）

新闻链接：

人文历史的呈现方式要多元化

唐留雄（温州商学院成教学院院长）

永昌堡的文化底蕴、历史内涵在温州是独一份。但要打造受当代市场、旅游者欢迎的产品，在内容呈现上，还需要尽可能地多元化，不能局限于听讲解、看展板，而是要结合新技术、创新手段，让游客尤其是“研学游”的学生能够有一个直观且深刻的感受。

比如永昌堡明代建成，以前是什么样子的，经历了哪些变革，完全可以通过数字沙盘、3D建模等模拟出来，或者让他们自己找方位、绘地图，增加互动等。而建城初期荡气回肠的抗倭史，也可以通过小电影、数字影院等呈现出来。甚至还可以找真人还原演绎部分场景，就在古堡里、城墙上演出，给人沉浸式体验。

而在线路设计上，可以充分利用龙湾的交通优势，串联起奥体中心、S1线、东篱下等新的点，打造“老+新”的游玩体验。

打造更多的文化看点和消费点

潘一刚（温州市民俗学会主席）

永昌堡是一个非常值得一去的人文景点，由于历史原因，如今古堡内民居杂乱。当地可以通过加强规划，把老街巷充分利用起来，引进资本，打造更多的文化看点；同时引导当地老百姓投资餐饮、民宿等业态，提供更多的消费点。

比如永昌堡内的上河区两岸，完全可以引进更多的私人博物馆、收藏室、“非遗”馆，盘活闲置的民居老宅，甚至连点成片，打造文化街区；而下河区两岸，可以引导当地的村民自己投资开店，咖啡馆、茶室、民宿等等，让游客来到这里有更多可以消费的点，也让老百姓能得到发展的红利。

同时还可以不时地举办动态的活动，比如尝新节、“非遗”美食节等等，春夏秋冬不重样，让游客有看头、有说头、有玩头，增强当地的美誉度和知名度。

永嘉望族，书斋风日

许龄丹

最近，在温州衍园美术馆的“清风入怀”——明清民国成扇扇面展中，陈列着一件十分珍贵的作品，他的作者是英桥王氏家族的王澈。

永嘉英桥王氏因永昌堡而为人熟知，但这座抵御海寇保卫乡里的历史名迹，仅仅是王氏家族的一个剖面。从明弘治时期算起，王家共出状元1名、传胪1名、进士16名、举人60多名，著述100多部，可谓满堂峥嵘，影响了温州数百年。

嘉靖年间，永嘉沿海倭寇猖獗，兵燹弥城，平常闾巷竟现地狱惨相，终日人心惶惶。王沛、王德两叔侄愤然而起，组织乡兵义勇，领兵抗击，于嘉靖三十七年四月壮烈殉难。王叔果、王叔杲兄弟疾首痛心，会同族中父老力倡筑堡自卫。自落成的那天起，永昌堡就作为一方屏障保卫着乡民免受焚掠，更是和聚同乡的纽带，王叔杲在申请筑堡的疏中说：“族者，续也，聚也……堡以聚之，则出入友望，合千万人如一家。其于敦睦，不为无助已。”由此文脉相传，才出现了万历之际永嘉学子的再继和振兴。

叔果、叔杲之所以如此具德备才，离不开父亲王澈的言传身教。王澈（1473—1551），字子明，永嘉人，与弟王激弱冠之时便蔚有士望，正德八年（1513）举人，嘉靖五年（1526）授礼部司务，后任兵部武库司郎中。和他从小一块读书玩耍的母舅张璁，当时已官至内阁首辅，民间尊称他“张阁老”。但王澈并没有依仗他的威势，反而敛抑谦退，恪守本分，上下称贤。嘉靖十三年（1534），夫人病卒，他扶柩归里，后又以父亲、祖母年事已迈，告假侍奉。不久朝廷任命他为福建布政司左参议，他不但没有接受，反而借此要求辞官。

回乡后，王澈作为王氏家族的第八代家长，通过修谱牒，建宗祠，立《族约》来敦睦宗族。为了保证《族约》的切实效用，他还呈请官府批准施行，这一举动对王家的发展及一地风化留下了深远的影响，孙诒让评价说：“《族约》凡十篇……皆斟酌古今，根据礼典于敬宗收族之道，言之至悉；今永嘉王族姓蕃盛，岁时尚遵行此《约》不替，亦义门郑氏之流亚也。”

王澈不仅为本族谋福，更替地方百姓分忧。嘉靖十三年七月九日，他刚从京城回到老家，遇上飓风折木拔屋，公宇成墟，郡庠倾坏。古代没有台风预警，防御更是全靠堤坝。于是王澈、项乔等主持兴筑永嘉场沙城海堤，堤坝南起永强一都长沙，北至沙村，全长2619丈，以石砌堤，历时3年筑成，耗银5400两。嘉靖二十四年，全郡大饥，很多富商借机抬高米价以牟暴利，只有王澈减价出仓，让两个儿子把粮食搬到宗祠为乡亲们熬粥度艰，如此朝夕不辍坚持了两个月。无怪地方志中这样形容他："性宽容庄重，与人诚意恳至，望之知为长者。林居几二十年，推赢赈乏，敦礼举义。凡乡邻有急难，及地方利病所宜兴革者，辄以身肩之。"

"吾有一草堂，东太岱松，西潇湘竹，北峨眉雪，南洞庭月，中具晋高僧八尺沉香板床，浴罢朱砂汤泉，投床酣睡，以此避暑，可不可也？"雪月入松风，罗汉榻中庭，以此避暑，好不自在！这段话录在王澈送给广涛先生（事迹未详）的一柄洒金扇面上，正展出在温州衍园美术馆。有趣的是，明晚期才子陈继儒那本颇为著名的《小窗幽记》也取用了这篇文字，只是略加改动。而我们搜寻典籍，并没有找到类似王澈此扇文字而年代更早的记录。

王澈存世的诗文不多，手迹更为罕见，从仅有的记载来看，他大概是个钟情幽居之人。如一首《同竹岩弟过陶成洞》："试览罗东胜，游筇喜共支。陶成存古洞，题咏有新诗。海日光先射，山云影乍移。何当谢尘鞅，长向此栖迟。"陶成洞在今天温州市瓯海区的茶山上，王澈与族弟王净缓步登临，走走停停，放眼望去山海交碧，日移云斜。他对着故乡之景感叹，何不放下奔走功名的尘劳，回家安度余生多好。

王家两代皆科举仕宦，子承父业亦继之所乐，日暖风和时都喜欢在亭台水榭中脱巾独步。王澈四十一岁时中举人，迁居到郡城的墨池，在华盖山麓建起了"传忠堂"，后来改叫"玉介园"，以"池台泉石之胜"称一郡名园之首，它便是今墨池公园的前身。王叔果、王叔杲晚年亦好修缮永嘉各处旧所，张宪文在《王叔杲集》中说："家世殷富，而疏财乐施，所在名山胜迹，如东山、孤屿、仙岩、东瓯王庙、镇宁楼、镇东塔，均先后加以葺修，所费以万千计。"

王叔果有言："为天下惜财，不必藏于己；为天下任事，无宁迂其身。"这正是王氏传家数百年的写照，遍洒热血，不吝金玉，为民生为文脉竭尽所能。衍园美术馆亦望以此为标的，着力于文化普及，让更多的温州人乃至八方之友，有机会接触到传统书画并心生喜乐，才算是为中华文明的传承出一点力，为温州文史的绵延尽一份心。

（《温州日报》，2018年12月2日）

明代文化典范——永昌堡

章方松

区社科联在举办永昌堡建堡460周年学术研讨会上，围绕"如何挖掘传承古堡文化，推进文旅融合，打响永嘉场文化品牌"展开热烈讨论。区人大常委会原副主任章方松提出，永昌堡是明代文化典范的观点。区新闻中心副主任丁欣华提出要加快谋划推出永昌堡十景的建议。据此，区诗词与楹联学会会长王一平创作了诗词《古堡十咏》。

永昌堡建堡460周年，对于她的存在价值与意义，这是一个值得思考的课题。

章方松认为，从整体上认识永昌堡的文化意义，首先必须充分认识到她是明代文化的综合体。作为龙湾地标文化象征的永昌堡具有重要的文化意义。在龙湾这片土地上，最具有历史象征意义的三大文化元素：张璁文化、永昌堡文化与汤和文化。张璁是明代的历史文化人物，研究明代历史绕不过“大礼议”中的核心人物张璁。汤和文化代表着中国明代抗倭文化。具有实体性的文化遗产永昌堡，对于龙湾的文化与旅游建设有着重要的人文资源，因此明确定位永昌堡的历史地位与当代文化建设的功能，有着重要的战略性意义。

（《今日龙湾》，2020年6月9日）

一

充分认识永昌堡是明代文化典范的综合体。

永昌堡作为明代少有的私家城堡，是集抗倭、城堡、耕读、科举、宗族、民居、儒家、非物质文化诸文化于一体的综合性文化。

抗倭文化

明代浙南沿海一带，深受倭寇侵扰之灾。明洪武年间，在永嘉场建有抗倭的宁城所，作为抗倭的重要阵地，永昌堡在抗倭战斗中，出现了抗倭英雄王沛和王德叔侄。他们为了抗倭，组织乡亲，在同倭寇的战斗中，写下了可歌可泣的壮歌。

永昌堡的建成，将当时司南的巡检司迁到永昌堡内，形成军民联防、共同抗倭的军事特色。永昌堡的建成，同永嘉场的永兴堡与宁城所，构成了三鼎抗倭战略局势，具有重要的抗倭战略意义。

城堡文化

永昌堡的聚落空间，是乡土文化组成的重要部分，也是探索古代乡间经济、社会、人口、文化、环境与资源的主要内容。它是关系着民众的生活与自然高度结合的生存空间，是一个地域人文智慧的高度结晶。从历史的宏观上审视永昌堡聚落空间的生态文化，深化对现代地理聚落空间的认识，具有一定的文化意义。

耕读文化

永昌堡英桥王氏的耕读渊源，与祖先的诗礼传家有着直接的关联。据《英桥王氏族谱》载，王氏肇始于琅琊，其里曰英桥。始祖为万十一公，四传为樵云公毓，能诗文。又三传为通政公钲。钲生子参议公澈，祭酒公激，寺丞公沛。王澈“好行其德，修族谱，建祖祠，发廪赈饥。澈之子叔果叔杲号称‘永嘉二王’”。其仕途和道德学问皆堪称一流。

科举文化

用永昌堡的自治文化来观照，科举上榜的士大夫，以及士大夫退休荣归故里，衣锦还乡，还有那些没有中举的乡贤绅士，共同成为维护乡村基层组织的精英力量。这对乡间“助人伦，成教化”的影响，得到了深入的贯彻与渗透。他们既能维护乡间社会的基本秩序，又能成为解决乡民的生活与社会保障体系。

宗族文化

从《王氏家录》《王氏世录》中发现，宗族组织有调节与和谐社会的功能。英桥王氏先人“每郡邑大饥，辄出粟赈灾存活数千”等记载。王氏以族约族规，建立乡间社会秩序。王氏宗祠从明嘉靖二十二年（1543）建成后，即撰订族约，使“本族内有凌噬愤争之事，则遵约以制服之，不使烦于有司”。

宗族文化带动家风文化的发展与实施，有着重要的文化功能。

民居文化

永昌堡古民居建筑聚落空间，十分讲究人与自然协调的“天人合一”理念。永昌堡那纵横交错的河流，两岸相对而依的民居，巧妙地衬托着小河、桥梁、树木、埠头。进入明代建筑的都堂第，或状元府第等旧民居，就会感受到一股清幽的自然环境与浓厚的文化气息，扑面而来。这些“英华积于中”“和顺形乎外”的民居建筑风格，也正体现了明代永昌堡士大夫营建宅第的文化审美情趣和生活情致。

儒家文化

永昌堡的儒家文化，以春秋祭祀与宗族文化、科举文化及耕读文化为载体，通过宗祠与族规族约，集中地体现着整个儒家文化内在人文精神，使整个乡村通过儒家文化体系，实现社会化自治，达到了整个社会的秩序协调、和谐生存的“敦伦睦族”效果。永昌堡深厚的儒家文化底蕴，还凝聚着中国传统人文精神的爱乡爱国的强烈情感。

非物质文化

永昌堡有着丰富的民间风俗文化的非物质文化遗产意涵。王氏祖上重视修志，做好历史上传承乡间文化范式的非物质文化工作。史载，温州在明代270多年间共纂修府志5种、县志15种，共计20种。其中，英桥王氏王叔果父子对温州的修史编志曾做出了卓越的贡献。嘉靖四十四年（1565），王叔果不设局，不募捐，亲手编纂《永嘉县志》10卷。万历廿五年（1597）温州知府陈留人刘芳誉延聘王光蕴开局修志，纂成了一部18卷本的《温州府志》，称“万历温州府志”，瑞安孙诒让对他评价甚高，称“季宣（光蕴）为西华副使（叔果）子，家学渊源，世传文誉”，并云其书“体裁渊雅”，“诚吾乡之宝笈也”。

二

提升永昌堡明代文化典范的思考

从上述的定位，认识永昌堡是明代文化的典范，具有全国性的明代文化典型性宣传意义。在中国很少具有永昌堡这样完整体现明代文化的典范。接下来，应该思考如何提升永昌堡明代文化典范规划性措施与行动。为此，要深入思考永昌堡的今后建设规划、战略、宣传、建设的方案，并且做到如何历史性与当代性结合，单项性与综合性联运，文化性旅游性融汇的一系列研讨与思考的工作。

并且，做到古代与现代相结合，如永昌堡花园底古民居可开辟为民国教育家、永昌小学创办人王子蕚先生，浙江省远距离教育（远程教育）研究学者，中共九大、十一大代表王则信先生，以及王则信先生共六兄弟的各项事业成就，著名画家王珠润先生等事迹陈列展览馆。

三

拓展版图，做好中国明代文化典范的综合体

以浙南为中心向四周扩散影响，营造龙湾明代文化的新视角、新品位。龙湾以明代文化为特征，永昌堡带动张璁宗祠、王瓒家庙、瑶溪贞义书院、半山草堂、王瓒书院、汤和庙等文旅开发，营造“到龙湾，看明朝，观山水，听海涛”，全方位的龙湾文旅的规划思考。

古堡十咏

王一平

永昌堡十景之一：古城春风

攀藤顽石古城墙，异代衣冠墨韵扬。环海流丹留箭气，镇山御寇续云章。
一竿晚钓烟霞影，四面窗涵玉魄光。通市迎川人欲醉，小桥流水酒三觞。

永昌堡十景之二：谯楼箭影

水绕云闲夜沉沉，阶前滴翠畅诗心。横窗竹影溶溶月，入梦书声曲曲琴。
城阙狼烟飞箭厉，王家虎旅印痕深。沧桑千载文心在，通市流金阅古今。

永昌堡十景之三：环海流光

悠悠古堡月光浮，环海为池数百秋。直向扶桑标汉界，尽为故土解烦忧。
明经达理书声绕，喋血平倭箭影留。固若金汤思杲杲，崇光依旧泛东楼。

永昌堡十景之四：乡间夜色

人文小镇物丰饶，眉柳垂丝石板桥。一树蝉鸣云淡淡，半池翠盖韵飘飘。
青空弄月桓伊笛，修竹摇风子晋箫。雨巷深深红袖秀，老街何处不逍遥。

永昌堡十景之五：宗祠家风

牌坊依旧写沧桑，落墨淋漓咏姓王。玉殿传胪追召杜，状元及第继龚黄。
兴师御寇家园守，合力筑城气节昂。文脉深深先哲路，春花秋月映波光。

永昌堡十景之六：都堂寻古

御史诤诤故宅亲，澄波环绕气氲氤。砖雕灰塑堪凝重，滴水勾头俱美伦。
月映风檐浮倩影，凤飞戗脊对良辰。花岗阶石诗痕在，小院悠悠独有神。

永昌堡十景之七：状元故里

小桥灵秀水空澄，故宅幽幽璧月清。射策直魁新进士，兴文重振旧家声。
三元及第崇光耀，两袖呼风侠胆明。西峙罗山金星兑，南腾天马任纵横。

永昌堡十景之八：洞桥流韵

一缕乡愁寻旧踪，飞虹卧水夺天工。情牵古岸拾流韵，舟泛轻波醉柳风。
独坐桥头思渺渺，闲吟河畔意融融。捣衣石埠知何处，唯有清幽月半弓。

永昌堡十景之九：老街印记

河面闲闲数点鸥，石条小路木檐楼。一街商铺风情古，两岸人家玉色流。
麦麦酒香传梓里，熙熙日暖荡心舟。拱门洞启飞声远，亦醉亦痴诗意柔。

永昌堡十景之十：河乡晨曲

荒鸡唱散陌间烟，独坐楼台望远天。细柳风和迷客醉，鸬鹚舟泛捕鱼鲜。
捣衣石埠弹晨曲，扑蝶花丛作画笺。犬吠声声传里弄，闲云袅袅自悠然。

（2020年6月9日《今日龙湾》）

池台泉石之胜甲于郡——王叔杲与他的玉介园

南航

百年变迁的风雅名园

明代永嘉县有华盖乡，乡名来自形似华盖的该乡主山大罗山，其二都英桥里王氏家族富而好文，自述上辈出自东晋王谢世家，代表人物之一王澈为明内阁首辅张璁外甥，官至福建布政司左参议，曾读书府城墨池坊一带，此地有温州“九山”之首的华盖山，亦因山形似华盖得名，被列为“洞天福地”中的第十八洞天，名曰太玉洞天。王澈爱其山水之胜，晚年就从华盖乡里迁居到华盖山下。

王澈次子王叔杲（1517—1600），字阳德，号旸谷，嘉靖进士，官至湖广布政使司右参政。他聪颖嗜书，“暇游览泉石，凡遇名胜，辄属意焉”，因酷爱山水园林，在家附近购得约十亩大小空地，介在华盖山麓太玉洞天之西，而取名玉介园，又因华盖山位于郡域之东，别称东山，玉介园亦称“东园”。

嘉靖三十八年（1559）王叔杲正式修建此地为私家园林，请人栽培花木，沿着围墙遍植松竹槐柳。万历五年（1577），王叔杲挂冠回乡，发现当年种的松竹花卉蓊然成荫，“大者蔽牛，其次巢鹤，小者亦鸣蝉”，继续全力投入修建，带领斤人、甃人、圃人、沼人等上百人，把玉介园打造成温州的名园，朱廊碧槛，清流嘉木，互相掩映，自诩为“华麓烟霞同韦曲”，即等同唐朝首都长安的名胜韦曲，状元、著名学者焦竑曾亲至目睹，品评为“擅一方之胜”，浙江按察使李维桢则赞美为“池台泉石之胜甲于郡”。

建好后，六旬的王叔杲与其兄、致仕的广东按察司副使王叔果“既并奋乎青云，复同归于白首”，在此徜徉自娱，频频邀约亲友宾客与地方官员晨夕游赏，自述“每早起扶杖径中，鸟语松声相和，月夜坐池上，荷香凉气袭人，时与二三亲友浅斟清歌”。

《世说新语》记载东晋名臣孟昶未发达时，微雪篱间窥见王谢世家的王恭乘高舆，披鹤氅裘，感叹“真神仙中人”，浙江按察使、晚明文学家冯时可暗用此典故，描述王叔杲的游宴场景是“自度新曲佐酒，轻篮小舠，歌声舄影，时夷犹于晓岚夕照、柳烟竹月间，人望见以为神仙也”。民国瑞安戏剧作家洪炳文有词写瓯隐园，起句曰“玉介名园处，是前朝，王恭结构”，亦将王叔杲比作王恭。

而在焦竑、李维桢与明“后七子”之王世贞的文中，王叔杲不但“自度曲为新声，授童子，令按节奏之”，而且“篮舆画舫，娇歌急管，申旦不寐以为常”“邀客游，必甲夜征声奉伎”“庖厨之下不绝烟火，堂庑之上不绝声乐”，夜以继日，诗酒歌舞，唱戏演剧，欢宴笑谈，令海内名流都艳羡不已，而王叔杲更把自己的诗文集也名曰《玉介园存稿》，显然对它非常钟意。

“二王”后裔们继续居住玉介园，王叔果之孙王至言后在华盖山麓建太玉楼，取名亦来自太玉洞天。明清易代，近百年玉介园遭受兵乱，衰落荒废，引起了很多文人的悲鸣：“几社”诗人周茂源有诗写道“玉介园空玉树荒”，变成了兵士的“戏马场”；王叔果曾孙王咏有诗叹息一片“荒墅”，只剩下“春风空自媚，夜月向谁明”；“二王”族孙、清王至彪有《废苑行》长诗哀悼颓墙上鼯鼠跳跃，到处蛛网荆棘，“圮廊坏榭走狐兔”，而白壁上剥落的字迹，都是当年留题的诗篇，“雕甍玉砌杳何在”，康熙年间园址再变为总兵官署。

景点荟萃的城市山林

身为文人，王叔杲不但在玉介园里规划设计修建了亭台楼阁等各类实体，还用极尽风雅的称谓一一命名，显示了他高明的美学思想与丰富的园艺学知识，比如有橘圃，又称最景园，编竹为小门，购地筑园时，此地原来多种植着橘树，“最景”二字出自苏轼的“一年好景君须记，最是橙黄橘绿时”。挹华轩，向东面朝华盖山，相互距离仅约两百步，岚光霭翠逼近几案坐席，乃取“挹”取“华”盖景色之意，轩后奇花异石不断，为“园中之最胜”。

团云径，玉介园西门的一条砌石曲径，长数十丈，两侧排列着海里运来的礁石，平坦的石岩上设有蒲团座位，两旁围护着花篱，苍翠交加，浓荫重重，即使中午时分也常常昏暝遮蔽，好似笼罩着一团绿云。爽然台，在最景园高处，寓意爽然如列子御风，登台凭栏远望，近可见海坛山、积谷山，远可见东海边大罗山，橘柚松桂，秀色相接。

苍雪坞，坞里生长着数百竿琳琅的绿竹，杂以嘉树，当中有亭，幽雅清凉，毫无炎夏酷暑，形成一个封闭性的小环境。丛兰馆，馆里养着数十盘修长茂盛的幽兰，间杂着众多各色花卉，馆后有幽静的小室，四壁陈列着古今名家书画器玩，室前有小池，池里有百余尾花色观赏鱼。

餐英馆，馆堂前种有数百株菊花，云锦绚烂的开花时节，王叔杲呼朋邀友，在此设宴观赏，馆名典出屈原的“夕餐秋菊之落英”。翠云扉，路口有门，题名其上，此处东望苍翠的华盖山峰，“云阴飘袭”。

青旭楼，登楼环顾，可以尽收玉介园之胜，早上看旭日从东海升起，照耀青绿的松橘，加上远山浮翠，特别美丽，晚上遥望东海，令人“不知沧海悬明月，却讶骊珠出水寒”。

华麓山房，华盖山之麓的几开间屋子，左右松竹交荫，庭前立山茶花为照屏，照屏后绽放着罕见珍贵的牡丹数十株。右军洗砚处，青旭楼的楼侧即是著名的墨池，相传右军将军、“书圣”王羲之在温州练字后，临池洗砚，导致池水尽墨。由于王氏家族自称王羲之后裔，王叔杲对墨池别有亲切感，他在池前筑轩，环绕着朱栏。

玉华凝翠亭，此处仰观华盖山、太玉洞天如凝固的绿色列障，称为“玉介佳绝处”。

作为一座江南园林，玉介园与华盖山接壤地带还有通华径、蒙泉亭、清泉亭，还与周边的蒙泉、双树台、大观亭、东瓯王庙、太玉洞天，加上“二王”修建的王谢祠、资福寺、凌翠楼、华阳净宇等有机结合，整体构成一片葱郁的城市山林，使得王叔杲“望华盖山如家山”。

山水诗文的创作基地

建筑实物历经沧桑变迁，难免会毁圮湮灭，往往诗文却能够流传下来。王叔杲“每宴集，首倡为诗，属座客和之”，玉介园位于东山下，辞官归乡的他把此地类同东晋谢安隐居的“东山”，寄托着他终老林泉的理想，因此，玉介园成为他山水诗文创作中的一大主题。

比如其诗《初冬园居漫兴八首》，仿照南宋范成大的《四时田园杂兴》组诗，描写了苍雪坞、爽然台等各处景观；《雨后集池上，赏并头莲》把并蒂莲花拟人为一对美女，“骈肩浑欲语，交颈似含羞”，首句“华麓雨初收”指的是华盖山麓。此外还有《玉介园记略》《重筑爽然台作》《登玉华凝翠亭》《挹华轩赏菊，席上呈社中诸兄》等诗文。

王叔果秉性简约静默，与王叔杲崇尚奢华热闹截然不同，但一样爱好山水与写作山水诗，集中也屡有写玉介园的诗文。“二王”后裔居住祖业，继续吟咏。王叔果之子王光蕴有《初归墨池志喜》七律，追忆玉介园“庭满松槐还旧荫，门容车马藉先声”，诗里的“旧荫”一语双关，既指松槐树荫，也指王激、王叔果王叔杲两代官宦荫泽后世。

王叔杲之子王光美有《玉介园十咏》等，得意于“宾主东南称胜赏”。他夏日与表兄弟吴翁晋登爽然台，雅集青旭楼，写道“风吹别院鸟声碎，雨散空林花气闻”，体物细致，写道“鸟自惊人过，风还为客来”，被翁晋和为“草低萤息照，枝近鹊停飞”，传神描摹园林幽暗细微处的景象。他继承了其父夜宴游乐的传统，与友人在玉介园月下宴会，口占“清游吾辈自高阳，深夜衔杯乐未央。酒罢放歌骑马去，纷纷霜月下寒塘”，自比高阳酒徒，饶有南唐后主李煜“待踏马蹄清夜月”的雅兴。

王氏文友唱酬诗文，游玩玉介园，同样不乏所作。王世贞有《和肖甫司马，题旸德大参东园》五绝十首，评选出“玉介园十景”，其中《团云径》曰：“白云滃作团，回风吹不散。截置一钵中，与作山僧饭。”想象生动。

王光美在自家红白梅花盛开的当晚，花林中悬灯数百支，花下摆设筵席，陈列歌舞，本地布衣诗人何白应邀欢聚，写下记胜八绝句。王至言的太玉楼，被本地布衣诗人柯荣描绘为“卷幔林花香漠漠，隔窗山雾碧濛濛”，以同为水字旁的“漠漠”对“濛濛”，精心打造字形对。明末，王叔杲曾孙王开先与“复社”名士邢昉交往，后者登青旭楼望月赋诗，以“王家褉事比兰亭”评价其雅集媲美远祖王羲之等人的兰亭修禊。

清末，杭州藏书家丁立诚客居温州，搜寻温州历代名胜，以《永嘉三百咏》组诗一一进行回想怀念，其中就有《太玉楼》《玉介园》诗，称许后者“名园傍山麓，映带成大观”，不啻一座大观园，可见它在诗人心目中的地位。

温州风光的人文地标

王世贞认为“都会之地，王侯贵人足以号集财力，而苦于山水之不能兼；山而巅，水而涯，肥遁幽贞之士乐栖焉，而苦于财力之不易兼，以是有两相羡而已”，温州所幸城内有山有水，王叔杲居官思隐，家饶财力，慧眼选中华盖山麓建玉介园，从而两全其美，使之成为雁山瓯水间一座繁华秀美的乐园，温州园林史上的典范之作。

而作为一个创作基地，玉介园长近百年的诗酒歌舞与笔墨风雅，也促进了温州山水文学的发展，它不仅是历史上温州人文风光的重要地标，体现了温州这座历史文化名城的深厚底蕴，更是晚明文人士大夫生活艺术化的鲜明象征。

（《温州日报》2017年5月26日）

罗山钟灵　古堡毓秀

王身康　王一平

龙湾位于温州市区东部，擅舟楫之便，得人文之胜，文化深厚，名人辈出。在这片土地上，先辈们留下了无数宝贵的历史文化遗产，永昌堡就是其中之一，而今年恰好是永昌堡建城460年。你听说过永昌堡的故事吗，现在它又是什么面貌呢？

民间自发兴建的抗倭城堡

永昌堡是全国重点文物保护单位，浙江省爱国主义教育基地，被命名为“浙江省东海文化明珠”。正如其名字所传递的寓意“永远昌盛”一样，在历经数百年的风雨沧桑后，永昌堡依然矗立在瓯越大地上。

城事 8

罗山钟灵 古堡毓秀

——纪念永昌堡建城460年

通讯员 王身康 王一平

A 民间自发兴建的私家抗倭城堡

B 现存不少珍贵的明清建筑

C 永嘉耕读文化的缩影

D 打造“江南第一堡”

460多年前，一部分流亡海上的日本浪人、海盗商人（史称倭寇），不断侵扰我国沿海地区。为了保卫海防，被族人誉为“益府良医”的王沛，很快发动乡人组成以王氏族人为骨干的“王氏义师”。不久后，其族侄王德为保家卫国，由广东谢官归里，协助沛公又募兵千人，使这支抗倭义兵队伍扩大到2500多人，成为当时浙南著名的抗倭力量。

值得一提的是，嘉靖三十五年（1556）十月初九，一大股倭寇渡楠溪江至蒲州，欲经过永强到梅头落海。乡民立刻率精兵堵击，战寇于上京，取得胜利。从此，这支王氏义师威震浙南，成为“浙南人民一方屏障”。

嘉靖三十七年（1558）农历四月初，倭寇再次入侵永强梅头。那年，王沛虽然已经73岁，但他毅然决然率兵挥戈杀敌，终因寡不敌众，不幸牺牲。后来，王德去援助温州府城官兵抗倭，在途经龙湾金岙时，遭敌伏击，时年42岁。

为表彰他们的爱国行动，朝廷下诏追赠王沛为太仆寺丞，王德为太仆寺少卿，温州人民在郡城建褒忠祠、愍忠祠纪念。

王沛、王德公的英勇献身，让乡人无比悲愤，同时也意识到修建防御城堡的重要性。明朝当时在温州已修建了温州卫、磐石卫、金乡卫、宁村所等卫所。虽然这些军事设施发挥了重要的作用，但仅凭这些卫所是不够的。

不过，修建城堡不是一件容易的事，一是修城耗资巨大，二是从行政管理与军事防御角度来讲，一般只在京城、省、府、县或重要军事要塞关隘修建城池。县以下一般没有城池，在这种情况下，1558年，英桥王氏族人凭借朝廷做官的王叔果（兵部车驾主事）奏请朝廷，要求修建永昌堡抗倭，朝廷准奏。而其兄弟王叔杲则放弃进京求功名的机会，在家乡筹资建城，带领族人不分昼夜寒暑，仅用11个月，费银7000两（王叔杲独自出资半数以上），就完成了这座垒石填土10万立方的城堡。

永昌堡在浙江省现存的抗倭城堡中，是唯一由民间自发兴建的抗倭城堡。体现了不畏艰难、不等不靠、敢为人先的温州精神。永昌堡的抗倭斗争中体现了永昌堡人爱国爱乡的顽强战斗的血性品格。

现存不少珍贵的明清建筑

永昌堡，城墙南北长778米，东西宽445米，城高8米，周长2688米，城堡内面积0.34平方公里。城外有护城河环绕。

城堡有四座陆门和水门，东环海楼，南迎川楼，西镇山楼，北通市楼。四座城楼保存完好，特别是环海楼，面向东海，筑有瓮城。当年，永昌堡军民曾在环海楼与倭寇苦战，第一道城门下犹存倭寇攻城时留下的火烧城门、石阶断裂的痕迹。

城堡内河道纵横，小桥流水，舟楫畅行，呈现一派江南水乡的优美画卷。至今还保留造型各异的明代石桥，包括蛙式的联芳桥，坡式的会秀桥，梯式的世裔桥，虹式的左昌桥等。

城内古桥古民居比比皆是，民居建筑体现了刚柔并济、柔润秀美的水乡建筑风格。旧时城内原有150多亩农田可耕作，危急时可生产自救。嘉靖三十九年，迁中界山巡检司于堡内，之后在抗倭击贼战争中，此堡为保一乡无虞，功劳巨大。

堡内现存的状元府第、王氏宗祠、都堂第、世大夫祠及古民居等建筑，为研究明清建筑提供珍贵的实例。特别是都堂第，闻名中外。原为明隆庆都察院佥都御史王铮故居。建于明隆庆年间（1567年），至今已450多年，是二进三院七开间木结构的大型宅第式建筑，占地1456平方米，是永昌堡内现存民居中建筑格局最完整、保存最好的一处，被有关专家评为“典型的明清东南沿海水乡人家格局”。

王氏宗祠也是永昌堡一座典型的古建筑。英桥王氏宗祠由福建布政司左参议王澈（1473—1551）独资修建，始建于明嘉靖二十一年（1542），占地面积13亩，建筑面积6670平方米。宗祠气势宏大，给人以古朴、肃穆、庄严的感觉，在浙南地区非常少见，有“江南故宫”之称。

永嘉耕读文化的缩影

永昌堡有浓郁的人文气息，是永嘉耕读文化的缩影。明弘治至清道光300多年间，堡内有进士13人，武状元1人，传胪1人，副榜4人，举人30人，庠生900多人，出现了一家二代三进士、四大夫一英雄的传奇，是当时东瓯最显赫的家族。

这里有号称“东瓯双璧”的王叔果、王叔杲兄弟，抗倭英烈王沛、王德叔侄，有“三元及第”王名世，玉殿传胪王光经，国学宗师王激等等。温州名人上《明史》——官方权威部门排行榜有11人，其中，永昌堡有3人，即抗倭英雄王沛、王德，“三元及第”王名世。在现当代，这里涌现出众多博士、教授等高级人才。如戏曲学家王季思教授、茶叶专家王镇恒教授、电机工程专家王国松教授等。

在永昌堡这0.34平方公里的弹丸之地，出现如此多的历史名人，留下如此丰富的文化遗产，是大罗山钟灵毓秀，是耕读传家所折射出的能量。

英桥王氏一族为后人留下宝贵的文化遗产，我们从中了解了永昌堡乃至温州地域文化特征。目前可查的先贤著作有70多部，其中《槐阴集》《半山藏稿》《玉介园存稿》《文江集》《万历温州府志》《永嘉县志》《白鹿诗稿》《王氏家录》等尤为著名。

明代，温州修了三部府志，都出自永嘉场文人之手（弘治时王瓒、嘉靖时张璁、万历时永昌堡王光蕴），为温州历史人文精神的传承做出了贡献。

《王氏族约》是家训家风教育范本，中纪委曾做了推荐。族约是嘉靖二十二年（1543年）王澈公制定的，共10章1.2万字，主要内容有：廉勤正直、敦行好礼、孝亲敬长、推崇义举、谨守国法等。从这些刚性的族约条规中，可以看到其对后代子孙扬善惩恶、激励族人堂堂正正做人的警示作用。

据有关史料显示，古代温州记载为乡里公共事务做贡献的以王叔果、王叔杲兄弟为最。兄弟俩辞官后居家各20多年，为地方公益事业做了许多事，包括捐资重修仙岩寺、永嘉县学、温州府学、瑞安儒学、东瓯王庙、王谢祠、江心屿东塔西塔、白鹿书院。

永昌堡有许多鼓励学子勤奋上进的措施，包括宗族祠堂设养贤田。过去，这里有养贤田100亩用于教育，100亩用于修城，160亩用于浚河。这里办私塾、书院蔚然成风，在三世祖时就设立义塾，教授族中的子弟诗书和礼仪。

打造“江南第一堡”

根据修旧如旧的原则，近年来永昌堡进行了全面修复保护工作。主要是做好道路、河道的整饬改造，做好民居和城墙的修复以及其他配套旅游设施的建设。同时有计划地将城内居民迁出城外，合理利用永昌堡旅游资源，以打造“江南第一堡”的目标，展现具有现代建筑特色的爱国主义精神和丰富人文内涵的古堡风光。

2007年，永昌堡民俗文化研究会成立，属于民间学术研究团体。研究会的主要任务是加强对古堡的维护和管理工作（包括有形的和无形的非物质文化遗产），进一步深入对永昌堡爱国爱乡抗倭文化、乡贤文化、宗族文化、民风民俗、耕读文化进行研究和挖掘。研究会逐步对先贤的著作进行抢救性整理，编辑出版了《古堡深处》《槐阴集注释》等书。现在正在编辑出版《永昌堡志》，通过堡志的出版，让更多人了解认识永昌堡的丰厚文化底蕴，促使社会各界承担起保护文化遗产、守护精神家园的共同责任。

（《温州商报》，2019年12月6日）

深入认识永昌堡文化独特价值　提升古堡文化品牌地位

方坚铭

永昌堡文化属于永嘉场文化的核心组成部分。永嘉场文化沉淀深厚，其中永昌堡文化占了重要分量。可以说，永昌堡是紧排在张璁之后的一大永嘉场元素，有望成为浙江乃至全国的金名片之一。

永昌堡文化的独特价值之一，首先是城堡本身

这个城堡的定位，首先是作为民建的抗倭军事城堡，成为明代嘉靖朝海防体系的有机组成部分，并发挥了“军声长城”为温州地方屏障的作用。

永昌堡后来还成为敦宗睦族、维护风教、养育人才、保留民俗的重要地方，但是要让永昌堡在国内众多城堡中脱颖而出，必须首先要紧紧抓住“民建抗倭军事城堡”这个核心要点，并展开宣传。否则的话，无法凸显其特色。

军事价值方面，首先要从海防聚落体系角度来考察。天津大学尹泽凯做了“明代海防聚落体系研究”，“从空间上来看，这一体系最终可分为水军巡海、水寨巡防和陆地聚落等三个主要层次”。永昌堡军事建筑，是对陆地聚落卫、所的补充。卫城、所城是海防体系陆上防线的主体，但是到了嘉靖后期倭寇肆虐的时候，其防线往往被突破，无法自保。

王叔果、王叔杲倡议建堡自保，王叔果回京即上奏《请建堡疏》，得朝廷核准，遂将巡检司和盐课司迁入堡内，以增强防御能力，形成军民联防机制，此为史所罕见。“盖堡内有盐课司，则灶户附场居住，不至四散逃移；有巡检司，则弓兵调度有方，可藉协力防守。”“移入堡内，则彼此凭依，守望相助，庶几缓急得力……盐课司巡检司并居一堡，则人烟辏密，防守益固，隐然郡城一屏障也。”（《请筑堡疏》，《王叔果集》卷八）巡检司本来是有城的，在中界山（今属洞头），其功能是缉捕盗贼、贩卖私盐者，还有海寇，却也需要永昌堡的保护。

范中义、黄培量写了一篇《浙江温州明代永昌堡的瓮城和敌台》，很有参考价值。他说：“从规模看，永昌堡比温州平阳县城的周长632丈的老城都要大。就是与中国东南沿海一些著名的卫所城相比也毫不逊色。”

其次，考察其军事防御设施。明代永昌堡军事防御设计构思巧妙，尤其是瓮城和敌台，堪称中国古代城市防御设计之精品。（范中义、黄培量《浙江温州明代永昌堡的瓮城和敌台》）

瓮城的实战价值。“直到明代甚至以后，都未见有如永昌堡城这样的空心瓮城城墙和从墙内可以击敌的铳眼。如明代南京城的中华门内城，北京城内城的9门瓮城，这些京师重地的瓮城城墙都是实心的，墙上也没有铳眼。”永昌堡的瓮城铳眼在城下，敌人进到瓮城脚下依然可以对其实施击打。

敌台的实战价值。“具有暗道和铳眼的永昌堡城的敌台是独特的，前所未有的。”伸出墙外的敌台可以从其两侧对进到墙脚下的敌人实施攻击。

瓮城和敌台都有铳眼以用火器退敌，永昌堡运用明代火器的情况，也可考察。

像这样独特的民建堡垒，我们的研究还是初步的，还需要完全复原，用3D模式复原，让学者和参观者，都能明白永昌堡的独特军事价值，在明代海防体系中的价值和对抗倭的贡献。而现代文旅情境体验中，不妨设计瓮城、敌台退敌的场景，让游客身临其境。

最后，要特别凸显王叔杲对永昌堡建设的贡献。沈克成《温州历史年表》一书中载：“1558年10月，王叔果回家扫墓，正遇倭寇猖獗，上疏获准在永嘉场英桥里筑永昌堡，多方筹集资金，由其弟王叔杲具体负责监造。耗资七千余金，大半由杲所出。如此浩大的工程，仅只用了十一个月就告竣工。”建城堡必须要有资金，王叔杲主动推迟了科举应试时间，全力以赴投入筹建工作，他带头捐资数千两银（占全额七千余两之半数）。

而永昌堡军事防御设计主要出自王叔杲，由王叔杲的精思妙想所建造。像瓮城和敌台的构建，应当主要出自其手。可见王叔杲也是一个军事建筑大师。

王叔杲精通堪舆术。无论是仕宦魏博、吴中还是致仕温州时期，地方上都倚重他的知识和经验，其风水改造对提高地方中举率有较明显的效果。

筑造永昌堡时，王叔杲也充分运用了风水堪舆术。王叔杲文集中数篇关于筑建永昌堡的文章，《筑永昌堡始末》：“初未筑城时，余详视地方形势，当坐山面海为正局。嘉靖壬寅，先公（王澈）欲建大宗祠，余主议坐西向东，其规模已略定，及扞城，余决意东向，而族众尤纷纷阻挠。”《永昌堡地图说》：“余筑倡筑堡之议，乃宅中向东，坐山面海，天马在南，黄石在北，大海带环，内河四饶，虽蕞尔之区，而一郡山水总揽殆尽。”可见其风水堪舆知识对永昌堡筑造的重要指导作用。

所以我们还是要多研究王叔杲的风水堪舆、建筑和军事等方面的成就。王叔杲是张阁老外甥孙，他是一位奇才，他的历史贡献还是有所忽略。

永昌堡文化的独特价值之二，是永嘉场地域文化认同意识形成的关键

永嘉场地域文化认同意识，也是非同小可。那就是我认为我这个地方风水特好，特别出人才的意识，不是小事。永嘉场虽在永嘉县，但因地理环境的相对隔绝和盐场行政区划的限定，使当地人很容易首先认同自己是永嘉场人，其次才是永嘉县、温州府。这是一种很微妙的文化认同意识。永嘉场盐场文化后来还演变成一乡土文化区域，成为一种在居民头脑中存在的区域文化意识。在现代社会，永嘉场作为乡土文化区域的观念并没有从当地居民的脑海中抹杀，仍沉淀于其心中。这个观念是在明代最后定型的。

其演变必须有现实的依据，我予以初步的梳理。

宋代属于萌芽期。在宋代由于乾道二年海啸的影响，由于资料的缺乏，也由于世家、仕宦的成就并不突出，无从考察其地域文化意识，只能说是萌芽期。

明代属于定型期。到了明代，由王瓒、张璁、王激等取得的仕宦成就，而形成地方文化自豪感，进入士庶互动的地域文化认同的高峰体验时期，由王叔杲、项乔等最后定型。

王瓒是榜眼，官至礼部左侍郎、国子监祭酒，培育人才无数；张璁七试不第，终于47岁登正德十六年二甲进士，以新进郎官，抗疏直上，阐明"大礼"原则，不屈不挠，对抗杨廷和等诸多权臣。六年入阁，成为明代政坛之奇。其开创的嘉靖维新之治影响深远；此外英桥王氏等家族也高官显宦不断地涌现。

而王叔杲、项乔的鼓吹，则使永嘉场地域文化认同意识走向定型。王叔杲是以风水标榜，"温之显仕巨室多产兹土"，项乔常鼓吹"近日人才之产，唯永嘉场"。如果不是后来清初的"迁界"，永嘉场人才规模效应会持续。

所谓士庶互动的地域文化认同的高峰体验，指永嘉场人无论士人还是庶民，都以自己身为永嘉场人为自豪，表现之一就是关于张阁老的传说开始形成，遍传温州各地，现在也成了国家级非遗。

到了永昌堡建设而成为地方屏障的时候，永嘉场人的地域文化认同意识更为巩固。王叔杲也是永嘉场文化认同的定型者，使永嘉场风水受到高度评价，认为"温之显仕巨室多产兹土"。我们去读王叔杲《永昌堡地图说》就知道，这篇文章就是从风水堪舆的角度论证：永嘉场人才效应是建立在风水基础上的，是不得不然的结果。"温之龙自栝西驶，至海而尽，为永嘉场……来龙叠嶂，从西南降，势悉为石冈，散气铺阳而聚于二三都之间，又适当海之弓，故温之显仕巨宦多产兹土。"永昌堡之所以当坐山面海为正局，也是依据永嘉场风水格局。（此文需张贴于永昌堡醒目的地方，作为顶级广告词。）

永昌堡文化的独特价值之三，是人物和宗族，那就是以王叔果、王叔杲为代表的英桥王氏宗族和人物

以英桥王氏为例。明代的时候出了进士13名（内含武三元一名，二甲一名，传胪一名），自明至清有史可查的著述有63部，世人誉称英桥王氏为"东瓯第一阀"。

这里出了抗倭的两位英雄：王沛、王德，诏赠太仆寺丞和太仆寺少卿，立祠，春秋祭祀。名列正史。

王叔果、王叔杲兄弟特别注重宗族文化建设，立《王氏族约》，王澈初步奠定了英桥王氏宗祠的祭祀文化。而宗族文化建设的实际操作，离不开王叔果、王叔杲兄弟。嘉靖万历年间，从永嘉场走出的王叔果、王叔杲兄弟俱进士出身，风采照人，一生取得了不凡的事业成就，被称为"东瓯双璧"。他们也是宗族文化建设的奠基人和实际落实者。《王氏族约》是理解英桥王氏的关键，王澈、王叔果、王叔杲父子把乡约推行到本族，制定族约，其内容翔实，切实可行，影响后世深远。《王氏族约》对英桥王氏成为著名东瓯望族，起着至关重要的作用。

2016年11月29日，英桥王氏家规在中纪委网站头条发布。这是继义门郑氏家规之后，《王氏族约》首次进入全国人民的视野。《王氏族约》达到了传统乡绅文化的高度，并作为乡约化的范本，培育人才无数。

这方面的研究也是方兴未艾，需多多整理文献，方便学者观览。要向浦江义门郑氏看齐，多多吸纳其传播宣传策略。

关于如何提高永昌堡文化品牌地位，我讲两点：

一、要用宏大的视野去研究永昌堡文化，奠定其历史文化地位

要从明代文化、江南文化、吴越文化、海洋文化、海防军事文化的视野去考察永昌堡文化。绍兴文理学院有吴越文化研究，浙江师范大学有江南文化研究，浙江工业大学有海洋研究学院，天津大学有海防军事体系研究，这些都可以进行对接。

国际学术研讨会也需要召开，尤其是将一批汉学家引入永昌堡研究队伍，必可提升永昌堡的国际地位。越是有独特性的东西，越能引起国际学界的关注。

二、文化旅游品牌的开发，要加强复原和体验活动

文旅开发，要重视独特性、娱乐性、体验性。永昌堡和大罗山旅游可以有机地结合，首先可以号召国内的驴友来探大罗山之险，访永昌堡之古。他们有免费的有力的网络宣传效果。旅行社的对接，也可开辟一条专线。

比如明代抗倭，即可用准备好服装、道具，让游客适当地体会永昌堡的瓮城和敌台的军事作用。王叔杲的“砻糠计”作为固定节目，即可排演。譬如本人跟几个师生一起在杭州孔庙开发祭孔情景剧，就曾取得不错的社会影响。

英桥王氏世家的族约、家训，也可以加强推广。诗文方面，也可融入一些娱乐活动中，令游客见之不忘。

纪录片、影视剧和多媒体的开发，也是立竿见影的，这方面大有可为。现在最为流行的传统文化是茶艺、汉服、射艺、太极拳等，可以跟这些国内外著名的协会加强联系，让他们来游玩和宣传，并且设立专门的点对接。像汉服、茶艺的从业者，大多是年轻人，而且富于激情，他们的大量涌入，必可使永昌堡成为国内网红明珠。

永昌堡的开发的确需要年轻人的力量、年轻的面孔和激情的声音。但是也要防范媚俗化、庸俗化。要搞得高明一点，高雅一点，高妙一点。这方面的文章大有可为。

文化旅游开发，是一个综合项目。尽量在保持历史风物原貌的基础上，而不是破坏改造得面目全非。

【附录】

各级媒体部分报道一览

1951年6月7日，《浙南大众》，永昌乡土改完成，在永昌小学演出《翻身农民热爱刘胡兰》。

1954年6月16日，《浙南大众》，永昌乡开展夏季治虫工作。

1998年5月2日，《温州日报》，南方故宫风采依然。（庄稼汉）

2000年1月6日，《温州日报》，昔日进士林，今朝更风流。（陈成虎、黄松光）

2000年3月30日，《温州日报》，十六世纪温州军民抗倭纪实。（施旺达）

2000年6月1日，《瓯之旅》，我国爱国主义教育基地——永昌堡。（戴文龙）

2000年12月10日，《温州日报》，永昌堡图片新闻。（许日尤）

2001年6月22日，《瓯海报》，永昌堡成为省级国防教育基地。（小郑）

2001年7月12日，《温州日报》，底蕴深厚，自成一派。（陆剑于）

2001年8月17日，《温州晚报》，全国重点文物保护单位揭牌仪式。（余日迁摄）

2001年8月31日，《温州日报》，登上永昌堡。（潘虹、邵羡冰）

2001年9月3日，《温州晚报》，浙江的东海明珠。（余日迁）

2002年3月16日，《温州晚报》，欧盟出钱修我永昌堡。（陈彩霞）

2002年10月14日，《温州日报》，温州与普拉托省结好。

2002年10月15日，《温州日报》，意客人参观永昌堡。（高敏洁）

2002年10月15日，《温州晚报》，意大利普拉托省的客人在陈莲莲副市长陪同下考察永昌堡。（图片新闻，李立摄）

2002年12月5日，《温州晚报》，永昌堡修复牵动欧盟，"亚洲城市"项目代表团今天抵温。（高敏）

2002年12月6日，《温州都市报》，修复国宝永昌堡，欧盟专家来温商讨实施方案。（汪炀）

2002年12月7日，《温州都市报》，"亚洲城市"项目昨天正式启动，2004年底修复完毕。（汪炀）

2002年12月7日，《温州日报》，"亚洲城市"项目昨启动，50万欧元用于修复王诤故居。（高精洁）

2002年12月8日，《温州晚报》，都堂第古迹修复项目外方代表透露秘密，欧盟如何爱上永昌堡。（高敏）

2002年12月9日，《温州日报》，价值何止50万欧元，"亚洲城市"项目将促进温州走向世界。

2002年12月9日，《温州都市报》，合作修复永昌堡，建设旅游新景点。（汤琰琰）

2002年12月9日，《温州晚报》，精心装扮永昌堡，共建国际旅游点。我市与欧盟上午签订合作协议。（高敏）

2002年12月10日，《温州晚报》，欧盟教永昌堡居民“织渔网”。

2002年12月17日，《温州日报》，欧盟“亚洲城市”项目专家赞不绝口，永昌堡可列入国际景点。

2009年1月24日，《温州日报》，“新书架”项目《古堡深处》介绍。

2010年2月23日，《温州日报》，永昌堡：一座神奇古城。（方志方、潘可旺）

2010年2月25日，《温州日报》，永昌堡450岁纪念活动昨举行。（王飙）

2013年，《军事历史研究》第四期，浙江温州明代永昌堡的筑城和敌台。

2016年8月12日，《今日龙湾》，“倡导家园人文情怀，践履礼义廉耻德行”永昌堡王氏家风研讨会。（王策等）

2016年8月25日，《温州晚报》，温州农民画家王学钊捐赠300件书画作品。（闻菁）

2017年2月21日，《今日龙湾》，永昌堡内书画咏先贤新闻。（绫慧）

2017年3月3日，《温州日报·文化周刊》，扬古堡文化，传先贤精神。写在王叔果、王叔杲诞辰500周年。2017年3月7日，《今日龙湾》，扬古堡文化，传先贤精神——写在纪念王叔果、王叔杲诞辰500周年之际。（李希赛）

2017年5月26日，《温州日报·文化周刊》，池台泉石之胜甲于郡——王叔杲与他的玉介园。（南航）

2017年6月28日，《温州日报》，戏曲史专家王季思：一往情深在西厢。（徐宏图）

2017年8月17日，《今日龙湾》，甘当无名英雄，革命军人王竹奇。（叶晓东）

2018年6月6日，《温州日报·文化周刊》，王国恩古堡保卫战。（王民悦）

2018年12月2日，《温州日报·文化周刊》，永嘉望族，书斋风日。

2019年1月22日，《温州日报》，永昌堡：古韵盼新声。（冉梦蝶）

2019年3月15日，《今日龙湾》，罗山书院“温州的大观园——玉介园”。（苏德来）

2019年8月27日，《今日龙湾》，“一场千年永嘉场寻路之旅”第一站永昌堡。（翁秀琴）

2019年12月6日，《温州都市报》，“人文荟萃永嘉场，巍巍古堡冠全浙”，永昌堡建堡460周年纪念大会暨文艺会演举行。（叶锋）

2019年12月7日，《温州晚报》，永昌堡460岁了。（王亮）

2019年12月8日，《温州商报》，“罗山钟灵，古堡毓秀”，纪念永昌堡建城460周年。（王一平、王身康）

2020年6月9日，《今日龙湾》，“明代文化典范——永昌堡”，“古堡十咏”。（章方松、王一平）

第七节 书 画

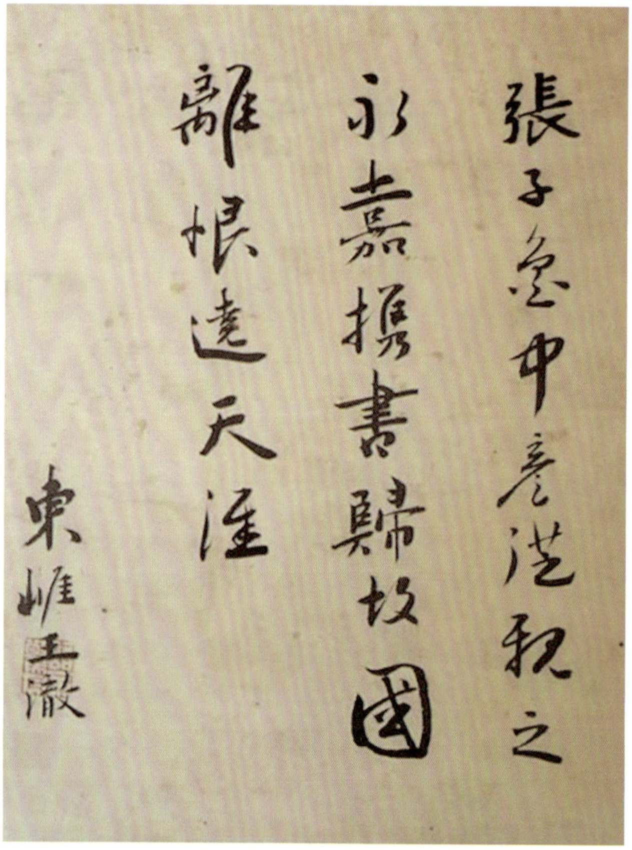

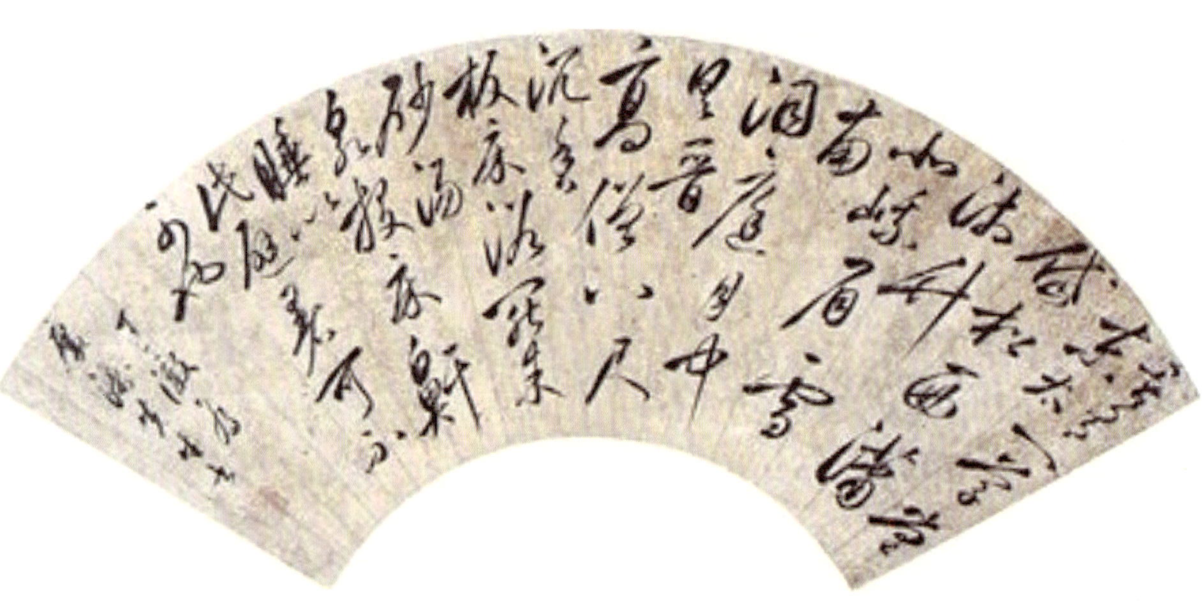

（明）王澈

（明）王诤

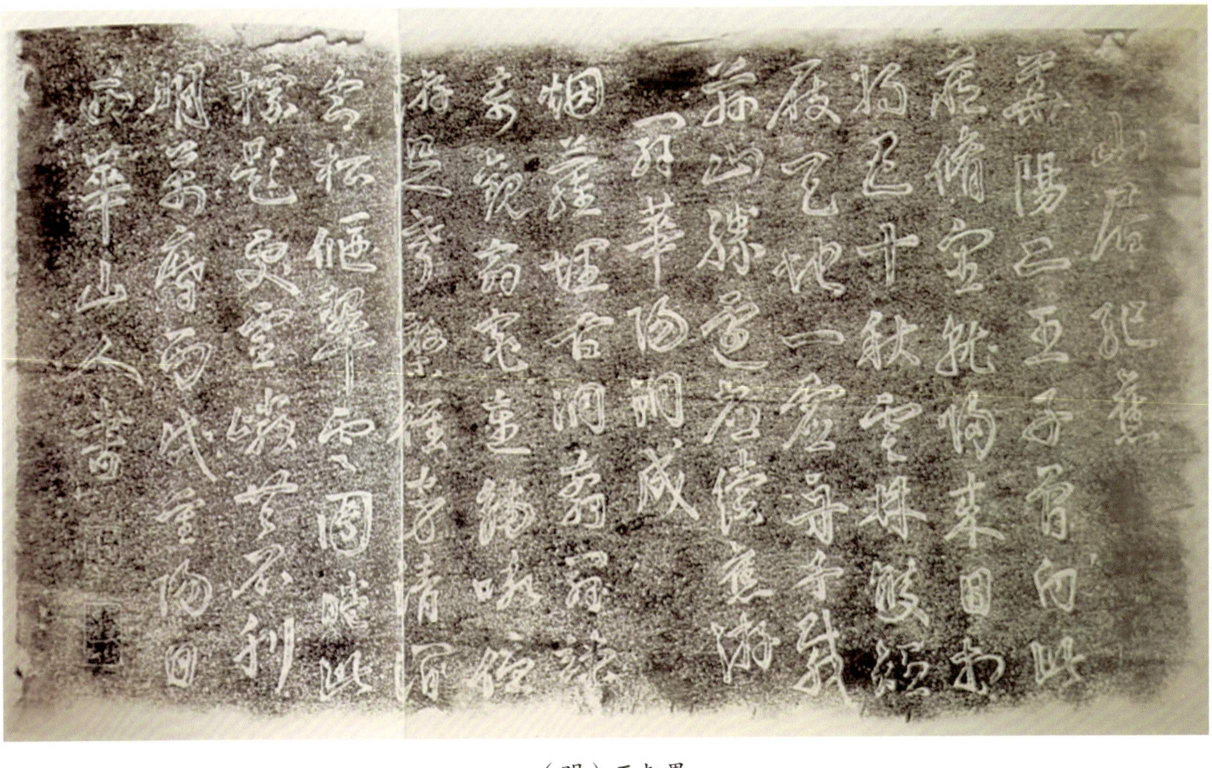

（明）王叔果

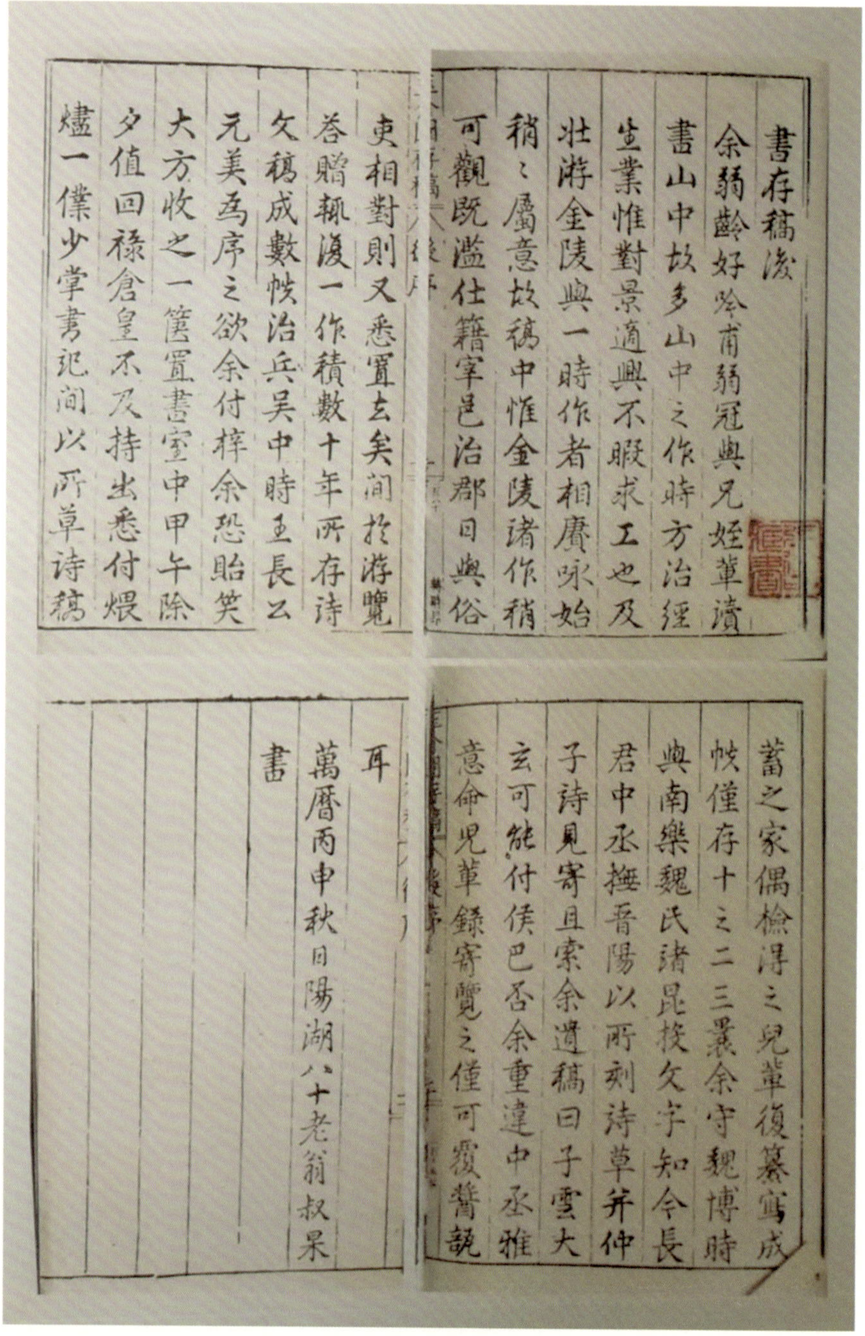
書存稿後

余弱齡好吟甫弱冠與兄姪輩讀書山中故多山中之作時方治經生業惟對景適興不暇求工也及壯游金陵與一時作者相賡咏始稍稍屬意故稿中惟金陵諸作稍可觀既濫仕籍宰邑治郡日與俗吏相對則又悉置去矣間於游覽登贈輒復一作積數十年所存詩文稿成數帙治兵吳中時王長公元美爲序之欲余付梓余恐貽笑大方收之一篋置書室中甲午除夕值回祿倉皇不及持出悉付煨燼一僕少掌書記間以所草詩稿蓄之家偶檢得之兒輩復纂寫成帙僅存十之二三曩余守魏博時與南樂魏氏諸昆授文字知令長君中丞撫晉陽以所刻詩草并仲子詩見寄且索余遺稿曰子雲大玄可能付侯巴否余重違中丞雅意命兒輩錄寄覽之僅可覆醬瓿耳

萬曆丙申秋日陽湖八十老翁叔杲書

（明）王叔杲

（清）王德馨

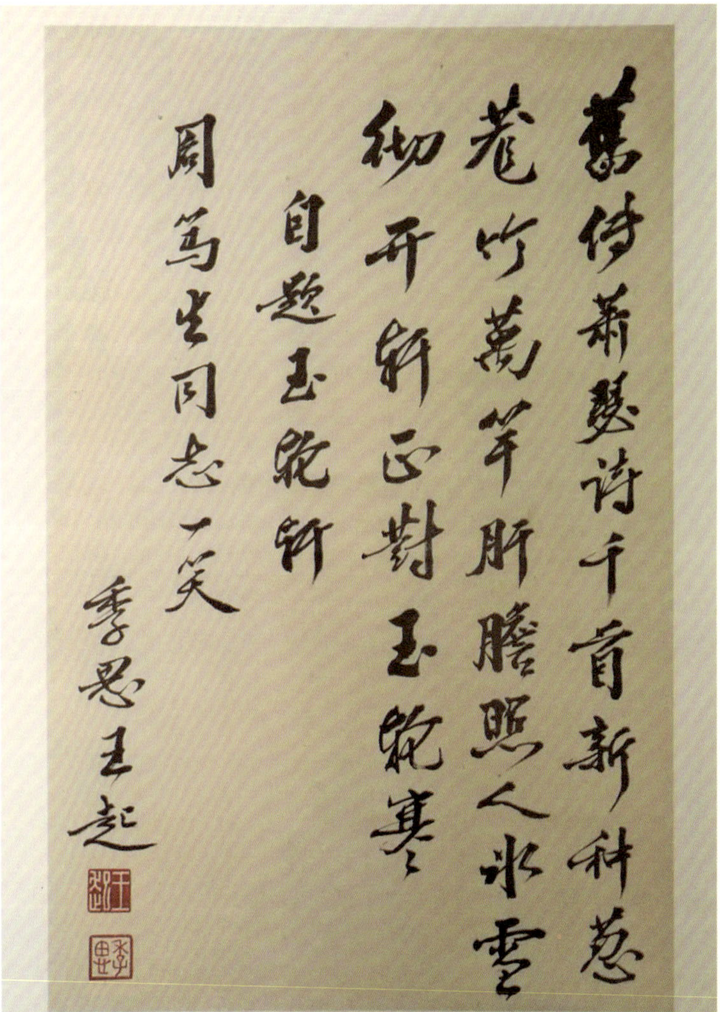

王季思　书

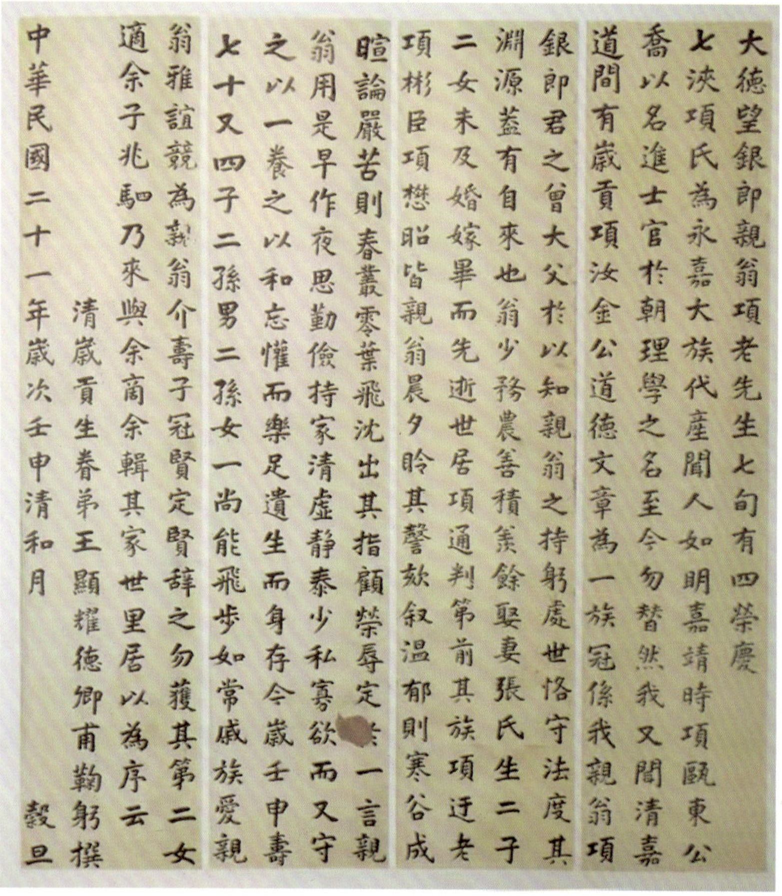

大德望銀郎親翁項老先生七旬有四榮慶

七浹項氏為永嘉大族代產聞人如明嘉靖時項甌東公喬以名進士官於朝理學之名至今勿替然我又聞清嘉道間有歲貢項汝金公道德文章為一族冠係我親翁項銀郎君之曾大父於以知親翁之持躬處世恪守法度其淵源蓋有自來也翁少務農善積纍餘娶妻張氏生二子二女未及婚嫁畢而先逝世居項通判第前其族項迁老項彬臣項懋昭皆親翁晨夕聆其謦欬叙温郁則寒谷成暄論嚴苦則春叢零葉飛沈出其指顧榮辱定[illegible]一言親翁用是早作夜思勤儉持家清虛靜泰少私寡欲而又守之以一養之以和忘懽而樂足遺生而身存今歲壬申壽七十又四子二孫男二孫女一尚能飛步如常戚族愛親翁雅誼競為翁介壽子冠賢定賢辞之勿獲其第二女適余子兆駟乃來與余商余輯其家世里居以為序云

清歲貢生眷弟王顯耀德卿甫鞠躬撰

中華民國二十一年歲次壬申清和月　穀旦

（清）王显耀

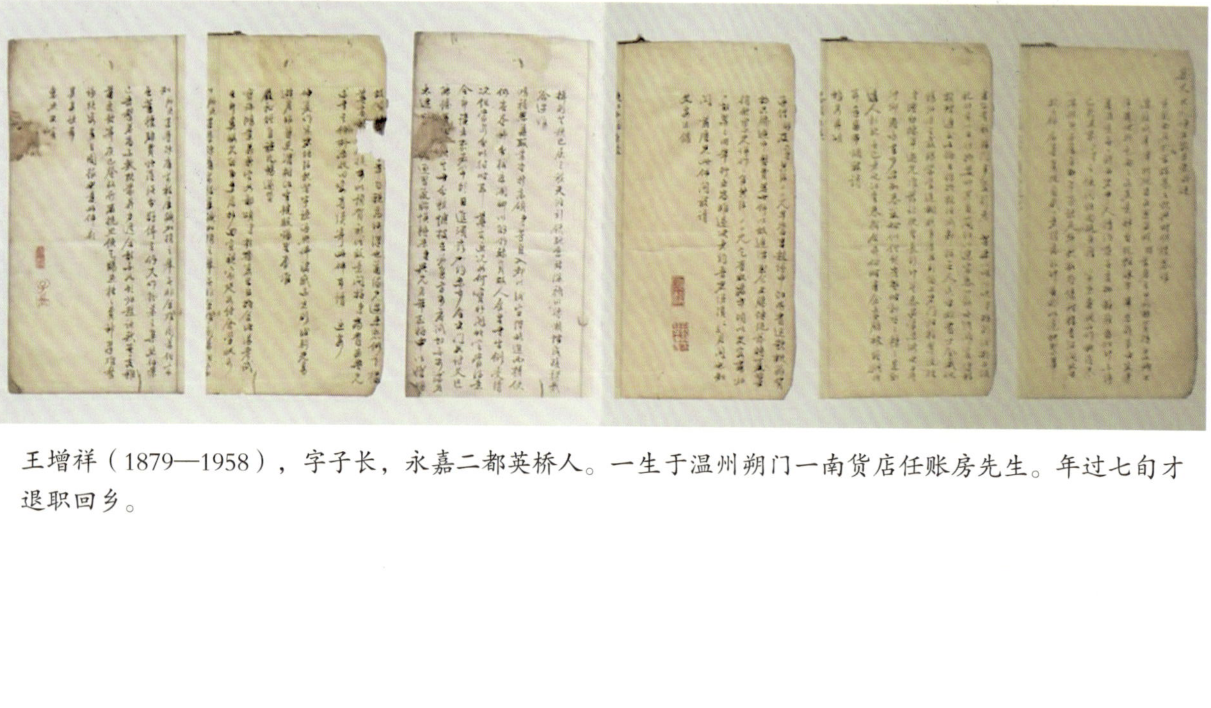

王增祥（1879—1958），字子长，永嘉二都英桥人。一生于温州朔门一南货店任账房先生。年过七旬才退职回乡。

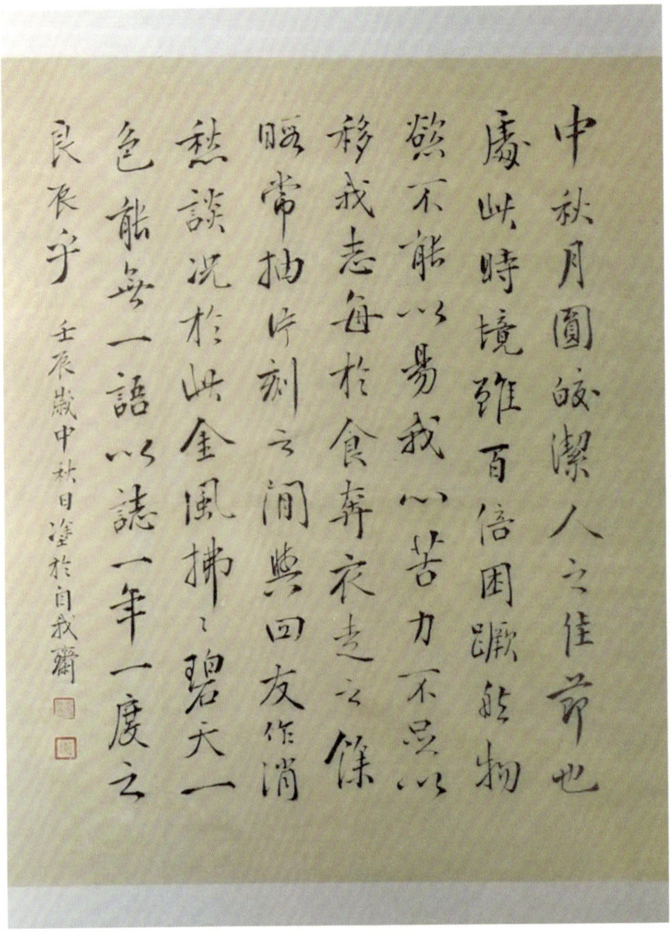

《中秋自序》

王国光（1912—2000），又名王谦，曾受聘吴百亨先生的瑞安百好乳品厂。1958年后长居永昌堡状元里。

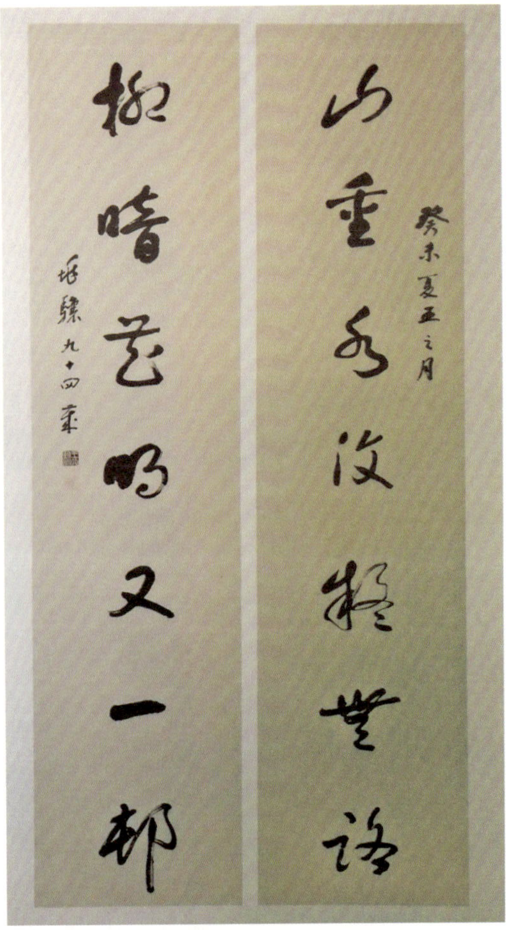

王兆骧　书

作者：王毅

古堡春秋　王珠润　135厘米×68厘米

依山傍水　王珠润　135厘米×68厘米

三桧图　王学钊　101厘米×50厘米

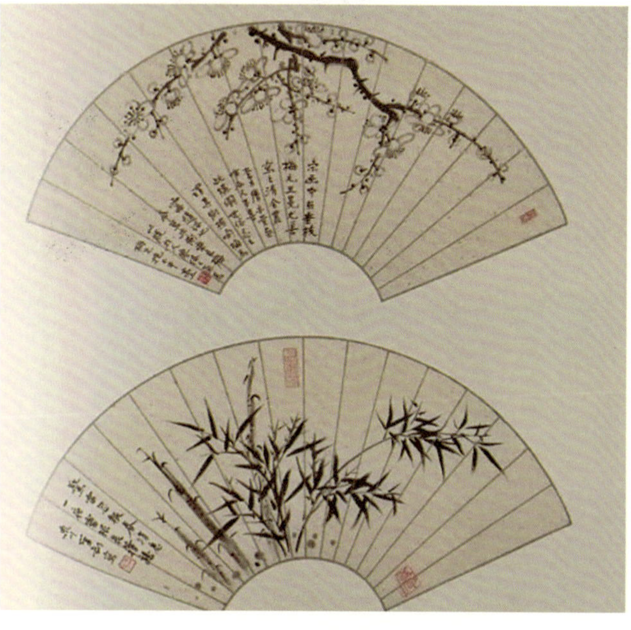

作者：王学钊

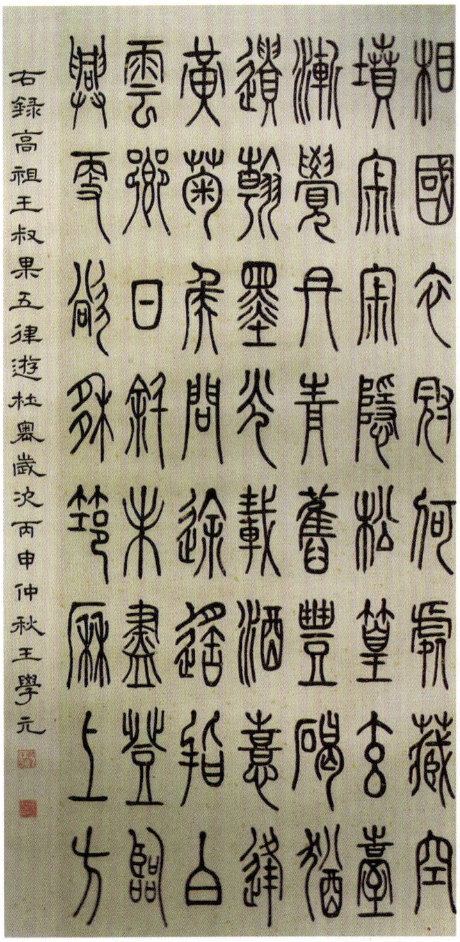

王学元 书

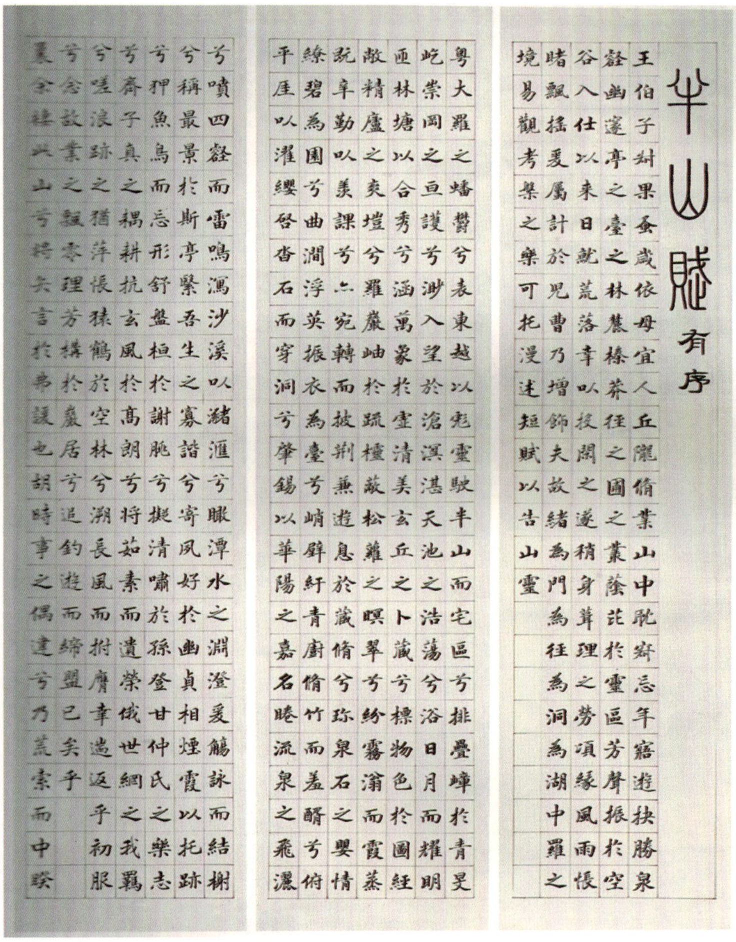

王昕 书

作者：王剑武

从　录

收录永昌堡英桥王氏先祖部分圹志、墓志铭、碑文等文献。

碑刻等文献

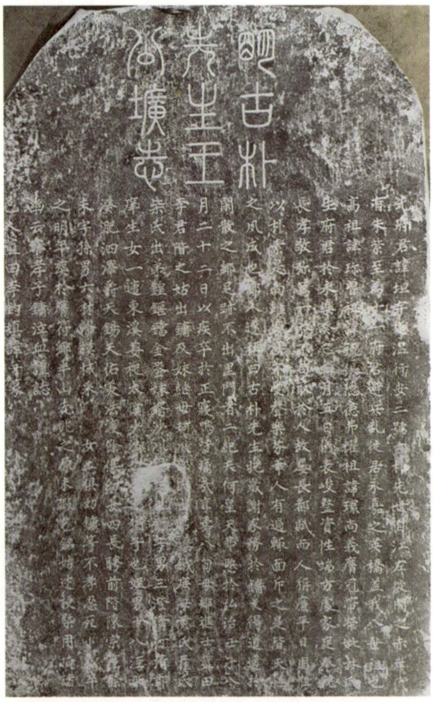

明古朴先生王公圹石碑

明古朴先生王公圹志

先府君讳坦，字廷温，行安二，号古朴。先世自江左徙闽之赤岸，代有朱紫。至万十一府君避兵乱，徙居永嘉之英桥，盖我八世祖也。高祖讳珍，曾祖讳毓，俱隐德弗耀。祖讳环，尚义，膺冠带荣。妣林氏，生府君于永乐癸巳五月五日，仪表俊整，资性端方，处家庭、奉亲长，孝敬弥笃；一芥不苟取于人，故屡长都赋而人称廉平；日用惟以朴素是尚，虽盛宴不爱声乐芬华；人有过，辄面斥之。是皆天性之夙成也。乡人遂称曰“古朴先生”。晚岁，谢家务于镛，爰得逍遥于闲散之乡，足迹不出里门者二纪。夫何皇天弗慭，于弘治壬子八月二十二日以疾卒于正寝。呜呼痛哉！享寿八旬。

母，乡进士蓝田李君阶之姑，出镛及妹；继母珂川邵氏，出弟钺；庶母黄氏、瞿氏、柴氏，出弟锃、鎠、铛、金；銎妹婿沙川周□也。镛子男三，澄、清、汀。清，郡庠生。女一，适东溪姜祀，太仆少卿公□之犹子也。侄男十八，泾、渺、湙、淝、泗、泽、爵天、锡天、佑美、法、渡，余俱幼。女四，长聘前阶陈宗廉，余未字。孙男六，材、模、械、采、□□。女二，俱幼。

镛等不孝，忍死卜以卒之。明年葬于膺符乡半山先兆之原。未暇乞铭，姑述梗概用掩诸幽云。不孝子镛泣血谨志。

邑人蓝田李钧填讳并篆。

先考王府君圹志

先考王府君圹志

先府君讳镛，字九韶，行诚四，别号中制。先世肇源晋之江左，衍派闽之赤岸。至我万十一府君以兵乱由闽避居永嘉英桥，是今之始迁祖，距府君凡十有二世。曾祖讳毓；祖讳环，妣谢氏、杨氏、林氏；考讳坦，妣蓝田李氏，生府君于正统戊午十一月四日甲申。

自少岐嶷，资性明敏，孝友之行出于天成。妣李氏早世，恒以弗及侍养为憾事。晚妣邵氏无间己出，平以处心而险诐不留，和以应物而乖戾不作，闺门雍雍，宗戚欣欣，事上使下，各得其道。且能精于权度，处无难事；伏义执言，无为诡随。以故郡邑贤士，夫若姑苏文侯、吴川林侯等辈，事无大小，凡所资者，纵操曲直未造不委心于侧耳之际，府君于此不未尝藉此以自雄于乡曲也。晚岁委家政于澄等，徜徉物外，以诗酒自娱。夫何未几而昊天不吊，弘治丙辰九月五日戊寅以疾终于正寝，使罔极之恩报不余日。呜呼痛哉！

娶母四峡陈氏，生澄及弟清、汀。清，郡庠生。妹一，适安固东溪姜祀太仆少卿立纲之犹子也。孙男五，良材、良干、良模、良采、良相；女二，俱幼。澄等不孝，忍死卜以卒之。

又明年，正月十有三日己酉，奉葬于五都半山先兆之次。攀慕悲号，无所逮及，谨述梗概，用掩诸幽云。孤澄泣血志。

乡贡进士蓝田李阶填讳。

王中制府君安人陈氏圹志

王中制府君安人陈氏圹志

呜呼！是吾母夫人之墓也。夫人年方及笄，归吾先君。勤俭宜家，克敦妇道，孝不衰于吾祖父母，敬不怠于吾父。斯時也，遭家多故，抚诸幼叔，衣食备至，慈惠周流，有母道焉。待妯娌以义，御卑幼以恩，教吾兄弟以义方。妇道母仪，罕克俦伍，惜乎不能备录而纪载之。

不孝有余辜矣！夫人生于正统壬戌五月，卒于嘉靖癸巳正旦之二日。礼拜百神之后，集诸孙子于前，无病而逝，享年九十有二。吾友少傅张公罗山闻讣特书慰关，诸府邑公次第举奠祭以卒之，十二月甲申附葬于膺符乡半山之原。

子三：长吾兄澄，次即清，弟汀；女一，适瑞安姜祀太仆少卿立纲先生从侄也。孙男七：良材、良干、良模、良弼、良茂、良亲、良保。干，府庠廪膳生；弼，廪膳例贡国子生。皆未第。女孙三：一适瑞安李墉兴府典膳，一北山林裔，一七甲项璪府庠生，夏官主事乔之弟也。若曾孙，则莹、耀、燮、默、炳、炜、继、德等八人，其余未悉载也。

时嘉靖十二年十二月吉旦男太仆寺丞清泣血谨志。

明王珍墓志铭

乐善处士王公墓志（篆额）

乐善处士王公墓志（题）

将仕佐郎前常州府儒学教谕邑人金原祺撰

赐进士出身承直郎通判福建建宁府方以正书篆

明王珍墓志铭，高91厘米，宽49厘米

处士姓王氏，讳珍，字伯玘。其先世为闽人，五代唐晋间，九世祖乃徙居永嘉之英桥里。曾大父讳辰，大父讳惠，父讳宜，母吴氏。

处士生而赋性端谨谅直，自幼持己嶷嶷，即不入群儿戏。既长，善事其亲，虽亲性严毅，处士事之能曲尽其道，必得其欢心。至其闻善则若自己出，惟恐有不及也。尤喜行阴德事，凡桥路、堰闸之类，有坍塌不便于民，与妨农害稼者，必捐己赀，不计其工力多寡，修治完固，以便于后人而后已，亦不自以为德也。其延师教子弟，至于古人之善可为法，恶可为戒者，必使之成诵，而后开谕之，俾谨守勿怠。故其子孙皆恂恂孝友，人知为家庭训也。与人交久而益虔，治家俭而有节，故家日以裕。其平生少疾病，虽老而耳目聪明。遇宾客，则觞咏谈笑愉愉如也。尝曰："吾无志功名，惟所慕者善而已矣！"因自号"乐善处士"。

娶胡氏，有淑德，克相家政。先三十年卒，祔祖茔之侧。继室吴氏。子男一，毓，胡氏出也。孙男七，环、琛、璃、珙、璩、瑩、瑊。琛蚤世，璃为邑庠弟子员。曾孙男十一，埏、坦、墅、牝、在、墐、坏、墇、境、封、佳。女四，皆幼。处士生于元元统甲戌十一月十三日，卒于永乐壬寅六月八日，享年八十有九。以卒之又明年甲辰十二月十九日，葬于膺符乡半山之原。先期，其子毓奉事状拜请志其墓，且其孙璃又学于予，故不辞而为书其行实如左。

乌乎！处士于事亲、理家、处世举得其要，而无矫俗于名之心，使有一命之受，以摅其所蕴，当不止于此而已也。其永矢弗过，终老林泉，岂非命耶？然其跻上寿，享富足，子孙之盛侁侁如也，是福善之报，有以福其身，裕其家，昌其后嗣也与！后之人过其墓而指之曰："此乐善处士阡也。"见其修之桥路、堰闸曰："此乐善处士所成也。"较之得志一时，无垂裕于后世，其得失相去远矣。

明王埏墓志铭

故贞庵王义士墓志铭（篆额）

故贞庵王义士墓志铭（题）

中宪大夫都察院左佥都御史致仕黄岊李匡撰文

同里英桥叶蕃书篆

明王埏墓志铭，高88厘米，宽48厘米

王贞庵未卒时，已有输米备赈之意，上答圣朝治平之恩也，殁后遂焉郡邑循例立石表之，因有义士之称。兹其子治葬，远拜状请铭墓。

按状，贞庵讳埏，字廷方，行安一，号贞庵。生于永乐庚寅正月十六日，卒于成化丙戌闰三月七日，葬于其年十一月十六日，墓在先陇之次，其邑膺符乡半山也。曾祖珍，祖毓，父环，母林氏。配陈氏，闽福宁县儒学训导启之女。二室林氏，侧室单氏、黄氏。子男三，女二。配生女居长，生男曰鈇。林氏生男曰鍋，年长于鈇。黄氏生男曰镯。单氏生女最少也。长婿同乡陈玖；次婿徐政，其父宁城百户，政其适长也。孙男三，涫、淙、滯；女二，皆幼。

贞庵自幼明敏英果，稍长就傅，悉与人殊。祖父以产盛，膺粮长永充之役。其未冠时，行家政，承役事。冠后志气倍加，言信行果，意见已定，略不少回。赀产虽承祖父旧析，而愈增积。有弟五人，其考在时，最少者幼，产虽预析址居，婚媾未议也。考卒弟长，悉以己赀成之。厥考填茔，命工崇广作亭其上，名曰“永思”。天顺戊寅，郡守周侯命充耆宿，处事决讼，咸中情理。成化丙戌，得疾。闻有例为预备粮饷事，劝人纳米，悉加表异。嘱其弟及其子曰：“尔当敬礼皇上保国忧民之心，以遂吾志。”维时郡守访诸好义者，命邑宰致书请之，而贞庵卒矣。更为其弟名在者，弟辞，乃复贞庵之名，米则弟输，不费兄积，则其友爱可知矣。郡邑立石表之。

所居之东有田约近千亩，乡族所共业者，四旁皆水耕者，不便于往来。疾臻之际，命工伐石，欲于东西立桥，石材悉具，扶惫董工。西桥完建，其东将随成，以疾革未成也，惜哉！乌乎！其生也不负，其殁也有荣，墓宜铭之。铭曰：

乌乎贞庵，铭尔斧封。维天降衷，民秉厥衷。维皇建极，民归其极。秉衷归极，烝民之德。噫尔垂终，嘱推其义。殁既行之，成尔之志。曰忠曰义，贞珉表之。门庭之间，百世永贻。侧乎永思亭，幽哉尔泉扃。永永千百龄，斯我贻之以铭也。

明王埏暨妻陈颖墓志铭

表异忠义永嘉沙城贞庵王公夫妇墓志铭（篆额）

表异忠义永嘉沙城贞庵王公夫妇墓志铭（题）

鸿胪寺序班同修国史同邑黄璨撰文

翰林同郡安固柳楷书丹

同邑谢池刘恒篆额

明王埏暨妻陈颖墓志铭，高87厘米，宽47厘米

皇明表异忠义永嘉沙城王公卒后六年，配安人陈氏殁。今其子奉襄大事，先期泣奉其从父止庵事状乞铭。

按状，公讳埏，字廷方，行安一，号贞庵。宋忠文公梅溪先生裔，世居沙城英桥里。曾祖珍，祖毓，能诗，有《槐阴吟集》；父环，恩赐冠带，别号自足翁；母林氏。公自幼明敏英果，少从城南古愚刘先生学，先生常称其可教而器之。稍长，即能干父之蛊，出于称人。乃父知其不凡，以家政委之。既长，志气益刚方，出言必践，既诺不留，不喜华靡，不惑邪说，立身侃侃如也。事父母尽孝，友诸弟尽爱。至于教子女，莅家众，待宾客，莫不尽其道。乡闾事有不平者，皆质之公，折以片言，无不悦服。郡县尝循例举其父自足翁输粟京庾七百斛，赐冠带，翁以弗追为虑。公能尽子职以完王事，□不经翁之心，诚可谓能子矣。亲殁，言及辄流涕。弟少者幼，产虽预析址居，昏媾未议也，及长，悉以己赀成之。常兢兢以祖茔、祠堂、义塾为念，筑祖茔周垣数千寻，复琢石为亭于考墓，匾曰“永思”。祠堂未立，治命喻诸子，兹已成于正寝之东，崇广壮丽凡五十余楹。义塾则未就也，天不假年，惜哉！

所居之东九十里路当□冲，多沮洳，居民辏集。而鹾司、宁城车马往复惟难，郡邑闻公善区画，召命之。公董工甃石，遂为康庄之衢。其□□卤，源泉咸涩，公甃井卫以石阑，复作亭其傍，设义浆以沃行渴。福德、三官两堂几圮，公修治之，缭以□垣以为公馆宿次。又修横塘南北两桥，作便农一桥，人多利之德之。乡有贫不能殓者殓之，不能葬者葬之。成化丙戌循例输米二百斛，郡守邵公铜邑宰郭公经，立石表其忠义，佥都御史黄嵓李公匡记其事矣。

安人陈氏讳颖，行庆一，世为沙城右族。曾祖仲华，祖笏。父启，永乐庚子乡贡举人，福宁县儒学训导。母张氏。安人性行纯淑，年十三将随父之往，自足翁于道见而奇之，因遣媒通问，遂许焉。既归，事舅姑，奉祭祀，孝敬无违礼，处妯娌无少渐□。其莅下严慈宽恕，妇道母仪，女红中馈，悉足为阃内式，诚贤矣哉！子男三。初，公年逾三十未有子，安人常以大宗嗣续为忧，请纳贰室林氏，生男鍋，长。安人生男鉠。一年林氏早世，安人抚之益笃。幼男钃，侧室黄氏生也。女二，长适陈玖，安人生也。次适宁城百户徐政，侧室单氏生也。孙男四，渲、淙、济、泝；女四，俱幼。公生于永乐庚寅正月十六日，卒于成化丙戌闰三月七日，寿五十有七。安人生于永乐癸巳十月十八日，卒于成化辛卯八月十八日，寿五十有九。成化丙戌十一月十六日，公葬之日也。成化壬辰十一月四日，安人葬之日也。斧封膺符乡半山公夫妇墓也。铭曰：

乌乎！以贞庵忠义之名，固非特输粟之旌也。仰惟纶音之宠荣，宜详推而铭之。贞庵刚毅直方之气，忠之至也。信果勇决之志，义为比也。诚无愧于方寸之地矣。其辅之佐之，得非由家人女贞之利乎。噫！公善继述，令子善承。孰谓太空其冥冥，在斯人好还其足征哉！

明王鍋墓志铭

恩赐义官居易王公墓志铭（篆额）

恩赐义官居易王公墓志铭（题）

乡进士同邑蓝田李阶撰文

通议大夫太常寺卿直文华殿同修国史安固任道逊书篆

明王鍋墓志铭，高108厘米，宽61厘米

王为邑之大姓也。其先出自晋江左，五代时由闽徙今永嘉之英桥，世积德行义而饶于赀，至公盖廿余祀矣。公讳鍋，字九恒，行诚四，居易其别号也。曾祖樵云翁，善诗，有《槐阴吟集》载于邑乘。祖自足翁，父贞庵翁，皆尚义受恩典。

公纯粹简重，恭逊易良，不妄言笑，处事得缓急之宜。贞庵翁性严峻，公事之得其欢心。与二弟鉴水、友梅，各输粟膺冠带荣，心相友爱，怡怡然冠服相照于诗酒间，见者闻者，罔不□□慕焉。郡邑大夫器其能，每词讼，系其邻近乡□□无□□□大悉委之，公□□□□□人不□□。成化戊戌，尝督修本县儒学殿庑无虑百余楹，邑宰文侯林命也，首出白金□十两以助费。成化癸卯，修筑沙城二十余里，邑宰刘逊命也，工食半自己出。弘治癸丑，植永嘉场南门三架，郡守陆侯润命也，其费皆己出焉。复修五福、济民、范公三桥，共十余间，沙川庙□□□□□□□□□□□□□，寿仅五十有九，而一疾弗起，何天夺之速耶！生于正统六年闰十一月十有九日，卒于弘治己未七月二十日。

配安人项氏，淑德克相。子男六人，渲、济、泝、渞、询、沧。渲等善树立，有祖父风；询，邑庠生。女二，长适珂川邵全，次幼。孙男椿等十一人，女二。兹其孤子渲等以卒之又明年九月二十二日，砭于膺符乡祖垅之原。以予其世姻也，知公深且悉，乃属予铭诸墓。於乎！蒿丘碑碣，雄词驰骋，几何能称其情？若公者，善其身，和于亲，利诸民，诚可谓无愧于吾铭者矣。铭曰：

惟其易斯比于义，惟不险斯不幸于利。克和厥家，于物乃济。贞石流辉，于赫乎永世。

明王镯墓志铭

友梅王公墓志铭（篆额）

友梅王公墓志铭（题）

赐进士及第通议大夫礼部左侍郎前两京国子祭酒经筵讲官翰林侍讲同修国史里姻王瓒撰

赐进士第中宪大夫知温州府事前监察御史吴江陆鳌书

奉政大夫同知□州府□□翰林院孔目乡进士汝阳秋允篆

里有义士曰王公，讳镯，字九斋，号友梅。正德己卯十月五日，以疾终于家。其孤汉为鸿胪序班，闻讣恸绝如不欲生，即解官奔丧。陈郎中宪为撰事状，叶编修成规、侯进士希尹持以属铭。呜呼！□铭奚俟乡曲致速哉？余辱姻爱久矣，而焯潜垂永，孰有宜于余者。

公先世由闽之赤岸徙永嘉之英桥，为右族。曾祖尹成，祖秉圭，父廷芳，并有隐德。长兄九恒、次兄九严，俱授散官。公少敏慧，涉略书史，学为歌诗多警语，尤敦孝友，不妄言笑。俭勤以理家，而业日饶裕；恭直以接物，於家，延明师以迪子姓及其族人。割田二其池，其前而桥之□敞壮□□□所居时相对竟夕，宾至，拉与俱，呼酒酌其下，天台谢文肃公尝为友梅记。乌牛象浦有溪，往来病，公捐赀桥其上，人遂称便。弘治戊午，里大饥，明年又饥，死徙无算。公白邓守，愿出粟倡众赈之，存活甚众。永嘉场入郡城余数十里，而茅竹岭界其中途，值烈日暴雨，行者靡止。公断石树亭于岭之中，邓守以“便止”名之，而今尝记其事。里之好义者莫先焉。又筑□石通衢数百余丈。濒海暑暍，夏秋舍茶数月以为常，□□□朝廷尝锡冠带以荣其身，人以为宜。故公之卒，无问识与不识，同□伤悼。

明王镯墓志铭，高129厘米，宽70厘米

公生景泰辛未四月十九日，享年六十有九。配张氏，彭泽教谕铎孙女，贞顺慈淑，相家于成。子男三，长即汉，以楷书授职直内阁□□□□□□□□□□□□□□□□□，娶姜少卿廷宪侄女；次浦，娶李员外升之女，早世，汉承父命，以子有立后之；次浥，侧室陈氏出，娶林氏。女二，长适潘匡，匡早世，今守□不渝；次适邵诤。孙男四，有庆，聘周中书巽之女；有立、有德、有福。孙女四，长字刘指挥尚文子泾，次字序班金鸣远子承诰，余幼。公尝营玄穴半山祖垅之原，至是卜以正德辛巳正月八日奉窆焉，从公命也。公修德于躬，殖其家，敷惠于乡之人，而又有贤子以振其华，是足以不朽矣！铭曰：

吾尝观于里中，而悉公德之美。维德之美，义声聿起。既被国恩，载逮其子。如途如梁，我筑我理。发軔自此，直优千里。半山之原，风气攸凝。于焉永归，弥固弥宁。太史篆铭，于彼玄扃。扬□昭韪，尚徯后荣。

明王良庆墓志铭

明故登仕佐郎鸿胪寺序班王公墓志铭（篆额）

明故登仕佐郎鸿胪寺序班王公墓志铭（题）

赐进士出身通议大夫通政使司通政使直文渊阁侍经筵与修国史玉牒嘉禾张文宪撰

承德郎大理寺左寺正直文渊阁预修国史玉牒昆阳吴昂书

文林郎大理寺右评事直文渊阁预修国史玉牒四明何迁篆

明王良庆墓志铭，高95厘米，宽61厘米

呜呼！王公今已矣。夫公为予同寅、内阁堂制、太常卿周清泉令之婿，同年祭酒公激之从侄也。始予于清泉第数会公，见其雅饬端重，言必有物，盖已占其所眷矣。既而，闻公登用，喜□秘得人。再闻公病，已乃闻公不禄。呜呼惜哉！

公讳良庆，字孝卿，别号居竹，世为温州府永嘉县人。始祖万十一，曾祖贞庵，祖友梅。奕世相传，绵衍繁盛，殆至千余户。时称巨族者，必曰永嘉王氏云。父讳汉，号双溪。善□□□□□，任鸿胪寺序班，供内阁诰制房事。母姜氏，太仆少卿立纲公侄女也。

公少质敏，气岸不凡。与弟邑庠生有立、进士德同习举子业，垂成弃去，遂留神大小楷及籀篆，各极精妙，绰有父风。嘉靖丁酉，应礼部选入直武英殿，所典者，皆朝廷秘务。公莅以勤恪，夙夜罔懈。凡遇公家事，必竭力办理，无间于祁寒暑雨。用是深受上知，同事者悉推让之，以为难及。满三载，考绩书称，给赐敕命，进阶登仕佐郎。公天性孝友，值祖先忌日，或岁时祀享，严敬将事无少怠□。处昆季、姻族，□其雍睦。居常仪度端凝，勤循矩则，谦恭周慎，于物无忤要。其中善充□有得者，效劳将及九载，晋秩有期，□德□□荣，众咸以远大望之。今乃遽至此，呜呼！命哉！

公生于弘治乙丑四月二十六日，卒于嘉靖丁未四月八日，得年四十有三。娶周氏，内行甚备，善治家。子二，长玄祐，克率教诲，有隽才，善书，礼部听考儒士，娶项氏，同邑项宪副乔弟栗之女。次玄祜。女一，孙女一，俱童稚。玄祐自京扶旅榇南归，卜以明年十二月辛酉，葬于半山之原。至是奉乃外祖清泉公命，持顺天府庠生鸠居王璋状谒予，涕泣请铭。盖念旧谊，未可辞也，乃按状而铭之。铭曰：

昆吾宝剑，方试遽折。渥洼神驹，方骋遂蹶。位不副乎其才，生不满乎其德。嗟哉！居竹何其数之阨也。然而秘殿职修，率□弗越。有嗣趾美，亢宗振业。自将垂不朽之名，而衍无穷之泽。永慰九泉，□□□□。

嘉靖二十七年岁次戊申十二月望日立。

王名世妻陈氏圹志

明陈氏恭人志

恭人者，太学生陈沧湖公第四女也，女工女德具备。于归后，见余家壁立，即斥去罗襦珠玑，相余学，余获丁酉，戊戌冠武闱者，恭人之力居多。恭人时即喜动颜色，而心以劳伤，遂遘疾，卒于万历己亥闰四月三日辰时，距生隆庆庚午五月廿九未时，享年仅三十，使余燕邸凄楚徬徨，儿女啼号，肠寸寸断矣。丙午，余以侍卫东宫，皇太孙生，升指挥佥事，恭人以之得赠，子成命，县庠生，万历丁巳八月廿六寅时卒。女三：长适三都张士模，次适上江陈克旭，次尚无匹。卜吉万历四十六年四月八日，窆于上朱洋肖华府君墓南，成命及妇林氏附葬于右沙外。

王生翼宇牧泪命工刻石。

王名世妻陈氏圹志

附注：

2016年5月，龙湾区文博馆在龙湾区上朱垟整理王德墓时，发现此圹志。明万历四十六年（1618）四月八日刻。王翼宇撰（名世）。圹志青石质，八字额，高72厘米，宽44厘米，厚12厘米。正文10行，满行21字，楷书阴直刻。

仙岩重建陈止斋先生祠堂记

（明）王叔杲

东瓯称山水郡，自昔多名贤。山之灵秀，雁荡、大罗为最。大罗之西麓曰仙岩，泉石奇胜，《志》号天下第二十六福地，界瑞邑，宋宝谟阁待制陈止斋先生，世家瑞之葑村，未第时潜修仙岩，四方多向学。紫阳朱先生过访山中，手书“溪山第一”，今榜于坊。

先生故有祠在山门之侧，岁久就圮。嘉靖甲寅，前令大中丞吴门羽泉刘公重创祠宇虎溪桥北，予伯兄宪使西华君有记。春秋祠祭列祀典。万历庚辰新例：凡郡县有书院，报毁先生祠。以故督学阮公揭“心极书院”扁，前尹齐侯例毁之。寺僧移先生像于佛殿之左方，顾瞻者欷歔，然有待也。

比岁甲申，常熟章侯来尹瑞安，政暇游仙岩，读《志》所载《祠记》，知前祠兴废始末，谓先生著作方盛传，为博士家所诵法，名业又具昭国史，而祠以溷题、不免，有司之过也，吾必复之。既以语余，移书上官，疏先生祠不当毁，愿以俸资重建。上官咸报可，而郡尊淇竹卫公暨同寅见吾刘公，五和马公、雪松潘公，共勒月金为助。乃相地于积翠峰下，鸠工庀材，为堂五楹，环以周墙，冠以台门，通衢于寺。秋八月告竣，奉先生像于中。俎豆礼成，邦人士咸称庆焉。

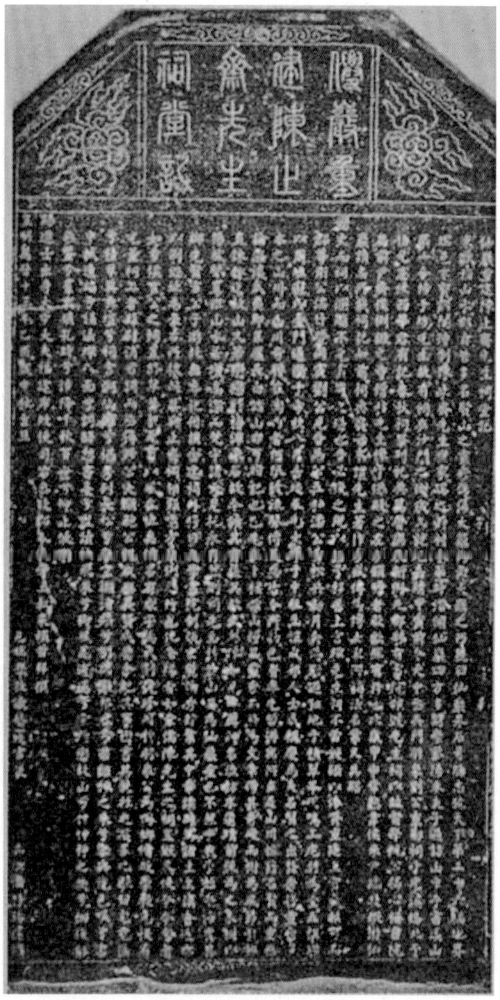

仙岩重建陈止斋先生祠堂记

夫名贤之出，发秀抒灵，世多本之山川，而山川奇胜在宇内者何限，彼流声传美、为古今所物色者，率先哲游寓所在，是山川恒藉名贤而重，无论濂溪、武夷，即匡庐、长白诸山，亦可睹记也已。先生卜栖兹山，得其灵秀；而发为文章，得其奇峻；而树为风节，引裾直谏；辄返故山，又若恋恋于梅潭泉石。故今读其书，履其故武，想象如见。而荐绅名流，访求遗迹，前后为之表树，以扬风声，岂惟山水若增高深，而梵宇诸天爰托永存，然则祠先生于兹山，其为仙岩重也，不然乎哉！

予始令海虞，其乡先贤言公子游，故无专祠，因捐金建祠，外榜曰文学书院，制颇宏丽，抡秀肄业其中。章侯时为诸生，主讲会，近亦以例毁，址为豪右所攘，此其与止斋祠相类。噫！方禁例之行也，使令瑞者如章侯，陈先生之祠岂毁？又使今令虞者如章侯，言公之祠岂终草莽哉？是可以风在位矣。侯名有成，字德成，别号珍川，于羽泉公为同乡，修政崇教，先后有光。董祠工者县尉浦君谟。而丞簿归公大显，鲍公槐，咸乐义质成，属余纪其事。因书其丽牲之石，系之歌曰：

宅灵区兮积翠，奠爽垲兮祠宫。溯山源兮湛秀，列长松兮摩空。

撷渚蘋兮明荐，俨邦君兮肃雍。神之来兮容与，恍色笑矣云中。

拭遗编兮诵法，灿八面兮词锋。想书台兮盥读，抉飞泉兮御风。

羌逍遥兮帝所，恋故山兮忡忡。神之旋兮徊复，能无鉴兮群衷。

愿孔时兮陟降，千秋百世兮仰止攸同。

赐进士出身大中大夫福建布政使司右参政郡人后学王叔杲顿首拜撰。

皇明万历十三年乙酉岁中秋吉旦。

邑社学教读蔡一蛟书篆。吴汝伦、许均德镌。

仙岩寺松木记

（明）王叔杲

仙岩寺松木记

仙岩寺为瓯郡名山，嘉靖丙申、丁酉间，倾圮已尽。壬子，予同长公西华，始招僧道熹举废。自伏虎门至梅雨潭夹径，俱手植松木。至己未，稍稍就绪，详载志中。壬戌予成进士，宦游于外十五年，万历丁丑东归，更加修葺。寺前、寺后山，俱种松秧。乙酉，瑞邑令海虞章公珍川，移建止斋祠于积翠峰下，戊子，予捐资命僧慈熙改建沙门，西向起盖两廊，装修佛像、罗汉、涌壁。己丑，筑华阳精舍于东房。明年，筑茹芝馆于西畔。今入寺，周围林木蓊郁，殿宇庄严，且栖息处幽雅可爱，予每过辄憩其间。计经始以迄于今四十有八年，劳费不资，始克完美，皆西野侄赞成调度之力也，爰念当初创造之艰，封植之劳，因识其年月，并命僧将手植松木计数勒石，以垂永久，后僧有妄损一枝执此呈究。

伏虎门至虎溪桥：松树三十六株、柏树四株、棠利树一株、樟树三株、铁色木一株。

虎溪桥至沙门：松树六十二株、枫树二株、樟树九株。

沙门内：樟树四株、松树五株。

土地堂至精舍前：松树二十九株。

精舍前至仙源门：松树二十六株。

仙源门至嘉树台：松树一十二株。

流觞亭至莲池岸：松树一十株、樟树四株。

翠微岭至梅雨潭：松树一十株、枫树四株。

其夹岭多杂木。寺前寺后山上所栽松树，永垂荫映，不许妄动一枝，其树下柴草，供寺僧炊爨。

万历己亥（二十七年）春正月旸谷老人记，时年八十三岁。王堂镌。

仙岩寺松木记碑：在圣寿禅寺碑廊内，明代。青石质，高1.6米，宽0.8米，周边线刻云纹。万历二十七年（1599）立。碑文楷书、凡16行，满行37字。谷老人（按，即王叔杲）撰文。王堂刻。记载王叔杲捐资修葺圣寿禅寺与在寺周围栽植松、樟、枫树66株事。

元王惠墓志铭

始祖万十一翁石志（篆额）

万十一府君墓石纪略（题）

我王氏世居永嘉英桥里，奉万十一府君为始基祖，自所知也。府君墓奠兹乡，迄今几三百年。初茀不治，嘉靖初果祖封通政溪桥翁葺之，始树门辟坛，缭以周垣，割田岁供墓祭。

先君参议东厓公仍建祠世祀，与墓盖相望焉。追惟祖德茂积，启我后人，奕叶千百，传芳济美。而堪舆家物色丘垅，谓发祥由之，其信然乎？府君讳惠，字振卿，生于宋理宗宝祐五年丁巳，卒于元顺帝六年庚辰，寿八十四岁。配安人陈氏。子三，长讳仕宜，次讳仕朋、仕信。墓地相传为异人所指，袝葬凡若干圹。谨刊石表之墓上，以示久远云。

赐进士第中宪大夫湖广布政司参议调广东按察司副使九世裔孙叔果顿首拜撰。

大明万历五年丁丑春三月上浣立。

明王侃圹志

明故王云厓府君圹志（篆额）

明故王云厓府君圹志（题）

府君名侃，字崇刚，别号云厓。笃庵公九叙次子。格庵公秉彝，其高祖也。世居英桥之南。府君性行纯笃，心志澹然，雅意林泉，罔荣声利。安人四都高氏。男女四人，长世禄，娶宁村赵氏，生焯、烓，女一。次世隆，娶陡门韩氏，于公没之旬日生女。二子世统，尚未有室。女适白塔韩嵩。府君于三子，皆随其材成之，长、三事产业，以隆质颇近诗书，乃躬自授读。及隆游郡庠，方令出外受学。

丁未岁八月廿有一日，府君卧床不起，隆甚色忧，府君辄慰隆曰："人年五十不为夭，我已越若期矣。但汝无忘学问，兄弟各务勤劳，则吾死不憾。"至九月廿日，□隆扶起披衣，遂以坐终。府君生于弘治己酉二月八日辰时，卒于嘉靖丁未九月廿日寅时，享年五十有九。于卒之三年，奉柩厝于庄桥之原，从祖陇也。九我之恩，昊天罔极，不孝之罪，尚忍言哉！特叙其颠末于石，俾后之见者庶曰：此善人之圹□尚，□之存而勿易。则府君之神宁矣，隆之情事亦少伸矣。

嘉靖二十八年十月二十八日孤子世隆稽颡拜志。

姻人季天泽填讳。

明王继明圹志

先考四川按察司按察使省庵府君志（题）

府君姓王氏，讳继明，字用晦，号省庵。始祖万十一翁讳惠，由台徙永嘉，世居英桥里。七传为高祖芝室公讳楫，曾祖一松公讳俨，祖碧山公讳允文，封文林郎，恭遇覃恩，曾祖与祖同赠参政，曾祖母薛氏、祖母张氏同赠淑人。

府君生而警敏，孝友天至。年十五从大父受诗，试辄第一。丁卯领浙江乡荐，甲戌成进士，丙子令当涂，廉仁勤慎，吏不能欺，荐剡十余上，人谓旦夕且被征。而为忌者所中，迁赣州经历，奉檄署瑞金，多惠政，民为立祠。又署宁都、安远，至今二县钦府君正气大才，口碑具在。壬午转乐安令，治状一仿当涂，民益亲附，建祠于县治左方，越二十余年，复拓新其制。

丙戌，升南行人司副。丁亥，转刑部员外。己丑，遂郎山东司。府君素精絜法，为大司寇陆公所器。辛卯，陆公入为冢宰，擢府君守润州。时杨淑人卒，府君取道孟河以归葬。壬辰春，请大父至郡舍，会兵使者讹传朝鲜警，点乡兵造战舰，民力告疲。赖府君明见，即为罢遣。机户积蠹，亦以府君清理，而胥吏不得乾没，镇民举首加额，歌舞于道。不幸是秋奉大父讳归矣，府君前丧杨淑人，后丧大父，宦橐如洗，俱贷助而克殡。

乙未，补襄阳，府君减商税，歼巨盗，以垂永利。未几又奔张淑人讣，府君痛悼无已，庐墓不复出。宣州梅选君，径以太平起府君于家，迎者至数百人。府君感其意，为文以誓，兴利除害，皆如润如襄。时□□中贵张甚，府君不为少屈。辛丑，升四川宪副，分巡下川东，兼摄播夷。府君加意怀来，全活甚众。石砫土司马千乘困于酋长谭朝国，已定反矣，得府君手檄，感泣自缚以诣军门。乙巳，两台特荐加参政。府君于壬寅、丙午两入贺万寿，当事者讯安疆臣侵界，府君条荅如指掌，皆严重府君，咸以卿贰相期。丁未春引疾乞休，不许。七月，晋本省按察使，一时名公若淇竹卫公、鸣岘郑公皆以书劝驾。府君弗听，固请致仕。戊申春三月，郡为展邮程，巡抚甘公敦趣就道。四月朔日，府君犹能上书以谢。越三日卯刻，召仲、季二叔付以后事而瞑。呜呼痛哉！

府君生于嘉靖乙巳正月初六日，距卒日享年六十有四。先妣江边杨氏，封孺人，累赠淑人。继妣白塔刘氏，合葬青山。杜氏，赠恭人，葬黄奥。陈氏，封淑人。侧室刘氏。男二，长弘庆，杨氏出，早世，娶林氏；次弘度，白塔刘氏出，聘广州知府侯道华公次女。女六，一适太学生林邦儒，一适庠生戴曙云，一适庠生林承谏，一许庠生徐守愚次子，一许大参项瓯东公曾孙，一未字。府君卒之又明年庚戌正月初八日，弘度奉治□祔葬于青山大父之兆。度惟幼稚无知，粗述梗概，纳之幽扃。若府君懿德宦业垂不朽者，详载卫、蔡二公志铭，及族叔雨金公所撰行状。呜呼痛哉！

万历庚戌正月八日不孝男弘度泣血百拜谨志。

赐进士第中顺大夫广东广州府知府姻人侯傅邦填讳。

明王叔杲妻陈氏圹志

诰封陈恭人先妣圹志（题）

先妣恭人陈氏，始祖翼，洪武以军功累升南京后军都督、同知，世袭温州卫指挥。祖璠，累升前军都督佥事，先任浙江都司，遂家钱塘之保安里。父宾竹公鈇，世袭前爵，有能声。母夫人，为乐城朱太守荡南公女，生恭人。幼而灵颖，言笑不妄发，两尊人尝指曰："是婴婗者，非常士女也。"长益具卓识，宾竹公与我舅氏指挥使东江公、文学汝阳公咸器待恭人，谓相攸必得海内名士。适参知公丧吴恭人，游省下，过两舅氏叙旧交，既稔知恭人贤，遂委禽焉。

恭人出金貂世胄，既归先公且贵而绝无纨绮态，理家政井井有条。先公两辍公车，倡义筑堡城，置义仓，皆恭人调剂辨给于其间。迨成进士，扬历中外，其所藉勖勷于恭人者不少。林居二十余年，建修学舍、津梁、梵道，施檥掩胔，孜孜好其，其德咸恭人从臾成之。公常曰："我晚岁任情创造，傥于中少掣肘，事则沮矣。盖深藉内德之助也。"恭人娴礼涉书，与先公相庄重至白首无间。公不幸捐宾客，恭人持家棅益肃，有诸不逞者，众皆嚣嚣，恭人屹然不为动。不孝每有所张弛，辄谘而后行。日列妇女辈暨诸孙子侧，戒以兢业，毋坠家声。故自缙绅下至里闬，罔不颂内德，而乐其福寿也。

恭人宿有火症，万历辛亥秋微恙，自知不起，乃于八月廿三日申时，考终正寝，境内疏戚咸为泗涕。距生嘉靖甲午三月初二辰时，享年七十有八。呜呼痛哉！不孝男光美，光禄寺大官丞，娶朱氏。女适廪生章一畿，为礼部尚书章恭毅公纶曾孙。恭人抚不孝美与妹氏；罔极恩深，不啻若自己出矣。孙男二，至直，郡庠生，娶林氏；至京，郡庠生，娶章氏。孙女五，一适太学生林承钟；一适太学生梁玄衷；一适温州卫指挥陈之炜，盖恭人侄孙也；一适庠生吴明登，为进士吴光翰子；一适庠生章士宁。曾孙男二，钦瑞、钦穆。曾孙女一。恭人卒之明年壬子春二月七日，不孝奉柩合葬于先公所卜阳湖之封茔。深惟无能光扬慈训，表阐徽音，谨含泪次其节概，藏之幽扃，尚俟求名公铭表，用树墓道，永垂不朽云。

万历四十年壬子二月七日不肖哀子光美泣血谨志。

明王光著圹志

明故英桥里王文石公圹志（篆额）

先考文石府君圹志（题）

溯自始祖万十一翁，以迄我府君文石公，我王氏盖传世凡十云。始祖讳惠，自赤城徙永之英桥。四传至樵云公讳毓，用诗文著；子七，四为平五翁讳珙；子六，二为时斋翁讳封；子四，长为赠通政溪桥翁讳钲，为德于乡，乡人至今尸祝之；子三，长少参东厓翁，次祭酒鹤山翁，季即我曾大父，以赴难褒赠太仆寺丞仁山翁讳沛者也。配朱氏，出吾大父光禄公后桥翁，以风雅驰声缙绅间，里闬推重焉。配张氏，出府君兄弟四人，而府君行第三，讳光著，字季存，别号文石。

府君历奕世之载德，而加以昭明。生平笃孝友，曙大义。弱冠游胶庠，名见籍以起。已而，信形家言，不肯卒业，弃去，遂飘然有枕流漱石之思，不伐挂金紫矣。性好客，客至，则促膝咏觞，竟朝昔忘倦。与人交揭肺腑相示，意有不可，则义微于色，即城府尽捐，而中有以自主屹如也。府君慷慨多大节，而尤推毂寒士，无疏逖，指廪解衣，了不见德，盖神所祈向云。年逾父稍稍苦病魔，赖药饵旋起旋仆。至万历丁巳则以十一月八日丑时考终正寝矣，距生嘉靖庚申四月三日丑时，享年仅五十有八。呜呼痛哉！

娶吾母张氏安人，为张文忠罗山翁系孙。出吾姊二人，一适金岙林庠生内待，一适郡城陈庠生世祯。男至俨、至僖、至俣。至俨，聘张氏，为安人女侄。余幼未聘，俱出自费母。然安人怜爱之，埒于己出焉。盖安人之慈，而亦先府君之志也。而先是，张安人以庚戌九月，厝于十七都皎屿之原。今卜以戊午十月甲申，奉先君合窆焉，礼也。而诸父老伯叔昆弟率投分先府君者，符堪舆家言，则谓孺子必别营吉兆。俨辈痛念幼孤未谙事，即别营，安必即得吉。姑从诰命而以须后图，将终拜父老伯叔弟昆之赐，以康先灵，不敢忘也。顾瞻幽墟，松楸蓊郁，昊天罔极，风本含悲，敬雪涕而志其略。

万历四十六年岁次戊午十月吉旦不孝孤至俨泣血谨志。

赐进士第北京兵部车驾清吏司主事姻人刘康祉填讳。

明王毓墓志铭

樵云王处士墓志铭（篆额）

樵云公墓志铭（题）

友人王秉圭，以宣德戊申十一月，葬其父樵云处士邑之膺符乡半山祖茔之原。先期奉状以墓铭为请。予与处士有文会之雅，而其季子瑀又有同盟之旧谊，不可辞。

按状，处士讳毓，字尹成，号樵云，世居永嘉沙城之英桥里。曾祖惠，祖仕宜，父珍，母胡氏。处士性明敏慈惠，好读书，不喜佛老。学于礼义事，勇于力行，以刚直任之。遇暴妄者虽主于严正，而从容开谕，又多示以恩意。故闻处士令誉，及见其表仪，必改容起敬，从而悔化者有之。家饶裕，尤好周恤，族里间老而孤嫠者、贫窭者，生有给、死有赙、婚嫁有资。里尝失火，一望为墟，辄指廪赈之，赖聚活者数十家。其阴德事固多，而大率类如此。

结庐于先人墓下，其言曰："我父葬于是，我其庐于是乎！"当屏人间事付诸子，从而樵采于云中焉。乃扁其庐曰"樵云"，人因称之曰"樵云处士"。性不善酒，每对景有文字会必痛饮，赋诗剧谈为乐。所著诗曰《槐阴吟集》、乐府曰《蛙鸣鼓吹录》。配谢氏，侧室杨氏。子男七，长环，即秉圭；次琛，先卒；次瑀，邑庠生；次珙；次璩，谢出；次由，杨出；其七瑊，庶出。女一，适御史郑公道宁子琖。处士寿六十有七，盖生于元至正庚子十月十五日，卒于我明宣德丙午八月十六日也。时闻者自姻戚至于里之耆老童子，罔不嗟泣，至有仰天呕恸，经信宿不已者。

呜呼，处士感人之深至于是乎！是碑之在人口，铭之在人心。其事信其论定，真没世不忘也，不愈于得志而无称者乎！然以之传于将来，则伐石琢辞，又恶能已耶！为之铭。铭曰：

厥德允臧，厥才孔良，不耀其铓，而所泽则滂，今也云亡，爰宅兹冈，宜尔子孙茂且昌。

宣德四年己酉春二月既望。

征仕郎刑科给事中邑人方祖元撰。

明谢辛丑幽扃文

樵云王处士安人谢氏幽扃文（篆额）

樵云王处士安人谢氏幽扃文（题）

广东道监察御史致仕同邑郑道宁撰文

江西九江府彭泽县训导□□张铎书丹

同邑城南刘翼篆额

樵云处士同邑沙城王公尹成，予昔获陪笑语矣。遂与其震器秉圭□□□□□□樵云之第三子秉桓，与予同受经于邑庠也，因知其家世行事之详。寻而□□□□□□□□之女侄，而予第三子又室樵云女，交为姻好，于是又知樵云安人阃行之良也。□□□□安人在堂，迩者方卒，其子将襄事，来泣请文志于幽扃。予念始则忝交好，继而辱姻戚，□□既久，□不可辞，又不须征夫事状矣，遂志而文之。志曰：

安人谢氏，世士族。祖讳刚，父讳昇，母王氏，生安人于元至正辛丑正月九日，父母以生年锡名，故其讳为辛丑也。第德一柔顺恭俭，自必有善相母氏，事中馈之合，□孝敬之道，根乎天性。自归樵云，克修妇道，供祀事，奉庭闱，尽礼节矣。樵云有高志而才识超卓，业虽充裕，而家政经心者不屑屑琐琐也，而安人能综理之无有或遗。是以樵云得玩心于诗书，恣力于吟咏以终焉者，皆内赞之功也。以至于子女皆合礼焉。

好施与，闻有匮乏困厄者，必恻恻以周之。晚年子妇皆□白，□□□□□堂之上，怡怡如也。孙曾列侍，又悉有教养之道□□也。于今正统戊辰十一月四日以疾卒，寿八十有八。子男七，长环，即秉圭；次琛，先卒；次瑀，即予同门者，□□□；次珙；次璩；次璧；次珹。女一，即予子所室者。男孙十八，埏、坦、墅、牝、在、墐、□、境、封、佳、墀、坡、垮、□、坛、陆、埙、堦。孙女九，长适张焵，次陈昙、朱齐、曾甫、邵浦、季旭，皆婿也。曾孙男十四，銮、鏦、錞、镛、鍋、鈇、鍠、银、钊、钦、釪、銛、鑗、鐱。曾孙女七，长适陈玖，余幼。乌乎！以安人之德，而□□□□□□寿考，而家道繁昌矣。今既于卒之明年己巳十一月九日，□□于膺符乡五都半山先茔之次，窆则樵云同。宜志焉文之于幽扃。文曰：

维德之柔，维善之修。维家之优，维庆之悠悠。维芳枝之稠，维乐哉斯丘，维千百斯春秋。

明王安宗暨妻吴彬窆志

王伯瑜甫夫妇合窆志（篆额）

王伯瑜甫夫妇合窆志（题）

同郡戴时雨撰

将仕佐郎直隶常州府儒学教授同郡金原祺书

都察院江西道监察御史同郡郑璘篆

永嘉沙城里王全，将以永乐十一年正月五日乙酉，葬其母安人于里之横山。状请志墓石以刻，且曰："全父弃诸孤者卅年矣，医□惑俗尚浮屠而不窆。全等赖母之贤，获仅成人。每雨霜届□□□改色，未尝不感泣自责。今以吉，蠲具遗衣巾舄于□，以寓魂气□与母合窆焉，庶几藉以少慰终天之戚尔。"言讫呜咽不胜。予怆乎其言之悲也，遂按状，全之父处士讳安宗，字伯瑜。曾祖辰，祖惠，父宜，母吴氏。处士生而性醇实，善事父母，而父母尤爱之。于兄尽□□之道，姻族乡里交久而诚著。蕴蓄之志未尽施，而疾卒于洪武壬戌九月初八日，年仅四十有六。识者惜之。

安人讳彬，姓吴氏，父盛，母黄氏。自处士卒，守志训子弥笃，凡内外酬应，处自帘帏，而咸中矩度。故诸子资之以有成，克宜其家而垂裕者也。寿登六十七□卒，是为永乐己丑五月十八日。子男五，全、寿、贤、骥、禺。女一，适邑□潭。孙男九，琨、玭、璔、瑊、顼、玒、珂、琨、璁。女八，娟、妗、妲、婵、婇、娩、娣、□。□□以处士之志行而享年不永，厥配能助而有光焉，可谓贤□□□□子孙者岂不感慕，而宁此幽堂于永久者哉！孤哀子□□□□。

明王诤圹志

明故中宪大夫都察院右佥都御史先考竹岩府君圹志（题）

府君王姓，讳诤，字子孝，永嘉人。始祖讳惠，五代唐时自台黄岩来徙永嘉，故世居永嘉英桥。四传为樵云翁讳毓；子七，长自足翁讳环；子六，季和庵翁讳陆；子四，季晚春翁讳鍊，即府君父也。始徙居五都丁家岙，由贡为竹山县教谕，终南雄府教授，以府君贵累赠大理寺左少卿。母邵氏，赠太恭人。配蓝氏，封恭人。盖府君始从晚春翁宦竹山，因娶焉，遂为竹山庠生。由选贡入南雍，嘉靖庚子举应天乡试，庚戌登进士，授溧阳县令，行取为山东道御史，巡盐河东，巡按云南，刷卷南畿，大理寺丞，转少卿，擢都察院佥都御史，巡抚贵州兼湖北、川东，以征讨土酋事，自陈东归之，为隆庆庚午岁也。

明王诤圹志

府君自幼好学，诸经子史罔不究心。性至孝友，与人忠信旷达。宦辙所至，辄有惠政伟绩，既家食，雅尚淡素，为乡族先，不若贵人也。子五，世臣、之臣、近臣，蓝恭人出；问臣、五臣，皆庶出。女一，适林宗英。孙男十一，士修、士辉、士伟、士俊、士观、士烨、士俦、士伦、士任、士佐、士佳。孙女六。府君生正德戊辰三月十八日，卒万历辛巳七月二十六日，享年七十有四。卜以癸未正月十五日，葬于丁家岙。世臣等谨志其大略如此，若夫表扬盛烈，以垂不朽者，则以属之当世名人君子。

万历十一年正月十五日孤子世臣等泣血谨志。

赐进士中奉大夫江西布政使司左布政使同郡侯一元填讳。

明王允文圹志

明故敕封文林郎碧山府君圹志（篆额）

明故敕封文林郎先考碧山府君圹志（题）

府君姓王氏，讳允文，字美中，别号碧山。始祖万十一府君讳惠，当宋末时自台之宁溪徙居永嘉二都英桥里。六传至曾祖守约府君讳垲，妣张氏；祖芝室府君讳楫，妣陈氏；父一松府君讳俨，遇例冠带，妣薛氏。惟生府君一人，年甫十六，而一松府君见背。弱冠为邑诸生，年四十余自投状弃去称山人。

万历丙戌夏，府君寿届七旬，时继明任为江西乐安令，考绩授文林郎，奉敕封府君如继明官。郡守卫淇竹公延府君为乡饮大宾，其后郡守连请弗就。壬辰春，继明自南刑曹转守京口，府君就养官邸，甫半载疾作，至八月二十九日卯时，竟不起。痛哉痛哉！距生正德丁丑五月初八日午时，享年七十六岁。

配同里高原张氏，封孺人。生男三，长即继明，登万历甲戌进士，任直隶镇江府知府，先娶江边杨氏，封孺人，卒，继娶白塔刘氏；次继旦，娶瑞邑东岙姜氏；次继昭，邑庠生，娶上金陈氏。女一，适金岙林有鹤。孙男五，弘恩，继明出；弘志，聘三都张氏，继旦出；弘思、弘恕、弘悊，继昭出。孙女五，一适同里项学成，一许聘金岙林邦儒，一许聘下仙戴邦冕，一许聘罗浮林承谏，一许聘陡门张胤成。

府君卒之次月，扶柩抵家，继明等卜以明年癸巳闰十一月初四日，奉葬于四都青山前午洋，坐丙向壬。继明自念不肖，无能显扬，惟是府君纯衷懿行，不可无纪已。忍死为状，求大宗伯姜凤阿公志铭，用垂不朽。兹谨述世系、履历纳之圹，呜呼痛哉！

时大明万历二十一年岁次癸巳闰十一月初四日不孝男继明泣血百拜谨志。

赐进士出身承直郎刑部广西清吏司主事眷侍生张德明填讳。

明王全墓志铭

□□□□□□墓志铭（篆额）

故望云王处士墓志铭（题）

同郡虞原璩撰文

奉议大夫礼部祠祭清吏司郎中同郡黄养正书丹

太中大夫福建等处承宣布政使司左参政致事同郡杨景衡篆额

宣德癸丑闰八月下浣八日，望云处士卒于沙城英桥里第，明年季冬中浣七日，葬于先茔之……兆也。其子民先事衰绖，诣余泣拜稽颡，奉其自撰幽堂志来请铭。余谓：发潜光垂不朽……送死之大事也，固陋无文，且与若翁非有雅素，行实不可得而详也，用是固□。则……吾父生时与先生虽未尝良觌，然邻封相望一二舍耳，愿见之心旦夕不忘……他求者从先志也。矧民所居恒心斋，又尝辱先生为之记矣，称扬微眇，皆推本阴德于先人，是则知吾父者莫先生若也，敢固以请。余愧其言，遂不果辞。

处士讳全，字允生……嘉人。曾祖讳惠，祖讳宜，父讳安宗，母吴氏。生元至正甲辰仲冬望后二日，享寿七十。娶叶氏。子一，民也。孙男四、女四。处士善治生，尚俭约，不规小利，见义必为。教导其子严而且……当爱之，处士曰："教之以义方，导之以为善，非爱而何？教之不严，导之不笃，是弃其子也。□□爱乎！"闻者叹服。尝有夜遇盗，死于周行，处士旦视之，喟然叹曰："货悖而入者，亦悖而出，盗亡命。"狱吏以为口实，事既别白，识者以为名言。永乐甲辰，洊饥，偲积粟不足以助不给，特出私帑远籴以继。取息不逾常时，邻里至今怀其惠焉。惟言论切直，臧否无少假借，故乡人之善不善者，嗜好往往有不同也。

初，处士既葬二亲于乡邑之后碧横山，庐于墓所，颜其堂曰"存著"。晚厌喧杂，又结庵堂侧，颜曰"望云"，示不忘其亲也。春雨秋露，徘徊其间，时人因以为号焉。於乎！世有苦心焦思弊弊焉，终身莫能自濡。而处士之克亢厥宗，兴创滋殖，好德考终，绰有余裕，盖其所得于天者厚矣！斯可铭也。乃为序其世次，摭其所闻。凡他行实已载于幽堂者兹不渎。铭曰：

遗之满籝，教之一经，孰如阴德之冥冥。守之有恒，用之丰亨，猗欤余庆之是承。匪石斯贞，匪文斯铭，勖哉嗣人，贻令名流，芳委祉孙与曾。

明叶玄墓志铭

故沙城义门王安人叶氏墓志铭（篆额）

故沙城义门王安人叶氏墓志铭（题）

赐进士第中奉大夫正治卿广东等处承宣布政使司右布政使致仕同邑阮存撰文

从仕郎中书舍人同修国史致仕豫章胡宗韫书篆

永嘉沙城里义门王民，将以景泰丙子□十一月□□，葬其母安人叶氏于邑之华盖乡携仁里后碧奥之横山，与先君子望云处士合窆焉。先期民具事状，衰绖踵门泣拜请铭其墓。予于王氏世姻，今也归老南湖，尝□其堂与民叙好，而安人之懿行素闻矣。墓铭之请□容辞，遂按状而序之。

安人姓叶氏，讳玄，行贵二。其先为□溪望族，宋吏部尚书节□□□□先生系也。数传，由□溪徙居永嘉城南里。代历兵燹，谱牒散亡，粤自高曾以下，不可得而详焉。父□□，母陈氏。安人生而姿禀清淑，婉娩端庄。从母训，□女红，而能敬□精□，为父母素钟爱。即笄，择配归于沙城王氏，是为望云处士也，讳全，字尹生，别号望云，先安人卒廿又四年。世系隐德，具见安固虞环庵先生所撰墓志。

王氏素绩赀产，至望云增益之而愈盛，为邑巨室。由是赋役繁剧，日应酬于外。安人一专乎家政，千绪万端，理之缅缅有条。处士性严毅，安人恒执妇道而宾敬焉。事有可否，和悦而处之，未尝见其乖戾。闺庭之内，穆如也。至于供祭祀，待宾客，必诚敬丰洁。尤睦于族姻，内外人无间言。训诸子以务学为本，孝弟为先，谆谆是戒。家食十余指，慈爱渐被，衣食之给，莫不均一。好施予，急周恤。景泰癸酉，适遇朝廷有纳粟之命，以供兵食。有司以其家产殷当行，民告其母曰："儿生逢盛世，为太平民。凿□耕食，幸积有粒粟，□上之赐也，思欲涓埃□一报。但虑母高年□□□远行离左右。"母曰："□子之职，忠孝□也。汝远往勿以老母虑。"民□以母命自度不□□□万里外，命子垲代行漕□至京。地官以其名上闻，赐民冠带以荣其身，旌为义门，恩光被于里闾。民也峨冠博带，时称觞上寿，母□鹤发相辉，福庆显荣。匪母之贤，孰能而致哉？

不幸以疾卒于正寝，为景泰丙子八月二日也，距生之年洪武己酉正月十七日，□寿八十又八。子男一，民也。孙男六，梁、垲、壑、块、圠、墟。孙女五，郡城□□，梅冈姜英，蓝田张□，里仁丁锜，同里季珧，其孙婿也。曾孙男八，桀、楠、杓、樌、校、□、来、朴。曾孙女二，尚幼。於乎！若安人之为妇为母，其贤□□远矣。恒其德贞福寿□□，是宜铭。铭曰：

懿□安人妇道备，克相厥家顺□内。积之有□家日裕，周恤饥寒衣与食。命子献粟趍尚义，边储廪实膺劳来。冠带□□□恩赐，□□宅里荣光贲。母子悦怿斯际遇，□道降祥余庆萃。孙曾森列乐采□，□寿是宜遽遐弃。后碧之山叠苍翠，维兹□□□秀气。鸾停鹤翥玄宅閟，乐石镌铭昭永世。

镌士王汝覃。

明王环暨妻林桂墓志铭

自足翁暨配林安人合葬墓铭（题）

自足翁，隐君子也。尝治寿藏于先茔之次，堪舆家欲以符镇，翁书曰："人生百岁七十者稀，夫妻偕老同葬为期。"翁后寿七十三，其生为洪武甲子四月十八日，卒为景泰丙子十月一日也。安人寿七十二，其生为洪武丙寅七月四日，卒为天顺丁丑七月二十二日也，是年十月十九日同窆。事固偶然，翁之见亦云达哉！墓在膺符乡半山，其子请志铭，按状有可书者，遂书之。

翁王氏，永嘉英桥人，曾祖仕宜，祖珍，父毓，母谢氏。翁讳环，字秉珪，行一，号自足。少承庭训，习诗礼，事祖父母尽孝养。家祠拜谒，晨夕不废。防护先垄谨甚，友爱诸弟，会叙必欢。仲弟早逝，厚抚其孤，教之所居室，尝书于柱曰："爱惜子孙休利己，听遵祖父莫妨人。"又尝谕子辈曰："尔祖有训，人来告贷，其事急矣，不可迁缓。"凡此皆其行之修于家庭可书者。族属枝派有远近，遇之如一。而尤恤孤独、赡贫窘，死不能葬者葬之，乡人寒馁者衣之食之，无棺殓者为棺殓之。所经桥道宜修整者，费出于己无靳也。长里赋，立规约遗后。有匿产诡户者，鸣于官司。凡此皆其行之孚于族党可书者。

生平胸次脱洒，年未艾即谢家政。课子孙诵读，放情风月，无不自得也。少保黄文简公，尝偕友人虞环庵来访，赋三桧堂诗为翁寿。正统辛酉，应诏输粟郡预备仓，有司立石旌其义。甲戌，输粟助边储，恩授七品散官。而翁素简淡，惟韦布是便。郡邑礼以乡宾，辞不赴。终身无疾，忽伏枕，竟谢医药，迨垂尽，诸子请遗事，乃言曰："但存方寸地。"更无他言。既卒，田里间多有涕泣者，凡此皆可书也。

配安人林氏，讳桂，黄石里右族。曾祖胜，元杭学谕；祖苗；父佑，母祝氏。安人性柔敏，早孤。母尝授以《孝经》、小学，识其大义。既归，处庭闱，族里咸得内则，其逮下无妒心，尤其性然也。子男六，埏、坦、在、境，安人出；佳、陆及女，庶出。孙男九，镛、鏥、钬、锽、鏍、鎠、铛、镯。孙女九。於乎！若翁与安人以德媲德，而生顺死哀，亦可谓无憾矣！为之铭曰：

敦叙乎天伦，顺率乎天真。澹乎自足兮，葛天之民伊逑。令人年齐德钧，同归乎如堂之窀。维大罗之嶙峋，降宅龙神，祚尔胤其振振。

天顺元年丁丑冬十一月既望邑人刘翼撰。

明王民墓志铭

明赐冠带旌表尚义故恪闇王公墓志铭（篆额）

明赐冠带旌表尚义故恪庵王公墓志铭（题）

赐进士第通奉大夫正治卿广东布政司布政使致仕同邑阮存撰

儒林郎直隶保定府易州同知致仕同邑木得贤书

温州府儒学训导致仕同邑□□篆

故恪庵王公，以天顺辛巳十二月廿日卒，距生洪武丁卯十月廿二，寿七十五。又明年癸未冬十二月廿五日，其子襄大事于乡后碧嶴钟桥山先兆之次也。先期奉状泣拜请铭墓。

按状，公讳民，字秉彝，恪庵其号也，世居永嘉沙城之英桥。曾祖宜，祖安宗，父全，母叶氏。公性孝义，而孝有二端，厚追远，谨□先也；其尚义亦二端，□国用，济郡急也。公严祀事，创祠堂，朔望展谒已如□礼。公素敬□厥□□□尤加敬谨，岁时追思□□□□其追远之孝如此也□□公□□□者，□乐□□□□□盗适□妻友□□未□因□之，邻疑为公父，而公父又偶以□不小□□遂坚□为实而妄告，逮□□□□求，胡病□死将□□公□□□昼夜号泣祷神愬官盗获□□公□梁。而事亲甚□□□□□与凡人子之礼悉□。母老寿康，公亦白首，寝食微违，忧形于色，□□□睫。是以太常少卿黄公养正，书"怡亲"字以字其堂。丧葬祭祀致哀尽礼，□事亲之□如此也。

正统乙丑，上命郡邑立预备仓，公献谷六百石，名列少保黄文简公义仓记碑阴。己巳，括寇窃发，将士讨捕。明年景泰□□庚午，都御史轩公董其事，命御史陈公犒师，公助白金百两。癸酉，朝命有能实京储者，赐旌褒其等有差郡邑等，公姓名于上列，当献米四百石以□闻，公□□□子输之曰：我□□宗赊福。已，于乡邑两输，所□□国用是万一□祭□□□□又尝□□□。祖□年近九十，□亦年近七十，岂可行□远违晨昏乎？良，□□□长，今岁应盐赋总权，□国□□□□□□不可□事有□□□□□□体吾意亦不可远行□垲也□居次宜为我输米焉。谨哉！二子以庭训素严□唯而从米□输公□冠带之荣，兼□门阀之□表。天顺己卯□□天下有□□于郡邑以益预备者□息例得□□□有□公于郡输□四百石□□□□□□□庭。此四者，皆尚义以资国用也。凡歉岁□□乡□增涌，公则如常。其他济饥寒，施棺敛，建□□，修桥道，亦皆尚义于乡也。

严教其子，尊礼师儒。少保公尝偕□□环庵虞先生过访，见其□居室曰“恒心斋”，亟加矜赏。环庵□□□羡，告请于义，详悉□□文辞，缙绅序赠多矣。待宾尽礼，动止有度，语言有章，勤俭□素，不尚华侈。□□□□□□□□□□□独干父蛊，遂至大振，此皆可书者□先后凡四娶。子男七，今□存者六；女六，今□存者五。潘氏生男温，幼亡。今长子良、次垲，皆吴氏生；三壂，颜氏生；四坱、五圠，皆许氏生；六墟，亦颜氏生。长女适□□□铭，次适□□□□，皆□氏生；三适蓝田□□，□氏生；四适郡城丁琦，五适□□季光，皆许氏生。孙男八，棨、楠、标、校、楫、来、杖、□。女四。曾孙女一。□□□墓宜铭□□□不求□□□□□□□□□况公二□□□□□□其□分□□有而□□□□□分之□□□□虽可有不泯□不能行虽□□而□□不□□□□□□公则光厥□荣□身遗厥后，宜为之铭□。铭曰：

人道百行，孝为之先。人□□□，义其次□。义推所积，维孝维义。曰□曰德，寿孝康宁，膺厥寿福，高□门阀。□赐冠□，世泽引□。□□由已，□□□□。□泽□嗣，□□永□。乐哉斯丘！先兆□祔，百世松楸。

城南王□□□。

明王由墓志铭

将仕佐郎梦竹王公墓铭（题）

成化十九年癸卯冬十月，将仕郎永嘉梦竹王公卒于家，其子廷载以卒之明年十月，奉窆于膺符乡半山祖陇，述公状以墓铭请应也。不腆之辞，其何敢铭，虽然有不可辞者。先君恭毅公，景泰中以仪制郎中言易储事下诏狱，亲交无敢通问。梦竹公适来京邸，与先君无面识，乃顾存馈遗，经纪其家，略无顾虑，谓家人曰：“汝尽心供馈，吾异日与田五亩酬汝之劳。”时应方垂髫，公不鄙其稚愚，所以期许之者甚至。呜呼！利害死生之际，骨肉反眼，而况他人，公于是贤于人远矣！先公出狱为礼部侍郎，高其义，特为传，屡书问讯，归田后，一再过访，其见重如此。惟是薄劣无以报德，兹幸得属辞墓碣，其又何辞。

公讳□，改由，字秉璠，别号梦竹。其先自闽赤岸徙永嘉之沙城英桥，曾祖讳仕宜，祖讳珍，考讳毓，俱隐德不仕。公生而颖异，天性孝友，在童儒已如成人。初从学金纪善，长从刘容直，质问大义，兼通阴阳、历数、医卜诸书。下西洋军扰乡民，公年十五往白军，帅立禁止。弱冠长里赋，出纳量平，贫困者贷之。

宣德中，瑞、平逃军周文辈七十四人，匿税户家事觉，当连坐官司，檄君理之。君令逃者自首，匿万里林中，免连逮之患。窝主陈象谢以百金，不受。正统中，永嘉场官王鳌妻刘氏，诬状里人张希俊等十八人劫其家赀，郡守刘公鞫问，狱成。公察其诬，挺身诣府抗论，守悟，始议别捕，果得真犯，而释希俊等。盐司攒典彭廷震斋檄摄户王孝，适孝与邻斗死其家，诬廷震，逮至官，竟诬伏，御史康公按审将决，公诉其冤于县，转白得不死。乡有大疠，虽至亲亦屏迹。公日往视，给以薪米，众咸重其行谊。郡守王公、前令参议周公举为阴阳正术，陈言军民利病八事，多所施行。尝持府檄之瑞安，募富民出粟赈饥，注数过多，众患之，公半减其数。富民张廷夫饥金不受，置之而去，逾年见而还之，封识如故。谯楼刻漏壶久毁，捐赀倡众铸成。舍田十亩，入官为香烛费。任职凡九载，有司待以优礼。

年六十屏迹家居，日行善事，修宗谱，立家规，教子孙惇睦。建小宗祠于正寝之东，以奉考妣，每旦肃揖，遇忌辰甚哀。性好施予，族里师友死无以敛者赠之，丧不能举者葬之，世俗事巫鬼弗为也。

公长身伟貌，气宇高迈，所交游多贤士大夫。工于诗，所著有《效颦集》。生于永乐丙戌四月丙子，卒年七十八。配郑氏，先卒；继配徐氏、郑氏，侧室汪氏。子四人，长曰基，即廷载，输粟助边，立石旌异；次曰塾、曰壑、曰堪。女二人，长适训导枫林徐守彝，次适同里项渊。孙男四，锜、铁、铎、鐩。孙女四。铭曰：

利犹膏粱，有弗嗜也。规员矩方，不是肆也。跬步八荒，均一视也。成败臧否，各数计也。于古或无，于斯备也。贤哲其徒，匪今士也。铭而勒诸，可十禩也。

成化二十年甲辰八月望赐进士出身征仕郎南京礼科给事中郡人章玄应撰。

明王垲墓志铭

守约公墓志铭（题）

公讳垲，字廷爽，世居沙城英桥里。曾祖乐静翁安宗，祖望云翁子全，代以善德高赀树乡望。考恪庵翁民，敦德尚义，诏旌其门。母吴安人，于洪熙乙巳七月二十一日生公。

公凝重孝友，少嗜学，以厄于病不克肆力。恪庵翁岁延塾宾，训饬诸兄弟，公执子弟礼，朝夕问难靡倦。景泰间，朝命募人输粟京庾，恪庵翁首倡义，以母叶安人高寿不可离左右。公请代行漕粟上京师，领官告归为父荣。先君太常少卿以载与翰林侍讲左春坊周公中规，时官京都，咸为文赠之。其居父丧戚甚，敬事伯兄，友诸弟，以惇睦称于乡党。而志行固执，常以礼法绳饬，因自号“守约”。虽动作迂缓，未免为时所慊。欲久交者，则知其心无伪也。平居时手书自适，遇契意处，则击节以喜。教子弟勤学，必循规约。遇姻族困疾，捐衣粟，办医药，济之不靳。郡邑察其行，起之为乡耆。伸枉抑强，众多贤之。寻退居以家政，委诸子曰："尘世草露耳！碌碌何为？"念伯兄居吴田，遂营别墅邻兄居，将同乐永年也。无何遘疾而卒，寿五十九。乡人诵其德厚，以为歉所享云。

配沧湖张氏，贤淑得妇道，先公卒。子三，校、楫、枤。继配下仙张氏，生子棐。侧室张氏，生子榛。女二，长适五都邵楝，次适咸田张隆。孙男一，任。呜呼！公雅行无愆，生长富逸而能守之以约，可谓知所趋矣。惜年不称德，天之所以昌其后者，有在乎？为之铭曰：

维处之恒，言行可徵。惟守之约，纷华其削。维其振振，为乡吉人。彼寿之不遐，孰讯彼旻。黄山峨峨，灵秀蟠蓄。维埋其玉，维后人是淑。

成化二十一年乙巳春二月。

中枢舍人直文渊阁同修国史同邑黄瓒撰。

明王鈇墓志铭

鉴水王先生偕配季氏安人合葬墓志铭（题）

先是，弘治甲寅十月二十二日，鉴水王先生以疾终于家，距其生正统壬戌三月六日，享年五十有三。诸孤既以岁丙辰十月，奉葬于膺符乡半山之原。后二十一年为正德乙亥十一月十八日，配安人季氏卒，距生正统癸亥九月三十日，享年七十有三。卜以丁丑岁十月，启先生之窀合窆焉。其仲子渼为太医院吏目，自京师奔丧南旋，濒发，跣泣请铭。呜呼！瓒何忍铭先生墓耶！而亦何敢不铭！

先生讳鈇，字九严，号鉴水。其先由闽赤岸徙永嘉英桥，为硕宗。祖秉圭自足翁。父廷芳，尝出粟赈饥，诏立石旌之。母陈氏。先生生而慧敏，笃嗜问学，凡经史百家，悉涉猎其大义，发而为诗若文，多冲澹融畅，成一家言。平居冠服整饬，言笑不妄，事无细巨，必揆诸义协于礼而后行。孝友敦于家，信义浃于乡。乡之人无少长咸爱慕尊敬。凭藉先业而渐充拓之，课僮奴力耕，用益饶裕。谨奉先之礼，隆款宾之仪，家政雍肃，贤誉彰闻。或劝求闻达，辄谢焉，曰："吾容与词林，有以自适足矣。况为宗子，祀事在躬，而可以远出乎？"中年喜读《易》，手之不置。性恶淫祀，大创先祠，祠中惟以羲画立签，有事占焉。于其所居有表异堂、藏书阁、游艺馆、鉴水楼，而别号则缙绅缘是楼而称之者也。

性好施予，周穷恤匮，如恐弗及。尝以赈陕边，授七品散官，阶宣义郎。又以出粟拯荒，郡邑奏旌其门。所著有《鉴水稿》《五亩园集》若干卷，藏于家。

安人季氏，为北门右族，贤淑庄重，动循礼法，相家政井井有条。恩爱均于嫡庶，矩范孚于姻族，诚为贤宗妇也。子男三，长淙，次即渼，次淬。淙、淬，皆季氏出，渼则侧室周氏出也。女二，长适泉川项俊，次适蒲州方豪。孙男八，曰槐、曰棉，为县庠生；曰梧、曰棣、曰穆、曰休、曰桐、曰果。孙女幼，未字。

瓒未第时实以姻党，过蒙礼顾。及瓒丙辰及第为史官，而先生不及睹矣。悲夫！感昔悼今，涕泗潸然。念无以酬厚情者，则论撰徽美以垂不朽，固瓒之职。而去乡久远，咨记弗详，姑录其梗概如右。然瓒尝谓先生以道自重如陆龟蒙，不慕荣利如陶渊明，笃行有闻、信于邻国如司马政，德气粹然、洞彻中外如邵尧夫，众亦以为确论。而安人又以齐德翊之，此所以大张家华，而没世之称既久如一日也。铭曰：

有蔚王宗，肇自闽徙。猗欤先生，益弘前美。其学弥洽，其行弥修。贯古彻今，发藻优优。于家于乡，允孚允式。山川出云，雨为甘泽。仁声义闻，职兹四驰。出尘高标，不以俗缁。所鉴惟水，以观道体。川上之叹，默契奥旨。人爰习称，匪姓匪名。匝迩逮遐，骎磕驜骍。旌义有门，锡荣有诏。虽处林壑，曷韬辉耀。寿不称德，舆情尽伤。维配获贤，曰亡弗亡。婉婉安人，率矩秉礼。晔晔大宗，翊赞世祀。半山之阳，有妥幽堂。先归孔宁，后归载康。绎绎累累，储祥来祉。子姓如云，于食无已。

正德十二年丁丑二月赐进士及第朝议大夫两京国子监祭酒经筵讲官前翰林院侍读同修国史兼修会典同里姻人王瓒撰。

明王钲墓志铭

封中宪大夫通政使司右通政溪桥王公墓志铭（题）

温州永嘉英桥之王氏，有老而号溪桥翁者，生为乡人所荣而交慕之，没相与哀之，而祭之于其社。翁尝以两子武库君、司成君贵，褒为封君，人不称其爵命而称其居，盖以德掩其贵也。

溪桥未为翁所治，潦水钟之，浸为广斥，过者不睨。翁独售焉。斩藋茭，决垢污，作室于其间，时犹贫也。而绳板之所树，引寻尺之所图，度深广而高衍。或疑其壤之不吉，以为翁忧，又有笑其侧者曰："胡所取材，而室巨如是，其为筑于道傍尔矣。"翁闻不顾，治之不倦。今之藋茭变为翚革之华，垢污变为垩碱之美，而位置觚隅，满其绳板之所至，寻尺之所揆，无少缺失，器币服物，童指玩植，以充备其中亦称。向之忧且笑者，或已不及见而使他人追訾其愚，其及见者，皆自悔责其识事之近，量人之浅，而益以翁为不可及也。

始丧其父封，早孤而家又贫也。奉母周氏，兼畜诸弟，经营毛密，母常足甘旨，而诸弟衣食甚均。其意气暇裕，无纤细苦急之态。遇有当费，曾不吝情，力亦副之。于人无所忤，而当有势者在前，亦漠然无所愧诎也。其后贵富矣，足以放其欲以夸世驾俗，见谓得意。顾独悃愊自好，不以侈张具取娱快故轻糜货用。其遇物尤醇，与敌以下为钧，情慤而貌恂，非缪为恭，愿买儿童口吻，收不骄之声。而内存矜喜，有不能制，时肆发而窃露者也。其和气内溢，老而弥盛，目光燿燏，深夜广坐，炯然与炬相射，须眉庞皓，颜如渥丹，观者皆惊为神。绰意旷度，济以温色，亹亹谈辩，间出于嘲谑。丝竹杂作，嘈啁喧耳，听受有节，赏工摘误，与少年好事均其精。

溪桥之居既大，翁以德齿，为人所尊事媚爱，往者辐辏，门无停客，举尽宴游之洽。微时所识，有所不给，咸以翁为归。施贷赈恤，不自为量，歌舞其德，所在有之。故其历年滋多，备生人之欢嘉而不得者，不以为怨。翁既贵，尤念其所自，曰："微先人积德以遗我，胡以及此？"

始祖惠，高祖珍，葬久矣，墓茀不治，恻然追新之。治其曾祖毓、祖琪之墓尤严。而割田以入大宗之祠，必选其腴美，诸费甚钜，曾不以一铢发敛其族人，盖其行谊笃厚如此。嘉靖丙申七月二十二日卒，生景泰庚午，阅八十七年矣。卒之日，吊者数千人，哭无不尽哀者。其仲子国子祭酒激，以闻于上，为赐祭葬宠之，以闵其孝。

公名钲，字九思，封通政使司右通政。卒之年十二月，伯子澈与弟激、沛，卜吉于先域半山之原，而与恭人张氏合葬焉。恭人故相张文忠公孚敬之兄，德寿配翁。有孙五人，叔懋，鸿胪寺署丞；叔程，国子生；叔果，兵部职方司郎中；叔杲，进士；叔本，恩生。可以知为善者之所享也。葬之日，乡人相率祖奠于途，引柩而泣者数百人，绋长数十寻，不胜执已。葬则相与敛钱为祠，绘像祀焉，蜡享赛馈，必俎豆之，期于久而不废。

盖英桥邻壤凡五都，濒海而居，其土积卤，其业宜盐，故置场名永嘉以榷之。其民籍皆系于灶，岁赋盐入廪，转饷塞上，征以其力之所出，而不责非其有。而近岁有司重以折色之征，椎肤剥髓，不能充也。公谓灶地半坼于海，民输其有已不赡，而重以折色，是责米于盘缶镬釜之间，非其出也。为书具言灶民所以穷迫、不堪重赋之状甚明切，以上于朝，天子览而悯之，下其书，浙东均折色，于通县之不为灶籍者，五都之灶民得以不徙死。故其葬，五都之民送之尤悲，挽柩行者累踵骈肩，恐不得负绋为恨。又无以自慰，而图祀之于社以记不忘。

嗟夫！士有当势得位，力足以施于民，而卒无一善状。其生为人所诟嫉，至于死犹追数其过以咎之何限！其不足怀于人，泯然以死，而人不知者又不知几何人！翁无尺寸之柄而殁，有以得民如此，不独其行谊之厚，其材亦有以逾人者，是可铭也。翁之伯子武库君，不远千里寓书于予，曰："先人之葬，图所以告诸幽者，非得能言而可信于后之君子，不敢以托。故葬既久而未有所托，今敬以托子矣。"武库君之贤而多与海内之名公雅，故所以重其亲之终事，而其请铭之言如此，予其可辞？铭曰：

深坎而周，封以为之宫。其藏之密，其树之崇。千百岁之后，过者必恭，相柏与松。

嘉靖二十六年丁未夏五月望赐进士出身大中大夫河南布政使司右参政前吏部郎中晋江王慎中撰。

明王钲妻张氏墓志铭

封太恭人张氏墓志铭（题）

予尝客永嘉，有称王恭人之贤者，予讯之，曰："恭人，封通政溪桥王公之配，福建左参议、国子祭酒二王君母，少师张文忠公之女兄也。"两族声望甲东瓯郡，恭人实兼有之，乃愈自降，约若布素家女，夙夜惟勤以身先阃内，故阃内事无不斩斩。事姑周夫人孝，训诸子以德业显。自期功、姻戚，下逮仆御之贱、丐贩之徒，罔不周其惠，赈贫恤哀无余力。族子之妻叶氏者，嫠而苦节，所亲欲嫁之，恭人曰："伤哉！人之志善而弗克遂也。"乃召其所亲，明大义而托之，时抚而振励之，后竟以全节显。其成人美类如此。盖其治家以严以勤以俭约，而慈祥僭怛之意，则又周洽于人人也，可不谓贤乎！予闻而叹曰："呜呼！吾乃今而知天道福极之征，其所由来者远矣。"

粤自溪桥翁艰难创始，亦恶敢厚望于造物者，曰我后必如此如此。兹不十数载，而二子并列朝省，诸孙方济济继出，以科第、文学世其业。予窃疑王氏之盛，其先必有硕人、长者大积而深藏，厚施而薄享，以开其先，而世所不及知者。今观于客之言，则其萃和孕秀，而造端于闺閫者，其力居多矣！夫孟轲、叔向之贤有所由始而太姜后妃实肇王迹，故曰"妇者，家之所由盛衰也"然则恭人之德之懿，殆天所以启王氏之祚也与！然予方少也，闻道文忠公事者曰："公以姊得生。"谓公之始生，父母以日薄，惧罔克见少子成立，欲弗举。恭人内不忍，乃缘物为谶家语曰"养则当大起吾族"。父母悦而收之。已而，母谢夫人卒，公且幼，恭人泣曰："天道属，人道析，兹非吾弟乎？吾弟，吾弟之也。"由是抚爱备至，令二子与同学业，卒以成器入相，今天子张族果大显。予窃叹夫人世贵生男子，不贵生女，谓子贤或亢吾宗，女即贤无补。今张氏之兴自文忠公，文忠公之生由恭人，则恭人实亢张氏之宗矣。恭人生而二氏之宗俱益大，其所利赖于家国者，夫岂微哉！

恭人以景泰癸酉九月十五日，生于永嘉之沧湖里。长适溪桥公，溪桥公讳钲，有硕德，与恭人宜。于嘉靖乙未六月十有六日先公一岁卒，享年八十有三，盖并寿云。其将卒也，二子一弟咸适自远至，聚首凡数月乃卒，人以为令德考终之报云。父讳昇，大父讳敏，曾大父讳转宝，俱赠少师兼太子太师、吏部尚书、华盖殿大学士。妣高氏，继陈氏、谢氏，祖妣徐氏，曾祖妣王氏，俱赠一品夫人。子男三，长澈，福建布政司左参议；次激，国子监祭酒；次沛，赠太仆寺丞。女一，适张釪。孙男五，叔懋，鸿胪寺署丞；叔程，国子生；叔果，兵部职方司郎中；叔杲，进士；叔本，恩生。曾孙男十一，光裕、光祖、光蕴、光荐、光禄、光普、光蕙、光美、光荫、光著、光沛。卒之年十一月，参议君偕其二弟，奉柩于祖陇之半山窆焉。上以仲子激经筵官，遣有司谕祭赐敕葬，盖特典也。士大夫荣之时，墓未有铭，至是职方君以尊公之命来请。予雅慕二大夫名德，且为母党姻娅，弗敢以不文辞，序而为之铭。铭曰：

倬彼南亩，弗耕胡获。相我君子，以树厥德。黍稷既盈，孰获匪耕。济济孙子，食旧德贞。高原膴膴，爰宅所止。贞松可摧，令德莫毁。

嘉靖三十五年丙辰秋日赐进士第资政大夫南京刑部尚书台郡赵大佑撰。

明王珙墓志铭

平五府君墓志（题）

吾王氏始祖万十一府君讳惠，二传肃一翁讳仕宜，三传乐善翁讳珍，四传樵云公讳毓。世德累仁，崇业亢宗。樵云公配安人谢氏，有子七人，四为我曾祖平五府君，讳珙，字秉信。孝友天至，笃仁义，能急人之难，量恢恢有容。有以横逆加者，置弗较。其行事长厚，迄今人多颂之。生洪武壬申七月一日，卒景泰辛未五月二十二日，寿六十。配安人宋氏，先卒，卜葬于半山回龙左原，府君宅兆则附祖陇之右。卒后九十九年为嘉靖己酉冬十月，澈二子叔果、叔杲，因堪舆家言，启府君圹迁宋安人合葬，视旧藏高数武，先大父时斋翁，大母上寿周安人从次祔焉。府君六子，长墐；次讳封，为时斋翁；三坡、四厓、五埙、六升。孙为澈考讳钲，以仲弟祭酒激，贵封通政司右通政；暨钊、铦、鋮、钥、铉、镰、镔、錸、鉅、铜、铚、锓、铧、锏十五人。曾孙三十二人。玄孙六十人。

追惟府君敛德韫善，而庆泽阴施，启我先通政及澈兄弟荣膺朝命，嗣子辈仍叨科名。里中长老言昔有貌府君者，谓必有后而行谊为世所谈说。且曰："天之报善不爽若此。"然则吾子孙所以世其家者，孰非府君所垂裕哉？夫潜积浚发，未阐且湮，澈窃惧焉！爰述梗概，以诏来裔，若树阡勒颂，永昭先休，则有待于名作也。

嘉靖二十九年庚戌冬十月既望朝列大夫福建布政使司左参议曾孙澈百拜撰。

明王澈墓志铭

明故朝列大夫福建布政使司左参议东厓王公墓志铭（题）

余与永嘉鹤山王公同举进士，相引为道义交。公卒乃不得铭墓而表其遗文，没齿有余憾焉。兹伯氏东厓公卒，其子职方君远来乞铭。余盖戚然兴思曰："公之兄即吾兄也，铭其兄即所以铭公矣！"

按状，公名澈，字子明，别号东厓，世居邑之华盖乡英桥。王之先宋乾道间自台之黄岩来徙，前此世系莫考。今称始祖万十一府君惠，自所知也。惠生仕宜，仕宜生珍，珍生毓，是为樵云府君，公高祖也。曾祖珙，祖封，父溪桥翁钲，有隐德，乡人戴之，祀于社，以仲子祭酒激君贵，封通政司右通政。母张氏，封太恭人，少师张文忠公女兄也。

公蚤岁颖异好学，与舅氏少师公及仲氏祭酒公自相师友。游庠校，烨然有声，每试辄首多士。正德癸酉举于乡。嘉靖丙戌仕为礼部司务，历升兵部车驾司员外郎、武库司郎中。时少师公为首相，祭酒公又官铨曹，众方抱属。公退然自抑，一以忠信周旋，扶植善类，不遗余力。卒未尝宣诸口齿，而缙绅先生至于今称之不衰。嘉靖甲午，会配潘宜人卒于京，遂乞告以归。时溪桥翁暨张恭人并寿大耋，公承欢左右，方走疏终养，而福建参议之命适至。未几，连遘大艰，服阕，再疏乞休致。家居却扫，日惟以推羸振乏、敦礼举义为事。建始祖祠费千金，不以丝粟烦其宗人。著族约，立约正，司讼、司纠，若而人旌察淑慝，有陵噬忿争者，遵约听之，不使烦于有司。制田供时祀，每岁立春祭毕，大会族众，欢以酒食，申以训辞，衣冠来集几千人，肃肃雍雍如也。家有羡赀而黜靡戒奢，自奉如在约，雇用以义，率厚捐弗靳焉。嘉靖乙巳，岁大饥，米价骤翔，道墐相望。公捐廪平粜，复广施糜粥以待饿者，日就食者逾千人，两月始罢。交与戒事请谒，乡土有急难及利病所宜兴革者，则以身先之。

公器宇凝重，性度坦夷。谦谦下人，随贵贱大小，遇之如一，率不由于矫。不妄喜，不留怒，不念旧怨，惟德则必酬。是非好丑，皭然于中，顾多务含蓄，而发于义者，固侃侃如也。夫士君子进则泽被天下，退则仁施一乡，其志之所期，与业之所就，得于此而不得于彼者恒多也。公徊翔郎署，所治固不越常职，然当少师公秉钧时，诸建置进退震詟中外。公从中调护，少师多信从，而忠贤藉其阴庇。

林居二十年，身急乡族，诸所行事被德而鼓舞者，人不可数计。视夫进而徒张声势，退而自足娱乐者，其为人何如哉？概公之平生，孝友刑于家，温恭恺弟孚于族，贤声义闻洽于遐迩缙绅。卒之日，人无亲疏，莫不咨嗟痛尽，欲起公而不可得。噫，此可以定盖棺之论已！公生成化癸巳九月三十日，卒嘉靖辛亥九月十三日，享年七十有九。子男二，长叔果，嘉靖庚戌进士，兵部职方司郎中；次叔杲，壬戌进士，兵部武选司郎中；女一，适南康县丞严孔昭。孙男四，光蕴，举人；光荐，光禄寺署丞；光普、光美，俱国子生。卒之又明年卜葬有期。族子佥宪君德状公行实，事甚核而文甚雅驯，余因而为之铭。铭曰：

曷厚其生，总兹百禄。曷笃其庆，华兹似续。皇国之桢，乡邦是淑。昭哉令德，俾也戬穀。膴膴佳城，吉其得卜。有郁者松，有苞者竹。硕人攸藏，如金如石。百世斯原，过者必式。

赐进士出身资政大夫南京兵部尚书参赞机务明州张时彻撰。

镌人王堂。

明王激墓志铭

中宪大夫国子监祭酒鹤山王公墓志铭（题）

鹤山王先生，举嘉靖癸未进士之明年，出知吉水。吉水剧邑也，精于吏者，咸病其冗。乃先生临之，殊不经意，日出公庭数刻，发遣文移，了争讼几事已，复操笔为文辞，亦数刻立就，忘其身之在公庭也。暇日与诸生仇校经义，或对客谈古今诗律，得失何在，杂以谑笑，听者忘疲。其说经义，不甚规规求合时调，即在公庭亦不喜为时调束缚。而其谑笑，尝以取容上官，与诸败官行事为譬，若将谕己意者。讼至，多引古人忍让事，俾自悔改，更不禁系。以赋役留者，言语欧欧，如其家人父子，节缩简澹，惟所欲便，不令人迫苦，人亦踊跃趋事，尝恐后期。邑中人人称其易与。久之迹境内凶人王璇五六辈，发其奸，置之宪典。于是人人又且畏顾奉法，以为操纵在先生，固不一以自奇，如是者三年一日也。已而内召，私语洪先曰："吾舅柄用外间，方且籍籍，吾可以身为口实乎？"洪先力赞其决，盖先生为张文忠公孚敬之甥，年且相亚又交好也。

丁亥，擢吏部文选司主事；戊子，出典广东乡试；庚寅，擢考功郎中；满考，擢南京通政司通政；癸巳，召主誊黄，未几改国子祭酒兼经筵讲官。为吏部进退黜陟人才，务当情实，尤能采拔幽滞，直己无所他狥。在国子岁余，振励有方，士多所兴起。然其私心既不欲以身为人口实，常有意引退。属二亲垂耋乞归养，盖屡疏始得请。既连遭内外艰，心不胜痛，竟以疾终，其归之年才六十也。

先生长身玉立，风致魁岸，负气不肯下人。不独自视甚高，望之者如尘外孤鹤，不易笼绁。久而窥其胸次，率自贬让。自其少时抱异质，书过目辄成诵，兼通诸经。弱冠以《春秋》

魁两浙，而举进士则以《毛诗》。居常有意辟谷，酷嗜仙释氏语。稍长，才名迸出，倾压行辈，太宰乔白岩、山人孙太初引为文字交，而于许台仲、金汝白、应邦升咸称莫逆，间因徐曰仁、朱守中问学于阳明王公。徐、金五君皆浙之诸君子也。先生平生磊磊若此，然仅自效于下邑，方跻显位，未获尽其所长，溘然遽至沦没，岂不惜哉？议者以先生之才，即无亲援，固当得显位；即有亲援得显位，忌者必不敢相谗，即相谗未有能中者。顾自惜其身，而先几引遁，是可多见耶！

先生名激，字子扬。世居永嘉之华盖乡，至先生始徙郡中康乐坊。曾祖珙；祖封；父钲，以先生贵，封通政司右通政；母张氏，文忠公之姊，与其配邵，皆封恭人。先生生成化丙申十月七日，卒嘉靖丁酉八月十六日。先四年而邵卒，己亥十月合葬于十九都交阳之原。子二，叔懋，鸿胪寺署丞；叔程，国子生。女一，适都指挥张大本。孙男三，光裕，郡庠生；光祖、光禄，邑庠生。

洪先为诸生时，先生试其经义赏识之，又知其所志不苟，故每语以心事。比登第才一再见，而先生别矣！先生既葬，墓未有铭，叔懋以书来曰："子固知先子者，不可辞铭。"又六年，始纳铭于墓。铭曰：

于嗟鹤兮，胡为乎来，匪稻粱之谋，而众鸟群猜，其才高而贻灾兮。于嗟鹤兮，胡为乎去，将寥廓之游，而遗世弗惧，其数奇而寡遇兮。

嘉靖三十六年丁巳春二月既望赐进士及第右春坊右中允兼翰林院修撰门人吉水罗洪先撰。

明王沛墓志铭

赠太仆寺寺丞仁山王公墓志铭（题）

嘉靖中，倭寇起东南，虏掠海滨诸郡邑，人无虚岁，所在望风奔靡。有司苟且饰功过，无实为民屏捍。民亦莫知所为生，无久长计，嗟大厄苦矣！余尝希冀必贤有司者出，斯能为民树保障，修战守备。不然，民间豪杰，亦宜有激义奋厉守境土者，乃始见烈士王公云。

按，烈士讳沛，字子大，号仁山居士。永嘉英桥里人。父曰钲，号溪桥翁，封通政使司右通政；母张氏，封太恭人。通政公有隐德，生三子，长参议公澈，仲祭酒公激，季即烈士公。公精晓古禁方，以医施于乡，因例授"益府良医"。状貌岿奇，倜傥有大略，抗厉希古人风，敦行孝友，徜徉泉石，视二兄融显澹如也。又好义，务趋人之急，里闾事身先为之，亡惮费财力，人称"王仁山"云。

始壬子，倭寇掠黄岩，侦导薄乐清县，永嘉人卒莫为备。烈士公群乡人谕之曰："群盗窃海隅为奸利，非有战胜殊算，乘不备为乱耳。吾乡人千余家亦伙矣，简健士，明训约，慎固厄塞，乡自为守，足为雄镇。抑令贼知犄角，绝窥伺，吾郡岂直一隅丘墓计耶？"众唯唯如戒命。又与族子佥宪君德，协议为民望，日夜谋所以备寇者，五都人数岁恃以毋恐。丙辰十月，寇入南溪，抵龙湾，人咸震惧。公与佥事君率精兵御之，至上金，下令曰："贼散出抢掠，无斗志，我师整，一鼓擒之耳！”众踊跃向敌，敌遂溃遁，追杀数十里，馘数十人，获马十余匹。贼噬指相戒，不犯五都界。兵宪袁公以“倡义”颜公门，时烈士公年已七十有二矣，其奋义勇为如此。

戊午四月，寇复大至，群艘蔽海上，烧虏至盘城及梅岭，人人谓弗能支，宜且入郡城避其锐。公咈然曰：“吾始倡义萃众为境土计，乡人以我故，幸乐从，英英凛凛有成绩矣。退尺失丈焉，得为一身谋，忍见乡人流离成丘墟耳？”仍偕佥宪君往御，抵梅岭，寇佯为退，伺佥宪兵分登山，公驻兵山半势单弱，贼从海上出一艅奄至冲围公，公犹持戈击杀数人，遂遇害。兵众卫公不忍舍，亦被杀数十人。乡人闻公死，哀震里巷，远近人士无不义公痛公者。公卒后再旬，佥事君亦战殁，誓不负公也。自是，贼势日炽不可御，至围攻郡城，焚虏村落，无深远不至，无复顾忌矣。

事闻，得赠太仆寺寺丞，立祠，令有司岁致祭，荫子一人入国子学。先是，把总夏君、同知黄君死于寇，众皆悼惜，公独曰：“人等死耳，死王事徒死乎？乃天性英毅，所素向往然矣。烈士哉！烈士哉！”公壮时，尝寓括苍旅舍，得富商云三遗金百两。富商死，逾年，其子来谒举，还之无少负。参议公创宗祠，行族约，众推公年德优异，为一族长。凡岁时谒奠，率以身先之，寒暑不怠。乡闾有斗讼事，赴公剖析，无不悦服去。有古王烈风。其堡里一方，捍患死事，又炳炳最著者。生成化乙巳六月十八日，卒嘉靖戊午四月六日。配安人朱氏，先公卒。男子一，叔本，郡庠生，今荫入国子学。女子二人，长适邑庠生林一桂，次适瑞安姜天偶。孙男子四人，光蕙、光荫、光著、光芾。孙女子二人。叔本卜于次年十二月二十四日，将窆于茅竹山之原，与朱安人合。于是叔本手职方君状请志其葬。余既论著其大，都系之铭。铭曰：

矫矫桥翁，濬源发祥。维伯维仲，和鸣锵锵。骞于天衢，亦耀有光。乃及季氏，垂老且强。以死勤事，捍患卫氓。皇帝曰嗟，惟烈士良。诏尔京秩，宠尔幽壤。育孤于国，肇祀于乡。维不徒死，既蹈其常。后千万年，式此贞藏。

嘉靖己未夏五月既望赐进士出身中宪大夫江西按察司副使奉敕提督学校括苍何镗撰。

明王德墓志铭

广东按察司佥事赠中宪大夫太仆寺少卿东华王公墓志铭（题）

天其有意斯世乎，必生任事之人维持而率作之。生平所期，率汲汲于吾身是非利害之外，幸而学焉，斯圣贤其归也。不然，意气激发尤当雄伟豪杰，振越一世，而天下治乱恒必赖之。吾尝持以定士品，而莫有信其然者，吁可异也。往年尝晤东华王子袁御医所，当是时，王子为进士，年才弱冠，色洁白若冰雪，竟日不一接语。后十四年，王子弃广东兵备佥事，东归过予，慨然以身相许，为语在户科时募兵山东曲折，与兵备岭南诸事甚悉，其后数以书问。

又三年为丙辰，倭扰海上，渐及温，官府熟视不知计。王子主族议，练乡兵待之。其年十月，倭渡南溪入蒲州，歼之于上金，斩首十有六，擒十四人，拔其胁虏八十人还之乡。明年复歼于梅头，斩七首。自是倭畏永嘉场，不敢犯永嘉场王子之所居也。戊午四月六日，倭至梅岭，王子伯父散官沛死之，王子愤曰："所不能勠力复沛仇者，有如此海！"次日斩二首，擒七人，而他酋数千方围乐清。十四日，王子纳其家郡城。十九日，兵备袁君祖庚来告急，遂移袁宁村以便策应。是日参将张鈇来附，是时倭围郡甚急，袁请援，以张并进，王子许之。凌晨简轻锐，从间道往，日晏，伏起金岙，遂遇害。当变作时，犹手射杀数人，张兵相视甚迩，无一救者。倭以乡兵少之，不知为王子也。总督胡公宗宪上死事于朝，诏赠太仆寺少卿，立祠郡城，荫子世袭百户。已而，当道闻状，为之黜袁罪张，以伸王子，则何及矣。

呜呼！当王子奉命募兵，及为兵宪以兵死，死职也，今死温何哉？夫金不弹雀，屍不代庖，此易知也。出门反顾，谁则无情，且儒者之论，多主委任权力。而敌忾弭乱，率诿武人。即任职者，犹且以此藉口，况肯营其所不及乎！士大夫居乡，豢养骄惰，临事则高拱缓颊，谯责不至，议者方以持重归之。王子计不出此，而所汲汲乃在吾身是非利害之外。呜呼！王子其有大不容已者乎！或言王子有母在郡，郡围则母危，王子殆死母也。或曰然矣，使无母其遂已诸，王子其有大不容已者乎！吾不悲王子任事之心不见知，而悲天之生王子者，不待深究而止是焉，其故何也？王子既殡之明年，其子如珪自为状，走使不远数千里索予铭，且曰："先君靡日不言先生，幸卒怜之！"予持书泣曰："予后死矣，忍不为铭？"

按状，王子名德，字汝修。少英异有大志，举丁酉乡试，戊戌第进士，庚子授东昌推官，善治狱。巡抚曾公铣壮其人，每见必改容。尝署高唐，苦于汲，开北门便之，凿土得石，石有曰"北门开，王德来"。人语为神。辛丑，临清外城成，以督工升俸一级。六月，丁父忧。丁未，补大名，会河南盗掠湖广贡金，众疑在滑，且指四人姓名为证，枝连数十家，有诏逮捕。王子闻之，自府趋滑，验状无实，执弗与河南，将上奏，未几，得真盗京师，遂释滑人，滑立生祠祀焉。自登第至是十年不迁，不知荣进。比满考，会选台谏，乃与沈君束坚不赴考，为当道所廉。授户科给事中，二旬，上疏请简辅臣，上不加罪。旋主光禄，罢无名费，才三月，省四万余金。庚戌，北虏入寇，条陈十余事，首议开北纳奔民，平通太二仓米价活诸饿者，夜半遣中官至家，传旨允之。

无何募兵山东，军资寡，惧不足数，则假便宜，简民兵直以偿之，易其名曰"义勇"，兵始大集。是时诏下，特举才望格于议。出为广东按察司佥事，兵备岭南。至则以身率兵雕剿，村堡动至数百十人，饮食兵器，呼吸立具，蛮寨惴惴莫测，次第就降。会英德民壮盗库金，为海兵所获。知县吴希曾畏罪，反坐海兵，争之不得，遂引疾弃官，不悦者劾其擅违，竟罢职。异时王子所语募兵与兵备即此两事，此两事在王子犹不甚奇。其居官廉慎，过于处子，执古丧礼，不眩时俗。在谏垣岁余，凡四十疏，词极刚，恳忤人，而其人喜怒，又足以张祸福，曾不委曲少狥其意。生平所期，惟知进则泽被天下，退则福及一乡，以必不负此心为主。盖有人视以为无益，而己在所必为；人或以为可缓，而己不容以朝夕者。呜呼！是果可以死乎？

王子自五代世居英桥，宋有讳惠者，以长厚望于乡。高祖毓，曾祖埏，祖镯。父浥，号橘泉，以王子贵，赠文林郎、直隶大名府推官。母林氏，封太孺人。娶邵氏，封孺人。子二，长如珪，举人；次如璧，袭锦衣副千户。女四，长适礼部儒士张鸣球，次适庠生项光祖，三适林梦祥，四适庠生侯保邦。王子生正德丁丑闰十二月十二日午时，卒嘉靖戊午四月二十日申时，年四十二。铭曰：

孰不有亲？而杀其身！征之圣人，圣人曰成仁。孰不有己？而轻其死！告之天子，天子曰勤事。情之所激，尝恐罔生。谓非天与其成，则既见之生平。事之可为，尚不止此。惟其心有不已，夫是谓之志士。

嘉靖三十八年己未六月望吉水罗洪先撰。

明王德墓表

广东按察司佥事赠太仆寺少卿东华王公墓表（题）

当太仆公之将入给事中也，跳弗肯应，曰："我必死谏，死易耳，而以贻太夫人忧何？"辞，不许，乃入给事中。数上书论事，执政固目摄之矣。而会虏阑寇塞内，传大都，公遂欲死虏，而以募兵出，归，复欲以死争权相，不果，而迁按察佥事，兵备岭南以去。一与其守令议大盗狱不合，台右其守令，即自劾，归永嘉。归而自意可无死以终奉太夫人也，乃又不胜激。岛夷难，从乡里恶少年拒走之，凡三载，永嘉之乡兵几振。无何，竟败以死，太夫人固无恙也。且夫士岂必尽用死重哉？夫死不死，遇也。或曰：公殆欲以愧夫封疆之臣而失职者，则又非也。夫公知有君亲而已矣，奉君则君重，奉亲则亲重，死不死，遇也。

公姓王氏讳德，字汝修，世为永嘉名族。而其在诸生时，美鬒眉妍，皙若玉雪，人固肃然，亡敢以狎进。甫逾冠，成甲第，授东昌府推官。丁父忧归，补大名。公之两司雄郡理，以一切治办称。又尝城临清，论功进岁奉。而其辨滑大盗狱，滑人德之，为祠祀焉。几十年，而始拜给事中，即劝上简内阁辅臣，谓文言而不当用，强博而不获要，外廉而内济欲，阴忮而阳为容者，非其人也执政，固中恶所繇目摄矣。而公按光禄，即汰其费，三月而得四万金。当虏人，公所上十余事，如开北都门入郭外避贼者；减京通仓粮价，使民得量受食；而又荐材士大夫赵贞吉、刘焘辈，屡当上意，比奏即报可。所募兵山东，为诸道最，缙绅大夫交口推公才以当一面，而忌者亦时时反唇。会新太宰上事，公投刺，少杀其礼，太宰贵倨甚，即出公。而公素严重，诸给事偶坐，不能得公一语，而公间引其所善论国大计，臧否人剌剌不休也。故事三司谒台，亡不谬为恭谨，前白事若小吏。而公其末，顾独捧手而已，不为礼。乃至都御史调公廉，檄余奉为饷，且奖公，公曰："都御史于法亡奖二司者，二司法不得受饷。"下其金籍之。公部兵执盗民也，民亦谓公兵盗。郡守为民请，持未决，而都御史意公私某部兵，则犹以籍金故。

公之归，太宰移文留公不得，而前太宰复用，按牍曰："是故强项给事耶？"以擅离职罢公，公所前募山东兵精甚，居自恨不得以其兵一当虏。而其佥事岭南，数选练骁锐以军法约束之，身入诸猺寨，所伤杀捕卤过当。归，适有倭乱，乃纳太夫人入城，而从其宗人豪散赀财，募兵为墓井捍，尝一再败之，斩首获生以数十计最。后公虽击败贼，然失其豪，以是愤恚，奋益前，冀复豪仇，而参将鈇兵悔约，跳郡援又不至。兵既败，公犹手射杀数人，骂贼以死。然贼自是夺气，竟不能越公乡而薄郡矣。夫公以乌合之众，素所夷等，非有国家一节，以提衡其命而能用之。至三年而亡畔散功，虽不终，自兵兴以来未之有也。天子用督臣请，嘉公谊，赠太仆少卿，赐祠春秋祭，额曰“愍忠”。官其后一人锦衣百户，世世弗绝。

呜呼！公之致身，不必在官，人主之用公，不必及身。虽若俱稍后者，而其交尽而互报，则无憾矣。公之举进士，宗人有与时相连者，以书为公请，公审视之，削其请而后投。生平杜干谒，虽蛰帛必却。其于进，数避不肯就，于退，则一拂袖而决。此其倡果勇，奋节激昂，岂复有赴会希遘意哉？公之殁，春秋仅四十二。有子如珪，举乡进士，贤而文；如璧，今为锦衣副千户。谓不佞好谈说古今节义事，俾志其大都于墓道之石，余见罗赞善、侯布政志、传中。

万历二年甲戌秋八月赐进士出身大中大夫太仆寺卿吴郡王世贞撰。

明王叔果妻林氏墓志铭

明故太恭人王母林氏墓志铭（题）

翰林院修撰秣陵焦竑撰

太恭人林姓，故宪副西华王公之配，宁国郡丞光蕴、光禄大官丞光荐、录事光普之母也。太恭人事西华公于职方时，封安人矣。称太恭人者，以子贵进封也。称王母，以母终也。父濛，母朱，生而负贵征，有志操。舅参议东厓公为子择妇，闻而委禽焉，年二十一归王氏。王族大且贵，参议公方岩居，委家事不问。太恭人上承下御，顾事事当参议公意。西华公见太恭人事事当参议公意也，于是悉家秉付之。太恭人即又事事当西华公意，盖宾祭秩秩如也，馈养雝雝如也，出纳井井如也，惟谨已。

西华公起家职方，诸子生，崭崭露头角。太恭人留不行，督就外傅，夜篝灯课读无少怠。即诸子长矣，出入交际必以告，稍不应节必谯让。西华公出参湖省，光蕴业举于乡荐，亦受室，太恭人始一偕往。逾岁，西华晋左广臬副，甫艾也而有归志，太恭人不谓早也，欣然奉公还。当是时，西华公恬澹之节天下莫不闻，而曰：“吾得割意膻途、餐风味道者，以若人之相我也。”已而光蕴仕，太恭人拊而属曰：“若父之荆西，即丝粟不以烦县，若所习也。其益务自砥，无忘父志。为予橐金二百，又度官中需时致之。”自是所至察廉，无不首光蕴矣。

居恒鸡鸣起，诸僮干各以材受署。太恭人盥栉竟，遍行室中视，则无不犁然者。已晨朝，诸子妇若孙妇，据上坐谆谆以勤若慎为瑱规也，移晷乃散。丁酉，光蕴以宁都令最上考功，进今封。太恭人八十矣，而恩纶适至，会蕴徙官归、荐予告、普亦初拜官，升堂上寿觞相属，观者荣之。岁庚子，光蕴还自宣州。太恭人感微疾，辄环语子若孙如与诀者，甫五日而殇，时九月十六日也，距生正德戊寅正月七日，享年八十有三。

太恭人性勤约，无所纷华，丝枲老不去手。自奉常取其薄，而推羸振乏必以厚。禔身必谨于细，而讲于夫子间也常识其大。其驯行卓识，谓王氏之女史，非邪夫？女德不外见，然陈定之辞封，李审诸之却粟，所以阴为助者，亦岂微也哉？太恭人一明于义，而夫妇白首相顾，怡然以坐观子姓之成立。俾邑之严夫者愧妇，慈子者愧母。而俗几变，是恶可泯也。子光蕴娶林氏，封孺人；光荐娶林氏，光普娶朱氏。孙男十人，至言，县诸生；至充、至齐，俱国子生；至章，县诸生；至亮、至奇，俱国子生；至褒，郡诸生；至兖，国子生；至雍、至宏。女孙五，适林承超、项国昇、何君侃，俱诸生；林邦宗，国子生；林承裔，诸生。曾孙十七人，钦典、钦昊、钦旦、钦谊、钦彝、钦准、钦履、钦赞、钦諟、钦鼎、钦泰、钦谥、钦复、钦晋、钦恒、钦隷、钦业。曾孙女十人，适彭如翱，诸生；张士楫、侯应璧，余幼。光蕴等以明年二月二十日，厝于石坛山之原，祔西华山兆，礼也。先是，衔哀著事状，而寓书于余使为铭。铭曰：

翳王氏裔，始自琅琊。金陵来居，班班史传。七十余人，厥声奕如。淑媛相之，若郄与谢。亦图亦书，遥遥华胄。再徙永嘉，不替本初。迨中宪公，乃有恭人。绎绎徐徐，夫奋于朝。子克嗣之，名埒璠玙。恭人欿然，曰用而既。宁留其余，石坛之丘。双璧共瘗，峰回水纡。太史作铭，俪德齐齿。有美不虚，畴论世者。曰百千祀，石在玄庐。

明王光蕴墓志铭

直隶宁国府同知玉洞公墓志铭（题）

郡丞王公讳光蕴，字季宜。王公之丞宁国也，惠慈清洁，矫然异等。而会为人所挤陷以去，小民悲歌之，大人君子慷慨愤激而语不平，时时举似人曰“郡丞王公王公”，宣之遗思也。公貌癯而概伟，外恭谨而中介特，于人间落落莫莫，若一无所关措。而学问闳远，才致综密，极文人吏人之长。平生所最敦笃，独孝义事。在官数念其母太恭人，晨绕郡斋，忽怔怔若有动者，会归，趣并日，而太恭人之病数日卧，母子握手，且欢且泣，絮语达旦，越明逝矣！于是天下传诵王公孝感，而转推挤陷者之施于人母子间。

永嘉之王，冠冕瓯越，以仲子祭酒贵，封中宪大夫、通政司右通政使曰钲者，公曾大父也；累官福建布政使司右参议曰澈者，公大父也；广东按察司副使曰叔果者，公考也。公又自其四世祖毓，以槐阴集行，累代称风雅之业蔚然。年二十二举浙江辛酉，浃两壬不第，甫选得县宁都。宁都山僻而饶，百姓喜馈遗，前令未有能脱然者。公为宁都六载，水火不与民交，皭然起殊誉，娄腾荐剡乃得郡宁国。

公性闲详，遇事传情切法，枉直立剖，老猾无所藏匿。而大意主于湔洗，以得全一物为福事。先是，监生彭汝通、举人何修相诬讦，举人褫监生坐戍矣，缘所自起第争塘埁耳。公念之，此微细事，而两家残败。祈于道破，纵使去两家之仇以解。廖光炫者，前论死，为债家刘赞任所持，公察其色有冤，严覆之，赞任叩头服是，怨其责逋急，而杀假子寿以诬者也。兵酋刘宣赐与同姓子征郄诋为流劫，立断解之矣。直指按部，更飞章陷以谋逆，直指愕，檄县急捕。公驰见，请得无捕而捕飞章者，一邑欢服。当是时，微公，几牵连邑十百家。在宁国脱监生濮阳修之狱，以家僮误伤人重辟系击者。吏政如此。

公所在洗手厨传之费，割自家橐。郡长某大以为异也，目慑之。而长故同里旧戚同计偕往还，公先至，固日夜其来，相提以有树也。至是睨其所为非是，蹙额劝谏之。长面咈已，又呕吁谩相好。郡北楼高斋，玄晖遗迹在焉，公为治亭于邸之傍，颜曰"又玄"，郡诸名士禹金、季豹辈，唱和其中。长唇之，嗡嗡胡为者？待归永嘉山中，哦也阴嗾之，竟迁衡府左长史。而公念母老，乞归养，以原衔致仕。

呜呼！雅俗之相揉也，清贪之相激也，君子之奉职行身，非以检物也，安其素然。又非有高诡历砾不可近之事状，而我以为固然，人以为怪。我以为行身，人疾以为厉已也。古今豪杰士，摈于非类，污逐颠蹟以终者，岂一辈哉！始，公视郡篆，宣解契银六千有奇，公却弗纳，曰："长且至。"其后长挟之去，与县递相委谇，流闻四远。人然后服公之廉白且具远识也。

公既归，帘阁頮几益发所藏书，与儿子辈酬课竟日，虽疾病寝食未尝废。所辑《永嘉县志》事核而文。居城东山之麓，道经所谓容成太玉洞天者也，自号"玉洞子"。有《太玉洞斋近草》十卷。壬寅奉恩诏，进阶朝列大夫。又五年而卒，万历丙午五月初二日也。距生嘉靖庚子正月七日，得年六十有七。配林氏，先公卒，赠孺人。子男五，至言，廪例生，予为叙其论草称王昭文者也；至章，邑廪生；至奇，国子生；至褒，郡庠生，俱林孺人出；至宏，侧室高氏出。孙男七，钦尹、钦旦、钦豫，俱郡庠生；钦望、钦泰、钦奭、钦蒙。曾孙男二，祖法、祚法；女二孙女八。

往宾尹为里人所难，公殊慰藉之，此事亦与长相左。公归，余遇之杭，赠诗云："羸臣冤不开，良官徙何疾。官徙升似谪，万故不能诘。"公亦和予云："蹇予禀微尚，简亢徒自嗤。彼欢不能投，弃置亦何辞。""夫君天下士，孤标秉贞一。胡为来铄金，名高蒙忌嫉。"盖欷歔相怜也。天下适多故，清人雅人虑无踽踽之迹，孤行容于世。而世之贪饕谗险者，会得意高驾，士有遭踬蒙辱而世莫之省解。有解者矣，怵于声焰，莫之敢吐，则亦已矣。后死者其可不为死者一言？予是以狥昭文之请，缄有日月而铭归之。铭曰：

宁与鸷争粒，宁塌厥翼。宁与猳争早，宁道上槁。校孔魋与孟臧，试设身其谁处。意不可夫一世，肯见吓于腐鼠。挟仓颉以长游，呼青天而独舞。吾将酹一杯于霞屿之原，以佐公之待人于千古也。

赐进士及第前南京监祭宣城汤宾尹撰。

国务院关于公布第五批全国重点文物保护单位和与现有全国重点文物保护单位合并项目的通知

国发〔2001〕25号

各省、自治区、直辖市人民政府，国务院各部委、各直属机构：

国务院同意文化部提出的第五批全国重点文物保护单位（共计518处）和与现有全国重点文物保护单位合并项目（共计23处），现予公布。

各地区、各有关部门要依照《中华人民共和国文物保护法》等法律法规，进一步贯彻落实"保护为主，抢救第一"和"有效保护，合理利用，加强管理"的文物工作方针和原则，正确处理文物保护与利用的辩证关系，认真做好全国重点文物保护单位的保护、管理工作，为促进社会主义精神文明建设，弘扬爱国主义精神，增强民族自豪感和凝聚力，实现中华民族的伟大复兴做出新的贡献。

国务院

二〇〇一年六月二十五日

附：第五批全国重点文物保护单位名单（共计518处）

（一）古遗址（共144处）名单略

（二）古墓碑（共50处）名单略

（三）古建筑（248处）名单略，永昌堡被列入其中。

序号：311，分类号：117，名称：永昌堡，时代：明，地址：浙江省温州市。

（四）古窟寺及石刻（共31处）名单略。

（五）近现代重要史迹及代表性建筑（共40处）名单略。

（六）其他（共5处）名单略。

与现有全国重要文物单位合并项目（共23处）名单略。

主要参考书目

《东嘉英桥王氏族谱》　明 · 王叔果修

《东嘉王氏家录》　明 · 王赓尧誊写

万历《温州府志》　明 · 王光蕴等纂

嘉靖《永嘉县志》　明 · 王叔果　王应辰编纂

《温州市龙湾区志》　龙湾区志办　陈建敏主编　中华书局　2013年

《龙湾年鉴》　龙湾区志办　方志出版社

《龙湾人物志》　龙湾史志办　中国民族摄影艺术出版社　2019年

《龙湾历代名人录》　曹凌云　人民日报出版社　2004年

《龙湾宗祠》　龙湾区志办　孙建胜　浙江摄影出版社　2016年

《龙湾老城堡》　龙湾区政协　黄秀清主编　浙江摄影出版社　2016年

《龙湾老桥梁》　龙湾区政协　黄秀清主编　浙江摄影出版社　2015年

《厚重龙湾》　龙湾区文广局　永昌堡保护修建管委会编　西泠印社出版社　2013年1月

《巍巍大家》　龙湾区政协　诸松华主编　华文出版社　2008年2月

《龙湾民俗》　龙湾区政协　黄秀清主编　中国炎黄文化出版社

《永强壮歌》　潘伟光　新疆文化出版社　2016年10月

《龙湾史志》　龙湾区史志办

《龙湾史谭》　龙湾区历史学会

《永嘉场墓志集录》　孙建胜　黄山书社　2011年4月

《大罗山志》　温州市生态园　中华书局　2013年

《永昌堡民俗文化调查》　潘一钢　银河出版社　2005年1月

《龙湾先贤书序选》　曹丹艳　春风文艺出版社　2017年12月

《明月清风　龙湾先贤廉政故事》　鲁爱民　中国戏剧出版社　2008年2月

《古堡深处》　王璋　王一平　大众文艺出版社

《清代英桥王氏诗录》　陈伟玲点校　中国文史出版社　2014年

《明代英桥王氏诗录》　陈伟玲点校　中国文史出版社　2010年
《槐阴集注译》　王振成　王一平等点校　香港出版社　2011年
《王叔果集》　蔡克娇点校　黄山书社　2009年
《王叔杲集》　张宪文点校　上海社会科学院出版社　2005年
《王理孚集》　张禹点校　上海社会科学院出版社　2006年
《王德馨集》　王妍点校　黄山书社　2008年
《古堡旧忆》　王则信　香港天马出版有限公司　2017年
《平阳王氏》　王思翔　中国大百科全书出版社　2008年8月
《苍南王氏》　王汝亮　中国文史出版社　2007年5月
《温州市龙湾区永中街道志》　龙湾区永中街道志编纂委员会编　方志出版社　2010年10月
《龙湾文献书目提要》　朱继亮　线装书局　2021年5月

《永昌堡志》编辑工作剪影

2021年9月，《永昌堡志》编委会部分成员合影

前排左起：王靖岳、王忠良、王一平、王身康、王振成、王会恩、王仁邦、王竹巧、王会飞

后排左起：王学森、王勤福、王剑锋、王会岳、王靖来、王成银、王凡、王会进

2021年5月1日，《永昌堡志》编委会部分成员与厦门大学张侃（右三）教授合影

《永昌堡志》评审会剪影

与会专家
左起：章方松、张声和、洪振宁、陈建敏

与会有关领导
右起：王忠良、王身康、朱德旭、陈强炜、夏静、王一平

《永昌堡志》出版发行

2021年8月6日《今日龙湾》报道：龙湾区召开《永昌堡志》评审会。温州市社科联原副主席洪振宁，《温州市志》主编张声和、副主编陈建敏，龙湾区人大常委会原副主任、文史学者章方松，市历史学会副秘书长张卫中等史志专家及龙湾区地方志研究室、区文广旅体局、永中街道等单位相关负责人参加。

《永昌堡志》由龙湾区永昌堡文化研究会负责编纂，自2018年开始启动，历时三年多编写完成，由王身康担任编委会主任，王一平、王振成担任主编。该志分古堡篇、宗族篇、迁徙篇、民生篇、人物篇、民俗篇、艺文篇和古堡记事等8大篇89万字。它是我国少有的专门堡志；由英桥王氏后裔自行组织志愿者义务编志，也是创新之举。经专家评审，会议原则通过该志，修改完善后提交正式出版。

永昌堡于明嘉靖三十七年（1558）由英桥王氏王叔果、王叔杲发动族人自筹资金，仅用11个月时间建成的民建城堡，现为全国重点文物保护单位，有着丰富的文化底蕴和历史研究价值。

2021年7月26日，《永昌堡志》专家评审会议

2021年9月合影。右起：王一平、王身康、洪振宁、王靖来

古堡文化研究暨《永昌堡志》编辑出版工作座谈会合影

前排左起：王振成、王成东、王成德、王忠芳、王迪、王会钦、王小伦、王竹巧、王璋、张福康、王忠良

第二排左起：王学森、张卫中、王剑锋、王身康、王靖岳、王一平、王岩雄、王岩新

后排左起：黄永强、王棣俊、王会飞、季秀兰、王晓群、王成银、王玉玲、项小萍、张爱珠、王会岳、王凡、王勤福 （王会进 摄影）

后　记

2017年永昌堡文化研究会换届后，我们有更多的思考：如何挖掘古堡文化内涵，扩大古堡影响力，故此提出编纂《永昌堡志》，争取用三年时间完成这一有意义的重大文化工程。

历史已经很好地证明：永昌堡是民建之城堡，是国之堡，人文之堡，是诗之堡。

发挥修志资政育人功能，是我们深度宣传古堡、解读古堡基因密码的新举措。2018年，我们建立了《永昌堡志》编纂委员会和编辑部。三年间，查阅收集馆藏档案，翻阅考证谱牒古籍，踏察文物古迹，记录现代风貌。起自宋末元初，截至2020年，时间跨度700多年。全志经过梳理编写，反复修改，数易其稿，多番审阅，终于编辑成书。

堡志编纂是一项创新工作，全国范围之内现成的范本不多。《永昌堡志》有别于地方综合志和专业志，在体例与内容上均有所变通，不再拘泥条条框框，而是因地制宜，因事而变，因史修编。内容以城堡静态为主体，因筑堡者为英桥王氏先祖，故扩展到英桥王氏及迁徙地、相关人物和艺文。做到点面结合，有取有舍。古堡所在的地新城村详细写，周边保护区的城北、城南、衙前村重点写，其他英桥王氏聚居地简略写，也有些方面也只能点到为止。同时也写了永昌堡风土民情。当代人物原则上是以科级以上党政干部，团以上军队干部，省级以上各文艺协会专业人士（或者相当），科教卫生界高级职称以上人士，上规模现代企业及其创办人为收录范围。

2021年7月26日，永昌堡文化研究会和《永昌堡志》编纂委员会召开《永昌堡志》评审会议。会议由王身康主任主持，王一平会长作了《永昌堡志》总体介绍。《温州市志》主编张声和、副主编陈建敏，温州市社科联原副主席洪振宁，温州市历史学会副秘书长张卫中，龙湾区人大常委会原副主任、学者章方松，龙湾区地方志研究室主任朱德旭，龙湾方志馆负责人孙建胜，龙湾区文化和广电旅游体育局副局长陈强炜、遗产科科长黄宝乐，永中街道党工委宣传委员夏静参加了评审会。专家们作了专题发言，最后形成了《永昌堡志》审读意见。意见对《永昌堡志》给予了较高评价："基本做到横不缺要项，纵不断主线。志稿观点正确，结构合理，层次清晰，时代特征突出，堡志特色鲜明，是一部内容全面、基础扎实、质量较好的用功之作。"根据专家组意见，原则上予以通过。

《永昌堡志》在编辑过程中，得到了龙湾区委组织部、龙湾区地方志研究室、龙湾区文化和广电旅游体育局、龙湾区史志办、龙湾区社科联、永中街道等单位领导支持和关心，温州市图书馆、温州市博物馆、温州市档案馆，龙湾区图书馆、龙湾区博物馆、龙湾区档案馆等单位大力支持，社会各界和各地宗亲提供文字数据图表照片等资料，并积极参与核对。张侃、王则信、王则光、钱锦生先生通读书稿，并逐字逐句修改。洪振宁先生补充了大量文史资料。王会钦、王竹巧王学照父子、王小伦、王迪、王忠芳、王成东季秀兰夫妇、王成德王玉玲夫妇、王璋王晓群父子、王岩雄王岩豪兄弟、王身康、 王靖敏、王靖来、王岩新、王芳、王爵崇、王忠益、王竺胜忠、王建龙等个人及英桥王氏大宗管理组提供了资金赞助。在此均一并深表谢忱！

以堡修志，史无前例。由于历史资料缺佚散失，调查也不很全面，加之时间匆促，编修人员缺乏相关的专业知识，学识固当有限，难免存在失误和疏漏之处，敬请读者不吝赐教，以便再版时予以修订。

《永昌堡志》编委会

2022年8月

鸣　谢

永昌堡文化研究和《永昌堡志》出版，承蒙下列先生赞助，特此鸣谢！

（赞助时间为2013年至2022年）

王会钦　28万元

王竹巧、王学照父子　16万元（其中：2014年捐6万元）

王小伦　15万元

王　迪　12万元（其中：2013年捐2万元）

王忠芳　10万元

王成东、季秀兰夫妇　10万元

王成德、王玉玲夫妇　10万元

王岩雄、王岩豪兄弟　10万元

王身康　5万元

王　璋　5万元

王靖敏　5万元（2014年捐款）

王靖来　3万元

王忠益　3万元

王岩新　3万元

王　芳　3万元（王振成之女2015年12月）

王爵崇　2万元（2013年12月）

王竺胜忠　0.5万元

王建龙　0.2万元

英桥王氏大宗管理组　5万元

永昌堡文化研究会

2022年8月